NINE CLASSIC
FRENCH PLAYS

démocratie

NINE CLASSIC FRENCH PLAYS

Corneille • Molière • Racine

SECOND EDITION

Edited by

HENRI PEYRE
JOSEPH SERONDE

Yale University

D. C. HEATH AND COMPANY

Lexington, Massachusetts   Toronto   London

Illustrations courtesy of Harvard Theater Collection

P. 43   197
p. 49   315
P. 103 375
P. 124 475
P. 161
P. 185
P. 278
P. 283

PREFACE

THIS ANTHOLOGY is intended for use in high school- or college-level courses in French classical literature, drama, or in general survey courses.

Three plays by each of the great masters of the French theater are offered. *Les précieuses ridicules* and *Esther*, both shorter than the usual five-act classical plays, have been included to provide an introduction to the classical theater for students in the early stages of language and literary study.

The texts are supplemented by English introductions and notes which stress not only points of language but also the dramatic psychological and aesthetic value of the plays.

The method of *Explication de texte*, widely used in France and becoming popular in the United States, is emphasized in samples offered in the introductions. Its purpose is to train students to explore in depth and with some precision the secrets of some passages.

The first edition of this volume appeared in 1936. In this new edition, substantial parts of the *Introduction* have been rewritten and the bibliography was brought up to date.

The text follows that of the *Grands Ecrivains*. Corneille's *examens* of his dramas, Molière's and Racine's prefaces have been omitted as not essential to the understanding and the enjoyment of the plays.

May 1973   H.P.

Il faut parler chrétien.

CONTENTS

CONTENTS

NINE CLASSIC
FRENCH PLAYS

GENERAL INTRODUCTION

Every literature has its classics, that is to say its writers of intellectual and artistic eminence, regarded as models for their successors and as providing the richest nourishment for the young. The French, and several other European nations along with them, have long considered their greatest seventeenth-century dramatists as best deserving that rank of modern classics. French classicism, however, is a unique phenomenon. The word may be dispensed with in histories of aesthetic ideas and of great works in most other literatures. Not so for that of France. It happened there that, around the middle of the seventeenth century, a number of authors — dramatists, philosophers, moralists, memorialists, religious orators — pursued a common goal and shared fairly similar views on human nature and on art. They felt in harmony with the society of their time: they were able to pursue with originality the literary work once accomplished by the great spirits of Greece and Rome, whom they revered. Their supreme achievement lay in the realm of the theater.

In the whole range of dramatic literature the great creative epochs have been few: the fifth century B.C. in Greece, the age of Elizabeth in England, the "golden age" of Spain from Lope de Vega to Calderon and the seventeenth century in France. This last had the merit of establishing in both comedy and tragedy a tradition which was to guide, at times even to dominate, the subsequent development of European drama. On the stage of several countries today the comedy of Molière is performed and seems as alive as it was during the reign of Louis XIV. More books in French and in English have been written on Corneille and Racine since 1950 than at any other period of the past. The supreme triumph for actors and actresses is to star in the impersonation of Rodrigue, Célimène or Phèdre. Very few have been, since Racine's death, the attempts at recreating a tragedy which met with undisputed success. The second half of the twentieth century, in America and elsewhere, seems desperately athirst for tragedy, impelled by tragic emotions, obsessed by the fatalities outside and inside man which it must challenge: but it is unable to devise an art form worthy of *Oedipus Rex*, of *Macbeth* or of *Andromaque*.

The classic period. — Born in the shadow of the Church, and closely related to its liturgy, the serious theater of the Middle Ages (mysteries, miracle plays, plays on the passion of Christ) had enjoyed an immense vogue in France during the fourteenth and fifteenth centuries. At the same time, farces and soties were revealing that rich comic vein which was to make of comedy one of the forms in which the French have always excelled.

1

By the beginning of the sixteenth century, however, changed social conditions, the passing of the Middle Ages, the weakening of religious faith, the coming of the Reformation and the development of Humanism had about done away with the old French theater. Under the impulsion of the great vitalizing movement known as the Renaissance, with its buoyant confidence and ardent faith in the future of humanity, hopes for the creation of a new national theater in France were rising. But the unsettled conditions of the period were hardly favorable to such an undertaking: and furthermore, the discovery of Latin and Greek models was as yet too recent, their influence too overpowering to allow any original development. Of the Greek theater, it was the form rather than the spirit which was understood and borrowed: the lyricism, the choruses, the tirades. The fact that the Greek drama had been the expression of a markedly different culture was not clearly realized. The Church did not favor the use of Christian themes, which had been current in the Spanish drama, and the writers, influenced by Humanism, would not resort to themes and characters in their medieval history, as Shakespeare and other English dramatists had done. Only after years of effort from 1552 to 1637, was a truly French tragedy created. *Le Cid* was followed by a series of masterpieces, almost down to the end of the seventeenth century. The following century, often called the Age of Enlightenment, continued, after Molière, to produce good comedies, often with a political or social bent. But its faith in the perfectibility of man seems to have hampered the writing of great tragedy, a genre which normally ends with frustration and defeat at the hands of fate.

Of determining importance in the formation of French classicism was the fact that practically all important men of letters were gathered together in Paris, near the court and the middle-class townsfolk who constituted their public: "*la cour et la ville*", as it was called. Very few of the writers were from the ranks of the aristocracy: many satirized it, as Molière did when he appealed to the "pit" (*le parterre*) against the marquis whom he mocked. But writers could not then live solely from the products of their pens, or actors and producers from their skill: royal favor and grants from princely personalities were a necessity. Political criticism of the sovereign or rebellious individualism would not have been tolerated. Yet the literature shunned conventionality and conformity. Much which could not be stated openly was implied, and literature has always thrived on ambiguity and the art of suggesting. Moreover, after the religious and the civil wars which had long rent it asunder, France was, under Richelieu, Mazarin, Colbert and the King, trying to forget its internal dissensions. The subtle influence of women, even of the *précieuses*, and of the salons, had tamed the brutal energy of the early years of the century. There was a widespread desire for order, unity of purpose and decorum, sometimes turning to an excessive respect for "*les bienséances*". Many of the classical authors defined their purpose as that of "*plaire*", meeting the taste of their enlightened public halfway. After the eccentricities and the occasional obscurity of the literature of the previous age, often called *"baroque"*, writers were feeling the need of discipline and of artistic restraint. Baroque art, with its exuberance, its powerful individualism, its fondness for curves and meanders and intricacies, had succeeded most conspicuously in countries where the middle class was less strong than it was in France, Holland and Britain. In France in particular, in architecture and painting as well as in literature, baroque elements were easily absorbed by what is called the classical spirit. Creators aimed at that stylization of the raw material of reality which goes by the name of "aesthetic distance". They did not foolishly try to arrest change and sclerose life: indeed they set the drama above all other literary forms because it cannot afford to be static and must depict life in motion. But the representation of change, of violence, of passion is more forceful when set in the framework of nobility and serenity which classical tragedy tried to create. Corneille and Racine, readers of Aristotle's *Poetics*, would have made their own the definition of tragedy proposed by Milton in his preface to *Samson Agonistes:* "by raising pity and fear, or terror, to purge the mind of those and such-like passions: that is, to temper and reduce them to just measure with a kind of delight, stirred up by reading or seeing those passions well imitated".

Classical tragedy. — The classical ideal of the middle of the seventeenth century thus found its best expression in tragedy and comedy. Greek tragedy, sprung from religious celebrations and limited to a few personages and a chorus, was essentially lyric and epic. Dealing with legendary subjects, it could not seek after novelty or surprise, but presented in pathetic accents the misery of human beings crushed by a mysterious and all-powerful fatality. Aeschylus in *Prometheus Bound*, Sophocles in *Oedipus at Colona*, Euripides in *Hecuba* stir the spectators by a moving portrayal of human wretchedness. Those tragedies, however, are pathetic — that is, they inspire terror or pity — rather than dramatic. There is in them little genuine conflict. Their plot is relatively unimportant and the poet at times goes so far (as does Euripides) as to announce the entire action in a prologue. That was of little consequence, since Athenian audiences already knew in their minutest details the legends of Agamemnon, Electra, Oedipus and Medea and most of the traditional themes of their tragedy. The Greek dramatist, as a rule, aimed at arousing powerful emotions through the spectacle of the pathetic and at awakening a feeling for beauty by the lyric grandeur of his poetry. He cared much less for the interest of curiosity and for the artifices of skilled dramatic composition.

The Elizabethan drama, in that respect, is closer to the Greek. It is lyrical (as in *Romeo and Juliet* or *The Tempest*), epic (as in *Anthony and Cleopatra* and *King Lear*): it borders freely on the familiar, blends comic, even clownish scenes, with exalted tragic ones. It embraces the whole of life. Its truest successor is the great Russian, French and English novel of the nineteenth century. Its greatness is such that it oversteps the limita-

tions of the stage and is often difficult to perform today. Unlike the drama
of Marlowe, Shakespeare or Webster, French classical tragedy does not
present the baffling diversity of life: it does not stage the entire history of
a character or the full sequence of events preceding an important action
(for instance, the murder of Duncan, the jealousy of Othello, or the madness
and despair of Lear). It usually limits itself to one crisis, with a double
perspective on the past remembered and on the dreaded future. The tragic
dilemma is solved, or "untied" in the dénouement.

The French dramatist is also indifferent to such questions as whether
Lear was himself responsible for his plight: he is not interested in relatively
subordinate characters, such as the fool in *King Lear*, the porter in *Macbeth*,
the gravediggers in *Hamlet*. His object is not to reproduce life in its complexity, with its mixture of comic and tragic, but merely to study and analyze
the passions and sentiments which in their conflict have produced the crisis
now calling for an immediate solution. In other words, French tragedy is
neither lyric — it does without the songs and lyrics of the Elizabethan tragedy
— nor epic: it is a human problem logically propounded and resolved. In
contrast with the comprehensiveness of the Shakespearean drama, with its
multiplicity of characters and its variety of incidents, it presents a single
concentrated action, carried on by a few personages and with a limited number
of incidents. The deeper drama takes place in the heart of man. We do
not find here the lofty poetical flights and the philosophical reflections so
dear to English and Spanish dramatists:

> Life's but a walking shadow, a poor player. . . .

but instead, a depth of psychological analysis and the revelation of the hidden
recesses of the heart. Thus, by its simplicity and economy of means, French
tragedy conforms to the cardinal principle of classic art.

Much used to be made of the reasons which led the French dramatists
of the seventeenth century to accept so readily the rules of the three unities.
Those rules, allegedly taken from Aristotle, which provoked much pedantic
discussion, were adopted between 1634 and 1640 by a generation of innovators
who realized that the more fiery the inspiration, the more it stands in need of
reins to restrain its impetuosity and to guide it:

> The winged courser, like a gen'rous horse,
> Shows most true mettle when you check its course,

writes Pope in his *Essay on Criticism*. And may not the failure in the
dramatic field of poets like Coleridge and Shelley and Hugo be due in part
to their attempts to emancipate themselves from the limitations which the
classical dramatists of France had believed necessary to their art? It is
the dramatist of *Faust*, Goethe himself, who announced in a famous line
that the true master reveals himself in his acceptance of limits. Strangely,

the warmest advocates of the unities have been found in the twentieth century, among the French (Valéry, Gide) and even more among the English. "The unities are but a powerful means toward concentration", declared Lytton Strachey in his *Landmarks in French Literature:* and T. S. Eliot regretted that the Elizabethan dramatists, and Shakespeare himself, had not observed them: "The unities have, for me at least, a perpetual fascination. I believe they will be found highly desirable for the drama of the future. For one thing, we want more concentration. The unities do make for intensity ..." From Strindberg and Chekhov to Beckett, concentration, simplicity and even bareness have indeed been sought by modern dramatists.

There were also very practical reasons for the observance of the unities of place and time. The presence of spectators on both sides of the stage rendered difficult frequent changes of scenery. The limit of 24 hours set to the unfolding of the events on the stage aimed at making the duration of the performance close to that of the action as performed. It rendered that action more real and more believable for the playgoers. The seventeenth-century audience, while willing to grant to the stage certain necessary conventions, cared a great deal about "*vraisemblance*", or a degree of plausibility. The unity of action, imposed by the other two, was even more essential and beneficial to a play which was meant to focus interest and emotion on one crisis. A certain rigidity ensued, willed by the spirit of classicism which Camus has defined as "a passionate monotony". But the advantages were immense. The elements of a spectacular or exterior nature (machinery, sumptuous settings, lighting effects, etc.) were reduced to a minimum; the inner drama was emphasized, the beauty of the lines and of the diction was enjoyed more fully. The play appealed to the emotions and to the intellect rather than to the eyes.

The objections which were once voiced by English critics of the classical French drama have, in the twentieth century, been eloquently dispelled or refuted by other English and American critics. They no longer compare either Corneille or Racine to Shakespeare, whose imaginative and poetical genius is obviously beyond compare. Nor do they blame Racine for being profoundly different from the Greeks, as he certainly is. "It behoves an Englishman" wrote Lytton Strachey, "to practise some humility and do his best to understand the point of view from which the writer is regarded by his own compatriots". There is action in the French tragedies, even if it is less packed with events and surprises than *Macbeth* or *Ruy Blas*. Dramatic interest may be stirred by something other than a rapid succession of unforeseen events and superficial agitation is not action. The use of tirades and occasionally of monologues was once objected to. We choose nowadays to view it as essential to the lofty tragic style. The heroes cannot be dissected by an outside observer, as they are by the novelist in fictional works. Nor can he indulge the turbid interior monologue of a Joycean character. He must confide himself to a confidant, who is nothing but another side of himself.

And dialogues and conversations cannot, on the stage, copy the insignificance and the lack of continuity of much of what we utter in everyday life. Long speeches were frequent in Greek drama: they abound in *Henry V*, in *Hamlet*, in *Troilus and Cressida*. Shakespeare does not announce the death of Ophelia or that of Othello in five concise words, not any more than does Racine to inform the audience of the circumstances of the death of Hippolytus. The objection once offered to the fact that most personages in classical plays are kings, nobles and great dignitaries is hardly more fundamental. To be sure, the mob does not intervene, as it does in *Julius Caesar:* common types are banished. That was essential to the desired effect of ennobling styliza- tion. It also had the advantage of freeing the characters from the many material restrictions which imprison most of us in ordinary life: jobs, money, petty worries. The passions could thus have freer play and their clashes entailed consequences, for kings, emperors and a whole kingdom, which a bourgeois or a realistic drama lacks. In fact, people from all classes of society have recognized themselves in the dilemmas of Horace and Curiace or in the exasperation of unloved women in Racine.

Style and versification. — The language of Molière's comedy is that of every- day life for the comedies written in prose, never low or coarse, but occasionally familiar, always vigorous and racy. The style of the comedies in verse is more refined, often eloquent as in Tartuffe's sanctimonious and hypocritical tirades, pungent and witty in the social comedy which takes place in Céli- mène's salon. The purists and the pedantic grammarians among his con- temporaries blamed Molière for some negligence in his manner of writing. His life had indeed to be lived in incessant haste and amid many worries, and polished style, which tends to become stilted and formal, seemed less important in his eyes than the movement and the élan which, in comedy, must carry the audience along.

The tragic genre demands a certain dignity if it is to lift the playgoer above his petty daily concerns and to make him share the powerful emotions of the characters battling against fate, against each other, and against their own selves. The language of the French classical age was relatively abstract, an ideal instrument for psychological analysis, aiming at precision and neat- ness, but not at wealth and variety. The contrast with Shakespeare's immensely rich vocabulary is striking. Racine in particular excelled in that economy of means which produces the strongest possible effects with very restrained use of words and of images. Adjectives are seldom concrete, concetti are rare, images are subordinated to the total effect of a speech and they do not dazzle the listener or the reader as they do in English drama. Corneille's fiery eloquence is closer to the baroque age without being flowery or needlessly obscure. His dialogues, in *Le Cid* especially, in their concise antithetical vigor, aptly render the clash of wills of his characters.

The verse used in classical drama is the *alexandrine*. Blank verse, or the hexameter of ancient poetry, would be out of place in the French language.

The stress being very weak in French, and falling regularly on the last syllable of a word, the element of unity inside variety which seems required by the human ear has to be provided by rhyme, or occasionally by assonance. Regularity is more marked than in English or Latin poetry. But the alexandrine verse is also capable of great variety and suppleness. If the beats are less striking than in more accented tongues, the language allows a subtle modulation and a delicacy of effects which have made Ronsard, Racine, Baudelaire, Verlaine, Valéry most hauntingly musical among poets.

The line consists of twelve syllables, or thirteen when the last syllable ends in a mute e (then called a feminine rhyme). There is usually a pause or caesura after the sixth syllable, which cuts the line into two equal parts. Each half verse, as a rule, contains two accents, each marking a measure, so that a normal *alexandrine* is made up of four accented measures. The 6th and the 12th syllables are always stressed, but the other accents may fall where the effect to be produced requires. The French make a great deal of the softness which feminine endings at the rhyme give their poetry. The following lines in *Phèdre* (1.253-4) are often quoted as examples:

> Ariane, ma soeur, de quel amour blessée,
> Vous mourûtes aux bords où vous fûtes laissée

The purity of the French vowels, the harmonious combination of the sounds and the fact that words in French flow gently into one another instead of being somewhat separated as in some other languages, contribute to the very special music of French poetry.

The French stage in the seventeenth century. — In the seventeenth century, there were theaters, generally *jeux de paume* (converted indoor tennis courts), in all the important cities of France: Lyon, Rouen, Grenoble, etc., where local or traveling troupes gave performances. Molière probably visited most of them between 1645 and 1658. Important plays, however, were given only in the capital. In 1600, while there were six theaters in London, Paris had only one, the *Hôtel de Bourgogne*, situated in the center of the city. Around 1630, a second troupe took possession of a *jeu de paume*, near the Porte Saint-Martin, in the Marais quarter, and hence came to be known as the troupe du Marais. The celebrated actor Mondory belonged to it. There it was that Corneille's comedy *Mélite* and later *Le Cid* were performed. Corneille eventually gave his plays to the *Hôtel de Bourgogne* which was considered the great tragic theater, also some to Molière's troupe. In 1637, Cardinal Richelieu had a theater constructed in his palace, the Palais-Cardinal, later known as the *Palais-Royal.* It contained all the latest improvements found in the Italian theaters, having two balconies on each side and twenty-seven stone steps as seats for the spectators. One end of the hall was rounded out, a great innovation. This theater was inaugurated in 1641 with the performance of *Mirame.*

The third troupe to become established in Paris was Molière's.   It occupied the *salle du Petit-Bourbon* in 1658, alternating with the Italian comedians. When the *Petit-Bourbon* was torn down, in 1661, Louis XIV gave Molière the theater of the *Palais-Royal*.   There existed, therefore, three theaters during the classic period: the *Hôtel de Bourgogne*, the *Marais*, and the *Palais-Royal*.   When Molière died, in 1673, Lulli contrived to get the *Palais-Royal* for his Academy of Music, and Molière's troupe secured, not without difficulty, the *salle Guénégaud*.   That same year, the *troupe du Marais* joined with Molière's, and in 1680, a royal decree united this combined troupe with the *Hôtel de Bourgogne*, forming the *Comédie-Française*, the present official French theater.

Theaters generally gave three performances per week, their regular days being Sunday, Tuesday, and Friday.   They began in the late afternoon at about four o'clock, after vespers.   Standing room in the parterre cost 15 sols (sous); a box seat was 30 sols.   Boxes were usually occupied by ladies; the gentlemen of fashion preferred to sit on benches or chairs on both sides of the stage, at 30 sols each.   The theater was lighted by candles which were snuffed at intervals during the performance, the candle-snuffers receiving the unburned ends as wages.   The actors' room alone was heated — whence the name *foyer* — and was visited during the intermissions by important spectators.   The curtain did not come into use before the middle of the seventeenth century.   The scenery consisted generally of three compartments, the central one picturing a house, garden, or forest, and the two sides, houses, etc.   A canvas represented the sky, painted with the sun or with the moon and stars. The stage accessories were few and primitive: a table, some chairs, an armchair.   The costumes followed the fashion of the period and there was no attempt at local color or historical accuracy.   Dissatisfied spectators yelled or hurled baked apples at the actors.   Whistling to show displeasure came into vogue in 1680.

Actors of tragedy affected sometimes a vehement delivery — satirized by Molière in *l'Impromptu de Versailles* — and again declaimed long tirades in a sort of musical recitative.   It is said that Lulli used to note down the declamation of the celebrated Racinian actress la Champmeslé and use it for the recitative of his operas.

PIERRE CORNEILLE

De l'Academie Françoise

Né en 1606, Mort en 1684.

C. Lebrun pinxt.   Tomassin Sculp.

CORNEILLE

Pierre Corneille, like Malherbe, Flaubert, and Maupassant, was a Norman; and he did not belie the reputation which the Normans have always had of being great arguers, shrewd and practical. His tragedies, skillfully and logically constructed, have a tendency toward argumentativeness and show clear and convincing reasoning.

Born at Rouen in 1606, Pierre Corneille studied under the Jesuits and then entered into the practice of law. However, he felt more drawn toward the theater, and in 1629 his first comedy, *Mélite*, was successfully performed in Paris. Others followed, of which *la Galerie du Palais* and *la Place royale* deserve special mention. These comedies are characterized by their very complicated plots, the setting being contemporary Paris and the manners those of the ladies and gentlemen of the period. They are essentially literary comedies, pleasing rather than comic, decent and refined in tone. Thus we find that Corneille was the originator of a new kind of comedy before he became the father of French tragedy. Later, in 1642, he turned again to comedy and wrote *le Menteur* adapted from the Spanish of Alarcón, another bright, literary comedy, of intrigue rather than of character, and undoubtedly his best.

Corneille's true genius, however, was tragic. After *Médée*, an imitation of Seneca, he felt attracted toward Spain, and early in 1637 he produced the first of the masterpieces of French tragedy, *le Cid*. The tremendous success of this drama brought him enemies and among them the great cardinal Richelieu, who stirred up a bitter controversy regarding the merits, or rather the alleged defects, of the play. Three years later, in 1640, with *Horace* and *Cinna*, Corneille added two new triumphs to his first. *Polyeucte*, perhaps the finest of his tragedies, followed in 1641. In that same year Corneille was married.

But with the passing of Richelieu in 1642, and of Louis XIII in 1643, a new era had begun in France, with new ideals which naturally sought their own mode of expression. Gradually, Corneille and what he represented ceased to be in fashion. His tragedies, *Pompée* (1643), and especially *Rodogune* (1645), were of the highest quality, but he was writing too much and too fast. *Nicomède* (1651) and *Attila* (1667) lack the vigor of his previous works. His old age was embittered by seeing the transfer of his popularity to his younger rival, Racine.

Dramatic technique. — *Le Cid* gave the first example of a new technique for tragedy. French art might well be characterized by its instinctive sense of form and composition. Its most constant expression is architectural: we see this in the glorious cathedrals, in sculpture, in painting, and likewise in

10

literature. And of all French authors, Corneille is the greatest with respect to harmonious and symmetrical composition. His tragedies are "ordered." The plot, almost lacking in classic drama, becomes with him the framework, the very skeleton of his composition. The play takes the form of a problem which stirs and keeps alive the curiosity of the spectator until, in the last act, the solution is found. Each scene, each act makes its contribution and marks a definite progress toward the dénouement. Act I, the exposition, states the problem, Acts II and III progress toward a logical solution, the play seems about ended; but in Act IV the author, with great skill, creates a suspense which intensifies the emotion. This is the act of uncertainty, when any outcome seems possible. Act V brings the carefully prepared and only logical conclusion. The "mainsprings" of this tragedy are the most violent human passions: pride, ambition, religious fanaticism, and love.

Psychology. — Corneille is very close to the Renaissance in his inspiration. He loves superhuman energy, courage, will power. His heroes are willful and passionate. They are not resigned to their fate and do not submit tamely, as do the characters in the later classic drama, to the mysterious forces which seem ready to crush them. They seek first of all to master themselves and then the forces which are opposed to the fulfillment of their will.

> Je suis maître de moi comme de l'univers,
> Je le suis; je veux l'être . . .

says Emperor Augustus in *Cinna*, and Cornelian heroes truly do succeed in becoming what they choose to be. Hence the reproach that they are too far above the average humanity, too extraordinary, impossible. And that is partly true. Corneille admires the sublime, the magnificent; he loves restlessness, agitation, even bombast. In other words, he is of his time: a period of duels, of heroic noblemen and proud, courageous, romantic women, like Madame de Longueville, Madame de Chevreuse, la Grande Demoiselle, etc. Such types no doubt still exist today, but nineteenth century realism has banished them from literature: the noble and the heroic have given way to the mediocre and the vulgar, which are supposed to be truer to life. Thus tragedy and epic poetry have died.

Corneille the moralist. — No didactic intention animates Corneille. Voltaire has called his drama *une école de grandeur d'âme.* It is clear, however, that the disciple who, under this schooling, would like the Cid slay his fiancée's father, or like Horace murder his sister, or like Polyeucte give up his wife, must encounter some slight difficulties. Corneille is above all a psychologist and his interest is in character, not in morals. He realizes that tragedy must represent evil even more frequently than good. As a dramatist, he must remain impartial and neither condemn nor approve. It is clear, therefore, that the Cornelian conception of life is not Christian. Humility is one of the dominant traits of the Christian doctrine, and that is scarcely a quality characteristic of Corneille's heroes. Nor do they readily turn the other cheek. What Corneille seeks is the manifestation of a strong will,

whether for good or for evil. Neither purposely moral nor immoral, his work
nevertheless springs from a lofty inspiration.

Language and style. — Corneille's language is that of the first half of the
seventeenth century; it is therefore often archaic and many expressions have
become obsolete (note his use of words like *gêne, ennui, succès, stupide*). His
syntax is close to the Latin: inversions are frequent. The personages often
express themselves like orators eager to convince others or, indeed, themselves. Coördinating and subordinating conjunctions are common (*donc,
mais, car, si*). The defect of this style is its formality; one would like now
and then something more spontaneous, and less literary argumentation.
There are moments, however, when Corneille soars to poetic heights; and he
has lines so clear and true that they have become proverbial:

> A vaincre sans péril on triomphe sans gloire,
> La valeur n'attend pas le nombre des années.

There are lyric lines, picturesque metaphors:

> Toujours aimer, toujours souffrir, toujours mourir.
> Nous serons les miroirs d'une vertu bien rare . . .
> Cette obscure clarté qui tombe des étoiles . . .

One cannot find in Corneille Shakespeare's lyricism or Racine's elegiac tenderness; but he gave to dramatic style qualities it hitherto had not possessed:
vigor, conciseness, striking clearness.

LE CID (1637)

Corneille's affinity for the Spanish character is great and deep-rooted.
After Ariosto and Tasso, the Italian Renaissance had been followed by an
era of decadence, and by the first half of the seventeenth century Spanish
literature (with Lope de Vega and Calderón) and Spanish art (with Velasquez)
had become the most brilliant in Europe. France, therefore, had much to
borrow from Spain before she herself, with the dawn of her classical period,
became the predominant intellectual and artistic power in Europe, and it
was natural that Corneille, like many of his contemporaries, should be drawn
towards her and should borrow from Spanish legends — from the *Poema de
Mio Cid* (ca. 1140) to Guillén de Castro's *Las Mocedades del Cid* (1618) —
the theme of his first great tragedy.

The sudden success of the *Cid* was partly due to the happy choice of the
subject, and partly to the heroic and exotic atmosphere which permeates it.
Corneille's generation was not yet the public which acclaimed, twenty-five
years later, the masterpieces of classicism. It was the generation of Richelieu
and of Louis XIII, of Cyrano de Bergerac and of the *précieuses;* the generation of that period when duels and conspiracies, court intrigues and chivalrous
deeds were everyday occurrences. The audience which applauded the *Cid*
was ready to respond to the exalted courage, to the firm will power, the

keen sense of honor, and the bombastic language which are the character-istic features of the play.

Moreover, Corneille displayed an amazing skill in fusing into a harmonious whole the varied qualities which had, before him, remained isolated in the dramas of his predecessors: the almost playful touches and the happy ending of the tragi-comedy, the youthful freshness and romantic tenderness of the pastoral, the lyrical stanzas which sixteenth century French tragedy had borrowed from the Greek choruses. But Corneille's drama was more than all that: it was, for the first time in modern France, the moving struggle of two characters in conflict, a series of obstacles successfully overcome, a gradual deepening of the emotions, of curiosity and suspense, up to the surprise of the dénouement.

The great originality of the *Cid* was in the emphasis it laid on the psychology of the leading characters. The drama was not merely a piling up of incidents, often disconnected and more or less amusing or moving, as had been the practice before Corneille. There was logic in the development of characters; there was also suspense and surprise. Corneille thus satisfied the two conflicting demands we make upon a story, a novel, or a play: we ask of them more consistency, a more rational succession of events than is found in the baffling disorder of real life; and we also ask for the mystery, the brilliance, the tragic and violent emotions which our prosaic life often lacks.

Too much has been made of the three unities, which Corneille was supposed to have accepted grudgingly, and out of deference to the pedantic commentators of Aristotle and the authority of the French Academy. True it is that the action of the *Cid* is crowded into twenty-four hours, during which the Count insults Don Diègue, Rodrigue kills the Count, protests his love for Chimène and his desire to die for her, fights the Moors, has a duel with Don Sanche, and receives from the King the promise that Chimène will marry him within a year or so. But that is because the unities make for concentration; and in that rapid concentration of events, the presentation of a crisis, and the emphasis placed on the soul of the heroes rather than on costumes, scenery, or local color, Corneille discovered and established the principles which were to become characteristic of French classical tragedy.

The faults of the play are not so much due to the limitations imposed upon Corneille by the unities, as to the weakness of the conception of two episodic characters: the Infanta and Don Sanche. Both are somewhat colorless and delay the action with their long speeches. The Infanta is much more vividly depicted in the Spanish play; in Corneille, her only function is to exalt Rodrigue by showing how much he is loved. Don Sanche contributes to the dénouement and adds some complexity to the action: but it is regrettable that Corneille made him so good-natured in the fifth act, and so serenely satisfied with the prospect of Chimène's marriage to Rodrigue.

Corneille, on the other hand, displayed a great subtlety in the delineation of the characters of Don Diègue, the Count, and Rodrigue. All three are proud, fiery Spanish noblemen: Don Diègue and the Count are equally

prone to bombast and bragging; but the Count brings about his own punishment through his rash insolence and his obstinacy after the quarrel.
Don Diègue is not vain and selfish to the same degree: he is anxious to
avenge the offense, because it is his whole family which has been insulted in
him. The worship of honor and the devotion to his country are inseparable
from his tender affection for his son.

The central theme of the play and the picture of the two young lovers,
whose dream of happiness is suddenly shattered by a quarrel of their families,
have often suggested a comparison with Shakespeare's *Romeo and Juliet*.
The *Cid* has indeed, among all the tragedies of Corneille, the same youthful
charm, the same fresh delicacy of touch and springlike exuberance which
single out *Romeo and Juliet* among Shakespeare's plays. The French tragedy,
however, is less lyrical and more dramatic: the separation of Rodrigue and
Chimène is perhaps more moving, because the quarrel between their families
comes as a violent surprise. An accident, such as the delay of Friar Laurence's
message, which deceives Romeo and causes his death, would have been banished by Corneille's rational mind. The French play is an intricate and subtle
problem, in which the characters of the heroes and the action are closely
interwoven; with Shakespeare, many incidents are merely exterior or due to
chance (Romeo's former love for Rosalind, for instance) and would have been
considered by Corneille as superfluous to the development of the plot.

Chimène is much less naïve and impulsive than her English sister Juliet.
She may, at first sight, appear less feminine. Men like to imagine women as
creatures of passion and of caprice, irrational and spontaneous. It is a common criticism that Corneille's women are too energetic and too masculine.
We must not, however, be deceived by the mere outward appearance.
Chimène, like most women in Corneille's plays, is very deeply and subtly
feminine. She loves Rodrigue passionately, tenderly; she cannot conceive of
life without her lover. But she is not the frail, submissive, innocent child
Shakespeare was fond of depicting: Desdemona, Cordelia, Ophelia; nor is
she assuredly the coquettish flirt of many of our modern plays. She is deeply
in love; but never loses her self-respect, her sense of honor, and her pride.
It would be a mistake to represent Chimène, as some commentators have
done, as preferring her duty to her love. Duty does not play so important a
part in Corneille's tragedies; *ma gloire* is Chimène's favorite phrase, not
mon devoir. Her desire is to be worthy of her lover, to preserve both her
self-respect and Rodrigue's admiration.

> Tu t'es, en m'offensant, montré digne de moi;
> Je me dois, par ta mort, montrer digne de toi.

She cannot conceal this from him, in the most moving scene of the play
(Act III, sc. iv). With that fine, straightforward sincerity which is the great
charm of Corneille's women, she openly confesses her passion to Rodrigue:
Va, je ne te hais point (line 963). But she knows, with the instinct of a
sensitive woman who understands the man she loves, that Rodrigue will

esteem her all the more if she first strives to retain her self-respect and, consequently, his admiration.[1]

If we thus try to read "between the lines" we shall realize the true greatness of Corneille's psychology, and the discreet restraint concealed behind those high-sounding lines. We still may be free to prefer a woman like Shakespeare's Juliet, who, as soon as she has caught sight of Romeo, knows that her fate is sealed, and accepts it passively. Corneille's conception of tragedy is different: the characters struggle, not merely against exterior forces (the quarrel of their families) or chance and fatality; the drama is more psychological and inward. Each of the two lovers finds in himself a powerful motive which goes directly against his passion; and each will triumph only after a long, heart-rending struggle. Corneille's drama, swift, tense, concentrated within twenty-four hours and restricted to a single place, is a drama of the soul.

Corneille's originality as a dramatist thus appears the more striking in that his conception of tragedy differs from the Greek, from Shakespeare's and from the Racinian type which is to eclipse his, forty years later. Corneille's hero is not, like Œdipus, King Lear, or Hamlet, the plaything of events, the victim of an all-powerful fatality. He is the master of his own fate. A sudden combination of critical circumstances forces him to display his will power. He hesitates, he struggles against his own feelings; then he forms his decision, triumphs over all obstacles, and attains either a serene quietude or meets his death. Hence the unceasing evolution which is noticeable in Rodrigue and Chimène. They are not static characters; they fight against their own natures, at times they weaken, they recover their will power; they change: in other words, they live.

The *Cid* was an immediate and great success. Contemporary circumstances (the recent war with Spain, a lively interest in duels, in spite of Richelieu's ban on duelling, the vogue of the perfect knight and subtle lover set by the *précieuses*) increased the curiosity of the public. *Cela est beau comme le Cid* became a proverb in Paris. The play was soon translated into all the languages of Europe: English, Spanish, Polish, Greek, Russian, etc.

Such a triumph naturally arouses jealousies and rivalries. Richelieu, the all-powerful cardinal, who was also a playwright, both for political and literary reasons took umbrage at a play which displayed such an independent genius. Corneille, intoxicated by his success, did not try to court the favor of the Cardinal; and, in a moment of boastful pride, he wrote an epistle in verse, *l'Excuse à Ariste*, in which he set himself above all his rivals:

> Je sais ce que je vaux, et crois ce qu'on m'en dit . . .
> Je satisfais ensemble et peuple et courtisans
> Et mes vers en tous lieux sont mes seuls partisans;
> Par leur seule beauté ma plume est estimée;
> Je ne dois qu'à moi seul toute ma renommée.

---

[1] Charles Péguy, who admired Corneille enormously, spoke, à propos of *Le Cid*, of "l'honneur aimé d'amour, l'amour honoré d'honneur".

This last line seemed to call for an answer from Corneille's envious rivals: Corneille, after all, owed something to his Spanish predecessor, Guillén de Castro, and seemed to forget it too easily. Mairet and Scudéry stepped in, and engaged in a bitter fight against the successful author of the *Cid*.

Mairet, a tragic writer of no mean talent, whose *Sophonisbe* (1634) was the first example, in France, of a play skillfully built and conforming to the rules of the unities, reminded Corneille of his borrowings from de Castro. Scudéry, a contemporary author and critic, undertook to prove that the *Cid* was worthless, because it violated some of the rules, went counter to the accepted moral notions, and was faulty in style and versification. The public took sides with Corneille, and Scudéry's pedantic dissertation (*Observations sur le Cid*) was soon forgotten.

Scudéry, however, appealed to the French Academy, and that newly constituted body (officially founded in 1634) was appointed by Richelieu as a literary tribunal. The Academy could not but obey, and issued the *Sentiments de l'Académie française sur la tragi-comédie du Cid*, composed, to a great extent, by Chapelain, in which it endeavored to keep the balance between Corneille and Scudéry. Nevertheless, it pronounced the subject of the *Cid* improbable and unethical, and declared that Chimène was an *amante trop sensible et fille trop dénaturée*. She should have killed Rodrigue or herself, instead of merely talking about doing it. The Academicians added many detailed strictures on Corneille's language and style — on the whole, the *Sentiments de l'Académie* were a bitter and unfair piece of criticism. But they are still remembered as one of the first attempts at methodical literary study. The *querelle du Cid* — the name given to that literary battle — forced Corneille and many of his contemporaries to reflect and ponder upon the art of tragedy. Corneille henceforth is more conscious of his art; he perfects his technique, develops his skill, writes in a purer style; but even in his masterpiece, *Polyeucte*, he never recovered the freshness and *élan* which constitute the original charm of the *Cid*.

SYNOPSIS OF *LE CID*

ACT I

sc. i   Exposition through conversation and indirect presentation of the characters.

CHIMÈNE, wooed by two Castilian noblemen, DON SANCHE and DON RODRIGUE, is in love with the latter and hopes to marry him soon with the consent of her father, DON GOMÈS.

sc. ii

The INFANTA also admires and loves RODRIGUE and feels secretly jealous of CHIMÈNE's happiness.

sc. iii   The determining event of the tragedy.

The KING has entrusted the care of the young prince to RODRIGUE's father, DON DIÈGUE. DON GOMÈS, vexed by that appointment which deprives him of an honor he coveted, insults the elderly DON DIÈGUE and slaps him in the face.

DON DIÈGUE laments his old age and his inability to avenge himself.

DON DIÈGUE calls upon his son, RODRIGUE, to vindicate the honor of the family.

RODRIGUE's heart-rending dilemma: torn between his honor and his love for CHIMÈNE, he decides to avenge the insult and to challenge CHIMÈNE's father, DON GOMÈS.

DON GOMÈS refuses to apologize, and rejects the KING's advice.

RODRIGUE boldly challenges DON GOMÈS.

While the duel is taking place, CHIMÈNE expresses her anxiety, since she must lose either her father or her lover.

The INFANTA's hopes are revived, for RODRIGUE's victory would doom CHIMÈNE's hopes of marrying him.

The KING's wrath at the quarrel of his two courtiers, and his concern over an imminent attack of the Moors.

News of RODRIGUE's victory.

CHIMÈNE begs the KING to avenge her father on RODRIGUE, her lover.

RODRIGUE wishes to die by CHIMÈNE's own hand.

If CHIMÈNE fails to have justice done, she will accept DON SANCHE's offer to champion her cause.

CHIMÈNE confesses to her confidante her love for RODRIGUE, but she feels bound to seek his punishment.

RODRIGUE calls on CHIMÈNE and again offers her his life, while maintaining that he acted properly in fighting for his honor. CHIMÈNE

to prevail over the possible solution in the dénouement.

SC. V
SC. vi

expresses her sorrow; nevertheless, to remain true to herself and worthy of RODRIGUE's love, she must continue to prosecute him.

DON DIÈGUE finds his son and urges him to fight the Moors and thus be the heroic successor to DON GOMÈS.

ACT IV

SC. i   The hero triumphs over new obstacles. The dénouement appears to be nearer.

The battle against the Moors has been waged. News of RODRIGUE's glorious victory.

SC. ii

CHIMÈNE, however, persists in asking for vengeance.

SC. iii

The KING congratulates RODRIGUE and bestows upon him the title of LE CID. RODRIGUE's tale of the battle.

SC. iv
SC. v

The KING tells CHIMÈNE the false news of RODRIGUE's death in the battle. CHIMÈNE's real feelings are only too manifest. The KING is thus resolved to bring about their marriage.

ACT V

SC. i   Final ordeal before the dénouement, and solution of the problem to the satisfaction of all the characters.

CHIMÈNE accepts DON SANCHE as her champion. RODRIGUE bids her farewell before the combat. CHIMÈNE entreats him not to die; she will marry the victor.

SC. ii
SC. iii

The conflicting feelings in the heart of the INFANTA.

CHIMÈNE's impatience.

SC. iv
SC. v

DON SANCHE returns and CHIMÈNE, presuming that RODRIGUE is dead, gives vent to her sorrow.

SC. vi
SC. vii

DON SANCHE explains the misunderstanding; RODRIGUE was victor in the fight; the KING will marry them honorably after a year has passed.

EXPLICATION DE TEXTE

(References are to *Le Cid*, lines 969–1000.)

The method known as *Explication de texte* is widely practised in French schools and colleges and is becoming increasingly popular in America. It is intended to combat hasty and superficial reading, a tendency which is particularly harmful in the case of a foreign language. The hurried reader assumes he understands certain words because of their similarity to English; he vaguely seizes or merely guesses at the meaning and thus wastes his effort, since the nuances of style and the psychology of the characters escape him. Great writers are entitled to something more than passive receptivity and should receive from the student the homage of an active collaboration in the reading of their works.

This method is especially fruitful in the study of the drama; for a dramatist, unlike a novelist, cannot step in and point out to his audience what is going on in the minds of his characters while they are talking, dreaming, or acting. Shakespeare, Corneille, and Racine never resort to the clumsy device of O'Neill's *Strange Interlude*, but make us aware through dialogues and speeches of the true emotions of the characters and of their sufferings and secret terrors, no matter how restrained or apparently insignificant the words they may be uttering.

The purpose of an *Explication de texte* is therefore:

1. To determine accurately the position and function of a given passage in the play, and, consequently, to examine the structure of the entire play, and the part of each act and of each scene in the gradual progress which finally brings about the dénouement.

2. To study the characters as they reveal themselves in action: their evolution, their motives, the secret recesses of their minds.

3. To analyze the language of the author from the particular passage under consideration: i.e. his vocabulary (whether the words are archaic, technical, far-fetched, concrete, abstract) and his syntax (whether the sentences are short and unconnected, or logical, coherent, involved, etc.); his style (the use he makes of his language, the metaphors, the comparisons, the simplicity or the *préciosité* of the style, etc.) and, finally, his versification (rimes, cæsuræ, overflows, and especially the general quality of the rhythm, which may be musical, harsh, tender, soft, etc.).

In other words, the detailed consideration of (1) plot or action, (2) characters or psychology, (3) style and form, is indispensable to any *Explication de texte* and to any criticism of a play.

For all practical purposes, the following method of *explication* might be uniformly adopted (with the reminder that a method, however useful it may

19

be, must always vary with each particular author or passage to whom or to which it is applied).

A. General impression. — Every passage, if it has been selected with care, presents some of the characteristics of the author. Among these characteristics, one is probably more conspicuous or more important than the others, and it is this that the student must endeavor to recognize. In order to do so, he should read the assigned passage aloud, slowly, even dramatically, as if he were an actor, and try to bring out the subtleties of the author by stressing the proper words, the most telling phrases.

The whole *Explication* should center about that dominant feature of the passage and further discussion be organized around it. In this way the remarks will not look like disconnected footnotes and the *Explication* will be a coherent, logical study.

The predominating characteristic of the lines of *le Cid* referred to above is the pathetic tenderness of the tone; such an idyllic interview between two lovers is rare in Corneille. The commentary on this passage must center around the inner conflict which is rending the heart of Chimène. She cannot conceal the passion, the admiration, and the feminine, almost motherly pity she feels for her lover; the tragedy of her situation is in the restraint that she imposes upon her sentimental impulses. This scene is thus typical of the highest flights of Corneille's genius. Cornelian heroes always are moved by contrary forces: the physical passions or the impulses from the heart battle for dominion against the rational elements and the will power which attempt to hold them in check.

B. The circumstances. — Next in order should come the task of locating the passage in the play. The interview of Rodrigue and Chimène comes at the most tense moment of the play: Chimène's father has been killed by her own lover. Will she persist in her demand for vengeance? Will Rodrigue die? Upon Chimène's mood and decisions in this scene hinges the whole outcome of the play. The audience is in suspense, for every word uttered by Chimène at this point of the drama may indicate the development of the following acts and the solution of the mystery.

C. Division of the passage into its component parts. — The ideas, the feelings, or the moods expressed in a passage usually follow in a certain order planned by the author. Such an order would be more rational and obvious in a text of a philosophical character; it would be more subtle and more poetic in a passage from a dramatist or from a lyric poet. A close scrutiny of the order followed by the author will be a revelation of the working of his mind. In Corneille, the order is usually that of a logician; the characters reason in the most convincing fashion, as a well-trained orator or lawyer would do, using such formulæ as *donc, aussi, car enfin, quoique,* etc.

In the passage from the *Cid* indicated above, the three subdivisions would naturally be: lines 969–974 (Chimène's preoccupation with her reputation and her honor; she retains her self-control and dismisses Rodrigue), — lines 975–991 (love and tenderness suddenly triumph over Chimène's sense of honor and of duty, as she once more contemplates the wreck of her former hopes), — lines 992–1000 (Chimène, moved by her passion and on the verge of tears, promises not to survive the death of Rodrigue).

D. Commentary on the substance of the passage. — A close study of the *fond* of the passage, of its contents and substance, should now follow, preceding the commentary on the form and manner. If the author is a philosopher, an historian, or an essayist, the value of his ideas, their sources, their originality, their interest for us today, should be successively examined. With a poet or an artist, ideas matter little, and the study of the *fond* should center around the sensibility of the author or the psychology of his characters (if he is a novelist or a dramatist).

The *explication* of these lines 969–1000 in the *Cid* will have to bring out the dramatic value of the passage: Rodrigue and Chimène are struggling against each other, and against a powerful motive in their own selves which opposes their passion. The two lovers put up a gallant fight against the sentimental impulses of their hearts. Their exclamations:

> Rodrigue, qui l'eût cru ? — Chimène, qui l'eût dit ?

are all the more moving when we realize how valiantly they have been restraining their feelings, in order to retain their self-respect and their mutual admiration.

E. Commentary on the form. — This part of the *explication* must carefully avoid common, vague, meaningless phrases, e.g. "the style is clear, simple, condensed," etc. The study of the form should be based directly on the passage under consideration and should take up: (1) the vocabulary, (2) the syntax. Corneille's language is slightly more archaic than the language of Racine, Molière, and of the great writers who succeeded him. Words such as *heur* (988), *effet* (995) and phrases such as *encore que* (974, now obsolete, for *bien que*), *court hasard* (976), *encore un coup* (992), *tant que* (994, for *jusqu'à ce que*), *garde qu'on te voie* (997, for *prends garde qu'on ne te voie*) call for some explanation. *Ennui* (971) has now a much weaker meaning in French; *gloire* (971) and *feux* (981) belong to the language of gallantry set in fashion by the *précieuses*.

The commentary on the style should examine the adjectives and the manner in which they render the vision of a poet (here they are few, fraught with meaning and suggestive: *noire*, 970; *extrême*, 973; *unique*, 984; *mortelles*, 991; *mourante*, 993), also the metaphors, rare in Corneille and in French classical tragedy as contrasted with Shakespeare's lavish imagery, but all the more striking because of their infrequent use (line 975, *dans l'ombre de la nuit;* lines 989–990, the image of the ship wrecked near the harbor).

The chief test of a style is its adequacy in translating the thought or the feelings which the author wanted to convey. Hence, any study of the form must always examine to what extent the style fits the substance of the passage and is adapted to the characters depicted by the dramatist. As a rule Corneille's style is logical, intellectual, and clear-cut, more sculptural than musical. However, in the particular passage under consideration, the speeches are short and devoid of rhetoric. Here Corneille has been sparing in his use of antitheses (one of his favorite devices) and of high-sounding words; he has aimed successfully at moving his audience, and not at convincing them; at suggesting more than he actually says (note the interruptions, the lines ending in a deep sigh, e.g. lines 987, 988). The general impression is of tenderness and pathetic sorrow (e.g. lines 993 and 1000) which often sound a Racinian note.

The same conclusions might be drawn from a study of the versification, less abrupt than in many passages of Corneille, softer in tone, more musical. Corneille has been especially successful, in this passage, in rendering, through the numerous cæsuræ, the emotion of the characters, whose voices are almost on the point of breaking:

> Adieu. / Sors, / et surtout / garde bien / qu'on te voie . . .

> Je cherche / le silence / et la nuit / pour pleurer.

The versification is otherwise regular; the rimes, the Alexandrines divided after the sixth syllable, call for no special commentary.

F. Conclusion. — All the observations should then be briefly summed up in a conclusion, where the dominant features of the passage and its original interest should be once more emphasized.

LE CID

TRAGÉDIE

ACTEURS [1]

Don FERNAND, premier roi de Castille.[2]
Dona URRAQUE, infante de Castille.[3]
Don DIÈGUE, père de don Rodrigue.
Don GOMÈS, comte de Gormas, père de Chimène.
Don RODRIGUE, amant de Chimène.[4]
Don SANCHE, amoureux de Chimène.
Don ARIAS, ⎫
Don ALONSE, ⎬ gentilshommes castillans.
CHIMÈNE, fille de don Gomès.
LÉONOR, gouvernante de l'Infante.
ELVIRE, gouvernante de Chimène.
UN PAGE DE L'INFANTE.

La scène est à Séville.[5]

---

[1] **Acteurs** was generally used during the 17th and part of the 18th centuries for *Personnages*. [2] **Fernand,** or Ferdinand I, was king of Castile and Leon in the 11th century; he waged constant war against the Moors. [3] **infante,** *infanta, Spanish princess.* [4] **Rodrigue.** His real name was Ruy Diaz de Bivar (1040?–1099). [5] Seville was not taken from the Moors until 1248. Corneille confesses this anachronism in his *Examen* and explains that he needed to locate the action in a city by the water in order to make plausible the swift approach of the Moors. When *le Cid* was first performed, at the Théâtre du Marais, the setting showed, at the same time, the three places where the action is laid: the King's palace, Chimène's house, and a street in Seville. Three different settings are now used when *le Cid* is acted at the Comédie-Française.

Le soufflet. (handwritten)

ACTE PREMIER

SCÈNE PREMIÈRE

CHIMÈNE, ELVIRE.

CHIMÈNE

Elvire, m'as-tu fait un rapport bien sincère?
Ne déguises-tu rien de ce qu'a dit mon père?

ELVIRE

gouvernante – tutor – confidente – (handwritten)

Tous mes sens à moi-même en sont encor charmés: *ce sure épique* (handwritten)
Il estime Rodrigue autant que vous l'aimez, *" affaiblie* (handwritten)
Et, si je ne m'abuse à lire dans son âme,
Il vous commandera de répondre à sa flamme. 5

CHIMÈNE

Dis-moi donc, je te prie, une seconde fois
Ce qui te fait juger qu'il approuve mon choix:
Apprends-moi de nouveau quel espoir j'en dois prendre;
Un si charmant discours ne se peut trop entendre; 10
Tu ne peux trop promettre aux feux de notre amour
La douce liberté de se montrer au jour.
Que t'a-t-il répondu sur la secrète brigue,
Que font auprès de toi don Sanche et don Rodrigue?
N'as-tu point trop fait voir quelle inégalité 15
Entre ces deux amants me penche d'un côté?

ELVIRE

Non; j'ai peint votre cœur dans une indifférence
Qui n'enfle d'aucun d'eux ni détruit l'espérance,
Et sans les voir d'un œil trop sévère ou trop doux,

---

3. encor, instead of *encore,* often used in poetry, to gain a syllable for the line. — **charmés,** *entranced.* The words *charmer, charme* had a much stronger meaning in the 17th century. **5. à lire** = *en lisant.* **6. flamme.** The words *flamme, feu, ardeur* (meaning 'love,' 'passion') were then highly fashionable, due to the *précieuses* of the Hôtel de Rambouillet. **10. se** before the auxiliary (instead of between the auxiliary and the verb) was frequent in the 17th century. **16. me penche** = *me fait pencher.*

Attend l'ordre d'un père à choisir un époux.   20
Ce respect l'a ravi, sa bouche et son visage
M'en ont donné sur l'heure un digne témoignage,
Et puisqu'il vous en faut encor faire un récit,
Voici d'eux et de vous ce qu'en hâte il m'a dit:
« Elle est dans le devoir; tous deux sont dignes d'elle,   25
Tous deux formés d'un sang noble, vaillant, fidèle,
Jeunes, mais qui font lire aisément dans leurs yeux
L'éclatante vertu de leurs braves aïeux.
Don Rodrigue surtout n'a trait en son visage
Qui d'un homme de cœur ne soit la haute image,   30
Et sort d'une maison si féconde en guerriers,
Qu'ils y prennent naissance au milieu des lauriers.
La valeur de son père, en son temps sans pareille,
Tant qu'a duré sa force a passé pour merveille;
Ses rides sur son front ont gravé ses exploits,   35
Et nous disent encor ce qu'il fut autrefois.
Je me promets du fils ce que j'ai vu du père;
Et ma fille, en un mot, peut l'aimer et me plaire. »
    Il allait au conseil, dont l'heure qui pressait
A tranché ce discours qu'à peine il commençait;   40
Mais à ce peu de mots je crois que sa pensée
Entre vos deux amants n'est pas fort balancée.
Le Roi doit à son fils élire un gouverneur
Et c'est lui que regarde un tel degré d'honneur:
Ce choix n'est pas douteux, et sa rare vaillance   45
Ne peut souffrir qu'on craigne aucune concurrence.
Comme ses hauts exploits le rendent sans égal,
Dans un espoir si juste il sera sans rival;
Et puisque don Rodrigue a résolu son père
Au sortir du conseil à proposer l'affaire,   50
Je vous laisse à juger s'il prendra bien son temps,
Et si tous vos désirs seront bientôt contents.

CHIMÈNE
    Il semble toutefois que mon âme troublée
Refuse cette joie et s'en trouve accablée:

20. à = *pour. A* was commonly used at this time to express purpose (from Latin
ad with gerund).   25. dans le devoir, *dutiful.*   28. vertu, *valor.*   29. n'a trait =
n'a aucun trait.   30. cœur, frequently used in the sense of 'courage.'   43. à son
fils = *pour son fils.* — élire (Latin meaning) for *choisir.*   49. a résolu = *a persuadé.*
52. contents, archaic for *contentés.*

Puith.

Un moment donne au sort des visages divers,   55
Et dans ce grand bonheur je crains un grand revers.

ELVIRE

Vous verrez cette crainte heureusement déçue.

CHIMÈNE

Allons, quoi qu'il en soit, en attendre l'issue.

SCÈNE II

L'INFANTE, LÉONOR, PAGE.

L'INFANTE

Page, allez avertir Chimène de ma part
Qu'aujourd'hui pour me voir elle attend un peu tard,   60
Et que mon amitié se plaint de sa paresse.

(*Le Page rentre.*)

LÉONOR

Madame, chaque jour même désir vous presse;
Et dans son entretien je vous vois chaque jour
Demander en quel point se trouve son amour.

L'INFANTE

Ce n'est pas sans sujet: je l'ai presque forcée   65
A recevoir les traits dont son âme est blessée.
Elle aime don Rodrigue, et le tient de ma main,
Et par moi don Rodrigue a vaincu son dédain:
Ainsi de ces amants ayant formé les chaînes,
Je dois prendre intérêt à voir finir leurs peines.   70

LÉONOR

Madame, toutefois parmi leurs bons succès
Vous montrez un chagrin qui va jusqu'à l'excès.
Cet amour, qui tous deux les comble d'allégresse,
Fait-il de ce grand cœur la profonde tristesse?

55. **visages,** *aspects.* 62. **même** = *le même.* 66. **blessée.** To be wounded by the arrows (*les traits*) of Cupid, or of love, was a favorite phrase in the language of the *précieuses.* 71. **succès** was used in classical French to mean 'result,' whether happy or unhappy.

Et ce grand intérêt que vous prenez pour eux   75
Vous rend-il malheureuse alors qu'ils sont heureux?
Mais je vais trop avant, et deviens indiscrète.

L'INFANTE

Ma tristesse redouble à la tenir secrète.
Écoute, écoute enfin comme j'ai combattu,
Écoute quels assauts brave encor ma vertu.   80
L'amour est un tyran qui n'épargne personne:
Ce jeune cavalier, cet amant que je donne,
Je l'aime.

LÉONOR

       Vous l'aimez!

L'INFANTE

           Mets la main sur mon cœur,
Et vois comme il se trouble au nom de son vainqueur,
Comme il le reconnaît.

LÉONOR

           Pardonnez-moi, Madame,   85
Si je sors du respect pour blâmer cette flamme.
Une grande princesse à ce point s'oublier
Que d'admettre en son cœur un simple cavalier!
Et que dirait le Roi, que dirait la Castille?
Vous souvient-il encor de qui vous êtes fille?   90

L'INFANTE

Il m'en souvient si bien que j'épandrai mon sang
Avant que je m'abaisse à démentir mon rang.
Je te répondrais bien que dans les belles âmes
Le seul mérite a droit de produire des flammes;
Et, si ma passion cherchait à s'excuser,   95
Mille exemples fameux pourraient l'autoriser;
Mais je n'en veux point suivre où ma gloire s'engage;
La surprise des sens n'abat point mon courage;
Et je me dis toujours qu'étant fille de roi

---

80. **vertu** here and elsewhere, when applied to women, signifies pride, honor, strength of character, sense of duty.   82. **cavalier.** Corneille had first written *chevalier*, then he decided to adopt the more fashionable term *cavalier*, which meant not only 'horseman,' but also 'gentleman.'   90. **Vous souvient-il** = *Vous souvenez-vous.* The impersonal construction was used more frequently than it is today.   97. **en** refers to *exemples* in the previous line. — **gloire**, *reputation, honor.*

Tout autre qu'un monarque est indigne de moi.   100
Quand je vis que mon cœur ne se pouvait défendre,
Moi-même je donnai ce que je n'osais prendre.
Je mis, au lieu de moi, Chimène en ses liens,
Et j'allumai leurs feux pour éteindre les miens.
Ne t'étonne donc plus si mon âme gênée   105
Avec impatience attend leur hyménée:
Tu vois que mon repos en dépend aujourd'hui.
Si l'amour vit d'espoir, il périt avec lui:
C'est un feu qui s'éteint, faute de nourriture;
Et malgré la rigueur de ma triste aventure,   110
Si Chimène a jamais Rodrigue pour mari,
Mon espérance est morte, et mon esprit guéri.
Je souffre cependant un tourment incroyable:
Jusques à cet hymen Rodrigue m'est aimable;
Je travaille à le perdre, et le perds à regret;   115
Et de là prend son cours mon déplaisir secret.
Je vois avec chagrin que l'amour me contraigne
A pousser des soupirs pour ce que je dédaigne;
Je sens en deux partis mon esprit divisé:
Si mon courage est haut, mon cœur est embrasé;   120
Cet hymen m'est fatal, je le crains, et souhaite:
Je n'ose en espérer qu'une joie imparfaite.
Ma gloire et mon amour ont pour moi tant d'appas,
Que je meurs s'il s'achève ou ne s'achève pas.

LÉONOR

Madame, après cela je n'ai rien à vous dire,   125
Sinon que de vos maux avec vous je soupire:
Je vous blâmais tantôt, je vous plains à présent;
Mais, puisque dans un mal si doux et si cuisant
Votre vertu combat et son charme et sa force,
En repousse l'assaut, en rejette l'amorce,   130
Elle rendra le calme à vos esprits flottants.
Espérez donc tout d'elle, et du secours du temps;
Espérez tout du ciel: il a trop de justice
Pour laisser la vertu dans un si long supplice.

---

105. **gênée**, *tormented.*   118. **pousser des soupirs**, *sigh.*   120. **courage**, *resolution,*
steadfastness.   121. **souhaite.**   *Le* is understood.   131. **vos esprits**, often used by
Corneille for the singular.

L'INFANTE

> Ma plus douce espérance est de perdre l'espoir.   135

LE PAGE

> Par vos commandements Chimène vous vient voir.

L'INFANTE, *à Léonor*

> Allez l'entretenir en cette galerie.

LÉONOR

> Voulez-vous demeurer dedans la rêverie?

L'INFANTE

> Non, je veux seulement, malgré mon déplaisir,
> Remettre mon visage un peu plus à loisir.   140
> Je vous suis.   Juste ciel, d'où j'attends mon remède,
> Mets enfin quelque borne au mal qui me possède:
> Assure mon repos, assure mon honneur.
> Dans le bonheur d'autrui je cherche mon bonheur:
> Cet hyménée à trois également importe;   145
> Rends son effet plus prompt, ou mon âme plus forte.
> D'un lien conjugal joindre ces deux amants,
> C'est briser tous mes fers, et finir mes tourments.
> Mais je tarde un peu trop: allons trouver Chimène,
> Et par son entretien soulager notre peine.   150

SCÈNE III

LE COMTE, DON DIÈGUE.

LE COMTE

> Enfin vous l'emportez, et la faveur du Roi
> Vous élève en un rang qui n'était dû qu'à moi:
> Il vous fait gouverneur du prince de Castille.

---

138. **dedans,** often used in the 17th century for *dans,* just as *dessous* was used for *sous.*   148. **fers,** *chains,* another *précieux* term.

DON DIÈGUE

Cette marque d'honneur qu'il met dans ma famille
Montre à tous qu'il est juste, et fait connaître assez   155
Qu'il sait récompenser les services passés.

LE COMTE

Pour grands que soient les rois, ils sont ce que nous sommes:
Ils peuvent se tromper comme les autres hommes;
Et ce choix sert de preuve à tous les courtisans
Qu'ils savent mal payer les services présents.   160

DON DIÈGUE

Ne parlons plus d'un choix dont votre esprit s'irrite:
La faveur l'a pu faire autant que le mérite;
Mais on doit ce respect au pouvoir absolu,
De n'examiner rien quand un roi l'a voulu.
A l'honneur qu'il m'a fait ajoutez-en un autre;   165
Joignons d'un sacré nœud ma maison à la vôtre:
Vous n'avez qu'une fille, et moi je n'ai qu'un fils;
Leur hymen nous peut rendre à jamais plus qu'amis:
Faites-nous cette grâce, et l'acceptez pour gendre.

LE COMTE

A des partis plus hauts ce beau fils doit prétendre;   170
Et le nouvel éclat de votre dignité
Lui doit enfler le cœur d'une autre vanité.
Exercez-la, Monsieur, et gouvernez le Prince;

SCENE III. In the 18th century, the play opened with this famous quarrel scene which is indeed more dramatic and more skillfully developed than the first two scenes. Yet the beginning is essential, since we must first be informed of the betrothal of the two lovers, in order to be interested in the quarrel between their fathers. The second scene of this first act is one of the weakest in the play, and only serves to introduce the Infanta, who is an episodic personage throughout the tragedy; her conventional and artificial love for Rodrigue is a foil to Chimène's violent and sincere passion and enhances the greatness of the hero, loved by the noblest ladies of the land. The structure of Scene III (long speeches followed by shorter, antithetical speeches, and the gradual working up to the climax of the quarrel) is highly dramatic. The King's choice was made during the previous scene. Corneille now shows the effect of that choice upon the characters of the two fathers.   152. en = à.   157. Pour grands que = Quelque grands que, 'However great.'   166. sacré nœud. In the 17th century the adjective was placed before the noun more frequently than in modern French.

Montrez-lui comme il faut régir une province,
Faire trembler partout les peuples sous sa loi,   175
Remplir les bons d'amour, et les méchants d'effroi.
Joignez à ces vertus celles d'un capitaine:
Montrez-lui comme il faut s'endurcir à la peine,
Dans le métier de Mars se rendre sans égal,
Passer les jours entiers et les nuits à cheval,   180
Reposer tout armé, forcer une muraille,
Et ne devoir qu'à soi le gain d'une bataille.
Instruisez-le d'exemple, et rendez-le parfait,
Expliquant à ses yeux vos leçons par l'effet.

DON DIÈGUE

Pour s'instruire d'exemple, en dépit de l'envie,   185
Il lira seulement l'histoire de ma vie.
Là, dans un long tissu de belles actions,
Il verra comme il faut dompter les nations,
Attaquer une place, ordonner une armée,
Et sur de grands exploits bâtir sa renommée.   190

LE COMTE

Les exemples vivants sont d'un autre pouvoir;
Un prince dans un livre apprend mal son devoir.
Et qu'a fait après tout ce grand nombre d'années
Que ne puisse égaler une de mes journées ?
Si vous fûtes vaillant, je le suis aujourd'hui,   195
Et ce bras du royaume est le plus ferme appui.
Grenade et l'Aragon tremblent quand ce fer brille;
Mon nom sert de rempart à toute la Castille:
Sans moi, vous passeriez bientôt sous d'autres lois,
Et vous auriez bientôt vos ennemis pour rois.   200
Chaque jour, chaque instant, pour rehausser ma gloire,
Met lauriers sur lauriers, victoire sur victoire.
Le Prince, à mes côtés, ferait dans les combats
L'essai de son courage à l'ombre de mon bras;
Il apprendrait à vaincre en me regardant faire;   205
Et pour répondre en hâte à son grand caractère,
Il verrait . . .

184. **effet,** *performance.*   185. **d'exemple** = *par l'exemple.*   189. **ordonner,** not
'command,' but 'organize.'   191. **d'un autre pouvoir,** *more effective.*

DON DIÈGUE

    Je le sais; vous servez bien le Roi,
Je vous ai vu combattre et commander sous moi.
Quand l'âge dans mes nerfs a fait couler sa glace,
Votre rare valeur a bien rempli ma place;   210
Enfin, pour épargner les discours superflus,
Vous êtes aujourd'hui ce qu'autrefois je fus.
Vous voyez toutefois qu'en cette concurrence
Un monarque entre nous nous met quelque différence.

LE COMTE

  Ce que je méritais, vous l'avez emporté.   215

DON DIÈGUE

  Qui l'a gagné sur vous l'avait mieux mérité.

LE COMTE

  Qui peut mieux l'exercer en est bien le plus digne.

DON DIÈGUE

  En être refusé n'en est pas un bon signe.

LE COMTE

  Vous l'avez eu par brigue, étant vieux courtisan.

DON DIÈGUE

  L'éclat de mes hauts faits fut mon seul partisan.   220

LE COMTE

  Parlons-en mieux, le Roi fait honneur à votre âge.

DON DIÈGUE

  Le Roi, quand il en fait, le mesure au courage.

LE COMTE

  Et par là cet honneur n'était dû qu'à mon bras.

  215 ff. This use of parallel, contrasting lines, frequent in Greek tragedies, is often found in Corneille. Many of these concise, telling lines have become proverbs or familiar quotations in France. They are typical *vers cornéliens.* **221. Parlons-en mieux,** *Let us rather say.*

DON DIÈGUE

Qui n'a pu l'obtenir ne le méritait pas.

LE COMTE

Ne le méritait pas! Moi?

DON DIÈGUE

Vous.

LE COMTE

Ton impudence,   225
Téméraire vieillard, aura sa récompense.

(*Il lui donne un soufflet.*)

DON DIÈGUE, *mettant l'épée à la main.*

Achève, et prends ma vie après un tel affront,
Le premier dont ma race ait vu rougir son front.

LE COMTE

Et que penses-tu faire avec tant de faiblesse?

DON DIÈGUE

O Dieu! ma force usée en ce besoin me laisse!   230

LE COMTE

Ton épée est à moi; mais tu serais trop vain
Si ce honteux trophée avait chargé ma main.
    Adieu: Fais lire au Prince, en dépit de l'envie,
Pour son instruction, l'histoire de ta vie:
D'un insolent discours ce juste châtiment   235
Ne lui servira pas d'un petit ornement.

225. **Ton impudence,** note the change of tone marked by the use of the contemptuous *ton*, *tu*, etc. This box on the ears, which shocked the timid taste of Voltaire and other 18th century critics, is obviously necessary to the development of the play. Such a violent insult necessitates an act of revenge on the part of the offended nobleman or of his family. It no longer appears to us as beneath tragic dignity. Corneille purposely has the scene of the blow enacted before the audience in order to arouse sympathy for Rodrigue, while the death of the Count takes place behind the scenes.

SCÈNE IV

Don Diègue. *(Rodrigue)*

O rage! ô désespoir! ô vieillesse ennemie!
N'ai-je donc tant vécu que pour cette infamie?
Et ne suis-je blanchi dans les travaux guerriers
Que pour voir en un jour flétrir tant de lauriers?   240
Mon bras, qu'avec respect toute l'Espagne admire,
Mon bras, qui tant de fois a sauvé cet empire,
Tant de fois affermi le trône de son roi,
Trahit donc ma querelle, et ne fait rien pour moi?
O cruel souvenir de ma gloire passée!   245
Œuvre de tant de jours en un jour effacée!
Nouvelle dignité fatale à mon bonheur!
Précipice élevé d'où tombe mon honneur!
Faut-il de votre éclat voir triompher le Comte,
Et mourir sans vengeance, ou vivre dans la honte?   250
Comte, sois de mon prince à présent gouverneur:
Ce haut rang n'admet point un homme sans honneur;
Et ton jaloux orgueil, par cet affront insigne,
Malgré le choix du Roi, m'en a su rendre indigne.
Et toi, de mes exploits glorieux instrument,   255
Mais d'un corps tout de glace inutile ornement,
Fer, jadis tant à craindre, et qui, dans cette offense
M'as servi de parade, et non pas de défense,
Va, quitte désormais le dernier des humains,
Passe, pour me venger, en de meilleures mains.   260

Scène IV. This soliloquy constitutes the transition between the two famous and lively scenes, III and V. It is a tragic portrayal of the character of the old nobleman; it evokes the pity of the audience for this insulted warrior, and helps us to understand how powerful was the cult of honor, which is the dominant motif of the tragedy. **248.** Précipice and votre in l. 249 refer to *dignité* in l. 247. **259.** Don Diègue exaggerates his own dishonor. This is a typical trait of his character, as Corneille conceived it, and depicts the lofty sense of honor of the Spaniards.

SCÈNE V

Don Diègue, Don Rodrigue.

DON DIÈGUE

    Rodrigue, as-tu du cœur?

DON RODRIGUE

                        Tout autre que mon père
    L'éprouverait sur l'heure.

DON DIÈGUE

                        Agréable colère!
    Digne ressentiment à ma douleur bien doux!
    Je reconnais mon sang à ce noble courroux;
    Ma jeunesse revit en cette ardeur si prompte.   265
    Viens, mon fils, viens, mon sang, viens réparer ma honte;
    Viens me venger.

DON RODRIGUE

              De quoi?

DON DIÈGUE

                      D'un affront si cruel,
    Qu'à l'honneur de tous deux il porte un coup mortel:
    D'un soufflet. L'insolent en eût perdu la vie;
    Mais mon âge a trompé ma généreuse envie: 270
    Et ce fer que mon bras ne peut plus soutenir,
    Je le remets au tien pour venger et punir.
        Va contre un arrogant éprouver ton courage:
    Ce n'est que dans le sang qu'on lave un tel outrage;
    Meurs ou tue. Au surplus, pour ne te point flatter,   275
    Je te donne à combattre un homme à redouter:
    Je l'ai vu tout couvert de sang et de poussière,
    Porter partout l'effroi dans une armée entière.
    J'ai vu par sa valeur cent escadrons rompus;

SCENE V. This famous scene, in which Corneille has toned down the melodramatic and barbarous spirit of the Spanish original, is one of the most effective and artistic in the whole play. The hero appears here for the first time, after our curiosity has been aroused by the previous scenes of preparation. This impetuous character and the tragic conflict between his sense of honor and his passionate love at once arrest our attention and awaken our admiration. 270. généreuse, *noble*. 274. This line is taken from the Spanish original. Guillén de Castro represents Don Diègue literally washing the trace of the blow off his cheek with the blood of his deceased adversary.

Et, pour t'en dire encor quelque chose de plus, 280
Plus que brave soldat, plus que grand capitaine,
C'est . . .

DON RODRIGUE

De grâce, achevez.

DON DIÈGUE

Le père de Chimène.

DON RODRIGUE

Le . . .

DON DIÈGUE

Ne réplique point, je connais ton amour;
Mais qui peut vivre infâme est indigne du jour.
Plus l'offenseur est cher, et plus grande est l'offense. 285
Enfin, tu sais l'affront et tu tiens la vengeance:
Je ne te dis plus rien. Venge-moi, venge-toi;
Montre-toi digne fils d'un père tel que moi:
Accablé des malheurs où le destin me range,
Je vais les déplorer: va, cours, vole, et nous venge. 290

SCÈNE VI

Don Rodrigue.

Passage lyric

Percé jusques au fond du cœur
D'une atteinte imprévue aussi bien que mortelle,
Misérable vengeur d'une juste querelle,
Et malheureux objet d'une injuste rigueur,
Je demeure immobile, et mon âme abattue *Vers nels,* 295
Cède au coup qui me tue.

286. **la vengeance,** i.e. your sword. 289. **où** = *auxquels.* — **range,** *subjects.* 290. A famous line because of the alliteration and the use of brief, swift, monosyllabic words.

Scene VI. These *stances*, which constitute a lyrical monologue, were fairly common in French tragedy when Corneille composed *le Cid;* they went out of fashion a few years later. The forced antitheses, the conceits, the refined elegance of the style and the artificiality of the repetitions have been sharply criticized, even by Corneille himself. Yet this soliloquy is genuinely dramatic, for Corneille's drama is above all a drama of the soul and in the soul. It is, besides, an excellent example of Corneille's lyricism, the lyricism which expresses the exaltation of will power triumphing over all obstacles. 294. **rigueur,** i.e. of fate.

Si près de voir mon feu récompensé,
O Dieu, l'étrange peine!
En cet affront, mon père est l'offensé,
Et l'offenseur le père de Chimène!   300

Que je sens de rudes combats!
Contre mon propre honneur mon amour s'intéresse:
Il faut venger un père et perdre une maîtresse:
L'un m'anime le cœur, l'autre retient mon bras.
Réduit au triste choix ou de trahir ma flamme,   305
    Ou de vivre en infâme,
Des deux côtés mon mal est infini.
    O Dieu, l'étrange peine!
Faut-il laisser un affront impuni?
Faut-il punir le père de Chimène?   310

    Père, maîtresse, honneur, amour,
Noble et dure contrainte, aimable tyrannie,
Tous mes plaisirs sont morts, ou ma gloire ternie.
L'un me rend malheureux, l'autre indigne du jour.
Cher et cruel espoir d'une âme généreuse,   315
    Mais ensemble amoureuse,
Digne ennemi de mon plus grand bonheur,
    Fer qui causes ma peine,
M'es-tu donné pour venger mon honneur?
M'es-tu donné pour perdre ma Chimène?   320

    Il vaut mieux courir au trépas.
Je dois à ma maîtresse aussi bien qu'à mon père:
J'attire en me vengeant sa haine et sa colère;
J'attire ses mépris en ne me vengeant pas.
A mon plus doux espoir l'un me rend infidèle,   325
    Et l'autre indigne d'elle.
Mon mal augmente à le vouloir guérir;
    Tout redouble ma peine.
Allons, mon âme; et puisqu'il faut mourir,
Mourons du moins sans offenser Chimène.   330

---

302. s'intéresse, *takes sides.*   303. maîtresse in the 17th century was the equivalent of *amante*, and neither word had the pejorative meaning both have today.
316. ensemble, *at the same time.*   322. je dois à. *I have obligations to.*   330. Corneille wanted us to feel how intense and pathetic is the struggle which tears Rodrigue's
heart. The final decision of the hero is none the less easy to foresee: Rodrigue dies

Mourir sans tirer ma raison!
Rechercher un trépas si mortel à ma gloire!
Endurer que l'Espagne impute à ma mémoire
D'avoir mal soutenu l'honneur de ma maison!
Respecter un amour dont mon âme égarée   335
        Voit la perte assurée!
N'écoutons plus ce penser suborneur,
        Qui ne sert qu'à ma peine.
Allons, mon bras, sauvons du moins l'honneur,
Puisqu'après tout il faut perdre Chimène.   340

        Oui, mon esprit s'était déçu.   *drame
Je dois tout à mon père avant qu'à ma maîtresse: psychologique*
Que je meure au combat, ou meure de tristesse,
Je rendrai mon sang pur comme je l'ai reçu.
Je m'accuse déjà de trop de négligence: 345
        Courons à la vengeance;
Et, tout honteux d'avoir tant balancé,
        Ne soyons plus en peine,
Puisqu'aujourd'hui mon père est l'offensé,
Si l'offenseur est père de Chimène.   350

mort / suicide

only metaphorically, but this inner struggle gives more truth and more human interest
to his character.   **331. sans tirer ma raison,** *without obtaining satisfaction.*   **337. penser** = *pensée.* An archaic and poetical use of the infinitive as a noun.   **350.** The evolution of Rodrigue's character is already noticeable at the end of the first act.   He is the
refined and *précieux cavalier,* popular with Corneille's contemporaries; but his heroic
decision has been taken. As the curtain falls, the audience feels in sympathy with
the hero, but remains in doubt as to the outcome of the duel between him and
Chimène's father.

être conscient et agir.

La victoire sur le Comte.

ACTE DEUXIÈME

SCÈNE PREMIÈRE

DON ARIAS, LE COMTE. *Don Gomez*

LE COMTE *Gentilhomme.*

Je l'avoue entre nous, mon sang un peu trop chaud
S'est trop ému d'un mot, et l'a porté trop haut;
Mais, puisque c'en est fait, le coup est sans remède.

DON ARIAS

Qu'aux volontés du Roi ce grand courage cède:
Il y prend grande part, et son cœur irrité   355
Agira contre vous de pleine autorité.
Aussi vous n'avez point de valable défense:
Le rang de l'offensé, la grandeur de l'offense,
Demandent des devoirs et des submissions
Qui passent le commun des satisfactions.   360

LE COMTE

Le Roi peut à son gré disposer de ma vie.

DON ARIAS

De trop d'emportement votre faute est suivie.
Le Roi vous aime encore, apaisez son courroux.
Il a dit: « Je le veux »; désobéirez-vous?

SCENE I. During the interval between Acts I and II, the King has been informed of the quarrel and has sent Don Arias, who tries in vain to bring about a reconciliation. The Count haughtily refuses any apologies. Corneille thus justifies Rodrigue's challenge in the following scene, and the audience will unreservedly take sides with the young hero, against the stubborn insolence of the Count.   352. **l'a porté trop haut,** *made me assume too haughty a tone.*   355. **Il y prend grande part,** *He* (the King) *takes great interest in this affair.*   359. **submissions.** Corneille regularly prefers this form, already archaic in his day, to *soumissions.*   360. **passent** = *dépassent.* — **le commun,** *the ordinary kind of reparations.* The line is not very clear, and was criticized by the French Academy.

LE COMTE

    Monsieur, pour conserver tout ce que j'ai d'estime,   365
    Désobéir un peu n'est pas un si grand crime;
    Et, quelque grand qu'il soit, mes services présents
    Pour le faire abolir sont plus que suffisants.

DON ARIAS

    Quoi qu'on fasse d'illustre et de considérable,
    Jamais à son sujet un roi n'est redevable.   370
    Vous vous flattez beaucoup, et vous devez savoir
    Que qui sert bien son roi ne fait que son devoir.
    Vous vous perdrez, Monsieur, sur cette confiance.

LE COMTE

    Je ne vous en croirai qu'après l'expérience.

DON ARIAS

    Vous devez redouter la puissance d'un roi.   375

LE COMTE

    Un jour seul ne perd pas un homme tel que moi.   *orgueil.*
    Que toute sa grandeur s'arme pour mon supplice,
    Tout l'État périra, s'il faut que je périsse.

DON ARIAS

    Quoi! vous craignez si peu le pouvoir souverain . . .

LE COMTE

    D'un sceptre qui sans moi tomberait de sa main.   380
    Il a trop d'intérêt lui-même en ma personne,
    Et ma tête en tombant ferait choir sa couronne.

DON ARIAS

    Souffrez que la raison remette vos esprits.
    Prenez un bon conseil.

LE COMTE

                    Le conseil en est pris.

    365. **tout ce que j'ai d'estime,** *all the esteem people have for me, my good reputation.*
368. **abolir** = *pardonner.*   373. **sur cette confiance** = *(if you rely) upon this belief
(of yours).*   376 ff. These arrogant words were filled with meaning for Corneille's
contemporaries; they seemed to refer to the proud noblemen whom Richelieu had been
fighting and humiliating.   383. **remette,** *soothe.*   384. **Le conseil en est pris,** *My
decision is made.*

DON ARIAS

    Que lui dirai-je enfin? je lui dois rendre compte.   385

LE COMTE

    Que je ne puis du tout consentir à ma honte.

DON ARIAS

    Mais songez que les rois veulent être absolus.

LE COMTE

    Le sort en est jeté, Monsieur, n'en parlons plus.

DON ARIAS

    Adieu donc, puisqu'en vain je tâche à vous résoudre:
    Avec tous vos lauriers, craignez encor le foudre.   390

LE COMTE

    Je l'attendrai sans peur.

DON ARIAS

                Mais non pas sans effet.

LE COMTE

    Nous verrons donc par là don Diègue satisfait.
              (Il est seul.)
    Qui ne craint point la mort ne craint point les menaces.
    J'ai le cœur au-dessus des plus fières disgrâces;
    Et l'on peut me réduire à vivre sans bonheur,   395
    Mais non pas me résoudre à vivre sans honneur.

SCÈNE II

Le Comte, Don Rodrigue.

DON RODRIGUE

    A moi, Comte, deux mots.

LE COMTE

                Parle.

---

   385. **compte,** the original text has *conte.* The two forms were interchangeable in the 17th century.   391. **effet,** *result.*   396. Honor is the final word of this proud Spanish nobleman. During the first scene of Act II, Rodrigue has been looking for the Count, whom he now challenges in this brilliant second scene. The quick, heated replies read like a verbal duel.

DON RODRIGUE

                           Ote-moi d'un doute.

Connais-tu bien don Diègue?

LE COMTE

                  Oui.

DON RODRIGUE

                    Parlons bas; écoute.
Sais-tu que ce vieillard fut la même vertu,
La vaillance et l'honneur de son temps? le sais-tu?   400

LE COMTE

    Peut-être.

DON RODRIGUE

           Cette ardeur que dans les yeux je porte,
Sais-tu que c'est son sang? le sais-tu?

LE COMTE

                        Que m'importe?

DON RODRIGUE

   A quatre pas d'ici je te le fais savoir.

LE COMTE

    Jeune présomptueux!

DON RODRIGUE

                Parle sans t'émouvoir.
Je suis jeune, il est vrai; mais aux âmes bien nées *sentencieu* 405
La valeur n'attend point le nombre des années.

LE COMTE

    Te mesurer à moi! qui t'a rendu si vain,
Toi qu'on n'a jamais vu les armes à la main?

DON RODRIGUE

    Mes pareils à deux fois ne se font point connaître,
Et pour leurs coups d'essai veulent des coups de maître.   410

399. la **même vertu** = *la vertu même.*   405-06. Famous lines, frequently quoted and now almost proverbial.   409-10. **Mes pareils . . . maître,** *Men such as I need no second test to make their valor known; for them the trial stroke is also the master stroke.*

LE COMTE

     Sais-tu bien qui je suis?

DON RODRIGUE

                      Oui; tout autre que moi
Au seul bruit de ton nom pourrait trembler d'effroi.
Les palmes dont je vois ta tête si couverte
Semblent porter écrit le destin de ma perte.
J'attaque en téméraire un bras toujours vainqueur;   415
Mais j'aurai trop de force, ayant assez de cœur.
A qui venge son père il n'est rien impossible.
Ton bras est invaincu, mais non pas invincible.

LE COMTE

     Ce grand cœur qui paraît aux discours que tu tiens,
Par tes yeux, chaque jour, se découvrait aux miens;   420
Et, croyant voir en toi l'honneur de la Castille,
Mon âme avec plaisir te destinait ma fille.
Je sais ta passion, et suis ravi de voir
Que tous ses mouvements cèdent à ton devoir;
Qu'ils n'ont point affaibli cette ardeur magnanime;   425
Que ta haute vertu répond à mon estime;
Et que, voulant pour gendre un cavalier parfait,
Je ne me trompais point au choix que j'avais fait;
Mais je sens que pour toi ma pitié s'intéresse;
J'admire ton courage et je plains ta jeunesse.   430
Ne cherche point à faire un coup d'essai fatal;
Dispense ma valeur d'un combat inégal;
Trop peu d'honneur pour moi suivrait cette victoire:
A vaincre sans péril, on triomphe sans gloire.
On te croirait toujours abattu sans effort;   435
Et j'aurais seulement le regret de ta mort.

DON RODRIGUE

     D'une indigne pitié ton audace est suivie:
Qui m'ose ôter l'honneur craint de m'ôter la vie?

---

412. **bruit** means both 'sound' in the physical sense, and 'fame,' 'glory.'   424. **mou-vement**, in the language of classical tragedy, is applied to the manifestation of any passionate feeling. This line is typically Cornelian.   428. **au** = *dans le*.   429–34. These moving lines add a human touch to the character of the Count. He cannot help approving the fiery courage of this young man, whom he would have welcomed as his son-in-law. The music of the verse becomes more harmonious and tinged with sadness.   434. **A vaincre** = *En vainquant*.

LE COMTE

Retire-toi d'ici.

DON RODRIGUE

Marchons sans discourir.

LE COMTE

Es-tu si las de vivre?

DON RODRIGUE

As-tu peur de mourir?   440

LE COMTE

Viens, tu fais ton devoir, et le fils dégénère
Qui survit un moment à l'honneur de son père.

SCÈNE III

L'INFANTE, CHIMÈNE, LÉONOR.

L'INFANTE

Apaise, ma Chimène, apaise ta douleur:
Fais agir ta constance en ce coup de malheur.
Tu reverras le calme après ce faible orage;   445
Ton bonheur n'est couvert que d'un peu de nuage,
Et tu n'as rien perdu pour le voir différer.

CHIMÈNE

Mon cœur, outré d'ennuis, n'ose rien espérer.
Un orage si prompt qui trouble une bonace

442. The duel is going to take place behind the scenes; we shall hear the result in lines 633 ff. This is a custom of the classical tragedy; but it must not be taken as a mere device intended to spare the nerves of the audience. Corneille's contemporaries were accustomed to seeing enough duels in real life! It is rather an effect of the *vraisemblance* dear to French tragedy. The audience is aware that the actor is only pretending, when he falls dead on the stage; it was more convincing to them to hear about the murder than to witness it.

SCENE III. Corneille's intention, clearly emphasized by the recurrence of such words as *apaise* and *calme*, was to relieve the dramatic tension by this restful scene. The taste of 17th century France banished the scenes of pure comedy and crude jests which were common in the English drama; the relief, necessary after violent emotions have been aroused, is produced by quieter means. 447. **pour** with the infinitive is equivalent here to *parce que* with a finite mood. 449–51. Images drawn from the sea, ships, harbors, and storms are among the most frequent in Corneille and Racine.

D'un naufrage certain nous porte la menace: 450
Je n'en saurais douter, je péris dans le port.
J'aimais, j'étais aimée, et nos pères d'accord;
Et je vous en contais la charmante nouvelle,
Au malheureux moment que naissait leur querelle,
Dont le récit fatal, sitôt qu'on vous l'a fait,   455
D'une si douce attente a ruiné l'effet.
   Maudite ambition, détestable manie,
Dont les plus généreux souffrent la tyrannie!
Honneur impitoyable à mes plus chers désirs,
Que tu me vas coûter de pleurs et de soupirs!   460

L'INFANTE

Tu n'as dans leur querelle aucun sujet de craindre:
Un moment l'a fait naître, un moment va l'éteindre.
Elle a fait trop de bruit pour ne pas s'accorder,
Puisque déjà le Roi les veut accommoder;
Et tu sais que mon âme, à tes ennuis sensible,   465
Pour en tarir la source y fera l'impossible.

CHIMÈNE

Les accommodements ne font rien en ce point;
De si mortels affronts ne se réparent point.
En vain on fait agir la force et la prudence:
Si l'on guérit le mal, ce n'est qu'en apparence.   470
La haine que les cœurs conservent au dedans
Nourrit des feux cachés, mais d'autant plus ardents.

L'INFANTE

Le saint nœud qui joindra don Rodrigue et Chimène
Des pères ennemis dissipera la haine;
Et nous verrons bientôt votre amour le plus fort   475
Par un heureux hymen étouffer ce discord.

CHIMÈNE

Je le souhaite ainsi plus que je ne l'espère:
Don Diègue est trop altier, et je connais mon père.

---

454. que = où.　457. manie has the Greek meaning of 'madness,' 'insane quarrel.'
463. s'accorder is archaic in this sense of 'be settled.'　464. accommoder, reconcile.
No longer used in this sense.　476. ce discord, archaic for cette discorde.

Je sens couler des pleurs que je veux retenir;
Le passé me tourmente, et je crains l'avenir.   480

L'INFANTE

Que crains-tu? d'un vieillard l'impuissante faiblesse?

CHIMÈNE

Rodrigue a du courage.

L'INFANTE

                    Il a trop de jeunesse.

CHIMÈNE

Les hommes valeureux le sont du premier coup.

L'INFANTE

Tu ne dois pas pourtant le redouter beaucoup:
Il est trop amoureux pour te vouloir déplaire,   485
Et deux mots de ta bouche arrêtent sa colère.

CHIMÈNE

S'il ne m'obéit point, quel comble à mon ennui!
Et s'il peut m'obéir, que dira-t-on de lui?
Étant né ce qu'il est, souffrir un tel outrage!
Soit qu'il cède ou résiste au feu qui me l'engage,   490
Mon esprit ne peut qu'être ou honteux ou confus,
De son trop de respect, ou d'un juste refus.

L'INFANTE

Chimène a l'âme haute, et, quoique intéressée,
Elle ne peut souffrir une basse pensée;
Mais, si jusques au jour de l'accommodement   495
Je fais mon prisonnier de ce parfait amant,
Et que j'empêche ainsi l'effet de son courage,
Ton esprit amoureux n'aura-t-il point d'ombrage?

CHIMÈNE

Ah! Madame, en ce cas je n'ai plus de souci.

487. ennui has the usual 17th century meaning of 'torment,' 'painful grief.'
488. This line is already typical of Chimène, so different from Juliet in Shakespeare's
play. She would esteem and love Rodrigue much less if he forfeited his honor in
order to obey her. She is also very fond of reasoning, and, like all Corneille's characters, reasons very well. 493. intéressée, *deeply concerned.*

SCÈNE IV

L'Infante, Chimène, Léonor, Le Page.

L'INFANTE

Page, cherchez Rodrigue et l'amenez ici.   500

LE PAGE

Le comte de Gormas et lui . .

CHIMÈNE

                              Bon Dieu! je tremble.

L'INFANTE

Parlez.

LE PAGE

              De ce palais, ils sont sortis ensemble.

CHIMÈNE

Seuls ?

LE PAGE

              Seuls, et qui semblaient tout bas se quereller.

CHIMÈNE

Sans doute ils sont aux mains, il n'en faut plus parler.
Madame, pardonnez à cette promptitude.   505

SCÈNE V

L'Infante, Léonor.

L'INFANTE

Hélas! que dans l'esprit je sens d'inquiétude!
Je pleure ses malheurs, son amant me ravit;
Mon repos m'abandonne, et ma flamme revit.
Ce qui va séparer Rodrigue de Chimène
Fait renaître à la fois mon espoir et ma peine;   510

504. **ils sont aux mains . . . parler,** *they are fighting, it is now useless to speak
about it.*   505. Chimène wants to act, and to rush to the place where the duel is
being fought. She begs the Infanta to forgive her haste (*promptitude*).

Et leur division, que je vois à regret,
Dans mon esprit charmé jette un plaisir secret.

LÉONOR

Cette haute vertu qui règne dans votre âme
Se rend-elle sitôt à cette lâche flamme?

L'INFANTE

Ne la nomme point lâche, à présent que chez moi   515
Pompeuse et triomphante elle me fait la loi:
Porte-lui du respect, puisqu'elle m'est si chère.
Ma vertu la combat, mais, malgré moi, j'espère;
Et d'un si fol espoir mon cœur mal défendu
Vole après un amant que Chimène a perdu.   520

LÉONOR

Vous laissez choir ainsi ce glorieux courage,
Et la raison chez vous perd ainsi son usage?

L'INFANTE

Ah! qu'avec peu d'effet on entend la raison,
Quand le cœur est atteint d'un si charmant poison!   /amour/
Et lorsque le malade aime sa maladie,   525
Qu'il a peine à souffrir que l'on y remédie!

LÉONOR

Votre espoir vous séduit, votre mal vous est doux;
Mais enfin ce Rodrigue est indigne de vous.

L'INFANTE

Je ne le sais que trop; mais si ma vertu cède,
Apprends comme l'amour flatte un cœur qu'il possède.   530
    Si Rodrigue une fois sort vainqueur du combat,
Si dessous sa valeur ce grand guerrier s'abat,
Je puis en faire cas, je puis l'aimer sans honte.
Que ne fera-t-il point, s'il peut vaincre le Comte?
J'ose m'imaginer qu'à ses moindres exploits   i   535

512. It is difficult for the audience not to feel impatient with the Infanta and her
feelings, doubtless human and feminine, but not in keeping with the lofty, heroic
atmosphere of the tragedy.   523 ff. The Infanta speaks the refined language of the
précieuses.   533. en faire cas, esteem him.

Les royaumes entiers tomberont sous ses lois;
Et mon amour flatteur déjà me persuade
Que je le vois assis au trône de Grenade,
Les Mores subjugués trembler en l'adorant,
L'Aragon recevoir ce nouveau conquérant,   540
Le Portugal se rendre, et ses nobles journées
Porter delà les mers ses hautes destinées,
Du sang des Africains arroser ses lauriers:
Enfin tout ce qu'on dit des plus fameux guerriers,
Je l'attends de Rodrigue après cette victoire,   545
Et fais de son amour un sujet de ma gloire.

LÉONOR

Mais, Madame, voyez où vous portez son bras,
Ensuite d'un combat qui peut-être n'est pas.

L'INFANTE

Rodrigue est offensé, le Comte a fait l'outrage;
Ils sont sortis ensemble: en faut-il davantage?   550

LÉONOR

Eh bien! ils se battront, puisque vous le voulez;
Mais Rodrigue ira-t-il si loin que vous allez?

L'INFANTE

Que veux-tu? Je suis folle, et mon esprit s'égare:
Tu vois par là quels maux cet amour me prépare.
Viens dans mon cabinet consoler mes ennuis,   555
Et ne me quitte point dans le trouble où je suis.

SCÈNE VI

DON FERNAND, DON ARIAS, DON SANCHE.

DON FERNAND

Le Comte est donc si vain et si peu raisonnable!
Ose-t-il croire encor son crime pardonnable?

541. journées, sometimes used by Corneille in the sense of 'high deeds.'   546. Love
and hope have made the Infanta eloquent; she quickly builds her castles in Spain.
548. Ensuite = *A la suite.*

DON ARIAS

> Je l'ai de votre part longtemps entretenu;
> J'ai fait mon pouvoir, Sire, et n'ai rien obtenu.   560

DON FERNAND (*Rey*)

> Justes cieux! ainsi donc un sujet téméraire
> A si peu de respect et de soin de me plaire!
> Il offense don Diègue et méprise son roi!
> Au milieu de ma cour il me donne la loi!
> Qu'il soit brave guerrier, qu'il soit grand capitaine,   565
> Je saurai bien rabattre une humeur si hautaine.
> Fût-il la valeur même et le dieu des combats,
> Il verra ce que c'est que de n'obéir pas.
> Quoi qu'ait pu mériter une telle insolence,
> Je l'ai voulu d'abord traiter sans violence;   570
> Mais, puisqu'il en abuse, allez dès aujourd'hui,
> Soit qu'il résiste ou non, vous assurer de lui.

DON SANCHE

> Peut-être un peu de temps le rendrait moins rebelle:
> On l'a pris tout bouillant encor de sa querelle;
> Sire, dans la chaleur d'un premier mouvement,   575
> Un cœur si généreux se rend malaisément.
> Il voit bien qu'il a tort, mais une âme si haute
> N'est pas sitôt réduite à confesser sa faute.

DON FERNAND

> Don Sanche, taisez-vous, et soyez averti
> Qu'on se rend criminel à prendre son parti.   580

DON SANCHE

> J'obéis, et me tais; mais, de grâce encor, Sire,
> Deux mots en sa défense.

DON FERNAND

>   Et que pourrez-vous dire?

DON SANCHE

> Qu'une âme accoutumée aux grandes actions
> Ne se peut abaisser à des submissions:
> Elle n'en conçoit point qui s'expliquent sans honte;   585

---

560. **J'ai fait mon pouvoir,** *I did my best,* i.e. all I could possibly do.   572. **vous assurer de lui,** *have him arrested.*   574. **bouillant,** a bold, poetical use of the common phrase *bouillant de colère.*   584. **submissions,** see note to l. 359.

Et c'est à ce mot seul qu'a résisté le Comte.
Il trouve en son devoir un peu trop de rigueur,
Et vous obéirait s'il avait moins de cœur.
Commandez que son bras, nourri dans les alarmes,
Répare cette injure à la pointe des armes;   590
Il satisfera, Sire; et vienne qui voudra,
Attendant qu'il l'ait su, voici qui répondra.

DON FERNAND

Vous perdez le respect; mais je pardonne à l'âge,
Et j'excuse l'ardeur en un jeune courage.
Un roi dont la prudence a de meilleurs objets   595
Est meilleur ménager du sang de ses sujets:
Je veille pour les miens, mes soucis les conservent,
Comme le chef a soin des membres qui le servent.
Ainsi votre raison n'est pas raison pour moi:
Vous parlez en soldat, je dois agir en roi;   600
Et quoi qu'on veuille dire, et quoi qu'il ose croire,
Le Comte à m'obéir ne peut perdre sa gloire.
D'ailleurs l'affront me touche: il a perdu d'honneur
Celui que de mon fils j'ai fait le gouverneur;
S'attaquer à mon choix, c'est se prendre à moi-même,   605
Et faire un attentat sur le pouvoir suprême.
N'en parlons plus. Au reste, on a vu dix vaisseaux
De nos vieux ennemis arborer les drapeaux;
Vers la bouche du fleuve ils ont osé paraître.

DON ARIAS

Les Mores ont appris par force à vous connaître,   610
Et, tant de fois vaincus, ils ont perdu le cœur
De se plus hasarder contre un si grand vainqueur.

DON FERNAND

Ils ne verront jamais sans quelque jalousie
Mon sceptre, en dépit d'eux, régir l'Andalousie;

589. **nourri dans les alarmes.** This phrase was censured by the Academy. The image of an 'arm which has grown in battle' is not, perhaps, too felicitous.   590. **à la pointe des armes** is now seldom used, but *à la pointe de l'épée* is current.   591. **satisfera,** *will give satisfaction* (in a duel).   592. **Attendant** = *En attendant.* Don Sanche offers to vouch for the honor of the Count. When saying these last words, he probably seizes the hilt of his sword.   598. **chef,** archaic for *tête.*   603. **a perdu d'honneur,** *has dishonored.*   609. **fleuve,** viz. the Guadalquivir.

Et ce pays si beau, qu'ils ont trop possédé,   615
Avec un œil d'envie est toujours regardé.
C'est l'unique raison qui m'a fait dans Séville
Placer depuis dix ans le trône de Castille,
Pour les voir de plus près, et d'un ordre plus prompt
Renverser aussitôt ce qu'ils entreprendront.   620

DON ARIAS

Ils savent aux dépens de leurs plus dignes têtes
Combien votre présence assure vos conquêtes:
Vous n'avez rien à craindre.

DON FERNAND
                     Et rien à négliger:
Le trop de confiance attire le danger;
Et vous n'ignorez pas qu'avec fort peu de peine   625
Un flux de pleine mer jusqu'ici les amène.
Toutefois j'aurais tort de jeter dans les cœurs,
L'avis étant mal sûr, de paniques terreurs.
L'effroi que produirait cette alarme inutile,
Dans la nuit qui survient troublerait trop la ville: 630
Faites doubler la garde aux murs et sur le port.
C'est assez pour ce soir.

SCÈNE VII

DON FERNAND, DON SANCHE, DON ALONSE.

DON ALONSE
                  Sire, le Comte est mort: *result of duel.*
Don Diègue, par son fils, a vengé son offense.

DON FERNAND

Dès que j'ai su l'affront, j'ai prévu la vengeance;
Et j'ai voulu dès lors prévenir ce malheur.   635

615. trop, *too long*.   620. Through this speech of the King, Corneille introduces, somewhat unexpectedly, the topic of the fight against the Moors, which will play an essential part in the following acts.   621. têtes, *heads*, i.e. chiefs.   626. flux, *rising tide*. Corneille prepares his audience for the descent of the Moors.   628. paniques is used here as an adjective. It is now more often a noun.

SCENE VII. In this short scene we learn the outcome of the duel. The object of the classic drama is to show the effect of events upon the characters, the psychological evolution of the main personages and the conflict of their emotions. The following scene is one of the most beautiful in *le Cid*. Her passionate pleading for revenge lends an heroic touch to the character of Chimène.

DON ALONSE

> Chimène à vos genoux apporte sa douleur;
> Elle vient toute en pleurs vous demander justice.

DON FERNAND

> Bien qu'à ses déplaisirs mon âme compatisse,
> Ce que le Comte a fait semble avoir mérité
> Ce digne châtiment de sa témérité.　　　　　　　640
> Quelque juste pourtant que puisse être sa peine,
> Je ne puis sans regret perdre un tel capitaine.
> Après un long service à mon État rendu,
> Après son sang pour moi mille fois répandu,
> A quelques sentiments que son orgueil m'oblige,　　645
> Sa perte m'affaiblit, et son trépas m'afflige.

SCÈNE VIII

Don Fernand, Don Diègue, Chimène, Don Sanche,
Don Arias, Don Alonse.

CHIMÈNE　　　　　　　　　　　　　　　　*La revenge.*

> Sire, Sire, justice!

DON DIÈGUE

> 　　　　　　　Ah! Sire, écoutez-nous.

CHIMÈNE

> Je me jette à vos pieds.

DON DIÈGUE

> 　　　　　　　　J'embrasse vos genoux.

CHIMÈNE

> Je demande justice.

DON DIÈGUE

> 　　　　　　　Entendez ma défense.

CHIMÈNE

> D'un jeune audacieux punissez l'insolence:　　　650
> Il a de votre sceptre abattu le soutien,
> Il a tué mon père.

---

637. **toute,** in modern French *tout;* this adverb was inflected like an adjective in the 17th century.　　641. **peine** = *châtiment.*　　645. **sentiments** has here the stronger meaning of 'resentment' rather than 'feelings.'

DON DIÈGUE

Il a vengé le sien.

CHIMÈNE

Au sang de ses sujets un roi doit la justice.

DON DIÈGUE

Pour la juste vengeance il n'est point de supplice.

DON FERNAND

Levez-vous l'un et l'autre, et parlez à loisir.   655
Chimène, je prends part à votre déplaisir;
D'une égale douleur je sens mon âme atteinte.
Vous parlerez après; ne troublez pas sa plainte.

CHIMÈNE

Sire, mon père est mort; mes yeux ont vu son sang
Couler à gros bouillons de son généreux flanc;   660
Ce sang qui tant de fois garantit vos murailles,
Ce sang qui tant de fois vous gagna des batailles,
Ce sang qui tout sorti fume encor de courroux
De se voir répandu pour d'autres que pour vous,
Qu'au milieu des hasards n'osait verser la guerre,   665
Rodrigue en votre cour vient d'en couvrir la terre.
J'ai couru sur le lieu, sans force et sans couleur:
Je l'ai trouvé sans vie. Excusez ma douleur,
Sire, la voix me manque à ce récit funeste;
Mes pleurs et mes soupirs vous diront mieux le reste.   670

DON FERNAND

Prends courage, ma fille, et sache qu'aujourd'hui
Ton roi te veut servir de père au lieu de lui.

CHIMÈNE

Sire, de trop d'honneur ma misère est suivie.
Je vous l'ai déjà dit, je l'ai trouvé sans vie;
Son flanc était ouvert; et, pour mieux m'émouvoir,   675

653. **sang**, *family*. 658. Spoken to Don Diègue. 659 ff. This eloquent speech may
seem somewhat bombastic to us; it was much less so for the contemporaries of Corneille.
Shakespeare's characters also tend to offend our taste when they are most violently
moved. (Cf. the two long speeches of the Moor in the last scene of *Othello*.)

justice par l'epeuve - ou champoinnet -
judicial combat.

Son sang sur la poussière écrivait mon devoir;
Ou plutôt sa valeur en cet état réduite
Me parlait par sa plaie, et hâtait ma poursuite;
Et, pour se faire entendre au plus juste des rois,
Par cette triste bouche elle empruntait ma voix.   680
    Sire, ne souffrez pas que sous votre puissance
Règne devant vos yeux une telle licence;
Que les plus valeureux, avec impunité,
Soient exposés aux coups de la témérité;
Qu'un jeune audacieux triomphe de leur gloire,   685
Se baigne dans leur sang, et brave leur mémoire.
Un si vaillant guerrier qu'on vient de vous ravir
Éteint, s'il n'est vengé, l'ardeur de vous servir.
Enfin, mon père est mort, j'en demande vengeance,
Plus pour votre intérêt que pour mon allégeance.   690
Vous perdez en la mort d'un homme de son rang:
Vengez-la par une autre, et le sang par le sang.
Immolez, non à moi, mais à votre couronne,
Mais à votre grandeur, mais à votre personne;
Immolez, dis-je, Sire, au bien de tout l'État   695
Tout ce qu'enorgueillit un si haut attentat.

DON FERNAND

    Don Diègue, répondez.

DON DIÈGUE

                   Qu'on est digne d'envie
Lorsqu'en perdant la force on perd aussi la vie,
Et qu'un long âge apprête aux hommes généreux,
Au bout de leur carrière, un destin malheureux!   700
Moi, dont les longs travaux ont acquis tant de gloire,
Moi, que jadis partout a suivi la victoire,
Je me vois aujourd'hui, pour avoir trop vécu,
Recevoir un affront et demeurer vaincu.
Ce que n'a pu jamais combat, siège, embuscade,   705
Ce que n'a pu jamais Aragon ni Grenade,
Ni tous vos ennemis, ni tous mes envieux,
Le Comte en votre cour l'a fait presque à vos yeux,

---

679. **au** = *par le.*   680. The line is both obscure and far-fetched. The 'mouth' here referred to is the wound.   690. **allégeance,** archaic for *allégement.*   697 ff. Corneille, who was a Norman and a lawyer, was fond of such debates, where each adversary delivers a dignified speech.

Jaloux de votre choix, et fier de l'avantage
Que lui donnait sur moi l'impuissance de l'âge.   710
　Sire, ainsi ces cheveux blanchis sous le harnois,
Ce sang pour vous servir prodigué tant de fois,
Ce bras, jadis l'effroi d'une armée ennemie,
Descendaient au tombeau tous chargés d'infamie,
Si je n'eusse produit un fils digne de moi,   715
Digne de son pays et digne de son roi.
Il m'a prêté sa main, il a tué le Comte;
Il m'a rendu l'honneur, il a lavé ma honte.
Si montrer du courage et du ressentiment,
Si venger un soufflet mérite un châtiment,   720
Sur moi seul doit tomber l'éclat de la tempête:
Quand le bras a failli, l'on en punit la tête.
Qu'on nomme crime, ou non, ce qui fait nos débats,
Sire, j'en suis la tête, il n'en est que le bras.
Si Chimène se plaint qu'il a tué son père,   725
Il ne l'eût jamais fait si je l'eusse pu faire.
Immolez donc ce chef que les ans vont ravir,
Et conservez pour vous le bras qui peut servir.
Aux dépens de mon sang satisfaites Chimène:
Je n'y résiste point, je consens à ma peine;   730
Et loin de murmurer d'un rigoureux décret,
Mourant sans déshonneur, je mourrai sans regret.

DON FERNAND

L'affaire est d'importance, et, bien considérée,
Mérite en plein conseil d'être délibérée.
　Don Sanche, remettez Chimène en sa maison.   735
Don Diègue aura ma cour et sa foi pour prison.
Qu'on me cherche son fils.　Je vous ferai justice.

CHIMÈNE

Il est juste, grand Roi, qu'un meurtrier périsse.

---

　711. **blanchis sous le harnois,** *grown gray in service.*　The phrase has become proverbial.　*Harnois* or *harnais* ('harness,' 'armor') means metaphorically 'the soldier's
profession.'　714. **tous** = *tout;* see note to l. 637.　719. **ressentiment,** a favorite
word in Corneille's tragedies, here means both 'gratitude' (felt by Rodrigue towards
his aged father) and 'desire for revenge.'　735. **remettez** = *reconduisez.*　736. **sa foi,**
his own word of honor.　737. The King refrains from making a decision.　The second
act thus leaves the spectator in suspense.

DON FERNAND

Prends du repos, ma fille, et calme tes douleurs.

CHIMÈNE

M'ordonner du repos, c'est croître mes malheurs.   740

Desespoir des amants.

ACTE TROISIÈME

SCÈNE PREMIÈRE

le cri du sang.

DON RODRIGUE, ELVIRE.

ELVIRE

Rodrigue, qu'as-tu fait ? où viens-tu, misérable ?

DON RODRIGUE

Suivre le triste cours de mon sort déplorable.

ELVIRE

Où prends-tu cette audace et ce nouvel orgueil,
De paraître en des lieux que tu remplis de deuil ?
Quoi ? viens-tu jusqu'ici braver l'ombre du Comte ?   745
Ne l'as-tu pas tué ?

DON RODRIGUE

          Sa vie était ma honte:
Mon honneur de ma main a voulu cet effort.

ELVIRE

Mais chercher ton asile en la maison du mort !
Jamais un meurtrier en fit-il son refuge ?

DON RODRIGUE

Et je n'y viens aussi que m'offrir à mon juge.   750
Ne me regarde plus d'un visage étonné;
Je cherche le trépas après l'avoir donné.
Mon juge est mon amour, mon juge est ma Chimène:

SCENE I.   The scene now takes place in Chimène's house.   Line 745 suggests that
the body of her father lies there, perhaps in the next room.   Corneille's contemporaries
blamed him for showing Rodrigue at the house of his victim so soon after the duel.
Corneille, however, is careful to let Rodrigue meet Elvire first, and thus prepares the
audience for the more dramatic interview with Chimène in Scene IV.

Je mérite la mort de mériter sa haine,
Et j'en viens recevoir, comme un bien souverain, 755
Et l'arrêt de sa bouche, et le coup de sa main.

ELVIRE

Fuis plutôt de ses yeux, fuis de sa violence;
A ses premiers transports dérobe ta présence:
Va, ne t'expose point aux premiers mouvements
Que poussera l'ardeur de ses ressentiments. 760

DON RODRIGUE

Non, non, ce cher objet à qui j'ai pu déplaire
Ne peut pour mon supplice avoir trop de colère;
Et j'évite cent morts qui me vont accabler,
Si pour mourir plutôt je la puis redoubler.

ELVIRE

Chimène est au palais, de pleurs toute baignée, 765
Et n'en reviendra point que bien accompagnée.
Rodrigue, fuis, de grâce: ôte-moi de souci.
Que ne dira-t-on point si l'on te voit ici?
Veux-tu qu'un médisant, pour comble à sa misère,
L'accuse d'y souffrir l'assassin de son père? 770
Elle va revenir; elle vient, je la voi:
Du moins, pour son honneur, Rodrigue, cache-toi.

SCÈNE II

Prétendant à chimène DON SANCHE, CHIMÈNE, ELVIRE.

DON SANCHE

Oui, Madame, il vous faut de sanglantes victimes:
Votre colère est juste, et vos pleurs légitimes;
Et je n'entreprends pas, à force de parler, 775
Ni de vous adoucir, ni de vous consoler.

754. **de mériter,** *since I deserve.* 756. Rodrigue probably knows that Chimène will not actually kill him **de sa main.** Corneille's contemporaries criticized these lines on that account, contending that Rodrigue, if he really wanted to die, should have killed himself. 761. **objet** meant in *précieux* language 'the person loved.' *Aimable objet* was a common phrase in the tragedies of the time. 764. **la** refers to *colère* in l. 762. 771. **voi,** old form, used here to rime with *toi.*

SCENE II. The secondary character of Don Sanche, the masculine counterpart of the Infanta, serves as a foil to Rodrigue. He also adds some intensity to Chimène's

Mais si de vous servir je puis être capable,
Employez mon épée à punir le coupable;
Employez mon amour à venger cette mort:
Sous vos commandements mon bras sera trop fort.   780

CHIMÈNE

Malheureuse!

DON SANCHE

De grâce, acceptez mon service.

CHIMÈNE

J'offenserais le Roi, qui m'a promis justice.

DON SANCHE

Vous savez qu'elle marche avec tant de langueur,
Que bien souvent le crime échappe à sa longueur;
Son cours lent et douteux fait trop perdre de larmes.   785
Souffrez qu'un cavalier vous venge par les armes:
La voie en est plus sûre, et plus prompte à punir.

CHIMÈNE

C'est le dernier remède; et, s'il y faut venir
Et que de mes malheurs cette pitié vous dure,
Vous serez libre alors de venger mon injure.   790

DON SANCHE

C'est l'unique bonheur où mon âme prétend;
Et, pouvant l'espérer, je m'en vais trop content.

SCÈNE III

CHIMÈNE, ELVIRE.

CHIMÈNE

Enfin je me vois libre, et je puis sans contrainte
De mes vives douleurs te faire voir l'atteinte;
Je puis donner passage à mes tristes soupirs;   795
Je puis t'ouvrir mon âme et tous mes déplaisirs.

expression of grief by his presence and his chivalrous offer to champion her cause. But
it must be confessed that his rôle is, at times, insipid. 789. que ... pitié = *si cette*
pitié pour mes malheurs.
 SCENE III. This conversation with Elvire is, in fact, a soliloquy, in which Chimène
analyzes the heart-rending struggle between her love and her honor.

drame psychologique

Mon père est mort, Elvire; et la première épée
Dont s'est armé Rodrigue a sa trame coupée.
Pleurez, pleurez, mes yeux, et fondez-vous en eau!
La moitié de ma vie a mis l'autre au tombeau,   800
Et m'oblige à venger après ce coup funeste,
Celle que je n'ai plus sur celle qui me reste.

ELVIRE

Reposez-vous, Madame.

CHIMÈNE

                 Ah! que mal à propos
Dans un malheur si grand tu parles de repos!
Par où sera jamais ma douleur apaisée,   805
Si je ne puis haïr la main qui l'a causée?
Et que dois-je espérer qu'un tourment éternel,
Si je poursuis un crime, aimant le criminel?

le déchirement —

ELVIRE

Il vous prive d'un père, et vous l'aimez encore!

CHIMÈNE

C'est peu de dire aimer, Elvire: je l'adore;   810
Ma passion s'oppose à mon ressentiment;
Dedans mon ennemi, je trouve mon amant;
Et je sens qu'en dépit de toute ma colère,
Rodrigue dans mon cœur combat encor mon père:
Il l'attaque, il le presse, il cède, il se défend,   815
Tantôt fort, tantôt faible, et tantôt triomphant;
Mais en ce dur combat de colère et de flamme,
Il déchire mon cœur sans partager mon âme;
Et, quoi que mon amour ait sur moi de pouvoir,
Je ne consulte point pour suivre mon devoir: 820
Je cours sans balancer ou mon honneur m'oblige.
Rodrigue m'est bien cher, son intérêt m'afflige;
Mon cœur prend son parti; mais, malgré son effort,
Je sais ce que je suis, et que mon père est mort.

---

798. **a sa trame coupée**, an obsolete construction for *a coupé sa trame.*   802. The
brilliant *concetti* may remind the reader of *Romeo and Juliet.*   807. **que . . . qu'un,**
what else . . . but. **Qu'un** = *sinon.*   820. **consulte**, *hesitate.*   822. **son intérêt
m'afflige,** 'I am aggrieved in his interest.' The French Academy criticized this
line.

ELVIRE

> Pensez-vous le poursuivre?

CHIMÈNE

> Ah! cruelle pensée! 825
> Et cruelle poursuite où je me vois forcée!
> Je demande sa tête, et crains de l'obtenir:
> Ma mort suivra la sienne, et je le veux punir!

ELVIRE

> Quittez, quittez, Madame, un dessein si tragique;
> Ne vous imposez point de loi si tyrannique. 830

CHIMÈNE

> Quoi! mon père étant mort, et presque entre mes bras,
> Son sang criera vengeance, et je ne l'orrai pas!
> Mon cœur, honteusement surpris par d'autres charmes,
> Croira ne lui devoir que d'impuissantes larmes!
> Et je pourrai souffrir qu'un amour suborneur 835
> Sous un lâche silence étouffe mon honneur!

ELVIRE

> Madame, croyez-moi, vous serez excusable
> D'avoir moins de chaleur contre un objet aimable,
> Contre un amant si cher: vous avez assez fait,
> Vous avez vu le Roi; n'en pressez point l'effet, 840
> Ne vous obstinez point en cette humeur étrange.

CHIMÈNE

> Il y va de ma gloire, il faut que je me venge;
> Et de quoi que nous flatte un désir amoureux,
> Toute excuse est honteuse aux esprits généreux.

ELVIRE

> Mais vous aimez Rodrigue, il ne peut vous déplaire. 845

CHIMÈNE

> Je l'avoue.

832. **orrai**, future of *ouïr*, already obsolete in Corneille's time.   838. **objet**, see note to l. 761.   842. **Il y va de ...,** '... *is at stake.*' The line reveals Chimène's real motive. The struggle in Corneille's characters is not between duty and passion; it is rather between honor, pride, desire for glory and fame, on the one hand, and love on the other.

ELVIRE

        Après tout, que pensez-vous donc faire ?

CHIMÈNE

    Pour conserver ma gloire et finir mon ennui,
    Le poursuivre, le perdre, et mourir après lui.

SCÈNE IV

Don Rodrigue, Chimène, Elvire.

DON RODRIGUE

    Eh bien! sans vous donner la peine de poursuivre,
    Assurez-vous l'honneur de m'empêcher de vivre.   850

CHIMÈNE

    Elvire, où sommes-nous, et qu'est-ce que je voi ?
    Rodrigue en ma maison! Rodrigue devant moi!

DON RODRIGUE

    N'épargnez point mon sang: goûtez sans résistance
    La douceur de ma perte et de votre vengeance.

CHIMÈNE

    Hélas!

DON RODRIGUE

        Écoute-moi.

CHIMÈNE

            Je me meurs.

DON RODRIGUE

                Un moment.   855

CHIMÈNE

    Va, laisse-moi mourir.

DON RODRIGUE

            Quatre mots seulement;
    Après, ne me réponds qu'avecque cette épée.

Scene IV. After Chimène's last words in Scene III, so full of fiery energy, we reach the climax of the tragedy. Here, admiration and pity, in accordance with Aristotle's theory, are aroused in the audience. 855. **Écoute-moi.** Notice the change from *vous* to *tu*, a common device in the tense moments of French tragedy. 857. **Après**, used adverbially, instead of *ensuite*. — **avecque**, archaic for *avec*.

CHIMÈNE

> Quoi! du sang de mon père encor toute trempée!

DON RODRIGUE

> Ma Chimène.

CHIMÈNE

> Ote-moi cet objet odieux,
> Qui reproche ton crime et ta vie à mes yeux.   860

DON RODRIGUE

> Regarde-le plutôt pour exciter ta haine,
> Pour croître ta colère, et pour hâter ma peine.

CHIMÈNE

> Il est teint de mon sang.

DON RODRIGUE

> Plonge-le dans le mien,
> Et fais-lui perdre ainsi la teinture du tien.

CHIMÈNE

> Ah! quelle cruauté, qui tout en un jour tue   865
> Le père par le fer, la fille par la vue!
> Ote-moi cet objet, je ne le puis souffrir:
> Tu veux que je t'écoute, et tu me fais mourir!

DON RODRIGUE

> Je fais ce que tu veux, mais sans quitter l'envie
> De finir par tes mains ma déplorable vie;   870
> Car enfin n'attends pas de mon affection
> Un lâche repentir d'une bonne action.
> L'irréparable effet d'une chaleur trop prompte
> Déshonorait mon père et me couvrait de honte.
> Tu sais comme un soufflet touche un homme de cœur;   875
> J'avais part à l'affront, j'en ai cherché l'auteur:
> Je l'ai vu, j'ai vengé mon honneur et mon père;
> Je le ferais encor si j'avais à le faire.
> Ce n'est pas qu'en effet contre mon père et moi
> Ma flamme assez longtemps n'ait combattu pour toi;   880
> Juge de son pouvoir: dans une telle offense
> J'ai pu délibérer si j'en prendrais vengeance.

---

862. croître = *accroître*.

Réduit à te déplaire, ou souffrir un affront,
J'ai pensé qu'à son tour mon bras était trop prompt;
Je me suis accusé de trop de violence,   885
Et ta beauté sans doute emportait la balance,
A moins que d'opposer à tes plus forts appas
Qu'un homme sans honneur ne te méritait pas;
Que malgré cette part que j'avais en ton âme,
Qui m'aima généreux me haïrait infâme;   890
Qu'écouter ton amour, obéir à sa voix,
C'était m'en rendre indigne et diffamer ton choix.
Je te le dis encore; et, quoique j'en soupire,
Jusqu'au dernier soupir je veux bien le redire:
Je t'ai fait une offense, et j'ai dû m'y porter   895
Pour effacer ma honte et pour te mériter;
Mais, quitte envers l'honneur, et quitte envers mon père,
C'est maintenant à toi que je viens satisfaire:
C'est pour t'offrir mon sang qu'en ce lieu tu me vois.
J'ai fait ce que j'ai dû, je fais ce que je dois.   900
Je sais qu'un père mort t'arme contre mon crime;
Je ne t'ai pas voulu dérober ta victime:
Immole avec courage au sang qu'il a perdu
Celui qui met sa gloire à l'avoir répandu.

CHIMÈNE

Ah! Rodrigue, il est vrai, quoique ton ennemie,   905
Je ne te puis blâmer d'avoir fui l'infamie;
Et, de quelque façon qu'éclatent mes douleurs,
Je ne t'accuse point, je pleure mes malheurs.
Je sais ce que l'honneur, après un tel outrage,
Demandait à l'ardeur d'un généreux courage: 910
Tu n'as fait le devoir que d'un homme de bien;
Mais aussi, le faisant, tu m'as appris le mien.
Ta funeste valeur m'instruit par ta victoire;
Elle a vengé ton père et soutenu ta gloire:
Même soin me regarde, et j'ai, pour m'affliger,   915
Ma gloire à soutenir et mon père à venger.

886–88. *Your beauty doubtless would have been the victor* (i.e. I would not have challenged your father), *had I not set up against its might the conviction that a man without honor was unworthy of you.*   891. **ton amour,** *the love I feel for you.*   895. **j'ai dû m'y porter,** *I had to bring myself to do it.*   913. **funeste,** *fateful* (since it caused the death of her father).   916. Again, her main preoccupation is with her **gloire,** her *honor, reputation.*   Lines 918–22 become more tender and deeply moving.

Hélas! ton intérêt ici me désespère:
Si quelque autre malheur m'avait ravi mon père,
Mon âme aurait trouvé dans le bien de te voir
L'unique allégement qu'elle eût pu recevoir; 920
Et contre ma douleur, j'aurais senti des charmes
Quand une main si chère eût essuyé mes larmes.
Mais il me faut te perdre après l'avoir perdu;
Cet effort sur ma flamme à mon honneur est dû;
Et cet affreux devoir, dont l'ordre m'assassine. 925
Me force à travailler moi-même à ta ruine.
Car enfin n'attends pas de mon affection
De lâches sentiments pour ta punition.
De quoi qu'en ta faveur notre amour m'entretienne,
Ma générosité doit répondre à la tienne: 930
Tu t'es, en m'offensant, montré digne de moi;
Je me dois, par ta mort, montrer digne de toi.

ᴅON RODRIGUE

Ne diffère donc plus ce que l'honneur t'ordonne:
Il demande ma tête, et je te l'abandonne;
Fais-en un sacrifice à ce noble intérêt: 935
Le coup m'en sera doux, aussi bien que l'arrêt.
Attendre après mon crime une lente justice,
C'est reculer ta gloire autant que mon supplice.
Je mourrai trop heureux mourant d'un coup si beau.

CHIMÈNE

Va, je suis ta partie, et non pas ton bourreau. 940
Si tu m'offres ta tête, est-ce à moi de la prendre?
Je la dois attaquer, mais tu dois la défendre;
C'est d'un autre que toi qu'il me faut l'obtenir,
Et je dois te poursuivre, et non pas te punir.

ᴅON RODRIGUE

De quoi qu'en ma faveur notre amour t'entretienne, 945
Ta générosité doit répondre à la mienne;

917. **ton intérêt**, *the interest I have in you.* 921. **charmes** has the full value of its etymological meaning. Rodrigue's hand would have cast a soothing spell upon her grief. 923. Note the different meaning of **perdre** in each *hémistiche:* in the first it means 'to destroy'; in the second, 'lost.' 924. *I owe it to my honor to take this step against my love.* 929–30. *Whatever our mutual love may plead in your favor, my soul must equal yours in nobleness.* 931–32. These two lines, more antithetical than harmonious, are typically Cornelian. 940. **partie**, *adversary*, a legal term. 945–46. See note to ll. 929–30. — **générosité**, *nobleness of soul.*

Et pour venger un père emprunter d'autres bras,
Ma Chimène, crois-moi, c'est n'y répondre pas:
Ma main seule du mien a su venger l'offense,
Ta main seule du tien doit prendre la vengeance.   950

CHIMÈNE

Cruel! à quel propos sur ce point t'obstiner?
Tu t'es vengé sans aide, et tu m'en veux donner!
Je suivrai ton exemple, et j'ai trop de courage
Pour souffrir qu'avec toi ma gloire se partage.
Mon père et mon honneur ne veulent rien devoir   955
Aux traits de ton amour ni de ton désespoir.

DON RODRIGUE

Rigoureux point d'honneur! hélas! quoi que je fasse,
Ne pourrai-je à la fin obtenir cette grâce?
Au nom d'un père mort, ou de notre amitié,
Punis-moi par vengeance, ou du moins par pitié.   960
Ton malheureux amant aura bien moins de peine
A mourir par ta main qu'à vivre avec ta haine.

CHIMÈNE

Va, je ne te hais point.

DON RODRIGUE

                    Tu le dois.

CHIMÈNE

                              Je ne puis.

DON RODRIGUE

Crains-tu si peu le blâme et si peu les faux bruits?
Quand on saura mon crime, et que ta flamme dure,   965
Que ne publieront point l'envie et l'imposture!
Force-les au silence, et sans plus discourir,
Sauve ta renommée en me faisant mourir.

CHIMÈNE

Elle éclate bien mieux en te laissant la vie;
Et je veux que la voix de la plus noire envie   970
Élève au ciel ma gloire et plaigne mes ennuis,

959. **amitié** = *amour*.   963. A famous line, the more moving as one considers
Chimène's proud restraint.

Sachant que je t'adore et que je te poursuis.
Va-t'en, ne montre plus à ma douleur extrême
Ce qu'il faut que je perde, encore que je l'aime.
Dans l'ombre de la nuit cache bien ton départ:　　　　975
Si l'on te voit sortir, mon honneur court hasard.
La seule occasion qu'aura la médisance,
C'est de savoir qu'ici j'ai souffert ta présence:
Ne lui donne point lieu d'attaquer ma vertu.

DON RODRIGUE

　　Que je meure!

CHIMÈNE

　　　　　　　　Va-t'en.

DON RODRIGUE

　　　　　　　　　　A quoi te résous-tu?　　　　980

CHIMÈNE

　　Malgré des feux si beaux, qui troublent ma colère,
　　Je ferai mon possible à bien venger mon père;
　　Mais malgré la rigueur d'un si cruel devoir,
　　Mon unique souhait est de ne rien pouvoir.

DON RODRIGUE

　　O miracle d'amour!

CHIMÈNE

　　　　　　　　O comble de misères!　　　　985

DON RODRIGUE

　　Que de maux et de pleurs nous coûteront nos pères!

CHIMÈNE

　　Rodrigue, qui l'eût cru?

DON RODRIGUE

　　　　　　　　　Chimène, qui l'eût dit?

CHIMÈNE

　　Que notre heur fût si proche et sitôt se perdît?

973-74. Such frank, straightforward confession of their true feelings is the noblest feature of Corneille's heroines. They are all completely free from coquettish reticence or clever hypocrisy. 988. heur, often used by Corneille for *bonheur*.

DON RODRIGUE

> Et que, si près du port, contre toute apparence,
> Un orage si prompt brisât notre espérance?   990

CHIMÈNE

> Ah! mortelles douleurs!

DON RODRIGUE

>   Ah! regrets superflus!

CHIMÈNE

> Va-t'en, encore un coup, je ne t'écoute plus.

DON RODRIGUE

> Adieu: je vais traîner une mourante vie,
> Tant que par ta poursuite elle me soit ravie.

CHIMÈNE

> Si j'en obtiens l'effet, je t'engage ma foi   995
> De ne respirer pas un moment après toi.
> Adieu: sors, et surtout garde bien qu'on te voie.

ELVIRE

> Madame, quelques maux que le ciel nous envoie ...

CHIMÈNE

> Ne m'importune plus, laisse-moi soupirer,
> Je cherche le silence et la nuit pour pleurer.   1000

SCÈNE V

Don Dièigue.

> Jamais nous ne goûtons de parfaite allégresse:
> Nos plus heureux succès sont mêlés de tristesse;
> Toujours quelques soucis en ces événements
> Troublent la pureté de nos contentements.
> Au milieu du bonheur mon âme en sent l'atteinte: 1005

992. **encore un coup,** *once more.*   994. **Tant que,** often used in the 17th century for *jusqu'à ce que.*   1000. The last line, touched with pathos and tenderness, is a conclusion worthy of this beautiful scene, one of the most sublime in French tragedy.

SCENE V. Don Diègue's soliloquy provides an anticlimax after the moving situation of the previous scene. Many commentators have found fault with it.

Je nage dans la joie, et je tremble de crainte.
J'ai vu mort l'ennemi qui m'avait outragé;
Et je ne saurais voir la main qui m'a vengé.
En vain je m'y travaille, et d'un soin inutile,
Tout cassé que je suis, je cours toute la ville: 1010
Ce peu que mes vieux ans m'ont laissé de vigueur
Se consume sans fruit à chercher ce vainqueur.
A toute heure, en tous lieux, dans une nuit si sombre,
Je pense l'embrasser, et n'embrasse qu'une ombre;
Et mon amour, déçu par cet objet trompeur, 1015
Se forme des soupçons qui redoublent ma peur.
Je ne découvre point de marques de sa fuite;
Je crains du Comte mort les amis et la suite;
Leur nombre m'épouvante et confond ma raison.
Rodrigue ne vit plus, ou respire en prison. 1020
Justes cieux! me trompé-je encore à l'apparence,
Ou si je vois enfin mon unique espérance?
C'est lui, n'en doutons plus; mes vœux sont exaucés,
Ma crainte est dissipée, et mes ennuis cessés.

SCÈNE VI

Don Diègue, Don Rodrigue.

DON DIÈGUE

Rodrigue, enfin le ciel permet que je te voie! 1025

DON RODRIGUE

Hélas!

DON DIÈGUE

Ne mêle point de soupirs à ma joie;
Laisse-moi prendre haleine avant de te louer.
Ma valeur n'a point lieu de te désavouer:
Tu l'as bien imitée, et ton illustre audace
Fait bien revivre en toi les héros de ma race: 1030
C'est d'eux que tu descends, c'est de moi que tu viens:
Ton premier coup d'épée égale tous les miens;
Et d'une belle ardeur ta jeunesse animée
Par cette grande épreuve atteint ma renommée.

1009. **je m'y travaille,** *I exert myself.*

Appui de ma vieillesse et comble de mon heur,   1035
Touche ces cheveux blancs à qui tu rends l'honneur,
Viens baiser cette joue et reconnais la place
Où fut empreint l'affront que ton courage efface.

DON RODRIGUE

L'honneur vous en est dû: je ne pouvais pas moins,
Étant sorti de vous et nourri par vos soins.   1040
Je m'en tiens trop heureux, et mon âme est ravie
Que mon coup d'essai plaise à qui je dois la vie;
Mais parmi vos plaisirs ne soyez point jaloux
Si je m'ose à mon tour satisfaire après vous.
Souffrez qu'en liberté mon désespoir éclate;   1045
Assez et trop longtemps votre discours le flatte.
Je ne me repens point de vous avoir servi;
Mais rendez-moi le bien que ce coup m'a ravi.
Mon bras pour vous venger, armé contre ma flamme,
Par ce coup glorieux m'a privé de mon âme;   1050
Ne me dites plus rien; pour vous j'ai tout perdu:
Ce que je vous devais, je vous l'ai bien rendu.

DON DIÈGUE

Porte, porte plus haut le fruit de ta victoire:
Je t'ai donné la vie, et tu me rends la gloire;
Et d'autant que l'honneur m'est plus cher que le jour,   1055
D'autant plus maintenant je te dois de retour.
Mais d'un cœur magnanime éloigne ces faiblesses;
Nous n'avons qu'un honneur, il est tant de maîtresses!
L'amour n'est qu'un plaisir, l'honneur est un devoir.

DON RODRIGUE
Ah! que me dites-vous?

DON DIÈGUE
                                    Ce que tu dois savoir.   1060

DON RODRIGUE
Mon honneur offensé sur moi-même se venge;
Et vous m'osez pousser à la honte du change!

1040. sorti = *issu, né.*   **1045 ff.** These modest, sorrowful lines reveal another aspect
of the hero's character.   **1053. porte plus haut,** *be more proud of.*   **1058. il est** = *il y a.*
— Don Diègue, like the old Horace in Corneille's *Horace*, is too old and too proud of
his son to understand his feelings. To him all women are alike.   **1062. change,**
infidelity.

L'infamie est pareille, et suit également
Le guerrier sans courage et le perfide amant.
A ma fidélité ne faites point d'injure;   1065
Souffrez-moi généreux sans me rendre parjure:
Mes liens sont trop forts pour être ainsi rompus;
Ma foi m'engage encor si je n'espère plus;
Et ne pouvant quitter ni posséder Chimène,
Le trépas que je cherche est ma plus douce peine.   1070

DON DIÈGUE

Il n'est pas temps encor de chercher le trépas:
Ton prince et ton pays ont besoin de ton bras.
La flotte qu'on craignait, dans ce grand fleuve entrée,
Croit surprendre la ville et piller la contrée.
Les Mores vont descendre, et le flux et la nuit   1075
Dans une heure à nos murs les amènent sans bruit.
La cour est en désordre, et le peuple en alarmes:
On n'entend que des cris, on ne voit que des larmes.
Dans ce malheur public mon bonheur a permis
Que j'ai trouvé chez moi cinq cents de mes amis,   1080
Qui sachant mon affront, poussés d'un même zèle,
Se venaient tous offrir à venger ma querelle.
Tu les as prévenus; mais leurs vaillantes mains
Se tremperont bien mieux au sang des Africains.
Va marcher à leur tête où l'honneur te demande: 1085
C'est toi que veut pour chef leur généreuse bande.
De ces vieux ennemis va soutenir l'abord:
Là, si tu veux mourir, trouve une belle mort;
Prends-en l'occasion, puisqu'elle t'est offerte;
Fais devoir à ton roi son salut à ta perte;   1090
Mais reviens-en plutôt les palmes sur le front.
Ne borne pas ta gloire à venger un affront;
Porte-la plus avant: force par ta vaillance
Ce monarque au pardon et Chimène au silence;
Si tu l'aimes, apprends que revenir vainqueur,   1095
C'est l'unique moyen de regagner son cœur.

1070. Rodrigue appears here as the perfect lover, of whom all the *précieuses* were
dreaming.   1071 ff. This speech is to prepare the minds of the audience for the development of the fourth act.   The sudden arrival of the Moors provides Corneille
with the solution of a difficult dramatic situation.   1073. The river is the Guadalquivir.   1087. **abord,** *attack.*

Mais le temps m'est trop cher pour le perdre en paroles;
Je t'arrête en discours, et je veux que tu voles.
Viens, suis-moi, va combattre, et montrer à ton roi
Que ce qu'il perd au Comte il le recouvre en toi. 1100

ACTE QUATRIÈME

SCÈNE PREMIÈRE

CHIMÈNE, ELVIRE.

CHIMÈNE

N'est-ce point un faux bruit? le sais-tu bien, Elvire?

ELVIRE

Vous ne croiriez jamais comme chacun l'admire,
Et porte jusqu'au ciel, d'une commune voix,
De ce jeune héros les glorieux exploits.
Les Mores devant lui n'ont paru qu'à leur honte; 1105
Leur abord fut bien prompt, leur fuite encor plus prompte.
Trois heures de combat laissent à nos guerriers
Une victoire entière et deux rois prisonniers.
La valeur de leur chef ne trouvait point d'obstacles.

CHIMÈNE

Et la main de Rodrigue a fait tous ces miracles? 1110

ELVIRE

De ses nobles efforts ces deux rois sont le prix:
Sa main les a vaincus, et sa main les a pris.

CHIMÈNE

De qui peux-tu savoir ces nouvelles étranges?

ACT IV. Several hours have elapsed between Acts III and IV, during which the battle against the Moors has been fought. This fourth act will show the psychological and dramatic effects of Rodrigue's splendid victory. The increased admiration for the hero shown by the other characters in the play is shared by the audience. Chimène's spiritual struggle becomes more intense, and in spite of herself, she reveals it by fainting at the false report of Rodrigue's death.

ELVIRE

> Du peuple, qui partout fait sonner ses louanges,
> Le nomme de sa joie et l'objet et l'auteur,   1115
> Son ange tutélaire et son libérateur.

CHIMÈNE

> Et le Roi, de quel œil voit-il tant de vaillance?

ELVIRE

> Rodrigue n'ose encor paraître en sa présence;
> Mais don Diègue ravi lui présente enchaînés,
> Au nom de ce vainqueur, ces captifs couronnés,   1120
> Et demande pour grâce à ce généreux prince
> Qu'il daigne voir la main qui sauve la province.

CHIMÈNE

> Mais n'est-il point blessé?

ELVIRE

>   Je n'en ai rien appris.
> Vous changez de couleur! reprenez vos esprits.

CHIMÈNE

> Reprenons donc aussi ma colère affaiblie: 1125
> Pour avoir soin de lui faut-il que je m'oublie?
> On le vante, on le loue, et mon cœur y consent!
> Mon honneur est muet, mon devoir impuissant!
> Silence, mon amour, laisse agir ma colère:
> S'il a vaincu deux rois, il a tué mon père;   1130
> Ces tristes vêtements, où je lis mon malheur,
> Sont les premiers effets qu'ait produits sa valeur;
> Et, quoi qu'on die ailleurs d'un cœur si magnanime,
> Ici tous les objets me parlent de son crime.
>   Vous qui rendez la force à mes ressentiments,   1135
> Voiles, crêpes, habits, lugubres ornements,
> Pompe que me prescrit sa première victoire,
> Contre ma passion soutenez bien ma gloire;
> Et lorsque mon amour prendra trop de pouvoir,

1122. **la province** is often used by Corneille to mean the State.   1123. This is the *cri du cœur*.   In the following speech (l. 1125 ff.) Chimène has to reason and argue, to convince herself that she still must hate Rodrigue.   1131. Chimène refers to her mourning attire.   1133. **die,** old subjunctive of *dire*.

Parlez à mon esprit de mon triste devoir,   1140
Attaquez sans rien craindre une main triomphante.

ELVIRE

Modérez ces transports, voici venir l'Infante.

SCÈNE II

L'Infante, Chimène, Léonor, Elvire.

L'INFANTE

Je ne viens pas ici consoler tes douleurs;
Je viens plutôt mêler mes soupirs à tes pleurs.

CHIMÈNE

Prenez bien plutôt part à la commune joie,   1145
Et goûtez le bonheur que le ciel vous envoie,
Madame: autre que moi n'a droit de soupirer.
Le péril dont Rodrigue a su nous retirer,
Et le salut public que vous rendent ses armes,
A moi seule aujourd'hui souffrent encor les larmes: 1150
Il a sauvé la ville, il a servi son roi;
Et son bras valeureux n'est funeste qu'à moi.

L'INFANTE

Ma Chimène, il est vrai qu'il a fait des merveilles.

CHIMÈNE

Déjà ce bruit fâcheux a frappé mes oreilles;
Et je l'entends partout publier hautement   1155
Aussi brave guerrier que malheureux amant.

L'INFANTE

Qu'a de fâcheux pour toi ce discours populaire?
Ce jeune Mars qu'il loue a su jadis te plaire:
Il possédait ton âme, il vivait sous tes lois;
Et vanter sa valeur, c'est honorer ton choix.   1160

SCENE II. This scene has often been criticized. We expected Rodrigue; the Infanta appears and repeats, at greater length, the first scene between Chimène and Elvire. 1147. **autre** would be *nul autre* in modern prose. 1157. **discours,** *talk, comment.*

CHIMÈNE

Chacun peut la vanter avec quelque justice;
Mais pour moi sa louange est un nouveau supplice.
On aigrit ma douleur en l'élevant si haut:
Je vois ce que je perds quand je vois ce qu'il vaut.
Ah! cruels déplaisirs à l'esprit d'une amante! 1165
Plus j'apprends son mérite, et plus mon feu s'augmente:
Cependant mon devoir est toujours le plus fort,
Et malgré mon amour, va poursuivre sa mort.

L'INFANTE

Hier ce devoir te mit en une haute estime;
L'effort que tu te fis parut si magnanime, 1170
Si digne d'un grand cœur, que chacun à la cour
Admirait ton courage et plaignait ton amour.
Mais croirais-tu l'avis d'une amitié fidèle?

CHIMÈNE

Ne vous obéir pas me rendrait criminelle.

L'INFANTE

Ce qui fut juste alors ne l'est plus aujourd'hui. 1175
Rodrigue maintenant est notre unique appui,
L'espérance et l'amour d'un peuple qui l'adore,
Le soutien de Castille, et la terreur du More.
Le Roi même est d'accord de cette vérité,
Que ton père en lui seul se voit ressuscité; 1180
Et, si tu veux enfin qu'en deux mots je m'explique,
Tu poursuis en sa mort la ruine publique.
Quoi! pour venger un père est-il jamais permis
De livrer sa patrie aux mains des ennemis?
Contre nous ta poursuite est-elle légitime, 1185
Et pour être punis avons-nous part au crime?
Ce n'est pas qu'après tout tu doives épouser
Celui qu'un père mort t'obligeait d'accuser:
Je te voudrais moi-même en arracher l'envie;
Ote-lui ton amour, mais laisse-nous sa vie. 1190

1169. **Hier,** one syllable here. 1190. The Infanta is a skillful diplomat. She hopes Rodrigue may live; but she also hopes Chimène will never marry him. All this selfish and hypocritical talk of the Infanta makes Chimène appear nobler and more heroic.

CHIMÈNE

> Ah! ce n'est pas à moi d'avoir tant de bonté;
> Le devoir qui m'aigrit n'a rien de limité.
> Quoique pour ce vainqueur mon amour s'intéresse,
> Quoiqu'un peuple l'adore et qu'un roi le caresse,
> Qu'il soit environné des plus vaillants guerriers,   1195
> J'irai sous mes cyprès accabler ses lauriers.

L'INFANTE

> C'est générosité, quand pour venger un père
> Notre devoir attaque une tête si chère;
> Mais c'en est une encor d'un plus illustre rang,
> Quand on donne au public les intérêts du sang.   1200
> Non, crois-moi, c'est assez que d'éteindre ta flamme;
> Il sera trop puni s'il n'est plus dans ton âme.
> Que le bien du pays t'impose cette loi:
> Aussi bien, que crois-tu que t'accorde le Roi?

CHIMÈNE

> Il peut me refuser, mais je ne puis me taire.   1205

L'INFANTE

> Pense bien, ma Chimène, à ce que tu veux faire.
> Adieu: tu pourras seule y penser à loisir.

CHIMÈNE

> Après mon père mort, je n'ai point à choisir.

SCÈNE III

Don Fernand, Don Diègue, Don Arias, Don Rodrigue, Don Sanche.

DON FERNAND

> Généreux héritier d'une illustre famille,
> Qui fut toujours la gloire et l'appui de Castille,   1210
> Race de tant d'aïeux en valeur signalés,
> Que l'essai de la tienne a sitôt égalés,

1196. cyprès, *cypress trees* (the emblem of mourning).   1200. donne, *gives up.* — sang, *family.*

SCENE III. The situation suddenly changes. The tone at once reflects it, and becomes more declamatory.   1211. Race, *Offspring.*

Pour te récompenser ma force est trop petite;
Et j'ai moins de pouvoir que tu n'as de mérite.
Le pays délivré d'un si rude ennemi,   1215
Mon sceptre dans ma main par la tienne affermi,
Et les Mores défaits avant qu'en ces alarmes
J'eusse pu donner ordre à repousser leurs armes,
Ne sont point des exploits qui laissent à ton roi
Le moyen ni l'espoir de s'acquitter vers toi.   1220
Mais deux rois tes captifs feront ta récompense.
Ils t'ont nommé tous deux leur Cid en ma présence:
Puisque Cid en leur langue est autant que seigneur,
Je ne t'envierai pas ce beau titre d'honneur.
  Sois désormais le Cid: qu'à ce grand nom tout cède;   1225
Qu'il comble d'épouvante et Grenade et Tolède,
Et qu'il marque à tous ceux qui vivent sous mes lois
Et ce que tu me vaux, et ce que je te dois.

DON RODRIGUE

Que Votre Majesté, Sire, épargne ma honte.
D'un si faible service elle fait trop de compte,   1230
Et me force à rougir devant un si grand roi
De mériter si peu l'honneur que j'en reçoi.
Je sais trop que je dois au bien de votre empire,
Et le sang qui m'anime et l'air que je respire;
Et quand je les perdrai pour un si digne objet,   1235
Je ferai seulement le devoir d'un sujet.

DON FERNAND

Tous ceux que ce devoir à mon service engage
Ne s'en acquittent pas avec même courage;
Et lorsque la valeur ne va point dans l'excès,
Elle ne produit point de si rares succès.   1240
Souffre donc qu'on te loue, et de cette victoire
Apprends-moi plus au long la véritable histoire.

DON RODRIGUE

Sire, vous avez su qu'en ce danger pressant,
Qui jeta dans la ville un effroi si puissant,

1217. **alarmes** has here the etymological meaning of 'sudden emotion,' or 'panic' caused by an unexpected attack (*sonner à l'arme*).   1223. **Cid,** from the Arabic *Seyid* meaning 'lord,' 'master.'   1230. **compte,** see note to l. 385.   1232. **en** = *de lui.* *En* is now seldom used when referring to persons. — **reçoi** = *reçois.*

Une troupe d'amis chez mon père assemblée 1245
Sollicita mon âme encor toute troublée . . .
Mais, Sire, pardonnez à ma témérité,
Si j'osai l'employer sans votre autorité:
Le péril approchait; leur brigade était prête;
Me montrant à la cour, je hasardais ma tête; 1250
Et s'il fallait la perdre, il m'était bien plus doux
De sortir de la vie en combattant pour vous.

DON FERNAND

J'excuse ta chaleur à venger ton offense;
Et l'État défendu me parle en ta défense:
Crois que dorénavant Chimène a beau parler, 1255
Je ne l'écoute plus que pour la consoler.
Mais poursuis.

DON RODRIGUE

           Sous moi donc cette troupe s'avance,
Et porte sur le front une mâle assurance.
Nous partîmes cinq cents; mais par un prompt renfort
Nous nous vîmes trois mille en arrivant au port, 1260
Tant, à nous voir marcher avec un tel visage,
Les plus épouvantés reprenaient de courage!
J'en cache les deux tiers, aussitôt qu'arrivés,
Dans le fond des vaisseaux qui lors furent trouvés;
Le reste, dont le nombre augmentait à toute heure, 1265
Brûlant d'impatience autour de moi demeure,
Se couche contre terre, et, sans faire aucun bruit,
Passe une bonne part d'une si belle nuit.
Par mon commandement, la garde en fait de même,
Et se tenant cachée, aide à mon stratagème; 1270
Et je feins hardiment d'avoir reçu de vous
L'ordre qu'on me voit suivre et que je donne à tous.
    Cette obscure clarté qui tombe des étoiles
Enfin avec le flux nous fait voir trente voiles;
L'onde s'enfle dessous, et d'un commun effort 1275
Les Mores et la mer montent jusques au port.

1257 ff. This famous epic narrative is often quoted as a model of telling simplicity, clarity, and of modesty on the part of the narrator. 1263. aussitôt must now be followed by *qu'ils furent* or *qu'ils sont* (*arrivés*). Corneille's phrase is more concise and suggestive. 1264. lors, archaic for *alors*. 1273. A celebrated line, one of the few nature touches in Corneille's tragedies.

On les laisse passer; tout leur paraît tranquille;
Point de soldats au port, point aux murs de la ville.
Notre profond silence abusant leurs esprits,
Ils n'osent plus douter de nous avoir surpris;　　　　　1280
Ils abordent sans peur, ils ancrent, ils descendent,
Et courent se livrer aux mains qui les attendent.
Nous nous levons alors, et tous en même temps
Poussons jusques au ciel mille cris éclatants.
Les nôtres, à ces cris, de nos vaisseaux répondent;　　　1285
Ils paraissent armés, les Mores se confondent,
L'épouvante les prend à demi descendus;
Avant que de combattre, ils s'estiment perdus.
Ils couraient au pillage, et rencontrent la guerre;
Nous les pressons sur l'eau, nous les pressons sur terre,　1290
Et nous faisons courir des ruisseaux de leur sang,
Avant qu'aucun résiste ou reprenne son rang.
Mais bientôt, malgré nous, leurs princes les rallient;
Leur courage renaît, et leurs terreurs s'oublient:
La honte de mourir sans avoir combattu　　　　　　　1295
Arrête leur désordre, et leur rend leur vertu.
Contre nous de pied ferme ils tirent leurs alfanges,
De notre sang au leur font d'horribles mélanges;
Et la terre, et le fleuve, et leur flotte, et le port,
Sont des champs de carnage où triomphe la mort.　　　1300
　O combien d'actions, combien d'exploits célèbres
Sont demeurés sans gloire au milieu des ténèbres,
Où chacun, seul témoin des grands coups qu'il donnait,
Ne pouvait discerner où le sort inclinait!
J'allais de tous côtés encourager les nôtres,　　　　1305
Faire avancer les uns, et soutenir les autres,
Ranger ceux qui venaient, les pousser à leur tour,
Et ne l'ai pu savoir jusques au point du jour.
Mais enfin sa clarté montre notre avantage:
Le More voit sa perte, et perd soudain courage;　　　1310
Et voyant du renfort qui nous vient secourir,
L'ardeur de vaincre cède à la peur de mourir.
Ils gagnent leurs vaisseaux, ils en coupent les câbles,
Poussent jusques aux cieux des cris épouvantables,

1286. **se confondent,** *are thrown into confusion.*　1296. **vertu,** see note to l. 28.
1297. **alfanges** (Spanish word of Arabic origin), *scimitars.*　1304. **où le sort inclinait,**
whom Fortune was favoring.

Font retraite en tumulte, et sans considérer   1315
Si leurs rois avec eux peuvent se retirer.
Pour souffrir ce devoir leur frayeur est trop forte:
Le flux les apporta; le reflux les remporte,
Cependant que leurs rois, engagés parmi nous,
Et quelque peu des leurs, tous percés de nos coups,   1320
Disputent vaillamment et vendent bien leur vie.
A se rendre moi-même en vain je les convie:
Le cimeterre au poing ils ne m'écoutent pas;
Mais voyant à leurs pieds tomber tous leurs soldats,
Et que seuls désormais en vain ils se défendent,   1325
Ils demandent le chef: je me nomme, ils se rendent.
Je vous les envoyai tous deux en même temps;
Et le combat cessa faute de combattants.
 C'est de cette façon, que pour votre service . . .

SCÈNE IV

Don Fernand, Don Diègue, Don Rodrigue, Don Arias,
Don Alonse, Don Sanche.

DON ALONSE

 Sire, Chimène vient vous demander justice.   1330

DON FERNAND

 La fâcheuse nouvelle, et l'importun devoir!
 Va, je ne la veux pas obliger à te voir.
 Pour tous remercîments, il faut que je te chasse;
 Mais, avant que sortir, viens, que ton roi t'embrasse.
                                    (*Don Rodrigue rentre.*)

DON DIÈGUE

 Chimène le poursuit, et voudrait le sauver.   1335

1319. engagés, *engaged in fighting.*   1321. Disputent, *Contend.* — bien, *dearly.*
1328. The line has become proverbial.
 Scene IV. This scene contrasts sharply with the epic narrative which preceded.
The result of Chimène's pleading is apparent to the spectator. We know she will
fail, yet we are interested in the psychological struggle which is torturing her.
1334. avant que with an infinitive is no longer correct.

DON FERNAND

> On m'a dit qu'elle l'aime, et je vais l'éprouver.
> Montrez un œil plus triste.

SCÈNE V

Don Fernand, Don Diègue, Don Arias, Don Sanche,
Don Alonse, Chimène, Elvire.

DON FERNAND

> 　　　　　　　　　　　Enfin, soyez contente,
> Chimène, le succès répond à votre attente:
> Si de nos ennemis Rodrigue a le dessus,
> Il est mort à nos yeux des coups qu'il a reçus;　　　　　1340
> Rendez grâces au ciel qui vous en a vengée.
> 　　　　　　　　　　　(A don Diègue.)
> Voyez comme déjà sa couleur est changée.

DON DIÈGUE

> Mais voyez qu'elle pâme, et d'un amour parfait,
> Dans cette pâmoison, Sire, admirez l'effet.
> Sa douleur a trahi les secrets de son âme,　　　　　　1345
> Et ne vous permet plus de douter de sa flamme.

CHIMÈNE

> Quoi! Rodrigue est donc mort?

DON FERNAND

> 　　　　　　　　　　　Non, non, il voit le jour,
> Et te conserve encore un immuable amour:
> Calme cette douleur qui pour lui s'intéresse.

CHIMÈNE

> Sire, on pâme de joie ainsi que de tristesse:　　　　　1350
> Un excès de bonheur nous rend tout languissants,
> Et quand il surprend l'âme, il accable les sens.

DON FERNAND

> Tu veux qu'en ta faveur nous croyions l'impossible?
> Chimène, ta douleur a paru trop visible.

1336. l'éprouver, *put her to the test.*　　1338. succès, *outcome.*　　1349. s'intéresse,
is aroused.　　1351. tout is *tous* in the original.　See note to l. 637.

CHIMÈNE

Eh bien! Sire, ajoutez ce comble à mon malheur,   1355
Nommez ma pâmoison l'effet de ma douleur:
Un juste déplaisir à ce point m'a réduite.
Son trépas dérobait sa tête à ma poursuite;
S'il meurt des coups reçus pour le bien du pays,
Ma vengeance est perdue, et mes desseins trahis: 1360
Une si belle fin m'est trop injurieuse.
Je demande sa mort, mais non pas glorieuse,
Non pas dans un éclat qui l'élève si haut,
Non pas au lit d'honneur, mais sur un échafaud;
Qu'il meure pour mon père, et non pour la patrie;   1365
Que son nom soit taché, sa mémoire flétrie.
Mourir pour le pays n'est pas un triste sort;
C'est s'immortaliser par une belle mort.
J'aime donc sa victoire, et je le puis sans crime;
Elle assure l'État, et me rend ma victime,   1370
Mais noble, mais fameuse entre tous les guerriers,
Le chef, au lieu de fleurs, couronné de lauriers;
Et pour dire en un mot ce que j'en considère,
Digne d'être immolée aux mânes de mon père . . .
Hélas! à quel espoir me laissé-je emporter!   1375
Rodrigue de ma part n'a rien à redouter:
Que pourraient contre lui des larmes qu'on méprise ?
Pour lui tout votre empire est un lieu de franchise;
Là, sous votre pouvoir, tout lui devient permis;
Il triomphe de moi comme des ennemis.   1380
Dans leur sang répandu la justice étouffée
Au crime du vainqueur sert d'un nouveau trophée:
Nous en croissons la pompe, et le mépris des lois
Nous fait suivre son char au milieu de deux rois.

DON FERNAND

Ma fille, ces transports ont trop de violence.   1385
Quand on rend la justice, on met tout en balance:
On a tué ton père, il était l'agresseur;

1364. **au lit d'honneur** would be *au champ d'honneur* in modern French.   1372. **chef,** see note to l. 598. Chimène refers to the flowers adorning the sacrificial victim. 1378. **lieu de franchise,** *place of refuge.*   1384. **char,** allusion to the ancient Roman custom of according victorious generals triumphant processions, in which the most distinguished captives followed the victor's chariot.

Et la même équité m'ordonne la douceur.
Avant que d'accuser ce que j'en fais paraître,
Consulte bien ton cœur: Rodrigue en est le maître,   1390
Et ta flamme en secret rend grâces à ton roi,
Dont la faveur conserve un tel amant pour toi.

CHIMÈNE

Pour moi! mon ennemi! l'objet de ma colère!
L'auteur de mes malheurs! l'assassin de mon père!
De ma juste poursuite on fait si peu de cas   1395
Qu'on me croit obliger en ne m'écoutant pas!
    Puisque vous refusez la justice à mes larmes,
Sire, permettez-moi de recourir aux armes;
C'est par là seulement qu'il a su m'outrager,
Et c'est aussi par là que je dois me venger.   1400
A tous vos cavaliers je demande sa tête:
Oui, qu'un d'eux me l'apporte, et je suis sa conquête;
Qu'ils le combattent, Sire, et, le combat fini,
J'épouse le vainqueur, si Rodrigue est puni.
Sous votre autorité souffrez qu'on le publie.   1405

DON FERNAND

Cette vieille coutume en ces lieux établie,
Sous couleur de punir un injuste attentat,
Des meilleurs combattants affaiblit un État;
Souvent de cet abus le succès déplorable
Opprime l'innocent et soutient le coupable.   1410
J'en dispense Rodrigue; il m'est trop précieux
Pour l'exposer aux coups d'un sort capricieux;
Et quoi qu'ait pu commettre un cœur si magnanime,
Les Mores en fuyant ont emporté son crime.

DON DIÈGUE

Quoi! Sire, pour lui seul vous renversez des lois   1415
Qu'a vu toute la cour observer tant de fois!

1388. la même équité = *l'équité même*.   1389. Avant . . . paraître, *Before you criticize my attitude;* en refers to *douceur*.   1406. Refers to the medieval custom of having
a champion fight for one unable to defend his own rights.   1408–10. These lines
afford the most telling argument against duelling.   In putting these words into the
King's mouth, Corneille obviously had in mind Richelieu's stern edicts against the
practice, and thereby mitigated to some extent his seeming glorification of the duel.
See also ll. 1450–52.   1409. succès, *outcome*.

Que croira votre peuple, et que dira l'envie,
Si sous votre défense il ménage sa vie,
Et s'en fait un prétexte à ne paraître pas
Où tous les gens d'honneur cherchent un beau trépas ?   1420
De pareilles faveurs terniraient trop sa gloire:
Qu'il goûte sans rougir les fruits de sa victoire.
Le Comte eut de l'audace, il l'en a su punir:
Il l'a fait en brave homme, et le doit maintenir.

DON FERNAND

Puisque vous le voulez, j'accorde qu'il le fasse;   1425
Mais d'un guerrier vaincu mille prendraient la place,
Et le prix que Chimène au vainqueur a promis
De tous mes cavaliers ferait ses ennemis.
L'opposer seul à tous serait trop d'injustice:
Il suffit qu'une fois il entre dans la lice.   1430
   Choisis qui tu voudras, Chimène, et choisis bien;
Mais après ce combat ne demande plus rien.

DON DIÈGUE

N'excusez point par là ceux que son bras étonne:
Laissez un champ ouvert, où n'entrera personne.
Après ce que Rodrigue a fait voir aujourd'hui,   1435
Quel courage assez vain s'oserait prendre à lui ?
Qui se hasarderait contre un tel adversaire ?
Qui serait ce vaillant, ou bien ce téméraire ?

DON SANCHE

Faites ouvrir le champ: vous voyez l'assaillant;
Je suis ce téméraire, ou plutôt ce vaillant.   1440
   Accordez cette grâce à l'ardeur qui me presse,
Madame: vous savez quelle est votre promesse.

DON FERNAND

Chimène, remets-tu ta querelle en sa main ?

CHIMÈNE

Sire, je l'ai promis.

DON FERNAND

Soyez prêt à demain.

1418. ménage, *is careful of.* 1424. brave homme = *homme brave.* 1433. étonne,
terrifies. 1436. s'oserait prendre à = *oserait se prendre à.*

DON DIÈGUE

Non, Sire, il ne faut pas différer davantage: 1445
On est toujours trop prêt quand on a du courage.

DON FERNAND

Sortir d'une bataille, et combattre à l'instant!

DON DIÈGUE

Rodrigue a pris haleine en vous la racontant.

DON FERNAND

Du moins une heure ou deux je veux qu'il se délasse.
Mais de peur qu'en exemple un tel combat ne passe,   1450
Pour témoigner à tous qu'à regret je permets
Un sanglant procédé qui ne me plut jamais,
De moi, ni de ma cour il n'aura la présence.

                 (Il parle à don Arias.)

Vous seul des combattants jugerez la vaillance:
Ayez soin que tous deux fassent en gens de cœur,   1455
Et le combat fini, m'amenez le vainqueur.
Quel qu'il soit, même prix est acquis à sa peine:
Je le veux de ma main présenter à Chimène,
Et que pour récompense il reçoive sa foi.

CHIMÈNE

Quoi! Sire, m'imposer une si dure loi!   1460

DON FERNAND

Tu t'en plains; mais ton feu, loin d'avouer ta plainte,
Si Rodrigue est vainqueur, l'accepte sans contrainte.
Cesse de murmurer contre un arrêt si doux:
Qui que ce soit des deux, j'en ferai ton époux.

1445. Corneille here justifies the haste which was necessary to keep the unity of time.   1455. **fassent**, *behave, act.*   1456. **m'amenez** = *amenez-moi.*   1461. **avouer**, *approving.*

ACTE CINQUIÈME

SCÈNE PREMIÈRE

Don Rodrigue, Chimène.

CHIMÈNE

> Quoi! Rodrigue, en plein jour! d'où te vient cette audace?   1465
> Va, tu me perds d'honneur; retire-toi, de grâce.

DON RODRIGUE

> Je vais mourir, Madame, et vous viens en ce lieu,
> Avant le coup mortel, dire un dernier adieu:
> Cet immuable amour qui sous vos lois m'engage
> N'ose accepter ma mort sans vous en faire hommage.   1470

CHIMÈNE

> Tu vas mourir!

DON RODRIGUE

>   Je cours à ces heureux moments
> Qui vont livrer ma vie à vos ressentiments.

CHIMÈNE

> Tu vas mourir! Don Sanche est-il si redoutable,
> Qu'il donne l'épouvante à ce cœur indomptable?
> Qui t'a rendu si faible, ou qui le rend si fort?   1475
> Rodrigue va combattre, et se croit déjà mort!
> Celui qui n'a pas craint les Mores, ni mon père,
> Va combattre don Sanche, et déjà désespère!
> Ainsi donc, au besoin, ton courage s'abat!

DON RODRIGUE

> Je cours à mon supplice, et non pas au combat;   1480
> Et ma fidèle ardeur sait bien m'ôter l'envie,
> Quand vous cherchez ma mort, de défendre ma vie.

1466. **tu me perds d'honneur,** *you jeopardize my honor.*   1467 ff. Notice the stern dignity of Rodrigue's words. He no longer addresses Chimène familiarly.   1479. **au besoin** = *dans le besoin,* i.e. in time of need.

J'ai toujours même cœur; mais je n'ai point de bras
Quand il faut conserver ce qui ne vous plaît pas;
Et déjà cette nuit m'aurait été mortelle,   1485
Si j'eusse combattu pour ma seule querelle;
Mais défendant mon roi, son peuple et mon pays,
A me défendre mal je les aurais trahis.
Mon esprit généreux ne hait pas tant la vie,
Qu'il en veuille sortir par une perfidie.   1490
Maintenant qu'il s'agit de mon seul intérêt,
Vous demandez ma mort, j'en accepte l'arrêt.
Votre ressentiment choisit la main d'un autre
(Je ne méritais pas de mourir de la vôtre):
On ne me verra point en repousser les coups;   1495
Je dois plus de respect à qui combat pour vous;
Et ravi de penser que c'est de vous qu'ils viennent,
Puisque c'est votre honneur que ses armes soutiennent,
Je vais lui présenter mon estomac ouvert,
Adorant en sa main la vôtre qui me perd.   1500

CHIMÈNE

Si d'un triste devoir la juste violence,
Qui me fait malgré moi poursuivre ta vaillance,
Prescrit à ton amour une si forte loi
Qu'il te rend sans défense à qui combat pour moi,
En cet aveuglement ne perds pas la mémoire   1505
Qu'ainsi que de ta vie il y va de ta gloire,
Et que dans quelque éclat que Rodrigue ait vécu,
Quand on le saura mort, on le croira vaincu.
    Ton honneur t'est plus cher que je ne te suis chère,
Puisqu'il trempe tes mains dans le sang de mon père,   1510
Et te fait renoncer, malgré ta passion,
A l'espoir le plus doux de ma possession:
Je t'en vois cependant faire si peu de compte,
Que, sans rendre combat tu veux qu'on te surmonte.
Quelle inégalité ravale ta vertu?   1515
Pourquoi ne l'as-tu plus, ou pourquoi l'avais-tu?
Quoi? n'es-tu généreux que pour me faire outrage?

1486. **pour ma seule querelle,** *in my own cause alone.*   1496. **à qui** = *à celui qui,*
i.e. Don Sanche.   1499. **estomac** was often used, as here, to mean *la poitrine.*
1511–12. Under the virile energy of Chimène's speech appears a woman's pique that
her lover should so readily give up the hope of her "possession," as she boldly
expresses it.   1514. **rendre** = *livrer.*   1515. **inégalité,** *inconsistency.*

S'il ne faut m'offenser, n'as-tu point de courage ?
Et traites-tu mon père avec tant de rigueur,
Qu'après l'avoir vaincu tu souffres un vainqueur ?   1520
Va, sans vouloir mourir, laisse-moi te poursuivre,
Et défends ton honneur, si tu ne veux plus vivre.

DON RODRIGUE

Après la mort du Comte et les Mores défaits,
Faudrait-il à ma gloire encor d'autres effets ?
Elle peut dédaigner le soin de me défendre: 1525
On sait que mon courage ose tout entreprendre,
Que ma valeur peut tout, et que dessous les cieux,
Auprès de mon honneur, rien ne m'est précieux.
Non, non, en ce combat, quoi que vous veuilliez croire,
Rodrigue peut mourir sans hasarder sa gloire,   1530
Sans qu'on l'ose accuser d'avoir manqué de cœur;
Sans passer pour vaincu, sans souffrir un vainqueur.
On dira seulement: « Il adorait Chimène;
Il n'a pas voulu vivre et mériter sa haine;
Il a cédé lui-même à la rigueur du sort   1535
Qui forçait sa maîtresse à poursuivre sa mort:
Elle voulait sa tête; et son cœur magnanime,
S'il l'en eût refusée, eût pensé faire un crime.
Pour venger son honneur, il perdit son amour,
Pour venger sa maîtresse, il a quitté le jour,   1540
Préférant, quelque espoir qu'eût son âme asservie,
Son honneur à Chimène et Chimène à sa vie. »
Ainsi donc vous verrez ma mort en ce combat,
Loin d'obscurcir ma gloire, en rehausser l'éclat;
Et cet honneur suivra mon trépas volontaire,   1545
Que tout autre pour moi n'eût pu vous satisfaire.

CHIMÈNE

Puisque, pour t'empêcher de courir au trépas,
Ta vie et ton honneur sont de faibles appas,
Si jamais je t'aimai, cher Rodrigue, en revanche,

1518. **S'il ne faut** = *A moins qu'il ne faille.*   1519–20. Chimène considers that if Rodrigue, after his victory over the Count, were now vanquished by Don Sanche, it would be an insult to the memory of her father.   1524. **effets,** *deeds, exploits.* 1529. **veuilliez.** The modern form *veuillez* is now the imperative.   *Vouliez* would be correct in modern French.   1538. **S'il l'en eût refusée** = *S'il la lui avait refusée.*

Défends-toi maintenant pour m'ôter à don Sanche; 1550
Combats pour m'affranchir d'une condition
Qui me donne à l'objet de mon aversion.
Te dirai-je encor plus? va, songe à ta défense,
Pour forcer mon devoir, pour m'imposer silence;
Et si tu sens pour moi ton cœur encore épris, 1555
Sors vainqueur d'un combat dont Chimène est le prix.
Adieu: ce mot lâché me fait rougir de honte.

DON RODRIGUE

Est-il quelque ennemi qu'à présent je ne dompte?
Paraissez, Navarrais, Mores et Castillans,
Et tout ce que l'Espagne a nourri de vaillants; 1560
Unissez-vous ensemble, et faites une armée,
Pour combattre une main de la sorte animée:
Joignez tous vos efforts contre un espoir si doux;
Pour en venir à bout, c'est trop peu que de vous.

SCÈNE II

L'Infante.

T'écouterai-je encor, respect de ma naissance, 1565
Qui fais un crime de mes feux?
T'écouterai-je, amour, dont la douce puissance
Contre ce fier tyran fait révolter mes vœux?
Pauvre princesse, auquel des deux
Dois-tu prêter obéissance? 1570
Rodrigue, ta valeur te rend digne de moi;
Mais pour être vaillant, tu n'es pas fils de roi.

Impitoyable sort, dont la rigueur sépare
Ma gloire d'avec mes désirs!
Est-il dit que le choix d'une vertu si rare 1575
Coûte à ma passion de si grands déplaisirs?

1556. A famous line that brings to a dramatic climax the development of the characters and of the action.   1564. *You would be too few to triumph over me.* This bombastic
passage is natural here. Inspired by Chimène's confession, Rodrigue's youthful courage
is equal to any deed. Compare Cyrano de Bergerac's speech (I, vii) under somewhat
similar circumstances.
    Scene II. This scene is as unexpected here as it is disappointing. Corneille's
purpose is merely to allow time for the duel between Rodrigue and Don Sanche.
1572. pour être = *bien que tu sois.*

O cieux! à combien de soupirs
Faut-il que mon cœur se prépare,
Si jamais il n'obtient sur un si long tourment
Ni d'éteindre l'amour, ni d'accepter l'amant ! 1580

Mais c'est trop de scrupule, et ma raison s'étonne
Du mépris d'un si digne choix:
Bien qu'aux monarques seuls ma naissance me donne,
Rodrigue, avec honneur je vivrai sous tes lois.
Après avoir vaincu deux rois, 1585
Pourrais-tu manquer de couronne?
Et ce grand nom de Cid que tu viens de gagner
Ne fait-il pas trop voir sur qui tu dois régner?

Il est digne de moi, mais il est à Chimène;
Le don que j'en ai fait me nuit. 1590
Entre eux la mort d'un père a si peu mis de haine,
Que le devoir du sang à regret le poursuit:
Ainsi n'espérons aucun fruit
De son crime ni de ma peine,
Puisque pour me punir le destin a permis 1595
Que l'amour dure même entre deux ennemis.

SCÈNE III

L'INFANTE, LÉONOR.

L'INFANTE

Où viens-tu, Léonor?

LÉONOR

Vous applaudir, Madame,
Sur le repos qu'enfin a retrouvé votre âme.

L'INFANTE

D'où viendrait ce repos dans un comble d'ennui?

LÉONOR

Si l'amour vit d'espoir, et s'il meurt avec lui, 1600
Rodrigue ne peut plus charmer votre courage.
Vous savez le combat où Chimène l'engage:

1579. sur, *from.*   1590. Sainte-Beuve remarked that this too generous and wearisome Infanta spends her time bestowing what does not belong to her.   1601. **charmer votre courage,** *entice your heart.*

Puisqu'il faut qu'il y meure, ou qu'il soit son mari,
Votre espérance est morte et votre esprit guéri.

L'INFANTE

Ah! qu'il s'en faut encor!

LÉONOR

Que pouvez-vous prétendre?　　　1605

L'INFANTE

Mais plutôt quel espoir me pourrais-tu défendre?
Si Rodrigue combat sous ces conditions,
Pour en rompre l'effet, j'ai trop d'inventions.
L'amour, ce doux auteur de mes cruels supplices,
Aux esprits des amants apprend trop d'artifices.　　　1610

LÉONOR

Pourrez-vous quelque chose, après qu'un père mort
N'a pu dans leurs esprits allumer de discord?
Car Chimène aisément montre par sa conduite
Que la haine aujourd'hui ne fait pas sa poursuite.
Elle obtient un combat, et pour son combattant　　　1615
C'est le premier offert qu'elle accepte à l'instant:
Elle n'a point recours à ces mains généreuses
Que tant d'exploits fameux rendent si glorieuses;
Don Sanche lui suffit, et mérite son choix,
Parce qu'il va s'armer pour la première fois.　　　1620
Elle aime en ce duel son peu d'expérience;
Comme il est sans renom, elle est sans défiance;
Et sa facilité vous doit bien faire voir
Qu'elle cherche un combat qui force son devoir,
Qui livre à son Rodrigue une victoire aisée,　　　1625
Et l'autorise enfin à paraître apaisée.

L'INFANTE

Je le remarque assez, et toutefois mon cœur
A l'envi de Chimène adore ce vainqueur.
A quoi me résoudrai-je, amante infortunée?

1605. qu'il ... encor! *how far it still is from being so!* — prétendre, which now would mean 'claim,' here means 'hope for.' 1614. ne fait pas, *is not the cause of.* 1620. Léonor's petty jealousy does not hesitate to see low and base motives in Chimène's actions. 1623. sa facilité, i.e. the ease with which she accepted Don Sanche. 1624. force, *may triumph over.* 1628. A l'envi de Chimène, *As much as does Chimène's.*

LÉONOR

A vous mieux souvenir de qui vous êtes née: 1630
Le ciel vous doit un roi, vous aimez un sujet!

L'INFANTE

Mon inclination a bien changé d'objet.
Je n'aime plus Rodrigue, un simple gentilhomme;
Non, ce n'est plus ainsi que mon amour le nomme:
Si j'aime, c'est l'auteur de tant de beaux exploits,   1635
C'est le valeureux Cid, le maître de deux rois.
   Je me vaincrai pourtant, non de peur d'aucun blâme,
Mais pour ne troubler pas une si belle flamme;
Et, quand pour m'obliger on l'aurait couronné,
Je ne veux point reprendre un bien que j'ai donné.   1640
Puisqu'en un tel combat sa victoire est certaine,
Allons encore un coup le donner à Chimène.
Et toi qui vois les traits dont mon cœur est percé,
Viens me voir achever comme j'ai commencé.

SCÈNE IV

CHIMÈNE, ELVIRE.

CHIMÈNE

Elvire, que je souffre, et que je suis à plaindre!   1645
Je ne sais qu'espérer, et je vois tout à craindre;
Aucun vœu ne m'échappe où j'ose consentir;
Je ne souhaite rien sans un prompt repentir.
A deux rivaux pour moi je fais prendre les armes:
Le plus heureux succès me coûtera des larmes;   1650
Et quoi qu'en ma faveur en ordonne le sort,
Mon père est sans vengeance, ou mon amant est mort.

ELVIRE

D'un et d'autre côté je vous vois soulagée:
Ou vous avez Rodrigue, ou vous êtes vengée;

SCENE IV. This scene, as well as the two preceding ones, spoils the dramatic effect of the fifth act and justifies those critics of Corneille who censure him for his excessive fondness for confidantes, princesses, and other such episodic and too talkative characters. 1647. où = *auquel.*

> Et quoi que le destin puisse ordonner de vous,　　　　　1655
> Il soutient votre gloire, et vous donne un époux.

CHIMÈNE

> Quoi! l'objet de ma haine ou de tant de colère!
> L'assassin de Rodrigue ou celui de mon père!
> De tous les deux côtés on me donne un mari
> Encor tout teint du sang que j'ai le plus chéri;　　　　1660
> De tous les deux côtés mon âme se rebelle:
> Je crains plus que la mort la fin de ma querelle.
> Allez, vengeance, amour, qui troublez mes esprits,
> Vous n'avez point pour moi de douceurs à ce prix;
> Et toi, puissant moteur du destin qui m'outrage,　　　1665
> Termine ce combat sans aucun avantage,
> Sans faire aucun des deux ni vaincu ni vainqueur.

ELVIRE

> Ce serait vous traiter avec trop de rigueur.
> Ce combat pour votre âme est un nouveau supplice,
> S'il vous laisse obligée à demander justice,　　　　　1670
> A témoigner toujours ce haut ressentiment,
> Et poursuivre toujours la mort de votre amant.
> Madame, il vaut bien mieux que sa rare vaillance,
> Lui couronnant le front, vous impose silence;
> Que la loi du combat étouffe vos soupirs,　　　　　　1675
> Et que le Roi vous force à suivre vos désirs.

CHIMÈNE

> Quand il sera vainqueur, crois-tu que je me rende?
> Mon devoir est trop fort, et ma perte trop grande;
> Et ce n'est pas assez, pour leur faire la loi,
> Que celle du combat et le vouloir du Roi.　　　　　　1680
> Il peut vaincre don Sanche avec fort peu de peine,
> Mais non pas avec lui la gloire de Chimène;
> Et quoi qu'à sa victoire un monarque ait promis,
> Mon honneur lui fera mille autres ennemis.

1665. She turns to God, whose name is seldom mentioned in classical tragedies, referring to Him as the *puissant moteur*, the 'Prime-Mover.' 1682. Notice the use, once more, of the word **gloire** (*honor*, *pride*, *reputation*) which is the keynote of the tragedy.

ELVIRE

Gardez, pour vous punir de cet orgueil étrange,   1685
Que le ciel à la fin ne souffre qu'on vous venge.
Quoi! vous voulez encor refuser le bonheur
De pouvoir maintenant vous taire avec honneur?
Que prétend ce devoir, et qu'est-ce qu'il espère?
La mort de votre amant vous rendra-t-elle un père?   1690
Est-ce trop peu pour vous que d'un coup de malheur?
Faut-il perte sur perte, et douleur sur douleur?
Allez, dans le caprice où votre humeur s'obstine,
Vous ne méritez pas l'amant qu'on vous destine;
Et nous verrons du ciel l'équitable courroux   1695
Vous laisser, par sa mort, don Sanche pour époux.

CHIMÈNE

Elvire, c'est assez des peines que j'endure,
Ne les redouble point de ce funeste augure.
Je veux, si je le puis, les éviter tous deux;
Sinon, en ce combat Rodrigue a tous mes vœux: 1700
Non qu'une folle ardeur de son côté me penche;
Mais, s'il était vaincu, je serais à don Sanche:
Cette appréhension fait naître mon souhait.
Que vois-je, malheureuse? Elvire, c'en est fait.

SCÈNE V

Don Sanche, Chimène, Elvire.

DON SANCHE

Obligé d'apporter à vos pieds cette épée . . .   1705

CHIMÈNE

Quoi? du sang de Rodrigue encor toute trempée?
Perfide, oses-tu bien te montrer à mes yeux,
Après m'avoir ôté ce que j'aimais le mieux?
    Éclate, mon amour, tu n'as plus rien à craindre:
Mon père est satisfait, cesse de te contraindre.   1710
Un même coup a mis ma gloire en sûreté,
Mon âme au désespoir, ma flamme en liberté.

1704. c'en est fait, *the worst has happened.*
Scene V. Chimène's error leads her to proclaim her love, thus bringing about the
dénouement of the play.

DON SANCHE

    D'un esprit plus rassis . . .

CHIMÈNE

                        Tu me parles encore,
    Exécrable assassin d'un héros que j'adore ?
    Va, tu l'as pris en traître; un guerrier si vaillant   1715
    N'eût jamais succombé sous un tel assaillant.
    N'espère rien de moi, tu ne m'as point servie :
    En croyant me venger, tu m'as ôté la vie.

DON SANCHE

    Étrange impression, qui loin de m'écouter . . .

CHIMÈNE

    Veux-tu que de sa mort je t'écoute vanter,   1720
    Que j'entende à loisir avec quelle insolence
    Tu peindras son malheur, mon crime et ta vaillance ?

SCÈNE VI

Don Fernand, Don Diègue, Don Arias, Don Sanche,
Don Alonse, Chimène, Elvire.

CHIMÈNE

    Sire, il n'est plus besoin de vous dissimuler
    Ce que tous mes efforts ne vous ont pu celer.
    J'aimais, vous l'avez su; mais pour venger mon père,   1725
    J'ai bien voulu proscrire une tête si chère :
    Votre Majesté, Sire, elle-même a pu voir
    Comme j'ai fait céder mon amour au devoir.
    Enfin Rodrigue est mort, et sa mort m'a changée
    D'implacable ennemie en amante affligée.   1730
    J'ai dû cette vengeance à qui m'a mise au jour,
    Et je dois maintenant ces pleurs à mon amour.
    Don Sanche m'a perdue en prenant ma défense,
    Et du bras qui me perd je suis la récompense !
    Sire, si la pitié peut émouvoir un roi,   1735
    De grâce, révoquez une si dure loi;
    Pour prix d'une victoire où je perds ce que j'aime,

1715. **en traître,** *by surprise, treacherously.*

Je lui laisse mon bien; qu'il me laisse à moi-même;
Qu'en un cloître sacré je pleure incessamment,
Jusqu'au dernier soupir, mon père et mon amant. 1740

DON DIÈGUE

Enfin elle aime, Sire, et ne croit plus un crime
D'avouer par sa bouche un amour légitime.

DON FERNAND

Chimène, sors d'erreur, ton amant n'est pas mort,
Et don Sanche vaincu t'a fait un faux rapport.

DON SANCHE

Sire, un peu trop d'ardeur malgré moi l'a déçue: 1745
Je venais du combat lui raconter l'issue.
Ce généreux guerrier, dont son cœur est charmé:
« Ne crains rien, m'a-t-il dit, quand il m'a désarmé;
Je laisserais plutôt la victoire incertaine,
Que de répandre un sang hasardé pour Chimène; 1750
Mais puisque mon devoir m'appelle auprès du Roi,
Va de notre combat l'entretenir pour moi,
De la part du vainqueur lui porter ton épée. »
Sire, j'y suis venu: cet objet l'a trompée;
Elle m'a cru vainqueur, me voyant de retour, 1755
Et soudain sa colère a trahi son amour
Avec tant de transport et tant d'impatience,
Que je n'ai pu gagner un moment d'audience.
Pour moi, bien que vaincu, je me répute heureux;
Et malgré l'intérêt de mon cœur amoureux, 1760
Perdant infiniment, j'aime encor ma défaite,
Qui fait le beau succès d'une amour si parfaite.

DON FERNAND

Ma fille, il ne faut point rougir d'un si beau feu,
Ni chercher les moyens d'en faire un désaveu.
Une louable honte en vain t'en sollicite: 1765
Ta gloire est dégagée et ton devoir est quitte;
Ton père est satisfait, et c'était le venger

1762. **une amour.** *Amour* was of both genders in the 17th century (cf. l. 1742). Corneille shows a growing preference for the masculine. Compare also Racine's *Andromaque*, ll. 29–30 (masculine), l. 462 (feminine).

Que mettre tant de fois ton Rodrigue en danger.
Tu vois comme le ciel autrement en dispose.
Ayant tant fait pour lui, fais pour toi quelque chose,   1770
Et ne sois point rebelle à mon commandement,
Qui te donne un époux aimé si chèrement.

SCÈNE VII

Don Fernand, Don Diègue, Don Arias, Don Rodrigue, Don Alonse,
Don Sanche, L'Infante, Chimène, Léonor, Elvire.

L'INFANTE

Sèche tes pleurs, Chimène, et reçois sans tristesse
Ce généreux vainqueur des mains de ta princesse.

DON RODRIGUE

Ne vous offensez point, Sire, si devant vous   1775
Un respect amoureux me jette à ses genoux.
Je ne viens point ici demander ma conquête:
Je viens tout de nouveau vous apporter ma tête,
Madame; mon amour n'emploiera point pour moi
Ni la loi du combat ni le vouloir du Roi.   1780
Si tout ce qui s'est fait est trop peu pour un père,
Dites par quels moyens il vous faut satisfaire.
Faut-il combattre encor mille et mille rivaux,
Aux deux bouts de la terre étendre mes travaux,
Forcer moi seul un camp, mettre en fuite une armée,   1785
Des héros fabuleux passer la renommée?
Si mon crime par là se peut enfin laver,
J'ose tout entreprendre, et puis tout achever;
Mais, si ce fier honneur, toujours inexorable,
Ne se peut apaiser sans la mort du coupable,   1790
N'armez plus contre moi le pouvoir des humains:
Ma tête est à vos pieds, vengez-vous par vos mains;
Vos mains seules ont droit de vaincre un invincible;

SCENE VII. Here is the happy ending of the tragi-comedy, which follows the legend
or history. Corneille has taken great pains to make this dénouement morally acceptable. The marriage will take place after a reasonable lapse of time. 1778. **tout
de nouveau,** *once more.* Is not Rodrigue's repeated offer of his head somewhat over-
done, and hence of decreasing dramatic effectiveness?

Prenez une vengeance à tout autre impossible.
Mais du moins que ma mort suffise à me punir: 1795
Ne me bannissez point de votre souvenir;
Et puisque mon trépas conserve votre gloire,
Pour vous en revancher conservez ma mémoire,
Et dites quelquefois, en déplorant mon sort:
« S'il ne m'avait aimée, il ne serait pas mort. »   1800

CHIMÈNE

Relève-toi, Rodrigue.   Il faut l'avouer, Sire,
Je vous en ai trop dit pour m'en pouvoir dédire.
Rodrigue a des vertus que je ne puis haïr;
Et quand un roi commande, on lui doit obéir.
Mais à quoi que déjà vous m'ayez condamnée,   1805
Pourrez-vous à vos yeux souffrir cet hyménée?
Et quand de mon devoir vous voulez cet effort,
Toute votre justice en est-elle d'accord?
Si Rodrigue à l'État devient si nécessaire,
De ce qu'il fait pour vous dois-je être le salaire,   1810
Et me livrer moi-même au reproche éternel
D'avoir trempé mes mains dans le sang paternel?

DON FERNAND

Le temps assez souvent a rendu légitime
Ce qui semblait d'abord ne se pouvoir sans crime:
Rodrigue t'a gagnée, et tu dois être à lui.   1815
Mais quoique sa valeur t'ait conquise aujourd'hui,
Il faudrait que je fusse ennemi de ta gloire,
Pour lui donner sitôt le prix de sa victoire.
Cet hymen différé ne rompt point une loi
Qui sans marquer de temps lui destine ta foi.   1820
Prends un an, si tu veux, pour essuyer tes larmes.
    Rodrigue, cependant, il faut prendre les armes.
Après avoir vaincu les Mores sur nos bords,
Renversé leurs desseins, repoussé leurs efforts,
Va jusqu'en leur pays leur reporter la guerre,   1825
Commander mon armée, et ravager leur terre:
A ce seul nom de Cid ils trembleront d'effroi;
Ils t'ont nommé seigneur, et te voudront pour roi.
Mais parmi tes hauts faits sois-lui toujours fidèle:

1814. **ne se pouvoir,** *not to be possible.*   1822. **cependant,** *in the meantime.*

Reviens-en, s'il se peut, encor plus digne d'elle;   1830
Et par tes grands exploits fais-toi si bien priser,
Qu'il lui soit glorieux alors de t'épouser.

DON RODRIGUE

Pour posséder Chimène, et pour votre service,
Que peut-on m'ordonner que mon bras n'accomplisse?
Quoi qu'absent de ses yeux il me faille endurer,   1835
Sire, ce m'est trop d'heur de pouvoir espérer.

DON FERNAND

Espère en ton courage, espère en ma promesse;
Et possédant déjà le cœur de ta maîtresse,
Pour vaincre un point d'honneur qui combat contre toi,
Laisse faire le temps, ta vaillance et ton roi.   1840

HORACE

After the brilliant achievement of *le Cid*, and the literary quarrel which followed, Corneille felt the need of renewing his inspiration and of correcting some of the faults which had been so bitterly seized upon and exaggerated by his enemies. With an enterprising courage, rare in a successful dramatist, he refused to strike for a second victory by merely repeating his previous tactics and borrowing again a subject from his Spanish predecessors. His admiration for an indomitable will and for heroic deeds attracted him to early Roman history, and in February 1640, *Horace*, his second masterpiece in the field of tragedy, was performed in Paris, probably at the *Théâtre du Marais*.

Made wiser by the intrigues and jealousies which had followed *le Cid*, Corneille took pains this time to conciliate public opinion. He read his play to influential contemporary critics, among them Boisrobert, a friend of Richelieu, and the Abbé d'Aubignac, the future author of one of the best works of dramatic criticism of the seventeenth century, the *Pratique du Théâtre*. Nevertheless, the dénouement of the new tragedy was criticized. Corneille's contemporaries — and posterity has confirmed their judgment — found the speeches of the final act too long and undramatic and the Abbé d'Aubignac deemed that Corneille had violated the laws of propriety, the *bienséances*, by representing a brother actually murdering his own sister. He would have preferred a death somewhat less Cornelian: Camille throwing herself accidentally upon her brother's unsheathed sword.

The success of the play, however, was great and immediate. The recent war with Spain and Austria enhanced the vital interest of a work pervaded by the atmosphere of battle and the heroic spirit. The classical structure of *Horace*, its careful exposition, its logical and progressive development appealed to an audience which was then losing its taste for irregular and ill-composed drama. The subject of the tragedy was drawn from Livy's *History of Rome*, Book I, and partly from Plutarch's *Life of Tullus Hostilius* and from *Dionysius*. Aretino had treated it in an Italian tragedy in 1546, and Lope de Vega in *El Honrado Hermano* in 1622. In France, the subject had remained untouched, except by an obscure sixteenth century dramatist, Laudun d'Aigaliers, whom Corneille had not read. Corneille, on the whole, loosely followed the story as related by Livy. He created the characters of Curiace, Valère, Sabine, and Julie (Curiace and Sabine being the dramatic counterparts of Horace and Camille). To avoid confusion in the minds of his audience and unnecessary repetition he retained only one of the three brothers who fought on opposite sides for their country. Thus the drama became a limited but violent conflict, depicting a

101

strong-willed protagonist struggling against his opponents and against his own weaknesses.

The plot is comparatively simple, and it was easy for Corneille to make it conform to the unities of time and place. The events follow each other in rapid succession, as is natural in the crisis of the battle. The scene is the home of Horace, where the women and Old Horace await the news of the tragic fight and where triumphant Horace comes back to meet his infuriated sister.

Corneille, however, was charged by his contemporaries with having broken the rule of unity of action. Many modern critics, free from all reverence for these rules, have agreed with them: they find that the main interest is in the battle between Horace and Curiace, that the subsequent murder of Camille and the final trial are an anticlimax and were added by Corneille merely because a tragedy had to be in five and not three acts.

Such a criticism is perhaps justified for the last act, in which no action takes place and which is entirely made up of long, rhetorical speeches. It is much less valid for what may be termed the secondary action of the tragedy, the murder of Camille. Corneille's primary interest is not in the events which take place in his tragedy; it is in the psychology of his heroes, more particularly in the development of Horace's character. The unity of the play is the unity of Horace himself. Horace, who at first is a courageous young Roman, loving and affectionate, gradually becomes a fanatic patriot, and later, elated by his victory, a brutal murderer and a worshiper of his own glory who prefers to die rather than prove himself unworthy of his past triumph. Even the fifth act, considered in the light of Horace's character, seems amply justified: Corneille feels that his real subject is the development of that character, and wants to dispose of the fate of his hero before the curtain falls. Besides, the dominant motive of the play is patriotism. The future of Rome as well as Horace's life hangs in the balance. Rome, invisible but omnipresent, is the real protagonist, and the picture of devotion to family and to State presented in every scene of the play could not be complete without Old Horace's final speech and the dénouement as it stands.

All the characters illustrate the conflict between love and patriotism which is the true theme of the tragedy. All are torn by those opposing forces. In Horace, patriotism triumphs almost without effort. Old Horace restrains his paternal feelings of love and pity, but while doing so realizes the absurdity of the war between two sister cities and refuses to be carried away by patriotic fanaticism. The women characters cannot rise to the level of abnegation and self-sacrifice attained by the men: it is easier for the men to become enthusiastic over an abstract idea such as devotion to one's country. For Sabine and Camille, however, the general, symbolic personality of Rome means little: love for husband, family ties, are dearer to them than the fate of Rome. Both feel slighted, outraged, and vexed, when husband and fiancé so readily sacrifice their love to an abstract duty to their country. Sabine, the least lifelike of the characters of the play, gives vent to her sorrow in long lamentations. Camille, on the contrary, is more interesting and subtly drawn. A Roman by birth, brought up with her three brothers, apparently the only woman in the home (the wife of Old Horace is never alluded to), she has become weary of constantly hearing Rome and patriotism exalted by these four men. She is in love with Curiace, a citizen of Alba, and at the very moment when her hopes of marriage seem about to be fulfilled, the menace of war shatters this prospective happiness. She tries to delude herself, hoping against hope, but when she makes a final effort to keep her fiancé from fighting (Act II, scene v), he proudly replies to her plea:

> Avant que d'être à vous, je suis à mon pays.

After the second act her fate is sealed, for she realizes that, even should Curiace return alive, he will not be able to marry the woman whose three brothers he will have slain. She awaits tensely the news of the battle and then, exhausted by the long suspense, must endure the painful narrative in which Valère tells in detail how Curiace was wounded and killed (Act IV, scene ii). Finally when, instead of sympathy, she meets only exultation and praise of Rome, she can no longer restrain herself, and in a tirade bitter and full of hatred deliberately insults the city which deprived her, in one day, of brothers and husband. She calls upon the gods to avenge her and dies, content, at the hand of the murderer of her dear Curiace.

The varied nuances of patriotism have been subtly differentiated by Corneille in the three leading male characters: Horace, Curiace, and Old Horace. Curiace is no less devoted to his own country than is his Roman adversary; in fact his patriotism is of even purer quality because it is untainted with any selfish desire for fame. Curiace does not hesitate between his affections and his duty:

> Je n'ai point consulté pour suivre mon devoir.

But he is a sensitive soul and bemoans the cruelty of his fate, wishing he had died earlier and been spared this painful ordeal. He appeals to our sympathy far more than does his brutal adversary, is a better brother, and would be a better husband. Yet it may be questioned whether in a period of adversity Curiace would be the better citizen. Horace, because of his very intolerance and fanaticism perhaps, might prove a more ardent defender of his country. In times of war or revolution men are needed who, like Horace, obey unquestioningly and give themselves unstintingly to their cause. This explains why, during the French Revolution and the Napoleonic wars, and more recently during the Great War, Horace became a favorite hero with French audiences. When the *Comédie-Française* reopened its doors, after the first few months of the war, the tragedy of *Horace* was selected for the first performance as being most in harmony with the feel-

ings of invaded France. No play of Corneille is indeed more typically
Cornelian; none is perhaps more modern in its appeal. The patriotism
of Horace might seem excessive to Corneille's contemporaries; the feeling
of devotion to country did not have, in the seventeenth century, the same
exclusive form it has today in the greater part of the world. Wars were
not national then, involving every individual in each country. Nowadays,
however, after the excessive growth of nationalism which has taken place
since the French Revolution, a subject like that of *Horace* is no longer incon-
ceivable. A situation similar to that of this tragedy might indeed well
have arisen in 1914–1918, in some border district of Alsace-Lorraine or of
Poland. A modern Horace might be no less intolerant or fanatical than his
Cornelian prototype; but he would seek to justify his blind devotion to his
country with claims to a superior culture or a purer race.

The greatness of Corneille's dramatic genius is thus well exemplified by
the living interest which modern audiences, in time of crisis, take in this
Roman tragedy. It also appears conspicuously in the author's impartiality.
Corneille does not take sides, any more than does Shakespeare. He is
neither for Horace nor for Curiace; he understands both and depicts both
with an equal sympathy. Horace may appear to be the more Cornelian
of the two; he may be more the strong-willed fanatic dear to Corneille's
heart. Yet his faults are mercilessly exposed: as the play develops, he is
revealed not merely as a patriot, but also as a selfish and vain worshiper
of his own glory. The final act, with its long drawn-out speeches, is most
interesting in this respect. Horace is eager to die, for

> La mort seule aujourd'hui peut conserver ma gloire.

He is not the Roman, blindly devoted to his country; he is a Renaissance
hero, a contemporary of Corneille, one of those romantic noblemen who
sought fame and honors in the civil wars of the *Fronde*. Rather than fall
back into obscurity and into the prosaic, peaceful life of a private citizen,
he would rather die at once and be remembered as the short-lived savior
of his country. He does not utter a word of regret for the murder of Camille; and he hardly shows any tender feeling for his wife or for his aged
father. Like Chimène and Rodrigue, he is concerned only with his "glory."

Under the Roman disguise of his heroes, as under the Spanish disguise
of *le Cid*, Corneille actually depicted his own contemporaries in France,
the exalted souls of the age of Louis XIII, the *précieux*, the chivalrous
knights, the proud noblemen of the court, the Cyranos, the D'Artagnans,
the Condés, and the Retz of France during the first half of the seventeenth
century.

SYNOPSIS OF *HORACE*

ACT I

sc. i Exposition through secondary characters.

The moral conflict in the souls of the characters.

A war is being waged by two cities, Rome and Alba, closely bound together through ties of blood and marriage.

SABINE, Alban by birth and Roman through her marriage with HORACE, depicts her painful situation: her heart is torn between her two countries.

sc. ii

CAMILLE, Horace's sister, engaged to an Alban, CURIACE, is even more disturbed by the imminent war. An oracle has given her false encouragement.

sc. iii An imminent peril seems to be put off or averted.
Short respite, before the main action takes its course.

CURIACE comes and visits CAMILLE in HORACE's house. The battle has been postponed; three champions will be selected on each side.

ACT II

sc. i The hero appears. The violence of his character is brought out in contrast to Curiace's humane tenderness.
The action of the play is determined.

HORACE's pride in being chosen, with his two brothers, as Rome's champions.

sc. ii Sudden surprise, and consequences of the situation for the two leading characters.

CURIACE and his two brothers are selected by Alba.

sc. iii

Dialogue of the two heroes, impersonating two different conceptions of patriotism. HORACE breaks off the discussion with harsh words.

sc. iv

HORACE informs his sister CAMILLE of his impending fight with her fiancé.

CAMILLE tries in vain to keep CURIACE from fighting. They give up hope of marrying.

SABINE also tries, vainly, to weaken her husband's fierce courage. OLD HORACE comes and comforts the women, while the young men prepare for the combat.

ACT III

SABINE's grief, expressed first in a long soliloquy, then in prolonged discussions with her sister-in-law.

The delineation of CAMILLE's impulsive character becomes more precise and prepares the spectator for the events of the following act.

OLD HORACE gives a more virile tone to the discussion: he glorifies the symbolic and omnipresent figure of the tragedy — Rome.

The first news of the battle is brought: Rome seems to be defeated, and HORACE has taken to flight after the death of his two brothers.

ACT IV

OLD HORACE's anger and shame at this news is turned to joy and pride, as he hears from VALÈRE of the final victory of his son and of Rome.

In his exultation, OLD HORACE treats CAMILLE's sorrow with brutality.

CAMILLE, left to herself in the midst of this universal rejoicing at Rome's triumph, discards all self-restraint.

She insults Rome, which deprived her of two brothers and of her beloved CURIACE. Her brother, infuriated, kills her.

HORACE answers his wife's reproach and justifies his monstrous crime.

ACT V

sc. i The dénouement,
composed of long
and conflicting
speeches, will dis-
pose of all the
sc. ii characters and display their constant
evolution.

sc. iii

OLD HORACE's pride tempered by shame
and regret at his daughter's death.

The King, TULLE, listens to VALÈRE, who
pleads for HORACE's punishment, and to
HORACE's reply. The hero and murderer is
not only willing but glad to die, for he could
not live up to his past glory.

SABINE pleads in her turn and would rather
die that her husband might live. Final
speech of OLD HORACE; the King forgives
HORACE and gives him his life.

HORACE

TRAGÉDIE

ACTEURS [1]

Tulle, roi de Rome.
Le vieil Horace, chevalier romain.
Horace, son fils.
Curiace, gentilhomme d'Albe, amant de Camille.
Valère, chevalier romain, amoureux de Camille.
Sabine, femme d'Horace et sœur de Curiace.
Camille, amante de Curiace et sœur d'Horace.
Julie, dame romaine, confidente de Sabine et de Camille.
Flavian, soldat de l'armée d'Albe.
Procule, soldat de l'armée de Rome.

La scène est à Rome, dans une salle de la maison d'Horace.

(L'an de Rome 85, 617 av. J.-C.).

[1] In modern French *Personnages*.

ACTE PREMIER

SCÈNE PREMIÈRE

SABINE, JULIE.

SABINE

Approuvez ma faiblesse, et souffrez ma douleur;
Elle n'est que trop juste en un si grand malheur:
Si près de voir sur soi fondre de tels orages,
L'ébranlement sied bien aux plus fermes courages;
Et l'esprit le plus mâle et le moins abattu   5
Ne saurait sans désordre exercer sa vertu.
Quoique le mien s'étonne à ces rudes alarmes,
Le trouble de mon cœur ne peut rien sur mes larmes,
Et parmi les soupirs qu'il pousse vers les cieux,
Ma constance du moins règne encor sur mes yeux: 10
Quand on arrête là les déplaisirs d'une âme,
Si l'on fait moins qu'un homme, on fait plus qu'une femme.
Commander à ses pleurs en cette extrémité,
C'est montrer, pour le sexe, assez de fermeté.

JULIE

C'en est peut-être assez pour une âme commune,   15
Qui du moindre péril se fait une infortune;
Mais de cette faiblesse un grand cœur est honteux;
Il ose espérer tout dans un succès douteux.
Les deux camps sont rangés au pied de nos murailles;
Mais Rome ignore encor comme on perd des batailles.   20
Loin de trembler pour elle, il lui faut applaudir:

ACT I. The progressive exposition is very skillfully managed. We hear first of the war which has broken out between Rome and Alba and of Sabine's tragic situation, an Alban by birth and a Roman by marriage; then of the decision to substitute for the battle a combat between three chosen warriors of each nation. The second act will tell us further that Horace and his two brothers are the choice of Rome, and (in Scene II) that Curiace and his brothers will be the champions of Alba. The character of Sabine is not directly useful to the plot; but, as Voltaire observed, she is concerned in all the events which take place and reflects them all. 4. *Consternation is permissible to the stoutest hearts.* 6. **désordre ... vertu,** *confusion . . . courage.* 7. **s'étonne à,** *is shaken by.* 8. **ne peut rien sur,** *has no power over, cannot constrain.*

Puisqu'elle va combattre, elle va s'agrandir.
Bannissez, bannissez une frayeur si vaine,
Et concevez des vœux dignes d'une Romaine.

SABINE

Je suis Romaine, hélas ! puisqu' Horace est Romain ;   25
J'en ai reçu le titre en recevant sa main ;
Mais ce nœud me tiendrait en esclave enchaînée,
S'il m'empêchait de voir en quels lieux je suis née.
Albe, où j'ai commencé de respirer le jour,
Albe, mon cher pays, et mon premier amour ;   30
Lorsqu'entre nous et toi je vois la guerre ouverte,
Je crains notre victoire autant que notre perte.
   Rome, si tu te plains que c'est là te trahir,
Fais-toi des ennemis que je puisse haïr.
Quand je vois de tes murs leur armée et la nôtre,   35
Mes trois frères dans l'une, et mon mari dans l'autre,
Puis-je former des vœux, et sans impiété
Importuner le ciel pour ta félicité ?
Je sais que ton État, encore en sa naissance,
Ne saurait, sans la guerre, affermir sa puissance ;   40
Je sais qu'il doit s'accroître, et que tes grands destins
Ne le borneront pas chez les peuples latins ;
Que les Dieux t'ont promis l'empire de la terre,
Et que tu n'en peux voir l'effet que par la guerre :
Bien loin de m'opposer à cette noble ardeur   45
Qui suit l'arrêt des Dieux et court à la grandeur,
Je voudrais déjà voir tes troupes couronnées,
D'un pas victorieux franchir les Pyrénées.
Va jusqu'en l'Orient pousser tes bataillons ;
Va sur les bords du Rhin planter tes pavillons ;   50
Fais trembler sous tes pas les colonnes d'Hercule ;
Mais respecte une ville à qui tu dois Romule.
Ingrate, souviens-toi que du sang de ses rois
Tu tiens ton nom, tes murs, et tes premières lois.
Albe est ton origine : arrête, et considère   55
Que tu portes le fer dans le sein de ta mère.

---

29. **j'ai commencé de respirer le jour,** *I first saw the light of day.*   44. **en** refers to the
idea of promise, expressed in l. 63. — **effet,** *result, fulfillment.* 51. **les colonnes
d'Hercule,** i.e. Gibraltar and Ceuta, at the Straits of Gibraltar. 52. **Romule** (for
Romulus), the first king of Rome, a descendant of the Alban kings.

Tourne ailleurs les efforts de tes bras triomphants;
Sa joie éclatera dans l'heur de ses enfants;
Et se laissant ravir à l'amour maternelle,
Ses vœux seront pour toi, si tu n'es plus contre elle. 60

JULIE

Ce discours me surprend, vu que depuis le temps
Qu'on a contre son peuple armé nos combattants,
Je vous ai vu pour elle autant d'indifférence
Que si d'un sang romain vous aviez pris naissance.
J'admirais la vertu qui réduisait en vous 65
Vos plus chers intérêts à ceux de votre époux;
Et je vous consolais au milieu de vos plaintes,
Comme si notre Rome eût fait toutes vos craintes.

SABINE

Tant qu'on ne s'est choqué qu'en de légers combats,
Trop faibles pour jeter un des partis à bas, 70
Tant qu'un espoir de paix a pu flatter ma peine,
Oui, j'ai fait vanité d'être toute Romaine.
Si j'ai vu Rome heureuse avec quelque regret,
Soudain j'ai condamné ce mouvement secret;
Et si j'ai ressenti, dans ses destins contraires, 75
Quelque maligne joie en faveur de mes frères,
Soudain, pour l'étouffer rappelant ma raison,
J'ai pleuré quand la gloire entrait dans leur maison.
Mais aujourd'hui qu'il faut que l'une ou l'autre tombe,
Qu'Albe devienne esclave, ou que Rome succombe, 80
Et qu'après la bataille il ne demeure plus
Ni d'obstacle aux vainqueurs, ni d'espoir aux vaincus,
J'aurais pour mon pays une cruelle haine,
Si je pouvais encore être toute Romaine,
Et si je demandais votre triomphe aux Dieux, 85
Au prix de tant de sang qui m'est si précieux.
Je m'attache un peu moins aux intérêts d'un homme:
Je ne suis point pour Albe, et ne suis plus pour Rome;
Je crains pour l'une et l'autre en ce dernier effort,

58. **heur** (now archaic) = *bonheur.* 59. **à** = *par.* 61. **vu que** (for *puisque*, 'since'), a clumsy, inelegant conjunction, typical of Corneille's logical, reasoning style. 63. **Je vous ai vu** = *J'ai vu en vous.* 74. **mouvement,** *feeling.* 76. **maligne joie,** *malicious joy,* because any Alban victory meant the defeat of her husband's country.

Et serai du parti qu'affligera le sort.   90
Égale à tous les deux jusques à la victoire,
Je prendrai part aux maux sans en prendre à la gloire ;
Et je garde, au milieu de tant d'âpres rigueurs,
Mes larmes aux vaincus et ma haine aux vainqueurs.

JULIE

Qu'on voit naître souvent de pareilles traverses,   95
En des esprits divers, des passions diverses !
Et qu'à nos yeux Camille agit bien autrement !
Son frère est votre époux, le vôtre est son amant,
Mais elle voit d'un œil bien différent du vôtre
Son sang dans une armée, et son amour dans l'autre.   100
   Lorsque vous conserviez un esprit tout romain,
Le sien irrésolu, le sien tout incertain,
De la moindre mêlée appréhendait l'orage,
De tous les deux partis détestait l'avantage,
Au malheur des vaincus donnait toujours ses pleurs,   105
Et nourrissait ainsi d'éternelles douleurs.
Mais hier, quand elle sut qu'on avait pris journée,
Et qu'enfin la bataille allait être donnée,
Une soudaine joie éclatant sur son front . . .

SABINE

Ah ! que je crains, Julie, un changement si prompt !   110
Hier dans sa belle humeur elle entretint Valère ;
Pour ce rival, sans doute, elle quitte mon frère ;
Son esprit, ébranlé par les objets présents,
Ne trouve point d'absent aimable après deux ans.
Mais excusez l'ardeur d'une amour fraternelle ;   115
Le soin que j'ai de lui me fait craindre tout d'elle ;
Je forme des soupçons d'un trop léger sujet:
Près d'un jour si funeste on change peu d'objet ;
Les âmes rarement sont de nouveau blessées,
Et dans un si grand trouble on a d'autres pensées ;   120
Mais on n'a pas aussi de si doux entretiens,
Ni de contentements qui soient pareils aux siens.

---

92. **en prendre**, archaic for *y prendre*. 107. **pris journée**, *fixed the day*. 113. **objet**, as is often the case in Corneille, means *objet aimé*, i.e. person loved. 116. **soin**, in the Latin meaning of 'solicitude.' 119. **blessées**, in the *précieux* vocabulary means 'smitten' (by Cupid, by love).

JULIE

Les causes, comme à vous, m'en semblent fort obscures;
Je ne me satisfais d'aucunes conjectures.
C'est assez de constance en un si grand danger   125
Que de le voir, l'attendre, et ne point s'affliger;
Mais certes c'en est trop d'aller jusqu'à la joie.

SABINE

Voyez qu'un bon génie à propos nous l'envoie.
Essayez sur ce point à la faire parler:
Elle vous aime assez pour ne rien vous celer.   130
Je vous laisse. Ma sœur, entretenez Julie:
J'ai honte de montrer tant de mélancolie,
Et mon cœur, accablé de mille déplaisirs,
Cherche la solitude à cacher ses soupirs.

SCÈNE II

CAMILLE, JULIE.

CAMILLE

Qu'elle a tort de vouloir que je vous entretienne!   135
Croit-elle ma douleur moins vive que la sienne,
Et que plus insensible à de si grands malheurs,
A mes tristes discours je mêle moins de pleurs ?
De pareilles frayeurs mon âme est alarmée;
Comme elle je perdrai dans l'une et l'autre armée: 140
Je verrai mon amant, mon plus unique bien,
Mourir pour son pays, ou détruire le mien,
Et cet objet d'amour devenir, pour ma peine,
Digne de mes soupirs ou digne de ma haine.
Hélas !

JULIE

                Elle est pourtant plus à plaindre que vous: 145
On peut changer d'amant, mais non changer d'époux.
Oubliez Curiace, et recevez Valère,
Vous ne tremblerez plus pour le parti contraire;
Vous serez toute nôtre, et votre esprit remis
N'aura plus rien à perdre au camp des ennemis.   150

---

123. en refers to all that Camille (Horace's sister, loved by Curiace) feels or does.
128. The transition is easily found. The person who has been discussed always
appears just at the right moment on the stage.   134. à = *pour*.

CAMILLE

> Donnez-moi des conseils qui soient plus légitimes,
> Et plaignez mes malheurs sans m'ordonner des crimes.
> Quoiqu'à peine à mes maux je puisse résister,
> J'aime mieux les souffrir que de les mériter.

JULIE

> Quoi ! vous appelez crime un change raisonnable ?   155

CAMILLE

> Quoi ! le manque de foi vous semble pardonnable ?

JULIE

> Envers un ennemi qui peut nous obliger ?

CAMILLE

> D'un serment solennel qui peut nous dégager ?

JULIE

> Vous déguisez en vain une chose trop claire:
> Je vous vis encor hier entretenir Valère;   160
> Et l'accueil gracieux qu'il recevait de vous
> Lui permet de nourrir un espoir assez doux.

CAMILLE

> Si je l'entretins hier et lui fis bon visage,
> N'en imaginez rien qu'à son désavantage:
> De mon contentement un autre était l'objet.   165
> Mais pour sortir d'erreur, sachez-en le sujet;
> Je garde à Curiace une amitié trop pure
> Pour souffrir plus longtemps qu'on m'estime parjure.
>   Il vous souvient qu'à peine on voyait de sa sœur
> Par un heureux hymen mon frère possesseur,   170
> Quand, pour comble de joie, il obtint de mon père
> Que de ses chastes feux je serais le salaire.
> Ce jour nous fut propice et funeste à la fois:
> Unissant nos maisons, il désunit nos rois;
> Un même instant conclut notre hymen et la guerre,   175

155. **change** (now obsolete) = *changement*.   156. **foi**, *loyalty, faithfulness to one's lover*.   157. **obliger** (opposed to *dégager* in the following line) has here the etymological meaning 'bind.'   166. **sortir d'erreur**, *correct your misunderstanding*.   169. **Il vous souvient** = *Vous vous souvenez*. Old impersonal form, now rarely used except in poetry.   172. This expression, considered refined at the time, would not sound very elegant in modern French.

Fit naître notre espoir et le jeta par terre,
Nous ôta tout, sitôt qu'il nous eut tout promis,
Et nous faisant amants, il nous fit ennemis.
Combien nos déplaisirs parurent lors extrêmes!
Combien contre le ciel il vomit de blasphèmes!   180
Et combien de ruisseaux coulèrent de mes yeux!
Je ne vous le dis point, vous vîtes nos adieux;
Vous avez vu depuis les troubles de mon âme;
Vous savez pour la paix quels vœux a faits ma flamme,
Et quels pleurs j'ai versés à chaque événement,   185
Tantôt pour mon pays, tantôt pour mon amant.
Enfin mon désespoir, parmi ces longs obstacles,
M'a fait avoir recours à la voix des oracles.
Écoutez si celui qui me fut hier rendu
Eut droit de rassurer mon esprit éperdu.   190
Ce Grec si renommé, qui depuis tant d'années
Au pied de l'Aventin prédit nos destinées,
Lui qu'Apollon jamais n'a fait parler à faux,
Me promit par ces vers la fin de mes travaux:
« Albe et Rome demain prendront une autre face;   195
Tes vœux sont exaucés, elles auront la paix,
Et tu seras unie avec ton Curiace,
Sans qu'aucun mauvais sort t'en sépare jamais. »
     Je pris sur cet oracle une entière assurance,
Et comme le succès passait mon espérance,   200
J'abandonnai mon âme à des ravissements
Qui passaient les transports des plus heureux amants.
Jugez de leur excès: je rencontrai Valère,
Et contre sa coutume, il ne put me déplaire.
Il me parla d'amour sans me donner d'ennui: 205
Je ne m'aperçus pas que je parlais à lui;
Je ne lui pus montrer de mépris ni de glace:
Tout ce que je voyais me semblait Curiace;
Tout ce qu'on me disait me parlait de ses feux;
Tout ce que je disais l'assurait de mes vœux.   210
Le combat général aujourd'hui se hasarde;
J'en sus hier la nouvelle, et je n'y pris pas garde:

181. An hyperbolic metaphor in the *précieux* taste.   192. l'Aventin, one of the
seven hills of Rome.   199. sur cet oracle, *on the strength of this oracle.* 206. parlais
à lui. Modern French usage requires the atonic form *lui parlais.*   207. glace, another
précieux term for *froideur.*

Mon esprit rejetait ces funestes objets,
Charmé des doux pensers d'hymen et de la paix.
La nuit a dissipé des erreurs si charmantes: 215
Mille songes affreux, mille images sanglantes,
Ou plutôt mille amas de carnage et d'horreur,
M'ont arraché ma joie et rendu ma terreur.
J'ai vu du sang, des morts, et n'ai rien vu de suite;
Un spectre en paraissant prenait soudain la fuite;   220
Ils s'effaçaient l'un l'autre, et chaque illusion
Redoublait mon effroi par sa confusion.

JULIE

C'est en contraire sens qu'un songe s'interprète.

CAMILLE

Je le dois croire ainsi, puisque je le souhaite;
Mais je me trouve enfin, malgré tous mes souhaits,   225
Au jour d'une bataille, et non pas d'une paix.

JULIE

Par là finit la guerre, et la paix lui succède.

CAMILLE

Dure à jamais le mal, s'il y faut ce remède!
Soit que Rome y succombe ou qu'Albe ait le dessous,
Cher amant, n'attends plus d'être un jour mon époux;   230
Jamais, jamais ce nom ne sera pour un homme
Qui soit ou le vainqueur ou l'esclave de Rome.
    Mais quel objet nouveau se présente en ces lieux?
Est-ce toi, Curiace? En croirai-je mes yeux?

SCÈNE III

CURIACE, CAMILLE, JULIE.

CURIACE

N'en doutez point, Camille, et revoyez un homme   235
Qui n'est ni le vainqueur ni l'esclave de Rome;
Cessez d'appréhender de voir rougir mes mains

---

219. **de suite,** *that was connected, logical.*   222. Dreams are a common occurrence
in ancient and modern tragedy. They are a powerful device, since they arouse fear
and anxiety in the minds of the audience and move both the imagination and the
sensibility of the public.   228. **Dure,** subjunctive of *durer.*   233. Here again, the
transition is not very skillful. But the exposition has clearly presented the problem
which makes the situation of Sabine and Camille so tragic. Whether Alba or Rome
be victorious, both must suffer.

Du poids honteux des fers ou du sang des Romains.
J'ai cru que vous aimiez assez Rome et la gloire
Pour mépriser ma chaîne et haïr ma victoire;   240
Et comme également en cette extrémité
Je craignais la victoire et la captivité . . .

CAMILLE

Curiace, il suffit, je devine le reste:
Tu fuis une bataille à tes vœux si funeste,
Et ton cœur, tout à moi, pour ne me perdre pas,   245
Dérobe à ton pays le secours de ton bras.
Qu'un autre considère ici ta renommée,
Et te blâme, s'il veut, de m'avoir trop aimée;
Ce n'est point à Camille à t'en mésestimer:
Plus ton amour paraît, plus elle doit t'aimer;   250
Et si tu dois beaucoup aux lieux qui t'ont vu naître,
Plus tu quittes pour moi, plus tu le fais paraître.
Mais as-tu vu mon père? et peut-il endurer
Qu'ainsi dans sa maison tu t'oses retirer?
Ne préfère-t-il point l'État à sa famille?   255
Ne regarde-t-il point Rome plus que sa fille?
Enfin notre bonheur est-il bien affermi?
T'a-t-il vu comme gendre, ou bien comme ennemi?

CURIACE

Il m'a vu comme gendre, avec une tendresse
Qui témoignait assez une entière allégresse;   260
Mais il ne m'a point vu, par une trahison,
Indigne de l'honneur d'entrer dans sa maison.
Je n'abandonne point l'intérêt de ma ville,
J'aime encor mon honneur en adorant Camille.
Tant qu'a duré la guerre, on m'a vu constamment   265
Aussi bon citoyen que véritable amant.
D'Albe avec mon amour j'accordais la querelle:
Je soupirais pour vous en combattant pour elle;
Et s'il fallait encor que l'on en vînt aux coups,
Je combattrais pour elle en soupirant pour vous.   270

---

244. Curiace addresses Camille with *vous*, a sign of deference on the part of the man; Camille answers with *tu*. 252. le refers to *amour*, l. 250. 253. These allusions announce to us how sharp will be the contrast between the characters of the two women and the fanatic patriotism of the *Vieil Horace*. 258. **vu,** *regarded, looked upon.* 266. **véritable,** i.e. faithful, perfect.

Oui, malgré les désirs de mon âme charmée,
Si la guerre durait, je serais dans l'armée:
C'est la paix qui chez vous me donne un libre accès,
La paix à qui nos feux doivent ce beau succès.

CAMILLE

La paix! Et le moyen de croire un tel miracle?   275

JULIE

Camille, pour le moins croyez-en votre oracle,
Et sachons pleinement par quels heureux effets
L'heure d'une bataille a produit cette paix.

CURIACE

L'aurait-on jamais cru? Déjà les deux armées,
D'une égale chaleur au combat animées,   · 280
Se menaçaient des yeux, et marchant fièrement,
N'attendaient, pour donner, que le commandement,
Quand notre dictateur devant les rangs s'avance,
Demande à votre prince un moment de silence,
Et l'ayant obtenu: « Que faisons-nous, Romains,   285
Dit-il, et quel démon nous fait venir aux mains?
Souffrons que la raison éclaire enfin nos âmes:
Nous sommes vos voisins, nos filles sont vos femmes,
Et l'hymen nous a joints par tant et tant de nœuds,
Qu'il est peu de nos fils qui ne soient vos neveux.   290
Nous ne sommes qu'un sang et qu'un peuple en deux villes:
Pourquoi nous déchirer par des guerres civiles,
Où la mort des vaincus affaiblit les vainqueurs,
Et le plus beau triomphe est arrosé de pleurs?
Nos ennemis communs attendent avec joie   295
Qu'un des partis défait leur donne l'autre en proie,
Lassé, demi-rompu, vainqueur, mais, pour tout fruit,
Dénué d'un secours par lui-même détruit.
Ils ont assez longtemps joui de nos divorces;
Contre eux dorénavant joignons toutes nos forces,   300
Et noyons dans l'oubli ces petits différends
Qui de si bons guerriers font de mauvais parents.
Que si l'ambition de commander aux autres

---

279. This is one of the narratives, frequent in classical tragedy, based upon Livy.
282. **pour donner**, *to attack.*   289. **tant et tant**, repetition for emphasis.   290. **neveux,**
in the Latin meaning of 'grandsons.'   296. **défait**, *vanquished, defeated.*   303. **Que
si,** *For if.*

Fait marcher aujourd'hui vos troupes et les nôtres,
Pourvu qu'à moins de sang nous voulions l'apaiser,   305
Elle nous unira, loin de nous diviser.
Nommons des combattants pour la cause commune:
Que chaque peuple aux siens attache sa fortune;
Et suivant ce que d'eux ordonnera le sort,
Que le faible parti prenne loi du plus fort;   310
Mais sans indignité pour des guerriers si braves,
Qu'ils deviennent sujets sans devenir esclaves,
Sans honte, sans tribut, et sans autre rigueur
Que de suivre en tous lieux les drapeaux du vainqueur.
Ainsi nos deux États ne feront qu'un empire. »   315
Il semble qu'à ces mots notre discorde expire:
Chacun, jetant les yeux dans un rang ennemi,
Reconnaît un beau-frère, un cousin, un ami;
Ils s'étonnent comment leurs mains, de sang avides,
Volaient, sans y penser, à tant de parricides,   320
Et font paraître un front couvert tout à la fois
D'horreur pour la bataille, et d'ardeur pour ce choix.
Enfin l'offre s'accepte, et la paix désirée
Sous ces conditions est aussitôt jurée:
Trois combattront pour tous; mais pour les mieux choisir,   325
Nos chefs ont voulu prendre plus de loisir:
Le vôtre est au sénat, le nôtre dans sa tente.

CAMILLE

O Dieux! que ce discours rend mon âme contente!

CURIACE

Dans deux heures au plus, par un commun accord,
Le sort de nos guerriers réglera notre sort.   330
Cependant tout est libre, attendant qu'on les nomme:
Rome est dans notre camp, et notre camp dans Rome;
D'un et d'autre côté l'accès étant permis,
Chacun va renouer avec ses vieux amis.
Pour moi, ma passion m'a fait suivre vos frères;   335
Et mes désirs ont eu des succès si prospères,
Que l'auteur de vos jours m'a promis à demain

---

305. à = *avec*.   319–20. leurs mains ... sans y penser is not very felicitous as
a metaphor.   334. renouer, supply *relations*.   337. l'auteur de vos jours, a *précieux*
expression meaning *votre père*. — à = *pour*.

Le bonheur sans pareil de vous donner la main.
Vous ne deviendrez pas rebelle à sa puissance ?

CAMILLE

Le devoir d'une fille est dans l'obéissance.   340

CURIACE

Venez donc recevoir ce doux commandement,
Qui doit mettre le comble à mon contentement.

CAMILLE

Je vais suivre vos pas, mais pour revoir mes frères,
Et savoir d'eux encor la fin de nos misères.

JULIE

Allez, et cependant au pied de nos autels   345
J'irai rendre pour vous grâces aux immortels.

ACTE DEUXIÈME

SCÈNE PREMIÈRE

HORACE, CURIACE.

CURIACE

Ainsi Rome n'a point séparé son estime;
Elle eût cru faire ailleurs un choix illégitime:
Cette superbe ville en vos frères et vous
Trouve les trois guerriers qu'elle préfère à tous;   350
Et son illustre ardeur d'oser plus que les autres,
D'une seule maison brave toutes les nôtres:
Nous croirons, à la voir tout entière en vos mains,
Que hors les fils d'Horace il n'est point de Romains.
Ce choix pouvait combler trois familles de gloire,   355
Consacrer hautement leurs noms à la mémoire:
Oui, l'honneur que reçoit la vôtre par ce choix,
En pouvait à bon titre immortaliser trois;
Et puisque c'est chez vous que mon heur et ma flamme

338. **de vous donner la main,** *of marrying you.* 347. **séparé,** *divided,* i.e. scattered among three different families. 351. The meaning is not clear: *Her* (Rome's) *famous courage, always inclined to dare more than others.* 352. **D'une seule** = *avec* or *par une seule.* 355. **pouvait** = *aurait pu.*

M'ont fait placer ma sœur et choisir une femme, 360
Ce que je vais vous être et ce que je vous suis
Me font y prendre part autant que je le puis;
Mais un autre intérêt tient ma joie en contrainte,
Et parmi ses douceurs mêle beaucoup de crainte:
La guerre en tel éclat a mis votre valeur, 365
Que je tremble pour Albe et prévois son malheur:
Puisque vous combattez, sa perte est assurée;
En vous faisant nommer, le destin l'a jurée.
Je vois trop dans ce choix ses funestes projets,
Et me compte déjà pour un de vos sujets. 370

HORACE

Loin de trembler pour Albe, il vous faut plaindre Rome,
Voyant ceux qu'elle oublie, et les trois qu'elle nomme.
C'est un aveuglement pour elle bien fatal,
D'avoir tant à choisir, et de choisir si mal.
Mille de ses enfants beaucoup plus dignes d'elle 375
Pouvaient bien mieux que nous soutenir sa querelle;
Mais quoique ce combat me promette un cercueil,
La gloire de ce choix m'enfle d'un juste orgueil;
Mon esprit en conçoit une mâle assurance:
J'ose espérer beaucoup de mon peu de vaillance; 380
Et du sort envieux quels que soient les projets,
Je ne me compte point pour un de vos sujets.
Rome a trop cru de moi; mais mon âme ravie
Remplira son attente ou quittera la vie.
Qui veut mourir ou vaincre est vaincu rarement: 385
Ce noble désespoir périt malaisément.
Rome, quoi qu'il en soit, ne sera point sujette,
Que mes derniers soupirs n'assurent ma défaite.

CURIACE

Hélas! c'est bien ici que je dois être plaint.
Ce que veut mon pays, mon amitié le craint. 390
Dures extrémités, de voir Albe asservie,
Ou sa victoire au prix d'une si chère vie,
Et que l'unique bien où tendent ses désirs
S'achève seulement par vos derniers soupirs!
Quels vœux puis-je former, et quel bonheur attendre? 395

362. **y** refers to *l'honneur*, l. 357. 363. **intérêt**, *thought, consideration.* 369. **trop** =
trop clairement, trop bien. 388. **Que . . . ne** (= *sans que*), *Without.*

De tous les deux côtés j'ai des pleurs à répandre;
De tous les deux côtés mes désirs sont trahis.

HORACE

Quoi! vous me pleureriez mourant pour mon pays!
Pour un cœur généreux ce trépas a des charmes;
La gloire qui le suit ne souffre point de larmes,   400
Et je le recevrais en bénissant mon sort,
Si Rome et tout l'État perdaient moins en ma mort.

CURIACE

A vos amis pourtant permettez de le craindre;
Dans un si beau trépas ils sont les seuls à plaindre:
La gloire en est pour vous, et la perte pour eux;   405
Il vous fait immortel, et les rend malheureux:
On perd tout quand on perd un ami si fidèle.
Mais Flavian m'apporte ici quelque nouvelle.

SCÈNE II

Horace, Curiace, Flavian.

CURIACE

Albe de trois guerriers a-t-elle fait le choix?

FLAVIAN

Je viens pour vous l'apprendre.

CURIACE

                                   Eh bien, qui sont les trois?   410

FLAVIAN

Vos deux frères et vous.

CURIACE

                    Qui?

FLAVIAN

                                   Vous et vos deux frères.
Mais pourquoi ce front triste et ces regards sévères?
Ce choix vous déplaît-il?

397. This scene completes the exposition of the play, by opposing the two young
men, Horace and Curiace. Horace's patriotism rules out all other feelings; he is ready
to fight and die for his country, and would not even suffer his brother-in-law to pity
him if he were killed. Curiace is more tender and more humane, but he might appear
too sensitive and too hesitant in wartime.

CURIACE

>   Non, mais il me surprend:
> Je m'estimais trop peu pour un honneur si grand.

FLAVIAN

> Dirai-je au dictateur, dont l'ordre ici m'envoie,   415
> Que vous le recevez avec si peu de joie?
> Ce morne et froid accueil me surprend à mon tour.

CURIACE

> Dis-lui que l'amitié, l'alliance et l'amour
> Ne pourront empêcher que les trois Curiaces
> Ne servent leur pays contre les trois Horaces.   420

FLAVIAN

> Contre eux! Ah! c'est beaucoup me dire en peu de mots.

CURIACE

> Porte-lui ma réponse et nous laisse en repos.

SCÈNE III

Horace, Curiace.

CURIACE

> Que désormais le ciel, les enfers et la terre
> Unissent leurs fureurs à nous faire la guerre;
> Que les hommes, les Dieux, les démons et le sort   425
> Préparent contre nous un général effort!
> Je mets à faire pis, en l'état où nous sommes,
> Le sort et les démons, et les Dieux, et les hommes.
> Ce qu'ils ont de cruel, et d'horrible, et d'affreux,
> L'est bien moins que l'honneur qu'on nous fait à tous deux.   430

HORACE

> Le sort qui de l'honneur nous ouvre la barrière
> Offre à notre constance une illustre matière;

418. **l'alliance,** *family ties.*   422. **nous laisse** would be *laisse-nous* in modern French; the atonic pronoun was placed before the second of two imperatives in the 17th century. Scene III. This is one of the fundamental scenes in the play. The drama of the souls, the self-revelation of the characters through their speeches, and the concise beauty of the lines place this scene among the best in Corneille's tragedies. The first speech by Curiace is somewhat forced and strained; then the discussion becomes more serene and dispassionate, until it gradually rises to a new climax in l. 502 ff. 427. **Je mets à faire pis . . . ,** *I defy . . . to do worse.*   431. Horace is thinking of the gate closing the lists or perhaps the track used for chariot races.   432. **matière,** *opportunity.*

Il épuise sa force à former un malheur
Pour mieux se mesurer avec notre valeur;
Et comme il voit en nous des âmes peu communes,   435
Hors de l'ordre commun il nous fait des fortunes.
   Combattre un ennemi pour le salut de tous,
Et contre un inconnu s'exposer seul aux coups,
D'une simple vertu c'est l'effet ordinaire:
Mille déjà l'ont fait, mille pourraient le faire;   440
Mourir pour le pays est un si digne sort,
Qu'on briguerait en foule une si belle mort;
Mais vouloir au public immoler ce qu'on aime,
S'attacher au combat contre un autre soi-même,
Attaquer un parti qui prend pour défenseur   445
Le frère d'une femme et l'amant d'une sœur,
Et rompant tous ces nœuds, s'armer pour la patrie
Contre un sang qu'on voudrait racheter de sa vie,
Une telle vertu n'appartenait qu'à nous;
L'éclat de son grand nom lui fait peu de jaloux,   450
Et peu d'hommes au cœur l'ont assez imprimée
Pour oser aspirer à tant de renommée.

CURIACE

Il est vrai que nos noms ne sauraient plus périr.
L'occasion est belle, il nous la faut chérir.
Nous serons les miroirs d'une vertu bien rare;   455
Mais votre fermeté tient un peu du barbare:
Peu, même des grands cœurs, tireraient vanité
D'aller par ce chemin à l'immortalité.
A quelque prix qu'on mette une telle fumée,
L'obscurité vaut mieux que tant de renommée.   460
   Pour moi, je l'ose dire, et vous l'avez pu voir,
Je n'ai point consulté pour suivre mon devoir;

---

436. **fortunes,** plural because it applies to Horace and to his brothers. 443. **public** has the Latin meaning of 'state.' 444. *To seek combat against one's other self,* i.e. one connected by the closest ties. 451. **l'** refers to *vertu,* l. 449. 455. **miroirs,** *the mirrors,* i.e. the examples, the models. 456. **tient . . . du barbare,** *smacks somewhat of the barbarian.* 457. **vanité.** The search for glory, a powerful motive in Corneille's favorite heroes, appears to Curiace a mere vanity, a subterfuge. Horace, indeed, is a Roman; but he is also a contemporary of Corneille, of La Rochefoucauld and of the Fronde. He is willing to give up his life for his country, but he hopes to gain immortality and fame by such a sacrifice. The first part of the 17th century is closer to the Renaissance, to the exaltation of the individual and the worship of glory, than to classicism. 459. **fumée,** *reputation.* 462. **consulté** = *hésité.*

Notre longue amitié, l'amour, ni l'alliance,
N'ont pu mettre un moment mon esprit en balance;
Et puisque par ce choix Albe montre en effet   465
Qu'elle m'estime autant que Rome vous a fait,
Je crois faire pour elle autant que vous pour Rome;
J'ai le cœur aussi bon, mais enfin je suis homme:
Je vois que votre honneur demande tout mon sang,
Que tout le mien consiste à vous percer le flanc,   470
Prêt d'épouser la sœur, qu'il faut tuer le frère,
Et que pour mon pays j'ai le sort si contraire.
Encor qu'à mon devoir je coure sans terreur,
Mon cœur s'en effarouche, et j'en frémis d'horreur;
J'ai pitié de moi-même, et jette un œil d'envie   475
Sur ceux dont notre guerre a consumé la vie,
Sans souhait toutefois de pouvoir reculer.
Ce triste et fier honneur m'émeut sans m'ébranler:
J'aime ce qu'il me donne, et je plains ce qu'il m'ôte;
Et si Rome demande une vertu plus haute,   480
Je rends grâces aux Dieux de n'être pas Romain,
Pour conserver encor quelque chose d'humain.

HORACE

Si vous n'êtes Romain, soyez digne de l'être;
Et si vous m'égalez, faites-le mieux paraître.
    La solide vertu dont je fais vanité   485
N'admet pas de faiblesse avec sa fermeté;
Et c'est mal de l'honneur entrer dans la carrière
Que dès le premier pas regarder en arrière.
Notre malheur est grand; il est au plus haut point;
Je l'envisage entier, mais je n'en frémis point: 490
Contre qui que ce soit que mon pays m'emploie,
J'accepte aveuglément cette gloire avec joie;
Celle de recevoir de tels commandements
Doit étouffer en nous tous autres sentiments.
Qui, près de le servir, considère autre chose,   495
A faire ce qu'il doit lâchement se dispose;
Ce droit saint et sacré rompt tout autre lien.
Rome a choisi mon bras, je n'examine rien:

---

464. *Have not been able to cause my mind to waver for a moment.*   465. **en effet,** *by a tangible fact.*   473. **Encor qu',** *Although.*   479. **je plains,** *I deplore, I regret.*   487. Construe: *Et c'est mal entrer dans la carrière de l'honneur.*

Avec une allégresse aussi pleine et sincère
Que j'épousai la sœur, je combattrai le frère;   500
Et pour trancher enfin ces discours superflus,
Albe vous a nommé, je ne vous connais plus.

CURIACE

Je vous connais encore, et c'est ce qui me tue;
Mais cette âpre vertu ne m'était pas connue;
Comme notre malheur elle est au plus haut point: 505
Souffrez que je l'admire et ne l'imite point.

HORACE

Non, non, n'embrassez pas de vertu par contrainte;
Et puisque vous trouvez plus de charme à la plainte,
En toute liberté goûtez un bien si doux;
Voici venir ma sœur pour se plaindre avec vous.   510
Je vais revoir la vôtre, et résoudre son âme
A se bien souvenir qu'elle est toujours ma femme,
A vous aimer encor, si je meurs par vos mains,
Et prendre en son malheur des sentiments romains.

SCÈNE IV

HORACE, CURIACE, CAMILLE.

HORACE

Avez-vous su l'état qu'on fait de Curiace,   515
Ma sœur?

CAMILLE

Hélas! mon sort a bien changé de face.

HORACE

Armez-vous de constance, et montrez-vous ma sœur;
Et si par mon trépas il retourne vainqueur,
Ne le recevez pas en meurtrier d'un frère,
Mais en homme d'honneur qui fait ce qu'il doit faire,   520

514. Scene III is one of the best in Corneille's dramas. The style is concise, fiery, and yet not devoid of tenderness and delicacy in Curiace's speeches. Corneille here displays the highest of all dramatic gifts: he opposes two conflicting characters, two different views of patriotism, without taking sides for either of them. Like Sophocles or Shakespeare, he reaches the serene objectivity of all supreme dramatists. 515. l'état qu'on fait de (obsolete for le cas qu'on fait de), the honor which is being bestowed upon.

Qui sert bien son pays, et sait montrer à tous,
Par sa h'aute vertu, qu'il est digne de vous.
Comme si je vivais, achevez l'hyménée;
Mais si ce fer aussi tranche sa destinée,
Faites à ma victoire un pareil traitement: 525
Ne me reprochez point la mort de votre amant.
Vos larmes vont couler, et votre cœur se presse.
Consumez avec lui toute cette faiblesse,
Querellez ciel et terre, et maudissez le sort;
Mais après le combat ne pensez plus au mort.   530
(*A Curiace.*)
Je ne vous laisserai qu'un moment avec elle,
Puis nous irons ensemble où l'honneur nous appelle.

SCÈNE V

CURIACE, CAMILLE.

CAMILLE

Iras-tu, Curiace, et ce funeste honneur
Te plaît-il aux dépens de tout notre bonheur?

CURIACE

Hélas! je vois trop bien qu'il faut, quoi que je fasse,   535
Mourir, ou de douleur, ou de la main d'Horace.
Je vais comme au supplice à cet illustre emploi,
Je maudis mille fois l'état qu'on fait de moi,
Je hais cette valeur qui fait qu'Albe m'estime;
Ma flamme au désespoir passe jusques au crime,   540
Elle se prend au ciel, et l'ose quereller;
Je vous plains, je me plains; mais il y faut aller.

CAMILLE

Non; je te connais mieux, tu veux que je te prie
Et qu'ainsi mon pouvoir t'excuse à ta patrie.

523. Horace appears in these lines as the generous and magnanimous hero, dear to the hearts of the *précieuses* and readers of *l'Astrée* and such heroic novels of the 17th century.   524. **Mais ... aussi,** *But likewise . . .*   525. *Welcome my victory in the same fashion.* The use of *traitement* in this sense is now antiquated.   527. **se presse,** *is oppressed.*   528. **Consumez,** *Exhaust* (so as to relieve your heart).   530. These words of advice given by Horace to his sister foreshadow the dénouement.   537. **emploi,** *duty, task.*   538. **état,** cf. note to l. 515.   541. **se prend à,** *attacks, blames.*   544. **à ta patrie,** i.e. towards your country.

Tu n'es que trop fameux par tes autres exploits: 545
Albe a reçu par eux tout ce que tu lui dois.
Autre n'a mieux que toi soutenu cette guerre;
Autre de plus de morts n'a couvert notre terre:
Ton nom ne peut plus croître, il ne lui manque rien;
Souffre qu'un autre aussi puisse ennoblir le sien.   550

CURIACE

Que je souffre à mes yeux qu'on ceigne une autre tête
Des lauriers immortels que la gloire m'apprête,
Ou que tout mon pays reproche à ma vertu
Qu'il aurait triomphé si j'avais combattu,
Et que sous mon amour ma valeur endormie   555
Couronne tant d'exploits d'une telle infamie!
Non, Albe, après l'honneur que j'ai reçu de toi,
Tu ne succomberas ni vaincras que par moi;
Tu m'as commis ton sort, je t'en rendrai bon compte,
Et vivrai sans reproche, ou périrai sans honte.   560

CAMILLE

Quoi! tu ne veux pas voir qu'ainsi tu me trahis!

CURIACE

Avant que d'être à vous, je suis à mon pays.

CAMILLE

Mais te priver pour lui toi-même d'un beau-frère,
Ta sœur de son mari!

CURIACE

                              Telle est notre misère:
Le choix d'Albe ou de Rome ôte toute douceur   565
Aux noms jadis si doux de beau-frère et de sœur.

CAMILLE

Tu pourras donc, cruel, me présenter sa tête,
Et demander ma main pour prix de ta conquête!

CURIACE

Il n'y faut plus penser: en l'état où je suis,
Vous aimer sans espoir, c'est tout ce que je puis.   570
Vous en pleurez, Camille?

547, 548. **Autre** should be in modern French *nul autre*.   558. **ni vaincras**, for *ni ne vaincras*.   559. **m'as commis**, *entrusted me with.*

CAMILLE

Il faut bien que je pleure:

Mon insensible amant ordonne que je meure;
Et quand l'hymen pour nous allume son flambeau,
Il l'éteint de sa main pour m'ouvrir le tombeau.
Ce cœur impitoyable à ma perte s'obstine,   575
Et dit qu'il m'aime encore alors qu'il m'assassine.

CURIACE

Que les pleurs d'une amante ont de puissants discours,
Et qu'un bel œil est fort avec un tel secours!
Que mon cœur s'attendrit à cette triste vue!
Ma constance contre elle à regret s'évertue.   580
  N'attaquez plus ma gloire avec tant de douleurs,
Et laissez-moi sauver ma vertu de vos pleurs;
Je sens qu'elle chancelle, et défend mal la place:
Plus je suis votre amant, moins je suis Curiace.
Faible d'avoir déjà combattu l'amitié,   585
Vaincrait-elle à la fois l'amour et la pitié?
Allez, ne m'aimez plus, ne versez plus de larmes,
Ou j'oppose l'offense à de si fortes armes;
Je me défendrai mieux contre votre courroux,
Et pour le mériter, je n'ai plus d'yeux pour vous: 590
Vengez-vous d'un ingrat, punissez un volage.
Vous ne vous montrez point sensible à cet outrage!
Je n'ai plus d'yeux pour vous, vous en avez pour moi!
En faut-il plus encor? je renonce à ma foi.
  Rigoureuse vertu dont je suis la victime,   595
Ne peux-tu résister sans le secours d'un crime?

CAMILLE

Ne fais point d'autre crime, et j'atteste les Dieux
Qu'au lieu de t'en haïr, je t'en aimerai mieux;
Oui, je te chérirai, tout ingrat et perfide,
Et cesse d'aspirer au nom de fratricide.   600
  Pourquoi suis-je Romaine, ou que n'es-tu Romain?
Je te préparerais des lauriers de ma main;

---

572. **insensible,** *heartless, cruel.*   577. *How eloquent are the tears of a loved one!*
578. **un bel œil** sounds a little out of place here; it was a common phrase in the
language of *préciosité.*   582. **vertu** in the Latin meaning of 'courage.'   588. **offense,**
insult. Curiace here becomes brutal. He knows he is weakening inwardly, and is
straining every nerve to resist his passion.   590. **yeux** = *amour.*   599. **tout ingrat et
perfide (que tu sois),** *although ungrateful and faithless.*

Je t'encouragerais, au lieu de te distraire;
Et je te traiterais comme j'ai fait mon frère.
Hélas! j'étais aveugle en mes vœux aujourd'hui;   605
J'en ai fait contre toi quand j'en ai fait pour lui.
Il revient: quel malheur, si l'amour de sa femme
Ne peut non plus sur lui que le mien sur ton âme?

SCÈNE VI

HORACE, SABINE, CURIACE, CAMILLE.

CURIACE

Dieux! Sabine le suit! Pour ébranler mon cœur,
Est-ce peu de Camille? y joignez-vous ma sœur?   610
Et laissant à ses pleurs vaincre ce grand courage,
L'amenez-vous ici chercher même avantage?

SABINE

Non, non, mon frère, non; je ne viens en ce lieu
Que pour vous embrasser et pour vous dire adieu.
Votre sang est trop bon, n'en craignez rien de lâche,   615
Rien dont la fermeté de ces grands cœurs se fâche:
Si ce malheur illustre ébranlait l'un de vous,
Je le désavouerais pour frère ou pour époux.
Pourrais-je toutefois vous faire une prière
Digne d'un tel époux et digne d'un tel frère?   620
Je veux d'un coup si noble ôter l'impiété,
A l'honneur qui l'attend rendre sa pureté,
La mettre en son éclat sans mélange de crimes;
Enfin je vous veux faire ennemis légitimes.
Du saint nœud qui vous joint je suis le seul lien: 625
Quand je ne serai plus, vous ne vous serez rien.
Brisez votre alliance, et rompez-en la chaîne;
Et puisque votre honneur veut des effets de haine,
Achetez par ma mort le droit de vous haïr:
Albe le veut, et Rome; il faut leur obéir.   630
Qu'un de vous deux me tue, et que l'autre me venge:

---

603. **au lieu de te distraire,** *instead of dissuading you.*   608. **Ne peut non plus,** i.e. *ne peut pas plus.*   610. **y** in the 17th century could refer to persons as well as to objects.   611. **laissant à ses pleurs** = *laissant ses pleurs.*   615. **sang,** *family.*   624. **Enfin,** *In short.*

Alors votre combat n'aura plus rien d'étrange;
Et du moins l'un des deux sera juste agresseur,
Ou pour venger sa femme, ou pour venger sa sœur.
Mais quoi? vous souilleriez une gloire si belle,   635
Si vous vous animiez par quelque autre querelle:
Le zèle du pays vous défend de tels soins;
Vous feriez peu pour lui si vous vous étiez moins:
Il lui faut, et sans haine, immoler un beau-frère.
Ne différez donc plus ce que vous devez faire: 640
Commencez par sa sœur à répandre son sang,
Commencez par sa femme à lui percer le flanc,
Commencez par Sabine à faire de vos vies
Un digne sacrifice à vos chères patries:
Vous êtes ennemis en ce combat fameux,   645
Vous d'Albe, vous de Rome, et moi de toutes deux.
Quoi? me réservez-vous à voir une victoire
Où pour haut appareil d'une pompeuse gloire,
Je verrai les lauriers d'un frère ou d'un mari
Fumer encor d'un sang que j'aurai tant chéri?   650
Pourrai-je entre vous deux régler alors mon âme,
Satisfaire aux devoirs et de sœur et de femme,
Embrasser le vainqueur en pleurant le vaincu?
Non, non, avant ce coup Sabine aura vécu:
Ma mort le préviendra, de qui que je l'obtienne;   655
Le refus de vos mains y condamne la mienne.
Sus donc, qui vous retient? Allez, cœurs inhumains,
J'aurai trop de moyens pour y forcer vos mains.
Vous ne les aurez point au combat occupées,
Que ce corps au milieu n'arrête vos épées;   660
Et malgré vos refus, il faudra que leurs coups
Se fassent jour ici pour aller jusqu'à vous.

HORACE

O ma femme!

CURIACE

O ma sœur!

635. Sabine's irony is bitter. But, as Voltaire complained, her speech is too long
and rhetorical. Corneille's intention was to reveal the different forms of patriotism
in men and in women. 638. **si vous vous étiez moins,** *if each of you meant less to
the other.* 648. **appareil,** *adornment, decoration.* 654. **aura vécu** = *sera morte.* 655. *My
death will anticipate it, no matter from whom I receive it.* 657. **Sus donc,** *Come then.*
660. **Que** = *Sans que.* 662. **Se fassent jour ici,** *Pierce here,* i.e. *my breast.*

CAMILLE

Courage! ils s'amollissent.

SABINE

Vous poussez des soupirs; vos visages pâlissent!
Quelle peur vous saisit? Sont-ce là ces grands cœurs, 665
Ces héros qu'Albe et Rome ont pris pour défenseurs?

HORACE

Que t'ai-je fait, Sabine, et quelle est mon offense
Qui t'oblige à chercher une telle vengeance?
Que t'a fait mon honneur, et par quel droit viens-tu
Avec toute ta force attaquer ma vertu? 670
Du moins contente-toi de l'avoir étonnée,
Et me laisse achever cette grande journée.
Tu me viens de réduire en un étrange point;
Aime assez ton mari pour n'en triompher point.
Va-t'en, et ne rends plus la victoire douteuse; 675
La dispute déjà m'en est assez honteuse:
Souffre qu'avec honneur je termine mes jours.

SABINE

Va, cesse de me craindre: on vient à ton secours.

SCÈNE VII

LE VIEIL HORACE, HORACE, CURIACE, SABINE, CAMILLE.

LE VIEIL HORACE

Qu'est-ce-ci, mes enfants? écoutez-vous vos flammes,
Et perdez-vous encor le temps avec des femmes? 680
Prêts à verser du sang, regardez-vous des pleurs?
Fuyez, et laissez-les déplorer leurs malheurs.
Leurs plaintes ont pour vous trop d'art et de tendresse:
Elles vous feraient part enfin de leur faiblesse,
Et ce n'est qu'en fuyant, qu'on pare de tels coups. 685

671. **étonnée**, *shaken;* refers to *vertu*, 'courage,' in previous line. 673. **Tu me viens de** = *Tu viens de me.* 674. **en** refers to *mari*, and was then used for persons more frequently than it is today. 676. **en** refers to an idea not definitely expressed. Translate 'in this matter.' — To hesitate about fulfilling one's duty, according to Horace, is in itself shameful. 679. *Le vieil Horace* appears at the critical moment. Love, for him, is a weak passion which should not stop a Roman from doing his duty.

SABINE

> N'appréhendez rien d'eux, ils sont dignes de vous.
> Malgré tous nos efforts, vous en devez attendre
> Ce que vous souhaitez et d'un fils et d'un gendre;
> Et si notre faiblesse ébranlait leur honneur,
> Nous vous laissons ici pour leur rendre du cœur.   690
>   Allons, ma sœur, allons, ne perdons plus de larmes:
> Contre tant de vertus ce sont de faibles armes.
> Ce n'est qu'au désespoir qu'il nous faut recourir.
> Tigres, allez combattre, et nous, allons mourir.

SCÈNE VIII

Le vieil Horace, Horace, Curiace.

HORACE

> Mon père, retenez des femmes qui s'emportent,   695
> Et de grâce empêchez surtout qu'elles ne sortent.
> Leur amour importun viendrait avec éclat
> Par des cris et des pleurs troubler notre combat;
> Et ce qu'elles nous sont ferait qu'avec justice
> On nous imputerait ce mauvais artifice.   700
> L'honneur d'un si beau choix serait trop acheté,
> Si l'on nous soupçonnait de quelque lâcheté.

LE VIEIL HORACE

> J'en aurai soin.   Allez, vos frères vous attendent;
> Ne pensez qu'aux devoirs que vos pays demandent.

CURIACE

> Quel adieu vous dirai-je ? et par quels compliments . . .   705

LE VIEIL HORACE

> Ah! n'attendrissez point ici mes sentiments;
> Pour vous encourager ma voix manque de termes;
> Mon cœur ne forme point de pensers assez fermes;
> Moi-même en cet adieu j'ai les larmes aux yeux.
> Faites votre devoir, et laissez faire aux Dieux.   710

---

697. **éclat,** *violent display.*   701. **trop,** *too dearly.*   705. **compliments,** *polite terms.*
708. **pensers,** archaic spelling for *pensées.*

ACTE TROISIÈME

SCÈNE PREMIÈRE

Sabine.

Prenons parti, mon âme, en de telles disgrâces:
Soyons femme d'Horace, ou sœur des Curiaces;
Cessons de partager nos inutiles soins;
Souhaitons quelque chose, et craignons un peu moins.
Mais, las! quel parti prendre en un sort si contraire?   715
Quel ennemi choisir, d'un époux ou d'un frère?
La nature ou l'amour parle pour chacun d'eux,
Et la loi du devoir m'attache à tous les deux.
Sur leurs hauts sentiments réglons plutôt les nôtres;
Soyons femme de l'un ensemble et sœur des autres: 720
Regardons leur honneur comme un souverain bien;
Imitons leur constance, et ne craignons plus rien.
La mort qui les menace est une mort si belle,
Qu'il en faut sans frayeur attendre la nouvelle.
N'appelons point alors les destins inhumains;   725
Songeons pour quelle cause, et non par quelles mains;
Revoyons les vainqueurs, sans penser qu'à la gloire
Que toute leur maison reçoit de leur victoire;
Et sans considérer aux dépens de quel sang
Leur vertu les élève en cet illustre rang,   730
Faisons nos intérêts de ceux de leur famille:
En l'une je suis femme, en l'autre je suis fille,
Et tiens à toutes deux par de si forts liens,
Qu'on ne peut triompher que par les bras des miens.
Fortune, quelques maux que ta rigueur m'envoie,   735
J'ai trouvé les moyens d'en tirer de la joie,
Et puis voir aujourd'hui le combat sans terreur,
Les morts sans désespoir, les vainqueurs sans horreur.
　　Flatteuse illusion, erreur douce et grossière,

Scene I. This monologue has often been criticized, and legitimately. A monologue in a tragedy may serve to reveal the secret feelings and impulses which gestures, action, or dialogue would be powerless to render. The present one, however, is too artificial, too long, and too declamatory. 727. **sans penser qu'à** = *sans penser à autre chose qu'à.* 728. **maison**, *family.* 734. **les bras des miens,** *the might of my kin.*

Vain effort de mon âme, impuissante lumière,   740
De qui le faux brillant prend droit de m'éblouir,
Que tu sais peu durer, et tôt t'évanouir !
Pareille à ces éclairs qui dans le fort des ombres
Poussent un jour qui fuit et rend les nuits plus sombres,
Tu n'as frappé mes yeux d'un moment de clarté   745
Que pour les abîmer dans plus d'obscurité.
Tu charmais trop ma peine, et le ciel, qui s'en fâche,
Me vend déjà bien cher ce moment de relâche.
Je sens mon triste cœur percé de tous les coups
Qui m'ôtent maintenant un frère ou mon époux.   750
Quand je songe à leur mort, quoi que je me propose,
Je songe par quels bras, et non pour quelle cause,
Et ne vois les vainqueurs en leur illustre rang
Que pour considérer aux dépens de quel sang.
La maison des vaincus touche seule mon âme: 755
En l'une je suis fille, en l'autre je suis femme,
Et tiens à toutes deux par de si forts liens,
Qu'on ne peut triompher que par la mort des miens.
C'est là donc cette paix que j'ai tant souhaitée !
Trop favorables Dieux, vous m'avez écoutée !   760
Quels foudres lancez-vous quand vous vous irritez,
Si même vos faveurs ont tant de cruautés ?
Et de quelle façon punissez-vous l'offense,
Si vous traitez ainsi les vœux de l'innocence ?

SCÈNE II

SABINE, JULIE.

SABINE

En est-ce fait, Julie, et que m'apportez-vous ?   765
Est-ce la mort d'un frère, ou celle d'un époux ?
Le funeste succès de leurs armes impies
De tous les combattants a-t-il fait des hosties,
Et m'enviant l'horreur que j'aurais des vainqueurs,
Pour tous tant qu'ils étaient demande-t-il mes pleurs ?   770

---

741. De qui = *dont.* Can now be used only for persons. — **prend droit,** *assumes
the right.*   743. **dans le fort des ombres,** *in the thickest shadows.*   744. **Poussent un
jour qui fuit,** *Emit* or *Produce a fleeting light.*   768. **hosties,** *victims*   769. **m'enviant,**
depriving me of.   770. **tous tant qu'ils étaient,** *every one of them.*

JULIE

Quoi? ce qui s'est passé, vous l'ignorez encore?

SABINE

Vous faut-il étonner de ce que je l'ignore,
Et ne savez-vous point que de cette maison
Pour Camille et pour moi l'on fait une prison?
Julie, on nous renferme, on a peur de nos larmes;   775
Sans cela nous serions au milieu de leurs armes,
Et par les désespoirs d'une chaste amitié,
Nous aurions des deux camps tiré quelque pitié.

JULIE

Il n'était pas besoin d'un si tendre spectacle:
Leur vue à leur combat apporte assez d'obstacle.   780
   Sitôt qu'ils ont paru prêts à se mesurer,
On a dans les deux camps entendu murmurer:
A voir de tels amis, des personnes si proches,
Venir pour leur patrie aux mortelles approches,
L'un s'émeut de pitié, l'autre est saisi d'horreur,   785
L'autre d'un si grand zèle admire la fureur;
Tel porte jusqu'aux cieux leur vertu sans égale,
Et tel l'ose nommer sacrilège et brutale.
Ces divers sentiments n'ont pourtant qu'une voix;
Tous accusent leurs chefs, tous détestent leur choix;   790
Et ne pouvant souffrir un combat si barbare,
On s'écrie, on s'avance, enfin on les sépare.

SABINE

Que je vous dois d'encens, grands Dieux, qui m'exaucez!

JULIE

Vous n'êtes pas, Sabine, encore où vous pensez:
Vous pouvez espérer, vous avez moins à craindre;   795
Mais il vous reste encore assez de quoi vous plaindre.
   En vain d'un sort si triste on les veut garantir;
Ces cruels généreux n'y peuvent consentir:
La gloire de ce choix leur est si précieuse,
Et charme tellement leur âme ambitieuse,   800
Qu'alors qu'on les déplore ils s'estiment heureux,

777. amitié, love, affection.   780. Leur vue, Their appearance, Their being seen.
784. aux mortelles approches, to a mortal combat.   798. Ces cruels généreux, Those
cruel heroes; an "alliance de termes" dear to the précieuses.   801. qu'on les déplore,
as one pities them; déplore is here used actively, with a person for object.

Et prennent pour affront la pitié qu'on a d'eux.
Le trouble des deux camps souille leur renommée;
Ils combattront plutôt et l'une et l'autre armée,
Et mourront par les mains qui leur font d'autres lois, 805
Que pas un d'eux renonce aux honneurs d'un tel choix.

SABINE

Quoi? dans leur dureté ces cœurs d'acier s'obstinent?

JULIE

Oui, mais d'autre côté les deux camps se mutinent,
Et leurs cris, des deux parts poussés en même temps,
Demandent la bataille, ou d'autres combattants. 810
La présence des chefs à peine est respectée,
Leur pouvoir est douteux, leur voix mal écoutée;
Le Roi même s'étonne; et pour dernier effort:
« Puisque chacun, dit-il, s'échauffe en ce discord,
Consultons des grands Dieux la majesté sacrée, 815
Et voyons si ce change à leurs bontés agrée.
Quel impie osera se prendre à leur vouloir,
Lorsqu'en un sacrifice ils nous l'auront fait voir? »
Il se tait, et ces mots semblent être des charmes;
Même aux six combattants ils arrachent les armes; 820
Et ce désir d'honneur qui leur ferme les yeux,
Tout aveugle qu'il est, respecte encor les Dieux.
Leur plus bouillante ardeur cède à l'avis de Tulle;
Et soit par déférence, ou par un prompt scrupule,
Dans l'une et l'autre armée on s'en fait une loi, 825
Comme si toutes deux le connaissaient pour roi.
Le reste s'apprendra par la mort des victimes.

SABINE

Les Dieux n'avoueront point un combat plein de crimes;
J'en espère beaucoup, puisqu'il est différé,
Et je commence à voir ce que j'ai désiré. 830

---

806. **Que pas un d'eux** ... follows *plutôt* in l. 804: *before any of them* ...
808. **d'autre** = *de l'autre.* 814. **ce discord,** archaic for *cette discorde.* 816. **ce change,**
archaic for *ce changement.* — **leurs bontés** = *leur bonté.* 817. **se prendre à** (= *s'en
prendre à*), *blame, attack.* 826. **connaissaient** (for *reconnaissaient*), *acknowledged.*
828. **avoueront,** *will not approve.*

SCÈNE III

SABINE, CAMILLE, JULIE.

SABINE

Ma sœur, que'je vous die une bonne nouvelle.

CAMILLE

Je pense la savoir, s'il faut la nommer telle.
On l'a dite à mon père, et j'étais avec lui;
Mais je n'en conçois rien qui flatte mon ennui.
Ce délai de nos maux rendra leurs coups plus rudes;   835
Ce n'est qu'un plus long terme à nos inquiétudes;
Et tout l'allégement qu'il en faut espérer,
C'est de pleurer plus tard ceux qu'il faudra pleurer.

SABINE

Les Dieux n'ont pas en vain inspiré ce tumulte.

CAMILLE

Disons plutôt, ma sœur, qu'en vain on les consulte.   840
Ces mêmes Dieux à Tulle ont inspiré ce choix;
Et la voix du public n'est pas toujours leur voix;
Ils descendent bien moins dans de si bas étages
Que dans l'âme des rois, leurs vivantes images,
De qui l'indépendante et sainte autorité   845
Est un rayon secret de leur divinité.

JULIE

C'est vouloir sans raison vous former des obstacles
Que de chercher leur voix ailleurs qu'en leurs oracles;
Et vous ne vous pouvez figurer tout perdu,
Sans démentir celui qui vous fut hier rendu.   850

CAMILLE

Un oracle jamais ne se laisse comprendre:
On l'entend d'autant moins que plus on croit l'entendre;
Et loin de s'assurer sur un pareil arrêt,
Qui n'y voit rien d'obscur doit croire que tout l'est.

831. die, old form of subjunctive for *dise.*   834. qui flatte, *to soothe.*   836. *It is only increasing the period of our anxieties.*   842. Compare the well-known adage, *Vox populi vox dei.*   843. étages, *condition, station in life.*   846. rayon, *manifestation.*   850. celui qui, i.e. the oracle.   852. d'autant moins que plus . . . , *all the less the more . . .*

SABINE

Sur ce qui fait pour nous prenons plus d'assurance,   855
Et souffrons les douceurs d'une juste espérance.
Quand la faveur du ciel ouvre à demi ses bras,
Qui ne s'en promet rien ne la mérite pas;
Il empêche souvent qu'elle ne se déploie,
Et lorsqu'elle descend, son refus la renvoie.   860

CAMILLE

Le ciel agit sans nous en ces événements,
Et ne les règle point dessus nos sentiments.

JULIE

Il ne vous a fait peur que pour vous faire grâce.
Adieu: je vais savoir comme enfin tout se passe.
Modérez vos frayeurs; j'espère à mon retour   865
Ne vous entretenir que de propos d'amour,
Et que nous n'emploierons la fin de la journée
Qu'aux doux préparatifs d'un heureux hyménée.

SABINE

J'ose encor l'espérer.

CAMILLE

                    Moi, je n'espère rien.

JULIE

L'effet vous fera voir que nous en jugeons bien.   870

SCÈNE IV

Sabine, Camille.

SABINE

Parmi nos déplaisirs souffrez que je vous blâme:
Je ne puis approuver tant de trouble en votre âme;
Que feriez-vous, ma sœur, au point où je me vois,
Si vous aviez à craindre autant que je le dois,
Et si vous attendiez de leurs armes fatales   875
Des maux pareils aux miens, et des pertes égales?

855. ce qui fait pour nous, *what acts in our behalf.*   858. Qui ne s'en promet rien,
He who hopes for nothing from it.   862. dessus, obsolete for *sur.*   864. comme =
comment.
    Scene IV. This scene, as well as the previous one, seems to have been inserted

CAMILLE

Parlez plus sainement de vos maux et des miens:
Chacun voit ceux d'autrui d'un autre œil que les siens;
Mais à bien regarder ceux où le ciel me plonge,
Les vôtres auprès d'eux vous sembleront un songe.   880
   La seule mort d'Horace est à craindre pour vous.
Des frères ne sont rien à l'égal d'un époux;
L'hymen qui nous attache en une autre famille
Nous détache de celle où l'on a vécu fille;
On voit d'un œil divers des nœuds si différents,   885
Et pour suivre un mari l'on quitte ses parents;
Mais si près d'un hymen, l'amant que donne un père
Nous est moins qu'un époux, et non pas moins qu'un frère;
Nos sentiments entre eux demeurent suspendus,
Notre choix impossible, et nos vœux confondus.   890
Ainsi, ma sœur, du moins vous avez dans vos plaintes
Où porter vos souhaits et terminer vos craintes;
Mais si le ciel s'obstine à nous persécuter,
Pour moi, j'ai tout à craindre, et rien à souhaiter.

SABINE

Quand il faut que l'un meure et par les mains de l'autre, 895
C'est un raisonnement bien mauvais que le vôtre.
   Quoique ce soient, ma sœur, des nœuds bien différents,
C'est sans les oublier qu'on quitte ses parents:
L'hymen n'efface point ces profonds caractères;
Pour aimer un mari, l'on ne hait pas ses frères: 900
La nature en tout temps garde ses premiers droits;
Aux dépens de leur vie on ne fait point de choix:
Aussi bien qu'un époux ils sont d'autres nous-mêmes;
Et tous maux sont pareils alors qu'ils sont extrêmes.
Mais l'amant qui vous charme et pour qui vous brûlez   905
Ne vous est, après tout, que ce que vous voulez;
Une mauvaise humeur, un peu de jalousie,
En fait assez souvent passer la fantaisie;
Ce que peut le caprice, osez-le par raison,

here by Corneille in order to gain time while the fight is taking place. The audience tends to become restive at these endless feminine debates and subtleties and misses the more vigorous language of the heroes.   881. **La seule mort d'Horace** = *La mort d'Horace seule.*   882. **à l'égal de,** *compared to.*   883. **en** = **à.**   892. **Où,** *A refuge wherein.*   900. **Pour aimer** = *Parce qu'on aime.*

Et laissez votre sang hors de comparaison: 910
C'est crime qu'opposer des liens volontaires
A ceux que la naissance a rendus nécessaires.
Si donc le ciel s'obstine à nous persécuter,
Seule j'ai tout à craindre, et rien à souhaiter;
Mais pour vous, le devoir vous donne, dans vos plaintes, 915
Où porter vos souhaits et terminer vos craintes.

CAMILLE

Je le vois bien, ma sœur, vous n'aimâtes jamais;
Vous ne connaissez point ni l'amour ni ses traits:
On peut lui résister quand il commence à naître,
Mais non pas le bannir quand il s'est rendu maître, 920
Et que l'aveu d'un père, engageant notre foi,
A fait de ce tyran un légitime roi:
Il entre avec douceur, mais il règne par force;
Et quand l'âme une fois a goûté son amorce,
Vouloir ne plus aimer, c'est ce qu'elle ne peut, 925
Puisqu'elle ne peut plus vouloir que ce qu'il veut:
Ses chaînes sont pour nous aussi fortes que belles.

SCÈNE V

LE VIEIL HORACE, SABINE, CAMILLE.

LE VIEIL HORACE

Je viens vous apporter de fâcheuses nouvelles,
Mes filles; mais en vain je voudrais vous celer
Ce qu'on ne vous saurait longtemps dissimuler: 930
Vos frères sont aux mains, les Dieux ainsi l'ordonnent.

SABINE

Je veux bien l'avouer, ces nouvelles m'étonnent;
Et je m'imaginais dans la divinité
Beaucoup moins d'injustice, et bien plus de bonté.
Ne nous consolez point: contre tant d'infortune 935
La pitié parle en vain, la raison importune.
Nous avons en nos mains la fin de nos douleurs,

910. *And let your blood ties remain beyond compare*, i.e. don't put other relationships on a par with them. Each woman argues that she is more unhappy than the other; Sabine considers that a fiancé, like Curiace, cannot be so grave a source of anxiety as a husband. 917. Camille, vexed, bluntly replies to her sister-in-law: "*You have never been in love.*" 921. **aveu**, *consent, permission*.

Et qui veut bien mourir peut braver les malheurs.
Nous pourrions aisément faire en votre présence
De notre désespoir une fausse constance;　　　　　　　　940
Mais quand on peut sans honte être sans fermeté,
L'affecter au dehors, c'est une lâcheté;
L'usage d'un tel art, nous le laissons aux hommes,
Et ne voulons passer que pour ce que nous sommes.
　　Nous ne demandons point qu'un courage si fort　　　945
S'abaisse à notre exemple à se plaindre du sort.
Recevez sans frémir ces mortelles alarmes;
Voyez couler nos pleurs sans y mêler vos larmes;
Enfin, pour toute grâce, en de tels déplaisirs,
Gardez votre constance, et souffrez nos soupirs.　　　950

LE VIEIL HORACE

Loin de blâmer les pleurs que je vous vois répandre,
Je crois faire beaucoup de m'en pouvoir défendre,
Et céderais peut-être à de si rudes coups,
Si je prenais ici même intérêt que vous:
Non qu'Albe par son choix m'ait fait haïr vos frères,　　955
Tous trois me sont encor des personnes bien chères;
Mais enfin l'amitié n'est pas du même rang,
Et n'a point les effets de l'amour ni du sang;
Je ne sens point pour eux la douleur qui tourmente
Sabine comme sœur, Camille comme amante:　　　　960
Je puis les regarder comme nos ennemis,
Et donne sans regret mes souhaits à mes fils.
Ils sont, grâces aux Dieux, dignes de leur patrie;
Aucun étonnement n'a leur gloire flétrie;
Et j'ai vu leur honneur croître de la moitié,　　　　965
Quand ils ont des deux camps refusé la pitié.
Si par quelque faiblesse ils l'avaient mendiée,
Si leur haute vertu ne l'eût répudiée,
Ma main bientôt sur eux m'eût vengé hautement
De l'affront que m'eût fait ce mol consentement.　　970
Mais lorsqu'en dépit d'eux on en a voulu d'autres,

---

938. qui veut bien mourir, *he who is firmly resolved to die.*　　957. du même rang,
i.e. *que l'amour ou le sang.*　　964. étonnement, *fear.* — n'a leur gloire flétrie, an
obsolete construction for *n'a flétri leur gloire.*　　969. hautement, *to the utmost.*　　970. mol
consentement, *cowardly assent.* The *vieil Horace* is the firm, severe paterfamilias of
the ancient Roman families who does not hesitate to inflict the most cruel punishment on an unworthy son.

Je ne le cèle point, j'ai joint mes vœux aux vôtres.
Si le ciel pitoyable eût écouté ma voix,
Albe serait réduite à faire un autre choix;
Nous pourrions voir tantôt triompher les Horaces   975
Sans voir leurs bras souillés du sang des Curiaces,
Et de l'événement d'un combat plus humain
Dépendrait maintenant l'honneur du nom romain.
La prudence des Dieux autrement en dispose;
Sur leur ordre éternel mon esprit se repose: 980
Il s'arme en ce besoin de générosité,
Et du bonheur public fait sa félicité.
Tâchez d'en faire autant pour soulager vos peines,
Et songez toutes deux que vous êtes Romaines:
Vous l'êtes devenue, et vous l'êtes encor;   985
Un si glorieux titre est un digne trésor.
Un jour, un jour viendra que par toute la terre
Rome se fera craindre à l'égal du tonnerre,
Et que tout l'univers tremblant dessous ses lois,
Ce grand nom deviendra l'ambition des rois: 990
Les Dieux à notre Énée ont promis cette gloire.

SCÈNE VI

Le vieil Horace, Sabine, Camille, Julie.

LE VIEIL HORACE

Nous venez-vous, Julie, apprendre la victoire?

JULIE

Mais plutôt du combat les funestes effets:
Rome est sujette d'Albe, et vos fils sont défaits;
Des trois les deux sont morts, son époux seul vous reste.   995

LE VIEIL HORACE

O d'un triste combat effet vraiment funeste!
Rome est sujette d'Albe, et pour l'en garantir
Il n'a pas employé jusqu'au dernier soupir!
Non, non, cela n'est point, on vous trompe, Julie;

973. pitoyable, *feeling some pity.*   977. événement, *issue,* *outcome.*   980. ordre, i.e. the decrees by which the gods established and maintain order in the world.   981. générosité then meant 'virtue,' 'courage,' 'magnanimity.'   993. *Non* is understood before mais.   997. pour l'en garantir, *to protect her* (i.e. Rome) *from that outrage.*

Rome n'est point sujette, ou mon fils est sans vie: 1000
Je connais mieux mon sang, il sait mieux son devoir.

JULIE

Mille, de nos remparts, comme moi l'ont pu voir.
Il s'est fait admirer tant qu'ont duré ses frères;
Mais comme il s'est vu seul contre trois adversaires,
Près d'être enfermé d'eux, sa fuite l'a sauvé.   1005

LE VIEIL HORACE

Et nos soldats trahis ne l'ont point achevé ?
Dans leurs rangs à ce lâche ils ont donné retraite ?

JULIE

Je n'ai rien voulu voir après cette défaite.

CAMILLE

O mes frères !

LE VIEIL HORACE

Tout beau, ne les pleurez pas tous;
Deux jouissent d'un sort dont leur père est jaloux.   1010
Que des plus nobles fleurs leur tombe soit couverte;
La gloire de leur mort m'a payé de leur perte:
Ce bonheur a suivi leur courage invaincu,
Qu'ils ont vu Rome libre autant qu'ils ont vécu,
Et ne l'auront point vue obéir qu'à son prince,   1015
Ni d'un État voisin devenir la province.
Pleurez l'autre, pleurez l'irréparable affront
Que sa fuite honteuse imprime à notre front;
Pleurez le déshonneur de toute notre race,
Et l'opprobre éternel qu'il laisse au nom d'Horace.   1020

JULIE

Que vouliez-vous qu'il fît contre trois ?

LE VIEIL HORACE

Qu'il mourût,
Ou qu'un beau désespoir alors le secourût.
N'eût-il que d'un moment reculé sa défaite,

1005. **enfermé,** *surrounded.*   1006. **ont ... achevé,** in the sense of *achever un blessé,* 'to kill.'   1007. **retraite,** *refuge.*   1009. **Tout beau,** *Hold!*   1014. **Qu'ils ont vu** follows *ce bonheur* (*à savoir que*) in l. 1013.   1021. **Qu'il mourût.** A famous exclamation, greatly praised by Voltaire, which generally brings great applause. 1022. i.e. Or that he might have drawn a new courage from his despair, either to fight to the last or kill himself.

Rome eût été du moins un peu plus tard sujette;
Il eût avec honneur laissé mes cheveux gris, 1025
Et c'était de sa vie un assez digne prix.
   Il est de tout son sang comptable à sa patrie;
Chaque goutte épargnée a sa gloire flétrie;
Chaque instant de sa vie, après ce lâche tour,
Met d'autant plus ma honte avec la sienne au jour. 1030
J'en romprai bien le cours, et ma juste colère,
Contre un indigne fils usant des droits d'un père,
Saura bien faire voir dans sa punition
L'éclatant désaveu d'une telle action.

SABINE

Écoutez un peu moins ces ardeurs généreuses, 1035
Et ne nous rendez point tout à fait malheureuses.

LE VIEIL HORACE

Sabine, votre cœur se console aisément;
Nos malheurs jusqu'ici vous touchent faiblement.
Vous n'avez point encor de part à nos misères:
Le ciel vous a sauvé votre époux et vos frères; 1040
Si nous sommes sujets, c'est de votre pays;
Vos frères sont vainqueurs quand nous sommes trahis;
Et voyant le haut point où leur gloire se monte,
Vous regardez fort peu ce qui nous vient de honte.
Mais votre trop d'amour pour cet infâme époux 1045
Vous donnera bientôt à plaindre comme à nous.
Vos pleurs en sa faveur sont de faibles défenses:
J'atteste des grands Dieux les suprêmes puissances
Qu'avant ce jour fini, ces mains, ces propres mains
Laveront dans son sang la honte des Romains. 1050

SABINE

Suivons-le promptement, la colère l'emporte.
Dieux ! verrons-nous toujours des malheurs de la sorte ?
Nous faudra-t-il toujours en craindre de plus grands,
Et toujours redouter la main de nos parents ?

1031. **en** = *de sa vie.* 1032. **droits d'un père.** A Roman father had the right of life and death over his children. 1045. **votre trop d'amour,** *your excessive love;* a bold construction. 1049. **avant ce jour fini,** a Latin use of the past participle instead of the substantive; more usual in French: *avant la fin de ce jour.*

ACTE QUATRIÈME

SCÈNE PREMIÈRE

Le vieil Horace, Camille.

LE VIEIL HORACE

Ne me parlez jamais en faveur d'un infâme;   1055
Qu'il me fuie à l'égal des frères de sa femme:
Pour conserver un sang qu'il tient si précieux,
Il n'a rien fait encor s'il n'évite mes yeux.
Sabine y peut mettre ordre, ou derechef j'atteste
Le souverain pouvoir de la troupe céleste . . .   1060

CAMILLE

Ah! mon père, prenez un plus doux sentiment;
Vous verrez Rome même en user autrement;
Et de quelque malheur que le ciel l'ait comblée,
Excuser la vertu sous le nombre accablée.

LE VIEIL HORACE

Le jugement de Rome est peu pour mon regard,   1065
Camille; je suis père, et j'ai mes droits à part.
Je sais trop comme agit la vertu véritable:
C'est sans en triompher que le nombre l'accable;
Et sa mâle vigueur, toujours en même point,
Succombe sous la force, et ne lui cède point.   1070
Taisez-vous, et sachons ce que nous veut Valère.

SCÈNE II

Le vieil Horace, Valère, Camille.

VALÈRE

Envoyé par le Roi pour consoler un père,
Et pour lui témoigner . . .

Acт IV. Voltaire remarked with some irony how incredible it seems that a fanatic
patriot like Old Horace should not have witnessed the battle and should not have
received more information about its actual outcome between the third and the fourth
acts. The reader may agree with that criticism; but that fault was necessary if
Corneille was to keep Old Horace on the stage and let us hear his fiery words.   1056. à
l'égal des frères, *as well as (from) the brothers.*   1059. Sabine y peut mettre ordre,
Sabine can see to it.   1062. en user, *act.*   1065. pour mon regard, *in so far as I
am concerned.*

LE VIEIL HORACE
                    N'en prenez aucun soin:
        C'est un soulagement dont je n'ai pas besoin;
        Et j'aime mieux voir morts que couverts d'infamie   1075
        Ceux que vient de m'ôter une main ennemie.
        Tous deux pour leur pays sont morts en gens d'honneur;
        Il me suffit.

VALÈRE
                    Mais l'autre est un rare bonheur;
        De tous les trois chez vous il doit tenir la place.

LE VIEIL HORACE
        Que n'a-t-on vu périr en lui le nom d'Horace !   1080

VALÈRE
        Seul vous le maltraitez après ce qu'il a fait.

LE VIEIL HORACE
        C'est à moi seul aussi de punir son forfait.

VALÈRE
        Quel forfait trouvez-vous en sa bonne conduite ?

LE VIEIL HORACE
        Quel éclat de vertu trouvez-vous en sa fuite ?

VALÈRE
        La fuite est glorieuse en cette occasion.   1085

LE VIEIL HORACE
        Vous redoublez ma honte et ma confusion.
        Certes, l'exemple est rare et digne de mémoire,
        De trouver dans la fuite un chemin à la gloire.

VALÈRE
        Quelle confusion, et quelle honte à vous
        D'avoir produit un fils qui nous conserve tous,   1090
        Qui fait triompher Rome, et lui gagne un empire ?
        A quels plus grands honneurs faut-il qu'un père aspire ?

LE VIEIL HORACE
        Quels honneurs, quel triomphe, et quel empire enfin,
        Lorsqu'Albe sous ses lois range notre destin ?

1073. **N'en prenez aucun soin,** *Do not trouble about that.*   1081. **maltraitez,** *speak ill of.*

VALÈRE

Que parlez-vous ici d'Albe et de sa victoire ? 1095
Ignorez-vous encor la moitié de l'histoire ?

LE VIEIL HORACE

Je sais que par sa fuite il a trahi l'État.

VALÈRE

Oui, s'il eût en fuyant terminé le combat ;
Mais on a bientôt vu qu'il ne fuyait qu'en homme
Qui savait ménager l'avantage de Rome. 1100

LE VIEIL HORACE

Quoi, Rome donc triomphe ?

VALÈRE

Apprenez, apprenez
La valeur de ce fils qu'à tort vous condamnez.
Resté seul contre trois, mais en cette aventure
Tous trois étant blessés, et lui seul sans blessure,
Trop faible pour eux tous, trop fort pour chacun d'eux, 1105
Il sait bien se tirer d'un pas si dangereux ;
Il fuit pour mieux combattre, et cette prompte ruse
Divise adroitement trois frères qu'elle abuse.
Chacun le suit d'un pas ou plus ou moins pressé,
Selon qu'il se rencontre ou plus ou moins blessé ; 1110
Leur ardeur est égale à poursuivre sa fuite ;
Mais leurs coups inégaux séparent leur poursuite.
Horace, les voyant l'un de l'autre écartés,
Se retourne, et déjà les croit demi-domptés :
Il attend le premier, et c'était votre gendre. 1115
L'autre, tout indigné qu'il ait osé l'attendre,
En vain en l'attaquant fait paraître un grand cœur ;
Le sang qu'il a perdu ralentit sa vigueur.
Albe à son tour commence à craindre un sort contraire ;
Elle crie au second qu'il secoure son frère : 1120
Il se hâte et s'épuise en efforts superflus ;
Il trouve en les joignant que son frère n'est plus.

CAMILLE

Hélas !

1100. **ménager,** *to be sparing of,* hence *to save.* 1106. **se tirer de,** *extricate himself from.* 1110. **se rencontre,** *happens to be.* 1112. **leurs coups,** *their wounds.* 1116. **L'autre** = *Celui-ci.*

VALÈRE

Tout hors d'haleine il prend pourtant sa place,
Et redouble bientôt la victoire d'Horace:
Son courage sans force est un débile appui;   1125
Voulant venger son frère, il tombe auprès de lui.
L'air résonne des cris qu'au ciel chacun envoie;
Albe en jette d'angoisse, et les Romains de joie.
    Comme notre héros se voit près d'achever,
C'est peu pour lui de vaincre, il veut encor braver: 1130
« J'en viens d'immoler deux aux mânes de mes frères;
Rome aura le dernier de mes trois adversaires,
C'est à ses intérêts que je vais l'immoler, »
Dit-il; et tout d'un temps on le voit y voler.
La victoire entre eux deux n'était pas incertaine;   1135
L'Albain percé de coups ne se traînait qu'à peine,
Et comme une victime aux marches de l'autel,
Il semblait présenter sa gorge au coup mortel:
Aussi le reçoit-il, peu s'en faut, sans défense,
Et son trépas de Rome établit la puissance.   1140

LE VIEIL HORACE

O mon fils! ô ma joie! ô l'honneur de nos jours!
O d'un État penchant l'inespéré secours!
Vertu digne de Rome, et sang digne d'Horace!
Appui de ton pays, et gloire de ta race!
Quand pourrai-je étouffer dans tes embrassements   1145
L'erreur dont j'ai formé de si faux sentiments?
Quand pourra mon amour baigner avec tendresse
Ton front victorieux de larmes d'allégresse?

VALÈRE

Vos caresses bientôt pourront se déployer:
Le Roi dans un moment vous le va renvoyer,   1150
Et remet à demain la pompe qu'il prépare
D'un sacrifice aux Dieux pour un bonheur si rare;
Aujourd'hui seulement on s'acquitte vers eux
Par des chants de victoire et par de simples vœux.
C'est où le Roi le mène, et tandis il m'envoie   1155

1129, 1130. **achever, braver** are here used intransitively.   1134. **tout d'un temps,** *immediately.*   1139. **peu s'en faut,** *almost.*   1142. **penchant** (= *chancelant*), *tottering.* 1149. **se déployer,** *to have free play.*   1153. **on s'acquitte,** *we are discharging our debt of gratitude.* — **vers,** obsolete for *envers.*   1155. **tandis,** *in the meanwhile;* used here adverbially.

Faire office vers vous de douleur et de joie;
Mais cet office encor n'est pas assez pour lui;
Il y viendra lui-même, et peut-être aujourd'hui:
Il croit mal reconnaître une vertu si pure,
Si de sa propre bouche il ne vous en assure,   1160
S'il ne vous dit chez vous combien vous doit l'État.

LE VIEIL HORACE

De tels remercîments ont pour moi trop d'éclat,
Et je me tiens déjà trop payé par les vôtres
Du service d'un fils, et du sang des deux autres.

VALÈRE

Il ne sait ce que c'est d'honorer à demi;   1165
Et son sceptre arraché des mains de l'ennemi
Fait qu'il tient cet honneur qu'il lui plaît de vous faire
Au-dessous du mérite et du fils et du père.
Je vais lui témoigner quels nobles sentiments
La vertu vous inspire en tous vos mouvements,   1170
Et combien vous montrez d'ardeur pour son service.

LE VIEIL HORACE

Je vous devrai beaucoup pour un si bon office.

SCÈNE III

LE VIEIL HORACE, CAMILLE.

LE VIEIL HORACE

Ma fille, il n'est plus temps de répandre des pleurs;
Il sied mal d'en verser où l'on voit tant d'honneurs;
On pleure injustement des pertes domestiques,   1175
Quand on en voit sortir des victoires publiques.
Rome triomphe d'Albe, et c'est assez pour nous;
Tous nos maux à ce prix doivent nous être doux.
En la mort d'un amant vous ne perdez qu'un homme
Dont la perte est aisée à réparer dans Rome;   1180

1155–56. il m'envoie . . . de joie, *he sends me to you as an interpreter of his grief and of his joy.* The construction *faire office de* is not very felicitous. It is formed by analogy with the phrase *faire office d'ami,* ' to play the part of a friend.' 1157. office, *attention.* 1170. mouvements (du cœur), *impulses.* 1174. Il sied mal, *It is not becoming; sied* from *seoir,* obsolete in other tenses. 1175. domestiques, *of the family,* i.e. private, as opposed to public. 1180. The advice is tactless and unnecessarily brutal.

Après cette victoire, il n'est point de Romain
Qui ne soit glorieux de vous donner la main.
Il me faut à Sabine en porter la nouvelle;
Ce coup sera sans doute assez rude pour elle,
Et ses trois frères morts par la main d'un époux 1185
Lui donneront des pleurs bien plus justes qu'à vous;
Mais j'espère aisément en dissiper l'orage,
Et qu'un peu de prudence aidant son grand courage
Fera bientôt régner sur un si noble cœur
Le généreux amour qu'elle doit au vainqueur. 1190
Cependant étouffez cette lâche tristesse;
Recevez-le, s'il vient, avec moins de faiblesse;
Faites-vous voir sa sœur, et qu'en un même flanc
Le ciel vous a tous deux formés d'un même sang.

SCÈNE IV

Camille.

Oui, je lui ferai voir, par d'infaillibles marques, 1195
Qu'un véritable amour brave la main des Parques,
Et ne prend point de lois de ces cruels tyrans
Qu'un astre injurieux nous donne pour parents.
Tu blâmes ma douleur, tu l'oses nommer lâche;
Je l'aime d'autant plus que plus elle te fâche, 1200
Impitoyable père, et par un juste effort
Je la veux rendre égale aux rigueurs de mon sort.
    En vit-on jamais un dont les rudes traverses
Prissent en moins de rien tant de faces diverses,
Qui fût doux tant de fois, et tant de fois cruel, 1205
Et portât tant de coups avant le coup mortel?
Vit-on jamais une âme en un jour plus atteinte

1182. glorieux = *fier*. 1186. *Will cause her a sorrow more legitimate than yours.* 1188. **prudence,** *common sense, reasonableness.* 1193. **Faites-vous voir,** *Show that you are.*
    Scene IV. Corneille made an excessive use of soliloquies in this fourth act. The long speech of Camille appears too deliberate and artificial; Corneille inserted it as a preparation for the second action of the play, the murder of Camille. 1196. **Parques,** *Fates.* 1197. **ne prend point de lois,** *does not accept the laws, does not submit to the laws.* 1198. **astre injurieux,** *unjust* (etymological meaning) *destiny.* 1203. **rudes traverses,** *grievous misfortunes.*

De joie et de douleur, d'espérance et de crainte,
Asservie en esclave à plus d'événements,
Et le piteux jouet de plus de changements ? 　　　　　　1210
Un oracle m'assure, un songe me travaille ;
La paix calme l'effroi que me fait la bataille ;
Mon hymen se prépare, et presque en un moment
Pour combattre mon frère on choisit mon amant ;
Ce choix me désespère, et tous le désavouent ; 　　　　　　1215
La partie est rompue, et les Dieux la renouent ;
Rome semble vaincue, et seul des trois Albains,
Curiace en mon sang n'a point trempé ses mains.
O Dieux ! sentais-je alors des douleurs trop légères
Pour le malheur de Rome et la mort de deux frères, 　　　　1220
Et me flattais-je trop quand je croyais pouvoir
L'aimer encor sans crime et nourrir quelque espoir ?
Sa mort m'en punit bien, et la façon cruelle
Dont mon âme éperdue en reçoit la nouvelle :
Son rival me l'apprend, et faisant à mes yeux 　　　　　　1225
D'un si triste succès le récit odieux,
Il porte sur le front une allégresse ouverte,
Que le bonheur public fait bien moins que ma perte ;
Et bâtissant en l'air sur le malheur d'autrui,
Aussi bien que mon frère il triomphe de lui. 　　　　　　1230
Mais ce n'est rien encore au prix de ce qui reste :
On demande ma joie en un jour si funeste ;
Il me faut applaudir aux exploits du vainqueur,
Et baiser une main qui me perce le cœur.
En un sujet de pleurs si grand, si légitime, 　　　　　　1235
Se plaindre est une honte, et soupirer un crime ;
Leur brutale vertu veut qu'on s'estime heureux,
Et si l'on n'est barbare, on n'est point généreux.
　Dégénérons, mon cœur, d'un si vertueux père ;
Soyons indigne sœur d'un si généreux frère : 　　　　　　1240
C'est gloire de passer pour un cœur abattu,
Quand la brutalité fait la haute vertu.

1211. **m'assure**, *reassures me.* 1221. **me flattais-je trop**, *was I hoping for too much ?*
1222. **nourrir**, *cherish, entertain.* 1226. **succès**, *event, outcome.* 1228. *Caused less by
the public weal than by my loss.* Valère has conceived new hopes from the loss sus-
tained by Camille in the death of Curiace. 1229. **bâtissant en l'air**, *building air castles.*
1239. Such language would seem too elaborate if it were not intended as bitterly
ironical. Corneille here means to show how impossible it is for a woman like Camille
to sacrifice her passionate love to an abstract ideal of patriotism.

Éclatez, mes douleurs: à quoi bon vous contraindre?
Quand on a tout perdu, que saurait-on plus craindre?
Pour ce cruel vainqueur n'ayez point de respect;   1245
Loin d'éviter ses yeux, croissez à son aspect;
Offensez sa victoire, irritez sa colère,
Et prenez, s'il se peut, plaisir à lui déplaire.
Il vient: préparons-nous à montrer constamment
Ce que doit une amante à la mort d'un amant.   1250

SCÈNE V

HORACE, CAMILLE, PROCULE.

(Procule porte en sa main les trois épées des Curiaces.)

HORACE

Ma sœur, voici le bras qui venge nos deux frères,
Le bras qui rompt le cours de nos destins contraires,
Qui nous rend maîtres d'Albe; enfin voici le bras
Qui seul fait aujourd'hui le sort de deux États;
Vois ces marques d'honneur, ces témoins de ma gloire,   1255
Et rends ce que tu dois à l'heur de ma victoire.

CAMILLE

Recevez donc mes pleurs, c'est ce que je lui dois.

HORACE

Rome n'en veut point voir après de tels exploits,
Et nos deux frères morts dans le malheur des armes
Sont trop payés de sang pour exiger des larmes: 1260
Quand la perte est vengée, on n'a plus rien perdu.

CAMILLE

Puisqu'ils sont satisfaits par le sang épandu,
Je cesserai pour eux de paraître affligée,

1244. **que saurait-on plus craindre?** *what more has one to fear?* 1246. **croissez** refers to *douleurs* in l. 1243. 1249. **constamment**, *with constancy.* 1258. **Rome.** The whole scene presented great difficulties to Corneille; he displayed a magnificent art in preparing the tragic situation and the murder of Camille by her own brother. Camille has been left alone (Scenes III and IV) and this solitude has exasperated her grief. Her brother now insults her sorrow by proudly displaying the spoils of her Curiace; and he insists upon repeating that word *Rome*, which has become hateful to Camille. That same word, *Rome*, pronounced with the bitter sarcasm of anger and hatred, will be the leitmotif of Camille's speech (l. 1301 ff.)

Et j'oublierai leur mort que vous avez vengée;
Mais qui me vengera de celle d'un amant, 1265
Pour me faire oublier sa perte en un moment?

HORACE

Que dis-tu, malheureuse?

CAMILLE

O mon cher Curiace!

HORACE

O d'une indigne sœur insupportable audace!
D'un ennemi public dont je reviens vainqueur
Le nom est dans ta bouche et l'amour dans ton cœur! 1270
Ton ardeur criminelle à la vengeance aspire!
Ta bouche la demande, et ton cœur la respire!
Suis moins ta passion, règle mieux tes désirs,
Ne me fais plus rougir d'entendre tes soupirs;
Tes flammes désormais doivent être étouffées; 1275
Bannis-les de ton âme, et songe à mes trophées:
Qu'ils soient dorénavant ton unique entretien.

CAMILLE

Donne-moi donc, barbare, un cœur comme le tien;
Et si tu veux enfin que je t'ouvre mon âme,
Rends-moi mon Curiace, ou laisse agir ma flamme: 1280
Ma joie et mes douleurs dépendaient de son sort;
Je l'adorais vivant, et je le pleure mort.
　Ne cherche plus ta sœur où tu l'avais laissée;
Tu ne revois en moi qu'une amante offensée,
Qui comme une furie attachée à tes pas, 1285
Te veut incessamment reprocher son trépas.
Tigre altéré de sang, qui me défends les larmes,
Qui veux que dans sa mort je trouve encor des charmes,
Et que jusques au ciel élevant tes exploits,
Moi-même je le tue une seconde fois! 1290
Puissent tant de malheurs accompagner ta vie,
Que tu tombes au point de me porter envie;
Et toi, bientôt souiller par quelque lâcheté
Cette gloire si chère à ta brutalité!

1271. ardeur, *love, passion.* 1280. laisse agir ma flamme, *let my love manifest itself.*
1285. attachée à tes pas, *following your steps.* 1289. élevant, *exalting, extolling.*
1293. Et toi, bientôt = *Et toi, puisses-tu bientôt.*

HORACE

O ciel! qui vit jamais une pareille rage!   1295
Crois-tu donc que je sois insensible à l'outrage,
Que je souffre en mon sang ce mortel déshonneur?
Aime, aime cette mort qui fait notre bonheur,
Et préfère du moins au souvenir d'un homme
Ce que doit ta naissance aux intérêts de Rome.   1300

CAMILLE

Rome, l'unique objet de mon ressentiment!
Rome, à qui vient ton bras d'immoler mon amant!
Rome qui t'a vu naître, et que ton cœur adore!
Rome enfin que je hais parce qu'elle t'honore!
Puissent tous ses voisins ensemble conjurés   1305
Saper ses fondements encor mal assurés!
Et si ce n'est assez de toute l'Italie,
Que l'Orient contre elle à l'Occident s'allie;
Que cent peuples unis des bouts de l'univers
Passent pour la détruire et les monts et les mers!   1310
Qu'elle-même sur soi renverse ses murailles,
Et de ses propres mains déchire ses entrailles!
Que le courroux du ciel allumé par mes vœux
Fasse pleuvoir sur elle un déluge de feux!
Puissé-je de mes yeux y voir tomber ce foudre,   1315
Voir ses maisons en cendre, et tes lauriers en poudre,
Voir le dernier Romain à son dernier soupir,
Moi seule en être cause, et mourir de plaisir!

HORACE, *mettant la main à l'épée, et poursuivant sa sœur qui s'enfuit.*

C'est trop, ma patience à la raison fait place;
Va dedans les enfers plaindre ton Curiace.   1320

CAMILLE, *blessée derrière le théâtre.*

Ah! traître!

HORACE, *revenant sur le théâtre.*

Ainsi reçoive un châtiment soudain
Quiconque ose pleurer un ennemi romain!

1297. **sang**, *family.*   1315. **ce foudre.**   The word is more commonly feminine.
1319. **raison.**   The line is a curious one.   Horace considers the punishment of his sister
as an act of reason; he analyzes himself and thinks himself justified at the very
moment when he draws his sword.   The murder, according to the famous precept of
the Latin poet Horace, takes place behind the scenes.   1320. **dedans** is now used only
as an adverb.

SCÈNE VI

HORACE, PROCULE.

PROCULE

Que venez-vous de faire ?

HORACE

                        Un acte de justice:
Un semblable forfait veut un pareil supplice.

PROCULE

Vous deviez la traiter avec moins de rigueur.   1325

HORACE

Ne me dis point qu'elle est et mon sang et ma sœur.
Mon père ne peut plus l'avouer pour sa fille:
Qui maudit son pays renonce à sa famille;
Des noms si pleins d'amour ne lui sont plus permis;
De ses plus chers parents il fait ses ennemis: 1330
Le sang même les arme en haine de son crime.
La plus prompte vengeance en est plus légitime;
Et ce souhait impie, encore qu'impuissant,
Est un monstre qu'il faut étouffer en naissant.

SCÈNE VII

HORACE, SABINE, PROCULE.

SABINE

A quoi s'arrête ici ton illustre colère ?   1335
Viens voir mourir ta sœur dans les bras de ton père;
Viens repaître tes yeux d'un spectacle si doux:
Ou si tu n'es point las de ces généreux coups,
Immole au cher pays des vertueux Horaces
Ce reste malheureux du sang des Curiaces.   1340
Si prodigue du tien, n'épargne pas le leur;
Joins Sabine à Camille, et ta femme à ta sœur;
Nos crimes sont pareils, ainsi que nos misères;

1328. **Qui,** *He* (or *She*) *who.*   1332. **en,** *of him* (who curses his country). — **plus =** *le* (or *la*) *plus.*   1334. **en naissant,** *as soon as it is born.*   1335. **illustre.** The epithet is, of course, ironical.   1339. **vertueux,** *courageous, magnanimous.*

Je soupire comme elle, et déplore mes frères:
Plus coupable en ce point contre tes dures lois,   1345
Qu'elle n'en pleurait qu'un, et que j'en pleure trois,
Qu'après son châtiment ma faute continue.

HORACE

Sèche tes pleurs, Sabine, ou les cache à ma vue:
Rends-toi digne du nom de ma chaste moitié,
Et ne m'accable point d'une indigne pitié.   1350
Si l'absolu pouvoir d'une pudique flamme
Ne nous laisse à tous deux qu'un penser et qu'une âme,
C'est à toi d'élever tes sentiments aux miens,
Non à moi de descendre à la honte des tiens.
Je t'aime, et je connais la douleur qui te presse;   1355
Embrasse ma vertu pour vaincre ta faiblesse,
Participe à ma gloire au lieu de la souiller.
Tâche à t'en revêtir, non à m'en dépouiller.
Es-tu de mon honneur si mortelle ennemie,
Que je te plaise mieux couvert d'une infamie?   1360
Sois plus femme que sœur, et te réglant sur moi,
Fais-toi de mon exemple une immuable loi.

SABINE

Cherche pour t'imiter des âmes plus parfaites.
Je ne t'impute point les pertes que j'ai faites,
J'en ai les sentiments que je dois en avoir,   1365
Et je m'en prends au sort plutôt qu'à ton devoir;
Mais enfin je renonce à la vertu romaine,
Si pour la posséder je dois être inhumaine;
Et ne puis voir en moi la femme du vainqueur
Sans y voir des vaincus la déplorable sœur.   1370
   Prenons part en public aux victoires publiques;
Pleurons dans la maison nos malheurs domestiques,
Et ne regardons point des biens communs à tous,
Quand nous voyons des maux qui ne sont que pour nous.
Pourquoi veux-tu, cruel, agir d'une autre sorte?   1375
Laisse en entrant ici tes lauriers à la porte;

1349. moitié, *wife.* Now no longer used in dignified or polite style.   1351–
53. Horace's language is rather involved and pompous for a husband comforting his
wife. Their *flamme* is *pudique* because it is legitimate.   1352. **penser,** the archaic
masculine form.   1356. **Embrasse,** *Imitate, Adopt.*   1361. **te réglant sur moi,** *modeling
your conduct upon mine.*   1366. **je m'en prends au sort,** *I blame fate.*   1370. **déplorable,** *worthy of pity.*   1372. **domestiques,** *private,* i.e. of the house.

Mêle tes pleurs aux miens. Quoi ? ces lâches discours
N'arment point ta vertu contre mes tristes jours ?
Mon crime redoublé n'émeut point ta colère ?
Que Camille est heureuse ! elle a pu te déplaire;   1380
Elle a reçu de toi ce qu'elle a prétendu,
Et recouvre là-bas tout ce qu'elle a perdu.
Cher époux, cher auteur du tourment qui me presse,
Écoute la pitié, si ta colère cesse;
Exerce l'une ou l'autre, après de tels malheurs,   1385
A punir ma faiblesse, ou finir mes douleurs:
Je demande la mort pour grâce, ou pour supplice;
Qu'elle soit un effet d'amour ou de justice,
N'importe: tous ses traits n'auront rien que de doux,
Si je les vois partir de la main d'un époux.   1390

HORACE

Quelle injustice aux Dieux d'abandonner aux femmes
Un empire si grand sur les plus belles âmes,
Et de se plaire à voir de si faibles vainqueurs
Régner si puissamment sur les plus nobles cœurs !
A quel point ma vertu devient-elle réduite !   1395
Rien ne la saurait plus garantir que la fuite.
Adieu: ne me suis point, ou retiens tes soupirs.

SABINE, seule.

O colère, ô pitié, sourdes à mes désirs,
Vous négligez mon crime, et ma douleur vous lasse,
Et je n'obtiens de vous ni supplice ni grâce !   1400
Allons-y par nos pleurs faire encore un effort,
Et n'employons après que nous à notre mort.

1381. prétendu, _claimed, desired._ In modern French: _prétendre à (quelque chose)._
1382. recouvre (from _recouvrer_), _recovers, regains._ 1391. aux Dieux = _de la part des
Dieux._ 1395. Horace is not guilty of false modesty. He refers unblushingly to his
courage (_ma vertu_) and, in l. 1392, to himself as one of the " _plus belles âmes._"
1399. Vous négligez, _You disregard._ 1402. après, _afterwards._ Once more Sabine
expresses her wish to die; once more she is more eloquent than moving.

ACTE CINQUIÈME

l'acquittement d'Horace.

SCÈNE PREMIÈRE

Le vieil Horace, Horace.

LE VIEIL HORACE

Retirons nos regards de cet objet funeste,
Pour admirer ici le jugement céleste:
Quand la gloire nous enfle, il sait bien comme il faut   1405
Confondre notre orgueil qui s'élève trop haut.
Nos plaisirs les plus doux ne vont point sans tristesse;
Il mêle à nos vertus des marques de faiblesse,
Et rarement accorde à notre ambition
L'entier et pur honneur d'une bonne action.   1410
Je ne plains point Camille: elle était criminelle;
Je me tiens plus à plaindre, et je te plains plus qu'elle:
Moi, d'avoir mis au jour un cœur si peu romain;
Toi, d'avoir par sa mort déshonoré ta main.
Je ne la trouve point injuste ni trop prompte;   1415
Mais tu pouvais, mon fils, t'en épargner la honte:
Son crime, quoique énorme et digne du trépas,
Était mieux impuni que puni par ton bras.

HORACE

Disposez de mon sang, les lois vous en font maître;
J'ai cru devoir le sien aux lieux qui m'ont vu naître.   1420
Si dans vos sentiments mon zèle est criminel,
S'il m'en faut recevoir un reproche éternel,
Si ma main en devient honteuse et profanée,
Vous pouvez d'un seul mot trancher ma destinée:
Reprenez tout ce sang de qui ma lâcheté   1425
A si brutalement souillé la pureté.
Ma main n'a pu souffrir de crime en votre race;
Ne souffrez point de tache en la maison d'Horace.
C'est en ces actions dont l'honneur est blessé

1403. **objet funeste,** i.e. Camille's body.   1412. **Je me tiens ... plaindre,** *I hold myself more to be pitied.*   1415. **la,** i.e. her death.   1420. **aux lieux qui ... naître,** *to my native country.*   1421. **dans vos sentiments,** *in your opinion.*   1425. **de qui** (now obsolete with an impersonal object) = *dont.*   1429. **dont,** *by which.*

Qu'un père tel que vous se montre intéressé: 1430
Son amour doit se taire où toute excuse est nulle;
Lui-même il y prend part lorsqu'il les dissimule;
Et de sa propre gloire il fait trop peu de cas,
Quand il ne punit point ce qu'il n'approuve pas.

LE VIEIL HORACE

Il n'use pas toujours d'une rigueur extrême;   1435
Il épargne ses fils bien souvent pour soi-même;
Sa vieillesse sur eux aime à se soutenir,
Et ne les punit point, de peur de se punir.
Je te vois d'un autre œil que tu ne te regardes;
Je sais . . . Mais le Roi vient, je vois entrer ses gardes.   1440

SCÈNE II

TULLE, VALÈRE, LE VIEIL HORACE, HORACE,
TROUPE DE GARDES.

LE VIEIL HORACE

Ah! Sire, un tel honneur a trop d'excès pour moi;
Ce n'est point en ce lieu que je dois voir mon roi:
Permettez qu'à genoux . . .

TULLE

Non, levez-vous, mon père:
Je fais ce qu'en ma place un bon prince doit faire.
Un si rare service et si fort important   1445
Veut l'honneur le plus rare et le plus éclatant.
Vous en aviez déjà sa parole pour gage;
Je ne l'ai pas voulu différer davantage.
    J'ai su par son rapport, et je n'en doutais pas,
Comme de vos deux fils vous portez le trépas,   1450
Et que déjà votre âme étant trop résolue,
Ma consolation vous serait superflue;
Mais je viens de savoir quel étrange malheur
D'un fils victorieux a suivi la valeur,
Et que son trop d'amour pour la cause publique   1455
Par ses mains à son père ôte une fille unique.

1430. **intéressé,** *concerned.* 1441. **a trop d'excès** = *est trop grand.* 1447. **sa** (as well as **son** in l. 1449) refers to Valère.

Ce coup est un peu rude à l'esprit le plus fort;
Et je doute comment vous portez cette mort.

LE VIEIL HORACE

Sire, avec déplaisir, mais avec patience.

TULLE

C'est l'effet vertueux de votre expérience.   1460
Beaucoup par un long âge ont appris comme vous
Que le malheur succède au bonheur le plus doux:
Peu savent comme vous s'appliquer ce remède,
Et dans leur intérêt toute leur vertu cède.
Si vous pouvez trouver dans ma compassion   1465
Quelque soulagement pour votre affliction,
Ainsi que votre mal sachez qu'elle est extrême,
Et que je vous en plains autant que je vous aime.

VALÈRE

Sire, puisque le ciel entre les mains des rois
Dépose sa justice et la force des lois,   1470
Et que l'État demande aux princes légitimes
Des prix pour les vertus, des peines pour les crimes,
Souffrez qu'un bon sujet vous fasse souvenir
Que vous plaignez beaucoup ce qu'il vous faut punir;
Souffrez . . .

LE VIEIL HORACE

                Quoi? qu'on envoie un vainqueur au supplice?   1475

TULLE

Permettez qu'il achève, et je ferai justice:
J'aime à la rendre à tous, à toute heure, en tout lieu.
C'est par elle qu'un roi se fait un demi-dieu;
Et c'est dont je vous plains, qu'après un tel service
On puisse contre lui me demander justice.   1480

VALÈRE

Souffrez donc, ô grand Roi, le plus juste des rois,
Que tous les gens de bien vous parlent par ma voix.
Non que nos cœurs jaloux de ses honneurs s'irritent;
S'il en reçoit beaucoup, ses hauts faits le méritent;
Ajoutez-y plutôt que d'en diminuer: 1485

1458. **portez**, for *supporter*.   1464. *And when they are directly concerned* (afflicted), *their courage no longer sustains them.*   1479. **c'est dont** = *c'est ce dont*.

Nous sommes tous encor prêts d'y contribuer;
Mais puisque d'un tel crime il s'est montré capable,
Qu'il triomphe en vainqueur, et périsse en coupable.
Arrêtez sa fureur, et sauvez de ses mains,
Si vous voulez régner, le reste des Romains: 1490
Il y va de la perte ou du salut du reste.
    La guerre avait un cours si sanglant, si funeste,
Et les nœuds de l'hymen, durant nos bons destins,
Ont tant de fois uni des peuples si voisins,
Qu'il est peu de Romains que le parti contraire   1495
N'intéresse en la mort d'un gendre ou d'un beau-frère,
Et qui ne soient forcés de donner quelques pleurs,
Dans le bonheur public, à leurs propres malheurs.
Si c'est offenser Rome, et que l'heur de ses armes
L'autorise à punir ce crime de nos larmes,   1500
Quel sang épargnera ce barbare vainqueur,
Qui ne pardonne pas à celui de sa sœur,
Et ne peut excuser cette douleur pressante
Que la mort d'un amant jette au cœur d'une amante,
Quand, près d'être éclairés du nuptial flambeau,   1505
Elle voit avec lui son espoir au tombeau?
Faisant triompher Rome, il se l'est asservie;
Il a sur nous un droit et de mort et de vie;
Et nos jours criminels ne pourront plus durer
Qu'autant qu'à sa clémence il plaira l'endurer.   1510
    Je pourrais ajouter aux intérêts de Rome
Combien un pareil coup est indigne d'un homme;
Je pourrais demander qu'on mît devant vos yeux
Ce grand et rare exploit d'un bras victorieux:
Vous verriez un beau sang, pour accuser sa rage,   1515
D'un frère si cruel rejaillir au visage:
Vous verriez des horreurs qu'on ne peut concevoir;
Son âge et sa beauté vous pourraient émouvoir;
Mais je hais ces moyens qui sentent l'artifice.
Vous avez à demain remis le sacrifice: 1520
Pensez-vous que les Dieux, vengeurs des innocents,

1491. *The ruin or the safety of the others is at stake.* 1500. **ce crime de nos larmes,**
the crime constituted by our tears. 1510. **il plaira l'endurer** = *il plaira de l'endurer.*
1514. i.e. Camille's murdered body. 1515–16. Construe: *un beau (noble) sang rejaillir*
au visage d'un frère . . . — **rage,** *madness, insane wrath.* 1519. **sentent l'artifice,** *smack*
of artifice.

D'une main parricide acceptent de l'encens ?
Sur vous ce sacrilège attirerait sa peine ;
Ne le considérez qu'en objet de leur haine,
Et croyez avec nous qu'en tous ses trois combats 1525
Le bon destin de Rome a plus fait que son bras,
Puisque ces mêmes Dieux, auteurs de sa victoire,
Ont permis qu'aussitôt il en souillât la gloire,
Et qu'un si grand courage, après ce noble effort,
Fût digne en même jour de triomphe et de mort. 1530
Sire, c'est ce qu'il faut que votre arrêt décide.
En ce lieu Rome a vu le premier parricide ;
La suite en est à craindre, et la haine des cieux :
Sauvez-nous de sa main, et redoutez les Dieux.

TULLE

Défendez-vous, Horace.

HORACE

                  A quoi bon me défendre ? 1535
Vous savez l'action, vous la venez d'entendre ;
Ce que vous en croyez me doit être une loi.
     Sire, on se défend mal contre l'avis d'un roi,
Et le plus innocent devient soudain coupable,
Quand aux yeux de son prince il paraît condamnable. 1540
C'est crime qu'envers lui se vouloir excuser :
Notre sang est son bien, il en peut disposer ;
Et c'est à nous de croire, alors qu'il en dispose,
Qu'il ne s'en prive point sans une juste cause.
Sire, prononcez donc, je suis prêt d'obéir ; 1545
D'autres aiment la vie, et je la dois haïr.
Je ne reproche point à l'ardeur de Valère
Qu'en amant de la sœur il accuse le frère :
Mes vœux avec les siens conspirent aujourd'hui ;
Il demande ma mort, je la veux comme lui. 1550
Un seul point entre nous met cette différence,
Que mon honneur par là cherche son assurance,
Et qu'à ce même but nous voulons arriver,
Lui pour flétrir ma gloire, et moi pour la sauver.

1522. parricide, *murderous.* 1523. sa peine, *its punishment.* 1524. *Consider him only as hateful to the gods.* 1541. *To try to excuse oneself before him is a crime.* 1545. prononcez, *decree, announce your judgment.* 1552. cherche son assurance, *seeks to become more secure.*

Sire, c'est rarement qu'il s'offre une matière   1555
A montrer d'un grand cœur la vertu toute entière.
Suivant l'occasion elle agit plus ou moins,
Et paraît forte ou faible aux yeux de ses témoins.
Le peuple, qui voit tout seulement par l'écorce,
S'attache à son effet pour juger de sa force;   1560
Il veut que ses dehors gardent un même cours,
Qu'ayant fait un miracle, elle en fasse toujours:
Après une action pleine, haute, éclatante,
Tout ce qui brille moins remplit mal son attente;
Il veut qu'on soit égal en tout temps, en tous lieux;   1565
Il n'examine point si lors on pouvait mieux,
Ni que, s'il ne voit pas sans cesse une merveille,
L'occasion est moindre, et la vertu pareille:
Son injustice accable et détruit les grands noms;
L'honneur des premiers faits se perd par les seconds;   1570
Et quand la renommée a passé l'ordinaire,
Si l'on n'en veut déchoir, il faut ne plus rien faire.
Je ne vanterai point les exploits de mon bras;
Votre Majesté, Sire, a vu mes trois combats:
Il est bien malaisé qu'un pareil les seconde,   1575
Qu'une autre occasion à celle-ci réponde,
Et que tout mon courage, après de si grands coups,
Parvienne à des succès qui n'aillent au-dessous;
Si bien que pour laisser une illustre mémoire,
La mort seule aujourd'hui peut conserver ma gloire: 1580
Encor la fallait-il sitôt que j'eus vaincu,
Puisque pour mon honneur j'ai déjà trop vécu.
Un homme tel que moi voit sa gloire ternie,
Quand il tombe en péril de quelque ignominie;
Et ma main aurait su déjà m'en garantir;   1585
Mais sans votre congé mon sang n'ose sortir:
Comme il vous appartient, votre aveu doit se prendre;

1555. **matière**, *opportunity.*   1559. **l'écorce**, *the outside, the external appearance;*
lit., 'the bark.'   1572. Horace's speech is typical of Cornelian psychology.   Horace is
willing, even glad to die, because life will never offer him the opportunity to maintain
the great fame he attained through his victory.   Corneille's heroes are men of the
Renaissance, who rank glory above everything else in life.   Love for his sister, remorse,
or moral scruples are not even a consideration to Horace.   1575. **seconde**, *follow.*
1578. **qui n'aillent au-dessous**, *which should not fall below them.*   1581. **Encor la
fallait-il**, *Even so, it should have come.*   1586. **congé**, *permission.*   1587. i.e. Since my
blood belongs to you, your permission must first be obtained before I shed it.

C'est vous le dérober qu'autrement le répandre.
Rome ne manque point de généreux guerriers;
Assez d'autres sans moi soutiendront vos lauriers;   1590
Que Votre Majesté désormais m'en dispense;
Et si ce que j'ai fait vaut quelque récompense,
Permettez, ô grand Roi, que de ce bras vainqueur
Je m'immole à ma gloire, et non pas à ma sœur.

SCÈNE III

Tulle, Valère, Le vieil Horace,
Horace, Sabine.

SABINE

Sire, écoutez Sabine, et voyez dans son âme   1595
Les douleurs d'une sœur, et celles d'une femme,
Qui toute désolée, à vos sacrés genoux,
Pleure pour sa famille, et craint pour son époux.
Ce n'est pas que je veuille avec cet artifice
Dérober un coupable au bras de la justice: 1600
Quoi qu'il ait fait pour vous, traitez-le comme tel,
Et punissez en moi ce noble criminel;
De mon sang malheureux expiez tout son crime;
Vous ne changerez point pour cela de victime:
Ce n'en sera point prendre une injuste pitié,   1605
Mais en sacrifier la plus chère moitié.
Les nœuds de l'hyménée et son amour extrême
Font qu'il vit plus en moi qu'il ne vit en lui-même;
Et si vous m'accordez de mourir aujourd'hui,
Il mourra plus en moi qu'il ne mourrait en lui;   1610
La mort que je demande, et qu'il faut que j'obtienne,
Augmentera sa peine, et finira la mienne.
Sire, voyez l'excès de mes tristes ennuis,
Et l'effroyable état où mes jours sont réduits.
Quelle horreur d'embrasser un homme dont l'épée   1615
De toute ma famille a la trame coupée!

1610. Sabine's speeches are decidedly among the weakest parts of the play. Her
grief and her wish to die instead of her husband do not seem to lessen her oratorical
gifts or the subtlety of her argumentation. 1613. tristes ennuis, *sorrows*. 1616. a la
trame coupée (a 17th century construction) = *a coupé la trame; la trame,* 'the thread
of life.'

Et quelle impiété de haïr un époux
Pour avoir bien servi les siens, l'État et vous!
Aimer un bras souillé du sang de tous mes frères!
N'aimer pas un mari qui finit nos misères!   1620
Sire, délivrez-moi par un heureux trépas
Des crimes de l'aimer et de ne l'aimer pas;
J'en nommerai l'arrêt une faveur bien grande.
Ma main peut me donner ce que je vous demande;
Mais ce trépas enfin me sera bien plus doux,   1625
Si je puis de sa honte affranchir mon époux;
Si je puis par mon sang apaiser la colère
Des Dieux qu'a pu fâcher sa vertu trop sévère,
Satisfaire en mourant aux mânes de sa sœur,
Et conserver à Rome un si bon défenseur.   1630

LE VIEIL HORACE, *au Roi.*

Sire, c'est donc à moi de répondre à Valère.
Mes enfants avec lui conspirent contre un père:
Tous trois veulent me perdre, et s'arment sans raison
Contre si peu de sang qui reste en ma maison.
         (*A Sabine*)
Toi qui par des douleurs à ton devoir contraires,   1635
Veux quitter un mari pour rejoindre tes frères,
Va plutôt consulter leurs mânes généreux;
Ils sont morts, mais pour Albe, et s'en tiennent heureux:
Puisque le ciel voulait qu'elle fût asservie,
Si quelque sentiment demeure après la vie,   1640
Ce mal leur semble moindre, et moins rudes ses coups,
Voyant que tout l'honneur en retombe sur nous;
Tous trois désavoueront la douleur qui te touche,
Les larmes de tes yeux, les soupirs de ta bouche,
L'horreur que tu fais voir d'un mari vertueux.   1645
Sabine, sois leur sœur, suis ton devoir comme eux.
         (*Au Roi*)
Contre ce cher époux Valère en vain s'anime:
Un premier mouvement ne fut jamais un crime;
Et la louange est due, au lieu du châtiment,

1633. me perdre, *to plunge me into deep affliction.* 1634. *Against the little that is left of my family.* 1640. sentiment, *consciousness.* 1647. s'anime, *fiercely argues.* 1648. premier mouvement, *first impulse.* The reasoning of Old Horace smacks of sophistry.

Quand la vertu produit ce premier mouvement.   1650
Aimer nos ennemis avec idolâtrie,
De rage en leur trépas maudire la patrie,
Souhaiter à l'État un malheur infini,
C'est ce qu'on nomme crime, et ce qu'il a puni.
Le seul amour de Rome a sa main animée: 1655
Il serait innocent s'il l'avait moins aimée.
Qu'ai-je dit, Sire ? il l'est, et ce bras paternel
L'aurait déjà puni s'il était criminel:
J'aurais su mieux user de l'entière puissance
Que me donnent sur lui les droits de la naissance;   1660
J'aime trop l'honneur, Sire, et ne suis point de rang
A souffrir ni d'affront ni de crime en mon sang.
C'est dont je ne veux point de témoin que Valère:
Il a vu quel accueil lui gardait ma colère,
Lorsqu'ignorant encor la moitié du combat,   1665
Je croyais que sa fuite avait trahi l'État.
Qui le fait se charger des soins de ma famille ?
Qui le fait, malgré moi, vouloir venger ma fille ?
Et par quelle raison, dans son juste trépas,
Prend-il un intérêt qu'un père ne prend pas ?   1670
On craint qu'après sa sœur il n'en maltraite d'autres !
Sire, nous n'avons part qu'à la honte des nôtres,
Et de quelque façon qu'un autre puisse agir,
Qui ne nous touche point ne nous fait point rougir.

(*A Valère*)

Tu peux pleurer, Valère, et même aux yeux d'Horace;   1675
Il ne prend intérêt qu'aux crimes de sa race:
Qui n'est point de son sang ne peut faire d'affront
Aux lauriers immortels qui lui ceignent le front.
Lauriers, sacrés rameaux qu'on veut réduire en poudre,
Vous qui mettez sa tête à couvert de la foudre,   1680
L'abandonnerez-vous à l'infâme couteau
Qui fait choir les méchants sous la main d'un bourreau ?
Romains, souffrirez-vous qu'on vous immole un homme
Sans qui Rome aujourd'hui cesserait d'être Rome,
Et qu'un Romain s'efforce à tacher le renom   1685

1652. **De rage en leur trépas,** i.e. from fury because of their death.   1655. **animée,** cf. note to l. 1616.   1663. **C'est dont** = *C'est ce dont.*   1669. **dans** = *à.*   1672. *We take to heart only the disgrace of our own family,* Sire.   1676. **race,** *family.*   1680. Allusion to the old belief that laurel afforded a protection against lightning.

D'un guerrier à qui tous doivent un si beau nom?
Dis, Valère, dis-nous, si tu veux qu'il périsse,
Où tu penses choisir un lieu pour son supplice?
Sera-ce entre ces murs que mille et mille voix
Font résonner encor du bruit de ses exploits?   1690
Sera-ce hors des murs, au milieu de ces places
Qu'on voit fumer encor du sang des Curiaces,
Entre leurs trois tombeaux, et dans ce champ d'honneur
Témoin de sa vaillance et de notre bonheur?
Tu ne saurais cacher sa peine à sa victoire;   1695
Dans les murs, hors des murs, tout parle de sa gloire,
Tout s'oppose à l'effort de ton injuste amour,
Qui veut d'un si bon sang souiller un si beau jour.
Albe ne pourra pas souffrir un tel spectacle,
Et Rome par ses pleurs y mettra trop d'obstacle.   1700
          (Au Roi)
     Vous les préviendrez, Sire; et par un juste arrêt
Vous saurez embrasser bien mieux son intérêt.
Ce qu'il a fait pour elle, il peut encor le faire:
Il peut la garantir encor d'un sort contraire.
Sire, ne donnez rien à mes débiles ans: 1705
Rome aujourd'hui m'a vu père de quatre enfants;
Trois en ce même jour sont morts pour sa querelle;
Il m'en reste encor un, conservez-le pour elle:
N'ôtez pas à ses murs un si puissant appui;
Et souffrez, pour finir, que je m'adresse à lui.   1710
          (A Horace)
     Horace, ne crois pas que le peuple stupide
Soit le maître absolu d'un renom bien solide:
Sa voix tumultueuse assez souvent fait bruit;
Mais un moment l'élève, un moment le détruit;
Et ce qu'il contribue à notre renommée   1715
Toujours en moins de rien se dissipe en fumée.
C'est aux rois, c'est aux grands, c'est aux esprits bien faits,
A voir la vertu pleine en ses moindres effets;
C'est d'eux seuls qu'on reçoit la véritable gloire;
Eux seuls des vrais héros assurent la mémoire.   1720
Vis toujours en Horace, et toujours auprès d'eux

1695. sa peine, *his punishment*, i.e. his execution.   1707. pour sa querelle, *for her cause.*   1713. fait bruit = *fait du bruit.*   1717. bien faits, *superior.*   1721. en Horace, *as an Horace.*

Ton nom demeurera grand, illustre, fameux,
Bien que l'occasion, moins haute ou moins brillante,
D'un vulgaire ignorant trompe l'injuste attente.
Ne hais donc plus la vie, et du moins vis pour moi,　　1725
Et pour servir encor ton pays et ton roi.
　　Sire, j'en ai trop dit; mais l'affaire vous touche;
Et Rome toute entière a parlé par ma bouche.

VALÈRE

　　Sire, permettez-moi . . .

TULLE

　　　　　　　　Valère, c'est assez:
Vos discours par les leurs ne sont pas effacés;　　1730
J'en garde en mon esprit les forces plus pressantes,
Et toutes vos raisons me sont encor présentes.
　　Cette énorme action faite presque à nos yeux
Outrage la nature, et blesse jusqu'aux Dieux.
Un premier mouvement qui produit un tel crime　　1735
Ne saurait lui servir d'excuse légitime:
Les moins sévères lois en ce point sont d'accord;
Et si nous les suivons, il est digne de mort.
Si d'ailleurs nous voulons regarder le coupable,
Ce crime, quoique grand, énorme, inexcusable,　　1740
Vient de la même épée et part du même bras
Qui me fait aujourd'hui maître de deux États.
Deux sceptres en ma main, Albe à Rome asservie,
Parlent bien hautement en faveur de sa vie:
Sans lui j'obéirais où je donne la loi,　　1745
Et je serais sujet où je suis deux fois roi.
Assez de bons sujets dans toutes les provinces
Par des vœux impuissants s'acquittent vers leurs princes;
Tous les peuvent aimer, mais tous ne peuvent pas
Par d'illustres effets assurer leurs États;　　1750
Et l'art et le pouvoir d'affermir des couronnes
Sont des dons que le ciel fait à peu de personnes.
De pareils serviteurs sont les forces des rois,

1724. **vulgaire** (noun), *mob, crowd.*　1727. **l'affaire vous touche,** *the matter is of concern to you.*　1731. **les forces** (les) **plus pressantes,** *the most conclusive arguments.* 1739. **Si d'ailleurs,** *If, on the other hand.*　1745. **j'obéirais où ...,** *I should obey those to whom ...*　1748, 1750. **vœux impuissants,** *good wishes* (i.e. intentions not followed by any deeds) is opposed to **illustres effets,** *actual deeds, and illustrious ones.*

Et de pareils aussi sont au-dessus des lois.
Qu'elles se taisent donc; que Rome dissimule　　　　　　1755
Ce que dès sa naissance elle vit en Romule:
Elle peut bien souffrir en son libérateur
Ce qu'elle a bien souffert en son premier auteur.
　Vis donc, Horace, vis, guerrier trop magnanime:
Ta vertu met ta gloire au-dessus de ton crime;　　　　　1760
Sa chaleur généreuse a produit ton forfait;
D'une cause si belle il faut souffrir l'effet.
Vis pour servir l'État; vis, mais aime Valère:
Qu'il ne reste entre vous ni haine ni colère;
Et soit qu'il ait suivi l'amour ou le devoir,　　　　　　1765
Sans aucun sentiment résous-toi de le voir.
　Sabine, écoutez moins la douleur qui vous presse;
Chassez de ce grand cœur ces marques de faiblesse:
C'est en séchant vos pleurs que vous vous montrerez
La véritable sœur de ceux que vous pleurez.　　　　　　1770
　Mais nous devons aux Dieux demain un sacrifice;
Et nous aurions le ciel à nos vœux mal propice,
Si nos prêtres, avant que de sacrifier,
Ne trouvaient les moyens de le purifier:
Son père en prendra soin; il lui sera facile　　　　　　1775
D'apaiser tout d'un temps les mânes de Camille.
Je la plains; et pour rendre à son sort rigoureux
Ce que peut souhaiter son esprit amoureux,
Puisqu'en un même jour l'ardeur d'un même zèle
Achève le destin de son amant et d'elle,　　　　　　　1780
Je veux qu'un même jour, témoin de leurs deux morts,
En un même tombeau voie enfermer leurs corps.

1755. **elles**, i.e. the laws.　1756. A reference to the murder of Remus by Romulus.
1761. **chaleur**, *impulse.*　1766. **sentiment**, *ill-feeling.*　1776. **tout d'un temps**, *at the
same time.*　1780. **Achève le destin**, *Ends the life.*

POLYEUCTE

In *Horace* (1640) Corneille had depicted the early times of Rome under its kings; *Cinna*, which followed in the same year, dealt with the conspiracies and the restlessness of the Romans under their first emperor, Augustus. In *Polyeucte* (1643) Corneille gives a glimpse of a wider and more dramatic conflict: the passing of the ancient world and the rising power of Christian ideals, the struggle between Roman rationalism and efficiency and Christian mysticism. This background of the play and the time of its action (the third century A.D.) should constantly be kept in mind: for Corneille attempted to represent the psychology of the early Christians, the sudden impulsive conversions and the yearning for martyrdom which were common during the first centuries of our era, but which we moderns often find hard to understand. In the third century after Christ, an ardent Christian still expected that the Kingdom of God was at hand and that his own death was preceding by only a few years the day of the Last Judgment. Moreover, he considered that by meeting a martyr's death at the hand of the heathen he was giving the unbelievers a material proof of the truth of his creed, and thus helping to bring about their conversion.

Polyeucte is therefore a religious tragedy. It has, however, nothing in common with the *mystères* or miracle plays of the Middle Ages: the true predecessors of Corneille were rather the many writers, both Protestants and Catholics, who had tried to create a French religious tragedy in the second half of the sixteenth century. None of them — not even Robert Garnier, the author of *les Juives* — had completely succeeded. It was left to the founder of modern tragedy to write the first great Christian play. *Saint-Genest* (1646) — written by Corneille's gifted contemporary, friend, and rival, Rotrou — *Esther* and *Athalie*, composed after Racine's conversion, are the only other examples of religious drama which also rank as masterpieces of the French stage.

Such subjects were not popular with seventeenth century audiences and Boileau expressed the current opinion when he declared, in his *Art Poétique* (III, 199–200):

> De la foi d'un chrétien les mystères terribles
> D'ornements égayés ne sont point susceptibles.

The Catholic Church, during the reign of Louis XIV, frowned upon tragedies and comedies of all kinds; and even the representation of Christian mysteries, of the miraculous events in the lives of Saints, in which the parts of sacred characters were often taken by actors of not too exemplary conduct, was held impious and detrimental to the interests of religion.

Polyeucte was probably played for the first time early in 1643 or late in 1642. The general public applauded it heartily and, despite a legend to the contrary, it proved a great success except with the more sophisticated part of the audience. It is true that Corneille's preliminary reading of his tragedy at the Hôtel de Rambouillet had been very coldly received, Polyeucte's fanaticism and brutal disregard of his wife's feelings shocking the refined and fastidious ladies. Indeed, throughout the seventeenth and eighteenth centuries, Sévère — the perfect gentleman, courteous and chivalrous, the elegant skeptic — remained the favorite character of the play. Nowadays, *Polyeucte* is universally admitted to be one of Corneille's masterpieces, and the characters of Polyeucte and Pauline seem more complex and more moving than most Cornelian figures.

The main facts concerning the plot and the chief characters were borrowed by Corneille from Surius, a German monk of the sixteenth century who wrote some *Lives of Saints*. Surius himself had borrowed the narrative of Polyeucte's martyrdom from an obscure writer of the tenth century, Simeon Metaphrastes. It is needless, however, to scrutinize the details of Corneille's borrowings. Corneille added much to the bare facts provided by Surius. He invented the character of Sévère and thus changed the whole trend of the play: For it is the presence of Sévère which makes Polyeucte's crime more conspicuous and unpardonable, gives a tragic complexity to Pauline's character, and shifts the emphasis from the pious relation of a Christian death to the psychological struggle in the souls of the heroes. Néarque's death, Pauline's dream, and her conversion, as well as that of Félix in the fifth act, were also Corneille's own additions.

The action in *Polyeucte*, concentrated and swift in its development, is typically classical. Corneille permits no superfluous incident which might detract from the psychological study. In this respect the play stands in sharp contrast to the magnificent epic drama in which Shakespeare also depicted the passing of the ancient world: *Antony and Cleopatra*. The arrival of Sévère is the one unexpected event in the tragedy; the sacrifices offered in his honor, the breaking of the idols, Néarque's death, and the dénouement all follow as natural and logical consequences. Corneille had little difficulty in submitting his tragedy to the rules of the unities. The rapidity of the action was amply justified by the suddenness of Polyeucte's conversion and the effect of divine grace upon his soul. The scene is laid in the palace of Félix, probably in some central hall where all the characters meet in turn; Polyeucte's prison is part of the Governor's mansion.

Corneille's genius did not therefore feel cramped by the limitation of a day's duration nor by the unity of place. The play is a crisis, but there is ample time for the characters to reveal the secrets of their souls. Corneille's mastery even succeeded in suggesting, in the compass of five acts, the evolution of each of the characters, laying emphasis on the subtle changes by which they gradually progress from the exposition to the dénouement.

Sévère's rôle is rather passive: he is a *raisonneur*, a true precursor of the eloquent philosophers discoursing throughout the plays of the eighteenth century, and he does little else but talk. Heroic and chivalrous, he generously sacrifices his prospects of happiness to his sense of honor. And yet he always remains on a purely human plane. Sévère embodies the reasonable, prosaic ideals of paganism, in contrast with his rival, Polyeucte, who gradually rises above all human and worldly preoccupations to become not a saint but a martyr.

It might be possible to find a trace of selfishness in Polyeucte's longing for martyrdom in order to obtain a rich reward in another world. Such selfishness, however, is unquestionably of a higher moral order than the superficial hedonism which seeks only to obtain the maximum enjoyment from this life.

Polyeucte is deeply in love with his wife. When the curtain rises we see him undecided, religion having as yet not become deeply rooted in his soul. After the ceremony of baptism, the sudden, inexplicable action of divine grace transforms him completely and he becomes a fanatic whose fixed idea is to manifest his new faith in a clear, brutal manner and to die for it.

Polyeucte, however, appears more inhuman than he actually is. He suffers inwardly. He cannot face calmly Pauline's visit in the fourth act. He needs all his will power, his capacity for autosuggestion, to restrain his human affections. His love for his wife never ceases, even when he treats her most cruelly; it merely becomes purer and more mystic. He abandons her when martyrdom is at hand, but he will pray for her in Heaven and hope that her noble and generous soul may there be reunited with his.

Pauline is the most complex and moving character in the play. Her perfect poise, her faultless reasoning, almost repel the reader at first. But it should be borne in mind that she is a Roman woman, the daughter of a high official, and that obedience to the paterfamilias, passive acceptance of the husband chosen by her father, were quite normal in ancient times and in seventeenth century France. The characteristics of Pauline are: a lucid intelligence, a deep moral sense, and a tenderness, discreet and reserved. She is not a passionate heroine like Dido or Phèdre; she is not a dreamy jeune fille like Ophelia, or like Marguerite in Faust; she is a married woman, matured by experience and her duties as the daughter of a Roman governor. (We may suppose her mother to be dead since Corneille makes no mention of her, any more than of Chimène's or Camille's.) Her great charm is in her straightforwardness and honesty.

Pauline may not resemble a Shakespearean or a Racinian woman, but she is none the less feminine. In the first act she does not seem to love her husband very deeply: she did not choose him herself, after all, and she probably feels for this Armenian gentleman the slight contempt which a Roman woman would entertain for an Asiatic foreigner. Then, in spite of her self-control and of her intelligence, she cannot help being disturbed by a dream and by sentimental forebodings. When her husband overthrows the idols, she comes to admire him more while understanding him still less. What impresses her is the courage and the sublime heroism of an Armenian, in contrast with the temperate wisdom of the Roman, Sévère.	She finally discovers that she loves him and, with the tragic irony of passion, that she loves him because he scorns her.	She is then willing to accept every humiliation.

— "*Je l'aimerais encor, quand il m'aurait trahie,*" she declares (l. 793), discarding her haughty pride.	She tries every means to save her husband, becoming even cleverly diplomatic in her use of Sévère's love, and at last, since it is the only hope of being reunited with "her Polyeucte," she also embraces Christianity.

Félix is the only unheroic character in the play.	He is the typical Roman administrator, selfish and ambitious, familiar in his language; his leading motive is to court the favor of Sévère and to avoid infuriating the restive populace.	Corneille traced, in the character of Félix, a true and humorous portrait of the Roman magistrate, and added a note of variety and relief from the sublime and superhuman heroism of the other protagonists.

For the masterful development of the plot, the subtle complexity of the psychology, and the firm vigor of the style, *Polyeucte* stands as Corneille's supreme achievement.	Corneille will write many tragedies after *Polyeucte;* he will change his manner, and try desperately to keep up with the new tastes of a younger public.	But he will never succeed in duplicating this simple and great masterpiece of his thirty-fifth year.

SYNOPSIS OF *POLYEUCTE*

ACT I

sc. i	Exposition. Fears of
sc. ii	Pauline and hesitations of Polyeucte.

NÉARQUE urges POLYEUCTE to undergo the ceremony of baptism, in spite of the fears and entreaties of POLYEUCTE's wife, PAULINE.

sc. iii

PAULINE tells STRATONICE, her confidante, of a dream she had.	She saw SÉVÈRE, a Roman nobleman who once loved her and whom she believed dead, visiting her and bringing about the murder of her husband.

sc. iv	The return of Sévère will precipitate the tragedy.

Her dream proves partly true.	Her father, FÉLIX, announces SÉVÈRE's impending return.

ACT II

sc. i	Polyeucte decides to do his duty as a Christian and to become a martyr. Meanwhile the interest centers on Pauline.

SÉVÈRE prepares for an interview with PAULINE.	To his dismay he hears that she is married.

PAULINE tenderly recalls the memory of her past love for SÉVÈRE; she will now be faithful to the husband her father gave her.

sc. ii Presentation of the characters of Pauline and Sévère.

sc. iii
sc. iv
sc. v
    A public sacrifice is offered in celebration of Sévère's arrival. Polyeucte wants to seize that opportunity to break the pagan idols.

sc. vi Evolution of Polyeucte's character, as measured by this scene, an exact counterpart of Act I, sc. i.
    Polyeucte persuades Néarque to accompany him in a common demonstration of hatred for the Roman gods.

ACT III

sc. i Polyeucte has done what he considered his duty. He
    Pauline expresses her anxieties in a soliloquy.

sc. ii is menaced with death, but does not weaken.
    She receives the news of what happened at the public sacrifice.

sc. iii
    Félix orders Néarque to be put to death at once. Polyeucte must recant or undergo the same punishment.

sc. iv The problem, henceforth, is: will Polyeucte remain un-
sc. v flinching in his determination?
    Polyeucte refuses to recant. Félix visits him and tries to convince him by menace and entreaties.

ACT IV

sc. i Act of suspense. The hero remains firm and unmoved by all prayers.
    Polyeucte hears of Pauline's coming visit. He sends for Sévère.

sc. ii
    In a lyrical monologue, he discards all worldly ties and yearns for death and the bliss of martyrdom.

sc. iii Central scene of the play.
    Polyeucte resists Pauline's passionate remonstrance.

sc. iv
    He entrusts his wife to Sévère, and awaits the punishment which he eagerly desires.

sc. v
    Pauline refuses to marry Sévère, who involuntarily brought about, by his presence, her father's decision to put Polyeucte to death. She appeals to his generosity to save her husband.

176 CORNEILLE

                       obtain POLYEUCTE's pardon from FÉLIX.

ACT V
sc. i   Dénouement.   FÉLIX distrusts SÉVÈRE's effort to save
                       POLYEUCTE.
sc. ii Polyeucte attains his   He endeavors once more to save his son-in-
        goal: martyrdom.   law through a compromise.   POLYEUCTE
                       haughtily refuses.
sc. iii   PAULINE implores her father to forgive her
                       husband.
sc. iv   FÉLIX tries to excuse his harshness in hav-
                       ing condemned his son-in-law.
sc. v   PAULINE suddenly becomes a Christian.
sc. vi After Pauline, Félix   FÉLIX also is converted.   SÉVÈRE promises
        is converted by   to do his best to prevent further persecutions
        the death of Poly- of Christians.
        eucte.

POLYEUCTE

MARTYR

TRAGÉDIE CHRÉTIENNE

ACTEURS [1]

Félix, sénateur romain, gouverneur d'Arménie.
Polyeucte, seigneur arménien, gendre de Félix.
Sévère, chevalier romain, favori de l'empereur Décie.
Néarque, seigneur arménien, ami de Polyeucte.
Pauline, fille de Félix et femme de Polyeucte.
Stratonice, confidente de Pauline.
Albin, confident de Félix.
Fabian, domestique de Sévère.
Cléon, domestique de Félix.
Trois Gardes.

La scène est à Mélitène,[2] capitale d'Arménie, dans le palais de Félix.

[1] In modern French *Personnages*.   [2] **Mélitène,** capital of Armenia Minor, between the Euphrates and the Anti-Taurus Mountains.

ACTE PREMIER

SCÈNE PREMIÈRE

POLYEUCTE, NÉARQUE.

NÉARQUE

Quoi? vous vous arrêtez aux songes d'une femme!
De si faibles sujets troublent cette grande âme!
Et ce cœur tant de fois dans la guerre éprouvé
S'alarme d'un péril qu'une femme a rêvé!

POLYEUCTE

Je sais ce qu'est un songe, et le peu de croyance   5
Qu'un homme doit donner à son extravagance,
Qui d'un amas confus des vapeurs de la nuit
Forme de vains objets que le réveil détruit;
Mais vous ne savez pas ce que c'est qu'une femme:
Vous ignorez quels droits elle a sur toute l'âme,   10
Quand après un long temps qu'elle a su nous charmer,
Les flambeaux de l'hymen viennent de s'allumer.
Pauline, sans raison dans la douleur plongée,
Craint et croit déjà voir ma mort qu'elle a songée;
Elle oppose ses pleurs au dessein que je fais,   15
Et tâche à m'empêcher de sortir du palais.
Je méprise sa crainte, et je cède à ses larmes;
Elle me fait pitié sans me donner d'alarmes;
Et mon cœur, attendri sans être intimidé,
N'ose déplaire aux yeux dont il est possédé.   20
L'occasion, Néarque, est-elle si pressante

SCENE I. The exposition of this play is among the most skillful in French drama. The religious atmosphere, the situation and its potentialities, the psychology of Polyeucte and of his wife are suggested or depicted at once in the opening lines of the play. — The first line (with the scornful phrase "*une femme*," referring to Polyeucte's wife) reminds us that the psychology of Néarque (and even of Polyeucte) is that of the early Christians: woman, for them, is the symbol of temptation and evil. 3. **ce cœur**, *this heart of yours, your heart;* a Latin use of the demonstrative adjective. 14. **songée** (transitive use), *seen in a dream.* 16. **tâche à**, in modern usage *tâche de*.

179

Qu'il faille être insensible aux soupirs d'une amante ?
Par un peu de remise épargnons son ennui,
Pour faire en plein repos ce qu'il trouble aujourd'hui.

NÉARQUE

Avez-vous cependant une pleine assurance   25
D'avoir assez de vie ou de persévérance ?
Et Dieu, qui tient votre âme et vos jours dans sa main,
Promet-il à vos vœux de le pouvoir demain ?
Il est toujours tout juste et tout bon; mais sa grâce
Ne descend pas toujours avec même efficace;   30
Après certains moments que perdent nos longueurs,
Elle quitte ces traits qui pénètrent les cœurs;
Le nôtre s'endurcit, la repousse, l'égare:
Le bras qui la versait en devient plus avare,
Et cette sainte ardeur qui doit porter au bien   35
Tombe plus rarement, ou n'opère plus rien.
Celle qui vous pressait de courir au baptême,
Languissante déjà, cesse d'être la même,
Et pour quelques soupirs qu'on vous a fait ouïr,
Sa flamme se dissipe, et va s'évanouir.   40

POLYEUCTE

Vous me connaissez mal: la même ardeur me brûle,
Et le désir s'accroît quand l'effet se recule.
Ces pleurs, que je regarde avec un œil d'époux,
Me laissent dans le cœur aussi chrétien que vous;
Mais pour en recevoir le sacré caractère,   45
Qui lave nos forfaits dans une eau salutaire,
Et qui purgeant notre âme et dessillant nos yeux,
Nous rend le premier droit que nous avions aux cieux,

---

22. **amante,** which in modern French would mean 'mistress' or 'sweetheart,' had
the more general meaning of 'she who is loved and who loves,' in Corneille's time.
23. **remise.** *delay.* — **ennui,** *anxiety, grief.*   24. **il** = *son ennui.*   30. **efficace,** as a
substantive, for *efficacité.*   Corneille's contemporaries had a keen interest in theology
and in all matters pertaining to grace. A few years before the tragedy of *Polyeucte,*
a bulky Latin treatise, the *Augustinus,* by Jansen, Bishop of Ypres, had sown the
seeds of the quarrel between Jansenists and Jesuits which was to rage throughout
the whole century.   34. **avare,** *sparing.*   42. **l'effet,** *the fulfillment.* — **se recule,**
is delayed by obstacles.   45. **en,** i.e. of baptism.   46. **nos forfaits,** *our crimes* (i.e.
original sin and its consequences).   47. **dessillant** (or *décillant*), *opening.* The eyelids or eyelashes (*cils*) of the falcon were sewed while he was being tamed; then they
were *décillés,* 'cut open.'

Bien que je le préfère aux grandeurs d'un empire,
Comme le bien suprême et le seul où j'aspire,   50
Je crois, pour satisfaire un juste et saint amour,
Pouvoir un peu remettre, et différer d'un jour.

NÉARQUE

Ainsi du genre humain l'ennemi vous abuse:
Ce qu'il ne peut de force, il l'entreprend de ruse.
Jaloux des bons desseins qu'il tâche d'ébranler,   55
Quand il ne les peut rompre, il pousse à reculer;
D'obstacle sur obstacle il va troubler le vôtre,
Aujourd'hui par des pleurs, chaque jour par quelque autre;
Et ce songe rempli de noires visions
N'est que le coup d'essai de ses illusions: 60
Il met tout en usage, et prière, et menace;
Il attaque toujours, et jamais ne se lasse;
Il croit pouvoir enfin ce qu'encore il n'a pu,
Et que ce qu'on diffère est à demi rompu.
    Rompez ses premiers coups; laissez pleurer Pauline.   65
Dieu ne veut point d'un cœur où le monde domine,
Qui regarde en arrière, et douteux en son choix,
Lorsque sa voix l'appelle, écoute une autre voix.

POLYEUCTE

Pour se donner à lui faut-il n'aimer personne ?

NÉARQUE

Nous pouvons tout aimer: il le souffre, il l'ordonne;   70
Mais à vous dire tout, ce seigneur des seigneurs
Veut le premier amour et les premiers honneurs.
Comme rien n'est égal à sa grandeur suprême,
Il faut ne rien aimer qu'après lui, qu'en lui-même,
Négliger, pour lui plaire, et femme, et biens, et rang,   75
Exposer pour sa gloire et verser tout son sang.
Mais que vous êtes loin de cette ardeur parfaite
Qui vous est nécessaire, et que je vous souhaite!
Je ne puis vous parler que les larmes aux yeux.
Polyeucte, aujourd'hui qu'on nous hait en tous lieux,   80

---

53. du genre humain l'ennemi, i.e. Satan.   58. autre (obstacle).   60. le
coup d'essai, *the first attempt.* — illusions, *deceits.*   67. douteux, *hesitating, vacillat-*
ing.   76. Exposer, *Risk.*

Qu'on croit servir l'État quand on nous persécute,
Qu'aux plus âpres tourments un chrétien est en butte,
Comment en pourrez-vous surmonter les douleurs,
Si vous ne pouvez pas résister à des pleurs ?

POLYEUCTE

Vous ne m'étonnez point: la pitié qui me blesse   85
Sied bien aux plus grands cœurs, et n'a point de faiblesse.
Sur mes pareils, Néarque, un bel œil est bien fort:
Tel craint de le fâcher qui ne craint pas la mort;
Et s'il faut affronter les plus cruels supplices,
Y trouver des appas, en faire mes délices,   90
Votre Dieu, que je n'ose encor nommer le mien,
M'en donnera la force en me faisant chrétien.

NÉARQUE

Hâtez-vous donc de l'être.

POLYEUCTE

                              Oui, j'y cours, cher Néarque;
Je brûle d'en porter la glorieuse marque;
Mais Pauline s'afflige, et ne peut consentir,   95
Tant ce songe la trouble ! à me laisser sortir.

NÉARQUE

Votre retour pour elle en aura plus de charmes;
Dans une heure au plus tard vous essuierez ses larmes;
Et l'heur de vous revoir lui semblera plus doux,
Plus elle aura pleuré pour un si cher époux.   100
Allons, on nous attend.

POLYEUCTE

                        Apaisez donc sa crainte,
Et calmez la douleur dont son âme est atteinte.
Elle revient.

NÉARQUE

              Fuyez.

POLYEUCTE

              Je ne puis.

82. **aux ... un chrétien est en butte,** *a Christian is exposed to* ...   85. **me blesse,**
affects me, prompts me.   87. **mes pareils,** *men like me;* cf. *le Cid,* l. 409. — **un bel**
œil ... fort, *beauty has great power;* **un bel œil,** a phrase from the *précieux* vocabulary.

NÉARQUE

Il le faut:
Fuyez un ennemi qui sait votre défaut,
Qui le trouve aisément, qui blesse par la vue,   105
Et dont le coup mortel vous plaît quand il vous tue.

SCÈNE II

POLYEUCTE, NÉARQUE, PAULINE, STRATONICE.

POLYEUCTE

Fuyons, puisqu'il le faut.   Adieu, Pauline; adieu:
Dans une heure au plus tard je reviens en ce lieu.

PAULINE

Quel sujet si pressant à sortir vous convie?
Y va-t-il de l'honneur? y va-t-il de la vie?   110

POLYEUCTE

Il y va de bien plus.

PAULINE

Quel est donc ce secret?

POLYEUCTE

Vous le saurez un jour: je vous quitte à regret;
Mais enfin il le faut.

PAULINE

Vous m'aimez?

POLYEUCTE

Je vous aime,
Le ciel m'en soit témoin, cent fois plus que moi-même;
Mais . . .

104. défaut, *weakness*.   105. par la vue, i.e. by the sight of Pauline's charms, and
especially the *bel œil* mentioned by Polyeucte in l. 87.   107. puisqu'il le faut.   Polyeucte is only half-determined; his tender regard for Pauline appears in his twice repeated "*adieu*."   110. Y va-t-il de l'honneur? *Is your honor at stake?*   113. Vous
m'aimez?   Pauline's straightforward, dominating character appears in this unexpected question.   She is both surprised and vexed to find Polyeucte so independent
and reluctant to obey her.   Hence her sharp ironical exclamation in l. 117.

PAULINE

    Mais mon déplaisir ne vous peut émouvoir !   115
Vous avez des secrets que je ne puis savoir !
Quelle preuve d'amour ! Au nom de l'hyménée,
Donnez à mes soupirs cette seule journée.

POLYEUCTE

  Un songe vous fait peur !

PAULINE

        Ses présages sont vains,
Je le sais; mais enfin je vous aime, et je crains.   120

POLYEUCTE

  Ne craignez rien de mal pour une heure d'absence.
Adieu: vos pleurs sur moi prennent trop de puissance;
Je sens déjà mon cœur prêt à se révolter,
Et ce n'est qu'en fuyant que j'y puis résister.

SCÈNE III

PAULINE, STRATONICE.

PAULINE

  Va, néglige mes pleurs, cours, et te précipite   125
Au-devant de la mort que les Dieux m'ont prédite;
Suis cet agent fatal de tes mauvais destins,
Qui peut-être te livre aux mains des assassins.
  Tu vois, ma Stratonice, en quel siècle nous sommes:
Voilà notre pouvoir sur les esprits des hommes;   130
Voilà ce qui nous reste, et l'ordinaire effet
De l'amour qu'on nous offre, et des vœux qu'on nous fait.
Tant qu'ils ne sont qu'amants, nous sommes souveraines,
Et jusqu'à la conquête ils nous traitent de reines;
Mais après l'hyménée ils sont rois à leur tour.   135

123–24. Such an introspective analysis by the characters is frequent in classical tragedy. Corneille has displayed, in these beginning scenes, the duality of Polyeucte's character and its inner conflict. 125. te précipite would be précipite-toi in modern French. 127. Néarque is the person referred to in these violent terms. 131–35. These lines to us are so commonplace as to be almost humorous; but Pauline pronounces them in a melancholy tone.

STRATONICE

> Polyeucte pour vous ne manque point d'amour;
> S'il ne vous traite ici d'entière confidence,
> S'il part malgré vos pleurs, c'est un trait de prudence;
> Sans vous en affliger, présumez avec moi
> Qu'il est plus à propos qu'il vous cèle pourquoi;   140
> Assurez-vous sur lui qu'il en a juste cause.
> Il est bon qu'un mari nous cache quelque chose,
> Qu'il soit quelquefois libre, et ne s'abaisse pas
> A nous rendre toujours compte de tous ses pas.
> On n'a tous deux qu'un cœur qui sent mêmes traverses;   145
> Mais ce cœur a pourtant ses fonctions diverses,
> Et la loi de l'hymen qui vous tient assemblés
> N'ordonne pas qu'il tremble alors que vous tremblez.
> Ce qui fait vos frayeurs ne peut le mettre en peine:
> Il est Arménien, et vous êtes Romaine,   150
> Et vous pouvez savoir que nos deux nations
> N'ont pas sur ce sujet mêmes impressions:
> Un songe en notre esprit passe pour ridicule,
> Il ne nous laisse espoir, ni crainte, ni scrupule;
> Mais il passe dans Rome avec autorité   155
> Pour fidèle miroir de la fatalité.

PAULINE

> Quelque peu de crédit que chez vous il obtienne,
> Je crois que ta frayeur égalerait la mienne,
> Si de telles horreurs t'avaient frappé l'esprit,
> Si je t'en avais fait seulement le récit.   160

STRATONICE

> A raconter ses maux souvent on les soulage.   S ?

PAULINE

> Écoute; mais il faut te dire davantage,
> Et que pour mieux comprendre un si triste discours,
> Tu saches ma faiblesse et mes autres amours:

137. **d'entière confidence** = *avec une entière confiance.*   141. **Assurez-vous sur lui,** *Rely upon it.*   142–44. Stratonice does not belong to the upper class of society and hence does not share the views of the *précieuses.*   151. Stratonice is an Armenian like Polyeucte.   154. **espoir;** *ni* is omitted before the first term of an enumeration.   161. The transition is too obvious and artificial, but the story of Pauline's former love and of her dream was necessary to the exposition and Corneille had to bring it in.

Une femme d'honneur peut avouer sans honte   165
Ces surprises des sens que la raison surmonte;
Ce n'est qu'en ces assauts qu'éclate la vertu,
Et l'on doute d'un cœur qui n'a point combattu.
   Dans Rome, où je naquis, ce malheureux visage
D'un chevalier romain captiva le courage;   170
Il s'appelait Sévère: excuse les soupirs
Qu'arrache encore un nom trop cher à mes désirs.

STRATONICE

Est-ce lui qui naguère aux dépens de sa vie
Sauva des ennemis votre empereur Décie,
Qui leur tira mourant la victoire des mains,   175
Et fit tourner le sort des Perses aux Romains?
Lui qu'entre tant de morts immolés à son maître,
On ne put rencontrer, ou du moins reconnaître;
A qui Décie enfin, pour des exploits si beaux,
Fit si pompeusement dresser de vains tombeaux?   180

PAULINE

Hélas! c'était lui-même, et jamais notre Rome
N'a produit plus grand cœur, ni vu plus honnête homme.
Puisque tu le connais, je ne t'en dirai rien.
Je l'aimai, Stratonice: il le méritait bien;
Mais que sert le mérite où manque la fortune?   185
L'un était grand en lui, l'autre faible et commune;
Trop invincible obstacle, et dont trop rarement
Triomphe auprès d'un père un vertueux amant!

STRATONICE

La digne occasion d'une rare constance!

PAULINE

Dis plutôt d'une indigne et folle résistance.   190

166. The line is typical of Pauline and of all Corneille's heroes and heroines. They are not *ingénus*, but men and women who can face the facts and are not afraid of love, having absolute confidence in their reason and in their will power.   169. ce, i.e. of mine.   170. courage for *cœur*.   175. leur tira, *snatched away from them*.   178. ou du moins reconnaître.   An important phrase for it vaguely prepares us for Sévère's return.   180. vains, *empty* (a cenotaph, in the etymological meaning of the word, an empty tomb).   182. honnête homme, a fit characterization of Sévère, the ideal gentleman (*honnête homme*) of the 17th century.   184. i.e. She loved him because she first esteemed and admired him.   190. Pauline means that, by remaining obstinately faithful to Sévère, she would have disobeyed her father and thus failed in her duty as a daughter.

Quelque fruit qu'une fille en puisse recueillir,
Ce n'est une vertu que pour qui veut faillir.
   Parmi ce grand amour que j'avais pour Sévère,
J'attendais un époux de la main de mon père,
Toujours prête à le prendre; et jamais ma raison   195
N'avoua de mes yeux l'aimable trahison.
Il possédait mon cœur, mes désirs, ma pensée;
Je ne lui cachais point combien j'étais blessée:
Nous soupirions ensemble, et pleurions nos malheurs;
Mais au lieu d'espérance, il n'avait que des pleurs;   200
Et malgré des soupirs si doux, si favorables,
Mon père et mon devoir étaient inexorables.
Enfin je quittai Rome et ce parfait amant,
Pour suivre ici mon père en son gouvernement;
Et lui, désespéré, s'en alla dans l'armée   205
Chercher d'un beau trépas l'illustre renommée.
Le reste, tu le sais: mon abord en ces lieux
Me fit voir Polyeucte, et je plus à ses yeux;
Et comme il est ici le chef de la noblesse,
Mon père fut ravi qu'il me prît pour maîtresse,   210
Et par son alliance il se crut assuré
D'être plus redoutable et plus considéré:
Il approuva sa flamme, et conclut l'hyménée;
Et moi, comme à son lit je me vis destinée,
Je donnai par devoir à son affection   215
Tout ce que l'autre avait par inclination.
Si tu peux en douter, juge-le par la crainte
Dont en ce triste jour tu me vois l'âme atteinte.

STRATONICE

Elle fait assez voir à quel point vous l'aimez.
Mais quel songe, après tout, tient vos sens alarmés?   220

PAULINE

Je l'ai vu cette nuit, ce malheureux Sévère,

193. **Parmi**, *In the midst of.*   194–95. Pauline's obedience to the wishes of her father, which may seem exaggerated to us, is historically true to the Roman conception of the family.   196. **avoua**, *acknowledged.*   198. **blessée**, *wounded* (by love). 201. **favorables**, i.e. favoring Sévère.   207. **mon abord**, *my arrival.*   208. **je plus à ses yeux** (and not *il me plut*), i.e. he fell in love with me.   210. **maîtresse**, *fiancée.* 211–12. Pauline here gives us information regarding the character of Félix.   214. **à son lit**.   This realistic expression is often used by both Corneille and Racine.

La vengeance à la main, l'œil ardent de colère:
Il n'était point couvert de ces tristes lambeaux
Qu'une ombre désolée emporte des tombeaux;
Il n'était point percé de ces coups pleins de gloire   225
Qui retranchant sa vie, assurent sa mémoire;
Il semblait triomphant, et tel que sur son char
Victorieux dans Rome entre notre César.
Après un peu d'effroi que m'a donné sa vue:
« Porte à qui tu voudras la faveur qui m'est due,   230
Ingrate, m'a-t-il dit; et ce jour expiré,
Pleure à loisir l'époux que tu m'as préféré. »
A ces mots, j'ai frémi, mon âme s'est troublée;
Ensuite des chrétiens une impie assemblée,
Pour avancer l'effet de ce discours fatal,   235
A jeté Polyeucte aux pieds de son rival.
Soudain à son secours j'ai réclamé mon père;
Hélas! c'est de tout point ce qui me désespère,
J'ai vu mon père même, un poignard à la main,
Entrer le bras levé pour lui percer le sein: 240
Là ma douleur trop forte a brouillé ces images;
Le sang de Polyeucte a satisfait leurs rages.
Je ne sais ni comment ni quand ils l'ont tué,
Mais je sais qu'à sa mort tous ont contribué:
Voilà quel est mon songe.

STRATONICE

                  Il est vrai qu'il est triste;   245
Mais il faut que votre âme à ces frayeurs résiste:
La vision, de soi, peut faire quelque horreur,
Mais non pas vous donner une juste terreur.
Pouvez-vous craindre un mort? pouvez-vous craindre un père
Qui chérit votre époux, que votre époux révère,   250
Et dont le juste choix vous a donnée à lui,
Pour s'en faire en ces lieux un ferme et sûr appui?

222. La vengeance, i.e. the tool of revenge, his sword.   223. lambeaux, *burial garb.*   226. retranchant . . . sa mémoire (*retranchant* in the meaning of *tranchant*), i.e. cutting the thread of his life, leave an eternal memory of his glory.   228. notre César, *our Emperor; notre* because she is proud to be Roman.   235. avancer, *promote.*   237. réclamé, *implored.*   238. de tout point, *utterly, completely.*   241. a brouillé, *has confused.*   245. This dream has been criticized as perfunctory and rhetorical.   But it creates an impression of mystery and suspense, and it completes the exposition since, in order to tell her dream to Stratonice, Pauline has to explain her former love for Sévère.   248. juste, *justified, legitimate.*

PAULINE

Il m'en a dit autant, et rit de mes alarmes;
Mais je crains des chrétiens les complots et les charmes,
Et que sur mon époux leur troupeau ramassé   255
Ne venge tant de sang que mon père a versé.

STRATONICE

Leur secte est insensée, impie, et sacrilège,
Et dans son sacrifice use de sortilège;
Mais sa fureur ne va qu'à briser nos autels:
Elle n'en veut qu'aux Dieux, et non pas aux mortels.   260
Quelque sévérité que sur eux on déploie,
Ils souffrent sans murmure, et meurent avec joie;
Et depuis qu'on les traite en criminels d'État,
On ne peut les charger d'aucun assassinat.

PAULINE

Tais-toi, mon père vient.

SCÈNE IV

Félix, Albin, Pauline, Stratonice.

FÉLIX

Ma fille, que ton songe   265
En d'étranges frayeurs ainsi que toi me plonge !
Que j'en crains les effets, qui semblent s'approcher !

PAULINE

Quelle subite alarme ainsi vous peut toucher ?

FÉLIX

Sévère n'est point mort.

PAULINE

Quel mal nous fait sa vie ?

FÉLIX

Il est le favori de l'empereur Décie.   270

_____

253. **Il m'en a dit autant,** *He said as much to me.*   254. **charmes,** *spells, incanta-*
tions.   255. **ramassé,** *assembled.*   269. Pauline quickly recovers her self-control
after the first shock of surprise and replies with an assumed indifference

PAULINE

> Après l'avoir sauvé des mains des ennemis,
> L'espoir d'un si haut rang lui devenait permis;
> Le destin, aux grands cœurs si souvent mal propice,
> Se résout quelquefois à leur faire justice.

FÉLIX

> Il vient ici lui-même.

PAULINE

> Il vient!

FÉLIX

> Tu le vas voir.   275

PAULINE

> C'en est trop; mais comment le pouvez-vous savoir?

FÉLIX

> Albin l'a rencontré dans la proche campagne;
> Un gros de courtisans en foule l'accompagne,
> Et montre assez quel est son rang et son crédit;
> Mais, Albin, redis-lui ce que ses gens t'ont dit. 280

ALBIN

> Vous savez quelle fut cette grande journée,
> Que sa perte pour nous rendit si fortunée,
> Où l'Empereur captif, par sa main dégagé,
> Rassura son parti déjà découragé,
> Tandis que sa vertu succomba sous le nombre; 285
> Vous savez les honneurs qu'on fit faire à son ombre,
> Après qu'entre les morts on ne le put trouver:
> Le roi de Perse aussi l'avait fait enlever.
> Témoin de ses hauts faits et de son grand courage,
> Ce monarque en voulut connaître le visage; 290
> On le mit dans sa tente, où tout percé de coups,
> Tout mort qu'il paraissait, il fit mille jaloux;

---

271. l' refers to the Emperor. 277. proche, *neighboring*. 278. Un gros de, *A troop of*. 280. Here again — and very frequently in Corneille — the transition is artificial. 282. sa perte, *his supposed death*. 285. sa vertu refers to Sévère's courage, while *son parti* (l. 284) referred to the Emperor's party. 286. son ombre, because his body was not found. 288. aussi, *indeed*.

Là bientôt il montra quelque signe de vie:
Ce prince généreux en eut l'âme ravie,
Et sa joie, en dépit de son dernier malheur, 295
Du bras qui le causait honora la valeur;
Il en fit prendre soin, la cure en fut secrète;
Et comme au bout d'un mois sa santé fut parfaite,
Il offrit dignités, alliance, trésors,
Et pour gagner Sévère il fit cent vains efforts. 300
Après avoir comblé ses refus de louange,
Il envoie à Décie en proposer l'échange;
Et soudain l'Empereur, transporté de plaisir,
Offre au Perse son frère et cent chefs à choisir.
Ainsi revint au camp le valeureux Sévère 305
De sa haute vertu recevoir le salaire;
La faveur de Décie en fut le digne prix.
De nouveau l'on combat, et nous sommes surpris.
Ce malheur toutefois sert à croître sa gloire:
Lui seul rétablit l'ordre, et gagne la victoire, 310
Mais si belle, et si pleine, et par tant de beaux faits,
Qu'on nous offre tribut, et nous faisons la paix.
L'Empereur, qui lui montre une amour infinie,
Après ce grand succès l'envoie en Arménie;
Il vient en apporter la nouvelle en ces lieux, 315
Et par un sacrifice en rendre hommage aux Dieux.

FÉLIX

O ciel! en quel état ma fortune est réduite!

ALBIN

Voilà ce que j'ai su d'un homme de sa suite,
Et j'ai couru, Seigneur, pour vous y disposer.

FÉLIX

Ah! sans doute, ma fille, il vient pour t'épouser: 320
L'ordre d'un sacrifice est pour lui peu de chose;
C'est un prétexte faux dont l'amour est la cause.

PAULINE

Cela pourrait bien être: il m'aimait chèrement.

---

299. **alliance,** *marriage.*   309. **croître,** used transitively for *accroître,* ' increase.'
313. **amour** was often feminine in the 17th century.   317. The line is typical of
the selfishness of Félix.   321. **L'ordre,** *The preparation.*

FÉLIX

Que ne permettra-t-il à son ressentiment ?
Et jusques à quel point ne porte sa vengeance   325
Une juste colère avec tant de puissance ?
Il nous perdra, ma fille.

PAULINE   Il est trop généreux.

FÉLIX

Tu veux flatter en vain un père malheureux :
Il nous perdra, ma fille. Ah ! regret qui me tue
De n'avoir pas aimé la vertu toute nue !   330
Ah ! Pauline, en effet, tu m'as trop obéi ;
Ton courage était bon, ton devoir l'a trahi.
Que ta rébellion m'eût été favorable !
Qu'elle m'eût garanti d'un état déplorable !
Si quelque espoir me reste, il n'est plus aujourd'hui   335
Qu'en l'absolu pouvoir qu'il te donnait sur lui ;
Ménage en ma faveur l'amour qui le possède,
Et d'où provient mon mal fais sortir le remède.

PAULINE

Moi, moi ! que je revoie un si puissant vainqueur,
Et m'expose à des yeux qui me percent le cœur !   340
Mon père, je suis femme, et je sais ma faiblesse ;
Je sens déjà mon cœur qui pour lui s'intéresse,
Et poussera sans doute, en dépit de ma foi,
Quelque soupir indigne et de vous et de moi.
Je ne le verrai point.

FÉLIX   Rassure un peu ton âme.   345

PAULINE

Il est toujours aimable, et je suis toujours femme ;
Dans le pouvoir sur moi que ses regards ont eu,

Je n'ose m'assurer de toute ma vertu.
Je ne le verrai point.

FÉLIX

Il faut le voir, ma fille,
Ou tu trahis ton père et toute ta famille. 350

PAULINE

C'est à moi d'obéir, puisque vous commandez;
Mais voyez les périls où vous me hasardez.

FÉLIX

Ta vertu m'est connue.

PAULINE

Elle vaincra sans doute;
Ce n'est pas le succès que mon âme redoute:
Je crains ce dur combat et ces troubles puissants 355
Que fait déjà chez moi la révolte des sens;
Mais puisqu'il faut combattre un ennemi que j'aime,
Souffrez que je me puisse armer contre moi-même,
Et qu'un peu de loisir me prépare à le voir.

FÉLIX

Jusqu'au-devant des murs je vais le recevoir; 360
Rappelle cependant tes forces étonnées,
Et songe qu'en tes mains tu tiens nos destinées.

PAULINE

Oui, je vais de nouveau dompter mes sentiments,
Pour servir de victime à vos commandements.

350. **toute ta famille,** i.e. her husband. 352. **où . . . hasardez** = *auxquels vous m'exposez.* 354. **succès,** *outcome.* 361. *Rally, meanwhile, your dazed senses,* i.e. Recover your self-possession.

ACTE DEUXIÈME

SCÈNE PREMIÈRE

Sévère, Fabian.

SÉVÈRE

> Cependant que Félix donne ordre au sacrifice,   365
> Pourrai-je prendre un temps à mes vœux si propice ?
> Pourrai-je voir Pauline, et rendre à ses beaux yeux
> L'hommage souverain que l'on va rendre aux Dieux ?
> Je ne t'ai point celé que c'est ce qui m'amène,
> Le reste est un prétexte à soulager ma peine;   370
> Je viens sacrifier, mais c'est à ses beautés
> Que je viens immoler toutes mes volontés.

FABIAN

> Vous la verrez, Seigneur.

SÉVÈRE

>   Ah ! quel comble de joie !
> Cette chère beauté consent que je la voie !
> Mais ai-je sur son âme encor quelque pouvoir ?   375
> Quelque reste d'amour s'y fait-il encor voir ?
> Quel trouble, quel transport lui cause ma venue ?
> Puis-je tout espérer de cette heureuse vue ?
> Car je voudrais mourir plutôt que d'abuser
> Des lettres de faveur que j'ai pour l'épouser;   380
> Elles sont pour Félix, non pour triompher d'elle:
> Jamais à ses désirs mon cœur ne fut rebelle;
> Et si mon mauvais sort avait changé le sien,
> Je me vaincrais moi-même, et ne prétendrais rien.

Act II. The exposition has been completed in the first act, through the presentation of the chief characters and Pauline's narrative. The second act is going to be decisive: Pauline will appear with all the complex *nuances* of her personality in a moving interview with Sévère, and Polyeucte's character will undergo a rapid evolution. The baptism of Polyeucte has been taking place in the interval between the two acts.   372. Sévère's language is that of the *parfait amant* and gallant knight dear to the *précieuses*.   380. The Emperor had given Sévère letters of introduction recommending him to Félix.   383. le sien, i.e. her heart.   384. ne prétendrais rien, *would claim nothing.*

FABIAN

Vous la verrez, c'est tout ce que je vous puis dire. 385

SÉVÈRE

D'où vient que tu frémis, et que ton cœur soupire?
Ne m'aime-t-elle plus? éclaircis-moi ce point.

FABIAN

M'en croirez-vous, Seigneur? ne la revoyez point;
Portez en lieu plus haut l'honneur de vos caresses:
Vous trouverez à Rome assez d'autres maîtresses; 390
Et dans ce haut degré de puissance et d'honneur,
Les plus grands y tiendront votre amour à bonheur.

SÉVÈRE

Qu'à des pensers si bas mon âme se ravale!
Que je tienne Pauline à mon sort inégale!
Elle en a mieux usé, je la dois imiter; 395
Je n'aime mon bonheur que pour la mériter.
Voyons-la, Fabian; ton discours m'importune;
Allons mettre à ses pieds cette haute fortune:
Je l'ai dans les combats trouvée heureusement,
En cherchant une mort digne de son amant; 400
Ainsi ce rang est sien, cette faveur est sienne,
Et je n'ai rien enfin que d'elle je ne tienne.

FABIAN

Non, mais encore un coup ne la revoyez point.

SÉVÈRE

Ah! c'en est trop, enfin éclaircis-moi ce point;
As-tu vu des froideurs quand tu l'en as priée? 405

FABIAN

Je tremble à vous le dire; elle est . . .

SÉVÈRE

Quoi?

FABIAN

Mariée.

392. tiendront . . . à bonheur, *will esteem your love a favor.* 394. à mon sort inégale, *as beneath my own rank.* 405. en, i.e. to see me again.

SÉVÈRE

> Soutiens-moi, Fabian; ce coup de foudre est grand,
> Et frappe d'autant plus que plus il me surprend.

FABIAN

> Seigneur, qu'est devenu ce généreux courage ?

SÉVÈRE

> La constance est ici d'un difficile usage: 410
> De pareils déplaisirs accablent un grand cœur;
> La vertu la plus mâle en perd toute vigueur;
> Et quand d'un feu si beau les âmes sont éprises,
> La mort les trouble moins que de telles surprises.
> Je ne suis plus à moi quand j'entends ce discours. 415
> Pauline est mariée !

FABIAN

>   Oui, depuis quinze jours,
> Polyeucte, un seigneur des premiers d'Arménie,
> Goûte de son hymen la douceur infinie.

SÉVÈRE

> Je ne la puis du moins blâmer d'un mauvais choix,
> Polyeucte a du nom, et sort du sang des rois.   420
> Faibles soulagements d'un malheur sans remède !
> Pauline, je verrai qu'un autre vous possède !
>   O ciel, qui malgré moi me renvoyez au jour,
> O sort, qui redonniez l'espoir à mon amour,
> Reprenez la faveur que vous m'avez prêtée,   425
> Et rendez-moi la mort que vous m'avez ôtée.
>   Voyons-la toutefois, et dans ce triste lieu
> Achevons de mourir en lui disant adieu;
> Que mon cœur, chez les morts emportant son image,
> De son dernier soupir puisse lui faire hommage !   430

FABIAN

> Seigneur, considérez . . .

---

410. **d'un difficile usage**, *hard to practise.*   415. **Je ne suis plus à moi,** *I am beside
myself, I lose my self-control.*   420. **du nom**, *both name and fame.*   423. **malgré moi,**
since he had sought to die.   430. Sévère seems very sentimental and too desirous to
die of a broken heart for such a brave warrior. These hyperbolic expressions of gallantry and grief were to the taste of Corneille's audience.

SÉVÈRE

Tout est considéré.

Quel désordre peut craindre un cœur désespéré?
N'y consent-elle pas?

FABIAN

Oui, Seigneur, mais . . .

SÉVÈRE

N'importe.

FABIAN

Cette vive douleur en deviendra plus forte.

SÉVÈRE

Et ce n'est pas un mal que je veuille guérir;   435
Je ne veux que la voir, soupirer, et mourir.

FABIAN

Vous vous échapperez sans doute en sa présence:
Un amant qui perd tout n'a plus de complaisance;
Dans un tel entretien il suit sa passion,
Et ne pousse qu'injure et qu'imprécation.   440

SÉVÈRE

Juge autrement de moi: mon respect dure encore;
Tout violent qu'il est, mon désespoir l'adore.
Quels reproches aussi peuvent m'être permis?
De quoi puis-je accuser qui ne m'a rien promis?
Elle n'est point parjure, elle n'est point légère: 445
Son devoir m'a trahi, mon malheur, et son père.
Mais son devoir fut juste, et son père eut raison:
J'impute à mon malheur toute la trahison;
Un peu moins de fortune, et plus tôt arrivée,
Eût gagné l'un par l'autre, et me l'eût conservée;   450
Trop heureux, mais trop tard, je n'ai pu l'acquérir:
Laisse-la-moi donc voir, soupirer, et mourir.

---

436. Sévère becomes almost lyrical or elegiac in his yearning after death. Here again Corneille is following the fashions of his time.   437. **Vous vous échapperez,** *You will lose control of yourself.*   444. **qui,** *one who.*   446. **Son devoir** = *Sa fidélité au devoir.*   450. **l'un par l'autre,** i.e. Félix through Pauline.   451. **Trop heureux . . . tard,** i.e. Fortune came to me, but too late.

FABIAN

Oui, je vais l'assurer qu'en ce malheur extrême
Vous êtes assez fort pour vous vaincre vous-même.
Elle a craint comme moi ces premiers mouvements   455
Qu'une perte imprévue arrache aux vrais amants,
Et dont la violence excite assez de trouble,
Sans que l'objet présent l'irrite et le redouble.

SÉVÈRE

Fabian, je la vois.

FABIAN

Seigneur, souvenez-vous . . .

SÉVÈRE

Hélas! elle aime un autre, un autre est son époux.   460

——————

SCÈNE II

SÉVÈRE, PAULINE, STRATONICE, FABIAN.

PAULINE

Oui, je l'aime, Seigneur, et n'en fais point d'excuse;
Que tout autre que moi vous flatte et vous abuse,
Pauline a l'âme noble, et parle à cœur ouvert:
Le bruit de votre mort n'est point ce qui vous perd.
Si le ciel en mon choix eût mis mon hyménée,   465
A vos seules vertus je me serais donnée,
Et toute la rigueur de votre premier sort
Contre votre mérite eût fait un vain effort.
Je découvrais en vous d'assez illustres marques
Pour vous préférer même aux plus heureux monarques;   470
Mais puisque mon devoir m'imposait d'autres lois,

458. l'objet présent, *the presence of the loved one.*
SCENE II. This scene is among the most beautiful in Corneille. The struggle in the heart of Pauline between love and duty, between sensibility and reason, and the courage and direct sincerity of her speeches, make her character one of the most original and one of the most subtly delineated in any drama.   461. The brutal affirmation shows that Pauline does not feel very sure of her will power and wants to assert it forcibly with the first words she pronounces.   464. bruit, *rumor.*

De quelque amant pour moi que mon père eût fait choix,
Quand à ce grand pouvoir que la valeur vous donne
Vous auriez ajouté l'éclat d'une couronne,
Quand je vous aurais vu, quand je l'aurais haï,   475
J'en aurais soupiré, mais j'aurais obéi,
Et sur mes passions ma raison souveraine
Eût blâmé mes soupirs et dissipé ma haine.

SÉVÈRE

Que vous êtes heureuse, et qu'un peu de soupirs
Fait un aisé remède à tous vos déplaisirs !   480
Ainsi de vos désirs toujours reine absolue,
Les plus grands changements vous trouvent résolue;
De la plus forte ardeur vous portez vos esprits
Jusqu'à l'indifférence et peut-être au mépris;
Et votre fermeté fait succéder sans peine   485
La faveur au dédain, et l'amour à la haine.
    Qu'un peu de votre humeur ou de votre vertu
Soulagerait les maux de ce cœur abattu !
Un soupir, une larme à regret épandue
M'aurait déjà guéri de vous avoir perdue;   490
Ma raison pourrait tout sur l'amour affaibli,
Et de l'indifférence irait jusqu'à l'oubli;
Et mon feu désormais se réglant sur le vôtre,
Je me tiendrais heureux entre les bras d'une autre.
    O trop aimable objet, qui m'avez trop charmé,   495
Est-ce là comme on aime, et m'avez-vous aimé ?

PAULINE

Je vous l'ai trop fait voir, Seigneur; et si mon âme
Pouvait bien étouffer les restes de sa flamme,
Dieux, que j'éviterais de rigoureux tourments !

---

473. **Quand,** *Even if.*   477. **sur mes passions . . . souveraine,** . . . *ruling over my passions.* Lines 477–78 are typical of Corneille's heroic characters.   479. Pauline had exaggerated the power of her reason and of her will; she had concealed the more tender side of her character. Sévère also conceals his grief under sarcastic irony. 481–82. Construe: *Ainsi, les plus grands changements vous trouvent résolue et toujours mattresse absolue de vos désirs.*   483. **vos esprits,** *your feelings.*   487. **vertu,** *will power, courageous self-control.*   491. **pourrait tout,** *would have full sway.*   493. **se réglant sur le vôtre,** *taking yours for a model.*   496. Sévère, after making use of ironical questions, now doubts the sincerity of Pauline's former love. Pauline, stung to the quick, will answer more tenderly.   497. Note how the cæsuras in this line suggest Pauline's sighs.

Ma raison, il est vrai, dompte mes sentiments;   500
Mais quelque autorité que sur eux elle ait prise,
Elle n'y règne pas, elle les tyrannise;
Et quoique le dehors soit sans émotion,
Le dedans n'est que trouble et que sédition.
Un je ne sais quel charme encor vers vous m'emporte;   505
Votre mérite est grand, si ma raison est forte:
Je le vois encor tel qu'il alluma mes feux,
D'autant plus puissamment solliciter mes vœux,
Qu'il est environné de puissance et de gloire,
Qu'en tous lieux après vous il traîne la victoire,   510
Que j'en sais mieux le prix, et qu'il n'a point déçu
Le généreux espoir que j'en avais conçu.
Mais ce même devoir qui le vainquit dans Rome,
Et qui me range ici dessous les lois d'un homme,
Repousse encor si bien l'effort de tant d'appas,   515
Qu'il déchire mon âme et ne l'ébranle pas.
C'est cette vertu même, à nos désirs cruelle,
Que vous louiez alors en blasphémant contre elle:
Plaignez-vous-en encor; mais louez sa rigueur,
Qui triomphe à la fois de vous et de mon cœur;   520
Et voyez qu'un devoir moins ferme et moins sincère
N'aurait pas mérité l'amour du grand Sévère.

SÉVÈRE

Ah! Madame, excusez une aveugle douleur,
Qui ne connaît plus rien que l'excès du malheur:
Je nommais inconstance, et prenais pour un crime   525
De ce juste devoir l'effort le plus sublime.
De grâce, montrez moins à mes sens désolés
La grandeur de ma perte et ce que vous valez;
Et cachant par pitié cette vertu si rare,
Qui redouble mes feux lorsqu'elle nous sépare,   530
Faites voir des défauts qui puissent à leur tour
Affaiblir ma douleur avecque mon amour.

---

505. A musical, idyllic line, typical of Pauline's fine sincerity. She is not afraid of confessing her feelings, of remembering the past and Sévère's qualities. **511. déçu,** *disappointed.* 513. le refers to *mérite.* 514. She refers to her husband as "*un homme.*" 521. **voyez,** *consider.* 521–22. Cf. *le Cid,* ll. 887–88. 527. **mes sens désolés,** *my disconsolate self.* 532. **avecque,** now obsolete, was then used along with *avec.*

PAULINE

Hélas ! cette vertu, quoique enfin invincible,
Ne laisse que trop voir une âme trop sensible.
Ces pleurs en sont témoins, et ces lâches soupirs   535
Qu'arrachent de nos feux les cruels souvenirs :
Trop rigoureux effets d'une aimable présence
Contre qui mon devoir a trop peu de défense !
Mais si vous estimez ce vertueux devoir,
Conservez-m'en la gloire, et cessez de me voir.   540
Épargnez-moi des pleurs qui coulent à ma honte ;
Épargnez-moi des feux qu'à regret je surmonte ;
Enfin épargnez-moi ces tristes entretiens,
Qui ne font qu'irriter vos tourments et les miens.

SÉVÈRE

Que je me prive ainsi du seul bien qui me reste !   545

PAULINE

Sauvez-vous d'une vue à tous les deux funeste.

SÉVÈRE

Quel prix de mon amour ! quel fruit de mes travaux !

PAULINE

C'est le remède seul qui peut guérir nos maux.

SÉVÈRE

Je veux mourir des miens : aimez-en la mémoire.

PAULINE

Je veux guérir des miens : ils souilleraient ma gloire.   550

SÉVÈRE

Ah ! puisque votre gloire en prononce l'arrêt,
Il faut que ma douleur cède à son intérêt.
Est-il rien que sur moi cette gloire n'obtienne ?
Elle me rend les soins que je dois à la mienne.
Adieu : je vais chercher au milieu des combats   555

---

534. sensible, *sensitive.*   537. aimable présence = *présence d'un être aimé.*
538. qui = *laquelle.*   542. The metaphor (*des feux que je surmonte*), as often the case
in Corneille, is neither concrete nor coherent.   547. prix, *reward.*   548. le remède
seul, *the only remedy.*   553. Est-il = *Y a-t-il.*

Cette immortalité que donne un beau trépas,
Et remplir dignement, par une mort pompeuse,
De mes premiers exploits l'attente avantageuse,
Si toutefois, après ce coup mortel du sort,
J'ai de la vie assez pour chercher une mort.   560

PAULINE

Et moi, dont votre vue augmente le supplice,
Je l'éviterai même en votre sacrifice;
Et seule dans ma chambre enfermant mes regrets,
Je vais pour vous aux Dieux faire des vœux secrets.

SÉVÈRE

Puisse le juste ciel, content de ma ruine,   565
Combler d'heur et de jours Polyeucte et Pauline!

PAULINE

Puisse trouver Sévère, après tant de malheur,
Une félicité digne de sa valeur!

SÉVÈRE

Il la trouvait en vous.

PAULINE

                    Je dépendais d'un père.

SÉVÈRE

O devoir qui me perd et qui me désespère!   570
Adieu, trop vertueux objet, et trop charmant.

PAULINE

Adieu, trop malheureux et trop parfait amant.

557–58. *And worthily fulfill, by an illustrious death, the high expectations raised by my first exploits.*   560. **de la vie assez,** *enough life.* Sévère's language is that of the heroic cavalier of the times, fond of subtle conceits.   561. Construe: *dont le supplice est augmenté par votre vue.*   562. **Je l'éviterai,** i.e. *votre vue* (by not attending the ceremony of the sacrifice you are about to offer).   565. **content de,** *satisfied with.*   567. **Puisse trouver Sévère** = *Puisse Sévère trouver.*

SCÈNE III

PAULINE, STRATONICE.

STRATONICE

Je vous ai plaints tous deux, j'en verse encor des larmes:
Mais du moins votre esprit est hors de ses alarmes:
Vous voyez clairement que votre songe est vain;   575
Sévère ne vient pas la vengeance à la main.

PAULINE

Laisse-moi respirer du moins, si tu m'as plainte:
Au fort de ma douleur tu rappelles ma crainte;
Souffre un peu de relâche à mes esprits troublés,
Et ne m'accable point par des maux redoublés.   580

STRATONICE

Quoi? vous craignez encor!

PAULINE

                         Je tremble, Stratonice;
Et bien que je m'effraye avec peu de justice,
Cette injuste frayeur sans cesse reproduit
L'image des malheurs que j'ai vus cette nuit.

STRATONICE

Sévère est généreux.

PAULINE

                    Malgré sa retenue,   585
Polyeucte sanglant frappe toujours ma vue.

STRATONICE

Vous voyez ce rival faire des vœux pour lui.

PAULINE

Je crois même au besoin qu'il serait son appui;
Mais soit cette croyance ou fausse ou véritable,
Son séjour en ce lieu m'est toujours redoutable;   590
A quoi que sa vertu puisse le disposer,
Il est puissant, il m'aime, et vient pour m'épouser.

578. **tu rappelles**, *you recall, you awaken.*   589. **soit cette croyance** = *que cette croyance soit.*

SCÈNE IV

POLYEUCTE, NÉARQUE, PAULINE, STRATONICE.

POLYEUCTE

> C'est trop verser de pleurs: il est temps qu'ils tarissent,
> Que votre douleur cesse, et vos craintes finissent;
> Malgré les faux avis par vos Dieux envoyés,　　　　　595
> Je suis vivant, Madame, et vous me revoyez.

PAULINE

> Le jour est encor long, et ce qui plus m'effraie,
> La moitié de l'avis se trouve déjà vraie:
> J'ai cru Sévère mort, et je le vois ici.

POLYEUCTE

> Je le sais; mais enfin j'en prends peu de souci.　　　　600
> Je suis dans Mélitène, et quel que soit Sévère,
> Votre père y commande, et l'on m'y considère;
> Et je ne pense pas qu'on puisse avec raison
> D'un cœur tel que le sien craindre une trahison.
> On m'avait assuré qu'il vous faisait visite,　　　　605
> Et je venais lui rendre un honneur qu'il mérite.

PAULINE

> Il vient de me quitter assez triste et confus;
> Mais j'ai gagné sur lui qu'il ne me verra plus.

POLYEUCTE

> Quoi! vous me soupçonnez déjà de quelque ombrage?

PAULINE

> Je ferais à tous trois un trop sensible outrage.　　　　610
> J'assure mon repos, que troublent ses regards.

SCENE IV. The last scenes in the second act center our attention on Polyeucte. Until now the hero of the tragedy has been left in the background and Pauline or Sévère has attracted our sympathy. The evolution which is going to turn Polyeucte into a hero and a martyr is all the more striking. It will be marked in the last scene of the second act, which will determine the action of the tragedy. 595. Polyeucte sharply marks the difference in religion between his wife and himself by the words *faux* and *vos Dieux*. 608. j'ai gagné sur lui, *I obtained from him the promise* (not without struggle). 611. Pauline conceals nothing from her husband.

La vertu la plus ferme évite les hasards:
Qui s'expose au péril veut bien trouver sa perte;
Et pour vous en parler avec une âme ouverte,
Depuis qu'un vrai mérite a pu nous enflammer,   615
Sa présence toujours a droit de nous charmer.
Outre qu'on doit rougir de s'en laisser surprendre,
On souffre à résister, on souffre à s'en défendre;
Et bien que la vertu triomphe de ces feux,
La victoire est pénible, et le combat honteux.   620

POLYEUCTE

O vertu trop parfaite, et devoir trop sincère,
Que vous devez coûter de regrets à Sévère!
Qu'aux dépens d'un beau feu vous me rendez heureux,
Et que vous êtes doux à mon cœur amoureux!
Plus je vois mes défauts et plus je vous contemple,   625
Plus j'admire . . .

SCÈNE V

POLYEUCTE, PAULINE, NÉARQUE, STRATONICE, CLÉON.

CLÉON

             Seigneur, Félix vous mande au temple:
La victime est choisie, et le peuple à genoux,
Et pour sacrifier on n'attend plus que vous.

POLYEUCTE

Va, nous allons te suivre.   Y venez-vous, Madame?

PAULINE

Sévère craint ma vue, elle irrite sa flamme: 630
Je lui tiendrai parole, et ne veux plus le voir.
Adieu: vous l'y verrez; pensez à son pouvoir,
Et ressouvenez-vous que sa valeur est grande.

POLYEUCTE

Allez, tout son crédit n'a rien que j'appréhende;
Et comme je connais sa générosité,   635
Nous ne nous combattrons que de civilité.

612. **les hasards,** *perils, risks.*

SCÈNE VI

POLYEUCTE, NÉARQUE.

NÉARQUE

Où pensez-vous aller ?

POLYEUCTE

Au temple, où l'on m'appelle.

NÉARQUE

Quoi ? vous mêler aux vœux d'une troupe infidèle !
Oubliez-vous déjà que vous êtes chrétien ?

POLYEUCTE

Vous par qui je le suis, vous en souvient-il bien ?   640

NÉARQUE

J'abhorre les faux Dieux.

POLYEUCTE

Et moi, je les déteste.

NÉARQUE

Je tiens leur culte impie.

POLYEUCTE

Et je le tiens funeste.

NÉARQUE

Fuyez donc leurs autels.

POLYEUCTE

Je les veux renverser,
Et mourir dans leur temple, ou les y terrasser.
Allons, mon cher Néarque, allons aux yeux des hommes   645
Braver l'idolâtrie, et montrer qui nous sommes:

SCENE VI. This scene, typically Cornelian with its symmetrical, broken replies,
is the counterpart of the first scene of the play. The audience can thus realize how
Polyeucte has already changed.

641. **déteste,** *abominate.*   642. **Je tiens ... impie,** in modern French *Je tiens ...*
pour impie.

C'est l'attente du ciel, il nous la faut remplir;
Je viens de le promettre, et je vais l'accomplir.
Je rends grâces au Dieu que tu m'as fait connaître
De cette occasion qu'il a sitôt fait naître,   650
Où déjà sa bonté, prête à me couronner,
Daigne éprouver la foi qu'il vient de me donner.

NÉARQUE

Ce zèle est trop ardent, souffrez qu'il se modère.

POLYEUCTE

On n'en peut avoir trop pour le Dieu qu'on révère.

NÉARQUE

Vous trouverez la mort.

POLYEUCTE

                                    Je la cherche pour lui.   655

NÉARQUE

Et si ce cœur s'ébranle ?

POLYEUCTE

                                    Il sera mon appui.

NÉARQUE

Il ne commande point que l'on s'y précipite.

POLYEUCTE

Plus elle est volontaire, et plus elle mérite.

NÉARQUE

Il suffit, sans chercher, d'attendre et de souffrir.

POLYEUCTE

On souffre avec regret quand on n'ose s'offrir.   660

NÉARQUE

Mais dans ce temple enfin la mort est assurée.

648. **Je viens de le promettre,** i.e. at the time of his baptism. Polyeucte's baptism
has had a symbolical value; the grace of God has fallen upon him; he wants to fight
for his God with all the sudden and passionate ardor of a neophyte.   649. **tu** succeeds the *vous* of l. 640.   656. **s'ébranle,** *weakens.* — **Il,** i.e. God.   658. **elle**
mérite = *elle est méritoire.*

POLYEUCTE

Mais dans le ciel déjà la palme est préparée.

NÉARQUE

Par une sainte vie il faut la mériter.

POLYEUCTE

Mes crimes, en vivant, me la pourraient ôter.
Pourquoi mettre au hasard ce que la mort assure? 665
Quand elle ouvre le ciel, peut-elle sembler dure?
Je suis chrétien, Néarque, et le suis tout à fait;
La foi que j'ai reçue aspire à son effet.
Qui fuit croit lâchement, et n'a qu'une foi morte.

NÉARQUE

Ménagez votre vie, à Dieu même elle importe: 670
Vivez pour protéger les chrétiens en ces lieux.

POLYEUCTE

L'exemple de ma mort les fortifiera mieux.

NÉARQUE

Vous voulez donc mourir?

POLYEUCTE

Vous aimez donc à vivre?

NÉARQUE

Je ne puis déguiser que j'ai peine à vous suivre:
Sous l'horreur des tourments je crains de succomber. 675

POLYEUCTE

Qui marche assurément n'a point peur de tomber:
Dieu fait part, au besoin, de sa force infinie.
Qui craint de le nier, dans son âme le nie:
Il croit le pouvoir faire, et doute de sa foi.

NÉARQUE

Qui n'appréhende rien présume trop de soi. 680

---

664. en vivant, *if I continued to live.*   665. mettre au hasard (= *hasarder*), *risk.*
675. tourments, *torture.*   676. assurément, *with assurance, with confidence.*   677. fait
part . . . de, *imparts, bestows.*

POLYEUCTE

> J'attends tout de sa grâce, et rien de ma faiblesse.
> Mais loin de me presser, il faut que je vous presse !
> D'où vient cette froideur ?

NÉARQUE

> > Dieu même a craint la mort.

POLYEUCTE

> Il s'est offert pourtant: suivons ce saint effort;
> Dressons-lui des autels sur des monceaux d'idoles.   685
> Il faut (je me souviens encor de vos paroles)
> Négliger, pour lui plaire, et femme, et biens, et rang,
> Exposer pour sa gloire et verser tout son sang.
> Hélas ! qu'avez-vous fait de cette amour parfaite
> Que vous me souhaitiez, et que je vous souhaite ?   690
> S'il vous en reste encor, n'êtes-vous point jaloux
> Qu'à grand'peine chrétien, j'en montre plus que vous ?

NÉARQUE

> Vous sortez du baptême, et ce qui vous anime,
> C'est sa grâce qu'en vous n'affaiblit aucun crime;
> Comme encor tout entière, elle agit pleinement,   695
> Et tout semble possible à son feu véhément;
> Mais cette même grâce, en moi diminuée,
> Et par mille péchés sans cesse exténuée,
> Agit aux grands effets avec tant de langueur,
> Que tout semble impossible à son peu de vigueur   700
> Cette indigne mollesse et ces lâches défenses
> Sont des punitions qu'attirent mes offenses;
> Mais Dieu, dont on ne doit jamais se défier,
> Me donne votre exemple à me fortifier !
> > Allons, cher Polyeucte, allons aux yeux des hommes   705
> Braver l'idolâtrie, et montrer qui nous sommes;
> Puissé-je vous donner l'exemple de souffrir,
> Comme vous me donnez celui de vous offrir !

---

681. Does Tartuffe (ll. 955–56) parody this line?   682. **loin de me presser** = *loin que vous me pressiez.*   683. **Dieu même ... la mort**; an allusion to the sorrowful prayer of Christ, on the eve of His death, in the Garden of Olives.   695. **Comme encor tout entière,** *Being still entire and all-powerful.*   698. **exténuée,** *weakened.* 699. **aux grands effets,** *when great manifestations are required.*   701. **défenses,** *pretexts.*

POLYEUCTE

> A cet heureux transport que le ciel vous envoie,
> Je reconnais Néarque, et j'en pleure de joie. 710
>   Ne perdons plus de temps: le sacrifice est prêt;
> Allons-y du vrai Dieu soutenir l'intérêt;
> Allons fouler aux pieds ce foudre ridicule
> Dont arme un bois pourri ce peuple trop crédule;
> Allons en éclairer l'aveuglement fatal; 715
> Allons briser ces Dieux de pierre et de métal:
> Abandonnons nos jours à cette ardeur céleste;
> Faisons triompher Dieu: qu'il dispose du reste!

NÉARQUE

> Allons faire éclater sa gloire aux yeux de tous,
> Et répondre avec zèle à ce qu'il veut de nous. 720

ACTE TROISIÈME

SCÈNE PREMIÈRE

PAULINE.

> Que de soucis flottants, que de confus nuages
> Présentent à mes yeux d'inconstantes images!
> Douce tranquillité, que je n'ose espérer,
> Que ton divin rayon tarde à les éclairer!
> Mille agitations, que mes troubles produisent, 725
> Dans mon cœur ébranlé tour à tour se détruisent:

712. l'intérêt, *the cause.* 713. ce foudre, i.e. the thunder of Zeus or Jupiter. 714. The construction is inverted, i.e. *Dont ce peuple trop crédule arme un bois pourri* (bois pourri = *idol of crumbling wood*). 715. en refers to *peuple* in l. 714. 720. The fanaticism of these two Christian martyrs displeased and shocked 17th century audiences. They thought Polyeucte wildly unreasonable and forgetful of good manners. But, historically, and if we remember the psychology of the early Christians, Corneille was right rather than his critics, who would have liked to find an *honnête homme* in Polyeucte. SCENE I. This monologue is undoubtedly too long and rhetorical. It is a device to allow time for the sacrifice to take place and, perhaps, for the spectators to return after the intermission. 721. *What undefined anxieties, what cloudy confusion.* 726. ébranlé, *dismayed.*

Aucun espoir n'y coule où j'ose persister;
Aucun effroi n'y règne où j'ose m'arrêter.
Mon esprit, embrassant tout ce qu'il s'imagine,
Voit tantôt mon bonheur, et tantôt ma ruine,   730
Et suit leur vaine idée avec si peu d'effet,
Qu'il ne peut espérer ni craindre tout à fait.
Sévère incessamment brouille ma fantaisie:
J'espère en sa vertu; je crains sa jalousie;
Et je n'ose penser que d'un œil bien égal   735
Polyeucte en ces lieux puisse voir son rival.
Comme entre deux rivaux la haine est naturelle,
L'entrevue aisément se termine en querelle:
L'un voit aux mains d'autrui ce qu'il croit mériter,
L'autre un désespéré qui peut trop attenter.   740
Quelque haute raison qui règle leur courage,
L'un conçoit de l'envie, et l'autre de l'ombrage;
La honte d'un affront, que chacun d'eux croit voir
Ou de nouveau reçue, ou prête à recevoir,
Consumant dès l'abord toute leur patience,   745
Forme de la colère et de la défiance,
Et saisissant ensemble et l'époux et l'amant,
En dépit d'eux les livre à leur ressentiment.
Mais que je me figure une étrange chimère,
Et que je traite mal Polyeucte et Sévère!   750
Comme si la vertu de ces fameux rivaux
Ne pouvait s'affranchir de ces communs défauts!
Leurs âmes à tous deux d'elles-mêmes maîtresses
Sont d'un ordre trop haut pour de telles bassesses.
Ils se verront au temple en hommes généreux;   755
Mais las! ils se verront, et c'est beaucoup pour eux.
Que sert à mon époux d'être dans Mélitène,
Si contre lui Sévère arme l'aigle romaine,
Si mon père y commande, et craint ce favori,
Et se repent déjà du choix de mon mari?   760
Si peu que j'ai d'espoir ne luit qu'avec contrainte;
En naissant il avorte, et fait place à la crainte;

---

731. idée, in the etymological Greek meaning of 'image.'   733. brouille ma
fantaisie, *confuses my imagination.*   735. égal, *indifferent.*   740. L'autre (voit) un
désespéré.   744. prête à recevoir (= *prête à être reçue*), *about to be received.*
756. las, obsolete form of *hélas.*   761. Si peu que j'ai d'espoir, *The little hope I have.*
762. En naissant il avorte, *It dies at birth.*

Ce qui doit l'affermir sert à le dissiper.
Dieux! faites que ma peur puisse enfin se tromper!

SCÈNE II

PAULINE, STRATONICE.

PAULINE

Mais sachons-en l'issue. Eh bien! ma Stratonice,   765
Comment s'est terminé ce pompeux sacrifice?
Ces rivaux généreux au temple se sont vus?

STRATONICE

Ah! Pauline!

PAULINE

               Mes vœux ont-ils été déçus?
J'en vois sur ton visage une mauvaise marque.
Se sont-ils querellés?

STRATONICE

                  Polyeucte, Néarque,   770
Les chrétiens . . .

PAULINE

            Parle donc: les chrétiens . . .

STRATONICE

                         Je ne puis.

PAULINE

Tu prépares mon âme à d'étranges ennuis.

STRATONICE

Vous n'en sauriez avoir une plus juste cause.

PAULINE

L'ont-ils assassiné?

---

764. This soliloquy suffers from the usual fault of Corneille in similar cases: it is
too cold and rhetorical. Pauline here appears overinclined to reason and argue.
772. ennuis, *torments*.

STRATONICE

Ce serait peu de chose.
Tout votre songe est vrai, Polyeucte n'est plus . . .   775

PAULINE

Il est mort !

STRATONICE

Non, il vit ; mais, ô pleurs superflus !
Ce courage si grand, cette âme si divine,
N'est plus digne du jour, ni digne de Pauline.
Ce n'est plus cet époux si charmant à vos yeux ;
C'est l'ennemi commun de l'État et des Dieux,   780
Un méchant, un infâme, un rebelle, un perfide,
Un traître, un scélérat, un lâche, un parricide,
Une peste exécrable à tous les gens de bien.
Un sacrilège impie : en un mot, un chrétien.

PAULINE

Ce mot aurait suffi sans ce torrent d'injures.   785

STRATONICE

Ces titres aux chrétiens sont-ce des impostures ?

PAULINE

Il est ce que tu dis, s'il embrasse leur foi ;
Mais il est mon époux, et tu parles à moi.

STRATONICE

Ne considérez plus que le Dieu qu'il adore.

PAULINE

Je l'aimai par devoir : ce devoir dure encore.   790

STRATONICE

Il vous donne à présent sujet de le haïr :
Qui trahit tous nos Dieux aurait pu vous trahir.

782. un parricide, i.e. guilty of a crime against his country and the religion of his ancestors.   788. tu parles à moi, commonly used in the 17th century for *tu me parles* or *c'est à moi que tu parles.*   791. sujet, *good cause.*

PAULINE

    Je l'aimerais encor, quand il m'aurait trahie;
    Et si de tant d'amour tu peux être ébahie,
    Apprends que mon devoir ne dépend point du sien: 795
    Qu'il y manque, s'il veut; je dois faire le mien.
    Quoi ? s'il aimait ailleurs, serais-je dispensée
    A suivre, à son exemple, une ardeur insensée ?
    Quelque chrétien qu'il soit, je n'en ai point d'horreur;
    Je chéris sa personne, et je hais son erreur.   800
    Mais quel ressentiment en témoigne mon père ?

STRATONICE

    Une secrète rage, un excès de colère,
    Malgré qui toutefois un reste d'amitié
    Montre pour Polyeucte encor quelque pitié.
    Il ne veut point sur lui faire agir sa justice,   805
    Que du traître Néarque il n'ait vu le supplice.

PAULINE

    Quoi ? Néarque en est donc ?

STRATONICE

                    Néarque l'a séduit:
    De leur vieille amitié c'est là l'indigne fruit.
    Ce perfide tantôt, en dépit de lui-même,
    L'arrachant de vos bras, le traînait au baptême.   810
    Voilà ce grand secret et si mystérieux
    Que n'en pouvait tirer votre amour curieux.

PAULINE

    Tu me blâmais alors d'être trop importune.

STRATONICE

    Je ne prévoyais pas une telle infortune.

PAULINE

    Avant qu'abandonner mon âme à mes douleurs,   815
    Il me faut essayer la force de mes pleurs:

---

  794. **ébahie,** *astonished.* The word is now used in more colloquial context.
797. **aimait ailleurs,** *loved somebody else.* — **dispensée,** *authorized.*   799. **en,** *of him.*
En is no longer used for persons.   801. **ressentiment,** *feeling;* not so strong as 'resentment.'   803. **qui** for *lesquels.*   806. **Que** = *Avant que.* — il refers to Polyeucte;
cf. l. 878.   809. **tantôt,** *a little while ago.*   812. **en** = *de lui.*   815. **Avant que** (or
avant que de), in modern usage *avant de.*

En qualité de femme ou de fille, j'espère
Qu'ils vaincront un époux, ou fléchiront un père.
Que si sur l'un et l'autre ils manquent de pouvoir,
Je ne prendrai conseil que de mon désespoir.   820
Apprends-moi cependant ce qu'ils ont fait au temple.

STRATONICE

C'est une impiété qui n'eut jamais d'exemple;
Je ne puis y penser sans frémir à l'instant,
Et crains de faire un crime en vous la racontant.
Apprenez en deux mots leur brutale insolence.   825
    Le prêtre avait à peine obtenu du silence,
Et devers l'orient assuré son aspect,
Qu'ils ont fait éclater leur manque de respect.
A chaque occasion de la cérémonie,
A l'envi l'un et l'autre étalait sa manie,   830
Des mystères sacrés hautement se moquait,
Et traitait de mépris les Dieux qu'on invoquait.
Tout le peuple en murmure, et Félix s'en offense;
Mais tous deux s'emportant à plus d'irrévérence:
« Quoi? lui dit Polyeucte en élevant sa voix,   835
Adorez-vous des Dieux ou de pierre ou de bois? »
Ici dispensez-moi du récit des blasphèmes
Qu'ils ont vomis tous deux contre Jupiter mêmes.
L'adultère et l'inceste en étaient les plus doux.
« Oyez, dit-il ensuite, oyez, peuple, oyez tous,   840
Le Dieu de Polyeucte et celui de Néarque
De la terre et du ciel est l'absolu monarque,
Seul être indépendant, seul maître du destin,
Seul principe éternel, et souveraine fin.
C'est ce Dieu des chrétiens qu'il faut qu'on remercie   845
Des victoires qu'il donne à l'empereur Décie;
Lui seul tient en sa main le succès des combats;
Il le veut élever, il le peut mettre à bas;
Sa bonté, son pouvoir, sa justice est immense;
C'est lui seul qui punit, lui seul qui récompense.   850
Vous adorez en vain des monstres impuissants.»

---

827. **devers** (archaic), *towards*. — **aspect**, *eyes*.   830. **manie**, in the etymological meaning of 'madness.'   832. **de** = *avec*.   838. **mêmes** was then spelled with an *s* to distinguish it from *même* (adj.).   840. **Oyez**, obsolete form for second person plural, present indicative of *ouïr*. It is now used in law courts to order silence.

Se jetant à ces mots sur le vin et l'encens,
Après en avoir mis les saints vases par terre,
Sans crainte de Félix, sans crainte du tonnerre,
D'une fureur pareille ils courent à l'autel.   855
Cieux! a-t-on vu jamais, a-t-on rien vu de tel?
Du plus puissant des Dieux nous voyons la statue
Par une main impie à leurs pieds abattue,
Les mystères troublés, le temple profané,
La fuite et les clameurs d'un peuple mutiné,   860
Qui craint d'être accablé sous le courroux céleste.
Félix... Mais le voici qui vous dira le reste.

PAULINE

Que son visage est sombre et plein d'émotion!
Qu'il montre de tristesse et d'indignation!

SCÈNE III

FÉLIX, PAULINE, STRATONICE.

FÉLIX

Une telle insolence avoir osé paraître!   865
En public! à ma vue! il en mourra, le traître.

PAULINE

Souffrez que votre fille embrasse vos genoux.

FÉLIX

Je parle de Néarque, et non de votre époux,
Quelque indigne qu'il soit de ce doux nom de gendre,
Mon âme lui conserve un sentiment plus tendre: 870
La grandeur de son crime et de mon déplaisir
N'a pas éteint l'amour qui me l'a fait choisir.

PAULINE

Je n'attendais pas moins de la bonté d'un père.

FÉLIX

Je pouvais l'immoler à ma juste colère;
Car vous n'ignorez pas à quel comble d'horreur   875

---

853. mis, i.e. *jeté*.   859. troublés, *disturbed*.   860. mutiné, *revolting* (against such a crime).   867. embrasse vos genoux, the posture of prayer and supplication.

De son audace impie a monté la fureur;
Vous l'avez pu savoir du moins de Stratonice.

PAULINE

Je sais que de Néarque il doit voir le supplice.

FÉLIX

Du conseil qu'il doit prendre il sera mieux instruit,
Quand il verra punir celui qui l'a séduit.   880
   Au spectacle sanglant d'un ami qu'il faut suivre,
La crainte de mourir et le désir de vivre
Ressaisissent une âme avec tant de pouvoir,
Que qui voit le trépas cesse de le vouloir.
L'exemple touche plus que ne fait la menace: 885
Cette indiscrète ardeur tourne bientôt en glace,
Et nous verrons bientôt son cœur inquiété
Me demander pardon de tant d'impiété.

PAULINE

Vous pouvez espérer qu'il change de courage?

FÉLIX

Aux dépens de Néarque il doit se rendre sage.   890

PAULINE

Il le doit; mais, hélas! où me renvoyez-vous,
Et quels tristes hasards ne court point mon époux,
Si de son inconstance il faut qu'enfin j'espère
Le bien que j'espérais de la bonté d'un père?

FÉLIX

Je vous en fais trop voir, Pauline, à consentir   895
Qu'il évite la mort par un prompt repentir.
Je devais même peine à des crimes semblables;
Et mettant différence entre ces deux coupables,
J'ai trahi la justice à l'amour paternel;
Je me suis fait pour lui moi-même criminel;   900
Et j'attendais de vous, au milieu de vos craintes,
Plus de remercîments que je n'entends de plaintes.

---

876. Construe: *A monté la fureur de son audace impie.*   879. **conseil,** *decision.*
887. **inquiété,** *troubled.*   889. **courage** = *sentiments.*   895. **en** refers to *bonté* in l. 894.

PAULINE

De quoi remercier qui ne me donne rien ?
Je sais quelle est l'humeur et l'esprit d'un chrétien:
Dans l'obstination jusqu'au bout il demeure;   905
Vouloir son repentir, c'est ordonner qu'il meure.

FÉLIX

Sa grâce est en sa main, c'est à lui d'y rêver.

PAULINE

Faites-la tout entière.

FÉLIX

                            Il la peut achever.

PAULINE

Ne l'abandonnez pas aux fureurs de sa secte.

FÉLIX

Je l'abandonne aux lois, qu'il faut que je respecte.   910

PAULINE

Est-ce ainsi que d'un gendre un beau-père est l'appui ?

FÉLIX

Qu'il fasse autant pour soi comme je fais pour lui.

PAULINE

Mais il est aveuglé.

FÉLIX

                            Mais il se plaît à l'être:
Qui chérit son erreur ne la veut pas connaître.

PAULINE

Mon père, au nom des Dieux . . .

_____

903. Pauline becomes very bitter in defending her husband against her father.
It is her love, not her sense of duty, which prompts her here. She would rather have her
father disobey the laws than see her husband forced to retract. 912. soi = *lui-même*.

FÉLIX

                                    Ne les réclamez pas.   915
  Ces Dieux dont l'intérêt demande son trépas.

PAULINE

  Ils écoutent nos vœux.

FÉLIX

                            Eh bien ! qu'il leur en fasse.

PAULINE

  Au nom de l'Empereur dont vous tenez la place . . .

FÉLIX

  J'ai son pouvoir en main ; mais s'il me l'a commis,
  C'est pour le déployer contre ses ennemis.   920

PAULINE

  Polyeucte l'est-il ?

FÉLIX

                            Tous chrétiens sont rebelles.

PAULINE

  N'écoutez point pour lui ces maximes cruelles :
  En épousant Pauline il s'est fait votre sang.

FÉLIX

  Je regarde sa faute, et ne vois plus son rang.
  Quand le crime d'État se mêle au sacrilège,   925
  Le sang ni l'amitié n'ont plus de privilège.

PAULINE

  Quel excès de rigueur !

FÉLIX

                            Moindre que son forfait.

PAULINE

  O de mon songe affreux trop véritable effet !
  Voyez-vous qu'avec lui vous perdez votre fille ?

FÉLIX

  Les Dieux et l'Empereur sont plus que ma famille.   930

---

  915. **réclamez,** *invoke.*   919. **commis,** *entrusted.*   921. **Tous** = *Tous les.*
928. **effet** (= *accomplissement*), *fulfillment.*

PAULINE

La perte de tous deux ne vous peut arrêter !

FÉLIX

J'ai les Dieux et Décie ensemble à redouter.
Mais nous n'avons encore à craindre rien de triste:
Dans son aveuglement pensez-vous qu'il persiste ?
S'il nous semblait tantôt courir à son malheur,   935
C'est d'un nouveau chrétien la première chaleur.

PAULINE

Si vous l'aimez encor, quittez cette espérance,
Que deux fois en un jour il change de croyance:
Outre que les chrétiens ont plus de dureté,
Vous attendez de lui trop de légèreté.   940
Ce n'est point une erreur avec le lait sucée,
Que sans l'examiner son âme ait embrassée:
Polyeucte est chrétien, parce qu'il l'a voulu,
Et vous portait au temple un esprit résolu.
Vous devez présumer de lui comme du reste: 945
Le trépas n'est pour eux ni honteux ni funeste;
Ils cherchent de la gloire à mépriser nos Dieux;
Aveugles pour la terre, ils aspirent aux cieux;
Et croyant que la mort leur en ouvre la porte,
Tourmentés, déchirés, assassinés, n'importe,   950
Les supplices leur sont ce qu'à nous les plaisirs,
Et les mènent au but où tendent leurs désirs:
La mort la plus infâme, ils l'appellent martyre.

FÉLIX

Eh bien donc ! Polyeucte aura ce qu'il désire:
N'en parlons plus.

PAULINE

Mon père . . .

933. triste has a much stronger meaning in 17th century French than in modern
French, i.e. 'dire.'   936. nouveau, *newly converted.*   939. dureté, *stubbornness, obsti-*
nacy.   941. Pauline draws a just distinction between the traditional, the impersonal
religion of those who have always been believers, and the more ardent faith of those
who have made a mature, reasoned choice and become converts.   944. vous, a
'dative of interest,' implicating in the matter the person addressed.   945. du reste,
i.e. of the other Christians.

SCÈNE IV

FÉLIX, ALBIN, PAULINE, STRATONICE.

FÉLIX

Albin, en est-ce fait ?   955

ALBIN

Oui, Seigneur, et Néarque a payé son forfait.

FÉLIX

Et notre Polyeucte a vu trancher sa vie ?

ALBIN

Il l'a vu, mais, hélas ! avec un œil d'envie.
Il brûle de le suivre, au lieu de reculer ;
Et son cœur s'affermit, au lieu de s'ébranler.   960

PAULINE

Je vous le disais bien.   Encore un coup, mon père,
Si jamais mon respect a pu vous satisfaire,
Si vous l'avez prisé, si vous l'avez chéri . . .

FÉLIX

Vous aimez trop, Pauline, un indigne mari.

PAULINE

Je l'ai de votre main : mon amour est sans crime ;   965
Il est de votre choix la glorieuse estime ;
Et j'ai, pour l'accepter, éteint le plus beau feu
Qui d'une âme bien née ait mérité l'aveu.
    Au nom de cette aveugle et prompte obéissance
Que j'ai toujours rendue aux lois de la naissance,   970
Si vous avez pu tout sur moi, sur mon amour,
Que je puisse sur vous quelque chose à mon tour !
Par ce juste pouvoir à présent trop à craindre,
Par ces beaux sentiments qu'il m'a fallu contraindre,
Ne m'ôtez pas vos dons : ils sont chers à mes yeux,   975
Et m'ont assez coûté pour m'être précieux.

957. **sa,** i.e. Néarque's.   966. The meaning is obscure: *Il est celui que vous estimiez tant, que vous l'avez choisi.*

FÉLIX

Vous m'importunez trop: bien que j'aie un cœur tendre,
Je n'aime la pitié qu'au prix que j'en veux prendre;
Employez mieux l'effort de vos justes douleurs:
Malgré moi m'en toucher, c'est perdre et temps et pleurs;   980
J'en veux être le maître, et je veux bien qu'on sache
Que je la désavoue alors qu'on me l'arrache.
Préparez-vous à voir ce malheureux chrétien,
Et faites votre effort quand j'aurai fait le mien.
Allez: n'irritez plus un père qui vous aime,   985
Et tâchez d'obtenir votre époux de lui-même.
Tantôt jusqu'en ce lieu je le ferai venir:
Cependant quittez-nous, je veux l'entretenir.

PAULINE

De grâce, permettez . . .

FÉLIX

Laissez-nous seuls, vous dis-je:
Votre douleur m'offense autant qu'elle m'afflige.   990
A gagner Polyeucte appliquez tous vos soins;
Vous avancerez plus en m'importunant moins.

SCÈNE V

FÉLIX, ALBIN.

FÉLIX

Albin, comme est-il mort ?

ALBIN

En brutal, en impie,
En bravant les tourments, en dédaignant la vie,
Sans regret, sans murmure, et sans étonnement,   995
Dans l'obstination et l'endurcissement,
Comme un chrétien enfin, le blasphème à la bouche.

FÉLIX

Et l'autre ?

---

978. au prix que j'en veux prendre, *in so far as I want to feel it.*   980. m'en
toucher, *to move me to pity.*   988. l' refers to Albin, whom Félix sees coming into
the room.

ALBIN

   Je l'ai dit déjà, rien ne le touche.
Loin d'en être abattu, son cœur en est plus haut;
On l'a violenté pour quitter l'échafaud.   1000
Il est dans la prison où je l'ai vu conduire;
Mais vous êtes bien loin encor de le réduire.

FÉLIX

  Que je suis malheureux!

ALBIN

        Tout le monde vous plaint.

FÉLIX

  On ne sait pas les maux dont mon cœur est atteint:
De pensers sur pensers mon âme est agitée,   1005
De soucis sur soucis elle est inquiétée;
Je sens l'amour, la haine, et la crainte, et l'espoir,
La joie et la douleur tour à tour l'émouvoir;
J'entre en des sentiments qui ne sont pas croyables:
J'en ai de violents, j'en ai de pitoyables,   1010
J'en ai de généreux qui n'oseraient agir,
J'en ai même de bas, et qui me font rougir.
J'aime ce malheureux que j'ai choisi pour gendre.
Je hais l'aveugle erreur qui le vient de surprendre;
Je déplore sa perte, et le voulant sauver,   1015
J'ai la gloire des Dieux ensemble à conserver:
Je redoute leur foudre et celui de Décie;
Il y va de ma charge, il y va de ma vie:
Ainsi tantôt pour lui je m'expose au trépas,
Et tantôt je le perds pour ne me perdre pas.   1020

ALBIN

  Décie excusera l'amitié d'un beau-père;
Et d'ailleurs Polyeucte est d'un sang qu'on révère.

  1000. l'a violenté, *used force.* — pour quitter = *pour lui faire quitter.* 1010. pitoyables, *inclined to pity.* 1016. ensemble, *at the same time.* 1020. Corneille has
tried to make the character of Félix true to life and appealing to the audience. Félix
is neither a courageous fanatic, like Polyeucte, nor a generous nobleman, like Sévère;
he is prompted by more prosaic motives and cannot sacrifice his ambitions. But
it must be acknowledged that his situation, torn as he is between his duty as an
official and his duty as a father, is embarrassing. Critics have frequently judged him
too severely. He does his best, and his seeming harshness towards his daughter only
veils his affection and tenderness.

FÉLIX

A punir les chrétiens son ordre est rigoureux;
Et plus l'exemple est grand, plus il est dangereux.
On ne distingue point quand l'offense est publique;   1025
Et lorsqu'on dissimule un crime domestique,
Par quelle autorité peut-on, par quelle loi,
Châtier en autrui ce qu'on souffre chez soi?

ALBIN

Si vous n'osez avoir d'égard à sa personne,
Écrivez à Décie afin qu'il en ordonne.   1030

FÉLIX

Sévère me perdrait, si j'en usais ainsi:
Sa haine et son pouvoir font mon plus grand souci.
Si j'avais différé de punir un tel crime,
Quoiqu'il soit généreux, quoiqu'il soit magnanime,
Il est homme, et sensible, et je l'ai dédaigné;   1035
Et de tant de mépris son esprit indigné,
Que met au désespoir cet hymen de Pauline,
Du courroux de Décie obtiendrait ma ruine.
Pour venger un affront tout semble être permis,
Et les occasions tentent les plus remis.   1040
Peut-être, et ce soupçon n'est pas sans apparence,
Il rallume en son cœur déjà quelque espérance;
Et croyant bientôt voir Polyeucte puni,
Il rappelle un amour à grand'peine banni.
Juge si sa colère, en ce cas implacable,   1045
Me ferait innocent de sauver un coupable,
Et s'il m'épargnerait, voyant par mes bontés
Une seconde fois ses desseins avortés.
    Te dirai-je un penser indigne, bas et lâche?
Je l'étouffe, il renaît; il me flatte, et me fâche: 1050
L'ambition toujours me le vient présenter,
Et tout ce que je puis, c'est de le détester.
Polyeucte est ici l'appui de ma famille;
Mais si, par son trépas, l'autre épousait ma fille,
J'acquerrais bien par là de plus puissants appuis,   1055
Qui me mettraient plus haut cent fois que je ne suis.

1026. **domestique,** *committed by a member of one's family.*   1040. **remis,** *placid,*
quiet-tempered.   1047. **mes bontés,** *my leniency.*

Mon cœur en prend par force une maligne joie;
Mais que plutôt le ciel à tes yeux me foudroie,
Qu'à des pensers si bas je puisse consentir,
Que jusque-là ma gloire ose se démentir!   1060

ALBIN

Votre cœur est trop bon, et votre âme trop haute.
Mais vous résolvez-vous à punir cette faute?

FÉLIX

Je vais dans la prison faire tout mon effort
A vaincre cet esprit par l'effroi de la mort;
Et nous verrons après ce que pourra Pauline.   1065

ALBIN

Que ferez-vous enfin, si toujours il s'obstine?

FÉLIX

Ne me presse point tant: dans un tel déplaisir,
Je ne puis que résoudre et ne sais que choisir.

ALBIN

Je dois vous avertir, en serviteur fidèle,
Qu'en sa faveur déjà la ville se rebelle,   1070
Et ne peut voir passer par la rigueur des lois
Sa dernière espérance et le sang de ses rois.
Je tiens sa prison même assez mal assurée:
J'ai laissé tout autour une troupe éplorée;
Je crains qu'on ne la force.

FÉLIX

                    Il faut donc l'en tirer,   1075
Et l'amener ici pour nous en assurer.

ALBIN

Tirez-l'en donc vous-même, et d'un espoir de grâce
Apaisez la fureur de cette populace.

FÉLIX

Allons, et s'il persiste à demeurer chrétien,
Nous en disposerons sans qu'elle en sache rien.   1080

1060. This speech of Félix is a curious instance of Corneille's probing into the subconscious. Félix analyzes his secret desires and his least creditable thoughts; but he refuses to yield to such base impulses and he restrains them.   1068. **Je ne puis que,** *I am unable to.*   1071. **passer par ... des lois,** *undergo the punishment inflicted by strict laws.*   1076. **en,** *of him.*   1077. **d'un = par un.*   1078. The temper of the populace must have undergone a rapid reversal; see ll. 833–61.

ACTE QUATRIÈME

SCÈNE PREMIÈRE

POLYEUCTE, CLÉON, TROIS AUTRES GARDES.

POLYEUCTE

Gardes, que me veut-on?

CLÉON

Pauline vous demande.

POLYEUCTE

O présence, ô combat que surtout j'appréhende!
Félix, dans la prison j'ai triomphé de toi,
J'ai ri de ta menace, et t'ai vu sans effroi:
Tu prends pour t'en venger de plus puissantes armes;　　1085
Je craignais beaucoup moins tes bourreaux que ses larmes.
　　Seigneur, qui vois ici les périls que je cours,
En ce pressant besoin redouble ton secours;
Et toi qui, tout sortant encor de la victoire,
Regardes mes travaux du séjour de la gloire,　　1090
Cher Néarque, pour vaincre un si fort ennemi,
Prête du haut du ciel la main à ton ami.
　　Gardes, oseriez-vous me rendre un bon office?
Non pour me dérober aux rigueurs du supplice:
Ce n'est pas mon dessein qu'on me fasse évader;　　1095
Mais comme il suffira de trois à me garder,
L'autre m'obligerait d'aller querir Sévère;
Je crois que sans péril on peut me satisfaire:
Si j'avais pu lui dire un secret important,
Il vivrait plus heureux, et je mourrais content.　　1100

ACT IV. Polyeucte has been transferred from the prison to the palace. Hence his anxiety. He fears that an interview with his wife, whom he still loves, may endanger the firmness of his yearning after martyrdom and death. This act, with the uncertainty and the suspense hovering over it, is the most tragic and the most moving of the play. 1089. **tout sortant** = *sortant à peine.* 1090. **travaux**, *tasks, struggles.* 1091. The *ennemi* mentioned by Polyeucte is his wife! But the hero is using the religious terminology. Woman is the enemy and the symbol of temptation. 1099. **Si j'avais pu** (instead of *si je pouvais*). Polyeucte considers his death as already certain.

CLÉON

Si vous me l'ordonnez, j'y cours en diligence.

POLYEUCTE

Sévère, à mon défaut, fera ta récompense.
Va, ne perds point de temps, et reviens promptement.

CLÉON

Je serai de retour, Seigneur, dans un moment.

SCÈNE II

POLYEUCTE.

(*Les gardes se retirent aux coins du théâtre.*)

Source délicieuse, en misères féconde,   1105
Que voulez-vous de moi, flatteuses voluptés?
Honteux attachements de la chair et du monde,
Que ne me quittez-vous, quand je vous ai quittés?
Allez, honneurs, plaisirs, qui me livrez la guerre:
    Toute votre félicité,   1110
    Sujette à l'instabilité,
    En moins de rien tombe par terre;
    Et comme elle a l'éclat du verre,
    Elle en a la fragilité.

Ainsi n'espérez pas qu'après vous je soupire: 1115
Vous étalez en vain vos charmes impuissants;
Vous me montrez en vain par tout ce vaste empire
Les ennemis de Dieu pompeux et florissants.
Il étale à son tour des revers équitables

1101. **en diligence,** *in haste.*   1102. **à mon défaut,** *in my place.*
SCENE II.   Lyrical pieces are very rare in French tragedy.   The French dramatists would have regarded the insertion of lyrics or songs as contrary to the dramatic interest of curiosity.   The chorus of Greek tragedy was banished for the same reason. However, in *le Cid* and *Polyeucle* Corneille retained lyrical stanzas which invest with a metaphorical and musical language the emotions and the exalted will power of the hero.   1106. **flatteuses voluptés,** *deceiving pleasures.*   1107. **attachements,** *ties.*
1116. **étalez,** *display.*   1119. **étale,** *unfolds before our eyes.*

Par qui les grands sont confondus; 1120
Et les glaives qu'il tient pendus
Sur les plus fortunés coupables
Sont d'autant plus inévitables,
Que leurs coups sont moins attendus.

Tigre altéré de sang, Décie impitoyable, 1125
Ce Dieu t'a trop longtemps abandonné les siens;
De ton heureux destin vois la suite effroyable:
Le Scythe va venger la Perse et les chrétiens;
Encore un peu plus outre, et ton heure est venue;
Rien ne t'en saurait garantir; 1130
Et la foudre qui va partir,
Toute prête à crever la nue,
Ne peut plus être retenue
Par l'attente du repentir.

Que cependant Félix m'immole à ta colère; 1135
Qu'un rival plus puissant éblouisse ses yeux;
Qu'aux dépens de ma vie il s'en fasse beau-père,
Et qu'à titre d'esclave il commande en ces lieux:
Je consens, ou plutôt j'aspire à ma ruine.
Monde, pour moi tu n'as plus rien: 1140
Je porte en un cœur tout chrétien
Une flamme toute divine;
Et je ne regarde Pauline
Que comme un obstacle à mon bien.

Saintes douceurs du ciel, adorables idées, 1145
Vous remplissez un cœur qui vous peut recevoir:
De vos sacrés attraits les âmes possédées
Ne conçoivent plus rien qui les puisse émouvoir.
Vous promettez beaucoup, et donnez davantage:
Vos biens ne sont point inconstants; 1150
Et l'heureux trépas que j'attends

1120. **par qui** = *par lesquels.* 1128. The Emperor (Decius) was actually killed in 251 A.D. in a battle against the inhabitants of Thrace (whom Corneille calls the *Scythes*). 1129. **Encore un peu plus outre,** *A little while longer.* 1137. **beau-père,** *father-in-law.* 1144. Polyeucte hardens himself against all worldly ties. His reflection on his wife is more an encouragement to his own faith than a sincere expression of his feelings. 1145. **idées,** *images, visions.*

Ne vous sert que d'un doux passage
Pour nous introduire au partage
Qui nous rend à jamais contents.

C'est vous, ô feu divin que rien ne peut éteindre,   1155
Qui m'allez faire voir Pauline sans la craindre.
   Je la vois; mais mon cœur, d'un saint zèle enflammé,
N'en goûte plus l'appas dont il était charmé;
Et mes yeux, éclairés des célestes lumières,
Ne trouvent plus aux siens leurs grâces coutumières.   1160

SCÈNE III

POLYEUCTE, PAULINE, GARDES.

POLYEUCTE

Madame, quel dessein vous fait me demander?
Est-ce pour me combattre, ou pour me seconder?
Cet effort généreux de votre amour parfaite
Vient-il à mon secours, vient-il à ma défaite?
Apportez-vous ici la haine, ou l'amitié,   1165
Comme mon ennemie, ou ma chère moitié?

PAULINE

Vous n'avez point ici d'ennemi que vous-même:
Seul vous vous haïssez, lorsque chacun vous aime;
Seul vous exécutez tout ce que j'ai rêvé:
Ne veuillez pas vous perdre, et vous êtes sauvé.   1170

1158. **appas** is now spelled in the singular *appât*.
SCENE III. This is the decisive scene in the play. The outcome of the interview between Polyeucte and his wife will decide whether or not Polyeucte will attain his goal (death). Each of the two characters is drawn with subtlety and delicacy. Pauline's pride gradually gives way to humility: she loves Polyeucte all the more as he is harshly renouncing her. The reasonable Pauline becomes a passionate and sensitive wife, deserted and scorned by her husband, desperately clinging to him although unable to understand his sudden conversion and his thirst for suffering and martyrdom. Polyeucte's first speech (ll. 1161–66) expresses his fierce, tense determination not to let himself be moved by the sight of his imploring wife. He coldly addresses her as *Madame;* he asks her the motive of her visit (as if a wife should need a special motive to visit her husband in prison); he sees in her an enemy (*Me combattre, comme mon ennemie*) and even resorts to sarcastic irony (l. 1163). Pauline, although deeply hurt in her love and in her pride, at first restrains her feelings, and then gradually talks with more vehemence, finally bursting into tears and passionate reproaches (l. 1235 ff.).   1166. **moitié** = *femme*.   1170. **Ne veuillez pas**, i.e. do not have the will to.

A quelque extrémité que votre crime passe,
Vous êtes innocent si vous vous faites grâce.
Daignez considérer le sang dont vous sortez,
Vos grandes actions, vos rares qualités:
Chéri de tout le peuple, estimé chez le prince,   1175
Gendre du gouverneur de toute la province,
Je ne vous compte à rien le nom de mon époux:
C'est un bonheur pour moi qui n'est pas grand pour vous;
Mais après vos exploits, après votre naissance,
Après votre pouvoir, voyez notre espérance,   1180
Et n'abandonnez pas à la main d'un bourreau
Ce qu'à nos justes vœux promet un sort si beau.

POLYEUCTE

Je considère plus; je sais mes avantages,
Et l'espoir que sur eux forment les grands courages:
Ils n'aspirent enfin qu'à des biens passagers,   1185
Que troublent les soucis, que suivent les dangers;
La mort nous les ravit, la fortune s'en joue;
Aujourd'hui dans le trône, et demain dans la boue;
Et leur plus haut éclat fait tant de mécontents,
Que peu de vos Césars en ont joui longtemps.   1190
    J'ai de l'ambition, mais plus noble et plus belle:
Cette grandeur périt, j'en veux une immortelle,
Un bonheur assuré, sans mesure et sans fin,
Au-dessus de l'envie, au-dessus du destin.
Est-ce trop l'acheter que d'une triste vie   1195
Qui tantôt, qui soudain me peut être ravie,
Qui ne me fait jouir que d'un instant qui fuit,
Et ne peut m'assurer de celui qui le suit?

1171. **passe,** *may extend.*   1177. **vous,** cf. note to l. 944.   1177–78. In these
two lines, Pauline appears as a feminine creature, and no longer as one of those
masculine, rational women whom Corneille is supposed to have always and monoto-
nously painted. Her voice becomes low and ironical, yet melancholy and impressed
with the pity she feels for her own miserable fate.   1180. **voyez notre espérance,**
consider what we may legitimately expect (from these advantages just enumerated).
1183. Pauline's first appeal to her husband stressed only worldly motives (family
pride, wealth, honors). Polyeucte spurns such advantages.   1184. **courages,** *hearts.*
1188. **dans** = *sur.*   1195. **que d',** *merely by.*   1198. These lines enable us to understand why Polyeucte has been accused of selfishness. He is yearning after a
greater, purer, and more lasting happiness than can be found in this world: he is
thinking of his own higher benefit and hardly of the grief he may cause to others who
do not share his ambition.

PAULINE

> Voilà de vos chrétiens les ridicules songes;
> Voilà jusqu'à quel point vous charment leurs mensonges: 1200
> Tout votre sang est peu pour un bonheur si doux !
> Mais pour en disposer, ce sang est-il à vous ?
> Vous n'avez pas la vie ainsi qu'un héritage;
> Le jour qui vous la donne en même temps l'engage:
> Vous la devez au prince, au public, à l'État.   1205

POLYEUCTE

> Je la voudrais pour eux perdre dans un combat;
> Je sais quel en est l'heur, et quelle en est la gloire.
> Des aïeux de Décie on vante la mémoire;
> Et ce nom, précieux encore à vos Romains,
> Au bout de six cents ans lui met l'empire aux mains.   1210
> Je dois ma vie au peuple, au prince, à sa couronne;
> Mais je la dois bien plus au Dieu qui me la donne:
> Si mourir pour son prince est un illustre sort,
> Quand on meurt pour son Dieu, quelle sera la mort !

PAULINE

> Quel Dieu !

POLYEUCTE

>   Tout beau, Pauline: il entend vos paroles,   1215
> Et ce n'est pas un Dieu comme vos Dieux frivoles,
> Insensibles et sourds, impuissants, mutilés,
> De bois, de marbre, ou d'or, comme vous les voulez:
> C'est le Dieu des chrétiens, c'est le mien, c'est le vôtre;
> Et la terre et le ciel n'en connaissent point d'autre.   1220

PAULINE

> Adorez-le dans l'âme, et n'en témoignez rien.

POLYEUCTE

> Que je sois tout ensemble idolâtre et chrétien !

PAULINE

> Ne feignez qu'un moment, laissez partir Sévère,
> Et donnez lieu d'agir aux bontés de mon père.

1215. **Tout beau** (now obsolete), *Hold! Silence!*   1221. Even Pauline's sincerity would now permit a compromise; she humbles herself in her unavailing efforts to save her husband.

POLYEUCTE

Les bontés de mon Dieu sont bien plus à chérir: 1225
Il m'ôte des périls que j'aurais pu courir,
Et sans me laisser lieu de tourner en arrière,
Sa faveur me couronne entrant dans la carrière;
Du premier coup de vent il me conduit au port,
Et sortant du baptême, il m'envoie à la mort. 1230
Si vous pouviez comprendre et le peu qu'est la vie,
Et de quelles douceurs cette mort est suivie!
Mais que sert de parler de ces trésors cachés
A des esprits que Dieu n'a pas encor touchés?

PAULINE

Cruel, car il est temps que ma douleur éclate, 1235
Et qu'un juste reproche accable une âme ingrate,
Est-ce là ce beau feu? sont-ce là tes serments?
Témoignes-tu pour moi les moindres sentiments?
Je ne te parlais point de l'état déplorable
Où ta mort va laisser ta femme inconsolable; 1240
Je croyais que l'amour t'en parlerait assez,
Et je ne voulais pas de sentiments forcés;
Mais cette amour si ferme et si bien méritée
Que tu m'avais promise, et que je t'ai portée,
Quand tu me veux quitter, quand tu me fais mourir, 1245
Te peut-elle arracher une larme, un soupir?
Tu me quittes, ingrat, et le fais avec joie;
Tu ne la caches pas, tu veux que je la voie,
Et ton cœur insensible à ces tristes appas,
Se figure un bonheur où je ne serai pas! 1250
C'est donc là le dégoût qu'apporte l'hyménée?
Je te suis odieuse après m'être donnée!

1226. **m'ôte des périls,** *saves me from perils.* 1227. **lieu,** *a chance.* 1228. **entrant dans la carrière,** *as I enter the lists.* 1234. Polyeucte believes in the sudden irresistible action of grace. He does not try to convert Pauline; he leaves that to God's will. 1235. Pauline realizes that her husband does not even mention what should first have occurred to him: his wife's fate. She is forced to discard her pride and to remind him of her love. Curiously enough, she seeks to justify her outburst of passion and wrath: *Cruel, car il est temps* ... 1238. Note the change from **vous** to **tu.** 1243. **si bien méritée.** Pauline wants her husband to remember that he should at least love her out of duty and gratitude. Such an argument has little weight; but Pauline is past trying to be skillful. She speaks all that is in her heart. 1248. **la** refers to *joie.*

POLYEUCTE

Hélas !

PAULINE

Que cet hélas a de peine à sortir !
Encor s'il commençait un heureux repentir,
Que tout forcé qu'il est, j'y trouverais de charmes !   1255
Mais courage, il s'émeut, je vois couler des larmes.

POLYEUCTE

J'en verse, et plût à Dieu qu'à force d'en verser
Ce cœur trop endurci se pût enfin percer !
Le déplorable état où je vous abandonne
Est bien digne des pleurs que mon amour vous donne ;   1260
Et si l'on peut au ciel sentir quelques douleurs,
J'y pleurerai pour vous l'excès de vos malheurs ;
Mais si, dans ce séjour de gloire et de lumière,
Ce Dieu tout juste et bon peut souffrir ma prière,
S'il y daigne écouter un conjugal amour,   1265
Sur votre aveuglement il répandra le jour.
    Seigneur, de vos bontés il faut que je l'obtienne ;
Elle a trop de vertus pour n'être pas chrétienne :
Avec trop de mérite il vous plut la former,
Pour ne vous pas connaître et ne vous pas aimer,   1270
Pour vivre des enfers esclave infortunée,
Et sous leur triste joug mourir comme elle est née.

PAULINE

Que dis-tu, malheureux ? qu'oses-tu souhaiter ?

POLYEUCTE

Ce que de tout mon sang je voudrais acheter.

PAULINE

Que plutôt . . .

1254. **Encor,** *And yet.*   1258. **Ce cœur,** i.e. your heart.   1267. Polyeucte now
prays for his wife's salvation. He is moved to pity for her sufferings and tries to
reconcile his love for her with his devotion to God.   1269. **il vous plut** should be
followed by **de** before an infinitive in modern French.   1271. **des enfers,** i.e. among
the pagans who refused to accept Christ's message.

POLYEUCTE

C'est en vain qu'on se met en défense: 1275
Ce Dieu touche les cœurs lorsque moins on y pense.
Ce bienheureux moment n'est pas encor venu;
Il viendra, mais le temps ne m'en est pas connu.

PAULINE

Quittez cette chimère, et m'aimez.

POLYEUCTE

Je vous aime,
Beaucoup moins que mon Dieu, mais bien plus que moi-même.   1280

PAULINE

Au nom de cet amour ne m'abandonnez pas.

POLYEUCTE

Au nom de cet amour, daignez suivre mes pas.

PAULINE

C'est peu de me quitter, tu veux donc me séduire?

POLYEUCTE

C'est peu d'aller au ciel, je vous y veux conduire.

PAULINE

Imaginations!

POLYEUCTE

Célestes vérités!   1285

PAULINE

Étrange aveuglement!

POLYEUCTE

Éternelles clartés!

PAULINE

Tu préfères la mort à l'amour de Pauline!

POLYEUCTE

Vous préférez le monde à la bonté divine!

1276. **moins** = *le moins*.   1283. **séduire**, *lead astray*.   1285. **Imaginations!** *Idle fancies!*

PAULINE

Va, cruel, va mourir: tu ne m'aimas jamais.

POLYEUCTE

Vivez heureuse au monde, et me laissez en paix.   1290

PAULINE

Oui, je t'y vais laisser; ne t'en mets plus en peine;
Je vais . . .

SCÈNE IV

Polyeucte, Pauline, Sévère, Fabian, Gardes.

PAULINE

                    Mais quel dessein en ce lieu vous amène,
Sévère? Aurait-on cru qu'un cœur si généreux
Pût venir jusqu'ici braver un malheureux?

POLYEUCTE

Vous traitez mal, Pauline, un si rare mérite: 1295
A ma seule prière il rend cette visite.
     Je vous ai fait, Seigneur, une incivilité,
Que vous pardonnerez à ma captivité.
Possesseur d'un trésor dont je n'étais pas digne,
Souffrez avant ma mort que je vous le résigne,   1300
Et laisse la vertu la plus rare à nos yeux
Qu'une femme jamais pût recevoir des cieux
Aux mains du plus vaillant et du plus honnête homme
Qu'ait adoré la terre et qu'ait vu naître Rome.
Vous êtes digne d'elle, elle est digne de vous;   1305
Ne la refusez pas de la main d'un époux:
S'il vous a désunis, sa mort vous va rejoindre.
Qu'un feu jadis si beau n'en devienne pas moindre:
Rendez-lui votre cœur, et recevez sa foi;
Vivez heureux ensemble, et mourez comme moi;   1310

1290. Polyeucte's final words are harsh; he has retained his self-control and feels
sure of his death, that is to say of eternal bliss.   1294. **braver,** *taunt.* Pauline is
mistaken concerning Sévère's intentions.   1300. **je vous le résigne,** *I renounce it*
(in your favor).   1303. **honnête homme,** *noble and courteous man.*   1310. This
gesture of Polyeucte has often been criticized. He is probably generous and well
meaning, for he wants to give Pauline all possible earthly happiness, and he rises above
jealousy. But he shows as little tact as most other men in Corneille's tragedies.

C'est le bien qu'à tous deux Polyeucte désire.
Qu'on me mène à la mort, je n'ai plus rien à dire.
Allons, gardes, c'est fait.

SCÈNE V

SÉVÈRE, PAULINE, FABIAN.

SÉVÈRE

       Dans mon étonnement,
Je suis confus pour lui de son aveuglement;
Sa résolution a si peu de pareilles,   1315
Qu'à peine je me fie encore à mes oreilles.
Un cœur qui vous chérit (mais quel cœur assez bas
Aurait pu vous connaître, et ne vous chérir pas?),
Un homme aimé de vous, sitôt qu'il vous possède,
Sans regret il vous quitte; il fait plus, il vous cède;   1320
Et comme si vos feux étaient un don fatal,
Il en fait un présent lui-même à son rival!
Certes ou les chrétiens ont d'étranges manies,
Ou leurs félicités doivent être infinies,
Puisque, pour y prétendre, ils osent rejeter   1325
Ce que de tout l'empire il faudrait acheter.
 Pour moi, si mes destins, un peu plus tôt propices,
Eussent de votre hymen honoré mes services,
Je n'aurais adoré que l'éclat de vos yeux,
J'en aurais fait mes rois, j'en aurais fait mes Dieux;   1330
On m'aurait mis en poudre, on m'aurait mis en cendre,
Avant que . . .

PAULINE

      Brisons là: je crains de trop entendre,
Et que cette chaleur, qui sent vos premiers feux,

1314. The contrast now becomes sharp between the expression of Polyeucte's superhuman heroism and Sévère's worldly tone and polite emptiness.   1320. **vous cède;** *vous* is the direct object of *cède.*   1323. **manies,** *madness.*   1332. We do not wonder that, after hearing such insipid compliments, Pauline prefers Polyeucte to the too gallant Sévère. — **Brisons là,** *Let us leave off.* Pauline is afraid that Sévère might prove unworthy of her and unworthy of the high opinion she entertained of him. Her speech shows how skillfully she can now use the man who loves her in order to save the one whom she loves.   1333. **qui sent vos premiers feux,** *which reflects your former ardor.*

Ne pousse quelque suite indigne de tous deux.
Sévère, connaissez Pauline tout entière.   1335
    Mon Polyeucte touche à son heure dernière;
Pour achever de vivre il n'a plus qu'un moment:
Vous en êtes la cause encor qu'innocemment.
Je ne sais si votre âme, à vos désirs ouverte,
Aurait osé former quelque espoir sur sa perte;   1340
Mais sachez qu'il n'est point de si cruels trépas
Où d'un front assuré je ne porte mes pas,
Qu'il n'est point aux enfers d'horreurs que je n'endure,
Plutôt que de souiller une gloire si pure,
Que d'épouser un homme, après son triste sort,   1345
Qui de quelque façon soit cause de sa mort;
Et si vous me croyiez d'une âme si peu saine,
L'amour que j'eus pour vous tournerait toute en haine.
Vous êtes généreux; soyez-le jusqu'au bout.
Mon père est en état de vous accorder tout,   1350
Il vous craint; et j'avance encor cette parole,
Que s'il perd mon époux, c'est à vous qu'il l'immole;
Sauvez ce malheureux, employez-vous pour lui;
Faites-vous un effort pour lui servir d'appui.
Je sais que c'est beaucoup que ce que je demande;   1355
Mais plus l'effort est grand, plus la gloire en est grande.
Conserver un rival dont vous êtes jaloux,
C'est un trait de vertu qui n'appartient qu'à vous;
Et si ce n'est assez de votre renommée,
C'est beaucoup qu'une femme autrefois tant aimée,   1360
Et dont l'amour peut-être encor vous peut toucher,
Doive à votre grand cœur ce qu'elle a de plus cher:
Souvenez-vous enfin que vous êtes Sévère.
Adieu: résolvez seul ce que vous voulez faire;
Si vous n'êtes pas tel que je l'ose espérer   1365
Pour vous priser encor je le veux ignorer.

1334. **Ne pousse quelque suite,** *Should have a result.*   1354. **Faites-vous un
effort** = *Faites un effort sur vous-même,* i.e. Act contrary to your natural inclination.
1355. The repetition of *que* is not very felicitous.   1356. The line is typical
of Corneille's philosophy of life.   1359. *If living up to your reputation is not
sufficient incentive.*   1361–62. **toucher** and **cher,** riming for the eyes but not for
the sound, are what is called a "*rime normande.*"

SCÈNE VI

SÉVÈRE, FABIAN.

SÉVÈRE

Qu'est-ce-ci, Fabian ? quel nouveau coup de foudre
Tombe sur mon bonheur, et le réduit en poudre ?
Plus je l'estime près, plus il est éloigné;
Je trouve tout perdu quand je crois tout gagné;　　　　　1370
Et toujours la fortune, à me nuire obstinée,
Tranche mon espérance aussitôt qu'elle est née:
Avant qu'offrir des vœux je reçois des refus;
Toujours triste, toujours et honteux et confus
De voir que lâchement elle ait osé renaître,　　　　　1375
Qu'encor plus lâchement elle ait osé paraître,
Et qu'une femme enfin dans la calamité
Me fasse des leçons de générosité.
　Votre belle âme est haute autant que malheureuse,
Mais elle est inhumaine autant que généreuse,　　　　　1380
Pauline, et vos douleurs avec trop de rigueur
D'un amant tout à vous tyrannisent le cœur.
C'est donc peu de vous perdre, il faut que je vous donne,
Que je serve un rival lorsqu'il vous abandonne,
Et que par un cruel et généreux effort,　　　　　1385
Pour vous rendre en ses mains, je l'arrache à la mort.

FABIAN

Laissez à son destin cette ingrate famille;
Qu'il accorde, s'il veut, le père avec la fille,
Polyeucte et Félix, l'épouse avec l'époux.
D'un si cruel effort quel prix espérez-vous ?　　　　　1390

SÉVÈRE

La gloire de montrer à cette âme si belle
Que Sévère l'égale, et qu'il est digne d'elle;
Qu'elle m'était bien due, et que l'ordre des cieux
En me la refusant m'est trop injurieux.

1367. **Qu'est-ce-ci?** = *Qu'est-ce ici?*　　1373. **Avant qu'offrir** = *Avant d'offrir.*
1375–76. **elle** = *mon espérance.*　　1390. Fabian, a man of the lower classes, cannot rise to the generosity and deference to a woman's wishes of an *honnête homme.* 1391. Sévère now becomes, in his turn, a truly Cornelian character. He mentions his *gloire* as Chimère, Horace, and Pauline constantly do.　　1394. **injurieux**, *unjust.*

FABIAN

Sans accuser le sort ni le ciel d'injustice,   1395
Prenez garde au péril qui suit un tel service: '
Vous hasardez beaucoup, Seigneur, pensez-y bien.
Quoi? vous entreprenez de sauver un chrétien !
Pouvez-vous ignorer pour cette secte impie
Quelle est et fut toujours la haine de Décie?   1400
C'est un crime vers lui si grand, si capital,
Qu'à votre faveur même il peut être fatal.

SÉVÈRE

Cet avis serait bon pour quelque âme commune.
S'il tient entre ses mains ma vie et ma fortune,
Je suis encor Sévère, et tout ce grand pouvoir   1405
Ne peut rien sur ma gloire, et rien sur mon devoir.
Ici l'honneur m'oblige, et j'y veux satisfaire;
Qu'après le sort se montre ou propice ou contraire,
Comme son naturel est toujours inconstant,
Périssant glorieux, je périrai content.   1410
    Je te dirai bien plus, mais avec confidence:
La secte des chrétiens n'est pas ce que l'on pense;
On les hait; la raison, je ne la connais point,
Et je ne vois Décie injuste qu'en ce point.
Par curiosité j'ai voulu les connaître: 1415
On les tient pour sorciers dont l'enfer est le maître,
Et sur cette croyance on punit du trépas
Des mystères secrets que nous n'entendons pas;
Mais Cérès Éleusine et la Bonne Déesse
Ont leurs secrets, comme eux, à Rome et dans la Grèce: 1420
Encore impunément nous souffrons en tous lieux,
Leur Dieu seul excepté, toutes sortes de Dieux:
Tous les monstres d'Égypte ont leurs temples dans Rome;
Nos aïeux à leur gré faisaient un Dieu d'un homme;
Et leur sang parmi nous conservant leurs erreurs,   1425
Nous remplissons le ciel de tous nos empereurs;

1401. **vers** = *envers*.   1410. Polyeucte sacrificed everything to his religious ideal;
Sévère is ready to give up everything in order to be worthy of his chivalrous ideal.
1411. **avec confidence,** *between ourselves*.   1419. **Éleusine,** *Eleusinian* (because she
was worshiped at Eleusis). — **la Bonne Déesse,** i.e. Cybele, the Phrygian goddess.
1423. **les monstres d'Égypte,** Osiris, Isis, or even gods and goddesses worshiped in
the form of animals.   1424. i.e. Hercules, Bacchus, Romulus, Augustus, etc.

Mais à parler sans fard de tant d'apothéoses,
L'effet est bien douteux de ces métamorphoses.
　　Les chrétiens n'ont qu'un Dieu, maître absolu de tout,
De qui le seul vouloir fait tout ce qu'il résout;　　　　　1430
Mais si j'ose entre nous dire ce qui me semble,
Les nôtres bien souvent s'accordent mal ensemble;
Et me dût leur colère écraser à tes yeux,
Nous en avons beaucoup pour être de vrais Dieux.
Enfin chez les chrétiens les mœurs sont innocentes,　　　1435
Les vices détestés, les vertus florissantes;
Ils font des vœux pour nous qui les persécutons;
Et depuis tant de temps que nous les tourmentons,
Les a-t-on vus mutins? les a-t-on vus rebelles?
Nos princes ont-ils eu des soldats plus fidèles?　　　　1440
Furieux dans la guerre, ils souffrent nos bourreaux,
Et lions au combat, ils meurent en agneaux.
J'ai trop de pitié d'eux pour ne les pas défendre.
Allons trouver Félix; commençons par son gendre;
Et contentons ainsi, d'une seule action,　　　　　　　　1445
Et Pauline, et ma gloire, et ma compassion.

ACTE CINQUIÈME

SCÈNE PREMIÈRE

Félix, Albin, Cléon.

FÉLIX

Albin, as-tu bien vu la fourbe de Sévère?
As-tu bien vu sa haine? et vois-tu ma misère?

ALBIN

Je n'ai vu rien en lui qu'un rival généreux,
Et ne vois rien en vous qu'un père rigoureux.　　　　　1450

　　1428. Sévère is not only the typical *honnête homme;* he is also the tolerant philosopher, whom the 18th century will hail as a forerunner of its ideals.　　1433. **Et me dût
leur colère écraser . . .** , *And were their wrath to crush me . . .*　　1434. **pour être** = *pour
qu'ils soient.*　　1438. **temps,** i.e. since Nero's reign (A.D. 54–68).　　1445. **d'une** = *par
une.*　　1446. This speech of Sévère seems a little out of place and unnecessary here.
Corneille's aim was to leave some uncertainty and suspense after the fourth act.　　The
last line sounds a note of hope and leaves the dénouement still in doubt.　　1447. **la
fourbe** (obsolete) = *la fourberie.*　　1448. **misère,** *misfortune.*

FÉLIX

Que tu discernes mal le cœur d'avec la mine!
Dans l'âme il hait Félix et dédaigne Pauline;
Et s'il l'aima jadis, il estime aujourd'hui
Les restes d'un rival trop indignes de lui.
Il parle en sa faveur, il me prie, il menace,   1455
Et me perdra, dit-il, si je ne lui fais grâce;
Tranchant du généreux, il croit m'épouvanter:
L'artifice est trop lourd pour ne pas l'éventer.
Je sais des gens de cour quelle est la politique,
J'en connais mieux que lui la plus fine pratique.   1460
C'est en vain qu'il tempête et feint d'être en fureur:
Je vois ce qu'il prétend auprès de l'Empereur.
De ce qu'il me demande il m'y ferait un crime:
Épargnant son rival, je serais sa victime;
Et s'il avait affaire à quelque maladroit,   1465
Le piège est bien tendu, sans doute il le perdroit;
Mais un vieux courtisan est un peu moins crédule:
Il voit quand on le joue, et quand on dissimule;
Et moi j'en ai tant vu de toutes les façons,
Qu'à lui-même au besoin j'en ferais des leçons.   1470

ALBIN

Dieux! que vous vous gênez par cette défiance!

FÉLIX

Pour subsister en cour c'est la haute science:
Quand un homme une fois a droit de nous haïr,
Nous devons présumer qu'il cherche à nous trahir;
Toute son amitié nous doit être suspecte.   1475
Si Polyeucte enfin n'abandonne sa secte,
Quoi que son protecteur ait pour lui dans l'esprit,
Je suivrai hautement l'ordre qui m'est prescrit.

1451. **la mine**, *the face*, i.e. the outward appearance.   1454. **restes**, *leavings.*
1457. **Tranchant du généreux** (= *faisant le généreux*), *Posing as a magnanimous person.*
1458. **lourd**, *clumsy.* — **pour ne pas l'éventer** (= *pour que je ne l'évente pas*), *for me
not to see through it.*   1460. **fine**, *cunning.*   1462. **ce qu'il prétend** (faire), i.e. *ses
intentions.*   1466. **perdroit**, 17th century spelling for *perdrait.* The diphthong *oi* (*ai*
in modern French) used to be pronounced *oué.*   1469. **j'en ai tant vu ... façons**, *I
have had so many and varied experiences.*   1470. This speech is in a much more
familiar tone than is usual in French tragedy. Corneille purposely emphasizes the
vanity and the base reasonings of this second-rate politician.   1471. **gênez**, *torment.*
1478. **hautement**, *resolutely.*

ALBIN

>Grâce, grâce, Seigneur! que Pauline l'obtienne!

FÉLIX

>Celle de l'Empereur ne suivrait pas la mienne,   1480
>Et loin de le tirer de ce pas dangereux,
>Ma bonté ne ferait que nous perdre tous deux.

ALBIN

>Mais Sévère promet . . .

FÉLIX

>   Albin, je m'en défie,
>Et connais mieux que lui la haine de Décie:
>En faveur des chrétiens s'il choquait son courroux,   1485
>Lui-même assurément se perdrait avec nous.
>   Je veux tenter pourtant encore une autre voie:
>Amenez Polyeucte; et si je le renvoie,
>S'il demeure insensible à ce dernier effort,
>Au sortir de ce lieu qu'on lui donne la mort.   1490

ALBIN

>Votre ordre est rigoureux.

FÉLIX

>   Il faut que je le suive,
>Si je veux empêcher qu'un désordre n'arrive.
>Je vois le peuple ému pour prendre son parti;
>Et toi-même tantôt tu m'en as averti.
>Dans ce zèle pour lui qu'il fait déjà paraître,   1495
>Je ne sais si longtemps j'en pourrais être maître;
>Peut-être dès demain, dès la nuit, dès ce soir,
>J'en verrais des effets que je ne veux pas voir;
>Et Sévère aussitôt, courant à sa vengeance,
>M'irait calomnier de quelque intelligence.   1500
>Il faut rompre ce coup, qui me serait fatal.

ALBIN

>Que tant de prévoyance est un étrange mal!
>Tout vous nuit, tout vous perd, tout vous fait de l'ombrage;

1493. **ému,** *moved* (and almost rebellious). *Émeute* = 'riot.' 1500. **M'irait ca-**
lomnier de, *Would falsely accuse me of.* — **intelligence,** *collusion.*

Mais voyez que sa mort mettra ce peuple en rage,
Que c'est mal le guérir que le désespérer.   1505

FÉLIX

En vain après sa mort il voudra murmurer;
Et s'il ose venir à quelque violence,
C'est à faire à céder deux jours à l'insolence:
J'aurai fait mon devoir, quoi qu'il puisse arriver.
Mais Polyeucte vient, tâchons à le sauver.   1510
Soldats, retirez-vous, et gardez bien la porte.

SCÈNE II

FÉLIX, POLYEUCTE, ALBIN.

FÉLIX

As-tu donc pour la vie une haine si forte,
Malheureux Polyeucte? et la loi des chrétiens
T'ordonne-t-elle ainsi d'abandonner les tiens?

POLYEUCTE

Je ne hais point la vie, et j'en aime l'usage,   1515
Mais sans attachement qui sente l'esclavage,
Toujours prêt à la rendre au Dieu dont je la tiens:
La raison me l'ordonne, et la loi des chrétiens;
Et je vous montre à tous par là comme il faut vivre,
Si vous avez le cœur assez bon pour me suivre.   1520

FÉLIX

Te suivre dans l'abîme où tu te veux jeter?

POLYEUCTE

Mais plutôt dans la gloire où je m'en vais monter.

FÉLIX

Donne-moi pour le moins le temps de la connaître:
Pour me faire chrétien, sers-moi de guide à l'être,

1505. **c'est mal,** *it is a poor way to.* — **que (de) le désespérer.**   1508   *It will merely be a matter of giving up two days to their insolence.*   1510. **à** for *de.*   1512. Félix is practical and goes straight to the point. Must Polyeucte disregard all his earthly duties in order to fulfill his religious obligations?   1515. **usage,** *enjoyment.* 1518. **et** = *ainsi que.*   1523. Félix here pretends to be more seriously attracted by Polyeucte's strange faith than he is: his question is slightly ironical. Hence Polyeucte's lofty and stern reply.

Et ne dédaigne pas de m'instruire en ta foi,   1525
Ou toi-même à ton Dieu tu répondras de moi.

POLYEUCTE

N'en riez point, Félix, il sera votre juge;
Vous ne trouverez point devant lui de refuge:
Les rois et les bergers y sont d'un même rang.
De tous les siens sur vous il vengera le sang.   1530

FÉLIX

Je n'en répandrai plus, et quoi qu'il en arrive,
Dans la foi des chrétiens je souffrirai qu'on vive:
J'en serai protecteur.

POLYEUCTE

                         Non, non, persécutez,
Et soyez l'instrument de nos félicités:
Celle d'un vrai chrétien n'est que dans les souffrances;   1535
Les plus cruels tourments lui sont des récompenses.
Dieu, qui rend le centuple aux bonnes actions,
Pour comble donne encor les persécutions.
Mais ces secrets pour vous sont fâcheux à comprendre:
Ce n'est qu'à ses élus que Dieu les fait entendre.   1540

FÉLIX

Je te parle sans fard, et veux être chrétien.

POLYEUCTE

Qui peut donc retarder l'effet d'un si grand bien?

FÉLIX

La présence importune . . .

POLYEUCTE

                         Et de qui? de Sévère?

FÉLIX

Pour lui seul contre toi j'ai feint tant de colère:
Dissimule un moment jusques à son départ.   1545

1537. **rend le centuple aux** . . ., *rewards . . . a hundredfold.*   1539. **fâcheux,**
difficult.

POLYEUCTE

Félix, c'est donc ainsi que vous parlez sans fard?
Portez à vos païens, portez à vos idoles
Le sucre empoisonné que sèment vos paroles.
Un chrétien ne craint rien, ne dissimule rien:
Aux yeux de tout le monde il est toujours chrétien.   1550

FÉLIX

Ce zèle de ta foi ne sert qu'à te séduire,
Si tu cours à la mort plutôt que de m'instruire.

POLYEUCTE

Je vous en parlerais ici hors de saison:
Elle est un don du ciel, et non de la raison;
Et c'est là que bientôt, voyant Dieu face à face,   1555
Plus aisément pour vous j'obtiendrai cette grâce.

FÉLIX

Ta perte cependant me va désespérer.

POLYEUCTE

Vous avez en vos mains de quoi la réparer:
En vous ôtant un gendre, on vous en donne un autre,
Dont la condition répond mieux à la vôtre;   1560
Ma perte n'est pour vous qu'un change avantageux.

FÉLIX

Cesse de me tenir ce discours outrageux.
Je t'ai considéré plus que tu ne mérites;
Mais malgré ma bonté, qui croît plus tu l'irrites,
Cette insolence enfin te rendrait odieux,   1565
Et je me vengerais aussi bien que nos Dieux.

POLYEUCTE

Quoi? vous changez bientôt d'humeur et de langage!
Le zèle de vos Dieux rentre en votre courage!
Celui d'être chrétien s'échappe! et par hasard
Je vous viens d'obliger à me parler sans fard!   1570

1553. *To speak of it* (my faith) *here would be inopportune.*   1561. change = *change-ment.*   1564. qui croît ... l'irrites, *which grows the more you impose upon it.*

FÉLIX

Va, ne présume pas que quoi que je te jure,
De tes nouveaux docteurs je suive l'imposture:
Je flattais ta manie afin de t'arracher
Du honteux précipice où tu vas trébucher;
Je voulais gagner temps, pour ménager ta vie   1575
Après l'éloignement d'un flatteur de Décie;
Mais j'ai fait trop d'injure à nos Dieux tout-puissants:
Choisis de leur donner ton sang, ou de l'encens.

POLYEUCTE

Mon choix n'est point douteux.   Mais j'aperçois Pauline.
O ciel!

SCÈNE III

FÉLIX, POLYEUCTE, PAULINE, ALBIN.

PAULINE

Qui de vous deux aujourd'hui m'assassine?   1580
Sont-ce tous deux ensemble, ou chacun à son tour?
Ne pourrai-je fléchir la nature ou l'amour?
Et n'obtiendrai-je rien d'un époux ni d'un père?

FÉLIX

Parlez à votre époux.

POLYEUCTE

Vivez avec Sévère.

PAULINE

Tigre, assassine-moi du moins sans m'outrager.   1585

POLYEUCTE

Mon amour, par pitié, cherche à vous soulager:
Il voit quelle douleur dans l'âme vous possède,
Et sait qu'un autre amour en est le seul remède.
Puisqu'un si grand mérite a pu vous enflammer,

1581. **Sont-ce** for *Est-ce.*   1584. Polyeucte is brutal.   He wants to discourage
Pauline at once.   1586. **par pitié.**   Polyeucte may feel pity for his wife, but hardly
any tenderness.

Sa présence toujours a droit de vous charmer: 1590
Vous l'aimiez, il vous aime, et sa gloire augmentée . . .

PAULINE

Que t'ai-je fait, cruel, pour être ainsi traitée,
Et pour me reprocher, au mépris de ma foi,
Un amour si puissant que j'ai vaincu pour toi?
Vois, pour te faire vaincre un si fort adversaire,   1595
Quels efforts à moi-même il a fallu me faire;
Quels combats j'ai donnés pour te donner un cœur
Si justement acquis à son premier vainqueur;
Et si l'ingratitude en ton cœur ne domine,
Fais quelque effort sur toi pour te rendre à Pauline: 1600
Apprends d'elle à forcer ton propre sentiment;
Prends sa vertu pour guide en ton aveuglement;
Souffre que de toi-même elle obtienne ta vie,
Pour vivre sous tes lois à jamais asservie.
Si tu peux rejeter de si justes désirs,   1605
Regarde au moins ses pleurs, écoute ses soupirs;
Ne désespère pas une âme qui t'adore.

POLYEUCTE

Je vous l'ai déjà dit, et vous le dis encore,
Vivez avec Sévère, ou mourez avec moi.
Je ne méprise point vos pleurs ni votre foi;   1610
Mais de quoi que pour vous notre amour m'entretienne,
Je ne vous connais plus, si vous n'êtes chrétienne.
   C'en est assez, Félix, reprenez ce courroux,
Et sur cet insolent vengez vos Dieux et vous.

PAULINE

Ah! mon père, son crime à peine est pardonnable;   1615
Mais s'il est insensé, vous êtes raisonnable.
La nature est trop forte, et ses aimables traits
Imprimés dans le sang ne s'effacent jamais:
Un père est toujours père, et sur cette assurance
J'ose appuyer encore un reste d'espérance.   1620

1593. foi, *faithful loyalty*.   1600. **Fais quelque effort sur toi**, cf. note to l. 1354.
1601. **forcer** = *dompter*.   1611. (Cf. *le Cid*, l. 929.)   *However much our love may entreat me in your behalf*.   1613. **ce . . ., *this . . . of yours*.   1617–18. **ses aimables
traits . . . jamais**, a rather incoherent metaphor meaning that the ties of blood cannot be broken.

Jetez sur votre fille un regard paternel:
Ma mort suivra la mort de ce cher criminel;
Et les Dieux trouveront sa peine illégitime,
Puisqu'elle confondra l'innocence et le crime,
Et qu'elle changera, par ce redoublement,   1625
En injuste rigueur un juste châtiment;
Nos destins, par vos mains rendus inséparables,
Nous doivent rendre heureux ensemble, ou misérables;
Et vous seriez cruel jusques au dernier point,
Si vous désunissiez ce que vous avez joint.   1630
Un cœur à l'autre uni jamais ne se retire,
Et pour l'en séparer il faut qu'on le déchire.
Mais vous êtes sensible à mes justes douleurs,
Et d'un œil paternel vous regardez mes pleurs.

FÉLIX

Oui, ma fille, il est vrai qu'un père est toujours père;   1635
Rien n'en peut effacer le sacré caractère:
Je porte un cœur sensible, et vous l'avez percé;
Je me joins avec vous contre cet insensé.
    Malheureux Polyeucte, es-tu seul insensible ?
Et veux-tu rendre seul ton crime irrémissible ?   1640
Peux-tu voir tant de pleurs d'un œil si détaché ?
Peux-tu voir tant d'amour sans en être touché ?
Ne reconnais-tu plus ni beau-père, ni femme,
Sans amitié pour l'un, et pour l'autre sans flamme ?
Pour reprendre les noms et de gendre et d'époux,   1645
Veux-tu nous voir tous deux embrasser tes genoux ?

POLYEUCTE

Que tout cet artifice est de mauvaise grâce !
Après avoir deux fois essayé la menace,
Après m'avoir fait voir Néarque dans la mort,
Après avoir tenté l'amour et son effort,   1650
Après m'avoir montré cette soif du baptême,
Pour opposer à Dieu l'intérêt de Dieu même,
Vous vous joignez ensemble ! Ah ! ruses de l'enfer !
Faut-il tant de fois vaincre avant que triompher ?
Vos résolutions usent trop de remise: 1655
Prenez la vôtre enfin, puisque la mienne est prise.

1625. redoublement, *doubling* (of the penalty).   1654. avant que triompher, *before
the final victory.*   1655. remise, *delay.*

Je n'adore qu'un Dieu, maître de l'univers,
Sous qui tremblent le ciel, la terre, et les enfers,
Un Dieu qui, nous aimant d'une amour infinie,
Voulut mourir pour nous avec ignominie, 1660
Et qui par un effort de cet excès d'amour,
Veut pour nous en victime être offert chaque jour.
Mais j'ai tort d'en parler à qui ne peut m'entendre.
Voyez l'aveugle erreur que vous osez défendre:
Des crimes les plus noirs vous souillez tous vos Dieux; 1665
Vous n'en punissez point qui n'ait son maître aux cieux:
La prostitution, l'adultère, l'inceste,
Le vol, l'assassinat, et tout ce qu'on déteste,
C'est l'exemple qu'à suivre offrent vos immortels.
J'ai profané leur temple, et brisé leurs autels; 1670
Je le ferais encor, si j'avais à le faire,
Même aux yeux de Félix, même aux yeux de Sévère,
Même aux yeux du sénat, aux yeux de l'Empereur.

FÉLIX

Enfin ma bonté cède à ma juste fureur:
Adore-les, ou meurs.

POLYEUCTE

Je suis chrétien.

FÉLIX

Impie! 1675
Adore-les, te dis-je, ou renonce à la vie.

POLYEUCTE

Je suis chrétien.

FÉLIX

Tu l'es? O cœur trop obstiné!
Soldats, exécutez l'ordre que j'ai donné.

PAULINE

Où le conduisez-vous?

1662. **en victime ... offert,** refers to the Host during the celebration of the Mass. 1663. **m'entendre** = *me comprendre.* 1666. **en** refers to *crime.* 1671. Cf. *le Cid,* l. 878.

FÉLIX

A la mort.

POLYEUCTE

A la gloire.
Chère Pauline, adieu: conservez ma mémoire.   1680

PAULINE

Je te suivrai partout, et mourrai si tu meurs.

POLYEUCTE

Ne suivez point mes pas, ou quittez vos erreurs.

FÉLIX

Qu'on l'ôte de mes yeux, et que l'on m'obéisse:
Puisqu'il aime à périr, je consens qu'il périsse.

SCÈNE IV

FÉLIX, ALBIN.

FÉLIX

Je me fais violence, Albin; mais je l'ai dû: 1685
Ma bonté naturelle aisément m'eût perdu.
Que la rage du peuple à présent se déploie,
Que Sévère en fureur tonne, éclate, foudroie,
M'étant fait cet effort, j'ai fait ma sûreté.
Mais n'es-tu point surpris de cette dureté ?   1690
Vois-tu, comme le sien, des cœurs impénétrables,
Ou des impiétés à ce point exécrables ?
Du moins j'ai satisfait mon esprit affligé:
Pour amollir son cœur je n'ai rien négligé;
J'ai feint même à tes yeux des lâchetés extrêmes;   1695
Et certes sans l'horreur de ses derniers blasphèmes,
Qui m'ont rempli soudain de colère et d'effroi,
J'aurais eu de la peine à triompher de moi.

ALBIN

Vous maudirez peut-être un jour cette victoire,
Qui tient je ne sais quoi d'une action trop noire,   1700

1679. la gloire. No longer the human, earthly glory pursued by Sévère or by Horace and le Cid, but the heavenly glory of martyrdom.   1690. dureté, *obstinacy* (Polyeucte's).   1700. *Which has some semblance of too dark a deed.*

Indigne de Félix, indigne d'un Romain,
Répandant votre sang par votre propre main.

FÉLIX

Ainsi l'ont autrefois versé Brute et Manlie;
Mais leur gloire en a crû, loin d'en être affaiblie;
Et quand nos vieux héros avaient de mauvais sang,   1705
Ils eussent, pour le perdre, ouvert leur propre flanc.

ALBIN

Votre ardeur vous séduit; mais quoi qu'elle vous die,
Quand vous la sentirez une fois refroidie,
Quand vous verrez Pauline, et que son désespoir
Par ses pleurs et ses cris saura vous émouvoir . . .   1710

FÉLIX

Tu me fais souvenir qu'elle a suivi ce traître,
Et que ce désespoir qu'elle fera paraître
De mes commandements pourra troubler l'effet:
Va donc; cours y mettre ordre et voir ce qu'elle fait;
Romps ce que ses douleurs y donneraient d'obstacle;   1715
Tire-la, si tu peux, de ce triste spectacle;
Tâche à la consoler. Va donc: qui te retient?

ALBIN

Il n'en est pas besoin, Seigneur, elle revient.

SCÈNE V

FÉLIX, PAULINE, ALBIN.

PAULINE

Père barbare, achève, achève ton ouvrage:
Cette seconde hostie est digne de ta rage;   1720
Joins ta fille à ton gendre; ose: que tardes-tu?
Tu vois le même crime, ou la même vertu:
Ta barbarie en elle a les mêmes matières.

1703. **Brute et Manlie,** the 17th century form of the Latin names: Brutus, Manlius;
the first condemned his sons to death (509 B.C.) and the second had one son beheaded
(340 B.C.)   1707. **vous séduit,** *leads you astray.* — **die,** old form of subjunctive of *dire.*
1717. **à** = *de.*   1720. **hostie,** *victim.*   1723. **matières,** *motives, causes.*

Mon époux en mourant m'a laissé ses lumières;
Son sang, dont tes bourreaux viennent de me couvrir,   1725
M'a dessillé les yeux et me les vient d'ouvrir.
   Je vois, je sais, je crois, je suis désabusée:
De ce bienheureux sang tu me vois baptisée;
Je suis chrétienne, enfin, n'est-ce point assez dit?
Conserve en me perdant ton rang et ton crédit;   1730
Redoute l'Empereur, appréhende Sévère:
Si tu ne veux périr, ma perte est nécessaire;
Polyeucte m'appelle à cet heureux trépas;
Je vois Néarque et lui qui me tendent les bras.
Mène, mène-moi voir tes Dieux que je déteste: 1735
Ils n'en ont brisé qu'un, je briserai le reste;
On m'y verra braver tout ce que vous craignez,
Ces foudres impuissants qu'en leurs mains vous peignez,
Et saintement rebelle aux lois de la naissance,
Une fois envers toi manquer d'obéissance.   1740
Ce n'est point ma douleur que par là je fais voir;
C'est la grâce qui parle et non le désespoir.
Le faut-il dire encor, Félix? je suis chrétienne!
Affermis par ma mort ta fortune et la mienne:
Le coup à l'un et l'autre en sera précieux,   1745
Puisqu'il t'assure en terre en m'élevant aux cieux.

SCÈNE VI

Félix, Sévère, Pauline, Albin, Fabian.

SÉVÈRE

Père dénaturé, malheureux politique,
Esclave ambitieux d'une peur chimérique,
Polyeucte est donc mort! et par vos cruautés
Vous pensez conserver vos tristes dignités!   1750
La faveur que pour lui je vous avais offerte,
Au lieu de le sauver, précipite sa perte!
J'ai prié, menacé, mais sans vous émouvoir;
Et vous m'avez cru fourbe ou de peu de pouvoir!

1740. **Une fois,** *For once.*   1746. **t'assure,** *strengthens you.* — **en** = *sur la.* — Pauline discards all respect for her father, all self-control. Her reason and her will power are no longer supreme. She is the sensitive woman, wounded in her love and challenging those Roman laws and political motives which deprived her of her husband.

Eh bien ! à vos dépens vous verrez que Sévère 1755
Ne se vante jamais que de ce qu'il peut faire;
Et par votre ruine il vous fera juger
Que qui peut bien vous perdre eût pu vous protéger.
Continuez aux Dieux ce service fidèle;
Par de telles horreurs montrez-leur votre zèle. 1760
Adieu; mais quand l'orage éclatera sur vous,
Ne doutez point du bras dont partiront les coups.

FÉLIX

Arrêtez-vous, Seigneur, et d'une âme apaisée
Souffrez que je vous livre une vengeance aisée.
  Ne me reprochez plus que par mes cruautés 1765
Je tâche à conserver mes tristes dignités:
Je dépose à vos pieds l'éclat de leur faux lustre.
Celle où j'ose aspirer est d'un rang plus illustre;
Je m'y trouve forcé par un secret appas;
Je cède à des transports que je ne connais pas; 1770
Et par un mouvement que je ne puis entendre,
De ma fureur je passe au zèle de mon gendre.
C'est lui, n'en doutez point, dont le sang innocent
Pour son persécuteur prie un Dieu tout-puissant;
Son amour épandu sur toute la famille 1775
Tire après lui le père aussi bien que la fille.
J'en ai fait un martyr, sa mort me fait chrétien:
J'ai fait tout son bonheur, il veut faire le mien.
C'est ainsi qu'un chrétien se venge et se courrouce.
Heureuse cruauté dont la suite est si douce ! 1780
Donne la main, Pauline. Apportez des liens;
Immolez à vos Dieux ces deux nouveaux chrétiens:
Je le suis, elle l'est, suivez votre colère.

PAULINE

Qu'heureusement enfin je retrouve mon père !
Cet heureux changement rend mon bonheur parfait. 1785

FÉLIX

Ma fille, il n'appartient qu'à la main qui le fait.

1770. Félix' conversion is sudden and unforeseen; the religious phrases sound false and strained when used by him. Corneille believed that the grace of God may touch even the most unworthy and that such a conversion needs no explanation.   1775. **épandu,** *lavished.*   1781. **des liens.** He is ready to become a prisoner in his turn.

SÉVÈRE

Qui ne serait touché d'un si tendre spectacle?
De pareils changements ne vont point sans miracle.
Sans doute vos chrétiens, qu'on persécute en vain,
Ont quelque chose en eux qui surpasse l'humain: 1790
Ils mènent une vie avec tant d'innocence,
Que le ciel leur en doit quelque reconnaissance:
Se relever plus forts, plus ils sont abattus,
N'est pas aussi l'effet des communes vertus.
Je les aimai toujours, quoi qu'on m'en ait pu dire; 1795
Je n'en vois point mourir que mon cœur n'en soupire;
Et peut-être qu'un jour je les connaîtrai mieux.
J'approuve cependant que chacun ait ses Dieux,
Qu'il les serve à sa mode, et sans peur de la peine.
Si vous êtes chrétien, ne craignez plus ma haine; 1800
Je les aime, Félix, et de leur protecteur
Je n'en veux pas sur vous faire un persécuteur.
    Gardez votre pouvoir, reprenez-en la marque;
Servez bien votre Dieu, servez notre monarque.
Je perdrai mon crédit envers Sa Majesté, 1805
Ou vous verrez finir cette sévérité:
Par cette injuste haine il se fait trop d'outrage.

FÉLIX

Daigne le ciel en vous achever son ouvrage,
Et pour vous rendre un jour ce que vous méritez,
Vous inspirer bientôt toutes ses vérités! 1810
    Nous autres, bénissons notre heureuse aventure:
Allons à nos martyrs donner la sépulture,
Baiser leurs corps sacrés, les mettre en digne lieu,
Et faire retentir partout le nom de Dieu.

1788. vont, *come about.* 1794. des communes vertus = *des vertus communes.* 1801–02. et de leur protecteur ... persécuteur; construe: *et de (moi, qui suis) leur protecteur, je ne veux pas faire leur persécuteur sur vous,* i.e. *en vous prenant pour victime.* 1805. Sa Majesté. Sévère speaks here not as a Roman, but as a French subject of his King. 1811. heureuse aventure. The death of Polyeucte is now a source of happiness, since it brought about the conversion of Pauline and of Félix. 1812. nos martyrs, i.e. Néarque and Polyeucte.

MOLIÈRE

MOLIÈRE

Rare as tragic genius may be, comic genius is even rarer: Aristophanes and Menander, Plautus and Terence, Shakespeare and Molière have possessed it in the highest degree.

Certain traits of the French character have contributed largely to the development of the national comedy. The genre demands a gay, quick-witted people, given to laughter; the enemy of vulgarity, but not prudish; it demands above all a sociable spirit — a comedy is an assembly — and the French have always been eminently social. The Frenchman, *né malin* according to Boileau, has a keen sense of the ridiculous and likes nothing better than to poke fun at others, and frequently at himself. These characteristics account in part for the continuity of the development of comedy in France since the Middle Ages. Comedy is also perhaps the most purely intellectual of literary productions: it appeals to the mind rather than to the heart and hence does not flourish during romantic periods.

Comedy before Molière. — The comic spirit manifests itself in France during the Middle Ages in the *fabliaux*, the *farces*, the *soties; la Farce de Maître Pathelin* is the masterpiece of that period. With the advent of the Renaissance, comic expression is transferred from the spoken to the printed word: from the stage to the book; and it is Rabelais particularly who may be regarded as Molière's great precursor. Evidently, the fiery, uncontrolled spirit of the Renaissance, the lack of social cohesion and of a social center, the general licentiousness of the period were unfavorable to the development of comedy. Pierre de Larivey's adaptation of Italian imitations of the classics had no great significance.

The seventeenth century witnesses the rise of men of original talent, such as Pierre Corneille, Rotrou, Desmarets de Saint-Sorlin, Scarron, and Cyrano de Bergerac. But they lack the keenness of observation, the depth, the psychological intuition and perception which contribute to Molière's greatness. They blaze the path. Meanwhile, French society is beginning to seek after refinement; social life is focusing on Paris and preparing a marvelous field of observation for a genius prompt to see the foibles of *précieuses* and *marquis*, of coquettes and learned ladies, of bores, snobs, and hypocrites. Since Honoré d'Urfé's pastoral novel *l'Astrée* (ca. 1610) and the Hôtel de Rambouillet, women have attained a new and lofty position in society. Thanks to their influence, coarseness and obscenity are driven off the stage. Rabelais wrote for men only; Molière appeals to an audience of men and women. And while he satirized the *précieuses*, did he not himself, unconsciously perhaps, come under their refining influence? "Where women are on the road to an equal footing with men, there comedy flourishes," wrote Meredith in his *Essay on Comedy*.

Life of Molière (1622–1673). — Some knowledge of Molière's life, with its struggles and trials, is essential to the understanding of his work; for the comic poet cannot live in his ivory tower, but must draw his substance from the world about him. Thus we find Molière constantly in his plays, and bitter personal experiences are frequently the source of his satire and laughter. And yet he himself never appears in person.

Jean-Baptiste Poquelin was born in 1622, a Parisian, like Villon, Voltaire, Musset, Anatole France. He belonged to a substantial bourgeois family, his father being *tapissier du roi*. He was just ten years old when his mother died, leaving two other younger sons and a daughter. Of these four children, Molière alone attained the age of fifty.

The young Jean-Baptiste was given an excellent education at the Collège de Clermont (renamed in 1674 Collège Louis-le-Grand) and received a thorough training in the classics. He enjoyed particularly the works of Terence and Lucretius. Later, it is said, he may have studied under the Epicurean philosopher Gassendi, the opponent of Descartes. As with Rabelais and La Fontaine, his motto is: Follow Nature. It is possible that, after the humanities and philosophy, he also studied law at Orléans.

In 1643, after family scenes and recriminations which we can only imagine, Jean-Baptiste Poquelin declared his unwillingness to follow the honorable trade for which he was destined and his decision to take up what was then rated as about the lowest of professions: acting. On the thirtieth of June of that year, he signed an act of association with the Béjarts, a family of humble actors, thus founding *l'Illustre théâtre*. The result was disastrous, and the year 1645 found young Poquelin, or rather Molière, as he now called himself, imprisoned in the *Châtelet* for debts. His father probably helped him out. After further trials, the troupe departed for the provinces.

From 1645 to 1658 Molière and his associates played in various parts of France: Toulouse, Lyon, Montpellier, Rouen. These must have been years of valuable apprenticeship for the young actor, replete with experiences and adventures of all kinds and with all sorts of people. Already he had begun to write, composing farces on the Italian pattern, of which the best, *l'Étourdi* (1653–1655) and *le Dépit amoureux* (1656), contain indications of the Molière to come.

Return to Paris. — "*Le sieur de Molière* and his troupe arrived in Paris in October 1658," La Grange writes in his *Registre*. *Monsieur*, the King's brother, gave them his protection, and on the twenty-fourth of that month the troupe made its début in the Louvre before the Queen-Mother and the King. Their performance of Corneille's tragedy *Nicomède* was a failure, but Molière's farce *le Docteur amoureux* pleased the King, who assigned to the troupe the theater of the Petit-Bourbon. There Molière played on Mondays, Wednesdays, Thursdays, Saturdays — the stage being occupied on the other, preferred days by an Italian troupe; there he delighted King and court and people with his farces, and there he enjoyed his first great triumph with *les Précieuses ridicules* (1659). His genius had found the true matter of comedy and henceforth he needed only to observe the follies, foibles, and vices of the society around him, and translate them to the stage in superb prose or verse. His life now became one of tremendous activity: for he was at the same time author, actor, manager of a troupe, and courtier. He had to meet and overcome obstacles of all kinds raised by the jealousy of rival authors and actors; he had to withstand the hostility of those he had ridiculed or unmasked; to refute slander. But, fortunately, the young king Louis XIV stood by him. Nor did he find a refuge from his troubles at home. In 1662, he had married Armande Béjart, the sister or perhaps the daughter of his old flame Madeleine Béjart. She was not quite twenty and he was over forty: such a marriage was too ill-matched to be happy. Molière understood it too late, and suffered. His health, never robust, finally gave way under the strain, the medicine of his time being powerless to aid him. In 1673, during the fourth performance·of *le Malade imaginaire*, he had a hemorrhage and died a few hours later. As an actor, he was excommunicated, and it was only after many difficulties and thanks to the special intervention of the King that he was allowed to be buried in consecrated ground; at night, and under certain restrictions.

Plays of Molière. — Between 1658 and 1673 Molière composed more than twenty comedies of the most diverse sort. *L'École des maris* (1661) and *l'École des femmes* (1662) take up the question of women's education, of the freedom of married women, and the chances of happiness where there is a great disproportion in age. *La Critique de l'École des femmes* (1663) is particularly noteworthy in that it gives Molière's views on comedy and tragedy. After a number of lighter plays, comedy-ballets and the like, Molière produced his masterpieces. In *Tartuffe* (1664 to 1669) he attacked hypocrisy as a privileged vice, working under the mask of religion. *Don Juan* (1665) is primarily a superb portrait of a nobleman '*méchant homme*' set into a traditional frame popularized by the Spaniards and the Italians. Here also is another attack against impotent medicine and all-powerful hypocrisy. *Le Misanthrope* (1666), the most classic of comedies, is the most philosophical and perhaps the greatest. Following this came *Amphitryon* (1668), imitated from Plautus; *George Dandin* (1668), a rather cruel farce; *l'Avare* (1668), also of classic inspiration, the portrayal of avarice as an abstraction and of its disintegrating effects on the family. *Le Bourgeois gentilhomme* (1670) is an amusing satirical burlesque of the eternal *nouveau-riche*. *Les Femmes savantes* (1672), the last great comedy, renewed in a more vigorous and masterly fashion the attack on *précieuses* and pedants. *Le Malade imaginaire* (1673) was the final satire on medicine.

It is almost idle to attempt a strict classification of Molière's works as farces, comedies of manners, or comedies of character, for in practically all of them are found elements of farce, blended in varying proportions with keen observation, satire of manners, and psychological perception of character. Unquestionably the farce is the basic matter of his comedy. It seems even to have influenced his technique; for, while the literary comedy stresses the importance of *plot*, that is precisely what Molière tends to neglect. His dénouements are notoriously artificial. The study of character is what interests him, and after he has drawn a complete portrait of Alceste, Tartuffe, Harpagon, his one concern is to conclude the play promptly, if not logically, and ring down the curtain.

In painting the hypocrite or the miser such as he is and has always been, Molière does not neglect the traits which also mark him as of his time — *"vous n'avez rien fait, si vous n'y faites reconnaître les gens de votre siècle,"* he says in *la Critique.* The concrete and the picturesque are not lacking in his work. We know what Tartuffe's habits are and what and how he eats; *le Misanthrope* introduces us to a Parisian salon of the seventeenth century; the very servants speak in their native *patois.* It is thus easy to form an idea of contemporary society. Molière therefore paints individuals in their exact environment and at a precise period, and at the same time he shows us what there is in them characteristic of all men at all times. It is this universality that makes him a classic; and to it he owes his world-wide influence. "I read every year some of his plays," Goethe wrote, "just as from time to time I contemplate the paintings of the great Italian masters. . . ."

Molière as a moralist. — Molière is primarily a playwright and not a preacher. He does not seek to reform the world; he may not believe it possible. What he does is simply to hold the mirror up to nature, and hope for the best. The morality of his comedy is that inherent in any true and sincere work of art. He paints life. His style, whether prose or verse, is admirably suited to the stage and always adapted to the subject and the character. It has color, movement, life. With the exception of *Don Juan* and *l'Avare,* which are in prose, all his great comedies in five acts are written in Alexandrine verse.

LES PRÉCIEUSES RIDICULES

On Tuesday, the eighteenth of November 1659, on the stage of the Théâtre du Petit-Bourbon, following the performance of Corneille's tragedy *Cinna,* the sparkling comedy-farce *les Précieuses ridicules* was acted for the first time. Its success was sensational, and yet the very next day, through the influence of eminent people whose *amour-propre* was evidently keener than their sense of humor, the play was suspended. It reappeared, probably somewhat modified in form, on December second, and at this second performance Molière, assured of success, doubled his prices, as was the custom. No one complained. On the contrary, Loret, the reviewer, wrote in his *Gazette rimée* that even if he did pay 30 sols for a 15 sols ticket, he got at least 10 pistoles' worth of laughs. A commentary on the success of *les Précieuses ridicules* is the fact that Molière's chief detractor, Somaize, after a vain effort to create a rival play, *les Véritables précieuses*, saw himself finally forced to use Molière's own material; only he versified it, to make it, he declared, more deserving of the applause a misguided public insisted on giving it. The popularity of *les Précieuses* has continued to our day, and it is interesting to note that Bulwer-Lytton's *Lady of Lyons* and Victor Hugo's *Ruy Blas* have a somewhat similar plot.

Analysis. — This plot, developed in one act comprising seventeen scenes, is quite simple. In the first scene, two suitors, La Grange and Du Croisy, angrily swear to avenge themselves for the discourteous manner in which they have just been received by their fiancées, Cathos and Magdelon. The girls, who have but recently arrived in Paris from their provincial town, are imbued with the prevalent spirit of affectation, *préciosité*. Their heads are completely turned, and they have come to town expecting to practise all the fashionable nonsense in vogue at the capital (sc. IV). The proposed marriages seem to them far too prosaic; indeed, any would be, unless preceded by romantic adventures such as befall Mlle de Scudéry's heroines; and their lovers in no way correspond to the superelegant heroes of *le Grand Cyrus*. So Magdelon declares to her bewildered father, the good bourgeois Gorgibus; and Cathos, her cousin, seconds her. Enter Mascarille (sc. VII), La Grange's valet, disguised by his master as a *marquis:* a living parody of the extravagances so greatly admired by the girls, who are therefore completely taken in. Scene IX presents a magnificent satire of *préciosité*, and scene XI, with Jodelet, carries that satire to the point of burlesque. Here the girls are indeed '*deux pecques provinciales*'; for true *précieuses*, the frequenters of the Hôtel de Rambouillet, would have seen through the pretense and resented the false noblemen's vulgarity. The play properly concludes with the unmasking of the lackeys and the humiliation of the silly girls.

La Préciosité. — The absurdities so wittily ridiculed by Molière were really the perversion of an excellent thing. About the year 1608 the marquise de Rambouillet had begun to gather in her *hôtel* a social and intellectual élite, with the declared purpose of correcting the extreme licence existing in language and manners. The movement spread, and other great ladies — Mme de Sablé, Mlle de Scudéry, Mme de Longueville, etc. — also opened their *hôtels*, receiving in their *ruelles*.[1] Presently, exaggerations set in, and from the desire to avoid the crude and the trivial in thought, manner, and speech, came the seeking of excessive refinement merely for

[1] See footnote, p. 280, l. 11.

its own sake: hence affectations of all sorts. (Consult Somaize, *Dictionnaire des précieuses*.) Models for these extravagances could readily be found in other countries. In Italy, *Marinismo*, named after the poet Marini (1569–1625), enjoyed a tremendous vogue and was unfortunately too well imitated in France. Spain went through a period of *Gongorismo*, named after the poet Gongora (1561–1627), and in England *Euphuism* followed the publication of John Lyly's *Euphues* in 1580.

Sources of the play. — Molière's enemies were prompt to point out that in 1656, the abbé de Pure had published a novel in four volumes, entitled *la Précieuse, ou le mystère de la ruelle*, from which had been drawn a comedy played by the Italian comedians. In this, two valets disguise themselves in order to court two ladies; but this is done without the knowledge of their masters. Chappuzeau's comedy, *le Cercle des femmes*, was also mentioned, although it is not probable that it was even performed. However, the immense superiority of Molière's work is evidenced by the fact that he alone, combining the matter supplied by his own keen observation with that of an ordinary comedy of intrigue and certain basic farce elements, created what may almost be called a comedy of manners.

Results obtained. — It is improbable that Molière foresaw the sensation his playlet was to cause, or that, in composing it, he had any serious intent to reform. Instinctively, his genius had found the true way of comedy. A newcomer to the Parisian stage, — his début at the Petit-Bourbon was scarcely more than a year old, — overshadowed by the unchallenged superiority of renowned rivals, the actors of the Hôtel de Bourgogne and of the Marais, his one concern for the moment was to find a little niche for himself and not repeat the fiasco of *l'Illustre théâtre*, some thirteen years before. He was hardly looking for trouble. In the absurdities of polite society, he saw first of all a subject for laughter. "These people cannot realize how funny they are," he must have thought, "let us hold up the mirror and show them."

Important as the influence of the play may have been, the results were probably not so overwhelming as legend would have us believe. *Préciosité* did not collapse overnight; the *précieuses* did not immediately close the doors of their *hôtels* and put up the blinds, nor did good sense come so quickly into its own. Molière, however, initiated the movement of reform; and thirteen years after this skirmish, he was able to deliver a more telling blow on a later form of social affectation, in *les Femmes savantes* (1672).

LES PRÉCIEUSES RIDICULES

(18 novembre 1659)

PERSONNAGES [1]

La Grange ⎫		La Grange ⎧
Du Croisy ⎭ amants rebutés.		Du Croisy ⎩
Gorgibus, bon bourgeois.		L'Espy
Magdelon,[2] fille de Gorgibus ⎱ Précieuses		Magdeleine Béjart (?)
Cathos,[2] nièce de Gorgibus ⎰ ridicules.		Mlle De Brie
Marotte,[3] servante des Précieuses ridicules.		Mlle Hervé (?)
Almanzor, laquais des Précieuses ridicules.		?
Le Marquis de Mascarille,[4] valet de La Grange.		Molière
Le Vicomte de Jodelet, valet de Du Croisy.		Jodelet
Deux porteurs de chaise.		
Voisines.		
Violons.		

La scène est à Paris dans la maison de Gorgibus.

---

[1] In the Italian *commedia dell' arte*, each name represented a certain predetermined rôle: thus Harlequin was always the lover of Columbine. So in the French farce, influenced by the Italian, actors played either under their own name (La Grange, Du Croisy) or assumed one indicative of their rôle: Jodelet and Mascarille could be nothing but valets, Gorgibus, a bourgeois, etc. [2] **Magdelon, Cathos,** popular forms of the names Magdeleine (modern Madeleine), Catherine. This might be an allusion to Magdeleine de Scudéry and to Catherine de Vivonne, marquise de Rambouillet. [3] **Marotte,** diminutive of Marie, a country girl's name. [4] **Mascarille** (Spanish *mascarilla*, 'little mask'). Molière probably wore a mask at first while playing this part. Mascarille, representing the clever, intriguing valet of Italian comedy, had already appeared in *l'Étourdi* and *le Dépit amoureux*. Molière presently dropped this stock character and replaced him by *Sganarelle*, a more diversified type.

SCÈNE PREMIÈRE

La Grange, Du Croisy.

DU CROISY

Seigneur la Grange . . .

LA GRANGE

Quoi?

DU CROISY

Regardez-moi un peu sans rire.

LA GRANGE

Eh bien?

DU CROISY

Que dites-vous de notre visite? en êtes-vous fort satisfait?   5

LA GRANGE

A votre avis, avons-nous sujet de l'être tous deux?

DU CROISY

Pas tout à fait, à dire vrai.

LA GRANGE

Pour moi, je vous avoue que j'en suis tout scandalisé. A-t-on jamais vu,
dites-moi, deux pecques provinciales faire plus les renchéries que celles-là,
et deux hommes traités avec plus de mépris que nous? A peine ont-elles pu 10
se résoudre à nous faire donner des sièges.   Je n'ai jamais vu tant parler à
l'oreille qu'elles ont fait entre elles, tant bâiller, tant se frotter les yeux, et
demander tant de fois: « Quelle heure est-il? »   Ont-elles répondu que oui
et non à tout ce que nous avons pu leur dire?   Et ne m'avouerez-vous pas
enfin que, quand nous aurions été les dernières personnes du monde, on ne 15
pouvait nous faire pis qu'elles ont fait?

DU CROISY

Il me semble que vous prenez la chose fort à cœur.

1. **Seigneur** (Italian, *signore*), *Monsieur.*   9. **pecques provinciales,** *affected coun-*
try ninnies. — **faire plus les renchéries,** *put on more airs.*   13. **que,** *anything but.*

265

LA GRANGE

Sans doute, je l'y prends, et de telle façon, que je veux me venger de
cette impertinence. Je connais ce qui nous a fait mépriser. L'air précieux n'a pas seulement infecté Paris, il s'est aussi répandu dans les provinces, et nos donzelles ridicules en ont humé leur bonne part. En un mot,
5 c'est un ambigu de précieuse et de coquette que leur personne. Je vois
ce qu'il faut être pour en être bien reçu; et si vous m'en croyez, nous leur
jouerons tous deux une pièce qui leur fera voir leur sottise, et pourra leur
apprendre à connaître un peu mieux leur monde.

DU CROISY

Et comment encore?

LA GRANGE

10 J'ai un certain valet, nommé Mascarille, qui passe, au sentiment de
beaucoup de gens, pour une manière de bel esprit; car il n'y a rien à
meilleur marché que le bel esprit maintenant. C'est un extravagant, qui
s'est mis dans la tête de vouloir faire l'homme de condition. Il se pique
ordinairement de galanterie et de vers, et dédaigne les autres valets,
15 jusqu'à les appeler brutaux.

DU CROISY

Eh bien, qu'en prétendez-vous faire?

LA GRANGE

Ce que j'en prétends faire? Il faut . . . Mais sortons d'ici auparavant.

V SCÈNE II

GORGIBUS, DU CROISY, LA GRANGE.

GORGIBUS

Eh bien, vous avez vu ma nièce et ma fille: les affaires iront-elles bien?
Quel est le résultat de cette visite?

LA GRANGE

20 C'est une chose que vous pourrez mieux apprendre d'elles que de nous.
Tout ce que nous pouvons vous dire, c'est que nous vous rendons grâce de
la faveur que vous nous avez faite, et demeurons vos très humbles serviteurs.

1. je l'y prends; l' = la chose, y = à cœur. 2. L'air précieux, The atmosphere of
affectation. 5. c'est un ambigu . . . que leur personne, their whole being is a combination of . . . 11. bel esprit, wit. 13. faire l'homme de condition, act the nobleman. 16. en, with him (Mascarille).

GORGIBUS

Ouais! il semble qu'ils sortent mal satisfaits d'ici. D'où pourrait venir leur mécontentement? Il faut savoir un peu ce que c'est. Holà!

SCÈNE III

MAROTTE, GORGIBUS.

MAROTTE

Que désirez-vous, Monsieur?

GORGIBUS

Où sont vos maîtresses?

MAROTTE

Dans leur cabinet.   5

GORGIBUS

Que font-elles?

MAROTTE

De la pommade pour les lèvres.

GORGIBUS

C'est trop pommadé. Dites-leur qu'elles descendent. Ces pendardes-là, avec leur pommade, ont, je pense, envie de me ruiner. Je ne vois partout que blancs d'œufs, lait virginal, et mille autres brimborions que je ne con- 10 ·nais point. Elles ont usé, depuis que nous sommes ici, le lard d'une douzaine de cochons, pour le moins, et quatre valets vivraient tous les jours des pieds de mouton qu'elles emploient.

SCÈNE IV

MAGDELON, CATHOS, GORGIBUS.

GORGIBUS

Il est bien nécessaire vraiment de faire tant de dépense pour vous graisser le museau. Dites-moi un peu ce que vous avez fait à ces messieurs, 15 que je les vois sortir avec tant de froideur? Vous avais-je pas commandé

---

1. **Ouais!** exclamation denoting surprise.   10. **lait virginal,** *milk-white face bleach.* — **brimborions,** *bits of stuff.*   11–13. **lard . . . pieds de mouton.** Ingredients commonly used in the preparation of cosmetics.   15. **museau.** Generally used for animals. Note the contrast between Gorgibus' crude expressions and the super-refined affectation of the girls.   16. **Vous avais-je pas** = *Ne vous avais-je pas.* The *ne* was frequently omitted.

de les recevoir comme des personnes que je voulais vous donner pour maris ?

MAGDELON

Et quelle estime, mon père, voulez-vous que nous fassions du procédé irrégulier de ces gens-là ?

CATHOS

5 Le moyen, mon oncle, qu'une fille un peu raisonnable se pût accommoder de leur personne ?

GORGIBUS

Et qu'y trouvez-vous à redire ?

MAGDELON

La belle galanterie que la leur ! Quoi ? débuter d'abord par le mariage !

GORGIBUS

Et par où veux-tu donc qu'ils débutent ? par le concubinage ? N'est-ce 10 pas un procédé dont vous avez sujet de vous louer toutes deux, aussi bien que moi ? Est-il rien de plus obligeant que cela ? Et ce lien sacré où ils aspirent, n'est-il pas un témoignage de l'honnêteté de leurs intentions ?

MAGDELON

Ah! mon père, ce que vous dites là est du dernier bourgeois. Cela me fait honte de vous ouïr parler de la sorte; et vous devriez un peu vous 15 faire apprendre le bel air des choses.

GORGIBUS

Je n'ai que faire ni d'air ni de chanson. Je te dis que le mariage est une chose sainte et sacrée, et que c'est faire en honnêtes gens que de débuter par là.

MAGDELON

Mon Dieu, que, si tout le monde vous ressemblait, un roman serait 20 bientôt fini ! La belle chose que ce serait, si d'abord Cyrus épousait Mandane, et qu'Aronce de plain-pied fût marié à Clélie !

4. **irrégulier,** *unconventional,* i.e. not in accord with refined practice. 13. **du dernier bourgeois,** *utterly crude and commonplace.* Note the extravagant adjectives used by the *précieuses.* 15. **le bel air,** *proper, fashionable manner.* In reply, Gorgibus associates the word *air,* meaning 'tune,' with *chanson,* which has the twofold meaning of 'song' and 'nonsense.' 20–21. **Cyrus, Mandane.** Hero and heroine of *Artamène* ou *le Grand Cyrus* (1649–1653, 10 vols.). — **Aronce, Clélie.** From *Clélie, histoire romaine* (1654–1660, 10 vols.). Both novels by Mlle de Scudéry give a faithful portrayal of contemporary society. Thus, Julie d'Angennes, the daughter of Madame de Rambouillet, took fourteen years to make up her mind to wed M. de Montausier.

GORGIBUS

Que me vient conter celle-ci ?

Carte de Tendre –

MAGDELON

Mon père, voilà ma cousine qui vous dira, aussi bien que moi, que le mariage ne doit jamais arriver qu'après les autres aventures. Il faut qu'un amant, pour être agréable, sache débiter les beaux sentiments, pousser le doux, le tendre et le passionné, et que sa recherche soit dans les formes. 5 Premièrement, il doit voir au temple, ou à la promenade, ou dans quelque cérémonie publique, la personne dont il devient amoureux; ou bien être conduit fatalement chez elle par un parent ou un ami, et sortir de là tout rêveur et mélancolique. Il cache un temps sa passion à l'objet aimé, et cependant lui rend plusieurs visites, où l'on ne manque jamais de mettre 10 sur le tapis une question galante qui exerce les esprits de l'assemblée. Le jour de la déclaration arrive, qui se doit faire ordinairement dans une allée de quelque jardin, tandis que la compagnie s'est un peu éloignée; et cette déclaration est suivie d'un prompt courroux, qui paraît à notre rougeur, et qui, pour un temps, bannit l'amant de notre présence. Ensuite il trouve 15 moyen de nous apaiser, de nous accoutumer insensiblement au discours de sa passion, et de tirer de nous cet aveu qui fait tant de peine. Après cela viennent les aventures, les rivaux qui se jettent à la traverse d'une inclination établie, les persécutions des pères, les jalousies conçues sur de fausses apparences, les plaintes, les désespoirs, les enlèvements, et ce qui s'ensuit. 20 Voilà comme les choses se traitent dans les belles manières, et ce sont des règles dont, en bonne galanterie, on ne saurait se dispenser. Mais en venir de but en blanc à l'union conjugale, ne faire l'amour qu'en faisant le contrat du mariage, et prendre justement le roman par la queue ! encore un coup, mon père, il ne se peut rien de plus marchand que ce procédé; et 25 j'ai mal au cœur de la seule vision que cela me fait.

---

4. **pousser le doux . . .** Molière gives an ironic turn to the verb *pousser:* 'express passionately.' Note the use of the adjective as a noun, a favorite device with the *précieuses.* 6. **temple** = *église.* It was considered improper to use in novels and particularly on the stage, words connected with worship. Actors were *de facto* excommunicated. 10. **mettre sur le tapis,** *bring up for discussion;* a *précieux* expression which has passed into current language. The discussion of questions pertaining to love, friendship, jealousy, etc., was one of the favorite pastimes of the society of the time. Such debates had previously had a vogue in the 12th and 13th centuries in France and in the 16th century in Italy. 20. **enlèvements.** Boileau, in his satire *les Héros de roman,* pretends that in *le Grand Cyrus* Mandane is abducted eight times ! 23. **de but en blanc,** *directly.* 25. **marchand** = *vulgaire, bourgeois.*

GORGIBUS

Quel diable de jargon entends-je ici? Voici bien du haut style.

CATHOS

En effet, mon oncle, ma cousine donne dans le vrai de la chose. Le moyen de bien recevoir des gens qui sont tout à fait incongrus en galanterie? Je m'en vais gager qu'ils n'ont jamais vu la carte de Tendre, et que Billets-Doux, Petits-Soins, Billets-Galants et Jolis-Vers sont des terres 5 inconnues pour eux. Ne voyez-vous pas que toute leur personne marque cela, et qu'ils n'ont point cet air qui donne d'abord bonne opinion des gens? Venir en visite amoureuse avec une jambe toute unie, un chapeau désarmé de plumes, une tête irrégulière en cheveux, et un habit qui souffre une indigence de rubans... ! mon Dieu, quels amants sont-ce là! 10 Quelle frugalité d'ajustement et quelle sécheresse de conversation! On n'y dure point, on n'y tient pas. J'ai remarqué encore que leurs rabats ne sont pas de la bonne faiseuse, et qu'il s'en faut plus d'un grand demi-pied que leurs hauts-de-chausses ne soient assez larges.

GORGIBUS

Je pense qu'elles sont folles toutes deux, et je ne puis rien comprendre à 15 ce baragouin. Cathos, et vous, Magdelon...

MAGDELON

Eh! de grâce, mon père, défaites-vous de ces noms étranges, et nous appelez autrement.

GORGIBUS

Comment ces noms étranges! Ne sont-ce pas vos noms de baptême?

MAGDELON

Mon Dieu, que vous êtes vulgaire! Pour moi, un de mes étonnements, 20 c'est que vous soyez le père d'une fille si spirituelle que moi. A-t-on jamais

---

2. **donne dans le vrai,** *tells the truth;* adjective used as a noun (see note 4, p. 269). 4. **carte de Tendre,** *map of the Land of Affection,* a sort of parlor game evolved in Mlle de Scudéry's salon and transposed by her into her novel *Clélie.* It shows how one may travel from the town of *New Friendship* on the *River of Inclination* to one of the three cities of *Tenderness: Tendre-sur-Reconnaissance, Tendre-sur-Estime, Tendre-sur-Inclination.* There are dangerous by-ways, fatal to affection, leading to the *Lac d'indifférence,* etc. 8. **jambe toute unie,** *without knee-ruffles.* 9. **tête irrégulière en cheveux,** *hair not dressed in approved fashion.* 11. **frugalité...sécheresse.** Note the *précieux* use of metaphors. 12. **rabats,** collars of fine linen, often trimmed with lace, which had replaced the ruff. 14. **hauts-de-chausses,** *breeches;* these had become so wide that Molière called them *cotillons,* 'petticoats' (*École des maris,* I, sc. i). 17. **étranges,** *commonplace.* — **nous appelez** = *appelez-nous.*

.parlé dans le beau style de Cathos ni de Magdelon? et ne m'avouerez-vous pas que ce serait assez d'un de ces noms pour décrier le plus beau roman du monde?

CATHOS

Il est vrai, mon oncle, qu'une oreille un peu délicate pâtit furieusement
5 à entendre prononcer ces mots-là; et le nom de Polyxène que ma cousine a choisi, et celui d'Aminte que je me suis donné, ont une grâce dont il faut que vous demeuriez d'accord.

GORGIBUS

Écoutez, il n'y a qu'un mot qui serve: je n'entends point que vous ayez d'autres noms que ceux qui vous ont été donnés par vos parrains et
10 marraines; et pour ces messieurs dont il est question, je connais leurs familles, et leurs biens, et je veux résolûment que vous vous disposiez à les recevoir pour maris. Je me lasse de vous avoir sur les bras, et la garde de deux filles est une charge un peu trop pesante pour un homme de mon âge.

CATHOS

15 Pour moi, mon oncle, tout ce que je vous puis dire, c'est que je trouve le mariage une chose tout à fait choquante. Comment est-ce qu'on en peut souffrir la pensée? . . .

MAGDELON

Souffrez que nous prenions un peu haleine parmi le beau monde de Paris, où nous ne faisons que d'arriver. Laissez-nous faire à loisir le tissu
20 de notre roman, et n'en pressez point tant la conclusion.

GORGIBUS

Il n'en faut point douter, elles sont achevées. Encore un coup, je n'entends rien à toutes ces balivernes; je veux être maître absolu; et pour trancher toutes sortes de discours, ou vous serez mariées toutes deux avant qu'il soit peu, ou, ma foi! vous serez religieuses; j'en fais un bon serment.

---

4. **pâtit furieusement,** *suffers furiously.* The *précieuses* were very fond of such adverbs: *effroyablement, terriblement, horriblement.* 5–6. **Polyxène, Aminte.** The fashion was to assume the name of some hero or heroine of romance or to make an anagram. Thus Catherine, Mme de Rambouillet's name, was turned into *Arthénice. Amínte* occurs in Gomberville's *Polexandre* (1632); *Polyxène,* in a novel by a François de Molière (1632). 8. **il n'y a . . . serve,** *here's my last word.* 21. **achevées,** *crazy,* '*completely cracked.*'

SCÈNE V

Cathos, Magdelon.

CATHOS

Mon Dieu ! ma chère, que ton père a la forme enfoncée dans la matière !
que son intelligence est épaisse, et qu'il fait sombre dans son âme !

MAGDELON

Que veux-tu, ma chère ? J'en suis en confusion pour lui. J'ai peine à
me persuader que je puisse être véritablement sa fille, et je crois que quelque aventure, un jour, me viendra développer une naissance plus illustre.   5

CATHOS

Je le croirais bien ; oui, il y a toutes les apparences du monde ; et pour
moi, quand je me regarde aussi . . .

SCÈNE VI

Marotte, Cathos, Magdelon.

MAROTTE

Voilà un laquais qui demande si vous êtes au logis, et dit que son maître
vous veut venir voir.

MAGDELON

Apprenez, sotte, à vous énoncer moins vulgairement. Dites: « Voilà un   10
nécessaire qui demande si vous êtes en commodité d'être visibles. »

MAROTTE

Dame ! je n'entends point le latin, et je n'ai pas appris, comme vous, la
filofie dans *le Grand Cyre.*

1. **chère**, a term frequently used by the *précieuses.* — **que ton père . . . dans la
matière !** *how deeply set in matter is your father's mind!* Cathos uses *forme* as a syn-
onym of *esprit* in opposition to *matière.* Aristotle restricts the term 'form' to inanimate bodies (*Categories*, Chap. VII).   3. **J'en suis . . . pour lui,** *I blush for him.*
5. **développer**, *reveal.*   10. **un nécessaire** = *un laquais.* All this phraseology is
given as a model of good usage in Somaize's *Grand dictionnaire des précieuses.*
12. **Dame !** originally *Notre Dame*, indicates astonishment, doubt: equivalent to
ma foi !   13. **filofie** = *philosophie.* — **le Grand Cyre,** *le Grand Cyrus*, by Mlle de
Scudéry.

MAGDELON

L'impertinente ! Le moyen de souffrir cela ! Et qui est-il, le maître de ce laquais ?

MAROTTE

Il me l'a nommé le marquis de Mascarille.

MAGDELON

Ah ! ma chère, un marquis ! Oui, allez dire qu'on nous peut voir. C'est
5 sans doute un bel esprit qui aura ouï parler de nous.

CATHOS

Assurément, ma chère.

MAGDELON

Il faut le recevoir dans cette salle basse, plutôt qu'en notre chambre.
Ajustons un peu nos cheveux au moins, et soutenons notre réputation.
Vite, venez nous tendre ici dedans le conseiller des grâces.

MAROTTE

10   Par ma foi, je ne sais point quelle bête c'est là : il faut parler chrétien,
si vous voulez que je vous entende.

CATHOS

Apportez-nous le miroir, ignorante que vous êtes, et gardez-vous bien
d'en salir la glace par la communication de votre image.

SCÈNE VII

Mascarille, Deux Porteurs.

MASCARILLE

Holà ! porteurs, holà ! Là, là, là, là, là, là. Je pense que ces marauds-là
15 ont dessein de me briser à force de heurter contre les murailles et les
pavés.

1. PORTEUR

Dame ! c'est que la porte est étroite : vous avez voulu aussi que nous
soyons entrés jusqu'ici.

---

9. le conseiller des grâces, i.e. *le miroir.*   10. parler chrétien, *speak a Christian
language.*   17. que nous soyons entrés = *que nous entrassions.*

MASCARILLE

Je le crois bien. Voudriez-vous, faquins, que j'exposasse l'embonpoint de mes plumes aux inclémences de la saison pluvieuse, et que j'allasse imprimer mes souliers en boue ? Allez, ôtez votre chaise d'ici.

2. PORTEUR

Payez-nous donc, s'il vous plaît, Monsieur.

MASCARILLE

Hem ?   5

2. PORTEUR

Je dis, Monsieur, que vous nous donniez de l'argent, s'il vous plaît.

MASCARILLE, *lui donnant un soufflet.*

Comment, coquin, demander de l'argent à une personne de ma qualité !

2. PORTEUR

Est-ce ainsi qu'on paye les pauvres gens ? et votre qualité nous donne-t-elle à dîner ?

MASCARILLE

Ah ! ah ! ah ! je vous apprendrai à vous connaître ! Ces canailles-là 10 s'osent jouer à moi.

1. PORTEUR, *prenant un des bâtons de sa chaise.*

Çà payez-nous vitement !

MASCARILLE

Quoi ?

1. PORTEUR

Je dis que je veux avoir de l'argent tout à l'heure.

MASCARILLE

Il est raisonnable.   15

1. PORTEUR

Vite donc !

MASCARILLE

Oui-da. Tu parles comme il faut, toi; mais l'autre est un coquin qui ne sait ce qu'il dit. Tiens: es-tu content ?

3. chaise. The *chaise à porteurs* or sedan chair had been imported from England some twenty-two years before.   **14. tout à l'heure,** here means 'immediately.' (In present usage, 'presently, in a short time.')   **17. Oui-da,** *Certainly.*

1. PORTEUR

Non, je ne suis pas content: vous avez donné un soufflet à mon camarade, et . . .

MASCARILLE

Doucement. Tiens, voilà pour le soufflet. On obtient tout de moi
quand on s'y prend de la bonne façon. Allez, venez me reprendre tantôt
5 pour aller au Louvre, au petit coucher.

SCÈNE VIII

MAROTTE, MASCARILLE.

MAROTTE

Monsieur, voilà mes maîtresses qui vont venir tout à l'heure.

MASCARILLE

Qu'elles ne se pressent point: je suis ici posté commodément pour
attendre.

MAROTTE

Les voici.

SCÈNE IX

MAGDELON, CATHOS, MASCARILLE, ALMANZOR.

MASCARILLE, *après avoir salué.*

10   Mesdames, vous serez surprises, sans doute, de l'audace de ma visite;
mais votre réputation vous attire cette méchante affaire, et le mérite a
pour moi des charmes si puissants, que je cours partout après lui.

MAGDELON

Si vous poursuivez le mérite, ce n'est pas sur nos terres que vous devez
chasser.

CATHOS

15   Pour voir chez nous le mérite, il a fallu que vous l'y ayez amené.

5. **petit coucher.** An intimate reception held by the King just before retiring
for the night, to which only men of the highest rank and favor were admitted.
10. **Mesdames.** *Madame* was the title used for ladies of the nobility, whether
married or single; and *mademoiselle* for ladies of the bourgeoisie. Thus, Armande
Béjart, after her marriage to Molière, became known as Mlle Molière.

MASCARILLE

Ah! je m'inscris en faux contre vos paroles. La renommée accuse juste en contant ce que vous valez; et vous allez faire pic, repic et capot tout ce qu'il y a de galant dans Paris.

MAGDELON

Votre complaisance pousse un peu trop avant la libéralité de ses louanges; et nous n'avons garde, ma cousine et moi, de donner de notre 5 sérieux dans le doux de votre flatterie.

CATHOS

Ma chère, il faudrait faire donner des sièges.

MAGDELON

Holà, Almanzor!

ALMANZOR

Madame.

MAGDELON

Vite, voiturez-nous ici les commodités de la conversation. 10

MASCARILLE

Mais au moins, y a-t-il sûreté ici pour moi?

CATHOS

Que craignez-vous?

MASCARILLE

Quelque vol de mon cœur, quelque assassinat de ma franchise. Je vois ici des yeux qui ont la mine d'être de fort mauvais garçons, de faire insulte aux libertés, et de traiter une âme de Turc à More. Comment diable, 15 d'abord qu'on les approche, ils se mettent sur leur garde meurtrière? Ah! par ma foi, je m'en défie, et je m'en vais gagner au pied, ou je veux caution bourgeoise qu'ils ne me feront point de mal.

1. **je m'inscris en faux,** *I protest.* — **accuse juste,** *is correct.* 2. **faire pic, repic et capot,** *win a complete success over.* Terms used in the card game of *piquet* to indicate that one player has taken all the tricks. 5. **donner de notre sérieux dans,** *précieux* language meaning 'take seriously.' 8. **Almanzor.** Note the extraordinary name, that of a Caliph of Bagdad, given to the lackey. 10. **voiturez-nous ici . . .,** ridiculous circumlocution: *draw the armchairs nearer.* 13. **franchise,** *liberty.* 14. **mauvais garçons,** *quarrelsome fellows.* 15. **insulte,** *sudden attack.* — **de Turc à More,** *pitilessly,* as a Turk might treat a Moor. 16. **d'abord que,** *as soon as.* — **garde meurtrière** (fencing term), *in position to attack.* 17. **gagner au pied,** *escape.* 18. **caution bourgeoise,** *sound guaranty,* as given by a worthy bourgeois.

MAGDELON

Ma chère, c'est le caractère enjoué.

CATHOS

Je vois bien que c'est un Amilcar.

MAGDELON

Ne craignez rien: nos yeux n'ont point de mauvais desseins, et votre cœur peut dormir en assurance sur leur prud'homie.

CATHOS

5   Mais de grâce, Monsieur, ne soyez pas inexorable à ce fauteuil qui vous tend les bras il y a un quart d'heure; contentez un peu l'envie qu'il a de vous embrasser.

MASCARILLE, *après s'être peigné* * *et avoir ajusté ses canons.*

Eh bien, Mesdames, que dites-vous de Paris?

MAGDELON

Hélas! qu'en pourrions-nous dire? Il faudrait être l'antipode de la
10 raison, pour ne pas confesser que Paris est le grand bureau des merveilles, le centre du bon goût, du bel esprit et de la galanterie.

MASCARILLE

Pour moi, je tiens que hors de Paris, il n'y a point de salut pour les honnêtes gens. (noble)

CATHOS

C'est une vérité incontestable.

MASCARILLE

15 Il y fait un peu crotté; mais nous avons la chaise.

MAGDELON

Il est vrai que la chaise est un retranchement merveilleux contre les insultes de la boue et du mauvais temps.

MASCARILLE

Vous recevez beaucoup de visites: quel bel esprit est des vôtres?

2. **Amilcar,** a witty, gallant gentleman and a bright and cheerful lover, in Mlle de Scudéry's *Clélie*.   4. **prud'homie,** *honesty.*

* **après s'être peigné.**   Sorel, *Les Lois de la Galanterie,* 1658, recommends this as proper social usage.

11. **galanterie,** *politeness and refinement.*   13. **honnêtes gens,** *well-bred people.* A parody on the maxim *Hors de l'Église, point de salut.*   15. **la chaise,** see note 3, p. 275.   18. **est des vôtres,** *belongs to your circle.*

commodité de conversation

MAGDELON

Hélas! nous ne sommes pas encore connues; mais nous sommes en passe de l'être, et nous avons une amie particulière qui nous a promis d'amener ici tous ces messieurs du *Recueil des pièces choisies.*

CATHOS

Et certains autres qu'on nous a nommés aussi pour être les arbitres souverains des belles choses.   5

MASCARILLE

C'est moi qui ferai votre affaire mieux que personne: ils me rendent tous visite; et je puis dire que je ne me lève jamais sans une demi-douzaine de beaux esprits.

MAGDELON

Eh! mon Dieu, nous vous serons obligées de la dernière obligation, si vous nous faites cette amitié; car enfin il faut avoir la connaissance de 10 tous ces messieurs-là, si l'on veut être du beau monde. Ce sont ceux qui donnent le branle à la réputation dans Paris, et vous savez qu'il y en a tel dont il ne faut que la seule fréquentation pour vous donner bruit de connaisseuse, quand il n'y aurait rien autre chose que cela. Mais pour moi, ce que je considère particulièrement, c'est que, par le moyen de ces 15 visites spirituelles, on est instruite de cent choses qu'il faut savoir de nécessité, et qui sont de l'essence d'un bel esprit. On apprend par là chaque jour les petites nouvelles galantes, les jolis commerces de prose et de vers. On sait à point nommé: « Un tel a composé la plus jolie pièce du monde sur un tel sujet; une telle a fait des paroles sur un tel air; celui-ci 20 a fait un madrigal sur une jouissance; celui-là a composé des stances sur une infidélité; Monsieur un tel écrivit hier au soir un sixain à Mademoiselle une telle, dont elle lui a envoyé la réponse ce matin sur les huit heures; un tel auteur a fait un tel dessein; celui-là en est à la troisième partie de son roman; cet autre met ses ouvrages sous la presse. » C'est là ce qui 25 vous fait valoir dans les compagnies; et si l'on ignore ces choses, je ne donnerais pas un clou de tout l'esprit qu'on peut avoir.

3. **le Recueil,** edited by Charles de Sercy in 1653, third edition 1660, contained madrigals, epigrams, etc., by Corneille, Benserade, Boisrobert, and other habitués of the Hôtel de Rambouillet.   7. **je ne me lève . . .**   Mascarille has a *lever*, or morning reception, like the King.   9. **obligées de . . . obligation,** *under the greatest obligation.*   12. **donnent le branle,** *give a start.*   13. **bruit,** *reputation.*   19. **à point nommé,** *at the proper moment.*   21. **sur une jouissance,** *on obtaining a lady's favor.*   22. **un sixain** (or *sizain*), *a stanza of six lines.*

CATHOS

En effet, je trouve que c'est renchérir sur le ridicule, qu'une personne se pique d'esprit et ne sache pas jusqu'au moindre petit quatrain qui se fait chaque jour; et pour moi, j'aurais toutes les hontes du monde s'il fallait qu'on vînt à me demander si j'aurais vu quelque chose de nouveau que je
5 n'aurais pas vu.

MASCARILLE

Il est vrai qu'il est honteux de n'avoir pas des premiers tout ce qui se fait; mais ne vous mettez pas en peine: je veux établir chez vous une Académie de beaux esprits, et je vous promets qu'il ne se fera pas un bout de vers dans Paris que vous ne sachiez par cœur avant tous les autres.
10 Pour moi, tel que vous me voyez, je m'en escrime un peu quand je veux; et vous verrez courir de ma façon, dans les belles ruelles de Paris, deux cents chansons, autant de sonnets, quatre cents épigrammes et plus de mille madrigaux, sans compter les énigmes et les portraits.

MAGDELON

Je vous avoue que je suis furieusement pour les portraits; je ne vois
15 rien de si galant que cela.

MASCARILLE

Les portraits sont difficiles et demandent un esprit profond; vous en verrez de ma manière qui ne vous déplairont pas.

CATHOS

Pour moi, j'aime terriblement les énigmes.

MASCARILLE

Cela exerce l'esprit, et j'en ai fait quatre encore ce matin, que je vous
20 donnerai à deviner.

1. **c'est renchérir sur le ridicule,** *it is the height of ridicule.*   6. **n'avoir pas des premiers,** *not to be among the first to have.*   7. **une Académie,** a gathering or salon, like that of the Hôtel de Rambouillet, or the *Académie Française*, founded in 1635, which had started with informal meetings of Conrart's friends. See also *les Femmes savantes*, III, sc. ii.   11. **les ruelles** = *les salons.*   Ladies received guests in their bedrooms. The *ruelle* was the space between the bed and the wall where chairs were placed. The visitors were introduced by *alcovistes* and the *précieuse* received them sitting upon a bed placed on a platform in an alcove. The Marquise de Rambouillet's *chambre bleue* was celebrated.   12. **chansons, sonnets,** etc. These were forms which enjoyed extraordinary popularity. Molière ridicules their vogue in *le Misanthrope*, I, sc. ii and in *les Femmes savantes*, III, sc. ii, etc.   13. **portraits.** Descriptions of well-known persons were found in novels, memoirs, and even in sermons (cf. *le Grand Cyrus* and Sorel's satirical *La Description de l'île de Portraiture* . . ., 1659).

MAGDELON

Les madrigaux sont agréables, quand ils sont bien tournés

MASCARILLE

C'est mon talent particulier; et je travaille à mettre en madrigaux toute l'histoire romaine.

MAGDELON

Ah! certes, cela sera du dernier beau. J'en retiens un exemplaire au moins, si vous le faites imprimer.   5

MASCARILLE

Je vous en promets à chacune un, et des mieux reliés. ·Cela est au-dessous de ma condition; mais je le fais seulement pour donner à gagner aux libraires qui me persécutent.

MAGDELON

Je m'imagine que le plaisir est grand de se voir imprimé.

MASCARILLE

Sans doute. Mais à propos, il faut que je vous die un impromptu que 10 je fis hier chez une duchesse de mes amies que je fus visiter; car je suis diablement fort sur les impromptus.

CATHOS

L'impromptu est justement la pierre de touche de l'esprit.

MASCARILLE

Écoutez donc.

MAGDELON

Nous y sommes de toutes nos oreilles.   15

MASCARILLE

> *Oh, oh! je n'y prenais pas garde:*
> *Tandis que, sans songer à mal, je vous regarde,*
> *Votre œil en tapinois me dérobe mon cœur;*
> *Au voleur, au voleur, au voleur, au voleur!*

3. **l'histoire romaine.** Mlle de Scudéry's *Clélie* had as subtitle, *Histoire ro-maine.* The absurdity of turning Roman history into madrigals is manifest. 10. **die,** for *dise.* 11. **je suis diablement fort**... Note that Mascarille excels particularly in every genre mentioned. The impromptu was generally a madrigal (a short amatory poem) or an épigramme (a short poem with a witty and satirical turn). 15. '*We're all ears.*' 16–19. This part of the scene should be compared with a similar one in *les Femmes savantes*, III, sc. ii. 19. **Au voleur!** *Stop thief!*

CATHOS

Ah! mon Dieu! voilà qui est poussé dans le dernier galant.

MASCARILLE

Tout ce que je fais a l'air cavalier; cela ne sent point le pédant.

MAGDELON

Il en est éloigné de plus de deux mille lieues.

MASCARILLE

Avez-vous remarqué ce commencement: *Oh, oh?* Voilà qui est extraor-
5 dinaire: *oh, oh!* Comme un homme qui s'avise tout d'un coup: *oh, oh!*
La surprise: *oh, oh!*

MAGDELON

Oui, je trouve ce *oh, oh!* admirable.

MASCARILLE

Il semble que cela ne soit rien.

CATHOS

Ah! mon Dieu, que dites-vous? Ce sont là de ces sortes de choses qui
10 ne se peuvent payer.

MAGDELON

Sans doute; et j'aimerais mieux avoir fait ce *oh, oh!* qu'un poème
épique.

MASCARILLE

Tudieu! vous avez le goût bon.

MAGDELON

Eh! je ne l'ai pas tout à fait mauvais.

MASCARILLE

15 Mais n'admirez-vous pas aussi *je n'y prenais pas garde? Je n'y prenais*
pas garde, je ne m'apercevais pas de cela: façon de parler naturelle: *je n'y*
prenais pas garde. Tandis que sans songer à mal, tandis qu'innocemment,
sans malice, comme un pauvre mouton, *je vous regarde*, c'est-à-dire, je
m'amuse à vous considérer, je vous observe, je vous contemple; *Votre œil*
20 *en tapinois* . . . Que vous semble de ce mot *tapinois?* n'est-il pas bien
choisi?

---

1. poussé dans le dernier galant, *expressed with the utmost distinction.* 2. cavalier, *noble, dashing,* as opposed to *pédant.* 13. Tudieu! (an oath) *Gad!*

CATHOS

Tout à fait bien.

MASCARILLE

Tapinois, en cachette: il semble que ce soit un chat qui vienne de prendre une souris: *tapinois*.

MAGDELON

Il ne se peut rien de mieux.

MASCARILLE

Me dérobe mon cœur, me l'emporte, me le ravit. *Au voleur, au voleur, au* 5 *voleur, au voleur!* Ne diriez-vous pas que c'est un homme qui crie et court après un voleur pour le faire arrêter? *Au voleur, au voleur, au voleur, au voleur!*

MAGDELON

Il faut avouer que cela a un tour spirituel et galant.

MASCARILLE

Je veux vous dire l'air que j'ai fait dessus. 10

CATHOS

Vous avez appris la musique?

MASCARILLE

Moi? Point du tout.

CATHOS

Et comment donc cela se peut-il?

MASCARILLE

Les gens de qualité savent tout sans avoir jamais rien appris.

MAGDELON

Assurément, ma chère. 15

MASCARILLE

Écoutez si vous trouverez l'air à votre goût. *Hem, hem. La, la, la, la, la.* La brutalité de la saison a furieusement outragé la délicatesse de ma voix; mais il n'importe, c'est à la cavalière. (*Il chante:*)

> *Oh, oh! je n'y prenais pas . . .*

CATHOS

Ah! que voilà un air qui est passionné! Est-ce qu'on n'en meurt point? 20

18. à la **cavalière**, *without ceremony*, as a nobleman does things. 20. i.e. from rapture.

MAGDELON

Il y a de la chromatique là dedans.

MASCARILLE

Ne trouvez-vous pas la pensée bien exprimée dans le chant ? *Au voleur!* ... Et puis, comme si l'on criait bien fort: *au, au, au, au, au, au voleur!* Et tout d'un coup, comme une personne essoufflée: *au voleur!*

MAGDELON

5   C'est là savoir le fin des choses, le grand fin, le fin du fin. Tout est merveilleux, je vous assure; je suis enthousiasmée de l'air et des paroles.

CATHOS

Je n'ai encore rien vu de cette force-là.

MASCARILLE

Tout ce que je fais me vient naturellement, c'est sans étude.

MAGDELON

La nature vous a traité en vraie mère passionnée, et vous en êtes
10   l'enfant gâté.

MASCARILLE

A quoi donc passez-vous le temps ?

CATHOS

A rien du tout.

MAGDELON

Nous avons été jusqu'ici dans un jeûne effroyable de divertissements.

MASCARILLE

Je m'offre à vous mener l'un de ces jours à la comédie, si vous voulez;
15   aussi bien on en doit jouer une nouvelle que je serai bien aise que nous voyions ensemble.

MAGDELON

Cela n'est pas de refus.

1. **de la chromatique,** *something chromatic.* Few people understood the chromatic scale, and Magdelon is merely showing off.   5. **C'est là ... le fin du fin,** the ultimate expression of admiration among the *précieuses.* Translate, 'That is what shows an understanding of the subtle essence of things, the most subtle essence, the essential subtlety.'   13. *Until now we have been frightfully starved for amusements.*
15. **aussi bien,** *as it happens,* ...

MASCARILLE

Mais je vous demande d'applaudir comme il faut, quand nous serons là; car je me suis engagé de faire valoir la pièce, et l'auteur m'en est venu prier encore ce matin.   C'est la coutume ici qu'à nous autres gens de condition les auteurs viennent lire leurs pièces nouvelles, pour nous engager à les trouver belles, et leur donner de la réputation; et je vous laisse à 5 penser si, quand nous disons quelque chose, le parterre ose nous contredire. Pour moi, j'y suis fort exact; et quand j'ai promis à quelque poète, je crie toujours: « Voilà qui est beau,» devant que les chandelles soient allumées.

MAGDELON

Ne m'en parlez point: c'est un admirable lieu que Paris; il s'y passe cent choses tous les jours qu'on ignore dans les provinces, quelque spiri- 10 tuelle qu'on puisse être.

CATHOS

C'est assez: puisque nous sommes instruites, nous ferons notre devoir de nous écrier comme il faut sur tout ce qu'on dira.

MASCARILLE

Je ne sais si je me trompe, mais vous avez toute la mine d'avoir fait quelque comédie.   15

MAGDELON

Eh! il pourrait être quelque chose de ce que vous dites.

MASCARILLE

Ah! ma foi, il faudra que nous la voyions.   Entre nous, j'en ai composé une que je veux faire représenter.

CATHOS

Hé, à quels comédiens la donnerez-vous?

MASCARILLE

Belle demande!   Aux grands comédiens.   Il n'y a qu'eux qui soient 20

2. **engagé de** = *engagé à.* (See also ll. 4–5.)   Translate, 'I have promised to insure the success of the play.' — **m'en ... prier, ...** *to beg me to do it.*   6. **le parterre,** *the pit,* where the humbler spectators could stand and see the play for fifteen sols.   8. **devant que les chandelles ...** = *avant que ...*   The stage was lighted by candles set in candelabra which were raised and lowered.   During the intermission, and sometimes during the performance, attendants snuffed these candles.   9. **Ne m'en parlez point: ... Paris,** *Without question, Paris is a wonderful place.*   20. **grands comédiens,** the *Troupe Royale,* the actors of *l'Hôtel de Bourgogne.* Note the satirical praise Molière gives his powerful rivals; consult also *l'Impromptu de Versailles,* where he parodies the well-known actors Montfleury, Mlle Beauchâteau, and others.

capables de faire valoir les choses; les autres sont des ignorants qui récitent comme l'on parle; ils ne savent pas faire ronfler les vers, et s'arrêter au bel endroit: et le moyen de connaître où est le beau vers, si le comédien ne s'y arrête, et ne vous avertit par là qu'il faut faire le
5 brouhaha?

CATHOS

En effet, il y a manière de faire sentir aux auditeurs les beautés d'un ouvrage; et les choses ne valent que ce qu'on les fait valoir.

MASCARILLE

Que vous semble de ma petite-oie? La trouvez-vous congruante à .l'habit?

CATHOS

10 Tout à fait.

MASCARILLE

Le ruban est bien choisi.

MAGDELON

Furieusement bien. C'est Perdrigeon tout pur.

MASCARILLE

Que dites-vous de mes canons?

MAGDELON

Ils ont tout à fait bon air.

MASCARILLE

15 Je puis me vanter au moins qu'ils ont un grand quartier plus que tous ceux qu'on fait.

MAGDELON

Il faut avouer que je n'ai jamais vu porter si haut l'élégance de l'ajuste-ment.

MASCARILLE

Attachez un peu sur ces gants la réflexion de votre odorat.

smell

4. **faire le brouhaha,** *applaud loudly; brouhaha* (imitative word), *clamor of approval, applause.* 8. **petite-oie,** *trimmings;* lit., 'giblets of a goose.' Also the ornaments of a gentleman's costume such as ribbons, plumes, sword knot, gloves, etc. — **congruante à,** *concordant with,* a pedantic expression. 12. **Perdrigeon,** a fashionable haberdasher often mentioned in writings of the time. 15. **quartier,** a quarter of an *aune:* the *aune,* 'ell,' was about 1.19 meters. 19. **Attachez . . . odorat,** *Allow your olfactory sense to reflect a moment upon these gloves;* a *précieux* way of saying 'smell these gloves.'

MAGDELON

Ils sentent terriblement bon.

CATHOS

Je n'ai jamais respiré une odeur mieux conditionnée.

MASCARILLE

Et celle-là ?   (*Il donne à sentir les cheveux poudrés de sa perruque.*)

MAGDELON

Elle est tout à fait de qualité; le sublime en est touché délicieusement.

MASCARILLE

Vous ne me dites rien de mes plumes; comment les trouvez-vous ?   5

CATHOS

Effroyablement belles.

MASCARILLE

Savez-vous que le brin coûte un louis d'or ?   Pour moi, j'ai cette manie de vouloir donner généralement sur tout ce qu'il y a de plus beau.

MAGDELON

Je vous assure que nous sympathisons vous et moi: j'ai une délicatesse furieuse pour tout ce que je porte; et jusqu'à mes chaussettes, je ne puis 10 rien souffrir qui ne soit de la bonne ouvrière.

MASCARILLE, *s'écriant brusquement.*

Ahi, ahi, ahi, doucement !   Dieu me damne, Mesdames, c'est fort mal en user; j'ai à me plaindre de votre procédé; cela n'est pas honnête.

CATHOS

Qu'est-ce donc ? qu'avez-vous ?

MASCARILLE

Quoi ? toutes deux contre mon cœur, en même temps ! m'attaquer à 15 droit et à gauche !   Ah ! c'est contre le droit des gens; la partie n'est pas égale; et je m'en vais crier au meurtre.

2. **mieux conditionnée,** *of finer extraction.*   4. **le sublime,** *the brain* (which governs the olfactory nerves).   8. **donner . . . sur,** *go in for.*   9. **délicatesse furieuse,** note the incompatibility of these two words.   10. **chaussettes,** *under-stockings,* without feet, worn beneath silk stockings.   12. **c'est fort mal en user,** *this is very shabby treatment.*   15. **à droit,** for *à droite.*   16. **le droit,** *the law.*

CATHOS

Il faut avouer qu'il dit les choses d'une manière particulière.

MAGDELON

Il a un tour admirable dans l'esprit.

CATHOS

Vous avez plus de peur que de mal, et votre cœur crie avant qu'on l'écorche.

MASCARILLE

5   Comment diable ! il est écorché depuis la tête jusqu'aux pieds.

SCÈNE X

MAROTTE, MASCARILLE, CATHOS, MAGDELON.

MAROTTE

Madame, on demande à vous voir.

MAGDELON

Qui ?

MAROTTE

Le vicomte de Jodelet.

MASCARILLE

Le vicomte de Jodelet ?

MAROTTE

10   Oui, Monsieur.

CATHOS

Le connaissez-vous ?

MASCARILLE

C'est mon meilleur ami.

MAGDELON

Faites entrer vitement.

MASCARILLE

Il y a quelque temps que nous ne nous sommes vus, et je suis ravi de
15 cette aventure.

CATHOS

Le voici.

2. **tour admirable dans l'esprit,** *marvelous turn of mind.*   5. écorché, another
incoherent metaphor.

SCÈNE XI

JODELET, MASCARILLE, CATHOS, MAGDELON, MAROTTE.

MASCARILLE

Ah! vicomte!

JODELET, *s'embrassant l'un l'autre.* *

Ah! marquis!

MASCARILLE

Que je suis aise de te rencontrer!

JODELET

Que j'ai de joie de te voir ici!

MASCARILLE

Baise-moi donc encore un peu, je te prie.   5

MAGDELON

Ma toute bonne, nous commençons d'être connues; voilà le beau monde qui prend le chemin de nous venir voir.

MASCARILLE

Mesdames, agréez que je vous présente ce gentilhomme-ci: sur ma parole, il est digne d'être connu de vous.

JODELET

Il est juste de venir vous rendre ce qu'on vous doit; et vos attraits 10 exigent leurs droits seigneuriaux sur toutes sortes de personnes.

MAGDELON

C'est pousser vos civilités jusqu'aux derniers confins de la flatterie.

CATHOS

Cette journée doit être marquée dans notre almanach comme une journée bienheureuse.

MAGDELON

Allons, petit garçon, faut-il toujours vous répéter les choses? Voyez- 15 vous pas qu'il faut le surcroît d'un fauteuil?

* Molière makes fun of this mode of salutation, then all the rage, also in *les Fâcheux*, I, sc. i and in *le Misanthrope*, I, sc. i.

10. **vos attraits ... droits seigneuriaux,** *your charms exercise their feudal rights.*

15. **petit garçon;** she speaks to the lackey.

MASCARILLE

Ne vous étonnez pas de voir le Vicomte de la sorte: il ne fait que sortir d'une maladie qui lui a rendu le visage pâle comme vous le voyez.

JODELET

Ce sont fruits des veilles de la cour et des fatigues de la guerre.

MASCARILLE

Savez-vous, Mesdames, que vous voyez dans le Vicomte un des vaillants
5 hommes du siècle? C'est un brave à trois poils.

JODELET

Vous ne m'en devez rien, Marquis; et nous savons ce que vous savez faire aussi.

MASCARILLE

Il est vrai que nous nous sommes vus tous deux dans l'occasion.

JODELET

Et dans des lieux où il faisait fort chaud.

MASCARILLE, *les regardant toutes deux.*
10 Oui; mais non pas si chaud qu'ici. Hai, hai, hai!

JODELET

Notre connaissance s'est faite à l'armée; et la première fois que nous nous vîmes, il commandait un régiment de cavalerie sur les galères de Malte.

MASCARILLE

Il est vrai; mais vous étiez pourtant dans l'emploi avant que j'y fusse;
15 et je me souviens que je n'étais que petit officier encore, que vous commandiez deux mille chevaux.

JODELET

La guerre est une belle chose; mais, ma foi, la cour récompense bien mal aujourd'hui les gens de service comme nous.

2. **le visage pâle.** Jodelet's face was whitened with flour. The actor, Julien Bedeau, had for years played the part of a valet called 'Jodelet' in farces by Scarron (*Jodelet, ou le maître valet*) and had become known by that name. 5. **brave à trois poils,** *experienced warrior.* The finest velvet had three yellow silk threads on the edge, whence perhaps this comparison. 6. **Vous ne m'en devez rien,** *You're not a whit behind me.* 9. Jodelet means in battle, but he may also be thinking of his master's kitchen! 12. **galères de Malte.** Cavalry manœuvres on galleys might be difficult; the two girls, however, stand for any absurdity. 18. **gens de service,** *military men.*

MASCARILLE

C'est ce qui fait que je veux pendre l'épée au croc.

CATHOS

Pour moi, j'ai un furieux tendre pour les hommes d'épée.

MAGDELON

Je les aime aussi; mais je veux que l'esprit assaisonne la bravoure.

MASCARILLE

Te souvient-il, Vicomte, de cette demi-lune que nous emportâmes sur les ennemis au siège d'Arras? 5

JODELET

Que veux-tu dire avec ta demi-lune? C'était bien une lune toute entière.

MASCARILLE

Je pense que tu as raison.

JODELET

Il m'en doit bien souvenir, ma foi: j'y fus blessé à la jambe d'un coup de grenade, dont je porte encore les marques. Tâtez un peu, de grâce; 10 vous sentirez quelque coup, c'était là.

CATHOS

Il est vrai que la cicatrice est grande.

MASCARILLE

Donnez-moi un peu votre main, et tâtez celui-ci, là, justement au derrière de la tête: y êtes-vous?

MAGDELON

Oui: je sens quelque chose. 15

MASCARILLE

C'est un coup de mousquet que je reçus la dernière campagne que j'ai faite.

1. **pendre l'épée au croc,** *quit the service;* lit., 'hang my sword on the hook.' 2. **j'ai ... tendre pour,** *I'm frightfully fond of. Tendre* is a noun.   5. **le siège d'Arras,** in 1640. The town was taken from the Spaniards.   6. **lune toute entière,** *full moon.* A *demi-lune* is a V-shaped salient in a fortification. This joke comes from Tallemant des Réaux, *Historiettes,* V, p. 203. The marquis de Nesle, according to the story, when it was proposed to him that he make a *demi-lune,* answered, "Gentlemen, let us do nothing by halves for the service of the King; let us make him a full moon."

JODELET

Voici un autre coup qui me perça de part en part à l'attaque de Gravelines.

MASCARILLE, *mettant la main sur le bouton de son haut-de-chausses.*

Je vais vous montrer une furieuse plaie.

MAGDELON

Il n'est pas nécessaire: nous le croyons sans y regarder.

MASCARILLE

5   Ce sont des marques honorables, qui font voir ce qu'on est.

CATHOS

Nous ne doutons point de ce que vous êtes.

MASCARILLE

Vicomte, as-tu là ton carrosse?

JODELET

Pourquoi?

MASCARILLE

Nous mènerions promener ces dames hors des portes, et leur donnerions
10   un cadeau.

MAGDELON

Nous ne saurions sortir aujourd'hui.

MASCARILLE

Ayons donc les violons pour danser.

JODELET

Ma foi, c'est bien avisé.

MAGDELON

Pour cela, nous y consentons; mais il faut donc quelque surcroît de
15   compagnie.

MASCARILLE

Holà! Champagne, Picard, Bourguignon, Casquaret, Basque, la
Verdure, Lorrain, Provençal, la Violette! Au. diable soient tous les

---

1. **Gravelines** was besieged twice, in 1644 and in 1658.   10. **un cadeau,** *an
entertainment*, generally a luncheon in a garden or on the water, often with music.
13. **c'est bien avisé,** *it's a fine idea.*   16. **Champagne,** etc. Servants were named
after the provinces whence they came, or after flowers, e.g. La Tulipe.

laquais! Je ne pense pas qu'il y ait gentilhomme en France plus mal servi que moi. Ces canailles me laissent toujours seul.

MAGDELON

Almanzor, dites aux gens de Monsieur qu'ils aillent querir des violons, et nous faites venir ces Messieurs et ces Dames d'ici près, pour peupler la solitude de notre bal.   5

MASCARILLE

Vicomte, que dis-tu de ces yeux?

JODELET

Mais toi-même, Marquis, que t'en semble?

MASCARILLE

Moi, je dis que nos libertés auront peine à sortir d'ici les braies nettes. Au moins, pour moi, je reçois d'étranges secousses, et mon cœur ne tient plus qu'à un filet.   10

MAGDELON

Que tout ce qu'il dit est naturel! Il tourne les choses le plus agréablement du monde.

CATHOS

Il est vrai qu'il fait une furieuse dépense en esprit.

MASCARILLE

Pour vous montrer que je suis véritable, je veux faire un impromptu là-dessus.   15

CATHOS

Eh! je vous en conjure de toute la dévotion de mon cœur: que nous ayons quelque chose qu'on ait fait pour nous.

JODELET

J'aurais envie d'en faire autant; mais je me trouve un peu incommodé de la veine poétique, pour la quantité des saignées que j'y ai faites ces jours passés.   20

MASCARILLE

Que diable est cela? Je fais toujours bien le premier vers; mais j'ai peine à faire les autres. Ma foi, ceci est un peu trop pressé: je vous ferai un impromptu à loisir, que vous trouverez le plus beau du monde.

8. **sortir les braies nettes,** *get off scot-free.* A coarse proverb drawn from soldiers' speech. *Braies* = breeches. 11. **naturel;** Magdelon confuses 'naturalness' with 'vulgarity.' 13. **il fait ... en esprit,** *he is wildly prodigal with his wit.* 14. **véritable,** *truthful.* 19. **saignées.** Blood-letting was the favorite treatment for most ailments in the 17th century.

JODELET

Il a de l'esprit comme un démon.

MAGDELON

Et du galant, et du bien tourné.

MASCARILLE

Vicomte, dis-moi un peu, y a-t-il longtemps que tu n'as vu la Comtesse ?

JODELET

Il y a plus de trois semaines que je ne lui ai rendu visite.

MASCARILLE

5   Sais-tu bien que le Duc m'est venu voir ce matin, et m'a voulu mener à la campagne courir un cerf avec lui ?

MAGDELON

Voici nos amies qui viennent.

SCÈNE XII

Jodelet, Mascarille, Cathos, Magdelon, Almanzor, Lucile.

MAGDELON

Violons

Mon Dieu, mes chères, nous vous demandons/pardon. Ces Messieurs ont eu fantaisie de nous donner les âmes des pieds; et nous vous avons 10 envoyé querir pour remplir les vides de notre assemblée.

LUCILE

Vous nous avez obligées, sans doute.

MASCARILLE

Ce n'est ici qu'un bal à la hâte; mais l'un de ces jours nous vous en donnerons un dans les formes. Les violons sont-ils venus ?

ALMANZOR

Oui, Monsieur; ils sont ici.

CATHOS

15   Allons donc, mes chères, prenez place.

9. âmes des pieds = *violons.*

MASCARILLE, *dansant lui seul comme par prélude.*

La, la, la, la, la, la, la, la.

MAGDELON

Il a tout à fait la taille élégante.

CATHOS

Et a la mine de danser proprement.

MASCARILLE, *ayant pris Magdelon.*

Ma franchise va danser la courante aussi bien que mes pieds. En cadence, violons, en cadence. Oh! quels ignorants! Il n'y a pas moyen 5
de danser avec eux. Le diable vous emporte! ne sauriez-vous jouer en mesure? La, la, la, la, la, la, la, la. Ferme, ô violons de village.

JODELET, *dansant ensuite.*

Holà! ne pressez pas si fort la cadence: je ne fais que sortir de maladie.

SCÈNE XIII

Du Croisy, La Grange, Mascarille, Jodelet.

LA GRANGE

Ah! ah! coquins, que faites-vous ici? Il y a trois heures que nous vous cherchons.   10

MASCARILLE, *se sentant battre.*

Ahy! ahy! ahy! vous ne m'aviez pas dit que les coups en seraient aussi.

JODELET

Ahy! ahy! ahy!

LA GRANGE

C'est bien à vous, infâme que vous êtes, à vouloir faire l'homme d'importance.   15

DU CROISY

Voilà qui vous apprendra à vous connaître.

(*Ils sortent.*)

3. proprement, *gracefully.*   4. franchise = *liberté,* i.e. of his heart. — la courante, a stately dance.   8. sortir de maladie. The actor Jodelet had just been ill. He died the following year.

SCÈNE XIV

Mascarille, Jodelet, Cathos, Magdelon.

MAGDELON

Que veut donc dire ceci ?

JODELET

C'est une gageure.

CATHOS

Quoi ? vous laisser battre de la sorte !

MASCARILLE

Mon Dieu, je n'ai pas voulu faire semblant de rien; car je suis violent,
5 et je me serais emporté.

MAGDELON

Endurer un affront comme celui-là, en notre présence !

MASCARILLE

Ce n'est rien: ne laissons pas d'achever. Nous nous connaissons il y a
longtemps; et entre amis, on ne va pas se piquer pour si peu de chose.

SCÈNE XV

Du Croisy, La Grange, Mascarille, Jodelet, Magdelon, Cathos.

LA GRANGE

Ma foi, marauds, vous ne vous rirez pas de nous, je vous promets.
10 Entrez, vous autres.

MAGDELON

Quelle est donc cette audace, de venir nous troubler de la sorte dans
notre maison ?

DU CROISY

Comment, Mesdames, nous endurerons que nos laquais soient mieux
reçus que nous ? qu'ils viennent vous faire l'amour à nos dépens, et vous
15 donnent le bal ?

---

4. **je n'ai pas voulu ... rien,** *I didn't want to seem to take any notice.*   7. **ne
laissons pas d'achever,** *let us go on (with the dance).*   10. **Entrez, vous autres:**
three or four hired ruffians enter.

MAGDELON

Vos laquais ?

LA GRANGE

Oui, nos laquais : et cela n'est ni beau ni honnête de nous les débaucher comme vous faites.

MAGDELON

O Ciel ! quelle insolence !

LA GRANGE

Mais ils n'auront pas l'avantage de se servir de nos habits pour vous 5
donner dans la vue ; et si vous les voulez aimer, ce sera, ma foi, pour leurs beaux yeux. Vite, qu'on les dépouille sur-le-champ.

JODELET

Adieu notre braverie.

MASCARILLE

Voilà le marquisat et la vicomté à bas.

DU CROISY

Ha ! ha ! coquins, vous avez l'audace d'aller sur nos brisées ! Vous irez 10
chercher autre part de quoi vous rendre agréables aux yeux de vos belles, je vous en assure.

LA GRANGE

C'est trop que de nous supplanter, et de nous supplanter avec nos propres habits.

MASCARILLE

O Fortune, quelle est ton inconstance !   15

DU CROISY

Vite, qu'on leur ôte jusqu'à la moindre chose.

LA GRANGE

Qu'on emporte toutes ces hardes, dépêchez. Maintenant, Mesdames, en l'état qu'ils sont, vous pouvez continuer vos amours avec eux tant

5. **vous donner dans la vue,** *make an impression upon you.* 8. **braverie,** *finery, elegance.* 10. **aller sur nos brisées,** *take our places, be our rivals.* Branches were broken (*brisées*) to mark spots where game was likely to pass and hunters took their stand at these various *brisées. Aller sur les brisées de* thus means 'to usurp the place of.' 16. A traditional bit of horseplay takes place here : as the valets are despoiled of their borrowed costumes, Mascarille appears in his lackey's livery, while the scrawny Jodelet has to have a number of vests removed from him before he emerges as a white-clad *chef.* He then goes and kneels respectfully before Cathos, who snubs him.

qu'il vous plaira; nous vous laissons toute sorte de liberté pour cela, et nous vous protestons, Monsieur et moi, que nous n'en serons aucunement jaloux.

CATHOS

Ah ! quelle confusion !

MAGDELON

5   Je crève de dépit.

VIOLONS, *au Marquis.*

Qu'est-ce donc que ceci ?   Qui nous payera, nous autres ?

MASCARILLE

Demandez à Monsieur le Vicomte.

VIOLONS, *au Vicomte.*

Qui est-ce qui nous donnera de l'argent ?

JODELET

Demandez à Monsieur le Marquis.

SCÈNE XVI

GORGIBUS, MASCARILLE, MAGDELON.

GORGIBUS

10   Ah ! coquines que vous êtes, vous nous mettez dans de beaux draps blancs, à ce que je vois ! et je viens d'apprendre de belles affaires, vraiment, de ces Messieurs qui sortent !

MAGDELON

Ah ! mon père, c'est une pièce sanglante qu'ils nous ont faite.

GORGIBUS

Oui, c'est une pièce sanglante, mais qui est un effet de votre imperti-
15 nence, infâmes ! Ils se sont ressentis du traitement que vous leur avez fait; et cependant, malheureux que je suis, il faut que je boive l'affront.

MAGDELON

Ah ! je jure que nous en serons vengées, ou que je mourrai en la peine. Et vous, marauds, osez-vous vous tenir ici après votre insolence ?

10. **vous nous mettez ... draps blancs,** *a fine plight you put us in.*   13. **une pièce sanglante,** *a cruel trick.*   16. **je boive l'affront,** *I swallow the insult.*

MASCARILLE

Traiter comme cela un marquis! Voilà ce que c'est que du monde! la moindre disgrâce nous fait mépriser de ceux qui nous chérissaient. Allons, camarade, allons chercher fortune autre part: je vois bien qu'on n'aime ici que la vaine apparence, et qu'on n'y considère point la vertu toute nue.

(Ils sortent tous deux.)   5

SCÈNE XVII

GORGIBUS, MAGDELON, CATHOS, VIOLONS.

VIOLONS

Monsieur, nous entendons que vous nous contentiez à leur défaut pour ce que nous avons joué ici.

GORGIBUS, *les battant.*

Oui, oui, je vous vais contenter, et voici la monnaie dont je vous veux payer. Et vous, pendardes, je ne sais qui me tient que je ne vous en fasse autant. Nous allons servir de fable et de risée à tout le monde, et voilà ce 10 que vous vous êtes attiré par vos extravagances. Allez vous cacher, vilaines; allez vous cacher pour jamais. Et vous qui êtes cause de leur folie, sottes billevesées, pernicieux amusements des esprits oisifs, romans, vers, chansons, sonnets et sonnettes, puissiez-vous être à tous les diables!

---

6. **à leur défaut,** *in their stead;* lit., 'in their default.'   9. **qui** = *ce qui,* 'what.' 10. **servir de fable et de risée,** *be the laughing-stock.*   13. **sottes billevesées,** *silly jargon.*   14. **sonnets et sonnettes** (lit., 'small bells'), *sonnets and absurdities.* Note the play on words, originally attributed to Malherbe (see Tallemant des Réaux, *Historiettes,* I). — **puissiez-vous . . . diables!** *may the deuce take you!*

LE MISANTROPE.

LE MISANTHROPE

I. THE PLAY

Le Misanthrope [1] was performed on June 4, 1666 and may thus logically be studied before *Tartuffe*, of which we know only the revised version of 1669, although its first composition dates back to 1664. It is, furthermore, probable that Molière had started writing *le Misanthrope* while he worked on *Tartuffe*, for Brossette and the not too reliable Grimarest declare that the first act of *le Misanthrope* was read at Comte du Broussin's in 1664.

This first masterpiece is a work of maturity. Molière, who was forty-four years old, had now produced nine successful comedies, besides the original version of *Tartuffe* and the tragi-comedy *Don Garcie de Navarre*, which was a failure but from which he transferred entire passages to *le Misanthrope*. The events of the author's life have a particularly important bearing on the character of this play. In 1662, at the age of forty, he had married Armande Béjart, a girl scarce twenty, whose mother was a member of his troupe and who was herself soon to become its star. Molière has painted her portrait in *le Bourgeois Gentilhomme*, in the character of Lucille, and the question is how exactly he pictured her in the traits of Célimène — the stage rôle in which she excelled. Obviously, too great a likeness would have been cruel, particularly since he himself played Alceste. This marriage was not happy. Of the children born, only one survived, Esprit-Magdeleine, 1665–1723. Justifiably or not, Molière suffered the tortures of intense jealousy and his life with Armande was one of quarrels, breaks, and reconciliations. Home was far from a peaceful refuge for the ailing and harassed author, actor, manager, courtier, who was subjected to bitter attacks from all sides — such is the price of success — attacks from rival authors, rival actors; from the *précieux* and *précieuses* and the *marquis* he satirized; from the Church. Each professional triumph made him new enemies. Thanks to the support of the young King he had just come out victorious, but weary and disgusted, from the *guerre comique* (cf. *l'École des Femmes*, 1662, *la Critique de l'École* and *l'Impromptu de Versailles*, 1663) with its campaign of vile insinuations, slander, and calumny. And when, lately, he had sought to defend himself from his most dangerous enemies, the religious hypocrites, they had given proof of their power by stopping *Tartuffe*, despite the King's good will toward the author. Then, in 1665, a young playwright he had befriended and whose first dramatic efforts he had fostered, Jean Racine, had betrayed

---

[1] Molière originally used the subtitle *Ou l'Atrabilaire amoureux* to indicate at once that Alceste suffers from melancholia and is in love.

him by going over to his rivals of the *Hôtel de Bourgogne*. Armande was living in Paris, beset by *marquis*, while her husband was alone at Auteuil and quite ill, seriously enough so that his theater had to remain closed from December 29, 1665 to February 21, 1666. Under these circumstances it was that Molière finished *le Misanthrope*.

The comedy was given at the Palais-Royal theater on June 4, 1666 and met with scant success, as Louis Racine, the son of the dramatist, notes in his *Mémoires*, perhaps not without some exaggeration. The first two performances netted 1447 and 1617 livres, respectively, attesting full houses. Those that followed, however, — there were twenty-one consecutive performances in all — showed diminishing receipts, and on the third of September the farce of *le Médecin malgré lui* had to be added to support the bill. The play was given thirty-four times that year and only four times the next. It was probably never presented before the court during Molière's lifetime. Up to July 1st 1931, *le Misanthrope* had a total of 1359 performances. While many regard it as Molière's finest play, in popularity it ranks after *Tartuffe*, *les Femmes savantes*, and *l'Avare*.

The causes for this semi-success are not difficult to find: with *le Misanthrope*, Molière was breaking away from the traditional style of comedy. For the first time he offered something wholly original, owing nothing to the Old French farce, to Italy, or Spain. To an audience which had come to see a complicated intrigue enlivened with farce and spiced with *gauloiseries* — the hoodwinking by a sly girl of an aged and doting Sganarelle, the broad jests and extravagances of Mascarille — he presented a finished literary production, a study of character, a tableau of contemporary society, high society. No wonder the good Parisian bourgeois could make little of it! That testy, tempery hero who did not want to be embraced was rather amusing at times; and there was also a lovely sonnet to Phillis which you started to applaud, only to be laughed at by those fine gentlemen of the court. It was all rather bewildering. The play had merit, no doubt, but for real fun give us *Sganarelle the Imaginary cuckold* or *l'École des Maris!* The court, however, recognized the value of Molière's masterpiece. The reviews, which accurately reflected its opinion, give evidence of it.

Robinet in his *Lettre en vers à Madame*, dated June 12, declares of the play that

> . . . de Molière son auteur
> N'a rien fait de cette hauteur.

and Subligny in his *Muse Dauphine*, June 17, finds

> Une chose de fort grand cours
> Et de beauté fort singulière
> Est une pièce de Molière
> Toute la cour en dit du bien
>
> .   .   .   .
>
> C'est un chef-d'œuvre inimitable.

Donneau de Visé, who two years before, in the quarrel raging about *l'École des Femmes*, had attacked Molière violently in two comedies, *Zélinde* and *La Vengeance des Marquis* (1663), now rallied to the master and wrote a letter of critical appreciation which — unknown to Molière — was published in the first edition of the play. To his friend Boileau, Molière ever was to remain "*l'auteur du Misanthrope.*"

Posterity has been lavish in its praise: "*C'est une comédie plus faite pour les gens d'esprit que pour la multitude et plus propre à être lue qu'à être jouée,*" Voltaire wrote. Himself a man of the theater, he here seized upon the play's one weakness: a lack of action which is more noticeable during the performance than in the reading.

"I constantly reread *le Misanthrope* as one of the world's plays I prize the most highly," Goethe told Eckermann, and he could not understand W. Schlegel's bitter hostility to Molière. Of the critics, one of the most severe was Fénelon, who in his *Lettre à L'Académie* declared that "*Molière a donné un tour gracieux au vice et une austérité ridicule à la vertu.*" His further criticism of Molière's style was refuted by Voltaire. Evidently a dramatist can have little style other than that of the characters he portrays. Jean-Jacques Rousseau, in his *Lettre à d'Alembert*, likewise objected to seeing "*ce caractère vertueux . . . présenté comme ridicule,*" missing Molière's own point that

> A force de sagesse on peut être blâmable
> La parfaite raison fuit toute extrémité.

An egotist, Rousseau was, of course, defending his own extravagance and misanthropy.

II. THE CHARACTERS

Many have sought to find an original for Alceste: le duc de Montausier, Boileau, Molière himself; and all are, in part, probably right. Molière's declared object was to create representative characters and not to paint individual portraits. To accomplish this he must naturally make use of his whole experience, draw from the entire field of his observation. He took his stock wherever he found it, whether in himself or in others, borrowing an incident here, there a trait, a trick of speech, a gesture. Alceste is a young man of high birth and with principles, in contrast with Don Juan, the noble *méchant homme.* He is of a frank, generous nature, and sensitive; one who cherished lofty ideals and whose illusions have been destroyed, due mostly to his own unadaptability and uncompromising character. He would have life not as it is, but as it ought to be, and will make no concessions; right is right and wrong is wrong. Magnificently intolerant, he is as excessive in his theoretical virtue as others are in vice, and like them he suffers. It is this lack of measure, of a sense of proportion, which at times makes him ridiculous, and not his virtue — a fact which Fénelon and Rousseau failed to recognize. He inveighs with equal violence against a mere social usage and moral turpitude. Ridiculous he is also in his egotistic assumption that he alone is always right, in his demanding perfection in others and not realizing his own faults. And he becomes decidedly comic when caught in open contradiction with his own high principles; when he, the stern moralist, weakly avows his infatuation with a woman who represents all the affectation and social hypocrisy he abominates: a puritan in love with a coquette! That is one cause of Alceste's exasperation; he feels humiliated by his manifest weakness and to justify himself must make society, with its insincerity and frivolities, responsible for Célimène's failings. This turns his dislike of it into violent detestation and renders him the more eager to take the woman he loves away from the company of those stupid, slanderous marquis who are constantly fluttering about her. And yet, she puts him off! Why, since she loves him? She certainly has led him to believe she loved him, otherwise . . .?

Célimène, a charming, witty young woman, a widow scarce twenty, is having too wonderful a time to wish to see it end so soon. When she is almost as old as Arsinoé, maybe! She basks in the warmth of the adulation and flattery of her little court of love, playing off one suitor against another, promising everything, giving nothing. Beautiful, brilliant, sparkling as a diamond and quite as hard. The perfect coquette. Mlle Molière played the part admirably and many have seen a cruel portrait. Others would recognize for its model Julie d'Angennes, the *précieuse*, daughter of Madame de Rambouillet, she who kept the duc de Montausier languishing after her for fourteen years.

The two marquis, Clitandre and Acaste, are not without prototypes: the comte de Guiche and the duc de Lauzun, both renowned lady-killers and ardent admirers of Mlle Molière.

Philinte is a gentle cynic. Having a very low opinion of men, he has decided not to worry about them but to take them as they are; to get along as easily as possible. It is perhaps he who is the real misanthrope. A not very admirable character, perhaps, and yet he proves himself a true friend to Alceste, and it speaks well for him that the *sincère* Éliante consents to marry him.

Arsinoé belongs to a variety of females Molière particularly detests, the prude. No longer in the first bloom of youth, she is envious, "catty," slanderous: a hypocrite who affects virtue when sin is beyond her. Her type has already appeared in *la Critique de l'École des Femmes* (Climène) and will return in *les Femmes savantes* (Armande).

III. EXPLICATION DE TEXTE

Analyze lines 225–242, Act I, scene i, noting the importance of the selection in the development of the *exposition:* (a) in completing the characterization of one of the two leading personages, Alceste, and in presenting the other,

Célimène, who will appear only in Act II; (b) in giving the mainspring of the action: the conflicting ideals of the lovers, Alceste's presumptuous belief that his love alone can cure a coquette of her worldliness; (c) in giving an indication of Philinte's skepticism.

Comedie de Charactere.

SYNOPSIS OF *LE MISANTHROPE*

la pensée

ACT I

sc. i   The act takes place in Célimène's salon. Alceste violently up-braids his friend Philinte for his effusive greeting of a man who is practically a stranger to him. Such social usages are hypo-critical and debasing, and Alceste would have men speak and act with absolute frankness and sincerity, always. He announces his decision not to pay the customary formal visits to the judges who are to try his lawsuit — for is not the justice of his cause manifest? Philinte advises him not to try to reform humanity. Besides, if he so detests social conventions and artificiality, why is he courting a coquette? Alceste admits his seeming incon-sistency: however, it is society which is to blame for Célimène's faults, and he counts upon the influence of his love to reform her!

sc. ii   Oronte, a court poet, also a suitor of Célimène, comes to protest his friendship to Alceste and particularly to ask that gentleman's opinion on his latest sonnet. Philinte lavishes the expected praise while Alceste tries to avoid committing himself — despite his re-cent pronouncement on absolute frankness at all times. Finally, however, he is forced to speak and seriously offends Oronte by telling him his verse is wretched. They quarrel.

sc. iii Philinte foresees trouble.

ACT II

sc. i   Alceste has met Célimène and escorted her home. He blames her for encouraging the swarm of lovers constantly about her, brushes aside her excuses and evasions, and insists that she cease putting him off.

sc. ii, iii,   The arrival of a group of friends, Philinte, Éliante, and the
iv, v   marquis Acaste and Clitandre, saves Célimène from an embar-rassing situation. The famous *scène des portraits* follows in which Célimène, encouraged and put on her mettle by her admirers, makes witty and satirical comments on their acquaintances. Alceste, outraged, tells the gossips what he thinks of them. The discussion threatens to turn into a quarrel.

sc. vi, vii   A bailiff enters and summons Alceste to appear before the Marshal's Court, to see about settling his quarrel with Oronte.

ACT III

sc. i   (The scene of the marquis.) Clitandre and Acaste express
               their high opinion of their own persons and as each believes him-
               self preferred by Célimène, they agree that if one can offer proof
               that he truly is the favorite the other will withdraw.

sc. ii   Célimène enters.

sc. iii, iv   Arsinoé is announced. Célimène makes sharp remarks about
               her and then hastens to receive her with an effusion which causes
               the marquis to burst out laughing as they leave. Arsinoé, the
               prude, is fond of Alceste and bitterly jealous of the pretty widow.
               On the transparent pretext of friendship, she retails to Célimène
               all the mean gossip that is going on about her. The witty co-
               quette replies in the same tenor, but with shafts so keen and well
               directed that the prude is completely routed. Alceste enters and
               Célimène goes out to write a note.

sc. v   Arsinoé, burning with the desire to avenge herself, flatters
               Alceste and then tells him that Célimène is unworthy of his love.
               She will produce proofs of her unfaithfulness; and if he needs
               consolation, she knows *someone* willing to give it!

ACT IV

sc. i   Philinte tells Éliante that Alceste and Oronte have been recon-
               ciled, not without difficulty. He wishes his friend had chosen a
               lady more worthy of his love, Éliante herself, for instance. Éliante
               admits her admiration for Alceste. Philinte hopes that if Alceste
               does marry the coquette, Éliante may accept him, Philinte, for
               her husband.

sc. ii   Alceste enters in despair. Arsinoé has given him a love letter
               from Célimène to one of her admirers. To spite the faithless
               woman he offers to marry Éliante. She, however, prophesies that
               his anger will soon cool.

sc. iii   A masterly scene. Célimène enters and immediately senses
               that something is amiss. Alceste bursts forth into violent re-
               proaches, but not specific enough to let the coquette know just
               how much he has discovered. She tries in vain various evasions
               and when cornered suddenly changes her tactics and haughtily
               refuses to defend herself. The rôles are presently reversed and
               we find Alceste pleading to be convinced that Célimène is true to
               him, despite the evidence to the contrary. Célimène wins a com-
               plete victory.

sc. iv   Alceste's valet, DuBois, comes to call him away on some urgent
               business.

ACT V

sc. i   Alceste has lost his lawsuit, contrary to all justice. Disgusted,
               he has definitely made up his mind to forsake the world and

take refuge in a desert, with Célimène if she will accompany him.

sc. ii, iii   Célimène enters with Oronte, who is urging her to decide between him and Alceste. The latter comes forward and adds his request to the same effect. Célimène demurs and appeals in vain to Éliante for support.

sc. iv   Acaste and Clitandre enter accompanied by Arsinoé, and each reads a billet-doux addressed by Célimène to the other, satirizing her lovers. With Oronte they scornfully withdraw in favor of Alceste. He rather bluntly rejects Arsinoé's consolation. Although cut to the quick, he is willing to forgive if Célimène, as evidence of her sincere repentance, will marry him and follow him to his desert. Marriage she accepts but not solitude, whereupon Alceste also leaves her. Éliante will marry Philinte and both will try to help their friend.

LE MISANTHROPE

COMÉDIE

(4 juin 1666)

ACTEURS [1]

ALCESTE,[2] amant [3] de Célimène.	MOLIÈRE
PHILINTE, ami d'Alceste.	LA THORILLIÈRE (?)
ORONTE, amant de Célimène.	DU CROISY
CÉLIMÈNE, amante d'Alceste.	MLLE MOLIÈRE
ÉLIANTE, cousine de Célimène.	MLLE DU PARC [4] (?)
ARSINOÉ, amie de Célimène.	MLLE DE BRIE (?)
ACASTE ⎱ marquis.	LA GRANGE
CLITANDRE ⎰	HUBERT (?)
BASQUE, valet de Célimène.	?
UN GARDE DE LA MARÉCHAUSSÉE DE FRANCE.	DE BRIE
DUBOIS, valet d'Alceste.	BÉJART

La scène est à Paris dans la maison de Célimène.

---

[1] In modern French *Personnages*.   [2] **Alceste,** the name occurs in Euripides, given to a woman.   [3] **amant** generally means 'one who loves and is loved in return.'
[4] **Mlle Du Parc** went over to the Hôtel de Bourgogne, where she created the rôle of Andromaque in 1667.

ACTE PREMIER

SCÈNE PREMIÈRE

PHILINTE, ALCESTE.

PHILINTE

Qu'est-ce donc? qu'avez-vous?

ALCESTE

Laissez-moi, je vous prie.

PHILINTE

Mais encor, dites-moi, quelle bizarrerie . . .

ALCESTE

Laissez-moi là, vous dis-je, et courez vous cacher.

PHILINTE

Mais on entend les gens au moins, sans se fâcher.

ALCESTE

Moi, je veux me fâcher, et ne veux point entendre. 5

PHILINTE

Dans vos brusques chagrins je ne puis vous comprendre,
Et, quoique amis enfin, je suis tout des premiers. . . .

ALCESTE, *se levant brusquement.*

Moi, votre ami? Rayez cela de vos papiers.
J'ai fait jusques ici profession de l'être;

SCENE I. The entire play takes place in Célimène's reception room on the second floor of the house. The main drawing-rooms would be downstairs. Éliante has a room on the third floor. Alceste strides in, violently irritated, closely followed by Philinte. He crosses the stage to the right front, moves a chair, and sits down. 5. There is no doubt as to which is the *misanthrope.* 6. **chàgrins,** *fits of temper* or *of ill humor.* 7. **tout des premiers,** *one of the very first. Tout* is used to reinforce the expression. 8. **Rayez cela . . . papiers,** *Get rid of that idea!* (i.e. Don't depend on that.)

Mais, après ce qu'en vous je viens de voir paraître, 10
Je vous déclare net que je ne le suis plus,
Et ne veux nulle place en des cœurs corrompus.

PHILINTE

Je suis donc bien coupable, Alceste, à votre compte?

ALCESTE

Allez, vous devriez mourir de pure honte;
Une telle action ne saurait s'excuser, 15
Et tout homme d'honneur s'en doit scandaliser.
Je vous vois accabler un homme de caresses,
Et témoigner pour lui les dernières tendresses;
De protestations, d'offres et de serments,
Vous chargez la fureur de vos embrassements; 20
Et quand je vous demande après quel est cet homme,
A peine pouvez-vous dire comme il se nomme;
Votre chaleur pour lui tombe en vous séparant,
Et vous me le traitez, à moi, d'indifférent!
Morbleu! c'est une chose indigne, lâche, infâme, 25
De s'abaisser ainsi jusqu'à trahir son âme;
Et si, par un malheur, j'en avais fait autant,
Je m'irais, de regret, pendre tout à l'instant.

PHILINTE

Je ne vois pas, pour moi, que le cas soit pendable;
Et je vous supplierai d'avoir pour agréable 30
Que je me fasse un peu grâce sur votre arrêt,
Et ne me pende pas pour cela, s'il vous plaît.

ALCESTE

Que la plaisanterie est de mauvaise grâce!

PHILINTE

Mais, sérieusement, que voulez-vous qu'on fasse?

19–20. De protestations ... vous chargez la fureur de vos embrassements, *You overload your wild embraces with protestations* . . . The phrase is syntactically difficult to explain, but Alceste is sputtering mad. The custom among people of embracing and kissing each other whenever they met was well established. Montaigne had commented on it (*Essais*, III, 5) and Molière had already ridiculed it in *les Précieuses* and *les Fâcheux.* **22. comme =** *comment.* **28. Je m'irais.** Note the regular position of the pronoun object *before* the auxiliary. — **tout à l'instant;** *tout* merely strengthens *à l'instant.* Note Alceste's extravagance and Philinte's good-humored, joking retort. **31.** *That I apply your sentence to myself with some leniency.*

ALCESTE
de principe

Je veux qu'on soit sincère, et qu'en homme d'honneur   35
On ne lâche aucun mot qui ne parte du cœur.

PHILINTE

Lorsqu'un homme vous vient embrasser avec joie,
Il faut bien le payer de la même monnoie,
Répondre comme on peut à ses empressements,
Et rendre offre pour offre, et serments pour serments.   4C

ALCESTE

Non, je ne puis souffrir cette lâche méthode
Qu'affectent la plupart de vos gens à la mode;
Et je ne hais rien tant que les contorsions
De tous ces grands faiseurs de protestations,
Ces affables donneurs d'embrassades frivoles,   45
Ces obligeants diseurs d'inutiles paroles,
Qui de civilités avec tous font combat,
Et traitent du même air l'honnête homme et le fat.
Quel avantage a-t-on qu'un homme vous caresse,
Vous jure amitié, foi, zèle, estime, tendresse,   50
Et vous fasse de vous un éloge éclatant,
Lorsqu'au premier faquin il court en faire autant?
Non, non, il n'est point d'âme un peu bien située
Qui veuille d'une estime ainsi prostituée;
Et la plus glorieuse a des régals peu chers,   55
Dès qu'on voit qu'on nous mêle avec tout l'univers:
Sur quelque préférence une estime se fonde,
Et c'est n'estimer rien qu'estimer tout le monde.
Puisque vous y donnez dans ces vices du temps,
Morbleu! vous n'êtes pas pour être de mes gens;   60
Je refuse d'un cœur la vaste complaisance
Qui ne fait de mérite aucune différence;

37–38. **joie, monnoie** (= *monnaie*) were pronounced *joué, monnoué.*   47. **avec tous font combat,** *vie with each other.*   48. **l'honnête homme et le fat,** *the gentleman and the fool.*   52. **faquin** (Italian *facchino,* 'porter'), *boor, despicable character.*   53–54. **il n'est point d'âme . . . qui veuille,** *there is no soul with any nobility that cares for.*   55. A rather obscure phrase: *And the most flattering esteem affords small cause for gratification.* One might also construe *glorieuse* as qualifying *âme: the noblest soul receives little gratification.*   59. **y** is pleonastic. Translate: *Since you go in for these vices of the times.*   60. **vous n'êtes pas pour** = *vous n'êtes pas fait pour.* — **gens** = *amis.*

Je veux qu'on me distingue, et, pour le trancher net,
L'ami du genre humain n'est point du tout mon fait.

PHILINTE

Mais, quand on est du monde, il faut bien que l'on rende   65
Quelques dehors civils que l'usage demande.

ALCESTE

Non, vous dis-je, on devrait châtier sans pitié
Ce commerce honteux de semblants d'amitié.
Je veux que l'on soit homme, et qu'en toute rencontre
Le fond de notre cœur dans nos discours se montre,   70
Que ce soit lui qui parle, et que nos sentiments
Ne se masquent jamais sous de vains compliments.

PHILINTE

Il est bien des endroits où la pleine franchise
Deviendrait ridicule, et serait peu permise;
Et parfois, n'en déplaise à votre austère honneur,   75
Il est bon de cacher ce qu'on a dans le cœur.
Serait-il à propos et de la bienséance
De dire à mille gens tout ce que d'eux on pense?
Et, quand on a quelqu'un qu'on hait ou qui déplaît,
Lui doit-on déclarer la chose comme elle est?   80

ALCESTE

Oui.

PHILINTE

Quoi! vous iriez dire à la vieille Émilie
Qu'à son âge il sied mal de faire la jolie,
Et que le blanc qu'elle a scandalise chacun?

ALCESTE

Sans doute.

63. **pour le trancher net,** *to express it categorically.* Sound the *t* of *net.*   65. **du monde** = *de la bonne société.*   66. **dehors civils,** *exterior marks of politeness.*   69. **rencontre,** *occasion.*   73. **endroits,** *circumstances.* Note that Philinte changes the subject of the discussion. Alceste was objecting to indiscriminate compliments; the question now becomes that of the propriety of going out of one's way to tell unpleasant truths. Alceste is so irritated that he makes himself ridiculous by upholding aggressive frankness.   81. *Émilie.* This begins the series of satirical portraits, exposing social foibles. See also Act II, scene iv.

PHILINTE

A Dorilas, qu'il est trop importun,
Et qu'il n'est à la cour oreille qu'il ne lasse   *les portraits*   85
A conter sa bravoure et l'éclat de sa race?

ALCESTE

Fort bien.

PHILINTE

Vous vous moquez.

ALCESTE

Je ne me moque point.
Et je vais n'épargner personne sur ce point,
Mes yeux sont trop blessés, et la cour et la ville
Ne m'offrent rien qu'objets à m'échauffer la bile.   90
J'entre en une humeur noire, en un chagrin profond,
Quand je vois vivre entre eux les hommes comme ils font.
Je ne trouve partout que lâche flatterie,
Qu'injustice, intérêt, trahison, fourberie:
Je n'y puis plus tenir, j'enrage; et mon dessein   95
Est de rompre en visière à tout le genre humain.

PHILINTE

Ce chagrin philosophe est un peu trop sauvage.
Je ris des noirs accès où je vous envisage,
Et crois voir en nous deux, sous mêmes soins nourris,
Ces deux frères que peint *l'École des Maris*,   100
Dont...

ALCESTE

Mon Dieu! laissons là vos comparaisons fades.

PHILINTE

Non: tout de bon, quittez toutes ces incartades.
Le monde par vos soins ne se changera pas:

86. race. The riming of a short ă with a long ā (*lasse*) was tolerated in the 17th century.   90. m'échauffer la bile, *excite my wrath.* The '*atrabilaire*' here speaks. 93–94. lâche flatterie . . . fourberie. Alceste suffers from all these in the course of the play.   96. rompre en visière à, *attack, quarrel with.*   97. philosophe = *philosophique.*   98. noirs accès, *gloomy fits of rage.*   99. sous mêmes soins nourris, *brought up under the same care.*   100. l'École des Maris (1661) shows two brothers, one harsh and severe; the other kindly and amiable.   102. incartades, *extravagant ways.*

Et puisque la franchise a pour vous tant d'appas,
Je vous dirai tout franc que cette maladie, 105
Partout où vous allez, donne la comédie;
Et qu'un si grand courroux contre les mœurs du temps
Vous tourne en ridicule auprès de bien des gens.

ALCESTE

Tant mieux, morbleu! tant mieux, c'est ce que je demande;
Ce m'est un fort bon signe, et ma joie en est grande: 110
Tous les hommes me sont à tel point odieux,
Que je serais fâché d'être sage à leurs yeux.

PHILINTE

Vous voulez un grand mal à la nature humaine!

ALCESTE

Oui, j'ai conçu pour elle une effroyable haine.

PHILINTE

Tous les pauvres mortels, sans nulle exception, 115
Seront enveloppés dans cette aversion?
Encore en est-il bien, dans le siècle où nous sommes . . .

ALCESTE

Non: elle est générale, et je hais tous les hommes:
Les uns, parce qu'ils sont méchants et malfaisants,
Et les autres, pour être aux méchants complaisants 120
Et n'avoir pas pour eux ces haines vigoureuses
Que doit donner le vice aux âmes vertueuses.
De cette complaisance on voit l'injuste excès
Pour le franc scélérat avec qui j'ai procès:
Au travers de son masque on voit à plein le traître; 125
Partout il est connu pour tout ce qu'il peut être;
Et ses roulements d'yeux, et son ton radouci
N'imposent qu'à des gens qui ne sont poìnt d'ici.
On sait que ce pied-plat, digne qu'on le confonde,

106. **donne la comédie,** *makes you a laughing-stock.* Philinte's attack makes Alceste furious, as his next speech shows. 117. **Encore en est il bien,** *And yet there are surely some.* 118. **elle** refers to *aversion* or *haine.* 120. Timon of Athens, according to Erasmus, gave similar reasons for his hatred of mankind. 124. **j'ai procès;** the article is frequently omitted. 129. **pied-plat,** *scoundrel.* Noblemen wore high-heeled boots, while peasants and the like went flat-footed; hence the meaning, 'common fellow, uncouth,' etc. Tartuffe (Act I, scene i) also is called a '*pied-plat.*' The critic Ch. Livet saw resemblances between him and this enemy of Alceste, as well as between Alceste and Orgon. *Tartuffe* was already written, but had not yet been played in public.

Par de sales emplois s'est poussé dans le monde,   130
Et que par eux son sort de splendeur revêtu
Fait gronder le mérite et rougir la vertu.
Quelques titres honteux qu'en tous lieux on lui donne,
Son misérable honneur ne voit pour lui personne;
Nommez-le fourbe, infâme et scélérat maudit,   135
Tout le monde en convient et nul n'y contredit.
Cependant sa grimace est partout bienvenue:
On l'accueille, on lui rit, partout il s'insinue;
Et s'il est, par la brigue, un rang à disputer,
Sur le plus honnête homme on le voit l'emporter.   140
Têtebleu! ce me sont de mortelles blessures,
De voir qu'avec le vice on garde des mesures;
Et parfois il me prend des mouvements soudains
De fuir dans un désert l'approche des humains. *isolation*

PHILINTE

Mon Dieu, des mœurs du temps mettons-nous moins en peine, 145
Et faisons un peu grâce à la nature humaine;
Ne l'examinons point dans la grande rigueur,
Et voyons ses défauts avec quelque douceur.
Il faut, parmi le monde, une vertu traitable;
A force de sagesse, on peut être blâmable;   150
La parfaite raison fuit toute extrémité,   *Sentence*
Et veut que l'on soit sage avec sobriété.
Cette grande roideur des vertus des vieux âges
Heurte trop notre siècle et les communs usages;
Elle veut aux mortels trop de perfection: 155
Il faut fléchir au temps sans obstination;
Et c'est une folie, à nulle autre seconde
De vouloir se mêler de corriger le monde.
J'observe, comme vous, cent choses tous les jours,
Qui pourraient mieux aller, prenant un autre cours;   160
Mais quoi qu'à chaque pas je puisse voir paraître,
En courroux, comme vous, on ne me voit point être;

130. emplois, *means, methods.*   133–34. titres honteux ... misérable honneur.   Note the antithesis.   139. par la brigue, *in competition.*   141. Têtebleu, morbleu (l. 109), etc., oaths in vogue at the time.   142. on garde des mesures, *one shows such forbearance.*   144. De fuir dans un désert.   This prepares for the dénouement.
149. traitable, *accommodating.*   153. roideur = *raideur.*   154. communs, *current.*
157. à nulle autre seconde.   Boileau satirized this too easy and common rime.
158. De vouloir ... would nowadays be preceded by *que.*

Je prends tout doucement les hommes comme ils sont,
J'accoutume mon âme à souffrir ce qu'ils font,
Et je crois qu'à la cour, de même qu'à la ville,　　　　165
Mon flegme est philosophe autant que votre bile.

ALCESTE

Mais ce flegme, Monsieur qui raisonnez si bien,
Ce flegme pourra-t-il ne s'échauffer de rien?
Et, s'il faut, par hasard, qu'un ami vous trahisse,
Que, pour avoir vos biens, on dresse un artifice,　　　　170
Ou qu'on tâche à semer de méchants bruits de vous,
Verrez-vous tout cela sans vous mettre en courroux?

PHILINTE

Oui, je vois ces défauts dont votre âme murmure
Comme vices unis à l'humaine nature,
Et mon esprit enfin n'est pas plus offensé　　　　175
De voir un homme fourbe, injuste, intéressé,
Que de voir des vautours affamés de carnage,
Des singes malfaisants et des loups pleins de rage.

ALCESTE

Je me verrai trahir, mettre en pièces, voler,
Sans que je sois . . . Morbleu! je ne veux point parler,　　　　180
Tant ce raisonnement est plein d'impertinence.

PHILINTE

Ma foi! vous ferez bien de garder le silence.
Contre votre partie éclatez un peu moins,
Et donnez au procès une part de vos soins.

ALCESTE

Je n'en donnerai point, c'est une chose dite.　　　　185

PHILINTE

Mais qui voulez-vous donc qui pour vous sollicite?

169. s'il faut, *if it happens.*　　170. on dresse un artifice, *lays a snare.*　　173 ff. Is not Philinte, who calmly accepts all vices as natural to humanity, more misanthropic than Alceste, who is constantly hurt at finding men wicked? Compare this passage with La Bruyère's *Caractères: De l'homme.*　　181. *So shockingly absurd is this argument.*　　183. votre partie, *your adversary.*　　186. sollicite. It was customary to visit judges and offer them gifts, a practice which obviously encouraged corruption. Alceste's refusal to conform to it would be considered more rude than righteous. It also meant the certain loss of his lawsuit.

ALCESTE

Qui je veux? La raison, mon bon droit, l'équité.

PHILINTE

Aucun juge par vous ne sera visité?

ALCESTE

Non. Est-ce que ma cause est injuste ou douteuse?

PHILINTE

J'en demeure d'accord; mais la brigue est fâcheuse,   190
Et . . .

ALCESTE

                    Non: j'ai résolu de n'en pas faire un pas;
J'ai tort, ou j'ai raison.

PHILINTE

                                        Ne vous y fiez pas.

ALCESTE

Je ne remuerai point.

PHILINTE

                                        Votre partie est forte,
Et peut, par sa cabale, entraîner . . .

ALCESTE

                                                        Il n'importe.

PHILINTE

Vous vous tromperez.

ALCESTE

                                        Soit. J'en veux voir le succès.   195

PHILINTE

Mais . . .

ALCESTE

                    J'aurai le plaisir de perdre mon procès.

190. la **brigue est fâcheuse,** *the intriguing efforts* (*of your opponent*) *are importunate.*   195. le **succès,** *the outcome.*

PHILINTE

    Mais enfin . . .

ALCESTE

            Je verrai, dans cette plaiderie,
Si les hommes auront assez d'effronterie,
Seront assez méchants, scélérats et pervers,
Pour me faire injustice aux yeux de l'univers.   200

PHILINTE

    Quel homme !

ALCESTE

          Je voudrais, m'en coûtât-il grand'chose,
Pour la beauté du fait, avoir perdu ma cause.

PHILINTE

    On se rirait de vous, Alceste, tout de bon,
Si l'on vous entendait parler de la façon.

ALCESTE

    Tant pis pour qui rirait.

PHILINTE

            Mais cette rectitude   205
Que vous voulez en tout avec exactitude,
Cette pleine droiture où vous vous renfermez
La trouvez-vous ici dans ce que vous aimez ?
Je m'étonne, pour moi, qu'étant, comme il le semble,
Vous et le genre humain si fort brouillés ensemble,   210
Malgré tout ce qui peut vous le rendre odieux,
Vous ayez pris chez lui ce qui charme vos yeux;
Et ce qui me surprend encore davantage,
C'est cet étrange choix où votre cœur s'engage.
La sincère Éliante a du penchant pour vous,   215
La prude Arsinoé vous voit d'un œil fort doux:
Cependant à leurs vœux votre âme se refuse,

197. plaiderie (= *plaidoirie*), *litigation.*   201. m'en coûtât-il grand'chose, *were it to cost me a great deal; grand'* is the persistence of the old form (*grand'mère, grand'route,* etc.) derived from the third Latin declension, which had the same form for the masculine and feminine.   The apostrophe replaces a feminine *e* which never existed !

Tandis qu'en ses liens Célimène l'amuse,
De qui l'humeur coquette et l'esprit médisant
Semble si fort donner dans les mœurs d'à présent.   220
D'où vient que, leur portant une haine mortelle,
Vous pouvez bien souffrir ce qu'en tient cette belle ?
Ne sont-ce plus défauts dans un objet si doux ?
Ne les voyez-vous pas ? ou les excusez-vous ?

ALCESTE

Non, l'amour que je sens pour cette jeune veuve   225
Ne ferme point mes yeux aux défauts qu'on lui treuve,
Et je suis, quelque ardeur qu'elle m'ait pu donner,
Le premier à les voir, comme à les condamner.
Mais, avec tout cela, quoi que je puisse faire,
Je confesse mon faible, elle a l'art de me plaire: 230
J'ai beau voir ses défauts, et j'ai beau l'en blâmer,
En dépit qu'on en ait, elle se fait aimer.
Sa grâce est la plus forte, et sans doute ma flamme
De ces vices du temps pourra purger son âme.

PHILINTE

Si vous faites cela, vous ne ferez pas peu.   235
Vous croyez être donc aimé d'elle ?

ALCESTE

                                        Oui, parbleu !
Je ne l'aimerais pas, si je ne croyais l'être.

PHILINTE

Mais si son amitié pour vous se fait paraître,
D'où vient que vos rivaux vous causent de l'ennui ?

ALCESTE

C'est qu'un cœur bien atteint veut qu'on soit tout à lui,   240
Et je ne viens ici qu'à dessein de lui dire
Tout ce que là-dessus ma passion m'inspire.

218. l'amuse, *trifles with it.* 220. **Semble.** Modern grammar demands *semblent.*
Translate: *Seem to conform so readily to present-day customs.* 222. ce qu'en tient cette
belle, *those which this beauty has taken up.* 226. **treuve** = *trouve.* 227. **ardeur** =
amour. 232. En dépit qu'on en ait (= *Quelque dépit qu'on en ait*), *Whatever vexation
one may feel because of them.* 234. purger son âme. Alceste's love will reform
Célimène! 239. de l'ennui, in the 17th century 'grief,' 'suffering.' 240. bien atteint,
deeply smitten.

PHILINTE

> Pour moi, si je n'avais qu'à former des désirs,
> Sa cousine Éliante aurait tous mes soupirs;
> Son cœur, qui vous estime, est solide et sincère,   245
> Et ce choix plus conforme était mieux votre affaire.

ALCESTE

> Il est vrai: ma raison me le dit chaque jour;
> Mais la raison n'est pas ce qui règle l'amour.

PHILINTE

> Je crains fort pour vos feux, et l'espoir où vous êtes
> Pourrait . . .

SCÈNE II

ORONTE, ALCESTE, PHILINTE.

ORONTE

> J'ai su là-bas que, pour quelques emplettes,   250
> Éliante est sortie, et Célimène aussi;
> Mais, comme l'on m'a dit que vous étiez ici,
> J'ai monté pour vous dire, et d'un cœur véritable,
> Que j'ai conçu pour vous une estime incroyable,
> Et que, depuis longtemps, cette estime m'a mis   255
> Dans un ardent désir d'être de vos amis.
> Oui, mon cœur au mérite aime à rendre justice,
> Et je brûle qu'un nœud d'amitié nous unisse:
> Je crois qu'un ami chaud, et de ma qualité,
> N'est pas assurément pour être rejeté.   260
> C'est à vous, s'il vous plaît, que ce discours s'adresse.

(En cet endroit Alceste paraît tout rêveur et semble n'entendre pas qu'Oronte lui parle.)

ALCESTE

> A moi, Monsieur ?

---

244. **mes soupirs,** *my sighs;* the conventional language of love.   246. **mieux votre affaire,** *more suitable for you.*   253. **J'ai monté.** *Avoir* was used in the 17th century as the auxiliary to express action. Modern usage: *je suis monté.* — **véritable** = *sincère.*   255. **m'a mis dans** = *m'a donné.*   258. **je brûle.** Note Oronte's extravagant expressions: *estime incroyable, ardent désir.*

ORONTE

      A vous.   Trouvez-vous qu'il vous blesse?

ALCESTE

Non pas.   Mais la surprise est fort grande pour moi,
Et je n'attendais pas l'honneur que je reçoi.

ORONTE

L'estime où je vous tiens ne doit point vous surprendre,   265
Et de tout l'univers vous la pouvez prétendre.

ALCESTE

Monsieur . . .

ORONTE

      L'État n'a rien qui ne soit au-dessous
Du mérite éclatant que l'on découvre en vous.

ALCESTE

Monsieur . . .

ORONTE

      Oui, de ma part, je vous tiens préférable
A tout ce que j'y vois de plus considérable.   270

ALCESTE

Monsieur . . .

ORONTE

      Sois-je du ciel écrasé, si je mens!
Et, pour vous confirmer ici mes sentiments,
Souffrez qu'à cœur ouvert, Monsieur, je vous embrasse,
Et qu'en votre amitié je vous demande place.
Touchez là, s'il vous plaît.   Vous me la promettez,   275
Votre amitié?

ALCESTE

      Monsieur . . .

---

264. **reçoi** is the old form; the *s* was added later by analogy with the second person singular.   266. **la . . . prétendre** = *y . . . prétendre.*   269. **de** = *pour.*   273. **je vous embrasse.** This caps the climax!   275. **Touchez là,** *Shake hands.*

ORONTE

Quoi ? vous y résistez ?

ALCESTE

Monsieur, c'est trop d'honneur que vous me voulez faire;
Mais l'amitié demande un peu plus de mystère
Et c'est assurément en profaner le nom
Que de vouloir le mettre à toute occasion.   280
Avec lumière et choix cette union veut naître;
Avant que nous lier, il faut nous mieux connaître;
Et nous pourrions avoir telles complexions,
Que tous deux du marché nous nous repentirions.

ORONTE

Parbleu ! c'est là-dessus parler en homme sage,   285
Et je vous en estime encore davantage;
Souffrons donc que le temps forme des nœuds si doux,
Mais cependant je m'offre entièrement à vous:
S'il faut faire à la cour pour vous quelque ouverture,
On sait qu'auprès du roi je fais quelque figure;   290
Il m'écoute, et dans tout il en use, ma foi,
Le plus honnêtement du monde avecque moi.
Enfin je suis à vous de toutes les manières;
Et comme votre esprit a de grandes lumières,
Je viens, pour commencer entre nous ce beau nœud,   295
Vous montrer un sonnet que j'ai fait depuis peu,
Et savoir s'il est bon qu'au public je l'expose.

ALCESTE

Monsieur, je suis mal propre à décider la chose:
Veuillez m'en dispenser.

ORONTE

Pourquoi ?

ALCESTE

J'ai le défaut
D'être un peu plus sincère en cela qu'il ne faut.   300

---

282. **Avant que** = *Avant de*.   283. complexions, *dispositions*.   288. **cependant,**
meanwhile.   290. **je fais quelque figure,** *I am held in some esteem.*   291–92. **il en
use ... avecque moi,** *he treats me, indeed, with the greatest consideration in the world.*
Avecque, in the 17th century, is often used before a consonant.   298. **mal propre,** *ill-
qualified.*

ORONTE

C'est ce que je demande, et j'aurais lieu de plainte,
Si, m'exposant à vous pour me parler sans feinte,
Vous alliez me trahir, et me déguiser rien.

ALCESTE

Puisqu'il vous plaît ainsi, Monsieur, je le veux bien.

ORONTE

Sonnet. C'est un sonnet. *L'espoir* . . . C'est une dame   305
Qui de quelque espérance avait flatté ma flamme.
L'espoir . . . Ce ne sont point de ces grands vers pompeux,
Mais de petits vers doux, tendres et langoureux.

(*A toutes ces interruptions il regarde Alceste.*)

ALCESTE

Nous verrons bien.

ORONTE

                              L'espoir . . . Je ne sais si le style
Pourra vous en paraître assez net et facile,   310
Et si du choix des mots vous vous contenterez.

ALCESTE

Nous allons voir, Monsieur.

ORONTE

                                        Au reste, vous saurez
Que je n'ai demeuré qu'un quart d'heure à le faire.

ALCESTE

Voyons, Monsieur; le temps ne fait rien à l'affaire.

ORONTE

L'espoir, il est vrai, nous soulage,   *Sonnet*   315
Et nous berce un temps notre ennui;
Mais, Philis, le triste avantage,
Lorsque rien ne marche après lui!

---

303. rien = *quelque chose.*   **305. une dame.** Célimène, perhaps?   **314. le temps
ne fait rien à l'affaire,** *time has nothing to do with the matter.* Now a proverb.
316. ennui = *chagrin.*

PHILINTE

    Je suis déjà charmé de ce petit morceau.

ALCESTE, *bas, à Philinte.*

    Quoi ? vous avez le front de trouver cela beau ?   320

ORONTE

        Vous eûtes de la complaisance;
        Mais vous en deviez moins avoir,
        Et ne vous pas mettre en dépense
        Pour ne me donner que l'espoir.

PHILINTE

    Ah ! qu'en termes galants ces choses-là sont mises !   325

ALCESTE, *bas.*

    Morbleu ! vil complaisant, vous louez des sottises ?

ORONTE

        S'il faut qu'une attente éternelle
        Pousse à bout l'ardeur de mon zèle,
        Le trépas sera mon recours.   •
        Vos soins ne m'en peuvent distraire: 330
        Belle Philis, on désespère,
        Alors qu'on espère toujours.

PHILINTE

    La chute en est jolie, amoureuse, admirable.

ALCESTE, *bas.*

    La peste de ta chute ! Empoisonneur au diable,
    En eusses-tu fait une à te casser le nez !   335

PHILINTE

    Je n'ai jamais ouï de vers si bien tournés.

   319. According to Donneau de Visé, some of the audience at the first performance shared Philinte's enthusiasm and applauded the sonnet.   321 ff. Note that the rimes of the two quatrains should correspond in a true sonnet.   328 **Pousse à bout,** *Drive to extremes.*   331–32. **on désespère . . . toujours.** The play on words, with *espère,* constitutes the '*chute.*' Such conceits were extremely popular.   *Espérer,* first meaning 'to wait, await,' acquired the signification of 'to hope.'   334. **au diable** (ellipsis) = *digne d'aller au diable.*   335. **une** refers to *chute,* here taken literally and not in the previous technical sense of conclusion to a poem.

ALCESTE

Morbleu ! . . .

ORONTE

Vous me flattez, et vous croyez peut-être . . .

PHILINTE

Non, je ne flatte point.

ALCESTE, *bas.*

Et que fais-tu donc, traître ?

ORONTE, *à Alceste.*

Mais, pour vous, vous savez quel est notre traité:
Parlez-moi, je vous prie, avec sincérité.   340

ALCESTE

Monsieur, cette matière est toujours délicate,
Et sur le bel esprit nous aimons qu'on nous flatte.
Mais un jour, à quelqu'un dont je tairai le nom,
Je disais, en voyant des vers de sa façon,
Qu'il faut qu'un galant homme ait toujours grand empire   345
Sur les démangeaisons qui nous prennent d'écrire;
Qu'il doit tenir la bride aux grands empressements
Qu'on a de faire éclat de tels amusements;
Et que, par la chaleur de montrer ses ouvrages,
On s'expose à jouer de mauvais personnages.   350

ORONTE

Est-ce que vous voulez me déclarer par là
Que j'ai tort de vouloir . . .

ALCESTE

Je ne dis pas cela.
Mais, je lui disais, moi, qu'un froid écrit assomme,
Qu'il ne faut que ce faible à décrier un homme,

---

342. le bel esprit, *fine wit,* as a literary accomplishment; cf. *les belles-lettres.*
346. les démangeaisons . . . d'écrire, *the itch to get into print.*   347. tenir la bride
aux . . ., *hold in check the* . . .   349. la chaleur, *the ardent desire.*   350. jouer de
mauvais personnages, *play a ridiculous rôle.*   352. Je ne dis pas cela. Note the comic
effect of the repetition of this phrase.

Et qu'eût-on d'autre part cent belles qualités,   355
On regarde les gens par leurs méchants côtés.

ORONTE

Est-ce qu'à mon sonnet vous trouvez à redire ?

ALCESTE

Je ne dis pas cela. Mais, pour ne point écrire,
Je lui mettais aux yeux comme, dans notre temps,
Cette soif a gâté de fort honnêtes gens.   360

ORONTE

Est-ce que j'écris mal ? et leur ressemblerais-je ?

ALCESTE

Je ne dis pas cela; mais enfin, lui disais-je
Quel besoin si pressant avez-vous de rimer ?
Et qui diantre vous pousse à vous faire imprimer ?
Si l'on peut pardonner l'essor d'un mauvais livre,   365
Ce n'est qu'aux malheureux qui composent pour vivre.
Croyez-moi, résistez à vos tentations,
Dérobez au public ces occupations;
Et n'allez point quitter, de quoi que l'on vous somme,
Le nom que dans la cour vous avez d'honnête homme,   370
Pour prendre, de la main d'un avide imprimeur,
Celui de ridicule et misérable auteur;
C'est ce que je tâchai de lui faire comprendre.

ORONTE

Voilà qui va fort bien, et je crois vous entendre,
Mais ne puis-je savoir ce que dans mon sonnet ? . . .   375

ALCESTE

Franchement, il est bon à mettre au cabinet.
Vous vous êtes réglé sur de méchants modèles,
Et vos expressions ne sont point naturelles.

---

358. **pour ne point écrire** = *pour l'amener à ne point écrire.*   364. **diantre** (exclamation), *the devil.*   365. **essor,** *publication.*   368. **Dérobez** = *Cachez.*   369. **de quoi que . . . somme,** *no matter how much you are urged.*   370. **honnête homme,** *man of the world* (well-balanced as well as courteous)   376. **cabinet,** *desk.*

Qu'est-ce que, *Nous berce un temps notre ennui?*
  Et que, *Rien ne marche après lui?*   380
  Que, *Ne vous pas mettre en dépense,*
  Pour ne me donner que l'espoir?
  Et que, *Philis, on désespère,*
  Alors qu'on espère toujours?

Ce style figuré, dont on fait vanité,   385
Sort du bon caractère et de la vérité;
Ce n'est que jeu de mots, qu'affectation pure,
Et ce n'est point ainsi que parle la nature.
Le méchant goût du siècle en cela me fait peur.
Nos pères, tous grossiers, l'avaient beaucoup meilleur,   390
Et je prise bien moins tout ce que l'on admire,
Qu'une vieille chanson que je m'en vais vous dire:

    Si le roi m'avait donné
      Paris, sa grand' ville,
    Et qu'il me fallût quitter   395
      L'amour de ma mie,
    Je dirais au roi Henri:
    « *Reprenez votre Paris,*
    J'aime mieux ma mie, au gué!
    J'aime mieux ma mie. »   400

La rime n'est pas riche, et le style en est vieux:
Mais ne voyez-vous pas que cela vaut bien mieux
Que ces colifichets dont le bon sens murmure,
Et que la passion parle là toute pure?

    Si le roi m'avait donné   405
      Paris, sa grand' ville,
    Et qu'il me fallût quitter
      L'amour de ma mie,
    Je dirais au roi Henri:
    « *Reprenez votre Paris,*   410
    J'aime mieux ma mie, au gué!
    J'aime mieux ma mie. »

390. **tous.** Modern usage has *tout.*   392. The *vieille chanson* was recited and not sung by Molière. Its origin is unknown.   399. **ma** mie = *m'amie* = *mon amie.* Translate, 'my sweetheart.'— **au gué,** an exclamation.   403. **colifichets,** *trivialities.*

Voilà ce que peut dire un cœur vraiment épris.
　　(*A Philinte qui rit:*)
Oui, Monsieur le rieur, malgré vos beaux esprits,
J'estime plus cela que la pompe fleurie　　　　　　　　415
De tous ces faux brillants, où chacun se récrie.

ORONTE

Et moi, je vous soutiens que mes vers sont fort bons.

ALCESTE

Pour les trouver ainsi vous avez vos raisons;
Mais vous trouverez bon que j'en puisse avoir d'autres
Qui se dispenseront de se soumettre aux vôtres.　　　　420

ORONTE

Il me suffit de voir que d'autres en font cas.

ALCESTE

C'est qu'ils ont l'art de feindre; et moi, je ne l'ai pas.

ORONTE

Croyez-vous donc avoir tant d'esprit en partage?

ALCESTE

Si je louais vos vers, j'en aurais davantage.

ORONTE

Je me passerai bien que vous les approuviez.　　　　425

ALCESTE

Il faut bien, s'il vous plaît, que vous vous en passiez.

ORONTE

Je voudrais bien, pour voir, que, de votre manière,
Vous en composassiez sur la même matière.

ALCESTE

J'en pourrais, par malheur, faire d'aussi méchants;
Mais je me garderais de les montrer aux gens.　　　　430

---

416. où chacun se récrie, *at which everyone exclaims with admiration.*　　419. vous
trouverez bon que j'en puisse . . . , *you will kindly allow me . . . En . . . d'autres* refers
to *raisons.*　　421. en font cas, *value them.*　　423. *Do you think yourself, then, so much
endowed with wit?*

ORONTE

Vous me parlez bien ferme, et cette suffisance . . .

ALCESTE

Autre part que chez moi cherchez qui vous encense.

ORONTE

Mais, mon petit Monsieur, prenez-le un peu moins haut.

ALCESTE

Ma foi ! mon grand Monsieur, je le prends comme il faut.

PHILINTE, *se mettant entre-deux.*

Eh ! Messieurs, c'en est trop: laissez cela, de grâce. 435

ORONTE

Ah ! j'ai tort, je l'avoue, et je quitte la place.
Je suis votre valet, Monsieur, de tout mon cœur.

ALCESTE

Et moi, je suis, Monsieur, votre humble serviteur.

SCÈNE III

PHILINTE, ALCESTE.

PHILINTE

Hé bien ! vous le voyez: pour être trop sincère,
Vous voilà sur les bras une fâcheuse affaire, 440
Et j'ai bien vu qu'Oronte, afin d'être flatté . . .

ALCESTE

Ne me parlez pas.

PHILINTE

Mais . . .

ALCESTE

Plus de société.

---

431. **suffisance,** *arrogance.* 433. **prenez-le un peu moins haut.** The *e* must be elided before *un* or the verse is too long. Translate: *take a more modest tone.* 436 ff. **j'ai tort,** etc. These are mere polite formulas between gentlemen on taking leave.

PHILINTE

　　　　C'est trop . . .

ALCESTE

　　　　　　　Laissez-moi là.

PHILINTE

　　　　　　　　　　Si je . . .

ALCESTE

　　　　　　　　　　　　　　Point de langage.

PHILINTE

　　　Mais quoi . . .

ALCESTE

　　　　　　Je n'entends rien.

PHILINTE

　　　　　　　　　　Mais . . .

ALCESTE

　　　　　　　　　　　　　　Encore ?

PHILINTE

　　　　　　　　　　　　　　On outrage . . .

ALCESTE

　　Ah ! parbleu ! c'en est trop ; ne suivez point mes pas.　　　445

PHILINTE

　　Vous vous moquez de moi, je ne vous quitte pas.

ACTE DEUXIÈME

SCÈNE PREMIÈRE

ALCESTE, CÉLIMÈNE.

ALCESTE

　　Madame, voulez-vous que je vous parle net ?
　　De vos façons d'agir je suis mal satisfait ;
　　Contre elles dans mon cœur trop de bile s'assemble,
　　Et je sens qu'il faudra que nous rompions ensemble.　　　450

　　　　　449. **bile,** *irritation.*

Oui, je vous tromperais de parler autrement;
Tôt ou tard nous romprons indubitablement;
Et je vous promettrais mille fois le contraire,
Que je ne serais pas en pouvoir de le faire.

CÉLIMÈNE

C'est pour me quereller donc, à ce que je voi,   455
Que vous avez voulu me ramener chez moi?

ALCESTE

Je ne querelle point; mais votre humeur, Madame,
Ouvre au premier venu trop d'accès dans votre âme:
Vous avez trop d'amants qu'on voit vous obséder;
Et mon cœur de cela ne peut s'accommoder.   460

CÉLIMÈNE

Des amants que je fais me rendez-vous coupable?
Puis-je empêcher les gens de me trouver aimable?
Et lorsque pour me voir ils font de doux efforts,
Dois-je prendre un bâton pour les mettre dehors?

ALCESTE

Non, ce n'est pas, Madame, un bâton qu'il faut prendre,   465
Mais un cœur à leurs vœux moins facile et moins tendre.
Je sais que vos appas vous suivent en tous lieux;
Mais votre accueil retient ceux qu'attirent vos yeux;
Et sa douceur offerte à qui vous rend les armes
Achève sur les cœurs l'ouvrage de vos charmes.   470
Le trop riant espoir que vous leur présentez
Attache autour de vous leurs assiduités;
Et votre complaisance un peu moins étendue
De tant de soupirants chasserait la cohue.
Mais au moins, dites-moi, Madame, par quel sort   475
Votre Clitandre a l'heur de vous plaire si fort?
Sur quel fonds de mérite et de vertu sublime
Appuyez-vous en lui l'honneur de votre estime?
Est-ce par l'ongle long qu'il porte au petit doigt
Qu'il s'est acquis chez vous l'estime où l'on le voit?   480

---

454. **le** refers to *le contraire*, i.e. *ne pas rompre*.   459. **amants**, *suitors*. — **obséder** =
entourer.   471. **riant espoir**, *charming hope*.   476. **l'heur** = *le bonheur*. The word
was already obsolete.   479. **l'ongle long ... doigt**. A style, mentioned by d'Aubigné
in 1616 (*le Baron de Foeneste*) and by Scarron in 1655 (*Nouvelles*), much in vogue
among the fashionable. It may have come from China.

Vous êtes-vous rendue, avec tout le beau monde,
Au mérite éclatant de sa perruque blonde?

des bottes. Sont-ce ses grands <u>canons</u> qui vous le font aimer?
L'amas de ses rubans a-t-il su vous charmer?
Est-ce par les appas de sa vaste <u>rhingrave</u> *wide breeches* 485
Qu'il a gagné votre âme en faisant votre esclave?
Ou sa façon de rire, et son ton de fausset,
Ont-ils de vous toucher su trouver le secret?

CÉLIMÈNE

Qu'injustement de lui vous prenez de l'ombrage!
Ne savez-vous pas bien pourquoi je le ménage,   490
Et que dans mon procès, ainsi qu'il m'a promis,
Il peut intéresser tout ce qu'il a d'amis?

ALCESTE

Perdez votre procès, Madame, avec constance,
Et ne ménagez point un rival qui m'offense.

CÉLIMÈNE

Mais de tout l'univers vous devenez jaloux.   495

ALCESTE

C'est que tout l'univers est bien reçu de vous.

CÉLIMÈNE

C'est ce qui doit rasseoir votre âme effarouchée;
Puisque ma complaisance est sur tous épanchée,
Et vous auriez plus lieu de vous en offenser,
Si vous me la voyiez sur un seul ramasser.   500

ALCESTE

Mais moi, que vous blâmez de trop de jalousie,
Qu'ai-je de plus qu'eux tous, Madame, je vous prie?

CÉLIMÈNE

Le bonheur de savoir que vous êtes aimé.

---

483. **canons**, *knee-flounces.* See *les Précieuses ridicules.*   485. **rhingrave**, wide breeches named after the Rhingrave Frédéric, Governor of Maestricht.   486. **faisant votre esclave**, *acting like your slave.*   497. **rasseoir**, *reassure.* — **effarouchée**, *suspicious.*   498. **complaisance est . . . épanchée**, *my favor is lavished on all.*

ALCESTE

    Et quel lieu de le croire a mon cœur enflammé?

CÉLIMÈNE

    Je pense qu'ayant pris le soin de vous le dire,   505
    Un aveu de la sorte a de quoi vous suffire.

ALCESTE

    Mais qui m'assurera que, dans le même instant,
    Vous n'en disiez peut-être aux autres tout autant?

CÉLIMÈNE

    Certes, pour un amant, la fleurette est mignonne, *sweet talk*
    Et vous me traitez là de gentille personne.   510
    Eh bien, pour vous ôter d'un semblable souci,
    De tout ce que j'ai dit je me dédis ici,
    Et rien ne saurait plus vous tromper que vous-même:
    Soyez content.

ALCESTE

               Morbleu! faut-il que je vous aime?
    Ah! que, si de vos mains je rattrape mon cœur,   515
    Je bénirai le ciel de ce rare bonheur!
    Je ne le cèle pas, je fais tout mon possible
    A rompre de ce cœur l'attachement terrible;
    Mais mes plus grands efforts n'ont rien fait jusqu'ici,
    Et c'est pour mes péchés que je vous aime ainsi.   520

CÉLIMÈNE

    Il est vrai, votre ardeur est pour moi sans seconde.

ALCESTE

    Oui, je puis là-dessus défier tout le monde.
    Mon amour ne se peut concevoir, et jamais
    Personne n'a, Madame, aimé comme je fais.

CÉLIMÈNE

    En effet, la méthode en est toute nouvelle,   525
    Car vous aimez les gens pour leur faire querelle;

508. **Vous n'en disiez ... autant?** See Act V, scene iv. 509. **la fleurette,** *sweet speech.* 512. **De ... je me dédis ici,** *I take back now ...* 517. **cèle,** *conceal.*

Ce n'est qu'en mots fâcheux qu'éclate votre ardeur,
Et l'on n'a vu jamais un amour si grondeur.

ALCESTE

Mais il ne tient qu'à vous que son chagrin ne passe.
A tous nos démêlés coupons chemin, de grâce,   530
Parlons à cœur ouvert, et voyons d'arrêter . . .

SCÈNE II

Célimène, Alceste, Basque.

CÉLIMÈNE

Qu'est-ce ?

BASQUE

Acaste est là-bas.

CÉLIMÈNE

Hé bien ! faites monter.

SCÈNE III

Célimène, Alceste.

ALCESTE

Quoi ? l'on ne peut jamais vous parler tête à tête ?
A recevoir le monde on vous voit toujours prête ?
Et vous ne pouvez pas, un seul moment de tous,   535
Vous résoudre à souffrir de n'être pas chez vous ?

CÉLIMÈNE

Voulez-vous qu'avec lui je me fasse une affaire ?

ALCESTE

Vous avez des regards qui ne sauraient me plaire.

CÉLIMÈNE

C'est un homme à jamais ne me le pardonner,
S'il savait que sa vue eût pu m'importuner.   540

529. **il ne tient qu'à vous,** *it depends only on you.* — **son** refers to *amour.* — **ne,**
pleonastic.   530. **coupons chemin** = *coupons court.*   531. **voyons d'arrêter,** *let us see
about deciding; de* instead of the normal *à.*   537. **je me fasse une affaire,** *embroil
myself in a quarrel.*   538. **regards** (= *égards*), *attentions.*

ALCESTE

Et que vous fait cela pour vous gêner de sorte . . . ?

CÉLIMÈNE

Mon Dieu! de ses pareils la bienveillance importe;
Et ce sont de ces gens qui, je ne sais comment,
Ont gagné, dans la cour, de parler hautement.
Dans tous les entretiens on les voit s'introduire;   545
Ils ne sauraient servir, mais ils peuvent vous nuire;
Et jamais, quelque appui qu'on puisse avoir d'ailleurs,
On ne doit se brouiller avec ces grands brailleurs.

ALCESTE

Enfin, quoi qu'il en soit, et sur quoi qu'on se fonde,
Vous trouvez des raisons pour souffrir tout le monde;   550
Et les précautions de votre jugement . . .

SCÈNE IV

BASQUE, ALCESTE, CÉLIMÈNE.

BASQUE

Voici Clitandre encor, Madame.

ALCESTE

                                    Justement.

CÉLIMÈNE

Où courez-vous?

ALCESTE

                        Je sors.

CÉLIMÈNE

                                Demeurez.

ALCESTE

                                        Pourquoi faire?

---

541. de sorte = *de la sorte.*   544. Ont gagné (le privilège). — dans = *à.*   548. brailleurs, *brawlers, braggarts.*   549. sur quoi qu'on se fonde, *on whatever one may base his
argument.*   552. Justement, *Of course!*

CÉLIMÈNE

> Demeurez.

ALCESTE

> Je ne puis.

CÉLIMÈNE

> Je le veux.

ALCESTE

nothing doing

> Point d'affaire.

> Ces conversations ne font que m'ennuyer,   555
> Et c'est trop que vouloir me les faire essuyer. *endure —*

CÉLIMÈNE

> Je le veux, je le veux.

ALCESTE

> Non, il m'est impossible.

CÉLIMÈNE

> Hé bien! allez, sortez, il vous est tout loisible.

SCÈNE V

ÉLIANTE, PHILINTE, ACASTE, CLITANDRE, ALCESTE,
CÉLIMÈNE, BASQUE.

ÉLIANTE

> Voici les deux marquis qui montent avec nous:
> Vous l'est-on venu dire?

CÉLIMÈNE

> Oui.   Des sièges pour tous.   560
>
> (*A Alceste:*)
> Vous n'êtes pas sorti?

ALCESTE

> Non; mais je veux, Madame,
> Ou pour eux, ou pour moi, faire expliquer votre âme.

---

554. **Point d'affaire**, *No, there's no use.*   556. **essuyer**, *put up with, endure,*
558. **il vous . . . loisible**, *you are quite free to.*   561. **sorti?** Said with feigned surprise.   562. **faire expliquer.** The reflexive *se* is omitted.

CÉLIMÈNE

> Taisez-vous.

ALCESTE

>   Aujourd'hui vous vous expliquerez.

CÉLIMÈNE

> Vous perdez le sens.

ALCESTE

>   Point. Vous vous déclarerez.

CÉLIMÈNE

> Ah!

ALCESTE

>   Vous prendrez parti.

CÉLIMÈNE

>   Vous vous moquez, je pense.   565

ALCESTE

> Non, mais vous choisirez: c'est trop de patience.

CLITANDRE

> Parbleu! je viens du Louvre, où Cléonte, au levé,
> Madame, a bien paru ridicule achevé.
> N'a-t-il point quelque ami qui pût, sur ses manières,
> D'un charitable avis lui prêter les lumières?   570

CÉLIMÈNE

> Dans le monde, à vrai dire, il se barbouille fort;
> Partout il porte un air qui saute aux yeux d'abord;
> Et lorsqu'on le revoit après un peu d'absence,
> On le retrouve encor plus plein d'extravagance.

ACASTE

> Parbleu! s'il faut parler des gens extravagants,   575
> Je viens d'en essuyer un des plus fatigants;

566. **c'est trop de patience,** *I've been too patient now.*   567. **levé** = *lever,* intimate reception for the privileged nobles at the King's arising in the morning. This *petit lever* was followed by the *grand lever* to which more people were admitted. 568. **ridicule achevé,** *a perfect fool.*   571. **il se barbouille fort,** *he makes a show of himself.*   572. **il porte un air,** *he assumes a manner.* — **saute aux yeux,** *strikes the eye.*

Damon le raisonneur, qui m'a, ne vous déplaise,
Une heure, au grand soleil, tenu hors de ma chaise.

CÉLIMÈNE

C'est un parleur étrange, et qui trouve toujours
L'art de ne vous rien dire avec de grands discours: 580
Dans les propos qu'il tient on ne voit jamais goutte,
Et ce n'est que du bruit que tout ce qu'on écoute.

ÉLIANTE, à Philinte.

Ce début n'est pas mal; et contre le prochain
La conversation prend un assez bon train.

CLITANDRE

Timante encor, Madame, est un bon caractère.   585

CÉLIMÈNE

C'est de la tête aux pieds un homme tout mystère,
Qui vous jette, en passant, un coup d'œil égaré,
Et, sans aucune affaire, est toujours affairé.
Tout ce qu'il vous débite en grimaces abonde;
A force de façons il assomme le monde;   590
Sans cesse il a, tout bas, pour rompre l'entretien,
Un secret à vous dire, et ce secret n'est rien;
De la moindre vétille il fait une merveille,
Et jusques au bonjour, il dit tout à l'oreille.

ACASTE

Et Géralde, Madame?

CÉLIMÈNE

                    O l'ennuyeux conteur!   595
Jamais on ne le voit sortir du grand seigneur.
Dans le brillant commerce il se mêle sans cesse,
Et ne cite jamais que duc, prince, ou princesse:
La qualité l'entête et tous ses entretiens
Ne sont que de chevaux, d'équipage, et de chiens;   600

577. raisonneur, *babbler.*   578. chaise = *chaise à porteurs.*   584. bon train, *good pace.*   585. bon caractère, *peculiar chap.*   589. en grimaces abonde, *is full of mysterious allusions.*   590. *He tires you to death with an excess of ceremony.*   593. vétille, *trifle.*   596. sortir du grand seigneur, *leave off alluding to eminent people.*   597. le brillant commerce, *high society.*   599. La qualité l'entête, *He is infatuated with high rank.*

Il tutaye, en parlant, ceux du plus haut étage,
Et le nom de Monsieur est chez lui hors d'usage.

CLITANDRE

On dit qu'avec Bélise il est du dernier bien.

CÉLIMÈNE

Le pauvre esprit de femme, et le sec entretien!
Lorsqu'elle vient me voir, je souffre le martyre: 605
Il faut suer sans cesse à chercher que lui dire,
Et la stérilité de son expression
Fait mourir à tous coups la conversation.
En vain, pour attaquer son stupide silence,
De tous les lieux communs vous prenez l'assistance: 610
Le beau temps et la pluie, et le froid et le chaud
Sont des fonds qu'avec elle on épuise bientôt.
Cependant sa visite, assez insupportable,
Traîne en une longueur encore épouvantable;
Et l'on demande l'heure, et l'on bâille vingt fois, 615
Qu'elle grouille aussi peu qu'une pièce de bois.

ACASTE

Que vous semble d'Adraste?

CÉLIMÈNE

Ah! quel orgueil extrême!
C'est un homme gonflé de l'amour de soi-même.
Son mérite jamais n'est content de la cour:
Contre elle il fait métier de pester chaque jour, 620
Et l'on ne donne emploi, charge, ni bénéfice,
Qu'à tout ce qu'il se croit on ne fasse injustice.

CLITANDRE

Mais le jeune Cléon, chez qui vont aujourd'hui
Nos plus honnêtes gens, que dites-vous de lui?

---

601. il tutaye = *il tutoie.* 602. Monsieur. Géralde is on a footing of intimacy
with the great and dispenses with the formal *monsieur* in addressing them. 603. du
dernier bien, *on the very best terms.* Note the *précieux* adjective. 604 ff. Note the
popular vigor of Célimène's speech in this and in other passages: the use of terms like
suer and *grouille* which border on the crude. Also expressions borrowed from the *précieuses'* refined vocabulary: *entretien, stérilité . . ., fait mourir la conversation.* 610. prenez l'assistance. Modern French omits the article: *prendre assistance.* 616. grouille,
stirs. The verb was noted as vulgar by the *Académie* in 1694. 620. il fait métier
de . . ., *he makes it a practice to . . .* 621. bénéfice, an ecclesiastical 'living.'

CÉLIMÈNE

> Que de son cuisinier il s'est fait un mérite, 625
> Et que c'est à sa table à qui l'on rend visite.

ÉLIANTE

> Il prend soin d'y servir des mets fort délicats.

CÉLIMÈNE

> Oui; mais je voudrais bien qu'il ne s'y servît pas.
> C'est un fort méchant plat que sa sotte personne,
> Et qui gâte, à mon goût, tous les repas qu'il donne. 630

PHILINTE

> On fait assez de cas de son oncle Damis:
> Qu'en dites-vous, Madame?

CÉLIMÈNE

> Il est de mes amis.

PHILINTE

> Je le trouve honnête homme, et d'un air assez sage.

CÉLIMÈNE

> Oui; mais il veut avoir trop d'esprit, dont j'enrage;
> Il est guindé sans cesse; et, dans tous ses propos, 635
> On voit qu'il se travaille à dire de bons mots.
> Depuis que dans la tête il s'est mis d'être habile,
> Rien ne touche son goût, tant il est difficile;
> Il veut voir des défauts à tout ce qu'on écrit,
> Et pense que louer n'est pas d'un bel esprit, 640
> Que c'est être savant que trouver à redire,
> Qu'il n'appartient qu'aux sots d'admirer et de rire,
> Et qu'en n'approuvant rien des ouvrages du temps,
> Il se met au-dessus de tous les autres gens;
> Aux conversations même il trouve à reprendre; 645
> Ce sont propos trop bas pour y daigner descendre;

625. *What is due to his cook he ascribes to his own merit.* 626. à qui = *à laquelle.* The preposition would be omitted today and *que* used alone. 634. dont = *ce dont.* 636. il se travaille, *he exerts himself.* — de bons mots. *Bon mot* being practically a compound noun, *des* would now be used. 638. *Nothing suits his taste, so hard to please is he.* 639. Il veut voir, *He pretends to see.* 640. n'est pas d'un bel esprit, *is not befitting a clever man.*

Et les deux bras croisés, du haut de son esprit
Il regarde en pitié tout ce que chacun dit.

ACASTE

Dieu me damne, voilà son portrait véritable.

CLITANDRE

Pour bien peindre les gens vous êtes admirable.   650

ALCESTE

Allons, ferme, poussez, mes bons amis de cour;
Vous n'en épargnez point, et chacun a son tour:
Cependant aucun d'eux à vos yeux ne se montre,
Qu'on ne vous voie, en hâte, aller à sa rencontre,
Lui présenter la main, et d'un baiser flatteur   655
Appuyer les serments d'être son serviteur.

CLITANDRE

Pourquoi s'en prendre à nous? Si ce qu'on dit vous blesse,
Il faut que le reproche à Madame s'adresse.

ALCESTE

Non, morbleu! c'est à vous; et vos ris complaisants
Tirent de son esprit tous ces traits médisants.   660
Son humeur satirique est sans cesse nourrie
Par le coupable encens de votre flatterie;
Et son cœur à railler trouverait moins d'appas
S'il avait observé qu'on ne l'applaudît pas.
C'est ainsi qu'aux flatteurs on doit partout se prendre   665
Des vices où l'on voit les humains se répandre.

PHILINTE

Mais pourquoi pour ces gens un intérêt si grand,
Vous qui condamneriez ce qu'en eux on reprend?

CÉLIMÈNE

Et ne faut-il pas bien que Monsieur contredise?
A la commune voix veut-on qu'il se réduise,   670

649. **Dieu me damne, voilà . . .,** *Damme, but that is . . .* A literal translation is incorrect.   651. **ferme, poussez** (fencing terms), *steady now, thrust hard.*   657. **s'en prendre à,** *blame.*   659. **ris** = *rires.*   665. **se prendre à** (= *s'en prendre à*), *blame.*
666. **Des vices où . . . se répandre,** *For the vices to which . . . give themselves.*

Et qu'il ne fasse pas éclater en tous lieux
L'esprit contrariant qu'il a reçu des cieux?
Le sentiment d'autrui n'est jamais pour lui plaire;
Il prend toujours en main l'opinion contraire,
Et penserait paraître un homme du commun,   675
Si l'on voyait qu'il fût de l'avis de quelqu'un.
L'honneur de contredire a pour lui tant de charmes,
Qu'il prend contre lui-même assez souvent les armes;
Et ses vrais sentiments sont combattus par lui,
Aussitôt qu'il les voit dans la bouche d'autrui.   680

ALCESTE

Les rieurs sont pour vous, Madame, c'est tout dire;
Et vous pouvez pousser contre moi la satire.

PHILINTE

Mais il est véritable aussi que votre esprit
Se gendarme toujours contre tout ce qu'on dit,
Et que, par un chagrin que lui-même il avoue,   685
Il ne saurait souffrir qu'on blâme, ni qu'on loue.

ALCESTE

C'est que jamais, morbleu! les hommes n'ont raison,
Que le chagrin contre eux est toujours de saison,
Et que je vois qu'ils sont, sur toutes les affaires,
Loueurs impertinents, ou censeurs téméraires.   690

CÉLIMÈNE

Mais . . .

ALCESTE

            Non, Madame, non, quand j'en devrais mourir,
Vous avez des plaisirs que je ne puis souffrir;
Et l'on a tort ici de nourrir dans votre âme
Ce grand attachement aux défauts qu'on y blâme.

CLITANDRE

Pour moi, je ne sais pas; mais j'avouerai tout haut   695
Que j'ai cru jusqu'ici Madame sans défaut.

674. Il prend toujours en main, *He always adopts.*   684. Se gendarme, *Takes up arms.*   685. un chagrin, *ill temper.*   690. impertinents, *irrelevant.*   691. quand j'en devrais mourir, *were I to die for saying it.*   693. nourrir, *foster.*   694. qu'on y blâme. *On* refers to Philinte; see ll. 213–24.

ACASTE

> De grâces et d'attraits je vois qu'elle est pourvue;
> Mais les défauts qu'elle a ne frappent point ma vue.

ALCESTE

> Ils frappent tous la mienne; et, loin de m'en cacher,
> Elle sait que j'ai soin de les lui reprocher;   700
> Plus on aime quelqu'un, moins il faut qu'on le flatte;
> A ne rien pardonner le pur amour éclate;
> Et je bannirais, moi, tous ces lâches amants
> Que je verrais soumis à tous mes sentiments,
> Et dont, à tout propos, les molles complaisances   705
> Donneraient de l'encens à mes extravagances.

CÉLIMÈNE

> Enfin, s'il faut qu'à vous s'en rapportent les cœurs,
> On doit, pour bien aimer, renoncer aux douceurs,
> Et du parfait amour mettre l'honneur suprême
> A bien injurier les personnes qu'on aime.   710

ÉLIANTE

> L'amour, pour l'ordinaire, est peu fait à ces lois,
> Et l'on voit les amants vanter toujours leur choix;
> Jamais leur passion n'y voit rien de blâmable,
> Et dans l'objet aimé tout leur devient aimable:
> Ils comptent les défauts pour des perfections,   715
> Et savent y donner de favorables noms.
> La pâle est au jasmin en blancheur comparable;
> La noire à faire peur, une brune adorable;
> La maigre a de la taille et de la liberté;
> La grasse est, dans son port, pleine de majesté;   720
> La malpropre sur soi, de peu d'attraits chargée,
> Est mise sous le nom de beauté négligée;
> La géante paraît une déesse aux yeux;
> La naine, un abrégé des merveilles des cieux;

699–700. **loin de m'en cacher**, *far from denying the fact.* Construe: *Elle sait que, loin de m'en cacher, j'ai soin . . .*   702. **A** + infinitive = *en* + present participle; **pardonner**, *overlooking.*   707. *In short, if hearts must conform to your notions.* 711 ff. Lines 711–30 are in imitation of a passage from Lucretius, *De rerum natura,* IV, which Molière is said to have translated when in college. There were several other contemporary adaptations of these lines. — **peu fait**, *little accustomed.*   716. **y** (= *leur*) refers to *défauts.*   719. **de la taille . . . liberté**, *a lithesome figure and freedom in her gait.*   721. **malpropre sur soi**, *untidy.*

L'orgueilleuse a le cœur digne d'une couronne;   725
La fourbe a de l'esprit; la sotte est toute bonne;
La trop grande parleuse est d'agréable humeur,
Et la muette garde une honnête pudeur.
C'est ainsi qu'un amant dont l'ardeur est extrême
Aime jusqu'aux défauts des personnes qu'il aime.   730

ALCESTE

Et moi, je soutiens, moi . . .

CÉLIMÈNE

                                        Brisons là ce discours,
Et dans la galerie allons faire deux tours.
Quoi? vous vous en allez, Messieurs?

CLITANDRE ET ACASTE

                                        Non pas, Madame.

ALCESTE

La peur de leur départ occupe fort votre âme.
Sortez quand vous voudrez, Messieurs; mais j'avertis   735
Que je ne sors qu'après que vous serez sortis.

ACASTE

A moins de voir Madame en être importunée,
Rien ne m'appelle ailleurs de toute la journée.

CLITANDRE

Moi, pourvu que je puisse être au petit couché,
Je n'ai point d'autre affaire où je sois attaché.   740

CÉLIMÈNE

C'est pour rire, je crois . . .

ALCESTE

                                Non, en aucune sorte;
Nous verrons si c'est moi que vous voudrez qui sorte.

---

737. A moins de voir, *Unless I see.*   739. au petit couché (*coucher*); cf. note to
l. 567. The King's last private reception just before going to bed.   742. que vous
voudrez qui sorte = *que vous voudrez voir sortir.*

SCÈNE VI

BASQUE, ALCESTE, CÉLIMÈNE, ÉLIANTE, ACASTE,
PHILINTE, CLITANDRE.

BASQUE

Monsieur, un homme est là qui voudrait vous parler
Pour affaire, dit-il, qu'on ne peut reculer.

ALCESTE

Dis-lui que je n'ai point d'affaires si pressées.   745

BASQUE

Il porte une jaquette à grand'basques plissées,
Avec du dor dessus.

CÉLIMÈNE

     Allez voir ce que c'est,
Ou bien faites-le entrer.

ALCESTE

       Qu'est-ce donc qu'il vous plaît?
Venez, Monsieur.

SCÈNE VII

GARDE, ALCESTE, CÉLIMÈNE, ÉLIANTE, ACASTE, PHILINTE,
CLITANDRE.

LE GARDE

    Monsieur, j'ai deux mots à vous dire.

ALCESTE

Vous pouvez parler haut, Monsieur, pour m'en instruire.   750

---

746. **jaquette à grand'basques plissées,** *jacket with large pleated skirts; grand',*
cf. note to l. 201.   747. **du dor** (peasant speech) = *de l'or.*   748. **faites-le entrer;**
le is elided. — **qu'il** = *qui.* Translate: *What is your pleasure?* (Spoken to the
garde.)

LE GARDE

Messieurs les Maréchaux, dont j'ai commandement,
Vous mandent de venir les trouver promptement,
Monsieur.

ALCESTE

Qui? moi, Monsieur?

LE GARDE

Vous-même.

ALCESTE

Et pourquoi faire?

PHILINTE

C'est d'Oronte et de vous la ridicule affaire.

CÉLIMÈNE

Comment?

PHILINTE

Oronte et lui se sont tantôt bravés   755
Sur certains petits vers qu'il n'a pas approuvés;
Et l'on veut assoupir la chose en sa naissance.

ALCESTE

Moi, je n'aurai jamais de lâche complaisance.

PHILINTE

Mais il faut suivre l'ordre: allons, disposez-vous.

ALCESTE

Quel accommodement veut-on faire entre nous?   760
La voix de ces Messieurs me condamnera-t-elle
A trouver bons les vers qui font notre querelle?
Je ne me dédis point de ce que j'en ai dit,
Je les trouve méchants.

751. les Maréchaux, *the Marshals*, whose court, created in 1651, had as its main function the settling of quarrels between noblemen or soldiers. So severe were the penalties it imposed, that duelling practically disappeared during the 17th century. — dont j'ai commandement, *whose orders I bear.*   755. se sont tantôt bravés, *defied each other a short while ago.*

PHILINTE

Mais d'un plus doux esprit . . .

ALCESTE

Je n'en démordrai point, les vers sont exécrables. 765

PHILINTE

Vous devez faire voir des sentiments traitables.
Allons, venez.

ALCESTE

J'irai; mais rien n'aura pouvoir
De me faire dédire.

PHILINTE

Allons vous faire voir.

ALCESTE

Hors qu'un commandement exprès du Roi me vienne,
De trouver bons les vers dont on se met en peine, 770
Je soutiendrai toujours, morbleu! qu'ils sont mauvais,
Et qu'un homme est pendable après les avoir faits.
(*A Clitandre et Acaste, qui rient:*)
Par le sangbleu! Messieurs, je ne croyais pas être
Si plaisant que je suis.

CÉLIMÈNE

Allez vite paraître
Où vous devez.

ALCESTE

J'y vais, Madame, et sur mes pas 775
Je reviens en ce lieu, pour vider nos débats.

---

769. **Hors qu'un** . . . = *A moins qu'un* . . . Boileau is reported to have been the model for Alceste in this incident. (Cf. Brossette, *Récréations littéraires* and Monchesnay, *Boloeana*.) 775. **sur mes pas** = *de ce pas*. 776. **vider nos débats**, *finish our discussion*. *Vider* was spelled *vuider* in the 17th century.

ACTE TROISIÈME

SCÈNE PREMIÈRE

CLITANDRE, ACASTE.

2 marquis

CLITANDRE

> Cher Marquis, je te vois l'âme bien satisfaite:
> Toute chose t'égaye, et rien ne t'inquiète.
> En bonne foi, crois-tu, sans t'éblouir les yeux,
> Avoir de grands sujets de paraître joyeux?　　　　　　780

ACASTE

> Parbleu! je ne vois pas, lorsque je m'examine,
> Où prendre aucun sujet d'avoir l'âme chagrine.
> J'ai du bien, je suis jeune, et sors d'une maison
> Qui se peut dire noble avec quelque raison;
> Et je crois, par le rang que me donne ma race,　　　785
> Qu'il est fort peu d'emplois dont je ne sois en passe.
> Pour le cœur, dont surtout nous devons faire cas,
> On sait, sans vanité, que je n'en manque pas,
> Et l'on m'a vu pousser dans le monde une affaire
> D'une assez vigoureuse et gaillarde manière.　　　790
> Pour de l'esprit, j'en ai sans doute, et du bon goût
> A juger sans étude et raisonner de tout,
> A faire aux nouveautés, dont je suis idolâtre,
> Figure de savant sur les bancs du théâtre,
> Y décider en chef, et faire du fracas　　　　　　795
> A tous les beaux endroits qui méritent des ahs.
> Je suis assez adroit; j'ai bon air, bonne mine,
> Les dents belles surtout, et la taille fort fine.

timbre de sa personne orgueilleux
pas modeste

779. **t'éblouir les yeux,** *deceiving yourself.*　786. **dont je ne sois en passe,** *which I am not in a position to obtain.* The expression is taken from the game of pall-mall. The ball is *en passe* when in position to go through the wicket.　787. *As for courage, which we must prize above all . . .*　789. **pousser . . . une affaire,** *put through an affair of honor.*　791. Ternary verse, divided $4 + 4 + 4$ (cf. l. 574).　792. Compare *les Précieuses ridicules,* Scene IX: "*Les gens de qualité savent tout sans avoir jamais rien appris.*"　794. **savant** = *connaisseur.* — **les bancs du théâtre,** seats on both sides of the stage, abolished in 1759.　796. **ahs,** *exclamations;* should normally be in the singular.

Quant à se mettre bien, je crois, sans me flatter,
Qu'on serait mal venu de me le disputer. 800
Je me vois dans l'estime autant qu'on y puisse être,
Fort aimé du beau sexe, et bien auprès du maître.
Je crois qu'avec cela, mon cher Marquis, je croi
Qu'on peut, par tout pays, être content de soi.

CLITANDRE

Oui; mais, trouvant ailleurs des conquêtes faciles, 805
Pourquoi pousser ici des soupirs inutiles?

ACASTE

Moi? Parbleu! je ne suis de taille ni d'humeur
A pouvoir d'une belle essuyer la froideur.
C'est aux gens mal tournés, aux mérites vulgaires,
A brûler constamment pour des beautés sévères, 810
A languir à leurs pieds et souffrir leurs rigueurs,
A chercher le secours des soupirs et des pleurs,
Et tâcher, par des soins d'une très longue suite,
D'obtenir ce qu'on nie à leur peu de mérite.
Mais les gens de mon air, Marquis, ne sont pas faits 815
Pour aimer à crédit, et faire tous les frais.
Quelque rare que soit le mérite des belles,
Je pense, Dieu merci! qu'on vaut son prix comme elles,
Que pour se faire honneur d'un cœur comme le mien,
Ce n'est pas la raison qu'il ne leur coûte rien, 820
Et qu'au moins, à tout mettre en de justes balances,
Il faut qu'à frais communs se fassent les avances.

CLITANDRE

Tu penses donc, Marquis, être fort bien ici?

ACASTE

J'ai quelque lieu, Marquis, de le penser ainsi.

800. **mal venu,** cf. *bien venu.* Translate: *It would be difficult to deny me that.*
802. **maître,** generally assumed to mean the King; but *maître* might also be an adjective, in opposition to *beau sexe, le sexe maître:* 'Well loved by the fair and on good terms with the strong sex.' 803. **croi** = *crois,* an eye rime; cf. ll. 263–64; 455–56.
807. **de taille** should be preceded by *ni.* 810. **A brûler constamment** = *De brûler avec constance.* 813. **d'une très longue suite,** *long continued.* 816. **faire tous les frais,** *pay all the costs.* Note the commercial language used. 820. **Ce n'est pas la raison** = *Il n'est pas raisonnable.* 823. **être fort bien,** *to be in favor.* 824. Study Molière's varied characterizations of fatuous marquis (*la Critique de l'École des femmes, l'Impromptu de Versailles,* etc.).

CLITANDRE

Crois-moi, détache-toi de cette erreur extrême: 825
Tu te flattes, mon cher, et t'aveugles toi-même.

ACASTE

Il est vrai, je me flatte, et m'aveugle en effet.

CLITANDRE

Mais qui te fait juger ton bonheur si parfait?

ACASTE

Je me flatte.

CLITANDRE

Sur quoi fonder tes conjectures?

ACASTE

Je m'aveugle.

CLITANDRE

En as-tu des preuves qui soient sûres?   830

ACASTE

Je m'abuse, te dis-je.

CLITANDRE

Est-ce que de ses vœux
Célimène t'a fait quelques secrets aveux?

ACASTE

Non, je suis maltraité.

CLITANDRE

Réponds-moi, je te prie.

ACASTE

Je n'ai que des rebuts.

CLITANDRE

Laissons la raillerie,
Et me dis quel espoir on peut t'avoir donné.   835

831. **Je m'abuse,** *I deceive myself.* — **ses vœux** = *ses sentiments.*   834. **rebuts** (=
rebuffades), *rebuffs.*

ACASTE

> Je suis le misérable, et toi le fortuné:
> On a pour ma personne une aversion grande,
> Et quelqu'un de ces jours il faut que je me pende.

CLITANDRE

> O çà, veux-tu, Marquis, pour ajuster nos vœux,
> Que nous tombions d'accord d'une chose tous deux? 840
> Que qui pourra montrer une marque certaine
> D'avoir meilleure part au cœur de Célimène,
> L'autre ici fera place au vainqueur prétendu
> Et le délivrera d'un rival assidu?

ACASTE

> Ah! parbleu! tu me plais avec un tel langage, 845
> Et du bon de mon cœur à cela je m'engage.
> Mais, chut!

SCÈNE II

CÉLIMÈNE, ACASTE, CLITANDRE.

CÉLIMÈNE

> Encore ici?

CLITANDRE

> L'amour retient nos pas.

CÉLIMÈNE

> Je viens d'ouïr entrer un carrosse là-bas.
> Savez-vous qui c'est?

CLITANDRE

> Non.

837. **grande,** often placed after the noun in the 17th century.   839. **O çà,** *Come now.*   841. **qui** has no antecedent and must be construed *si quelqu'un.*   843. **prétendu** = *futur.*   846. **du bon** (= *du meilleur*) **de mon cœur,** *heartily.*

SCÈNE III

BASQUE, CÉLIMÈNE, ACASTE, CLITANDRE.

BASQUE

                           Arsinoé, Madame,
Monte ici pour vous voir.

CÉLIMÈNE

                           Que me veut cette femme ?   850

BASQUE

Éliante là-bas est à l'entretenir.

CÉLIMÈNE

De quoi s'avise-t-elle, et qui la fait venir ?

ACASTE

Pour prude consommée en tous lieux elle passe,
Et l'ardeur de son zèle . . .

CÉLIMÈNE

                       Oui, oui, franche grimace :
Dans l'âme elle est du monde, et ses soins tentent tout   855
Pour accrocher quelqu'un, sans en venir à bout.
Elle ne saurait voir qu'avec un œil d'envie
Les amants déclarés dont une autre est suivie ;
Et son triste mérite, abandonné de tous,
Contre le siècle aveugle est toujours en courroux.   860
Elle tâche à couvrir d'un faux voile de prude
Ce que chez elle on voit d'affreuse solitude ;
Et pour sauver l'honneur de ses faibles appas,
Elle attache du crime au pouvoir qu'ils n'ont pas.
Cependant un amant plairait fort à la dame,   865
Et même pour Alceste elle a tendresse d'âme.
Ce qu'il me rend de soins outrage ses attraits,

---

852. **De quoi s'avise-t-elle,** *What is in her mind.* — **qui** = *qu'est-ce qui.*   854. **zèle,**
devout zeal. — **franche grimace,** *pure pretence.*   855. **du monde,** *worldly.* — **ses soins
tentent tout,** *she tries everything.*   861–64. The meaning is that Arsinoé makes a
virtue of what she cannot help and attributes the lack of admirers about her to her
(false) modesty. Since her charms have not the power to attract, such power must
be criminal.   867. **Ce qu'il me rend de soins,** *All his attentions to me.*

Elle veut que ce soit un vol que je lui fais;
Et son jaloux dépit, qu'avec peine elle cache,
En tous endroits, sous main, contre moi se détache.   870
Enfin je n'ai rien vu de si sot à mon gré;
Elle est impertinente au suprême degré,
Et . . .

SCÈNE IV

Arsinoé, Célimène.

CÉLIMÈNE

        Ah ! quel heureux sort en ce lieu vous amène ?
Madame, sans mentir, j'étais de vous en peine.

ARSINOÉ

Je viens pour quelque avis que j'ai cru vous devoir.   875

CÉLIMÈNE

    Ah, mon Dieu ! que je suis contente de vous voir !

ARSINOÉ

Leur départ ne pouvait plus à propos se faire.

CÉLIMÈNE

Voulons-nous nous asseoir ?

ARSINOÉ

              Il n'est pas nécessaire,
Madame. L'amitié doit surtout éclater
Aux choses qui le plus nous peuvent importer;   880
Et comme il n'en est point de plus grande importance
Que celles de l'honneur et de la bienséance,
Je viens par un avis qui touche votre honneur,
Témoigner l'amitié que pour vous a mon cœur.
Hier j'étais chez des gens de vertu singulière,   885
Où sur vous du discours on tourna la matière,
Et là, votre conduite, avec ses grands éclats,
Madame, eut le malheur qu'on ne la loua pas.

---

870. se détache, *breaks out.*   871. à mon gré, *in my opinion.*   872. impertinente,
unreasonable.   876. The two marquis go out, laughing.   878. Il (*cela*) n'est pas
nécessaire. Arsinoé intimates that this is not a social call.   885. Hier is here
monosyllabic. — singulière = *rare.*   887. grands éclats, *loud display.*

Cette foule de gens dont vous souffrez visite,
Votre galanterie, et les bruits qu'elle excite   890
Trouvèrent des censeurs plus qu'il n'aurait fallu,
Et bien plus rigoureux que je n'eusse voulu.
Vous pouvez bien penser quel parti je sus prendre:
Je fis ce que je pus pour vous pouvoir défendre,
Je vous excusai fort sur votre intention,   895
Et voulus de votre âme être la caution.
Mais vous savez qu'il est des choses dans la vie
Qu'on ne peut excuser, quoiqu'on en ait envie;
Et je me vis contrainte à demeurer d'accord
Que l'air dont vous vivez vous faisait un peu tort,   900
Qu'il prenait dans le monde une méchante face,
Qu'il n'est conte fâcheux que partout on n'en fasse,
Et que, si vous vouliez, tous vos déportements
Pourraient moins donner prise aux mauvais jugements.
Non que j'y croie, au fond, l'honnêteté blessée: 905
Me préserve le ciel d'en avoir la pensée!
Mais aux ombres du crime on prête aisément foi,
Et ce n'est pas assez de bien vivre pour soi.
Madame, je vous crois l'âme trop raisonnable
Pour ne pas prendre bien cet avis profitable,   910
Et pour l'attribuer qu'aux mouvements secrets
D'un zèle qui m'attache à tous vos intérêts.

CÉLIMÈNE

Madame, j'ai beaucoup de grâces à vous rendre:
Un tel avis m'oblige, et loin de le mal prendre,
J'en prétends reconnaître, à l'instant, la faveur,   915
Par un avis aussi qui touche votre honneur;
Et comme je vous vois vous montrer mon amie
En m'apprenant les bruits que de moi l'on publie,
Je veux suivre, à mon tour, un exemple si doux,
En vous avertissant de ce qu'on dit de vous.   920
En un lieu, l'autre jour, où je faisais visite,
Je trouvai quelques gens d'un très rare mérite,
Qui, parlant des vrais soins d'une âme qui vit bien,

---

890. galanterie, *flirtations.* 893. quel parti...prendre, *whose side I took up.* 900. l'air = *la manière.* 903. vos déportements = *votre conduite.* 904. donner prise, *give occasion.* 905. l'honnêteté, *decency.* 909. Je vous crois (avoir) l'âme. 910. bien, *in good part.* 911. l'attribuer (à autre chose) qu'aux... 921. Note the parody of Arsinoé's speech, l. 885 ff. 923. soins, *concern.*

Firent tomber sur vous, Madame, l'entretien.
Là, votre pruderie et vos éclats de zèle   925
Ne furent pas cités comme un fort bon modèle:
Cette affectation d'un grave extérieur,
Vos discours éternels de sagesse et d'honneur,
Vos mines et vos cris aux ombres d'indécence
Que d'un mot ambigu peut avoir l'innocence,   930
Cette hauteur d'estime où vous êtes de vous,
Et ces yeux de pitié que vous jetez sur tous,
Vos fréquentes leçons, et vos aigres censures
Sur des choses qui sont innocentes et pures,
Tout cela, si je puis vous parler franchement,   935
Madame, fut blâmé d'un commun sentiment.
A quoi bon, disaient-ils, cette mine modeste,
Et ce sage dehors que dément tout le reste?
Elle est à bien prier exacte au dernier point;
Mais elle bat ses gens, et ne les paye point.   940
Dans tous les lieux dévots elle étale un grand zèle;
Mais elle met du blanc, et veut paraître belle.
Elle fait des tableaux couvrir les nudités;
Mais elle a de l'amour pour les réalités.
Pour moi, contre chacun je pris votre défense,   945
Et leur assurai fort que c'était médisance;
Mais tous les sentiments combattirent le mien;
Et leur conclusion fut que vous feriez bien
De prendre moins de soin des actions des autres,
Et de vous mettre un peu plus en peine des vôtres;   950
Qu'on doit se regarder soi-même un fort long temps
Avant que de songer à condamner les gens;
Qu'il faut mettre le poids d'une vie exemplaire
Dans les corrections qu'aux autres on veut faire;
Et qu'encor vaut-il mieux s'en remettre, au besoin,   955
A ceux à qui le Ciel en a commis le soin.
Madame, je vous crois aussi trop raisonnable
Pour ne pas prendre bien cet avis profitable,
Et pour l'attribuer qu'aux mouvements secrets
D'un zèle qui m'attache à tous vos intérêts.   960

929–30. **aux ombres . . . l'innocence,** *at the semblance of impropriety which a word with a double meaning innocently used may have.*   938. **sage,** *virtuous.*   940. **elle bat ses gens.** *The beating of servants was not unusual.* — **paye** *is dissyllabic.*   942. **elle met du blanc,** *she paints.*

ARSINOÉ

> A quoi qu'en reprenant on soit assujettie,
> Je ne m'attendais pas à cette repartie,
> Madame, et je vois bien, par ce qu'elle a d'aigreur,
> Que mon sincère avis vous a blessée au cœur.

CÉLIMÈNE

> Au contraire, Madame; et, si l'on était sage,　　965
> Ces avis mutuels seraient mis en usage:
> On détruirait par là, traitant de bonne foi,
> Ce grand aveuglement où chacun est pour soi.
> Il ne tiendra qu'à vous qu'avec le même zèle
> Nous ne continuions cet office fidèle,　　970
> Et ne prenions grand soin de nous dire, entre nous,
> Ce que nous entendrons, vous de moi, moi de vous.

ARSINOÉ

> Ah! Madame, de vous je ne puis rien entendre:
> C'est en moi que l'on peut trouver fort à reprendre.

CÉLIMÈNE

> Madame, on peut, je crois, louer et blâmer tout,　　975
> Et chacun a raison, suivant l'âge ou le goût.
> Il est une saison pour la galanterie;
> Il en est une aussi propre à la pruderie.
> On peut, par politique, en prendre le parti,
> Quand de nos jeunes ans l'éclat est amorti:　　980
> Cela sert à couvrir de fâcheuses disgrâces.
> Je ne dis pas qu'un jour je ne suive vos traces:
> L'âge amènera tout, et ce n'est pas le temps,
> Madame, comme on sait, d'être prude à vingt ans.

ARSINOÉ

> Certes, vous vous targuez d'un bien faible avantage,　　985
> Et vous faites sonner terriblement votre âge.
> Ce que de plus que vous on en pourrait avoir
> N'est pas un si grand cas pour s'en tant prévaloir;

---

967. traitant de bonne foi, *in having frank relations.*　969–70. Il ne tiendra qu'à vous ... continuions, *It will only depend on you whether we continue with the same zeal.* 979. en prendre le parti, *make use of it.*　981. fâcheuses disgrâces, *humiliating losses of popularity.*　986. vous faites sonner terriblement, *you make a terrible din over.* 988. un si grand cas = *une chose si importante.* — s'en ... prévaloir, *boast about.*

Et je ne sais pourquoi votre âme ainsi s'emporte,
Madame, à me pousser de cette étrange sorte.   990

CÉLIMÈNE

Et moi, je ne sais pas, Madame, aussi pourquoi
On vous voit, en tous lieux, vous déchaîner sur moi.
Faut-il de vos chagrins, sans cesse, à moi vous prendre?
Et puis-je mais des soins qu'on ne va pas vous rendre?
Si ma personne aux gens inspire de l'amour,   995
Et si l'on continue à m'offrir chaque jour
Des vœux que votre cœur peut souhaiter qu'on m'ôte,
Je n'y saurais que faire, et ce n'est pas ma faute:
Vous avez le champ libre, et je n'empêche pas
Que pour les attirer vous n'ayez des appas.   1000

ARSINOÉ

Hélas! et croyez-vous que l'on se mette en peine
De ce nombre d'amants dont vous faites la vaine,
Et qu'il ne nous soit pas fort aisé de juger
A quel prix aujourd'hui l'on peut les engager?
Pensez-vous faire croire, à voir comme tout roule,   1005
Que votre seul mérite attire cette foule?
Qu'ils ne brûlent pour vous que d'un honnête amour,
Et que pour vos vertus ils vous font tous la cour?
On ne s'aveugle point par de vaines défaites,
Le monde n'est point dupe; et j'en vois qui sont faites   1010
A pouvoir inspirer de tendres sentiments,
Qui chez elles pourtant ne fixent point d'amants;
Et de là nous pouvons tirer des conséquences,
Qu'on n'acquiert point leurs cœurs sans de grandes avances,
Qu'aucun pour nos beaux yeux n'est notre soupirant,   1015
Et qu'il faut acheter tous les soins qu'on nous rend.
Ne vous enflez donc pas d'une si grande gloire
Pour les petits brillants d'une faible victoire;
Et corrigez un peu l'orgueil de vos appas,
De traiter pour cela les gens de haut en bas.   1020

989. s'emporte, *is impelled.*   994. *And can I help it if no attentions are shown you?*
En pouvoir mais, lit., ' to be able to do more.'   998. Je n'y saurais que faire, *There's
nothing I can do about it.*   1005. à voir comme tout roule, *considering the ways of
the world.*   1009. défaites, *excuses, pretexts.*   1010. en = *des femmes.*   1011. A pouvoir = *De manière à pouvoir.*   1012. fixent = *attirent.*   1015. pour nos beaux yeux,
for our sweet selves alone. — soupirant, *lover.*   1018. petits brillants, *slight glitter.*
1020. de haut en bas, *superciliously.*

Si nos yeux enviaient les conquêtes des vôtres,
Je pense qu'on pourrait faire comme les autres,
Ne se point ménager, et vous faire bien voir
Que l'on a des amants quand on en veut avoir.

CÉLIMÈNE

Ayez-en donc, Madame, et voyons cette affaire:　　　　1025
Par ce rare secret efforcez-vous de plaire;
Et sans . . .

ARSINOÉ

　　　　Brisons, Madame, un pareil entretien;
Il pousserait trop loin votre esprit et le mien;
Et j'aurais pris déjà le congé qu'il faut prendre,
Si mon carrosse encore ne m'obligeait d'attendre.　　　1030

CÉLIMÈNE

Autant qu'il vous plaira vous pouvez arrêter,
Madame, et là-dessus rien ne doit vous hâter;
Mais, sans vous fatiguer de ma cérémonie, *conclusion*
Je m'en vais vous donner meilleure compagnie;
Et Monsieur, qu'à propos le hasard fait venir,　　　　1035
Remplira mieux ma place à vous entretenir.
Alceste, il faut que j'aille écrire un mot de lettre,
Que, sans me faire tort, je ne saurais remettre.
Soyez avec Madame: elle aura la bonté
D'excuser aisément mon incivilité.　　　　　　　　1040

SCÈNE V

ALCESTE, ARSINOÉ.

fausse confidence ou médisance

ARSINOÉ

Vous voyez, elle veut que je vous entretienne,
Attendant un moment que mon carrosse vienne;
Et jamais tous ses soins ne pouvaient m'offrir rien
Qui me fût plus charmant qu'un pareil entretien.
En vérité, les gens d'un mérite sublime　　　　　　1045

1023. **Ne se point ménager,** *Throw away all restraint.*   1031. **arrêter** = *vous arrêter* = *rester.*   1036. **à vous entretenir,** *in conversing with you.*   1037. **un mot de lettre,** *a brief note.*   1045. **sublime** = *supérieur.*

Entraînent de chacun et l'amour et l'estime;
Et le vôtre, sans doute, a des charmes secrets
Qui font entrer mon cœur dans tous vos intérêts.
Je voudrais que la cour, par un regard propice,
A ce que vous valez rendît plus de justice: 1050
Vous avez à vous plaindre, et je suis en courroux,
Quand je vois chaque jour qu'on ne fait rien pour vous.

ALCESTE

Moi, Madame? Et sur quoi pourrais-je en rien prétendre?
Quel service à l'État est-ce qu'on m'a vu rendre?
Qu'ai-je fait, s'il vous plaît, de si brillant de soi,   1055
Pour me plaindre à la cour qu'on ne fait rien pour moi?

ARSINOÉ

Tous ceux sur qui la cour jette des yeux propices,
N'ont pas toujours rendu de ces fameux services.
Il faut l'occasion, ainsi que le pouvoir;
Et le mérite enfin que vous nous faites voir   1060
Devrait . . .

ALCESTE

                    Mon Dieu! laissons mon mérite, de grâce;
De quoi voulez-vous là que la cour s'embarrasse?
Elle aurait fort à faire, et ses soins seraient grands
D'avoir à déterrer le mérite des gens.

ARSINOÉ

Un mérite éclatant se déterre lui-même: 1065
Du vôtre, en bien des lieux, on fait un cas extrême;
Et vous saurez de moi qu'en deux fort bons endroits
Vous fûtes hier loué par des gens d'un grand poids.

ALCESTE

Eh! Madame, l'on loue aujourd'hui tout le monde,
Et le siècle par là n'a rien qu'on ne confonde: 1070
Tout est d'un grand mérite également doué,
Ce n'est plus un honneur que de se voir loué;

1047. charmes, i.e. magic powers.   1053. Et sur quoi . . . prétendre? *On what
might I base any claim upon it* (i. e. the court)?   1055. de soi = *en soi.*   1056. fait =
fasse (subjunctive after *plaindre*) or else *de ce qu'on ne fait . . .*   1058. fameux,
famed.   1066. Du vôtre . . . on fait un cas extrême, *Yours . . . is most highly
valued.*   1070. *And the world, in that respect, observes no distinctions.*

D'éloges on regorge, à la tête on les jette,
Et mon valet de chambre est mis dans la Gazette.

ARSINOÉ

Pour moi, je voudrais bien que, pour vous montrer mieux,   1075
Une charge à la cour vous pût frapper les yeux.
Pour peu que d'y songer vous nous fassiez les mines,
On peut pour vous servir remuer des machines;
Et j'ai des gens en main que j'emploierai pour vous,
Qui vous feront à tout un chemin assez doux.   1080

ALCESTE

Et que voudriez-vous, Madame, que j'y fisse?
L'humeur dont je me sens veut que je m'en bannisse.
Le Ciel ne m'a point fait, en me donnant le jour,
Une âme compatible avec l'air de la cour;
Je ne me trouve point les vertus nécessaires   1085
Pour y bien réussir, et faire mes affaires.
Être franc et sincère est mon plus grand talent;
Je ne sais point jouer les hommes en parlant;
Et qui n'a pas le don de cacher ce qu'il pense
Doit faire en ce pays fort peu de résidence.   1090
Hors de la cour, sans doute, on n'a pas cet appui,
Et ces titres d'honneur qu'elle donne aujourd'hui;
Mais on n'a pas aussi, perdant ces avantages,
Le chagrin de jouer de fort sots personnages:
On n'a point à souffrir mille rebuts cruels,   1095
On n'a point à louer les vers de Messieurs tels,
A donner de l'encens à Madame une telle,
Et de nos francs marquis essuyer la cervelle.

ARSINOÉ

Laissons, puisqu'il vous plaît, ce chapitre de cour;
Mais il faut que mon cœur vous plaigne en votre amour;   1100

1073. **D'éloges on regorge,** *One is surfeited with praise.*   1074. **la Gazette,** founded
in 1631 by Renaudot, became *la Gazette de France* in 1762.   1075. **pour vous montrer
mieux,** *that you might better show your worth.*   1076. **vous pût frapper les yeux,** *might
take your fancy.*   1077. *If you but give us the slightest hint that you would consider it.*
1078. **remuer des machines,** '*pull wires*'; *machines,* lit., modern '*piston.*'   1079. **en
main,** *at my service.*   1082. **L'humeur,** *The mood* or *disposition.*   1086. **faire mes
affaires,** *make my way.*   1088. **jouer,** *trick, deceive.*   1095. **rebuts,** see note to l. 834.
1096. **Messieurs tels,** *Messrs. So-and-So.*   1098. *And put up with the brainlessness of
our true marquis* (i.e. confirmed fools).

Et pour vous découvrir là-dessus mes pensées,
Je souhaiterais fort vos ardeurs mieux placées.
Vous méritez, sans doute, un sort beaucoup plus doux,
Et celle qui vous charme est indigne de vous.

ALCESTE

Mais, en disant cela, songez-vous, je vous prie,   1105
Que cette personne est, Madame, votre amie?

ARSINOÉ

Oui; mais ma conscience est blessée en effet
De souffrir plus longtemps le tort que l'on vous fait;
L'état où je vous vois afflige trop mon âme,
Et je vous donne avis qu'on trahit votre flamme.   1110

ALCESTE

C'est me montrer, Madame, un tendre mouvement,
Et de pareils avis obligent un amant!

ARSINOÉ

Oui, toute mon amie, elle est, et je la nomme,
Indigne d'asservir le cœur d'un galant homme;
Et le sien n'a pour vous que de feintes douceurs.   1115

ALCESTE

Cela se peut, Madame, on ne voit pas les cœurs;
Mais votre charité se serait bien passée
De jeter dans le mien une telle pensée.

ARSINOÉ

Si vous ne voulez pas être désabusé,
Il faut ne vous rien dire, il est assez aisé.   1120

ALCESTE

Non; mais sur ce sujet quoi que l'on nous expose,
Les doutes sont fâcheux plus que toute autre chose;
Et je voudrais, pour moi, qu'on ne me fît savoir
Que ce qu'avec clarté l'on peut me faire voir.

1113. **toute mon amie** (qu'elle soit).   1117. **se serait bien passée** (= *aurait bien
dû se passer*), *might have refrained.*   1120. **il** = *cela.*

ARSINOÉ

Eh bien, c'est assez dit; et sur cette matière   1125
Vous allez recevoir une pleine lumière.
Oui, je veux que de tout vos yeux vous fassent foi;
Donnez-moi seulement la main jusque chez moi;
Là je vous ferai voir une preuve fidèle
De l'infidélité du cœur de votre belle;   1130
Et si pour d'autres yeux le vôtre peut brûler,
On pourra vous offrir de quoi vous consoler.

Les Tourments des Jaloux.

ACTE QUATRIÈME

SCÈNE PREMIÈRE

ÉLIANTE, PHILINTE.

PHILINTE

Non, l'on n'a point vu d'âme à manier si dure,
Ni d'accommodement plus pénible à conclure:
En vain de tous côtés on l'a voulu tourner,   1135
Hors de son sentiment on n'a pu l'entraîner;
Et jamais différend si bizarre, je pense,
N'avait de ces Messieurs occupé la prudence.
« Non, Messieurs, disait-il, je ne me dédis point,
Et tomberai d'accord de tout, hors de ce point.   1140
De quoi s'offense-t-il? et que veut-il me dire?
Y va-t-il de sa gloire à ne pas bien écrire?
Que lui fait mon avis, qu'il a pris de travers?
On peut être honnête homme et faire mal des vers:
Ce n'est point à l'honneur que touchent ces matières;   1145
Je le tiens galant homme en toutes les manières,
Homme de qualité, de mérite et de cœur,
Tout ce qu'il vous plaira, mais fort méchant auteur.

1128. **Donnez-moi . . . la main.** A gentleman offered his hand to the lady he escorted. 1132. **On pourra . . . consoler.** Note this climax of the prude's advances. 1137. **différend,** *quarrel.* 1138. **ces Messieurs,** i.e. *les Maréchaux,* referred to in ll. 751–52. 1142. **Y va-t-il de sa gloire?** *Is his honor at stake?* 1143. **qu'il a pris de travers,** *at which he took offence.* 1146. **Je le tiens,** *I consider him.*

Je louerai, si l'on veut, son train et sa dépense,
Son adresse à cheval, aux armes, à la danse;   1150
Mais pour louer ses vers, je suis son serviteur;
Et lorsque d'en mieux faire on n'a pas le bonheur,
On ne doit de rimer avoir aucune envie,
Qu'on n'y soit condamné sur peine de la vie. »
Enfin toute la grâce et l'accommodement   1155
Où s'est avec effort plié son sentiment,
C'est de dire, croyant adoucir bien son style:
« Monsieur, je suis fâché d'être si difficile,
Et pour l'amour de vous, je voudrais de bon cœur
Avoir trouvé tantôt votre sonnet meilleur. »   1160
Et dans une embrassade, on leur a, pour conclure,
Fait vite envelopper toute la procédure.

ÉLIANTE

Dans ses façons d'agir, il est fort singulier;
Mais j'en fais, je l'avoue, un cas particulier,
Et la sincérité dont son âme se pique   1165
A quelque chose en soi de noble et d'héroïque.
C'est une vertu rare au siècle d'aujourd'hui,
Et je la voudrais voir partout comme chez lui.

PHILINTE

Pour moi, plus je le vois, plus surtout je m'étonne
De cette passion où son cœur s'abandonne: 1170
De l'humeur dont le Ciel a voulu le former,
Je ne sais pas comment il s'avise d'aimer;
Et je sais moins encore comment votre cousine
Peut être la personne où son penchant l'incline.

ÉLIANTE

Cela fait assez voir que l'amour, dans les cœurs,   1175
N'est pas toujours produit par un rapport d'humeurs;
Et toutes ces raisons de douces sympathies
Dans cet exemple-ci se trouvent démenties.

1149. son train, *his manner of living.* 1151. je suis son serviteur, *I respectfully decline.* 1152. d'en mieux faire = *d'en faire de meilleurs.* 1154. Qu'on n'y soit = *A moins qu'on n'y soit.* 1161. une embrassade; cf. ll. 273–75. Alceste has to come to it, after all! 1164. j'en fais … un cas particulier, *I have . . . a particular regard for him.* 1176. un rapport d'humeurs, *a similarity of temperament.* 1177. douces sympathies; cf. Corneille's views in *Rodogune*, ll. 359–61.

PHILINTE

Mais croyez-vous qu'on l'aime, aux choses qu'on peut voir?

ÉLIANTE

C'est un point qu'il n'est pas fort aisé de savoir.   1180
Comment pouvoir juger s'il est vrai qu'elle l'aime?
Son cœur de ce qu'il sent n'est pas bien sûr lui-même.
Il aime quelquefois sans qu'il le sache bien,
Et croit aimer aussi parfois qu'il n'en est rien.

PHILINTE

Je crois que notre ami, près de cette cousine,   1185
Trouvera des chagrins plus qu'il ne s'imagine;
Et s'il avait mon cœur, à dire vérité,
Il tournerait ses vœux tout d'un autre côté,
Et par un choix plus juste, on le verrait, Madame,
Profiter des bontés que lui montre votre âme.   1190

ÉLIANTE

Pour moi, je n'en fais point de façons, et je croi
Qu'on doit, sur de tels points, être de bonne foi:
Je ne m'oppose point à toute sa tendresse;
Au contraire, mon cœur pour elle s'intéresse,
Et si c'était qu'à moi la chose pût tenir,   1195
Moi-même à ce qu'il aime on me verrait l'unir.
Mais si, dans un tel choix, comme tout se peut faire,
Son amour éprouvait quelque destin contraire,
S'il fallait que d'un autre on couronnât les feux,
Je pourrais me résoudre à recevoir ses vœux;   1200
Et le refus souffert, en pareille occurrence,
Ne m'y ferait trouver aucune répugnance.

PHILINTE

Et moi, de mon côté, je ne m'oppose pas,
Madame, à ces bontés qu'ont pour lui vos appas;

1179. on = *Célimène*.   1182. This verse is made up entirely of monosyllables.
1184. qu'il n'en est rien, *when it really does not*.   1191. je n'en fais point de façons,
I admit it freely.   1195. *And if the matter depended on me*.   1197. comme tout se
peut faire, *since anything may happen*.   1199. *If it should come to pass that another suitor's ardent love should be crowned with success*.   Note the stilted, conventional
language in vogue at the time.   1202. The fact that Célimène had refused Alceste
would not make the transfer of his affection to herself less welcome to Éliante.

Et lui-même, s'il veut, il peut bien vous instruire   1205
De ce que là-dessus j'ai pris soin de lui dire.
Mais si, par un hymen qui les joindrait eux deux,
Vous étiez hors d'état de recevoir ses vœux,
Tous les miens tenteraient la faveur éclatante
Qu'avec tant de bonté votre âme lui présente: 1210
Heureux si, quand son cœur s'y pourra dérober,
Elle pouvait sur moi, Madame, retomber.

ÉLIANTE

Vous vous divertissez, Philinte.

PHILINTE

                    Non, Madame,
Et je vous parle ici, du meilleur de mon âme.
J'attends l'occasion de m'offrir hautement,   1215
Et de tous mes souhaits j'en presse le moment.

SCÈNE II

ALCESTE, ÉLIANTE, PHILINTE.

ALCESTE

Ah! faites-moi raison, Madame, d'une offense
Qui vient de triompher de toute ma constance.

ÉLIANTE

Qu'est-ce donc? Qu'avez-vous qui vous puisse émouvoir?

ALCESTE

J'ai ce que sans mourir je ne puis concevoir;   1220
Et le déchaînement de toute la nature
Ne m'accablerait pas comme cette aventure.
C'en est fait ... Mon amour ... Je ne saurais parler.

1209. les miens refers to *vœux*. — tenteraient, *would strive to win.*   1211–12. i.e.
Je serais heureux si, quand le cœur d'Alceste se sera dérobé ('withdrawn itself') *à la
faveur que vous lui offrez, cette faveur pouvait retomber sur moi.*   1217. faites-moi
raison, *help avenge me.*   1218. ma constance, *steadfastness of my soul.*   1219. Lines
1219–30 are taken from Molière's *comédie-héroïque,* "*Don Garcie de Navarre*" (1661),
which was a failure and was only printed in 1682.   1221. le déchaînement, *the up-
heaval.*   1223. C'en est fait, *It's all up.*

ÉLIANTE

Que votre esprit un peu tâche à se rappeler.

ALCESTE

O juste Ciel! faut-il qu'on joigne à tant de grâces   1225
Les vices odieux des âmes les plus basses?

ÉLIANTE

Mais encor qui vous peut ... ?

ALCESTE

Ah! tout est ruiné;
Je suis, je suis trahi, je suis assassiné:
Célimène ... Eût-on pu croire cette nouvelle?
Célimène me trompe et n'est qu'une infidèle.   1230

ÉLIANTE

Avez-vous, pour le croire, un juste fondement?

PHILINTE

Peut-être est-ce un soupçon conçu légèrement,
Et votre esprit jaloux prend parfois des chimères ...

ALCESTE

Ah, morbleu! mêlez-vous, Monsieur, de vos affaires.
C'est de sa trahison n'être que trop certain,   1235
Que l'avoir, dans ma poche, écrite de sa main.
Oui, Madame, une lettre écrite pour Oronte
A produit à mes yeux ma disgrâce et sa honte:
Oronte, dont j'ai cru qu'elle fuyait les soins,
Et que de mes rivaux je redoutais le moins.   1240

PHILINTE

Une lettre peut bien tromper par l'apparence,
Et n'est pas quelquefois si coupable qu'on pense.

ALCESTE

Monsieur, encore un coup, laissez-moi, s'il vous plaît,
Et ne prenez souci que de votre intérêt.

ÉLIANTE

Vous devez modérer vos transports, et l'outrage ...   1245

1238. **produit** = *montré.*

ALCESTE

> Madame, c'est à vous qu'appartient cet ouvrage;
> C'est à vous que mon cœur a recours aujourd'hui,
> Pour pouvoir s'affranchir de son cuisant ennui.
> Vengez-moi d'une ingrate et perfide parente,   1250
> Qui trahit lâchement une ardeur si constante;
> Vengez-moi de ce trait qui doit vous faire horreur.

ÉLIANTE

> Moi, vous venger! Comment?

ALCESTE

>   En recevant mon cœur.
> Acceptez-le, Madame, au lieu de l'infidèle:
> C'est par là que je puis prendre vengeance d'elle;   1255
> Et je la veux punir par les sincères vœux,
> Par le profond amour, les soins respectueux,
> Les devoirs empressés et l'assidu service
> Dont ce cœur va vous faire un ardent sacrifice.

ÉLIANTE

> Je compatis, sans doute, à ce que vous souffrez,
> Et ne méprise point le cœur que vous m'offrez;   1260
> Mais peut-être le mal n'est pas si grand qu'on pense,
> Et vous pourrez quitter ce désir de vengeance.
> Lorsque l'injure part d'un objet plein d'appas,
> On fait force desseins qu'on n'exécute pas:
> On a beau voir, pour rompre, une raison puissante,   1265
> Une coupable aimée est bientôt innocente;
> Tout le mal qu'on lui veut se dissipe aisément,
> Et l'on sait ce que c'est qu'un courroux d'un amant.

ALCESTE

> Non, non, Madame, non: l'offense est trop mortelle,
> Il n'est point de retour, et je romps avec elle;   1270
> Rien ne saurait changer le dessein que j'en fais,
> Et je me punirais de l'estimer jamais.

1246. **cet ouvrage** refers to Éliante's plea to calm himself.   1248. **cuisant ennui**, *burning grief*.   1249. **parente**, *relative*.   1251. **ce trait**, *this action*.   1252. Alceste's grief and egotism render him blind to the absurdity of his proposal.   1257. **devoirs** = *hommages*.   1264. **force**, *a great many*.

La voici. Mon courroux redouble à cette approche ;
Je vais de sa noirceur lui faire un vif reproche,
Pleinement la confondre, et vous porter après   1275
Un cœur tout dégagé de ses trompeurs attraits.

SCÈNE III

CÉLIMÈNE, ALCESTE.

ALCESTE

O Ciel ! de mes transports puis-je être ici le maître ?

CÉLIMÈNE

Ouais ! Quel est donc le trouble où je vous vois paraître ?
Et que me veulent dire et ces soupirs poussés
Et ces sombres regards que sur moi vous lancez ?   1280

ALCESTE

Que toutes les horreurs dont une âme est capable
A vos déloyautés n'ont rien de comparable ;
Que le sort, les démons, et le ciel en courroux
N'ont jamais rien produit de si méchant que vous.

CÉLIMÈNE

Voilà certainement des douceurs que j'admire.   1285

ALCESTE

Ah ! ne plaisantez point, il n'est pas temps de rire :
Rougissez bien plutôt, vous en avez raison,
Et j'ai de sûrs témoins de votre trahison.
Voilà ce que marquaient les troubles de mon âme :
Ce n'était pas en vain que s'alarmait ma flamme ;   1290
Par ces fréquents soupçons qu'on trouvait odieux,
Je cherchais le malheur qu'ont rencontré mes yeux.
Et malgré tous vos soins et votre adresse à feindre,
Mon astre me disait ce que j'avais à craindre.

1277. **transports,** *violent emotion.*   1285. Célimène suspects that something is amiss and jests to conceal her uneasiness.   1286 ff. This speech is taken almost textually from *Don Garcie de Navarre,* ll. 1274–1301.   1287. **raison,** *cause.*   1288. **témoins,** *evidence.*   1289. **marquaient,** *indicated.*   1294. **Mon astre,** an ordinary figure of speech ; translate 'my instinct.'

Mais ne présumez pas que, sans être vengé,   1295
Je souffre le dépit de me voir outragé.
Je sais que sur les vœux on n'a point de puissance,
Que l'amour veut partout naître sans dépendance,
Que jamais par la force on n'entra dans un cœur,
Et que toute âme est libre à nommer son vainqueur.   1300
Aussi ne trouverais-je aucun sujet de plainte,
Si pour moi votre bouche avait parlé sans feinte;
Et, rejetant mes vœux dès le premier abord,
Mon cœur n'aurait eu droit de s'en prendre qu'au sort.
Mais d'un aveu trompeur voir ma flamme applaudie,   1305
C'est une trahison, c'est une perfidie,
Qui ne saurait trouver de trop grands châtiments,
Et je puis tout permettre à mes ressentiments.
Oui, oui, redoutez tout après un tel outrage;
Je ne suis plus à moi, je suis tout à la rage: 1310
Percé du coup mortel dont vous m'assassinez,
Mes sens par la raison ne sont plus gouvernés,
Je cède aux mouvements d'une juste colère,
Et je ne réponds pas de ce que je puis faire.

CÉLIMÈNE
D'où vient donc, je vous prie, un tel emportement?   1315
Avez-vous, dites-moi, perdu le jugement?

ALCESTE
Oui, oui, je l'ai perdu, lorsque dans votre vue
J'ai pris, pour mon malheur, le poison qui me tue,
Et que j'ai cru trouver quelque sincérité
Dans les traîtres appas dont je fus enchanté.   1320

CÉLIMÈNE
De quelle trahison pouvez-vous donc vous plaindre?

ALCESTE
Ah! que ce cœur est double et sait bien l'art de feindre!
Mais pour le mettre à bout j'ai des moyens tout prêts:

1296. **dépit**, *humiliation.*   1297. **les vœux** = *l'amour.*   1303. **rejetant** = *si vous
aviez rejeté;* one of the many cases of anacoluthon.   1310. **Je ne suis plus à moi,** *I
am no longer master of myself.*   1311. **Percé;** supply *je suis.*   1315. Célimène is very
anxious to find out exactly how much Alceste knows about her intrigues.   1317. **dans
votre vue,** *in beholding you.*   1320. **enchanté,** in its literal sense connoting magic.
1321. That is the question!   1323. **pour le mettre à bout,** *to drive it to extremes,* i.e.
for its confusion.

Fr. anacoluthe = interruption in sentence. coq à l'âne
Angl. anacoluthon.

Jetez ici les yeux, et connaissez vos traits;
Ce billet découvert suffit pour vous confondre,   1325
Et contre ce témoin on n'a rien à répondre.

CÉLIMÈNE

Voilà donc le sujet qui vous trouble l'esprit ?

ALCESTE

Vous ne rougissez pas en voyant cet écrit ?

CÉLIMÈNE

Et par quelle raison faut-il que j'en rougisse ?

ALCESTE

Quoi ? vous joignez ici l'audace à l'artifice ?   1330
Le désavouerez-vous, pour n'avoir point de seing ?

CÉLIMÈNE

Pourquoi désavouer un billet de ma main ?

ALCESTE

Et vous pouvez le voir sans demeurer confuse
Du crime dont vers moi son style vous accuse ?

CÉLIMÈNE

Vous êtes, sans mentir, un grand extravagant.   1335

ALCESTE

Quoi ? vous bravez ainsi ce témoin convaincant ?
Et ce qu'il m'a fait voir de douceur pour Oronte
N'a donc rien qui m'outrage, et qui vous fasse honte ?

CÉLIMÈNE

Oronte ! Qui vous dit que la lettre est pour lui ?

ALCESTE

Les gens qui dans mes mains l'ont remise aujourd'hui.   1340
Mais je veux consentir qu'elle soit pour un autre:

1324. **traits** = *écriture.*   1326. Célimène is too clever to try to answer. She prefers to ask questions.   1331. **pour n'avoir point** = *parce qu'il n'a pas.* — **seing,** *sig-
nature.*   1339. Célimène will admit or deny nothing, without proofs.   1340. **Les
gens.** Alceste, as a gentleman, does not want to name Arsinoé.

Mon cœur en a-t-il moins à se plaindre du vôtre?
En serez-vous vers moi moins coupable en effet?

CÉLIMÈNE

Mais si c'est une femme à qui va ce billet,
En quoi vous blesse-t-il? et qu'a-t-il de coupable?   1345

ALCESTE

Ah! le détour est bon, et l'excuse admirable.
Je ne m'attendais pas, je l'avoue, à ce trait,
Et me voilà, par là, convaincu tout à fait.
Osez-vous recourir à ces ruses grossières?
Et croyez-vous les gens si privés de lumières?   1350
Voyons, voyons un peu par quel biais, de quel air
Vous voulez soutenir un mensonge si clair;
Et comment vous pourrez tourner pour une femme
Tous les mots d'un billet qui montre tant de flamme?
Ajustez, pour couvrir un manquement de foi,   1355
Ce que je m'en vais lire . . .

CÉLIMÈNE

                            Il ne me plaît pas, moi.
Je vous trouve plaisant d'user d'un tel empire,
Et de me dire au nez ce que vous m'osez dire.

ALCESTE

Non, non: sans s'emporter, prenez un peu souci
De me justifier les termes que voici.   1360

CÉLIMÈNE

Non, je n'en veux rien faire, et dans cette occurrence,
Tout ce que vous croirez m'est de peu d'importance.

ALCESTE

De grâce, montrez-moi, je serai satisfait,
Qu'on peut pour une femme expliquer ce billet.

1350. **lumières**, *understanding, sense.*   1351. **biais**, *expedient.*   1355. **Ajustez**, *Reconcile.*   1356. Célimène, cornered, takes the offensive. This marks the turning point of the scene.   1357. *It is rather amusing to have you assume such authority.* 1358. **au nez**, *to my face, bluntly.*   1359. **sans s'emporter** (= *sans nous emporter*), *without either of us getting angry.*

CÉLIMÈNE

    Non, il est pour Oronte, et je veux qu'on le croie;   1365
    Je reçois tous ses soins avec beaucoup de joie;
    J'admire ce qu'il dit, j'estime ce qu'il est,
    Et je tombe d'accord de tout ce qu'il vous plaît.
    Faites, prenez parti, que rien ne vous arrête,
    Et ne me rompez pas davantage la tête.   1370

ALCESTE

    Ciel! rien de plus cruel peut-il être inventé?
    Et jamais cœur fut-il de la sorte traité?
    Quoi? d'un juste courroux je suis ému contre elle,
    C'est moi qui me viens plaindre, et c'est moi qu'on querelle!
    On pousse ma douleur et mes soupçons à bout,   1375
    On me laisse tout croire, on fait gloire de tout;
    Et cependant mon cœur est encore assez lâche
    Pour ne pouvoir briser la chaîne qui l'attache
    Et pour ne pas s'armer d'un généreux mépris
    Contre l'ingrat objet dont il est trop épris?   1380
    Ah! que vous savez bien ici contre moi-même,
    Perfide, vous servir de ma faiblesse extrême,
    Et ménager pour vous l'excès prodigieux
    De ce fatal amour né de vos traîtres yeux!
    Défendez-vous au moins d'un crime qui m'accable,   1385
    Et cessez d'affecter d'être envers moi coupable;
    Rendez-moi, s'il se peut, ce billet innocent:
    A vous prêter les mains ma tendresse consent;
    Efforcez-vous ici de paraître fidèle,
    Et je m'efforcerai, moi, de vous croire telle.   1390

CÉLIMÈNE

    Allez, vous êtes fou dans vos transports jaloux,
    Et ne méritez pas l'amour qu'on a pour vous.
    Je voudrais bien savoir qui pourrait me contraindre
    A descendre pour vous aux bassesses de feindre,
    Et pourquoi, si mon cœur penchait d'autre côté,   1395
    Je ne le dirais pas avec sincérité.

1369. **Faites, prenez parti,** *Go ahead, settle it all.*   1375. *I am driven to extremes of suspicion and grief.*   1379. **généreux mépris,** *noble scorn.*   1382. **ma faiblesse.** *Love is here a weakness and not a virtue.*   1383. **ménager pour vous,** *use to your advantage.*   1388. **A vous prêter les mains,** *To help you.*

Quoi? de mes sentiments l'obligeante assurance
Contre tous vos soupçons ne prend pas ma défense?
Auprès d'un tel garant, sont-ils de quelque poids?
N'est-ce pas m'outrager que d'écouter leur voix?   1400
Et puisque notre cœur fait un effort extrême
Lorsqu'il peut se résoudre à confesser qu'il aime,
Puisque l'honneur du sexe, ennemi de nos feux,
S'oppose fortement à de pareils aveux,
L'amant qui voit pour lui franchir un tel obstacle   1405
Doit-il impunément douter de cet oracle?
Et n'est-il pas coupable en ne s'assurant pas
A ce qu'on ne dit point qu'après de grands combats?
Allez, de tels soupçons méritent ma colère,
Et vous ne valez pas que l'on vous considère: 1410
Je suis sotte, et veux mal à ma simplicité
De conserver encor pour vous quelque bonté;
Je devrais autre part attacher mon estime,
Et vous faire un sujet de plainte légitime.

ALCESTE

Ah! traîtresse, mon faible est étrange pour vous!   1415
Vous me trompez sans doute avec des mots si doux:
Mais il n'importe, il faut suivre ma destinée:
A votre foi mon âme est toute abandonnée;
Je veux voir, jusqu'au bout, quel sera votre cœur,
Et si de me trahir il aura la noirceur.   1420

CÉLIMÈNE

Non, vous ne m'aimez point comme il faut que l'on aime.

ALCESTE

Ah! rien n'est comparable à mon amour extrême;
Et dans l'ardeur qu'il a de se montrer à tous,
Il va jusqu'à former des souhaits contre vous.
Oui, je voudrais qu'aucun ne vous trouvât aimable,   1425

1397. **obligeante,** *flattering.*   1399. **garant** = *garantie.*   1401. **notre cœur,** i.e. a woman's heart.   1403. **nos feux** = *notre amour.*   1407. **s'assurant** = *se rassurant.* 1408. **point,** omitted in modern French in this *ne . . . que* construction.   1411. **veux mal . . . simplicité,** *I am vexed at myself for being so simple.*   1414. **faire** = *donner.* 1418. **foi** = *amour.*   1421. Said with a coquettish glance which brings forth Alceste's ardent declaration.   1423. **tous;** *s* is silent to rime with *vous.*

Que vous fussiez réduite en un sort misérable,
Que le ciel, en naissant, ne vous eût donné rien,
Que vous n'eussiez ni rang, ni naissance, ni bien,
Afin que de mon cœur l'éclatant sacrifice
Vous pût d'un pareil sort réparer l'injustice,   1430
Et que j'eusse la joie et la gloire, en ce jour
De vous voir tenir tout des mains de mon amour.

CÉLIMÈNE

C'est me vouloir du bien d'une étrange manière !
Me préserve le Ciel que vous ayez matière ! . . .
Voici Monsieur DuBois plaisamment figuré.   1435

SCÈNE IV

DuBois, Célimène, Alceste.

ALCESTE

Que veut cet équipage et cet air effaré ?
Qu'as-tu ?

DUBOIS

       Monsieur . . .

ALCESTE

             Hé bien ?

DUBOIS

                 Voici bien des mystères.

ALCESTE

Qu'est-ce ?

DUBOIS

       Nous sommes mal, Monsieur, dans nos affaires.

ALCESTE

Quoi ?

1426. en = à.   1430. **Vous** is indirect object.   1434. **matière** = *occasion.*
1435. **plaisamment figuré,** *oddly rigged out.*   1436. **Que veut cet équipage,** *What means this get-up* . . . DuBois is wearing the costume of an outrider, with high boots. This skit is introduced to give comic relief after the rather bitter, satirical humor of the preceding scene.

DUBOIS

Parlerai-je haut?

ALCESTE

Oui, parle, et promptement.

DUBOIS

N'est-il point là quelqu'un?...

ALCESTE

Ah! que d'amusement!   1440
Veux-tu parler?

DUBOIS

Monsieur, il faut faire retraite.

ALCESTE

Comment?

DUBOIS

Il faut d'ici déloger sans trompette.   S.

ALCESTE

Et pourquoi?

DUBOIS

Je vous dis qu'il faut quitter ce lieu.

ALCESTE

La cause?

DUBOIS

Il faut partir, Monsieur, sans dire adieu.

ALCESTE

Mais par quelle raison me tiens-tu ce langage?   1445

DUBOIS

Par la raison, Monsieur, qu'il faut plier bagage.

1440. amusement, *slowness, waste of time.*   1442. sans trompette, *quickly and quietly.*   1445. par = *pour.*   1446. plier bagage, *pack up.* DuBois uses military terms.

ALCESTE

Ah! je te casserai la tête assurément,
Si tu ne veux, maraud, t'expliquer autrement.

DUBOIS

Monsieur, un homme noir et d'habit et de mine   *huissier sheriff*   1450
Est venu nous laisser, jusque dans la cuisine,
Un papier griffonné d'une telle façon,
Qu'il faudrait pour le lire être pis que démon.
C'est de votre procès, je n'en fais aucun doute;
Mais le diable d'enfer, je crois, n'y verrait goutte.

ALCESTE

Hé bien? quoi? ce papier, qu'a-t-il à démêler,   1455
Traître, avec le départ dont tu viens me parler!

DUBOIS

C'est pour vous dire ici, Monsieur, qu'une heure ensuite,
Un homme qui souvent vous vient rendre visite
Est venu vous chercher avec empressement,
Et ne vous trouvant pas, m'a chargé doucement,   1460
Sachant que je vous sers avec beaucoup de zèle,
De vous dire ... Attendez, comme est-ce qu'il s'appelle?

ALCESTE

Laisse là son nom, traître, et dis ce qu'il t'a dit.

DUBOIS

C'est un de vos amis enfin, cela suffit.
Il m'a dit que d'ici votre péril vous chasse,   1465
Et que d'être arrêté le sort vous y menace.

ALCESTE

Mais quoi? n'a-t-il voulu te rien spécifier?

DUBOIS

Non: il m'a demandé de l'encre et du papier,
Et vous a fait un mot, où vous pourrez, je pense,
Du fond de ce mystère avoir la connaissance.   1470

1449. noir et d'habit et de mine, *dark of dress and of mien.*   1452. pis = *pire.*
1454. n'y verrait goutte, *could not make head or tail of it.*   1455. qu'a-t-il à démêler..., *what has it to do* . . .   1457. ensuite = *après.*   1460. doucement = *poli-
ment.*   1469. fait = *écrit.*

ALCESTE

Donne-le donc.

CÉLIMÈNE

Que peut envelopper ceci ?

ALCESTE

Je ne sais; mais j'aspire à m'en voir éclairci.
Auras-tu bientôt fait, impertinent au diable ?

DUBOIS, *après l'avoir longtemps cherché.*

Ma foi ! je l'ai, Monsieur, laissé sur votre table.

ALCESTE

Je ne sais qui me tient . . .

CÉLIMÈNE

Ne vous emportez pas,   1475
Et courez démêler un pareil embarras.

ALCESTE

Il semble que le sort, quelque soin que je prenne,
Ait juré d'empêcher que je vous entretienne;
Mais pour en triompher, souffrez à mon amour
De vous revoir, Madame, avant la fin du jour.   1480

1471. **Que peut envelopper ceci?** *What can be at the bottom of all this?*   1473. **im-**
pertinent au diable, *booby, who ought to go to the devil.*   1475. **qui me tient** (= *ce qui*
me tient), *what keeps me from* . . .   1480. **avant la fin du jour.** The unity of time
is thus observed.

Le refuge au desert

ACTE CINQUIÈME

SCÈNE PREMIÈRE

ALCESTE, PHILINTE.

ALCESTE

La résolution en est prise, vous dis-je.

PHILINTE

Mais, quel que soit ce coup, faut-il qu'il vous oblige ? . . .

ALCESTE

Non: vous avez beau faire et beau me raisonner,
Rien de ce que je dis ne peut me détourner:
Trop de perversité règne au siècle où nous sommes,   1485
Et je veux me tirer du commerce des hommes.
Quoi ? contre ma partie on voit tout à la fois
L'honneur, la probité, la pudeur et les lois;
On publie en tous lieux l'équité de ma cause;
Sur la foi de mon droit mon âme se repose;   1490
Cependant je me vois trompé par le succès,
J'ai pour moi la justice, et je perds mon procès !
Un traître, dont on sait la scandaleuse histoire,
Est sorti triomphant d'une fausseté noire !
Toute la bonne foi cède à sa trahison !   1495
Il trouve, en m'égorgeant, moyen d'avoir raison !
Le poids de sa grimace, où brille l'artifice,
Renverse le bon droit, et tourne la justice !
Il fait par un arrêt couronner son forfait !
Et non content encor du tort que l'on me fait,   1500
Il court parmi le monde un livre abominable,
Et de qui la lecture est même condamnable,
Un livre à mériter la dernière rigueur,

1484. Construe: *Rien ne peut me détourner de ce que je dis.*   1486. **me tirer** = *me retirer.*   1487. **partie,** *opponent.*   1490. **la foi de mon droit,** *trust in my rights.*   1491. **le succès,** *the outcome.*   1494. **d'une,** *thanks to a.*   1497. **Le poids,** *The influence.* 1498. **tourne,** *corrupts.*   1500. **non content** has for subject *un traître* (l. 1493) or *le fourbe* (l. 1504). Alceste starts to express his thought in one way and then, in his anger and agitation, suddenly changes and uses a different construction.   1502. **de qui** = *dont.*   1503. **la dernière rigueur,** *the utmost penalty* (probably burning at the stake).

Dont le fourbe a le front de me faire l'auteur,
Et là-dessus on voit Oronte qui murmure, 1505
Et tâche méchamment d'appuyer l'imposture !
Lui qui d'un honnête homme à la cour tient le rang,
A qui je n'ai rien fait qu'être sincère et franc,
Qui me vient, malgré moi, d'une ardeur empressée,
Sur des vers qu'il a faits demander ma pensée ; 1510
Et parce que j'en use avec honnêteté,
Et ne le veux trahir, lui ni la vérité,
Il aide à m'accabler d'un crime imaginaire !
Le voilà devenu mon plus grand adversaire !
Et jamais de son cœur je n'aurai de pardon, 1515
Pour n'avoir pas trouvé que son sonnet fût bon !
Et les hommes, morbleu ! sont faits de cette sorte !
C'est à ces actions que la gloire les porte !
Voilà la bonne foi, le zèle vertueux,
La justice et l'honneur que l'on trouve chez eux ! 1520
Allons, c'est trop souffrir les chagrins qu'on nous forge :
Tirons-nous de ce bois et de ce coupe-gorge.
Puisque entre humains ainsi vous vivez en vrais loups,
Traîtres, vous ne m'aurez de ma vie avec vous.

PHILINTE

Je trouve un peu bien prompt le dessein où vous êtes, 1525
Et tout le mal n'est pas si grand que vous le faites :
Ce que votre partie ose vous imputer
N'a point eu le crédit de vous faire arrêter ;
On voit son faux rapport lui-même se détruire,
Et c'est une action qui pourrait bien lui nuire. 1530

ALCESTE

Lui ? de semblables tours il ne craint point l'éclat ;
Il a permission d'être franc scélérat ;
Et loin qu'à son crédit nuise cette aventure,
On l'en verra demain en meilleure posture.

PHILINTE

Enfin, il est constant qu'on n'a point trop donné 1535
Au bruit que contre vous sa malice a tourné :

1508. qu'être = que d'être. 1511. j'en use, I act. 1518. gloire = vanité. 1522. Let
us withdraw from this lair and cutthroats' den. 1525. un peu bien ..., rather too ...
1526. le faites, make it out. 1535. constant, evident. — trop donné au ... taken too
seriously the ...

De ce côté déjà vous n'avez rien à craindre;
Et pour votre procès, dont vous pouvez vous plaindre,
Il vous est en justice aisé d'y revenir,
Et contre cet arrêt . . .

ALCESTE

　　　　　　　　　Non; je veux m'y tenir.　　　　　1540
Quelque sensible tort qu'un tel arrêt me fasse,
Je me garderai bien de vouloir qu'on le casse:
On y voit trop à plein le bon droit maltraité,
Et je veux qu'il demeure à la postérité,
Comme une marque insigne, un fameux témoignage　　　1545
De la méchanceté des hommes de notre âge.
Ce sont vingt mille francs qu'il m'en pourra coûter;
Mais pour vingt mille francs j'aurai droit de pester
Contre l'iniquité de la nature humaine,
Et de nourrir pour elle une immortelle haine.　　　1550

PHILINTE

Mais enfin . . .

ALCESTE

　　　　　　　Mais enfin, vos soins sont superflus:
Que pouvez-vous, Monsieur, me dire là-dessus ?
Aurez-vous bien le front de me vouloir en face
Excuser les horreurs de tout ce qui se passe ?

PHILINTE

Non: je tombe d'accord de tout ce qu'il vous plaît:　　1555
Tout marche par cabale et par pur intérêt;
Ce n'est plus que la ruse aujourd'hui qui l'emporte,
Et les hommes devraient être faits d'autre sorte.
Mais est-ce une raison que leur peu d'équité
Pour vouloir se tirer de leur société ?　　　　　1560
Tous ces défauts humains nous donnent dans la vie
Des moyens d'exercer notre philosophie:
C'est le plus bel emploi que trouve la vertu;
Et si de probité tout était revêtu,
Si tous les cœurs étaient francs, justes et dociles,　　565

1540. m'y tenir, *to abide by it.* 1543. trop à plein, *too completely.* 1545. insigne, *signal.* 1548. pester, *curse, vent my ill humor.* 1550. Note that the Misanthrope had rather spend 20,000 francs to prove himself right in his hatred of mankind than redress the wrong. 1551. soins = *efforts.* 1559. *Is their small sense of justice reason enough.*

La plupart des vertus nous seraient inutiles,
Puisqu'on en met l'usage à pouvoir sans ennui
Supporter, dans nos droits, l'injustice d'autrui;
Et de même qu'un cœur d'une vertu profonde . . .

ALCESTE

Je sais que vous parlez, Monsieur, le mieux du monde;   1570
En beaux raisonnements vous abondez toujours;
Mais vous perdez le temps et tous vos beaux discours.
La raison, pour mon bien, veut que je me retire:
Je n'ai point sur ma langue un assez grand empire;
De ce que je dirais je ne répondrais pas,   1575
Et je me jetterais cent choses sur les bras.
Laissez-moi, sans dispute, attendre Célimène:
Il faut qu'elle consente au dessein qui m'amène;
Je vais voir si son cœur a de l'amour pour moi,
Et c'est ce moment-ci qui doit m'en faire foi.   1580

PHILINTE

Montons chez Éliante, attendant sa venue.

ALCESTE

Non: de trop de souci je me sens l'âme émue.
Allez-vous-en la voir, et me laissez enfin
Dans ce petit coin sombre, avec mon noir chagrin.

PHILINTE

C'est une compagnie étrange pour attendre,   1585
Et je vais obliger Éliante à descendre.

SCÈNE II

ORONTE, CÉLIMÈNE, ALCESTE.

ORONTE

Oui, c'est à vous de voir si par des nœuds si doux,
Madame, vous voulez m'attacher tout à vous.
Il me faut de votre âme une pleine assurance:
Un amant là-dessus n'aime point qu'on balance.   1590

1568. dans nos droits, *when we are within our rights.*   1574. empire, *control.*
1575. De . . . je ne répondrais pas, *I would not be responsible for* . . .   1576. *And I
should draw all sorts of quarrels upon myself.*   1577. sans dispute, *without discussion.*
1580. m'en faire foi, *prove it to me.*   1586. obliger Éliante . . ., *to suggest to Éliante* . . .

Si l'ardeur de mes feux a pu vous émouvoir,
Vous ne devez point feindre à me le faire voir;
Et la preuve, après tout, que je vous en demande,
C'est de ne plus souffrir qu'Alceste vous prétende,
De le sacrifier, Madame, à mon amour,   1595
Et de chez vous enfin le bannir dès ce jour.

CÉLIMÈNE

Mais quel sujet si grand contre lui vous irrite,
Vous à qui j'ai tant vu parler de son mérite?

ORONTE

Madame, il ne faut point ces éclaircissements;
Il s'agit de savoir quels sont vos sentiments.   1600
Choisissez, s'il vous plaît, de garder l'un ou l'autre:
Ma résolution n'attend rien que la vôtre.

ALCESTE, *sortant du coin où il s'était retiré.*

Oui, Monsieur a raison: Madame, il faut choisir,
Et sa demande ici s'accorde à mon désir.
Pareille ardeur me presse, et même soin m'amène;   1605
Mon amour veut du vôtre une marque certaine,
Les choses ne sont plus pour traîner en longueur,
Et voici le moment d'expliquer votre cœur.

ORONTE

Je ne veux point, Monsieur, d'une flamme importune
Troubler aucunement votre bonne fortune.   1610

ALCESTE

Je ne veux point, Monsieur, jaloux ou non jaloux,
Partager de son cœur rien du tout avec vous.

ORONTE

Si votre amour au mien lui semble préférable . . .

1592. feindre = *hésiter.*   1594. vous prétende = *prétende à votre main.*   1598. à
qui = *que.*   1599. il ne faut point ces éclaircissements, *these explanations are not
necessary.*   1604. s'accorde à = *s'accorde avec.*   1607. ne sont plus pour . . . = *ne
sont plus en état de . . .*   1609. d'une = *avec une.*

ALCESTE

Si du moindre penchant elle est pour vous capable . . .

ORONTE

Je jure de n'y rien prétendre désormais.   1615

ALCESTE

Je jure hautement de ne la voir jamais.

ORONTE

Madame, c'est à vous de parler sans contrainte.

ALCESTE

Madame, vous pouvez vous expliquer sans crainte.

ORONTE

Vous n'avez qu'à nous dire où s'attachent vos vœux.

ALCESTE

Vous n'avez qu'à trancher, et choisir de nous deux.   1620

ORONTE

Quoi ? sur un pareil choix vous semblez être en peine !

ALCESTE

Quoi ? votre âme balance, et paraît incertaine !

CÉLIMÈNE

Mon Dieu ! que cette instance est là hors de saison,
Et que vous témoignez, tous deux, peu de raison !
Je sais prendre parti sur cette préférence,   1625
Et ce n'est pas mon cœur maintenant qui balance:
Il n'est point suspendu, sans doute, entre vous deux,
Et rien n'est sitôt fait que le choix de nos vœux.
Mais je souffre, à vrai dire, une gêne trop forte
A prononcer en face un aveu de la sorte;   1630
Je trouve que ces mots qui sont désobligeants
Ne se doivent point dire en présence des gens;
Qu'un cœur de son penchant donne assez de lumière,
Sans qu'on nous fasse aller jusqu'à rompre en visière,

1620. **trancher** = *décider.*   1623. **cette instance est là** . . . = *cette sollicitation est à ce moment* . . .   1629. **gêne,** used here with something of its etymological sense of 'torture.'   1634. **rompre en visière** (cf. l. 96), *make an outright statement.*

Et qu'il suffit enfin que de plus doux témoins   1635
Instruisent un amant du malheur de ses soins.

ORONTE

Non, non, un franc aveu n'a rien que j'appréhende:
J'y consens pour ma part.

ALCESTE

                  Et moi, je le demande:
C'est son éclat surtout qu'ici j'ose exiger,
Et je ne prétends point vous voir rien ménager.   1640
Conserver tout le monde est votre grande étude,
Mais plus d'amusement, et plus d'incertitude.
Il faut vous expliquer nettement là-dessus
Ou bien pour un arrêt je prends votre refus;
Je saurai, de ma part, expliquer ce silence,   1645
Et me tiendrai pour dit tout le mal que j'en pense.

ORONTE

Je vous sais fort bon gré, Monsieur, de ce courroux,
Et je lui dis ici même chose que vous.

CÉLIMÈNE

Que vous me fatiguez avec un tel caprice !
Ce que vous demandez a-t-il de la justice ?   1650
Et ne vous dis-je pas quel motif me retient ?
J'en vais prendre pour juge Éliante qui vient.

SCÈNE III

ÉLIANTE, PHILINTE, CÉLIMÈNE, ORONTE, ALCESTE.

CÉLIMÈNE

Je me vois, ma cousine, ici persécutée
Par des gens dont l'humeur y paraît concertée.
Ils veulent l'un et l'autre, avec même chaleur,   1655
Que je prononce entre eux le choix que fait mon cœur,

1635. **témoins,** *evidence.*   1640. **je ne prétends point** = *je ne désire point.* — **mé-nager,** *spare.*   1642. **plus d'amusement,** *no more delay.*   1646. **me tiendrai pour dit . . .,** *I shall consider as confirmed . . .*   1647. **Je vous sais fort bon gré,** *I am extremely obliged to you.*   1654. **y parâit concertée,** *seems agreed on doing it.*

Et que, par un arrêt qu'en face il me faut rendre,
Je défende à l'un d'eux tous les soins qu'il peut prendre.
Dites-moi si jamais cela se fait ainsi.

ÉLIANTE

N'allez point là-dessus me consulter ici:1660
Peut-être y pourriez-vous être mal adressée,
Et je suis pour les gens qui disent leur pensée.

ORONTE

Madame, c'est en vain que vous vous défendez.

ALCESTE

Tous vos détours ici seront mal secondés.

ORONTE

Il faut, il faut parler, et lâcher la balance.1665

ALCESTE

Il ne faut que poursuivre à garder le silence.

ORONTE

Je ne veux qu'un seul mot pour finir nos débats.

ALCESTE

Et moi, je vous entends si vous ne parlez pas.

SCÈNE IV

ACASTE, CLITANDRE, ARSINOÉ, PHILINTE, ÉLIANTE,
ORONTE, CÉLIMÈNE, ALCESTE.

ACASTE

Madame, nous venons tous deux, sans vous déplaire,
Éclaircir avec vous une petite affaire.1670

CLITANDRE

Fort à propos, Messieurs, vous vous trouvez ici,
Et vous êtes mêlés dans cette affaire aussi.

1657. **en face**, *in their presence.*   1661. **être mal adressée** = *vous être mal adressée.*
The reflexive pronoun is often omitted in the 17th century.   1665. **lâcher la balance;**
cf. l. 1626 ff., where Célimène declares that her heart does not *balance* and is not *suspendu entre vous deux.*   1666. **poursuivre** = *continuer.*   1672. **dans** = *à.*

ARSINOÉ

Madame, vous serez surprise de ma vue;
Mais ce sont ces Messieurs qui causent ma venue.
Tous deux ils m'ont trouvée, et se sont plaints à moi　　　　1675
D'un trait à qui mon cœur ne saurait prêter foi.
J'ai du fond de votre âme une trop haute estime
Pour vous croire jamais capable d'un tel crime:
Mes yeux ont démenti leurs témoins les plus forts;
Et, l'amitié passant sur de petits discords,　　　　1680
J'ai bien voulu chez vous leur faire compagnie,
Pour vous voir vous laver de cette calomnie.

ACASTE

Oui, Madame, voyons, d'un esprit adouci,
Comment vous vous prendrez à soutenir ceci.
Cette lettre par vous est écrite à Clitandre?　　　　1685

CLITANDRE

Vous avez pour Acaste écrit ce billet tendre?

ACASTE

Messieurs, ces traits pour vous n'ont point d'obscurité,
Et je ne doute pas que sa civilité
A connaître sa main n'ait trop su vous instruire;
Mais ceci vaut assez la peine de le lire.　　　　1690

　　*Vous êtes un étrange homme de condamner mon enjouement, et de
me reprocher que je n'ai jamais tant de joie que lorsque je ne suis
pas avec vous.　Il n'y a rien de plus injuste: et si vous ne venez
bien vite me demander pardon de cette offense, je ne vous la pardon-
nerai de ma vie.　Notre grand flandrin*[1] *de Vicomte . . .*

Il devrait être ici.

　　*Notre grand flandrin de Vicomte, par qui vous commencez vos
plaintes, est un homme qui ne saurait me revenir*[2]*; et depuis que je*

1676. **à qui** = *auquel.*　　1679. *My eyes have refused to believe the strongest evidence
they* (Acaste and Clitandre) *presented.*　　1684. *How you will manage to stand this.* Note
that the marquis have exchanged letters and each reads aloud the one addressed to
the other.　　1687. **ces traits,** *these characters, this writing.* Acaste sarcastically remarks
that they will have no difficulty in recognizing Célimène's handwriting since, undoubtedly, *sa civilité,* 'her courtesy,' has made them only too familiar with it. Letters
are always written in prose.

[1] **flandrin,** *gawk.*　　[2] **ne saurait me revenir,** *could in no wise please me.*

l'ai vu, trois quarts d'heure durant,[1] *cracher dans un puits pour faire des ronds,*[2] *je n'ai pu jamais prendre bonne opinion de lui. Pour le petit Marquis . . .*

C'est moi-même, Messieurs, sans nulle vanité.

Pour le petit Marquis qui me tint hier longtemps la main,[3] *je trouve qu'il n'y a rien de si mince que toute sa personne; et ce sont de ces mérites qui n'ont que la cape et l'épée.*[4] *Pour l'homme aux rubans verts* [5] *. . .*

A vous le dé,[6] Monsieur.

Pour l'homme aux rubans verts, il me divertit quelquefois avec ses brusqueries et son chagrin bourru; mais il est cent moments où je le trouve le plus fâcheux du monde. Et pour l'homme à la veste [7] *. . .*

Voici votre paquet.[8]

Et pour l'homme à la veste qui s'est jeté dans le bel esprit et veut être auteur malgré tout le monde, je ne puis me donner la peine d'écouter ce qu'il dit; et sa prose me fatigue autant que ses vers. Mettez-vous donc en tête que je ne me divertis pas toujours si bien que vous pensez; que je vous trouve à dire,[9] *plus que je ne voudrais, dans toutes les parties où l'on m'entraîne; et que c'est un merveilleux assaisonnement aux plaisirs qu'on goûte que la présence des gens qu'on aime.*[10]

CLITANDRE

Me voici maintenant moi.[11]

Votre Clitandre dont vous me parlez, et qui fait tant le doucereux,[12] *est le dernier des hommes pour qui j'aurais de l'amitié. Il est extravagant de se persuader qu'on l'aime; et vous l'êtes de croire qu'on ne vous aime pas. Changez, pour être raisonnable, vos sentiments*

---

[1] **durant,** place before *trois quarts d'heure.*   [2] The Vicomte's intellectual pastime consists in spitting in a well and watching the widening circles.   [3] **qui me tint . . . la main,** *offered me his hand . . .* The custom of a gentleman offering his arm to escort a lady came in later.   [4] **n'ont que la cape et l'épée** (said of younger sons of noble houses, who were penniless), *have no substance.*   [5] **l'homme aux rubans verts,** i.e. Alceste. Green was Molière's preferred color.   [6] **A vous le dé** (gambling expression), *Your turn.*   [7] **l'homme à la veste,** i.e. Oronte.   [8] **votre paquet,** *your share.*   [9] **je vous trouve à dire,** *I miss you; trouver à dire* was an expression meaning *manquer, faire défaut.*   [10] Construe: *la présence des gens qu'on aime est un merveilleux assaisonnement . . .*   [11] **Me voici . . . moi.** *This is where I come in now.* Clitandre reads the letter addressed to Acaste.   [12] **qui fait tant le doucereux,** *who is so soft and languishing.*

contre les siens; et voyez-moi le plus que vous pourrez, pour m'aider à
porter le chagrin d'en être obsédée. [1]

D'un fort beau caractère on voit là le modèle,
Madame, et vous savez comment cela s'appelle ?
Il suffit: nous allons l'un et l'autre en tous lieux
Montrer de votre cœur le portrait glorieux.

ACASTE

J'aurais de quoi vous dire, et belle est la matière;　　　1695
Mais je ne vous tiens pas digne de ma colère;
Et je vous ferai voir que les petits marquis
Ont, pour se consoler, des cœurs de plus haut prix.

ORONTE

Quoi ? de cette façon je vois qu'on me déchire,
Après tout ce qu'à moi je vous ai vu m'écrire !　　　1700
Et votre cœur, paré de beaux semblants d'amour,
A tout le genre humain se promet tour à tour !
Allez, j'étais trop dupe, et je vais ne plus l'être.
Vous me faites un bien, me faisant vous connaître;
J'y profite d'un cœur qu'ainsi vous me rendez,　　　1705
Et trouve ma vengeance en ce que vous perdez.
　　(*A Alceste:*)
Monsieur, je ne fais plus d'obstacle à votre flamme,
Et vous pouvez conclure affaire avec Madame.

ARSINOÉ

Certes, voilà le trait du monde le plus noir;
Je ne m'en saurais taire, et me sens émouvoir.　　　1710
Voit-on des procédés qui soient pareils aux vôtres ?
Je ne prends point de part aux intérêts des autres;
Mais, Monsieur, que chez vous fixait votre bonheur,
Un homme comme lui, de mérite et d'honneur,
Et qui vous chérissait avec idolâtrie,　　　1715
Devait-il . . . ?

ALCESTE

　　　　　Laissez-moi, Madame, je vous prie,
Vider mes intérêts moi-même là-dessus,

¹ obsédée, *bored.*
1695. **J'aurais de quoi vous dire,** *There is much I might say to you.*　　1710. *I cannot*
remain silent and feel all stirred up about it.　　1713–14. **que chez vous . . . comme**
lui, *a man like him, whom it was your good fortune to retain by you.*　　1717. **Vider,** *Settle.*

Et ne vous chargez point de ces soins superflus.
Mon cœur a beau vous voir prendre ici sa querelle,
Il n'est point en état de payer ce grand zèle;   1720
Et ce n'est pas à vous que je pourrai songer,
Si par un autre choix je cherche à me venger.

ARSINOÉ

Hé! croyez-vous, Monsieur, qu'on ait cette pensée,
Et que de vous avoir on soit tant empressée ?
Je vous trouve un esprit bien plein de vanité,   1725
Si de cette créance il peut s'être flatté.
Le rebut de Madame est une marchandise
Dont on aurait grand tort d'être si fort éprise.
Détrompez-vous, de grâce, et portez-le moins haut.
Ce ne sont pas des gens comme moi qu'il vous faut;   1730
Vous ferez bien encor de soupirer pour elle,
Et je brûle de voir une union si belle.

                                        (*Elle se retire.*)

ALCESTE

Hé bien! je me suis tu, malgré ce que je voi,
Et j'ai laissé parler tout le monde avant moi.
Ai-je pris sur moi-même un assez long empire,   1735
Et puis-je maintenant . . . ?

CÉLIMÈNE

                        Oui, vous pouvez tout dire,
Vous en êtes en droit, lorsque vous vous plaindrez,
Et de me reprocher tout ce que vous voudrez.
J'ai tort, je le confesse, et mon âme confuse
Ne cherche à vous payer d'aucune vaine excuse.   1740
J'ai des autres ici méprisé le courroux,
Mais je tombe d'accord de mon crime envers vous.
Votre ressentiment sans doute est raisonnable:
Je sais combien je dois vous paraître coupable,
Que toute chose dit que j'ai pu vous trahir,   1745

1719. **querelle,** *cause.*   1723. **on.**   Arsinoé thinks it more proper in such delicate
matters to speak of herself impersonally.   1726. **créance** represents the pronuncia-
tion then in vogue for *croyance.*   1729. **portez-le moins haut,** *take a less lofty attitude.*
1737. **en,** *in the matter.*   1738. **Et** (repeat: vous êtes en droit) **de me reprocher.**
1741. Note Célimène's clever flattery.   1745. **j'ai pu,** *I was capable of.*

Et qu'enfin vous avez sujet de me haïr.
Faites-le, j'y consens.

ALCESTE

           Hé! le puis-je, traîtresse?
Puis-je ainsi triompher de toute ma tendresse?
Et, quoique avec ardeur je veuille vous haïr,
Trouvé-je un cœur en moi tout prêt à m'obéir?   1750
        (*A Éliante et Philinte:*)
Vous voyez ce que peut une indigne tendresse,
Et je vous fais tous deux témoins de ma faiblesse.
Mais, à vous dire vrai, ce n'est pas encor tout,
Et vous allez me voir la pousser jusqu'au bout,
Montrer que c'est à tort que sages on nous nomme,   1755
Et que dans tous les cœurs il est toujours de l'homme.
Oui, je veux bien, perfide, oublier vos forfaits;
J'en saurai, dans mon âme, excuser tous les traits,
Et me les couvrirai du nom d'une faiblesse
Où le vice du temps porte votre jeunesse,   1760
Pourvu que votre cœur veuille donner les mains
Au dessein que j'ai fait de fuir tous les humains,
Et que dans mon désert, où j'ai fait vœu de vivre,
Vous soyez, sans tarder, résolue à me suivre:
C'est par là seulement que dans tous les esprits,   1765
Vous pouvez réparer le mal de vos écrits,
Et qu'après cet éclat, qu'un noble cœur abhorre,
Il peut m'être permis de vous aimer encore.

CÉLIMÈNE

Moi, renoncer au monde avant que de vieillir,
Et dans votre désert aller m'ensevelir!   1770

ALCESTE

Et s'il faut qu'à mes feux votre flamme réponde,
Que vous doit importer tout le reste du monde?
Vos désirs avec moi ne sont-ils pas contents?

1747. **Hé! le puis-je;** cf. *Andromaque,* l. 343.   1751. **ce que peut,** *the power of.*
1754. **la** refers to *faiblesse.*   1756. **il est toujours de l'homme,** *human weakness is
always found.*   1759. **me,** *for myself.*   1760. **le vice du temps,** *the corruption of the
times.*   1761. **veuille donner les mains** (an incoherent metaphor), *is willing to participate.*   1771. *If it is to happen that your love answers mine . . .*

CÉLIMÈNE

La solitude effraye une âme de vingt ans:
Je ne sens point la mienne assez grande, assez forte,   1775
Pour me résoudre à prendre un dessein de la sorte.
Si le don de ma main peut contenter vos vœux,
Je pourrai me résoudre à serrer de tels nœuds;
Et l'hymen . . .

ALCESTE

        Non: mon cœur à présent vous déteste,
Et ce refus lui seul fait plus que tout le reste.   1780
Puisque vous n'êtes point, en des liens si doux,
Pour trouver tout en moi, comme moi tout en vous,
Allez, je vous refuse, et ce sensible outrage
De vos indignes fers pour jamais me dégage.
    (*Célimène se retire, et Alceste parle à Éliante.*)
Madame, cent vertus ornent votre beauté,   1785
Et je n'ai vu qu'en vous de la sincérité;
De vous, depuis longtemps, je fais un cas extrême;
Mais laissez-moi toujours vous estimer de même;
Et souffrez que mon cœur, dans ses troubles divers,
Ne se présente point à l'honneur de vos fers: 1790
Je m'en sens trop indigne et commence à connaître
Que le Ciel pour ce nœud ne m'avait point fait naître;
Que ce serait pour vous un hommage trop bas
Que le rebut d'un cœur qui ne vous valait pas;
Et qu'enfin . . .

ÉLIANTE

        Vous pouvez suivre cette pensée: 1795
Ma main de se donner n'est pas embarrassée;
Et voilà votre ami, sans trop m'inquiéter,
Qui, si je l'en priais, la pourrait accepter.

PHILINTE

Ah! cet honneur, Madame, est toute mon envie,
Et j'y sacrifierais et mon sang et ma vie.   1800

1781. vous n'êtes point (faite).   1783. sensible, *bitter*.   1790. l'honneur de vos
fers (affected jargon of the times), *the honor of being enslaved by you.*   1793–94. *That
it would be too low an homage to offer you what has been rejected by a heart far beneath
yours.*   1797. sans trop m'inquiéter = *sans que je m'inquiète de chercher plus loin.*

ALCESTE

Puissiez-vous, pour goûter de vrais contentements,
L'un pour l'autre à jamais garder ces sentiments !
Trahi de toutes parts, accablé d'injustices,
Je vais sortir d'un gouffre où triomphent les vices,
Et chercher sur la terre un endroit écarté   1805
Où d'être homme d'honneur on ait la liberté.

PHILINTE

Allons, Madame, allons employer toute chose
Pour rompre le dessein que son cœur se propose.

1807: Several authors have been tempted to write a sequel to *le Misanthrope*, but with no great success. Cf. Fabre d'Eglantine, *le Philinte de Molière* (1790); Marmontel, *le Misanthrope corrigé*; Courteline, *la Conversion d'Alceste*.

LE TARTUFFE

I

Among the many accusations leveled at Molière during the campaign of defamation which followed the success of *l'École des femmes* (1662), the most serious, calculated to bring him into disrepute with the sincerely religious, was that of impiety. Acting being considered among the lowest of professions, the devout must feel scandalized to have sacred subjects even touched upon by comedians, however honest their intent; but in this *École,* they were told, were deliberate scoffing and scandalous parody of the holy mysteries of the Church. How could Louis, the Most Christian King, retain in his favor the atheist Molière? And not only did he do so, but on February 28, 1664, he gave the lie to calumny by graciously consenting to become godfather to the author's first-born, Louis.

Molière, meanwhile, was actively preparing his own defense: a smashing attack on the godly hypocrites whose pious masks covered the most deadly of sins: gluttony, envy, lechery . . . On Monday, the 12th of May, 1664 — the sixth day of the magnificent fêtes, *Les Plaisirs de l'Île enchantée,* which the young King was offering at Versailles to the charming Louise de la Vallière — three acts of *le Tartuffe* were given, and found favor. This success must have been one of surprise, for with the fuller realization of the purport of the play, a protest so furious arose that the King had to bow before the storm and, regretfully, forbid public performances. Among the leaders of the opposition were the Queen-Mother, Anne of Austria, who had now become exceedingly devout, and the Archbishop of Paris, Hardouin de Péréfixe, the head of *la Compagnie du Saint-Sacrement,* a powerful religious society popularly known as *la cabale des dévots.* On Molière's side were the King, the celebrated Henriette d'Angleterre, duchesse d'Orléans, and the Grand Condé.

Two months later, early in August, the curé de Saint-Barthélemy, Pierre Roullé, issued a violent pamphlet addressed to the King in which he called Molière a demon who deserved to be burned at the stake in preparation for hell fire. Molière's reply was an appeal to enlightened opinion. He obtained permission to give a private performance of *le Tartuffe* before the Papal legate, Cardinal Chigi, nephew of the Pope, and having won that prelate's approbation (August 4) as well as that of his suite, he sent to the King an appeal, the first *Placet,* hoping for the rescinding of the interdiction of his comedy. On September 25th a performance was given before Monsieur, the King's brother, at Villers-Cotterêts, and on November 29th *le Tartuffe* was played, this time probably in five acts, before the Princesse Palatine and the Prince de Condé at Raincy.

Early the following year (February, 1665) Molière made a flank attack on hypocrites with *Don Juan* which, after a successful run of fifteen performances, was dropped from the repertoire. Louis, on this occasion, did not intervene officially, but the author received both honor and financial compensation soon after, when his troupe was formally taken under the King's protection with the title of *Troupe du Roi* and the grant of a pension of 6000 livres. On November 8th a second performance of *le Tartuffe* in five acts was given, again before the Princesse Palatine and on the order of the Grand Condé. There is evidence that the comedy had now undergone some modification; but it was even more radically transformed two years later when Louis, as he was setting out for the campaign in Flanders, at last gave the long-sought authorization for public performances. The name "Tartuffe" had, however, now become so odious to those portrayed by it that the author, as a concession, had changed it to Panuphle and the title to *l'Imposteur*. But these and other efforts to pacify the opposition were vain: a performance given at the Palais-Royal theater on August 5, 1667 aroused tremendous enthusiasm; and yet the following day, on the order of the President of Parliament, M. de Lamoignon, the comedy was once more interdicted. Molière immediately dispatched two of his actors, La Grange and La Thorillière, with a second *Placet* to the King, who was besieging Lille. Louis received them kindly but apparently dared do nothing. The Archbishop of Paris, Hardouin de Péréfixe, now promulgated an edict on August 11 wherein it was forbidden under penalty of excommunication to read or hear the comedy, whether in public or private and under any title or pretext whatsoever. An anonymous defense of the play, *Lettre sur la comédie de l'Imposteur*, possibly composed by the author himself, appeared in reply. But Molière seemed beaten. The next year, 1668, *l'Imposteur* was privately played on November 2nd at the *fêtes de Chantilly*. That year also saw premières of *Amphitryon*, *George Dandin*, and *l'Avare*. In 1669, quite unexpectedly, Louis XIV authorized the public performance of *le Tartuffe* — henceforth called *l'Imposteur*. What moved him to act is not clear; however, the fact that the Queen-Mother had died and that the *cabale des dévots* had lost its hold may have had some influence. The comedy was given on February 5, 1669, with a triumphant success which continued during the twenty-eight consecutive performances. The receipts amounted to 37,790 livres, a huge sum for the period. There were also five private representations, making a total of fifty for the year 1669.

II

The animus against *le Tartuffe* continued to smoulder and now and then flare up during Molière's lifetime and throughout the eighteenth century. Bourdaloue, the eloquent Jesuit preacher, shortly after 1669, composed two sermons against these "damnable inventions intended to humiliate worthy people and render them all suspect."

"Woe to you that laugh now, for you shall weep!" thundered Bossuet, bishop of Meaux. And they were not alone. Even in our day, many who recognize the greatness of Molière's work refuse, on religious grounds, to accept its subject as legitimate for the stage. For, as Bourdaloue declared, true and false piety unavoidably have exterior resemblances and it is not possible to satirize one without doing grievous injustice to the other.

The majority of people opposed to Molière were probably convinced that they were acting in the interest of religion. Many suspected the author's motives: was he not perhaps an atheist slyly seeking to decry religion under the pretense of unmasking hypocrites? For, in truth, Orgon's devotion and zeal are sincere and yet productive of evil. Another consideration was not without influence in fanning the flame of hostility. During the seventeenth century the custom had become established in well-to-do as well as noble families of having a resident *directeur de conscience*, a religious mentor who assumed entire charge of the moral affairs of the household. It is evident that, entrusted to unscrupulous persons, such functions might become exceedingly dangerous. There were, indeed, great abuses — some of which La Bruyère pointed out — and yet the clergy in general clung tenaciously to a practice which gave them influence, wealth, and power. Tartuffe acts as *directeur de conscience* in Orgon's family and this helps explain a part of the resentment against an author whose satire tended to cast disrepute upon this valuable office.

(l'imposteur)

III

Le Tartuffe, like *le Misanthrope*, owes little to literary antecedents; it is one of Molière's greatest and most original comedies, the happy combination of his observation and creative genius. Among the works which may have influenced him, however, should be mentioned:

Boccaccio, *Decamerone*, III^a Giornata, Nov. Ottava (14th century).
Machiavelli, *Mandragola* (early 16th century).
Aretino, *Lo Ipocrito* (1542).
Mathurin Régnier, *Satire XIII* (1608–12).
Flaminio Scala, *Il pedante* (ca. 1611).
Salas Barbadillo, *Hyja de Pierres y Celestina* as translated in Scarron's novel, *les Hypocrites* (1655).
La Fouine de Séville (1661), translation of a Spanish comedy.

The character of the hypocrite has always been a favorite subject for literary satire. The *Roman de la Rose* (thirteenth century) has Faux-Semblant; Régnier's *Satire* depicts in Macette a sort of female Tartuffe; Montufar appears in Scarron's *les Hypocrites* and influences a scene of Molière's comedy (Act III, sc. vi). La Bruyère's *Caractères* (*de la Mode*) (1668) presents the portrait of a wily, religious hypocrite, Onuphre, a personification of the vice rather than a person. Later, Marivaux studied M. de Climal (*Vie de Marianne*, 1731–41) and Beaumarchais created Bazile (*Barbier de Séville*, 1775, *Mariage de Figaro*, 1784). Shakespeare gave the tragic side of hypocrisy in

Iago (*Othello*, 1604); Congreve painted Maskwell in the *Double-Dealer* (1693). Bickerstaff gave Dr. Cantwell, and Dickens showed a variety of hypocrites among whom Dr. Pecksniff (*Martin Chuzzlewit*) and Uriah Heep (*David Copperfield*) are celebrated.

As in the case of le *Misanthrope* attempts have been made to identify the chief character of le *Tartuffe:* The abbé Roquette, later bishop of Autun, had behaved toward Mme de Longueville, it is said, much as Tartuffe does toward Elmire; the abbé Pons, likewise under the cover of piety, was reported to have made advances to the celebrated Ninon de Lenclos; a certain Charpy, having by his assumed godliness won the regard of a wealthy widow, Mme Hanse, proceeded to make love to her married daughter whose husband, despite all evidence, persisted in an Orgon-like trust in the impostor. The very number of these plausible models shows that here again we must see not the portrait of any individual but a composite, a literary creation.

It is also enlightening in estimating the characters of Molière's comedy to recall by what actors they were originally played and in what manner. Thus, the fact that the rôle of Tartuffe was taken by the jolly and rotund Du Croisy, who displayed "*l'oreille rouge et le teint fleuri*" of the *bon vivant*, and the rôle of Orgon, his victim, by Molière, who acted it with his usual exuberant buffoonery, is particularly significant. As the author himself clearly points out in his *Préface*, everything has been done to remove even the slightest doubt as to the rogue's true character. Tartuffe's physical aspect manifestly gives the lie to his pretense of asceticism and confirms what has been revealed of his habits in the first two acts: that he is a glutton endowed with a Gargantuan appetite; a man who for his lightest repast partakes (most devoutly) of half a leg of lamb, nicely minced, and of two partridges and then, replete, at once sinks down into a soft bed to slumber on heavily until the next meal. Four sizable beakers of wine help him start the day auspiciously. Such details had piqued our curiosity and made us eager to meet this personage. The cant of his first words, "*Laurent, serrez ma haire avec ma discipline*," in such marked contrast with his appearance and reputation, stir in us more scornful amusement than indignation. No one in his right senses, surely, could believe that here is a man who tortures his tender pink flesh with a rough hair shirt or a scourge! And, likewise, the too transparent hypocrisy of a masculine modesty so readily alarmed by the revelations of Dorine's low-necked dress, must arouse laughter. The mirth dies out, however, as we perceive the threatening consequences of Orgon's incredible gullibility, a gullibility shared by his irascible and besotted mother, Mme Pernelle. This rôle, taken by a man — the cripple Béjart — was undoubtedly played with comic exaggeration.

Mariane's happiness is jeopardized, Damis stands to lose his inheritance, Elmire's honor is attacked and Orgon, poor fool, is soon to find himself homeless, penniless, betrayed, and in grave danger. How can this be? Simply because hypocrisy, however ridiculously manifest, is a protected vice so long as it assumes the cloak of religion. Molière repeats the same thing in *Don*

Juan, where a man of recognized wickedness, guilty of all manner of crimes, need only, when driven to extremities, assume a pious mien and sigh hypocritically to Heaven to escape punishment and even be able to pursue his evil ways unmolested. Tartuffe, the jolly fat man, now stands revealed as odious, although like Satan, he can quote the Scriptures. That it was to which the devout particularly objected: to see evil wrought with good words, and virtue beset with the aid of liturgical expressions — *béatitude, dévotion, suavité, quiétude* roll smoothly off the rogue's tongue and the Jesuit doctrines of "mental reservations" and "direction of intention" he finds most helpful in his attempted seduction. In whom henceforth put your trust, if a villain can so glibly counterfeit the words and so exactly the manner of your own worthy *directeur de conscience?* Thus a suspicion is cast upon the good; but can you remove a cancer without cutting into sound flesh?

IV

The construction of the play is skillful and gives evidence of careful preparation. The first scene presents the personages, all but Orgon and Tartuffe, and establishes their relation in a rapid, concise, and amusing series of characterizations by Mme Pernelle, who, unwittingly, also paints herself. We learn that the family has been divided into two hostile camps by Orgon's introduction of an intruder, Tartuffe, and Dorine gives the important hint of her own shrewd suspicion of the hypocrite's covetous fondness for Elmire. In a conversation with Cléante (sc. II) Dorine tells of the origin and development of her master's infatuation with the hypocrite. She mentions Orgon's loyalty to the King, the reward of which will contribute to the dénouement of the play. Damis (sc. III) voices fears of Tartuffe's possible opposition to his sister's marriage and begs Cléante to take up the matter with his brother-in-law. Orgon who now appears (sc. IV) confirms by word and action all that Dorine has said of his folly. His anxiously repeated "*Et Tartuffe?*" and blissfully satisfied "*Le pauvre homme!*" remind us indeed of another maniac (Harpagon), likewise hypnotized by a fixed idea, and of his "*sans dot.*" Orgon's admiration for Tartuffe is such that he can find no words extravagant enough to express it and must gasp "*C'est un homme . . . qui . . . ha! Un homme . . . un homme enfin!*" and his account of the circumstances of his first meeting with Tartuffe in every detail brands a dangerous hypocrite to all but his own blind eyes. The act ends with a strengthened suspicion of danger to Mariane's happiness; and it is this threat which links this act to the next.

At the very beginning of Act II, Orgon calls attention to the small closet where an eavesdropper might conveniently hide and overhear the conversation he is about to have with his daughter to apprise her of his project to break with Valère and give her in marriage to Tartuffe. There it is that Damis will in fact presently be concealed. The act is taken up by Mariane's rather passive despair, Dorine furnishing the opposition to Orgon with her outspoken good sense, and also the comic relief. It ends with a pretty scene of *dépit amoureux* between the lovers, which incidentally serves to introduce Valère. This concludes the preparation for the entrance of the villain in Act III. The action now proceeds rapidly, its mainspring being, as ever, the exposition of character through the confirmation and development of data already given. Tartuffe reveals his perfidy and lust in the interview Elmire has with him to try to dissuade him from the unequal marriage, while she herself maintains the expected self-possession and dignity of a woman of the world. She might succeed in her purpose except that at a critical moment Damis, the impetuous, rushes out and spoils all chance of compromise. A bad situation is now made worse. Orgon naturally refuses to believe any ill of his idol and indeed, outraged by the accusation, he announces his intention of immediately giving Mariane to Tartuffe, as well as all his property — disinheriting his son — and, further, he insists that his wife must henceforth remain in the closest company with her would-be seducer: Thus will calumny be silenced! The curtain goes down on the act, with hypocrisy triumphant.

Act IV opens with the wise Cléante's appeal to Tartuffe in an effort to save a situation which appears hopeless. Mariane, on her side, seeks in vain to soften a father too hardened in his folly, and the sole remaining resource is that Elmire may be able to overcome her husband's obstinate stupidity by giving him evidence of Tartuffe's villainy in action — a difficult feat. She succeeds in making the hypocrite drop his mask, but the evidence almost passes into actual proof before Orgon consents to crawl out from under his table. And even so, it takes a slighting, personal remark, one which pricks his vanity — a nice character touch, — to arouse him from his lethargy. Convinced at last, he orders the villain out, only to be reminded that the house is no longer his! "*C'est à vous d'en sortir,*" arrogant hypocrisy scornfully declares and Tartuffe walks out, head high and threatening, — expecting to return soon as master. And so he probably would in real life, but this is a comedy and Act V, after some further alarm, must bring about a happy ending.

Castigat ridendo mores. Molière never forgets the key word in the definition of his art and no matter how serious his subject, he tries to moderate the tonic bitterness of satire with a sugar coating, generally of farce. This wears rather thin in Act V, however, and it must have needed the color and spectacle and spontaneous clowning of the original performance to mitigate Dorine's merciless sarcasms, in Scene III, and render amusing the despairing Orgon's distress when his mother turns against him his own arguments to reaffirm her trust in his betrayer's righteousness. Nevertheless we remain confident throughout the action that all will end well. Not a moment do we seriously expect to see the sweet Mariane sacrificed to the villain or the honest and fiery Damis lose his birthright. As for Elmire, we are constant in our faith in her integrity. Somehow the hypocrite must stand convicted, even if the author has to force the logic of his dénouement — his frequent weakness. In *Don Juan* it took nothing less than the direct intervention of Heaven to blast out hypocrisy. Here, royal interference will do and we shall see with satisfaction a power divinely endowed recognize gullible and victimized virtue, set aside — without due process of law (!) — the iniquitous contract, punish villainy — with a pious hope for its ultimate redemption — and bless innocence. Thus ends Molière's major attack on one of the vices he considers the most dangerous because under its protection so many others flourish.

LE TARTUFFE

COMÉDIE

ACTEURS [1]

MME PERNELLE,[2] mère d'Orgon.	BÉJART
ORGON, mari d'Elmire.	MOLIÈRE
ELMIRE, femme d'Orgon.	MLLE MOLIÈRE
DAMIS, fils d'Orgon.	HUBERT
MARIANE, fille d'Orgon et amante de Valère.	MLLE DE BRIE
VALÈRE, amant de Mariane.	LA GRANGE
CLÉANTE, beau-frère d'Orgon.	LA THORILLIÈRE
TARTUFFE,[3] faux-dévot.	DU CROISY
DORINE, suivante de Mariane.	MLLE BÉJART
M. LOYAL,[4] sergent.	DE BRIE
UN EXEMPT.	ꝑ
FLIPOTE, servante de Mme Pernelle.	ꝑ

La scène est à Paris.

[1] In modern French *Personnages*. [2] **Pernelle,** a contraction of *péronelle*, 'silly, garrulous woman.' [3] **Tartuffe.** The origin of the name is still discussed. Some connect it with the Italian *tartufo*, 'truffle'; the Old French *truffer*, 'to deceive'; the German *der Teufel*, 'the devil.' Sainte-Beuve prefers to see in it a happy combination of syllables, an onomatopœia. It is possible that these explanations are collectively all correct and that Molière in making up the name was influenced by these various factors.
[4] **M. Loyal** is an appropriate satirical name for Tartuffe's legal representative.

Drame de famille troublé par un étranger
hypocrisie —

ACTE PREMIER *La famille désunie*

SCÈNE PREMIÈRE

MADAME PERNELLE ET FLIPOTE, *sa servante*, ELMIRE,
MARIANE, DORINE, DAMIS, CLÉANTE.

MADAME PERNELLE

Allons, Flipote, allons, que d'eux je me délivre.

ELMIRE

Vous marchez d'un tel pas qu'on a peine à vous suivre.

MADAME PERNELLE

Laissez, ma bru, laissez, ne venez pas plus loin:
Ce sont toutes façons dont je n'ai pas besoin.

ELMIRE *(2ª note)*

De ce que l'on vous doit envers vous on s'acquitte.   5
Mais, ma mère, d'où vient que vous sortez si vite?

MADAME PERNELLE

C'est que je ne puis voir tout ce ménage-ci,
Et que de me complaire on ne prend nul souci.
Oui, je sors de chez vous fort mal édifiée:
Dans toutes mes leçons j'y suis contrariée,   10
On n'y respecte rien, chacun y parle haut,
Et c'est tout justement la cour du roi Pétaut.

DORINE

Si . . .

1. que d'eux je me délivre, *let me get away from them* (i.e. the whole family).   3. **bru**, *daughter-in-law*.   4. **façons**, *ceremonies*.   7. **ménage**, *goings-on*.   10. **mes leçons**, *my counsels*.   12. **la cour du roi Pétaut**, *pandemonium*.   The name occurs in Rabelais, Book III, Chapter VI, and the expression is also used in *la Satire Ménippée* (1594) to indicate a place of confusion, a Babel where everyone speaks at the same time; 'the court of the King of Beggars' according to another explanation.

MADAME PERNELLE

> Vous êtes, mamie, une fille suivante
> Un peu trop forte en gueule, et fort impertinente:
> Vous vous mêlez sur tout de dire votre avis.   15

DAMIS

> Mais . . .

MADAME PERNELLE

> Vous êtes un sot en trois lettres, mon fils;
> C'est moi qui vous le dis, qui suis votre grand'mère;
> Et j'ai prédit cent fois à mon fils, votre père,
> Que vous preniez tout l'air d'un méchant garnement,
> Et ne lui donneriez jamais que du tourment.   20

MARIANE

> Je crois . . .

MADAME PERNELLE

> Mon Dieu, sa sœur, vous faites la discrette,
> Et vous n'y touchez pas, tant vous semblez doucette;
> Mais il n'est, comme on dit, pire eau que l'eau qui dort,
> Et vous menez sous chape un train que je hais fort.

ELMIRE

> Mais, ma mère . . .

MADAME PERNELLE

> Ma bru, qu'il ne vous en déplaise,   25
> Votre conduite en tout est tout à fait mauvaise;
> Vous devriez leur mettre un bon exemple aux yeux,
> Et leur défunte mère en usait beaucoup mieux.
> Vous êtes dépensière; et cet état me blesse,
> Que vous alliez vêtue ainsi qu'une princesse.   30

---

13. **mamie** = *m'amie* or *ma mie* = *mon amie.* — **une fille suivante,** *part companion and part servant.* 14. **forte en gueule,** *loud-mouthed* (*gueule,* 'mouth of an animal'). Mme Pernelle's speech has more popular vigor than delicacy. 15. **Vous vous mêlez,** *You take it upon yourself.* 16. **en trois lettres,** i.e. *s-o-t;* cf. Plautus, *Aulularia:* '*homo trium litterarum*' = *fur.* 19. **garnement,** *scamp.* 21. **discrette** = *discrète.* 22. *And you're innocence itself, so sweet and demure you look.* **Vous n'y touchez pas** is taken from the expression *sainte nitouche,* 'little hypocrite.' 23. **pire eau . . . qui dort,** *no more treacherous water than still water.* 24. **vous menez sous chape un train,** *on the sly, you carry on in a way. Sous chape = sous cape,* lit., 'under (your) cape.' 28. **défunte mère.** Elmire is Orgon's second wife. — **en usait,** *used to act.*

Quiconque à son mari veut plaire seulement,
Ma bru, n'a pas besoin de tant d'ajustement.

CLÉANTE

Mais, Madame, après tout . . .

MADAME PERNELLE

Pour vous, Monsieur son frère,
Je vous estime fort, vous aime, et vous révère;
Mais enfin, si j'étais de mon fils, son époux,   35
Je vous prierais bien fort de n'entrer point chez nous.
Sans cesse vous prêchez des maximes de vivre
Qui par d'honnêtes gens ne se doivent point suivre.
Je vous parle un peu franc; mais c'est là mon humeur,
Et je ne mâche point ce que j'ai sur le cœur.   40

DAMIS

Votre Monsieur Tartuffe est bien heureux sans doute . . .

MADAME PERNELLE

C'est un homme de bien, qu'il faut que l'on écoute;
Et je ne puis souffrir sans me mettre en courroux
De le voir querellé par un fou comme vous.

DAMIS

Quoi? je souffrirai, moi, qu'un cagot de critique   45
Vienne usurper céans un pouvoir tyrannique,
Et que nous ne puissions à rien nous divertir,
Si ce beau Monsieur-là n'y daigne consentir?

DORINE

S'il le faut écouter et croire à ses maximes,
On ne peut faire rien qu'on ne fasse des crimes;   50
Car il contrôle tout, ce critique zélé.

MADAME PERNELLE

Et tout ce qu'il contrôle est fort bien contrôlé.
C'est au chemin du Ciel qu'il prétend vous conduire.
Et mon fils à l'aimer vous devrait tous induire.

35. si j'étais de = *si j'étais à la place de.*   40. *And I don't mince words over what I feel strongly about.*   44. querellé, *attacked.*   45. un cagot de critique, *a critical hypocrite.*   46. céans, *in this house.*   50. qu'on = *sans qu'on.*   51. contrôle, *censures.*   54. induire, *induce.*

DAMIS

Non, voyez-vous, ma mère, il n'est père ni rien   55
Qui me puisse obliger à lui vouloir du bien:
Je trahirais mon cœur de parler d'autre sorte;
Sur ses façons de faire à tous coups je m'emporte;
J'en prévois une suite, et qu'avec ce pied plat
Il faudra que j'en vienne à quelque grand éclat.   60

DORINE

Certes c'est une chose aussi qui scandalise,
De voir qu'un inconnu céans s'impatronise,
Qu'un gueux qui, quand il vint, n'avait pas de souliers
Et dont l'habit entier valait bien six deniers,
En vienne jusque-là que de se méconnaître,   65
De contrarier tout, et de faire le maître.

MADAME PERNELLE

Hé! merci de ma vie! il en irait bien mieux,
Si tout se gouvernait par ses ordres pieux.

DORINE

Il passe pour un saint dans votre fantaisie:
Tout son fait, croyez-moi, n'est rien qu'hypocrisie.   70

MADAME PERNELLE

Voyez la langue!

DORINE

               A lui, non plus qu'à son Laurent,
Je ne me fierais, moi, que sur un bon garant.

MADAME PERNELLE

J'ignore ce qu'au fond le serviteur peut être;
Mais pour homme de bien, je garantis le maître.

---

57. **Je trahirais mon cœur,** *I should perjure myself.*   58. **à tous coups,** *constantly.*
59. **J'en prévois une suite,** *I foresee some unpleasant consequences.* — **ce pied plat,**
this common lout.   60. **grand éclat,** *open quarrel.*   62. **s'impatronise,** *establishes him-*
self as master.   64. **deniers.** The *denier,* 'denarius,' was worth one-twelfth of a
cent.   65. **En vienne jusque-là que de** = *En vienne au point de.*   67. **merci de ma**
vie! *Heaven help me!*   70. **Tout son fait,** *His entire conduct.*   71. **son Laurent,**
that Laurent of his.

Vous ne lui voulez mal et ne le rebutez   75
Qu'à cause qu'il vous dit à tous vos vérités.
C'est contre le péché que son cœur se courrouce,
Et l'intérêt du Ciel est tout ce qui le pousse.

DORINE

Oui; mais pourquoi, surtout depuis un certain temps,
Ne saurait-il souffrir qu'aucun hante céans?   80
En quoi blesse le Ciel une visite honnête,
Pour en faire un vacarme à nous rompre la tête?
Veut-on que là-dessus je m'explique entre nous?
Je crois que de Madame il est, ma foi, jaloux.

MADAME PERNELLE

Taisez-vous, et songez aux choses que vous dites.   85
Ce n'est pas lui tout seul qui blâme ces visites.
Tout ce tràcas qui suit les gens que vous hantez,
Ces carrosses sans cesse à la porte plantés,
Et de tant de laquais le bruyant assemblage
Font un éclat fâcheux dans tout le voisinage.   90
Je veux croire qu'au fond il ne se passe rien;
Mais enfin on en parle, et cela n'est pas bien.

CLÉANTE

Hé! voulez-vous, Madame, empêcher qu'on ne cause?
Ce serait dans la vie une fâcheuse chose,
Si pour les sots discours où l'on peut être mis,   95
Il fallait renoncer à ses meilleurs amis.
Et quand même on pourrait se résoudre à le faire,
Croiriez-vous obliger tout le monde à se taire?
Contre la médisance il n'est point de rempart.
A tous les sots caquets n'ayons donc nul égard;   100
Efforçons-nous de vivre avec toute innocence,
Et laissons aux causeurs une pleine licence.

---

76. **il vous dit ... vos vérités,** *he tells all of you the* (unpleasant) *truth about your-selves.* 80. **qu'aucun hante céans,** *to have anyone come here.* 81–82. *In what way can a polite visit offend Heaven, to make such a head-splitting racket about it?* 84. This is the first indication of Tartuffe's designs on Elmire. 87. **tracas,** *confusion.* — **hantez,** *frequent.* 90. **Font un éclat fâcheux,** *Produce an unfortunate impression.* 91. **Je veux croire,** *I am willing to believe.* — **au fond,** *in reality.* 97. **quand même on pourrait,** *even if one were able to.* 98. **Croiriez-vous obliger,** *Do you believe you could force.* 99. Note the sententious form of this verse. 100. *Let us pay no attention, therefore, to all the silly cackling.*

DORINE

 Daphné, notre voisine, et son petit époux
 Ne seraient-ils point ceux qui parlent mal de nous?
 Ceux de qui la conduite offre le plus à rire   105
 Sont toujours sur autrui les premiers à médire;
 Ils ne manquent jamais de saisir promptement
 L'apparente lueur du moindre attachement,
 D'en semer la nouvelle avec beaucoup de joie,
 Et d'y donner le tour qu'ils veulent qu'on y croie: 110
 Des actions d'autrui, teintes de leurs couleurs,
 Ils pensent dans le monde autoriser les leurs,
 Et sous le faux espoir de quelque ressemblance,
 Aux intrigues qu'ils ont donner de l'innocence,
 Ou faire ailleurs tomber quelques traits partagés   115
 De ce blâme public dont ils sont trop chargés.

MADAME PERNELLE

 Tous ces raisonnements ne font rien à l'affaire.
 On sait qu'Orante mène une vie exemplaire:
 Tous ses soins vont au Ciel; et j'ai su par des gens
 Qu'elle condamne fort le train qui vient céans.   120

DORINE

 L'exemple est admirable, et cette dame est bonne!
 Il est vrai qu'elle vit en austère personne;
 Mais l'âge dans son âme a mis ce zèle ardent,
 Et l'on sait qu'elle est prude à son corps défendant.
 Tant qu'elle a pu des cœurs attirer les hommages,   125
 Elle a fort bien joui de tous ses avantages;
 Mais, voyant de ses yeux tous les brillants baisser,
 Au monde, qui la quitte, elle veut renoncer,
 Et du voile pompeux d'une haute sagesse

---

106. **médire sur** = *médire de.* 108. **L'apparente lueur,** *The first glimmer* (i.e. indication). 110. **le tour,** *the interpretation.* — **qu'ils veulent. . croie** = *auquel ils veulent qu'on croie.* 111–12. *They think they are justifying their own actions before the world by citing those of others, colored by their own explanation.* (**Des actions** = *par les actions.*) 114. i.e. *Donner de l'innocence aux intrigues qu'ils ont.* 115–16. An awkward phrase. Translate: *Or to cause to fall elsewhere, and thus share with other people, a few of the shafts of public reprobation with which they are themselves overburdened.* 117. **ne font rien à l'affaire,** *have nothing to do with the matter.* 120. **le train,** *the crowd.* 124. **à son corps défendant,** *against her own inclination.* Orante reminds one of Arsinoé in *le Misanthrope.* 129. **pompeux,** *ostentatious.* — **sagesse,** *virtue.*

De ses attraits usés déguiser la faiblesse.   130
Ce sont là les retours des coquettes du temps.
Il leur est dur de voir déserter les galants.   (galant)
Dans un tel abandon, leur sombre inquiétude
Ne voit d'autre recours que le métier de prude;
Et la sévérité de ces femmes de bien   135
Censure toute chose, et ne pardonne à rien;
Hautement d'un chacun elles blâment la vie,
Non point par charité, mais par un trait d'envie,
Qui ne saurait souffrir qu'une autre ait les plaisirs
Dont le penchant de l'âge a sevré leurs désirs.   140

MADAME PERNELLE

Voilà les contes bleus qu'il vous faut pour vous plaire.
Ma bru, l'on est chez vous contrainte de se taire,
Car Madame à jaser tient le dé tout le jour.
Mais enfin je prétends discourir à mon tour: la raison de
Je vous dis que mon fils n'a rien fait de plus sage   la   145
Qu'en recueillant chez soi ce dévot personnage;   dispute
Que le Ciel au besoin l'a céans envoyé
Pour redresser à tous votre esprit fourvoyé;
Que pour votre salut vous le devez entendre,
Et qu'il ne reprend rien qui ne soit à reprendre.   150
Ces visites, ces bals, ces conversations
Sont du malin esprit toutes inventions.
Là jamais on n'entend de pieuses paroles:
Ce sont propos oisifs, chansons et fariboles;
Bien souvent le prochain en a sa bonne part,   155
Et l'on y sait médire et du tiers et du quart.
Enfin les gens sensés ont leurs têtes troublées
De la confusion de telles assemblées:
Mille caquets divers s'y font en moins de rien;
Et comme l'autre jour un docteur dit fort bien,   160

---

131. les retours, *the tricks.*   140. *From which declining age has weaned their
desires.*   141. les contes bleus.   Fairy tales, fantastic stories, and romances were
bound in blue paper covers in the 17th century: the *Bibliothèque bleue.*   143. à
jaser tient le dé, *monopolizes the conversation.*   Tenir le dé, 'to hold on to the dice,'
and thus make all the throws.   144. je prétends, *I intend.*   146. chez soi = *chez
lui.*   148. fourvoyé, *erring.*   150. reprend, *blames.*   152. malin esprit, the Evil
One.   154. propos oisifs, *idle talk.* — fariboles, *frivolities.*   156. et du tiers et du
quart, *of any and every one.*   159. en moins de rien, *in less than no time.*

C'est véritablement la tour de Babylone,
Car chacun y babille, et tout du long de l'aune;
Et pour conter l'histoire où ce point l'engagea . . .
Voilà-t-il pas Monsieur qui ricane déjà!
Allez chercher vos fous qui vous donnent à rire,　　　　165
Et sans . . . Adieu, ma bru: je ne veux plus rien dire.
Sachez que pour céans j'en rabats de moitié,
Et qu'il fera beau temps quand j'y mettrai le pied.
　　　　　　　(*Donnant un soufflet à Flipote.*)
Allons, vous, vous rêvez, et bayez aux corneilles.
Jour de Dieu! je saurai vous frotter les oreilles.　　　　170
Marchons, gaupe, marchons.

SCÈNE II

CLÉANTE, DORINE.

CLÉANTE (*oncle*) .
　　　　　　　　　　　　Je n'y veux point aller,
De peur qu'elle ne vînt encor me quereller,
Que cette bonne femme . . .

DORINE
　　　　　　　　　　　　Ah! certes, c'est dommage
Qu'elle ne vous ouît tenir un tel langage:
Elle vous dirait bien qu'elle vous trouve bon,　　　　175
Et qu'elle n'est point d'âge à lui donner ce nom.

CLÉANTE
Comme elle s'est pour rien contre nous échauffée!
Et que de son Tartuffe elle paraît coiffée!

161. **Babylone**, instead of *Babel*, in order to play on the verb *babiller*, 'prattle.' A
similar pun was made by Louis XIII's confessor, Nicolas Caussin, in his book *La
Cour Sainte*, etc. (1624).　162. **tout du long de l'aune**, *to his full satisfaction;* lit., 'the
whole length of the yard.' Note the sound of this phrase, which is like that of some
idle refrain.　164. Mme Pernelle is herself going to babble on, when she catches
sight of Cléante laughing behind her back.　167. *As for this household, I want you
to know, I don't think so much of it as I did, by a half.*　168. **il fera beau temps
quand,** *it will be a long time before.* STAGE DIRECTIONS. **un soufflet,** *a slap in the
face.*　169. **bayez aux corneilles,** *are gaping up at the crows.*　171. **Marchons, gaupe,
marchons,** *Let's move on, sloven, move on.* — **Je n'y veux point aller.** Cléante will not
go to the door to see Mme Pernelle off.　172. **vînt** = *vienne.*　173. **bonne femme,** *old
lady.*　174. **ouît,** *hear.*　175. Said sarcastically, of course.　178. **coiffée,** *infatuated.*

DORINE

Oh! vraiment tout cela n'est rien au prix du fils,
Et si vous l'aviez vu, vous diriez: « C'est bien pis! »   180
Nos troubles l'avaient mis sur le pied d'homme sage,
Et pour servir son prince il montra du courage;
Mais il est devenu comme un homme hébété,
Depuis que de Tartuffe on le voit entêté;
Il l'appelle son frère, et l'aime dans son âme   185
Cent fois plus qu'il ne fait mère, fils, fille, et femme.
C'est de tous ses secrets l'unique confident,
Et de ses actions le directeur prudent;
Il le choie, il l'embrasse, et pour une maîtresse
On ne saurait, je pense, avoir plus de tendresse;   190
A table, au plus haut bout il veut qu'il soit assis;
Avec joie il l'y voit manger autant que six;
Les bons morceaux de tout, il fait qu'on les lui cède;
Et s'il vient à roter, il lui dit: « Dieu vous aide! »
                        (*C'est une servante qui parle.*)
Enfin il en est fou; c'est son tout, son héros;   195
Il l'admire à tous coups, le cite à tout propos;
Ses moindres actions lui semblent des miracles,
Et tous les mots qu'il dit sont pour lui des oracles.
Lui, qui connaît sa dupe et qui veut en jouir
Par cent dehors fardés a l'art de l'éblouir;   200
Son cagotisme en tire à toute heure des sommes,
Et prend droit de gloser sur tous tant que nous sommes.
Il n'est pas jusqu'au fat qui lui sert de garçon
Qui ne se mêle aussi de nous faire leçon;
Il vient nous sermonner avec des yeux farouches,   205
Et jeter nos rubans, notre rouge et nos mouches.
Le traître, l'autre jour, nous rompit de ses mains

---

179. **au prix de,** *in comparison with.*   181. **Nos troubles** refers to the Fronde or civil war during the minority of Louis XIV. Orgon had taken sides with the King against Parliament and thus set himself *sur le pied d'homme sage,* 'on the footing of a wise man.' Note how this loyalty is rewarded in the last act.   183. **hébété** = *stupide.*   184. **entêté** = *coiffé.*   189. **choie** (from *choyer*), *takes tender care of.*   191. **au plus haut bout,** i.e. at the place of honor.   194. **roter,** *belch.* Molière's parenthetical comment excuses the coarseness of the remark.   200. **dehors fardés,** *false appearances.*   201. **cagotisme,** *sanctimoniousness.*   202. **gloser sur tous . . . nous sommes,** *criticize every last one of us.*   203–04. *Even the booby who acts as his servant takes it upon himself to lecture us.*   206. **mouches,** tiny black patches ladies put on to bring out the fairness of their complexions.

Un mouchoir qu'il trouva dans une *Fleur des Saints*,
Disant que nous mêlions, par un crime effroyable,
Avec la sainteté les parures du diable.　　　　210

SCÈNE III

Elmire, Mariane, Damis, Cléante, Dorine.

ELMIRE

Vous êtes bien heureux de n'être point venu
Au discours qu'à la porte elle nous a tenu.
Mais j'ai vu mon mari; comme il ne m'a point vue,
Je veux aller là-haut attendre sa venue.

CLÉANTE

Moi, je l'attends ici pour moins d'amusement,　　　　215
Et je vais lui donner le bonjour seulement.

DAMIS

De l'hymen de ma sœur touchez-lui quelque chose.
J'ai soupçon que Tartuffe à son effet s'oppose,
Qu'il oblige mon père à des détours si grands;
Et vous n'ignorez pas quel intérêt j'y prends.　　　　220
Si même ardeur enflamme et ma sœur et Valère,
La sœur de cet ami, vous le savez, m'est chère;
Et s'il fallait . . .

DORINE

Il entre.

SCÈNE IV

Orgon, Cléante, Dorine.

ORGON

Ah! mon frère, bonjour.

CLÉANTE

Je sortais, et j'ai joie à vous voir de retour.
La campagne à présent n'est pas beaucoup fleurie.　　　　225

---

208. **Fleur des Saints,** a weighty tome by the Jesuit Ribadeneira, apparently put to the profane use of pressing ladies' kerchiefs.　　215. amusement = *délai.*
217. **touchez-lui quelque chose,** *say a word or two to him.*　　218. **son effet,** *its fulfillment.*　　225. One of the rare allusions to nature.

ORGON

> Dorine . . . Mon beau-frère, attendez, je vous prie:
> Vous voulez bien souffrir, pour m'ôter de souci,
> Que je m'informe un peu des nouvelles d'ici.
> Tout s'est-il, ces deux jours, passé de bonne sorte?
> Qu'est-ce qu'on fait céans? comme est-ce qu'on s'y porte? 230

DORINE

> Madame eut avant-hier la fièvre jusqu'au soir,
> Avec un mal de tête étrange à concevoir.

ORGON

> Et Tartuffe?

DORINE

> Tartuffe? Il se porte à merveille,
> Gros et gras, le teint frais, et la bouche vermeille.

ORGON

> Le pauvre homme!

DORINE

> Le soir, elle eut un grand dégoût, 235
> Et ne put au souper toucher à rien du tout,
> Tant sa douleur de tête était encor cruelle!

ORGON

> Et Tartuffe?

DORINE

> Il soupa, lui tout seul, devant elle,
> Et fort dévotement il mangea deux perdrix,
> Avec une moitié de gigot en hachis. 240

226. Orgon has a preoccupied, anxious look. His eager eyes have been seeking someone. 230. **comme** = *comment.* 231. Dorine understands quite well to whom Orgon's '*on*' refers but takes a malicious pleasure in answering the question he should have asked. 235. **Le pauvre homme!** Different anecdotes are related regarding the origin of this phrase made famous by Molière. Note the comic effect produced by the repetition: the anxious query '*Et Tartuffe?*' and the tender and benign '*Le pauvre homme!*' — **elle eut un grand dégoût,** *she felt nauseated.* 238. *Souper* was a very light repast taken at eight or nine o'clock. 240. **une moitié de gigot en hachis,** *a half a leg of lamb, minced fine.* Dorine says this with mocking unctuousness.

ORGON

Le pauvre homme !

DORINE

La nuit se passa toute entière
Sans qu'elle pût fermer un moment la paupière;
Des chaleurs l'empêchaient de pouvoir sommeiller,
Et jusqu'au jour près d'elle il nous fallut veiller.

ORGON

Et Tartuffe ?

DORINE

Pressé d'un sommeil agréable,   245
Il passa dans sa chambre au sortir de la table,
Et dans son lit bien chaud il se mit tout soudain,
Où sans trouble il dormit jusques au lendemain.

ORGON

Le pauvre homme !

DORINE

A la fin, par nos raisons gagnée,
Elle se résolut à souffrir la saignée,   250
Et le soulagement suivit tout aussitôt.

ORGON

Et Tartuffe ?

DORINE

Il reprit courage comme il faut,
Et contre tous les maux fortifiant son âme,
Pour réparer le sang qu'avait perdu Madame,
But à son déjeuner quatre grands coups de vin.   255

ORGON

Le pauvre homme !

241. toute entière = *tout entière*.   243. Des chaleurs, *Burning fever*.   245. Pressé,
Overtaken.   250. la saignée, *a blood-letting;* the remedy the most frequently used
and abused during the 17th century.   252. *He recovered his fortitude very nicely.*

DORINE

> Tous deux se portent bien enfin;
> Et je vais à Madame annoncer par avance
> La part que vous prenez à sa convalescence.

SCÈNE V

ORGON, CLÉANTE.

CLÉANTE

> A votre nez, mon frère, elle se rit de vous;
> Et sans avoir dessein de vous mettre en courroux,   260
> Je vous dirai tout franc que c'est avec justice.
> A-t-on jamais parlé d'un semblable caprice ?
> Et se peut-il qu'un homme ait un charme aujourd'hui
> A vous faire oublier toutes choses pour lui,
> Qu'après avoir chez vous réparé sa misère,   265
> Vous en veniez au point . . . ?

ORGON

> Alte-là, mon beau-frère:
> Vous ne connaissez pas celui dont vous parlez.

CLÉANTE

> Je ne le connais pas, puisque vous le voulez;
> Mais enfin, pour savoir quel homme ce peut être . . .

ORGON

> Mon frère, vous seriez charmé de le connaître,   270
> Et vos ravissements ne prendraient point de fin.
> C'est un homme . . . qui . . . ha ! . . . un homme . . . un homme
> [enfin.
> Qui suit bien ses leçons goûte une paix profonde,
> Et comme du fumier regarde tout le monde.
> Oui, je deviens tout autre avec son entretien;   275
> Il m'enseigne à n'avoir affection pour rien,

258. **La part que vous prenez,** *Your sympathetic interest.*   259. **A votre nez,** *To your face.*   261. **franc** = *franchement.*   262. **caprice,** *infatuation.*   265. **misère,** *dire poverty.*   266. **Alte-là** = *Halte-là.*   268. **puisque vous le voulez,** *since you will have it so.*   271. Note the extravagant word, **ravissements,** *rapture.* Orgon can find nothing glorious enough to describe Tartuffe.   273. **Qui** = *Celui qui.*   274. **fumier,** *dung;* cf. Paul, *Epistle to the Philippians,* iii, 8; and the *Imitation of Christ,* III, 3.

De toutes amitiés il détache mon âme;
Et je verrais mourir frère, enfants, mère et femme,
Que je m'en soucierais autant que de cela.

CLÉANTE

Les sentiments humains, mon frère, que voilà !　　　　280

ORGON

Ha ! si vous aviez vu comme j'en fis rencontre,
Vous auriez pris pour lui l'amitié que je montre.
Chaque jour à l'église il venait, d'un air doux,
Tout vis-à-vis de moi se mettre à deux genoux.
Il attirait les yeux de l'assemblée entière　　　　285
Par l'ardeur dont au Ciel il poussait sa prière;
Il faisait des soupirs, de grands élancements,
Et baisait humblement la terre à tous moments;
Et lorsque je sortais, il me devançait vite,
Pour m'aller à la porte offrir de l'eau bénite.　　　　290
Instruit par son garçon, qui dans tout l'imitait,
Et de son indigence, et de ce qu'il était,
Je lui faisais des dons; mais avec modestie
Il me voulait toujours en rendre une partie.
« C'est trop, me disait-il, c'est trop de la moitié;　　　　295
Je ne mérite pas de vous faire pitié; »
Et quand je refusais de le vouloir reprendre,
Aux pauvres, à mes yeux, il allait le répandre.
Enfin le Ciel chez moi me le fit retirer,
Et depuis ce temps-là tout semble y prospérer.　　　　300
Je vois qu'il reprend tout, et qu'à ma femme même
Il prend, pour mon honneur, un intérêt extrême;
Il m'avertit des gens qui lui font les yeux doux,
Et plus que moi six fois il s'en montre jaloux.
Mais vous ne croiriez point jusqu'où monte son zèle:　　　　305
Il s'impute à péché la moindre bagatelle;
Un rien presque suffit pour le scandaliser;
Jusque-là qu'il se vint l'autre jour accuser

279. **cela.** Orgon accompanies the word by putting the tip of his thumb nail under the edge of his upper teeth and clicking it out: a gesture to indicate absolute depreciation. This speech shows how a perverted interpretation of the Scriptures can turn a stupid man into a fanatic. 287. **grands élancements,** *devout gestures and ejaculations.* 290. **m'aller ... offrir** = *aller ... m'offrir.* 298. **répandre,** *distribute.* 302. **pour mon honneur.** Note the unconscious irony of the phrase.

D'avoir pris une puce en faisant sa prière,
Et de l'avoir tuée avec trop de colère.   310

CLÉANTE

Parbleu! vous êtes fou, mon frère, que je croi.
Avec de tels discours vous moquez-vous de moi?
Et que prétendez-vous que tout ce badinage . . . ?

ORGON

Mon frère, ce discours sent le libertinage:
Vous en êtes un peu dans votre âme entiché;   315
Et comme je vous l'ai plus de dix fois prêché,
Vous vous attirez quelque méchante affaire.

CLÉANTE

Voilà de vos pareils le discours ordinaire;
Ils veulent que chacun soit aveugle comme eux.
C'est être libertin que d'avoir de bons yeux,   320
Et qui n'adore pas de vaines simagrées,
N'a ni respect ni foi pour les choses sacrées.
Allez, tous vos discours ne me font point de peur;
Je sais comme je parle, et le Ciel voit mon cœur.
De tous vos façonniers on n'est point les esclaves.   325
Il est de faux dévots ainsi que de faux braves;
Et comme on ne voit pas qu'où l'honneur les conduit
Les vrais braves soient ceux qui font beaucoup de bruit,
Les bons et vrais dévots, qu'on doit suivre à la trace,
Ne sont pas ceux aussi qui font tant de grimace.   330
Hé quoi? vous ne ferez nulle distinction
Entre l'hypocrisie et la dévotion?
Vous les voulez traiter d'un semblable langage,
Et rendre même honneur au masque qu'au visage,
Égaler l'artifice à la sincérité,   335
Confondre l'apparence avec la vérité,
Estimer le fantôme autant que la personne,
Et la fausse monnaie à l'égal de la bonne?

---

310. This is related by Voragine, *Golden Legend* (13th century).   311. **que je
croi** = *à ce que je crois*.   314. **libertinage**, *free-thinking*.   315. **entiché**, *tainted*.
317. *You will get yourself into trouble*.   321. **simagrées**, *mummery*.   325. **façonniers**,
affected people.   329. **qu'on doit...à la trace**, *in whose footsteps one must follow*.
330. **grimace**, *pretense*.   333. **d'un semblable langage**, *on the same terms*.

Les hommes la plupart sont étrangement faits!
Dans la juste nature on ne les voit jamais;   340
La raison a pour eux des bornes trop petites;
En chaque caractère ils passent ses limites;
Et la plus noble chose, ils la gâtent souvent
Pour la vouloir outrer et pousser trop avant.
Que cela vous soit dit en passant, mon beau-frère.   345

ORGON

Oui, vous êtes sans doute un docteur qu'on révère;
Tout le savoir du monde est chez vous retiré;
Vous êtes le seul sage et le seul éclairé,
Un oracle, un Caton dans le siècle où nous sommes;
Et près de vous ce sont des sots que tous les hommes.   350

CLÉANTE

Je ne suis point, mon frère, un docteur révéré,
Et le savoir chez moi n'est pas tout retiré.
Mais, en un mot, je sais, pour toute ma science,
Du faux avec le vrai faire la différence.
Et comme je ne vois nul genre de héros   355
Qui soient plus à priser que les parfaits dévots,
Aucune chose au monde et plus noble et plus belle
Que la sainte ferveur d'un véritable zèle,
Aussi ne vois-je rien qui soit plus odieux
Que le dehors plâtré d'un zèle spécieux,   360
Que ces francs charlatans, que ces dévots de place,
De qui la sacrilège et trompeuse grimace
Abuse impunément, et se joue, à leur gré,
De ce qu'ont les mortels de plus saint et sacré,
Ces gens qui, par une âme à l'intérêt soumise,   365
Font de dévotion métier et marchandise,
Et veulent acheter crédit et dignités
A prix de faux clins d'yeux et d'élans affectés,

Ces gens, dis-je, qu'on voit d'une ardeur non commune
Par le chemin du Ciel courir à leur fortune, 370
Qui, brûlants et priants, demandent chaque jour,
Et prêchent la retraite au milieu de la cour,
Qui savent ajuster leur zèle avec leurs vices,
Sont prompts, vindicatifs, sans foi, pleins d'artifices,
Et pour perdre quelqu'un couvrent insolemment 375
De l'intérêt du Ciel leur fier ressentiment,
D'autant plus dangereux dans leur âpre colère,
Qu'ils prennent contre nous des armes qu'on révère,
Et que leur passion, dont on leur sait bon gré,
Veut nous assassiner avec un fer sacré. 380
De ce faux caractère on en voit trop paraître;
Mais les dévots de cœur sont aisés à connaître.
Notre siècle, mon frère, en expose à nos yeux
Qui peuvent nous servir d'exemples glorieux:
Regardez Ariston, regardez Périandre, 385
Oronte, Alcidamas, Polydore, Clitandre;
Ce titre par aucun ne leur est débattu;
Ce ne sont point du tout fanfarons de vertu;
On ne voit point en eux ce faste insupportable,
Et leur dévotion est humaine, est traitable; 390
Ils ne censurent point toutes nos actions:
Ils trouvent trop d'orgueil dans ces corrections;
Et laissant la fierté des paroles aux autres,
C'est par leurs actions qu'ils reprennent les nôtres.
L'apparence du mal a chez eux peu d'appui, 395
Et leur âme est portée à juger bien d'autrui.
Point de cabale en eux, point d'intrigues à suivre;
On les voit, pour tous soins, se mêler de bien vivre;
Jamais contre un pécheur ils n'ont d'acharnement;
Ils attachent leur haine au péché seulement, 400
Et ne veulent point prendre, avec un zèle extrême,
Les intérêts du Ciel plus qu'il ne veut lui-même.

---

371. **brûlants et priants**, in modern French *brûlant et priant*, without agreement.   372. **la retraite**, *seclusion*.   373. **ajuster**, *adapt*.   374. **prompts** (à s'irriter).
375. **perdre**, *ruin*.   376. **fier** = *cruel*.   379. **dont on leur sait bon gré**, *for which one is grateful to them*.   382. **de cœur**, *sincere*.   387. **débattu** = *contesté*.   388. **fanfarons**, *braggarts*.   389. **faste**, *ostentation*.   390. **traitable**, *accommodating*.   395. i.e.
They do not suspect evil on mere external appearances.   398. **pour tous soins**, *as their sole concern*.   399. **acharnement**, *relentless hostility*.

Voilà mes gens, voilà comme il en faut user,
Voilà l'exemple enfin qu'il se faut proposer.
Votre homme, à dire vrai, n'est pas de ce modèle:　　　　405
C'est de fort bonne foi que vous vantez son zèle;
Mais par un faux éclat je vous crois ébloui.

ORGON

Monsieur mon cher beau-frère, avez-vous tout dit ?

CLÉANTE

　　　　　　　　　　　　　　　　　　　　　　Oui.

ORGON

Je suis votre valet. (*Il veut s'en aller.*)

CLÉANTE

　　　　　　　　　De grâce, un mot, mon frère.
Laissons là ce discours.　Vous savez que Valère　　　　410
Pour être votre gendre a parole de vous ?

ORGON

Oui.

CLÉANTE

　　　Vous aviez pris jour pour un lien si doux.

ORGON

Il est vrai.

CLÉANTE

　　　　　Pourquoi donc en différer la fête ?

ORGON

Je ne sais.

CLÉANTE

　　　　　Auriez-vous autre pensée en tête ?

ORGON

Peut-être.

---

403. *Those are the people I like, that is the way to act.*　409. A polite formula:
Your humble servant, sir.　411. **parole de vous** = *votre promesse.*　412. **un lien,** *a
union, a bond.*

CLÉANTE

Vous voulez manquer à votre foi?   415

ORGON

Je ne dis pas cela.

CLÉANTE

Nul obstacle, je croi,
Ne peut vous empêcher d'accomplir vos promesses.

ORGON

Selon.

CLÉANTE

Pour dire un mot faut-il tant de finesses?
Valère sur ce point me fait vous visiter.

ORGON

Le Ciel en soit loué!

CLÉANTE

Mais que lui reporter?   420

ORGON

Tout ce qu'il vous plaira.

CLÉANTE

Mais il est nécessaire
De savoir vos desseins. Quels sont-ils donc?

ORGON

De faire
Ce que le Ciel voudra.

CLÉANTE

Mais parlons tout de bon.
Valère a votre foi: la tiendrez-vous, ou non?

ORGON

Adieu.

CLÉANTE

Pour son amour je crains une disgrâce,   425
Et je dois l'avertir de tout ce qui se passe.

418. **Selon,** *That depends.* 425. **une disgrâce,** *a misfortune.*

ACTE DEUXIÈME

SCÈNE PREMIÈRE

ORGON, MARIANE.

ORGON

Mariane.

MARIANE

Mon père.

ORGON

Approchez, j'ai de quoi
Vous parler en secret.

MARIANE

Que cherchez-vous?

ORGON (*Il regarde dans un petit cabinet.*)

Je voi
Si quelqu'un n'est point là qui pourrait nous entendre;
Car ce petit endroit est propre pour surprendre.   430
Or sus, nous voilà bien. J'ai, Mariane, en vous
Reconnu de tout temps un esprit assez doux,
Et de tout temps aussi vous m'avez été chère.

MARIANE

Je suis fort redevable à cet amour de père.

ORGON

C'est fort bien dit, ma fille; et pour le mériter,   435
Vous devez n'avoir soin que de me contenter.

MARIANE

C'est où je mets aussi ma gloire la plus haute.

STAGE DIRECTION. **petit cabinet**; the closet where Damis will hide in Act III.
431. **Or sus** (sound the final *s*), *Come now.*   437. **C'est où** = *C'est ce en quoi.* —
gloire = *mérite.*

ORGON

> Fort bien.   Que dites-vous de Tartuffe notre hôte ?

MARIANE

> Qui, moi ?

ORGON

> Vous.   Voyez bien comme vous répondrez.

MARIANE

> Hélas ! j'en dirai, moi, tout ce que vous voudrez.   440

ORGON

> C'est parler sagement.   Dites-moi donc, ma fille,
> Qu'en toute sa personne un haut mérite brille,
> Qu'il touche votre cœur, et qu'il vous serait doux
> De le voir par mon choix devenir votre époux.
> Eh ?
>   (*Mariane se recule avec surprise.*)

MARIANE

> Eh !

ORGON

>   Qu'est-ce ?

MARIANE

>   Plaît-il ?

ORGON

>   Quoi ?

MARIANE

>   Me suis-je méprise ?   445

ORGON

> Comment ?

MARIANE

>   Qui voulez-vous, mon père, que je dise
> Qui me touche le cœur, et qu'il me serait doux
> De voir par votre choix devenir mon époux ?

---

439. **Qui, moi ?** Mariane feels embarrassed, as the *Hélas !* in the following line also shows.   441. Dorine enters softly.   445. **Eh ?** *Well ?* — **Plaît-il ?** *I beg your pardon ?* i.e. I didn't quite hear.   446. *Of whom do you wish me to say, father,* ... 447. **Qui** (= *Qu'il est celui qui*), *That he is the one who.*

ORGON

    Tartuffe.

MARIANE

    Il n'en est rien, mon père, je vous jure.
Pourquoi me faire dire une telle imposture ?   450

ORGON

    Mais je veux que cela soit une vérité;
Et c'est assez pour vous que je l'aie arrêté.

MARIANE

    Quoi ? vous voulez, mon père . . . ?

ORGON

                   Oui, je prétends, ma fille,
Unir par votre hymen Tartuffe à ma famille.
Il sera votre époux, j'ai résolu cela;   455
Et comme sur vos vœux je . . .

SCÈNE II

DORINE, ORGON, MARIANE.

ORGON

                   Que faites-vous là ?
La curiosité qui vous presse est bien forte,
Mamie, à nous venir écouter de la sorte.

DORINE

    Vraiment, je ne sais pas si c'est un bruit qui part
De quelque conjecture, ou d'un coup de hasard;   460
Mais de ce mariage on m'a dit la nouvelle,
Et j'ai traité cela de pure bagatelle.

ORGON

    Quoi donc ? la chose est-elle incroyable ?

DORINE

                     A tel point,
Que vous-même, Monsieur, je ne vous en crois point.

---

452. **arrêté** = *décidé.*   458. **à** = *de.*   459. **un bruit qui part,** *a report which started.*
462. **j'ai traité cela ... bagatelle,** *I called it mere silly talk.*

ORGON

Je sais bien le moyen de vous le faire croire.   465

DORINE

Oui, oui, vous nous contez une plaisante histoire.

ORGON

Je conte justement ce qu'on verra dans peu.

DORINE

Chansons!

ORGON

Ce que je dis, ma fille, n'est point jeu.

DORINE

Allez, ne croyez point à Monsieur votre père:
Il raille.

ORGON

Je vous dis . . .

DORINE

Non, vous avez beau faire,   470
On ne vous croira point.

ORGON

A la fin mon courroux . . .

DORINE

Hé bien! on vous croit donc, et c'est tant pis pour vous.
Quoi? se peut-il, Monsieur, qu'avec l'air d'homme sage
Et cette large barbe au milieu du visage,
Vous soyez assez fou pour vouloir . . . ?

ORGON

Écoutez: 475
Vous avez pris céans certaines privautés
Qui ne me plaisent point; je vous le dis, mamie.

468. **Chansons!** *Nonsense!*   470. **Il raille,** *He is joking.* — **vous avez beau faire,**
you may do what you please.   476. **privautés,** *familiarities.*

DORINE

Parlons sans nous fâcher, Monsieur, je vous supplie.
Vous moquez-vous des gens d'avoir fait ce complot?
Votre fille n'est point l'affaire d'un bigot: 480
Il a d'autres emplois auxquels il faut qu'il pense.
Et puis, que vous apporte une telle alliance?
A quel sujet aller, avec tout votre bien,
Choisir un gendre gueux? . . .

ORGON

                     Taisez-vous. S'il n'a rien,
Sachez que c'est par là qu'il faut qu'on le révère.   485
Sa misère est sans doute une honnête misère;
Au-dessus des grandeurs elle doit l'élever,
Puisque enfin de son bien il s'est laissé priver
Par son trop peu de soin des choses temporelles,
Et sa puissante attache aux choses éternelles.   490
Mais mon secours pourra lui donner les moyens
De sortir d'embarras et rentrer dans ses biens:
Ce sont fiefs qu'à bon titre au pays on renomme;
Et tel que l'on le voit, il est bien gentilhomme.

DORINE

Oui, c'est lui qui le dit; et cette vanité,   495
Monsieur, ne sied pas bien avec la piété.
Qui d'une sainte vie embrasse l'innŏcence
Ne doit point tant prôner son nom et sa naissance,
Et l'humble procédé de la dévotion
Souffre mal les éclats de cette ambition.   500
A quoi bon cet orgueil? . . . Mais ce discours vous blesse:
Parlons de sa personne, et laissons sa noblesse.
Ferez-vous possesseur, sans quelque peu d'ennui,
D'une fille comme elle un homme comme lui?
Et ne devez-vous pas songer aux bienséances,   505
Et de cette union prévoir les conséquences?
Sachez que d'une fille on risque la vertu,

---

480. n'est point l'affaire d' ..., *is not suited for* ... 483. **A quel sujet,** *For what reason.*
493. **fiefs,** *estates.* — **qu'à bon titre ... on renomme,** *justly renowned in the country,*
Tartuffe's methods are not unknown today. 496. **ne sied pas bien avec,** *is not very
becoming to.* 498. **prôner,** *boast of.* 500. **Souffre mal les éclats,** *Fits in badly with
the display.* 503. **ennui,** *distress.* 505. **bienséances,** *proprieties.*

obscure clarté = oxymoron

Lorsque dans son hymen son goût est combattu,
Que le dessein d'y vivre en honnête personne
Dépend des qualités du mari qu'on lui donne,   510
Et que ceux dont partout on montre au doigt le front
Font leurs femmes souvent ce qu'on voit qu'elles sont.
Il est bien difficile enfin d'être fidèle
A de certains maris faits d'un certain modèle;
Et qui donne à sa fille un homme qu'elle hait   515
Est responsable au Ciel des fautes qu'elle fait.
Songez à quels périls votre dessein vous livre.

ORGON

Je vous dis qu'il me faut apprendre d'elle à vivre.

DORINE

Vous n'en feriez que mieux de suivre mes leçons.

ORGON

Ne nous amusons point, ma fille, à ces chansons: 520
Je sais ce qu'il vous faut, et je suis votre père.
J'avais donné pour vous ma parole à Valère;
Mais outre qu'à jouer on dit qu'il est enclin,
Je le soupçonne encor d'être un peu libertin:
Je ne remarque point qu'il hante les églises.   525

DORINE

Voulez-vous qu'il y coure à vos heures précises,
Comme ceux qui n'y vont que pour être aperçus?

ORGON

Je ne demande pas votre avis là-dessus.
Enfin avec le Ciel l'autre est le mieux du monde,
Et c'est une richesse à nulle autre seconde.   530
Cet hymen de tous biens comblera vos désirs,
Il sera tout confit en douceurs et plaisirs.
Ensemble vous vivrez, dans vos ardeurs fidèles,
Comme deux vrais enfants, comme deux tourterelles;

511. **dont ... on montre au doigt le front,** *whose foreheads are pointed at* (as being adorned with cuckold's horns), i.e. who are deceived by their wives.   519. **Vous n'en feriez que mieux de ...,** *You would be better off for ...*   520. **Ne nous amusons point,** *Let us not waste time.*   523. **jouer,** *gamble.*   529. **est le mieux du monde,** *is on the best possible terms.*   532. **confit,** *preserved, permeated;* cf. *confitures,* 'preserves, jams.'

A nul fâcheux débat jamais vous n'en viendrez, 535
Et vous ferez de lui tout ce que vous voudrez.

DORINE

Elle ? elle n'en fera qu'un sot, je vous assure.

ORGON

Ouais ! quels discours !

DORINE

      Je dis qu'il en a l'encolure,
Et que son ascendant, Monsieur, l'emportera
Sur toute la vertu que votre fille aura. 540

ORGON

Cessez de m'interrompre, et songez à vous taire,
Sans mettre votre nez où vous n'avez que faire.

DORINE

Je n'en parle, Monsieur, que pour votre intérêt.
(*Elle l'interrompt toujours au moment qu'il se retourne pour parler
à sa fille.*)

ORGON

C'est prendre trop de soin : taisez-vous, s'il vous plaît.

DORINE

Si l'on ne vous aimait . . .

ORGON

      Je ne veux pas qu'on m'aime. 545

DORINE

Et je veux vous aimer, Monsieur, malgré vous-même.

ORGON

Ah !

---

538. **l'encolure,** *the build, the make-up.* 539. **ascendant,** *influence.* In astrology, the star rising on the eastern horizon at the time of one's birth. 542. **où vous n'avez que faire,** *where you have no business.*

DORINE

    Votre honneur m'est cher, et je ne puis souffrir
Qu'aux brocards d'un chacun vous alliez vous offrir.

ORGON

Vous ne vous tairez point ?

DORINE

                C'est une conscience
Que de vous laisser faire une telle alliance.   550

ORGON

Te tairas-tu, serpent, dont les traits effrontés . . . ?

DORINE

Ah ! vous êtes dévot, et vous vous emportez ?

ORGON

Oui, ma bile s'échauffe à toutes ces fadaises,
Et tout résolûment je veux que tu te taises.

DORINE

Soit. Mais, ne disant mot, je n'en pense pas moins.   555

ORGON

Pense, si tu le veux ; mais applique tes soins
         (*Se retournant vers sa fille.*)
A ne m'en point parler, ou . . . : suffit. Comme sage,
J'ai pesé mûrement toutes choses.

DORINE

                  J'enrage
De ne pouvoir parler.
        (*Elle se tait lorsqu'il tourne la tête.*)

ORGON

              Sans être damoiseau,
Tartuffe est fait de sorte . . .

---

548. **d'un chacun** (= *de chacun*), *of everyone.*   549. **C'est une conscience** = *C'est une affaire à avoir sur la conscience.*   551. **traits effrontés,** *impudent shafts.*   552. **A much-quoted line.**   553. **fadaises,** *twaddle.*   557. **Comme sage,** *As a wise man.* 559–60. **Sans être damoiseau ... de sorte,** *Although he is not exactly a ladies' man, Tartuffe's appearance is such.*

LE TARTUFFE

DORINE

Oui, c'est un beau museau.   560

ORGON

Que quand tu n'aurais même aucune sympathie
Pour tous les autres dons . . .
    (*Il se tourne devant elle, et la regarde les bras croisés.*)

DORINE

La voilà bien lotie !
Si j'étais en sa place, un homme assurément
Ne m'épouserait pas de force impunément ;
Et je lui ferais voir bientôt après la fête   565
Qu'une femme a toujours une vengeance prête.

ORGON

Donc de ce que je dis on ne fera nul cas ?

DORINE

De quoi vous plaignez-vous ? Je ne vous parle pas.

ORGON

Qu'est-ce que tu fais donc ?

DORINE

Je me parle à moi-même.

ORGON

Fort bien. Pour châtier son insolence extrême,   570
Il faut que je lui donne un revers de ma main.
    (*Il se met en posture de lui donner un soufflet ; et Dorine, à chaque*
        coup d'œil qu'il jette, se tient droite sans parler.)
Ma fille, vous devez approuver mon dessein . . .
Croire que le mari . . . que j'ai su vous élire . . .
Que ne te parles-tu ?

DORINE

Je n'ai rien à me dire.

---

560. **Oui, c'est un beau museau,** *Yes, his is a handsome snout.* 562. **bien lotie,** *well portioned.* 567. **Donc de . . . on ne fera nul cas,** *No regard is to be shown, then, for . . .* 572. This speech is accompanied by an amusing byplay: Dorine signals encouragement to Mariane, and Orgon tries in vain to catch her at it. Whenever he turns around, she seems to be fixing her hair, fumbling at her headdress, and she finally even pretends to brush some imaginary dust off her enraged master's shoulder.

ORGON

    Encore un petit mot.

DORINE

                Il ne me plaît pas, moi.   575

ORGON

    Certes, je t'y guettais.

DORINE

                Quelque sotte, ma foi !

ORGON

    Enfin, ma fille, il faut payer d'obéissance,
    Et montrer pour mon choix entière déférence.

DORINE, *en s'enfuyant.*

    Je me moquerais fort de prendre un tel époux.
        (*Il lui veut donner un soufflet et la manque.*)

ORGON

    Vous avez là, ma fille, une peste avec vous,   580
    Avec qui, sans péché, je ne saurais plus vivre.
    Je me sens hors d'état maintenant de poursuivre:
    Ses discours insolents m'ont mis l'esprit en feu,
    Et je vais prendre l'air pour me rasseoir un peu.

SCÈNE III

Dorine, Mariane.

DORINE

    Avez-vous donc perdu, dites-moi, la parole,   585
    Et faut-il qu'en ceci je fasse votre rôle ?
    Souffrir qu'on vous propose un projet insensé,
    Sans que du moindre mot vous l'ayez repoussé !

MARIANE

    Contre un père absolu que veux-tu que je fasse ?

---

576. **Quelque sotte** (s'y laisserait prendre).   579. **Je me moquerais fort de prendre,** *You wouldn't see me taking.*   581. **sans péché,** i.e. because she makes him lose his temper.   582. **hors d'état,** *incapable.*   584. **me rasseoir,** *cool down.*

DORINE

> Ce qu'il faut pour parer une telle menace.   590

MARIANE

> Quoi?

DORINE

> Lui dire qu'un cœur n'aime point par autrui,
> Que vous vous mariez pour vous, non pas pour lui,
> Qu'étant celle pour qui se fait toute l'affaire,
> C'est à vous, non à lui, que le mari doit plaire,
> Et que si son Tartuffe est pour lui si charmant,   595
> Il le peut épouser sans nul empêchement.

MARIANE

> Un père, je l'avoue, a sur nous tant d'empire,
> Que je n'ai jamais eu la force de rien dire.

DORINE

> Mais raisonnons. Valère a fait pour vous des pas:
> L'aimez-vous, je vous prie, ou ne l'aimez-vous pas?   600

MARIANE

> Ah! qu'envers mon amour ton injustice est grande,
> Dorine! me dois-tu faire cette demande?
> T'ai-je pas là-dessus ouvert cent fois mon cœur,
> Et sais-tu pas pour lui jusqu'où va mon ardeur?

DORINE

> Que sais-je si le cœur a parlé par la bouche,   605
> Et si c'est tout de bon que cet amant vous touche?

MARIANE

> Tu me fais un grand tort, Dorine, d'en douter,
> Et mes vrais sentiments ont su trop éclater.

590. **parer,** *ward off.*   591. **autrui,** *proxy.*   599. **raisonnons,** *let's argue it out.* — **a fait . . . des pas,** *has taken steps with regard to you,* i.e. made a formal demand for your hand.   603. **T'ai-je pas** = *Ne t'ai-je pas.*   604. **sais-tu pas** = *ne sais-tu pas.* 605. **Que sais-je,** *How do I know.*   606. **tout de bon,** *seriously.*   608. **ont su trop éclater** = *ne se sont que trop montrés.*

DORINE

Enfin, vous l'aimez donc?

MARIANE

Oui, d'une ardeur extrême.

DORINE

Et selon l'apparence il vous aime de même?   610

MARIANE

Je le crois.

DORINE

Et tous deux brûlez également
De vous voir mariés ensemble?

MARIANE

Assurément.

DORINE

Sur cette autre union quelle est donc votre attente?

MARIANE

De me donner la mort si l'on me violente.

DORINE

Fort bien: c'est un recours où je ne songeais pas;   615
Vous n'avez qu'à mourir pour sortir d'embarras;
Le remède sans doute est merveilleux. J'enrage
Lorsque j'entends tenir ces sortes de langage.

MARIANE

Mon Dieu! de quelle humeur, Dorine, tu te rends!
Tu ne compatis point aux déplaisirs des gens.   620

DORINE

Je ne compatis point à qui dit des sornettes,
Et dans l'occasion mollit comme vous faites.

611. brûlez. Omission of the pronoun subject is frequent in the 17th century.
614. si l'on me violente, *if I am constrained.*   615. où = *auquel.*   619. de quelle
humeur . . . tu te rends! *what a temper you fly into, . . .*   620. *You have no sympathy
for people's troubles.*   621. des sornettes, *nonsense.*   622. dans l'occasion, *when it
comes to the test.*

MARIANE

> Mais que veux-tu ? si j'ai de la timidité.

DORINE

> Mais l'amour dans un cœur veut de la fermeté.

MARIANE

> Mais n'en gardé-je pas pour les feux de Valère ?   625
> Et n'est-ce pas à lui de m'obtenir d'un père ?

DORINE

> Mais quoi ? si votre père est un bourru fieffé,
> Qui s'est de son Tartuffe entièrement coiffé,
> Et manque à l'union qu'il avait arrêtée,
> La faute à votre amant doit-elle être imputée ?   630

MARIANE

> Mais par un haut refus et d'éclatants mépris
> Ferai-je dans mon choix voir un cœur trop épris ?
> Sortirai-je pour lui, quelque éclat dont il brille,
> De la pudeur du sexe et du devoir de fille ?
> Et veux-tu que mes feux par le monde étalés . . . ?   635

DORINE

> Non, non, je ne veux rien. Je vois que vous voulez
> Être à Monsieur Tartuffe ; et j'aurais, quand j'y pense,
> Tort de vous détourner d'une telle alliance.
> Quelle raison aurais-je à combattre vos vœux ?
> Le parti de soi-même est fort avantageux.   640
> Monsieur Tartuffe ! oh ! oh ! n'est-ce rien qu'on propose ?
> Certes Monsieur Tartuffe, à bien prendre la chose,
> N'est pas un homme, non, qui se mouche du pié,
> Et ce n'est pas peu d'heur que d'être sa moitié.
> Tout le monde déjà de gloire le couronne ;   645
> Il est noble chez lui, bien fait de sa personne ;

---

625. **les feux,** *the love.*   627. **bourru fieffé,** *out-and-out crank.*   629. **manque à . . . ,** *fails to keep his word regarding . . .*   631. **un haut refus . . . mépris,** *an open refusal and a display of scorn.*   632. *Shall I reveal a heart too confirmed in its choice ?* 633. **quelque éclat dont il brille,** *however brilliant his qualities.*   635. **par le monde étalés,** *everywhere displayed.*   642. **à bien prendre la chose,** *to consider the thing rightly.* 643. **non, qui se mouche du pié** (*pied*), *is not a man of small account, not he !* There is no satisfactory explanation for this expression.   644. **d'heur** = *de bonheur.*   646. **chez lui,** *in his province.*

Il a l'oreille rouge et le teint bien fleuri:
Vous vivrez trop contente avec un tel mari.

MARIANE

Mon Dieu ! . . .

DORINE

Quelle allégresse aurez-vous dans votre âme,
Quand d'un époux si beau vous vous verrez la femme !   650

MARIANE

Ha ! cesse, je te prie, un semblable discours,
Et contre cet hymen ouvre-moi du secours.
C'en est fait, je me rends, et suis prête à tout faire.

DORINE

Non, il faut qu'une fille obéisse à son père,
Voulût-il lui donner un singe pour époux.   655
Votre sort est fort beau: de quoi vous plaignez-vous ?
Vous irez par le coche en sa petite ville,
Qu'en oncles et cousins vous trouverez fertile,
Et vous vous plairez fort à les entretenir.
D'abord chez le beau monde on vous fera venir;   660
Vous irez visiter, pour votre bienvenue,
Madame la baillive et Madame l'élue,
Qui d'un siège pliant vous feront honorer.
Là, dans le carnaval, vous pourrez espérer
Le bal et la grand' bande, à savoir, deux musettes,   665
Et parfois Fagotin et les marionnettes,
Si pourtant votre époux . . .

MARIANE

Ah ! tu me fais mourir.
De tes conseils plutôt songe à me secourir.

652. ouvre-moi = *montre-moi.*   653. C'en est fait (de ma résistance), *I give up.* 659. *And you will take great pleasure in conversing with them.*   662. Madame la baillive . . . l'élue, *The bailiff's and the assessor's wife.*   663. un siège pliant, *a folding chair;* the humblest kind of seat, the hierarchy being: armchairs, chairs, stools, folding chairs, to be offered according to the person's rank.   665. la grand' bande, *the royal band.* Dorine speaks sarcastically. — musettes, *bagpipes.*   666. Fagotin, a monkey who attracted people in front of a puppet show on the Pont-Neuf.

DORINE

     Je suis votre servante.

MARIANE

           Eh!   Dorine, de grâce ...

DORINE

     Il faut, pour vous punir, que cette affaire passe   670

MARIANE

     Ma pauvre fille!

DORINE

        Non.

MARIANE

         Si mes vœux déclarés ...

DORINE

     Point: Tartuffe est votre homme, et vous en tâterez.

MARIANE

     Tu sais qu'à toi toujours je me suis confiée:
     Fais-moi ...

DORINE

       Non, vous serez, ma foi! tartuffiée.

MARIANE

     Hé bien! puisque mon sort ne saurait t'émouvoir,   675
     Laisse-moi désormais toute à mon désespoir:
     C'est de lui que mon cœur empruntera de l'aide,
     Et je sais de mes maux l'infaillible remède.
             (Elle veut s'en aller.)

DORINE

     Hé! là, là, revenez.   Je quitte mon courroux.
     Il faut, nonobstant tout, avoir pitié de vous.   680

---

669. **Je suis votre servante,** *Your humble servant, madam.*   671. **Si mes vœux déclarés** . . . , *If my love openly avowed* . . .   672. **vous en tâterez,** *you'll have a taste of him.*   674. **tartuffiée,** *pickled in tartuffe.*   680. **nonobstant** = *malgré.*

MARIANE

Vois-tu, si l'on m'expose à ce cruel martyre,
Je te le dis, Dorine, il faudra que j'expire.

DORINE

Ne vous tourmentez point.   On peut adroitement
Empêcher . . . Mais voici Valère, votre amant.

SCÈNE IV

VALÈRE, MARIANE, DORINE.

VALÈRE

On vient de débiter, Madame, une nouvelle   685
Que je ne savais pas, et qui sans doute est belle.

MARIANE

Quoi?

VALÈRE

Que vous épousez Tartuffe.

MARIANE

Il est certain
Que mon père s'est mis en tête ce dessein.

VALÈRE

Votre père, Madame . . .

MARIANE

A changé de visée:
La chose vient par lui de m'être proposée.   690

VALÈRE

Quoi? sérieusement?

685. **On vient de débiter,** *They have just told me.* The famous 18th century actor Grandval used to say this speech laughingly. Others prefer the interpretation that Valère, like other lovers in similar scenes (*le Dépit amoureux,* IV, iii; *le Bourgeois gentilhomme,* III, x), is overprompt to believe that he is betrayed and speaks in a tone which offends his lady. From this the misunderstanding develops.   689. **visée,** *plans.*

MARIANE

                 Oui, sérieusement.
Il s'est pour cet hymen déclaré hautement.

VALÈRE

Et quel est le dessein où votre âme s'arrête,
Madame?

MARIANE

         Je ne sais.

VALÈRE

                  La réponse est honnête.
Vous ne savez?

MARIANE

           Non.

VALÈRE

            Non?

MARIANE

                 Que me conseillez-vous?   695

VALÈRE

Je vous conseille, moi, de prendre cet époux.

MARIANE

Vous me le conseillez?

VALÈRE

             Oui.

MARIANE

                Tout de bon?

VALÈRE

                      Sans doute:
Le choix est glorieux, et vaut bien qu'on l'écoute.

---

694. **Je ne sais.** Mariane is piqued by Valère's cold suspicion. — **honnête,** *frank.*
698. Said with a sneer.

MARIANE

Hé bien! c'est un conseil, Monsieur, que je reçois.

VALÈRE

Vous n'aurez pas grand'peine à le suivre, je crois.   700

MARIANE

Pas plus qu'à le donner en a souffert votre âme.

VALÈRE

Moi, je vous l'ai donné pour vous plaire, Madame.

MARIANE

Et moi, je le suivrai pour vous faire plaisir.

DORINE

Voyons ce qui pourra de ceci réussir.

VALÈRE

C'est donc ainsi qu'on aime? Et c'était tromperie   705
Quand vous . . .

MARIANE

                    Ne parlons point de cela, je vous prie.
Vous m'avez dit tout franc que je dois accepter
Celui que pour époux on me veut présenter:
Et je déclare, moi, que je prétends le faire,
Puisque vous m'en donnez le conseil salutaire.   710

VALÈRE

Ne vous excusez point sur mes intentions.
Vous aviez pris déjà vos résolutions;
Et vous vous saisissez d'un prétexte frivole
Pour vous autoriser à manquer de parole.

MARIANE

Il est vrai, c'est bien dit.

VALÈRE

                    Sans doute; et votre cœur   715
N'a jamais eu pour moi de véritable ardeur.

704. ce qui pourra . . . réussir, *what may come out of this.*   713. vous vous saisissez
d' . . . , *you seize upon . . .*

MARIANE

> Hélas! permis à vous d'avoir cette pensée.

VALÈRE

> Oui, oui, permis à moi; mais mon âme offensée
> Vous préviendra peut-être en un pareil dessein;
> Et je sais où porter et mes vœux et ma main.   720

MARIANE

> Ah! je n'en doute point; et les ardeurs qu'excite
> Le mérite . . .

VALÈRE

>   Mon Dieu, laissons là le mérite:
> J'en ai fort peu sans doute, et vous en faites foi.
> Mais j'espère aux bontés qu'une autre aura pour moi,
> Et j'en sais de qui l'âme, à ma retraite ouverte,   725
> Consentira sans honte à réparer ma perte.

MARIANE

> La perte n'est pas grande; et de ce changement
> Vous vous consolerez assez facilement.

VALÈRE

> J'y ferai mon possible, et vous le pouvez croire.
> Un cœur qui nous oublie engage notre gloire;   730
> Il faut à l'oublier mettre aussi tous nos soins:
> Si l'on n'en vient à bout, on le doit feindre au moins;
> Et cette lâcheté jamais ne se pardonne,
> De montrer de l'amour pour qui nous abandonne.

MARIANE

> Ce sentiment, sans doute, est noble et relevé.   735

VALÈRE

> Fort bien; et d'un chacun il doit être approuvé.
> Hé quoi? vous voudriez qu'à jamais dans mon âme
> Je gardasse pour vous les ardeurs de ma flamme,

---

719. **préviendra**, *will forestall.*   722. **laissons là le mérite,** *let us leave merit out of the question.*   723. **vous en faites foi,** *you bear witness to it.*   724. **aux bontés** = *dans la bonté.*   725. **l'âme** = *le cœur.*   730. **gloire,** *pride.*   732. **Si l'on n'en vient à bout,** *If one does not succeed.*   735. **relevé,** *lofty.*   736. **d'un chacun,** *by everyone.*

Et vous visse, à mes yeux, passer en d'autres bras,
Sans mettre ailleurs un cœur dont vous ne voulez pas ?   740

MARIANE

Au contraire: pour 'moi, c'est ce que je souhaite;
Et je voudrais déjà que la chose fût faite.

VALÈRE

Vous le voudriez ?

MARIANE

                  Oui.

VALÈRE

                          C'est assez m'insulter,
Madame; et de ce pas je vais vous contenter.
        (*Il fait un pas pour s'en aller et revient toujours.*)

MARIANE

Fort bien.

VALÈRE

                 Souvenez-vous au moins que c'est vous-même   745
Qui contraignez mon cœur à cet effort extrême.

MARIANE

Oui.

VALÈRE

            Et que le dessein que mon âme conçoit
N'est rien qu'à votre exemple.

MARIANE

                          A mon exemple, soit.

VALÈRE

Suffit: vous allez être à point nommé servie.

MARIANE

Tant mieux.

VALÈRE

             Vous me voyez, c'est pour toute ma vie.   750

---

744. **de ce pas,** *at once.*   749. **à point nommé,** *very exactly.*   750. **c'est pour toute ma vie,** *for the last time in my life.*

MARIANE

A la bonne heure.

VALÈRE

Euh?
(*Il s'en va; lorsqu'il est vers la porte, il se retourne.*)

MARIANE

Quoi?

VALÈRE

Ne m'appelez-vous pas?

MARIANE

Moi? Vous rêvez.

VALÈRE

Hé bien! je poursuis donc mes pas.
Adieu, Madame.

MARIANE

Adieu, Monsieur.

DORINE

Pour moi, je pense
Que vous perdez l'esprit par cette extravagance;
Et je vous ai laissé tout du long quereller,   755
Pour voir où tout cela pourrait enfin aller.
Holà! seigneur Valère.
(*Elle va l'arrêter par le bras, et lui, fait mine de grande résistance.*)

VALÈRE

Hé! que veux-tu, Dorine?

DORINE

Venez ici.

VALÈRE

Non, non, le dépit me domine.
Ne me détourne point de ce qu'elle a voulu.

---

751. **A la bonne heure,** *That's fine.*   755. **laissé** = *laissés.* — **tout du long,** *at length.*   758. **le dépit me domine,** *sorrow and anger master me.*

DORINE

Arrêtez.

VALÈRE

Non, vois-tu? c'est un point résolu.   760

DORINE

Ah!

MARIANE

Il souffre à me voir, ma présence le chasse
Et je ferai bien mieux de lui quitter la place.

DORINE (*Elle quitte Valère et court à Mariane.*)

A l'autre. Où courez-vous?

MARIANE

Laisse.

DORINE

Il faut revenir.

MARIANE

Non, non, Dorine; en vain tu veux me retenir.

VALÈRE

Je vois bien que ma vue est pour elle un supplice,   765
Et sans doute il vaut mieux que je l'en affranchisse.

DORINE (*Elle quitte Mariane et court à Valère.*)

Encor? Diantre soit fait de vous si je le veux!
Cessez ce badinage, et venez çà tous deux.
                    (*Elle les tire l'un et l'autre.*)

VALÈRE

Mais quel est ton dessein?

MARIANE

Qu'est-ce que tu veux faire?

---

760. c'est un point résolu, *the matter is settled.*   766. affranchisse, *rid.*   767. **Diantre soit fait . . . veux!** *The deuce take you if I let you do it!* The 1734 edition places a period after *vous* and interprets the last phrase: 'Yes, I wish it so.'

DORINE

Vous bien remettre ensemble, et vous tirer d'affaire.   770
Êtes-vous fou d'avoir un pareil démêlé?

VALÈRE

N'as-tu pas entendu comme elle m'a parlé?

DORINE

Êtes-vous folle, vous, de vous être emportée?

MARIANE

N'as-tu pas vu la chose, et comme il m'a traitée?

DORINE

Sottise des deux parts. Elle n'a d'autre soin   775
Que de se conserver à vous, j'en suis témoin.
Il n'aime que vous seule, et n'a point d'autre envie
Que d'être votre époux; j'en réponds sur ma vie.

MARIANE

Pourquoi donc me donner un semblable conseil?

VALÈRE

Pourquoi m'en demander sur un sujet pareil?   780

DORINE

Vous êtes fous tous deux. Çà, la main l'un et l'autre.
Allons, vous.

VALÈRE, *en donnant sa main à Dorine.*

A quoi bon ma main?

DORINE

Ah! Çà la vôtre.

MARIANE, *en donnant aussi sa main.*

De quoi sert tout cela?

DORINE

Mon Dieu! vite, avancez.
Vous vous aimez tous deux plus que vous ne pensez.

770. *Get you reconciled and out of your difficulty.*   771. **démêlé,** *squabble.*   773. **de vous être emportée,** *to have become angry.*

VALÈRE

Mais ne faites donc point les choses avec peine,   785
Et regardez un peu les gens sans nulle haine.
(*Mariane tourne l'œil sur Valère et fait un petit souris.*)

DORINE

A vous dire le vrai, les amants sont bien fous !

VALÈRE

Ho çà ! n'ai-je pas lieu de me plaindre de vous ?
Et pour ne point mentir, n'êtes-vous pas méchante
De vous plaire à me dire une chose affligeante ?   790

MARIANE

Mais vous, n'êtes-vous pas l'homme le plus ingrat . . . ?

DORINE

Pour une autre saison laissons tout ce débat,
Et songeons à parer ce fâcheux mariage.

MARIANE

Dis-nous donc quels ressorts il faut mettre en usage.

DORINE

Nous en ferons agir de toutes les façons.   795
Votre père se moque, et ce sont des chansons:
Mais pour vous, il vaut mieux qu'à son extravagance
D'un doux consentement vous prêtiez l'apparence,
Afin qu'en cas d'alarme il vous soit plus aisé
De tirer en longueur cet hymen proposé.   800
En attrapant du temps, à tout on remédie.
Tantôt vous payerez de quelque maladie
Qui viendra tout à coup, et voudra des délais;
Tantôt vous payerez de présages mauvais:
Vous aurez fait d'un mort la rencontre fâcheuse,   805
Cassé quelque miroir, ou songé d'eau bourbeuse.

---

785. **avec peine,** *with such reluctance.*   786. *And try to look at people as if you didn't hate them.*   STAGE DIRECTION. **souris** = *sourire;* cf. *ris* = *rire.*   793. **parer,** *ward off.*   794. **ressorts,** *devices;* lit., 'springs.'   795. *We'll bring all sorts into play.* 796. **se moque (des gens),** *is acting absurdly.*   799. **en cas d'alarme,** *in an emergency.* 800. **tirer en longueur,** *delay.*   802. **Tantôt vous payerez de . . . ,** *At one time you will give as an excuse . . .*   805. **un mort,** *a corpse,* i.e. passed by a funeral.   806. **songé d'eau bourbeuse,** *dreamed of muddy waters* (another ill omen).

Enfin le bon de tout, c'est qu'à d'autres qu'à lui
On ne peut vous lier, que vous ne disiez « oui ».
Mais pour mieux réussir, il est bon, ce me semble,
Qu'on ne vous trouve point tous deux parlant ensemble.   810
(A Valère.)
Sortez, et sans tarder employez vos amis,
Pour vous faire tenir ce qu'on vous a promis.
Nous allons réveiller les efforts de son frère,
Et dans notre parti jeter la belle-mère.
Adieu.

VALÈRE, *à Mariane.*

    Quelques efforts que nous préparions tous,   815
Ma plus grande espérance, à vrai dire, est en vous.

MARIANE, *à Valère.*

Je ne vous réponds pas des volontés d'un père;
Mais je ne serai point à d'autre qu'à Valère.

VALÈRE

Que vous me comblez d'aise ! Et quoi que puisse oser . . .

DORINE

Ah ! jamais les amants ne sont las de jaser.   820
Sortez, vous dis-je.

VALÈRE (*Il fait un pas et revient.*)
Enfin . . .

DORINE

       Quel caquet est le vôtre !
Tirez de cette part; et vous, tirez de l'autre.
(*Les poussant chacun par l'épaule.*)

807. **le bon de tout,** *the best of all.* 812. **Pour vous faire tenir,** *To help you obtain.*
813. **réveiller,** *stir up.* 819. **me comblez d'aise,** *fill me with happiness.* 821. **caquet,**
prattle. 822. **Tirez,** *Withdraw.*

 This act seems rather thin. From the *Lettre sur l'Imposteur*, it would appear that
the 1667 version of the play had an additional scene in which Dorine, Elmire and
Cléante discussed ways of warding off the threatened marriage.

ACTE TROISIÈME

SCÈNE PREMIÈRE

DAMIS, DORINE.

DAMIS

Que la foudre sur l'heure achève mes destins,
Qu'on me traite partout du plus grand des faquins,
S'il est aucun respect ni pouvoir qui m'arrête, 825
Et si je ne fais pas quelque coup de ma tête !

DORINE

De grâce, modérez un tel emportement :
Votre père n'a fait qu'en parler simplement.
On n'exécute pas tout ce qui se propose,
Et le chemin est long du projet à la chose. 830

DAMIS

Il faut que de ce fat j'arrête les complots,
Et qu'à l'oreille un peu je lui dise deux mots.

DORINE

Ha ! tout doux ! Envers lui, comme envers votre père,
Laissez agir les soins de votre belle-mère.
Sur l'esprit de Tartuffe elle a quelque crédit ; 835
Il se rend complaisant à tout ce qu'elle dit,
Et pourrait bien avoir douceur de cœur pour elle.
Plût à Dieu qu'il fût vrai ! la chose serait belle.
Enfin votre intérêt l'oblige à le mander :
Sur l'hymen qui vous trouble elle veut le sonder, 840
Savoir ses sentiments, et lui faire connaître
Quels fâcheux démêlés il pourra faire naître,
S'il faut qu'à ce dessein il prête quelque espoir.
Son valet dit qu'il prie, et je n'ai pu le voir ;

---

823. *May lightning at once strike and end my life.* 824. **Qu'on me traite . . . de,**
Let me be . . . called. — faquins, *scoundrels.* 826. **coup de ma tête,** *violent deed of
my own.* 831. fat, *rogue.* 833. tout doux ! *easy there !* 835. crédit, *influence.*
836. complaisant, *compliant.* 839. l'oblige à le mander, *prompts her to send for
him.* 842. fâcheux démêlés, *unfortunate quarrels.* 843. *If he places any hope in
the realization of this project.*

Mais ce valet m'a dit qu'il s'en allait descendre. 845
Sortez donc, je vous prie, et me laissez l'attendre.

DAMIS

Je puis être présent à tout cet entretien.

DORINE

Point. Il faut qu'ils soient seuls.

DAMIS

Je ne lui dirai rien.

DORINE

Vous vous moquez: on sait vos transports ordinaires,
Et c'est le vrai moyen de gâter les affaires. 850
Sortez.

DAMIS

Non: je veux voir, sans me mettre en courroux.

DORINE

Que vous êtes fâcheux! Il vient. Retirez-vous.

SCÈNE II

TARTUFFE, LAURENT, DORINE.

TARTUFFE, *apercevant Dorine.*

Laurent, serrez ma haire avec ma discipline,
Et priez que toujours le Ciel vous illumine.
Si l'on vient pour me voir, je vais aux prisonniers 855
Des aumônes que j'ai partager les deniers.

DORINE

Que d'affectation et de forfanterie!

TARTUFFE

Que voulez-vous?

845. qu'il s'en allait . . . , *that he was about to . . .* 849. **Vous vous moquez,** *You're joking.* — **transports ordinaires,** *impetuous ways.* 853. **Laurent, serrez ma haire avec ma discipline,** *Put away my hair shirt* (used for self-mortification) *with my scourge.* Laurent does not appear. Tartuffe's aspect and his first words and actions confirm what has been said of his hypocrisy. 857. **forfanterie,** *rascally boastfulness.*

DORINE

Vous dire . . .

TARTUFFE (*Il tire un mouchoir de sa poche.*)

Ah ! mon Dieu, je vous prie,
Avant que de parler, prenez-moi ce mouchoir.

DORINE

Comment ?

TARTUFFE

Couvrez ce sein que je ne saurais voir: 860
Par de pareils objets les âmes sont blessées,
Et cela fait venir de coupables pensées.

DORINE

Vous êtes donc bien tendre à la tentation,
Et la chair sur vos sens fait grande impression ?
Certes, je ne sais pas quelle chaleur vous monte: 865
Mais à convoiter, moi, je ne suis point si prompte,
Et je vous verrais nu du haut jusques en bas,
Que toute votre peau ne me tenterait pas.

TARTUFFE

Mettez dans vos discours un peu de modestie,
Ou je vais sur-le-champ vous quitter la partie.   870

DORINE

Non, non c'est moi qui vais vous laisser en repos,
Et je n'ai seulement qu'à vous dire deux mots.
Madame va venir dans cette salle basse,
Et d'un mot d'entretien vous demande la grâce.

TARTUFFE

Hélas ! très volontiers.

DORINE, *en soi-même.*

Comme il se radoucit !   875
Ma foi, je suis toujours pour ce que j'en ai dit.

---

859. **Avant que de** = *Avant de.*   860. **sein que . . . voir,** *bosom which I should not
see.*   863. **tendre,** *susceptible.*   865. **vous monte,** *makes you flush.*   868. Dorine
shows herself, as Mme Pernelle put it, "*forte en gueule.*"   870. **vous quitter la partie,**
leave you; lit., 'quit the game.'   875. **Hélas !** a hypocritical sigh.   876. **je suis toujours . . . dit,** *I still maintain what I said,* i.e. that Tartuffe is in love with Elmire.

TARTUFFE

Viendra-t-elle bientôt ?

DORINE

Je l'entends, ce me semble.
Oui, c'est elle en personne, et je vous laisse ensemble.

SCÈNE III

ELMIRE, TARTUFFE.

TARTUFFE

Que le Ciel à jamais par sa toute bonté
Et de l'âme et du corps vous donne la santé,   886
Et bénisse vos jours autant que le désire
Le plus humble de ceux que son amour inspire.

ELMIRE

Je suis fort obligée à ce souhait pieux.
Mais prenons une chaise, afin d'être un peu mieux.

TARTUFFE

Comment de votre mal vous sentez-vous remise ?   885

ELMIRE

Fort bien; et cette fièvre a bientôt quitté prise.

TARTUFFE

Mes prières n'ont pas le mérite qu'il faut
Pour avoir attiré cette grâce d'en haut;
Mais je n'ai fait au Ciel nulle dévote instance
Qui n'ait eu pour objet votre convalescence.   890

ELMIRE

Votre zèle pour moi s'est trop inquiété.

TARTUFFE

On ne peut trop chérir votre chère santé,
Et pour la rétablir j'aurais donné la mienne.

879. **sa toute bonté** (on the analogy of *toute-puissance*), *its perfect goodness.*
886. **a ... quitté prise,** *left me;* lit., 'quit its hold.'   889. **instance,** *entreaty.*
892. **trop chérir,** *hold too dear.*

ELMIRE

 C'est pousser bien avant la charité chrétienne,
 Et je vous dois beaucoup pour toutes ces bontés.   895

TARTUFFE

 Je fais bien moins pour vous que vous ne méritez.

ELMIRE

 J'ai voulu vous parler en secret d'une affaire,
 Et suis bien aise, ici, qu'aucun ne nous éclaire.

TARTUFFE

 J'en suis ravi de même, et sans doute il m'est doux,
 Madame, de me voir seul à seul avec vous: 900
 C'est une occasion qu'au Ciel j'ai demandée,
 Sans que jusqu'à cette heure il me l'ait accordée.

ELMIRE

 Pour moi, ce que je veux, c'est un mot d'entretien,
 Où tout votre cœur s'ouvre, et ne me cache rien.

TARTUFFE

 Et je ne veux aussi pour grâce singulière   905
 Que montrer à vos yeux mon âme toute entière,
 Et vous faire serment que les bruits que j'ai faits
 Des visites qu'ici reçoivent vos attraits
 Ne sont pas envers vous l'effet d'aucune haine,
 Mais plutôt d'un transport de zèle qui m'entraîne, 910
 Et d'un pur mouvement . . .

ELMIRE

       Je le prends bien aussi,
 Et crois que mon salut vous donne ce souci.

TARTUFFE (*Il lui serre le bout des doigts.*)

 Oui, Madame, sans doute, et ma ferveur est telle . . .

ELMIRE

 Ouf! vous me serrez trop.

 894. **C'est pousser bien avant,** *That is carrying quite far.* 898. **éclaire,** *observes.*
905. **grâce singulière,** *special favor.* 907. **les bruits,** *the complaints.* 910. **transport
de zèle,** *zealous impulse.*

TARTUFFE

C'est par excès de zèle.
De vous faire autre mal je n'eus jamais dessein,   915
Et j'aurais bien plutôt . . .
   (*Il lui met la main sur le genou.*)

ELMIRE

Que fait là votre main ?

TARTUFFE

Je tâte votre habit: l'étoffe en est moelleuse.

ELMIRE

Ah ! de grâce, laissez, je suis fort chatouilleuse.
  (*Elle recule sa chaise, et Tartuffe rapproche la sienne.*)

TARTUFFE

Mon Dieu ! que de ce point l'ouvrage est merveilleux !
On travaille aujourd'hui d'un air miraculeux;   920
Jamais, en toute chose, on n'a vu si bien faire.

ELMIRE

Il est vrai.   Mais parlons un peu de notre affaire.
On tient que mon mari veut dégager sa foi,
Et vous donner sa fille.   Est-il vrai, dites-moi ?

TARTUFFE

Il m'en a dit deux mots; mais, Madame, à vrai dire,   925
Ce n'est pas le bonheur après quoi je soupire;
Et je vois autre part les merveilleux attraits
De la félicité qui fait tous mes souhaits.

ELMIRE

C'est que vous n'aimez rien des choses de la terre.

TARTUFFE

Mon sein n'enferme point un cœur qui soit de pierre.   930

ELMIRE

Pour moi, je crois qu'au ciel tendent tous vos soupirs,
Et que rien ici-bas n'arrête vos désirs.

---

917. Cf. Rabelais, *Pantagruel, Livre II, ch. xvi,* for a somewhat similar episode.
919. ce point, *this lace.*   923. On tient = *On dit.* — dégager sa foi, *retract his word.*
925. Il m'en a dit deux mots, *He mentioned it to me.*   926. quoi = *lequel.*
931. tendent, *are addressed.*

TARTUFFE

L'amour qui nous attache aux beautés éternelles
N'étouffe pas en nous l'amour des temporelles;
Nos sens facilement peuvent être charmés   935
Des ouvrages parfaits que le Ciel a formés.
Ses attraits réfléchis brillent dans vos pareilles;
Mais il étale en vous ses plus rares merveilles:
Il a sur votre face épanché des beautés
Dont les yeux sont surpris, et les cœurs transportés,   940
Et je n'ai pu vous voir, parfaite créature,
Sans admirer en vous l'auteur de la nature,
Et d'une ardente amour sentir mon cœur atteint,
Au plus beau des portraits où lui-même il s'est peint.
D'abord j'appréhendai que cette ardeur secrète   945
Ne fût du noir esprit une surprise adroite;
Et même à fuir vos yeux mon cœur se résolut,
Vous croyant un obstacle à faire mon salut.
Mais enfin je connus, ô beauté toute aimable,
Que cette passion peut n'être point coupable,   950
Que je puis l'ajuster avecque la pudeur,
Et c'est ce qui m'y fait abandonner mon cœur.
Ce m'est, je le confesse, une audace bien grande
Que d'oser de ce cœur vous adresser l'offrande;
Mais j'attends en mes vœux tout de votre bonté,   955
Et rien des vains efforts de mon infirmité;
En vous est mon espoir, mon bien, ma quiétude;
De vous dépend ma peine ou ma béatitude;
Et je vais être enfin, par votre seul arrêt,
Heureux, si vous voulez, malheureux, s'il vous plaît.   960

ELMIRE

La déclaration est tout à fait galante,

---

934. **étouffe,** *stifle.*   937. **vos pareilles,** *such as you.*   938. **étale,** *displays.*
939. **épanché,** *lavished.*   940. **Dont** = *Par lesquelles.* — **transportés,** *carried away.*
943. **ardente amour.** *Amour* was feminine in Old French and both genders are found
in the 17th century (cf. ll. 434, 1010). Modern usage permits the feminine in
poetry. — **atteint,** *smitten.*   944. **Au** = *A la vue du.* — **lui-même,** i.e. *l'auteur
de la nature.*   946. **adroite,** then pronounced 'adrwet' and riming with *secrète.*
949. **aimable,** *lovable.*   951. **ajuster,** *reconcile.* — **avecque** = *avec.*   955. **vœux,** *love.*
956. **infirmité,** *weakness.*   957–58. **quiétude, béatitude,** and similar expressions constantly in Tartuffe's mouth belong to the mystic vocabulary. Their use by a hypocrite
in an attempted seduction profoundly shocked the sincerely devout.

Mais elle est, à vrai dire, un peu bien surprenante.
Vous deviez, ce me semble, armer mieux votre sein,
Et raisonner un peu sur un pareil dessein.
Un dévot comme vous, et que partout on nomme . . .   965

TARTUFFE

Ah! pour être dévot, je n'en suis pas moins homme;
Et lorsqu'on vient à voir vos célestes appas,
Un cœur se laisse prendre et ne raisonne pas.
Je sais qu'un tel discours de moi paraît étrange;
Mais, Madame, après tout, je ne suis pas un ange;   970
Et si vous condamnez l'aveu que je vous fais,
Vous devez vous en prendre à vos charmants attraits.
Dès que j'en vis briller la splendeur plus qu'humaine,
De mon intérieur vous fûtes souveraine;
De vos regards divins l'ineffable douceur   975
Força la résistance où s'obstinait mon cœur;
Elle surmonta tout, jeûnes, prières, larmes,
Et tourna tous mes vœux du côté de vos charmes.
Mes yeux et mes soupirs vous l'ont dit mille fois,
Et pour mieux m'expliquer, j'emploie ici la voix.   980
Que si vous contemplez d'une âme un peu bénigne,
Les tribulations de votre esclave indigne,
S'il faut que vos bontés veuillent me consoler
Et jusqu'à mon néant daignent se ravaler,
J'aurai toujours pour vous, ô suave merveille,   985
Une dévotion à nulle autre pareille.
Votre honneur avec moi ne court point de hasard,
Et n'a nulle disgrâce à craindre de ma part.
Tous ces galants de cour, dont les femmes sont folles,
Sont bruyants dans leurs faits et vains dans leurs paroles,   990
De leurs progrès sans cesse on les voit se targuer;
Ils n'ont point de faveurs qu'ils n'aillent divulguer;
Et leur langue indiscrète, en qui l'on se confie,

---

962. un peu bien, *a trifle.*   963. sein = *cœur.*   966. A famous line, perhaps a parody of Corneille's *Ah! pour être Romain, je n'en suis pas moins homme* (*Sertorius*, l. 1194). Cf. also Boccaccio, *Giornata, III Nov., VIII.* The abbé de Pons is also reported to have made this remark to Ninon de Lenclos.   968. Note the proverbial cast of this line.   972. vous en prendre à, *lay the blame on.*   974. intérieur = *cœur.* 976. Força, *Overcame.* — s'obstinait, *persisted.*   981. Que = *Car.*   984. néant, *insignificance.* — se ravaler, *stoop down.*   991. se targuer, *boast.*   993. en qui = *en laquelle.*

Déshonore l'autel où leur cœur sacrifie.
Mais les gens comme nous brûlent d'un feu discret,   995
Avec qui, pour toujours, on est sûr du secret.
Le soin que nous prenons de notre renommée
Répond de toute chose à la personne aimée;
Et c'est en nous qu'on trouve, acceptant notre cœur,
De l'amour sans scandale, et du plaisir sans peur.   1000

ELMIRE

Je vous écoute dire, et votre rhétorique
En termes assez forts à mon âme s'explique.
N'appréhendez-vous point que je ne sois d'humeur
A dire à mon mari cette galante ardeur,
Et que le prompt avis d'un amour de la sorte   1005
Ne pût bien altérer l'amitié qu'il vous porte?

TARTUFFE

Je sais que vous avez trop de bénignité,
Et que vous ferez grâce à ma témérité,
Que vous m'excuserez sur l'humaine faiblesse
Des violents transports d'un amour qui vous blesse,   1010
Et considérerez, en regardant votre air,
Que l'on n'est pas aveugle, et qu'un homme est de chair.

ELMIRE

D'autres prendraient cela d'autre façon peut-être;
Mais ma discrétion se veut faire paraître.
Je ne redirai point l'affaire à mon époux;   1015
Mais je veux en revanche une chose de vous:
C'est de presser tout franc et sans nulle chicane
L'union de Valère avecque Mariane,
De renoncer vous-même à l'injuste pouvoir
Qui veut du bien d'un autre enrichir votre espoir   1020
Et . . .

996. qui = *lequel.*   998. **Répond de,** *Is a guarantee of.*   1000. Note again the liturgical words: *ange, divins, ineffable, bénigne, suave, tribulations, dévotion, autel, jeûnes, prières,* etc.   1005. **avis,** *warning.*   1006. **pût =** *puisse.*   1009. **sur =** *à cause de.*   1017. **presser,** *urge.*   1019-20. *To cease taking advantage yourself of the unjust power* (Orgon's) *which wishes to raise your hope of obtaining another's property.*

SCÈNE IV

DAMIS, ELMIRE, TARTUFFE.

DAMIS, *sortant du petit cabinet où il s'était retiré.*

Non, Madame, non: ceci doit se répandre.
J'étais en cet endroit, d'où j'ai pu tout entendre;
Et la bonté du Ciel m'y semble avoir conduit
Pour confondre l'orgueil d'un traître qui me nuit,
Pour m'ouvrir une voie à prendre la vengeance   1025
De son hypocrisie et de son insolence,
A détromper mon père, et lui mettre en plein jour
L'âme d'un scélérat qui vous parle d'amour.

ELMIRE

Non, Damis: il suffit qu'il se rende plus sage,
Et tâche à mériter la grâce où je m'engage.   1030
Puisque je l'ai promis, ne m'en dédites pas.
Ce n'est point mon humeur de faire des éclats:
Une femme se rit de sottises pareilles,
Et jamais d'un mari n'en trouble les oreilles.

DAMIS

Vous avez vos raisons pour en user ainsi,   1035
Et pour faire autrement j'ai les miennes aussi.
Le vouloir épargner est une raillerie;
Et l'insolent orgueil de sa cagoterie
N'a triomphé que trop de mon juste courroux,
Et que trop excité de désordre chez nous.   1040
Le fourbe, trop longtemps, a gouverné mon père,
Et desservi mes feux avec ceux de Valère.
Il faut que du perfide il soit désabusé,
Et le Ciel pour cela m'offre un moyen aisé.
De cette occasion je lui suis redevable,   1045
Et pour la négliger, elle est trop favorable:
Ce serait mériter qu'il me la vînt ravir,
Que de l'avoir en main et ne m'en pas servir.

1021. se répandre, *be made public.*   1030. la grâce, *the pardon.*   1031. m'en dédites, *gainsay me.*   1032. éclats, *scandal.*   1033. Elmire understands herself, as well
as her husband.   1035. en user = *agir.*   1042. desservi mes feux, *opposed my
love.* This is a new reason for Damis' hatred.   1047. il = *le Ciel.*

ELMIRE

Damis . . .

DAMIS

Non, s'il vous plaît, il faut que je me croie.
Mon âme est maintenant au comble de sa joie;   1050
Et vos discours en vain prétendent m'obliger
A quitter le plaisir de me pouvoir venger.
Sans aller plus avant, je vais vider d'affaire;
Et voici justement de quoi me satisfaire.

SCÈNE V

ORGON, DAMIS, TARTUFFE, ELMIRE.

DAMIS

Nous allons régaler, mon père, votre abord   1055
D'un incident tout frais qui vous surprendra fort.
Vous êtes bien payé de toutes vos caresses,
Et Monsieur d'un beau prix reconnaît vos tendresses.
Son grand zèle pour vous vient de se déclarer:
Il ne va pas à moins qu'à vous déshonorer;   1060
Et je l'ai surpris là qui faisait à Madame
L'injurieux aveu d'une coupable flamme.
Elle est d'une humeur douce, et son cœur trop discret
Voulait à toute force en garder le secret;
Mais je ne puis flatter une telle impudence,   1065
Et crois que vous la taire est vous faire une offense.

ELMIRE

Oui, je tiens que jamais de tous ces vains propos
On ne doit d'un mari traverser le repos,
Que ce n'est point de là que l'honneur peut dépendre,
Et qu'il suffit pour nous de savoir nous défendre: 1070
Ce sont mes sentiments; et vous n'auriez rien dit,
Damis, si j'avais eu sur vous quelque crédit.

1049. il faut que je me croie, *I must act on my own judgment.*   1053. vider d'affaire,
settle the matter.   1055. abord, *approach.*   1060. Il ne va pas à moins, *It tends to
nothing less.*   1063. discret, *considerate.* 1065. flatter, *encourage.*   1068. traverser,
disturb.   1069. de là, i.e. making a fuss over such matters.

SCÈNE VI

ORGON, DAMIS, TARTUFFE.

ORGON

Ce que je viens d'entendre, ô Ciel! est-il croyable?

TARTUFFE

Oui, mon frère, je suis un méchant, un coupable,
Un malheureux pécheur, tout plein d'iniquité,   1075
Le plus grand scélérat qui jamais ait été;
Chaque instant de ma vie est chargé de souillures;
Elle n'est qu'un amas de crimes et d'ordures;
Et je vois que le Ciel, pour ma punition,
Me veut mortifier en cette occasion.   1080
De quelque grand forfait qu'on me puisse reprendre
Je n'ai garde d'avoir l'orgueil de m'en défendre.
Croyez ce qu'on vous dit, armez votre courroux,
Et comme un criminel chassez-moi de chez vous:
Je ne saurais avoir tant de honte en partage,   1085
Que je n'en aie encor mérité davantage.

ORGON, *à son fils.*

Ah! traître, oses-tu bien par cette fausseté,
Vouloir de sa vertu ternir la pureté?

DAMIS

Quoi? la feinte douceur de cette âme hypocrite
Vous fera démentir . . . ?

ORGON

Tais-toi, peste maudite.   1090

TARTUFFE

Ah! laissez-le parler: vous l'accusez à tort,
Et vous ferez bien mieux de croire à son rapport.

1074. This bold stratagem is taken from Scarron's *les Hypocrites.* Its success
depends, of course, on the hypocrite's clever simulating of Christian humility which
glories in finding itself despised and reviled, and also on the dupe's complete credulity.
The changing expressions of the two men are worth watching. 1077. **souillures,**
defilement. 1078. **ordures,** *filth.* 1082. **Je n'ai garde . . . ,** *I am careful not . . .*
1085. **en partage,** *as my share.* 1088. **ternir,** *besmirch.*

Pourquoi sur un tel fait m'être si favorable?
Savez-vous, après tout, de quoi je suis capable?
Vous fiez-vous, mon frère, à mon extérieur?   1095
Et, pour tout ce qu'on voit, me croyez-vous meilleur?
Non, non: vous vous laissez tromper à l'apparence,
Et je ne suis rien moins, hélas! que ce qu'on pense;
Tout le monde me prend pour un homme de bien;
Mais la vérité pure est que je ne vaux rien.   1100

(S'adressant à Damis.)

Oui, mon cher fils, parlez: traitez-moi de perfide,
D'infâme, de perdu, de voleur, d'homicide;
Accablez-moi de noms encor plus détestés.
Je n'y contredis point, je les ai mérités;
Et j'en veux à genoux souffrir l'ignominie,   1105
Comme une honte due aux crimes de ma vie.

ORGON

    (A Tartuffe.)   *(A son fils.)*
Mon frère, c'en est trop. Ton cœur ne se rend point,
Traître?

DAMIS

       Quoi? ses discours vous séduiront au point . . .

ORGON

             (A Tartuffe.)
Tais-toi, pendard. Mon frère, eh! levez-vous, de grâce!
  (A son fils.)
Infâme!

DAMIS

      Il peut . . .

ORGON

           Tais-toi.

DAMIS

         J'enrage! Quoi? je passe . . . 1110

ORGON

Si tu dis un seul mot, je te romprai les bras.

1093. **sur un tel fait,** *over such a deed.*   1096. **pour tout ce qu'on voit,** *on account of my appearance.*   1098. **je ne suis rien moins . . . que,** *I am anything . . . but.*
1102. **perdu,** *vile being.*   1108. **séduiront,** *will deceive.*

TARTUFFE

Mon frère, au nom de Dieu, ne vous emportez pas.
J'aimerais mieux souffrir la peine la plus dure,
Qu'il eût reçu pour moi la moindre égratignure.

ORGON, *à son fils.*

Ingrat !

TARTUFFE

Laissez-le en paix. S'il faut, à deux genoux,   1115
Vous demander sa grâce . . .

ORGON

                         (*A Tartuffe.*)
           (*A son fils.*)   Hélas ! vous moquez-vous ?
Coquin ! vois sa bonté.

DAMIS

Donc . . .

ORGON

Paix.

DAMIS

Quoi ? je . . .

ORGON

                                    Paix, dis-je.
Je sais bien quel motif à l'attaquer t'oblige :
Vous le haïssez tous ; et je vois aujourd'hui
Femme, enfants et valets déchaînés contre lui ;   1120
On met impudemment toute chose en usage,
Pour ôter de chez moi ce dévot personnage.
Mais plus on fait d'effort afin de l'en bannir,
Plus j'en veux employer à l'y mieux retenir ;
Et je vais me hâter de lui donner ma fille,   1125
Pour confondre l'orgueil de toute ma famille.

1114. **Qu'il eût reçu,** elliptical construction, presupposes something like *que d'être
la cause* as preceding it. 1115. **Laissez-le en paix** must be scanned '*l'en*': an irregular
elision. 1116. **Hélas! vous moquez-vous?** *Alas, not you!* Orgon also drops on his
knees while protesting against the good Tartuffe doing so. 1120. **déchaînés,** *turned
loose.*

DAMIS

A recevoir sa main on pense l'obliger?

ORGON

Oui, traître, et dès ce soir, pour vous faire enrager.
Ah! je vous brave tous, et vous ferai connaître
Qu'il faut qu'on m'obéisse et que je suis le maître.   1130
Allons, qu'on se rétracte, et qu'à l'instant, fripon,
On se jette à ses pieds pour demander pardon.

DAMIS

Qui, moi? de ce coquin, qui, par ses impostures . . .

ORGON

Ah! tu résistes, gueux, et lui dis des injures?
                    (*A Tartuffe.*)
Un bâton! un bâton! Ne me retenez pas.   1135
    (*A son fils.*)
Sus, que de ma maison on sorte de ce pas,
Et que d'y revenir on n'ait jamais l'audace.

DAMIS

Oui, je sortirai; mais . . .

ORGON

                    Vite quittons la place.
Je te prive, pendard, de ma succession,
Et te donne de plus ma malédiction.   1140

1128. **pour vous faire enrager,** *just to make you mad.* 1129. **brave,** *defy.*
1131. **qu'on se rétracte,** *take back your slander.* Cf. *George Dandin,* III, vii.
1136. *Come on, now, out of my house, and at once.* 1139. **succession,** *inheritance.*

SCÈNE VII

ORGON, TARTUFFE.

ORGON

>Offenser de la sorte une sainte personne !

TARTUFFE

>O Ciel, pardonne-lui la douleur qu'il me donne.
> (*A Orgon.*)
>Si vous pouviez savoir avec quel déplaisir
>Je vois qu'envers mon frère on tâche à me noircir . . .

ORGON

>Hélas !

TARTUFFE

>   Le seul penser de cette ingratitude   1145
>Fait souffrir à mon âme un supplice si rude . . .
>L'horreur que j'en conçois . . . J'ai le cœur si serré,
>Que je ne puis parler, et crois que j'en mourrai.

ORGON (*Il court tout en larmes à la porte par où il a chassé son fils.*)
>Coquin ! je me repens que ma main t'ait fait grâce,
>Et ne t'ait pas d'abord assommé sur la place.   1150
>Remettez-vous, mon frère, et ne vous fâchez pas.

TARTUFFE

>Rompons, rompons le cours de ces fâcheux débats.
>Je regarde céans quels grands troubles j'apporte,
>Et crois qu'il est besoin, mon frère, que j'en sorte.

ORGON

>Comment ? vous moquez-vous ?

1142. This line is said to have originally been a closer parody of the Lord's Prayer '*pardonne-lui, comme je lui pardonne,*' which makes a much stronger verse and intensifies the characterization.   1143. **déplaisir**, *sorrow.*   1145. **le penser** = *la pensée;* infinitive used as a noun.   1147. **serré**, *oppressed.*   1149. **t'ait fait grâce**, *spared you.* 1150. *And did not knock you down on the spot.*   1151. **Remettez-vous**, *Compose yourself.*   1155. **vous moquez-vous ?** *You are jesting?*

TARTUFFE

                              On m'y hait, et je voi   1155
    Qu'on cherche à vous donner des soupçons de ma foi.

ORGON

    Qu'importe? Voyez-vous que mon cœur les écoute?

TARTUFFE

    On ne manquera pas de poursuivre, sans doute;
    Et ces mêmes rapports qu'ici vous rejetez
    Peut-être une autre fois seront-ils écoutés.   1160

ORGON

    Non, mon frère, jamais.

TARTUFFE

                        Ah! mon frère, une femme
    Aisément d'un mari peut bien surprendre l'âme.

ORGON

    Non, non.

TARTUFFE

              Laissez-moi vite, en m'éloignant d'ici,
    Leur ôter tout sujet de m'attaquer ainsi.

ORGON

    Non, vous demeurerez: il y va de ma vie.   1165

TARTUFFE

    Hé bien! il faudra donc que je me mortifie.
    Pourtant, si vous vouliez . . .

ORGON

                        Ah!

TARTUFFE

                        Soit: n'en parlons plus.
    Mais je sais comme il faut en user là-dessus.
    L'honneur est délicat, et l'amitié m'engage

1158. poursuivre = *continuer.*   1162. surprendre l'âme, *influence the feelings.*
1165. il y va de ma vie, *my life depends on it.*   1168. en user = *agir.*

A prévenir les bruits et les sujets d'ombrage.   1170
Je fuirai votre épouse, et vous ne me verrez . . .

ORGON

Non, en dépit de tous vous la fréquenterez.
Faire enrager le monde est ma plus grande joie,
Et je veux qu'à toute heure avec elle on vous voie.
Ce n'est pas tout encor: pour les mieux braver tous,   1175
Je ne veux point avoir d'autre héritier que vous,
Et je vais de ce pas, en fort bonne manière,
Vous faire de mon bien donation entière.
Un bon et franc ami, que pour gendre je prends,
M'est bien plus cher que fils, que femme et que parents.   1180
N'acceptez-vous pas ce que je vous propose?

TARTUFFE

La volonté du Ciel soit faite en toute chose.

ORGON

Le pauvre homme! Allons vite en dresser un écrit,
Et que puisse l'envie en crever de dépit!

ACTE QUATRIÈME

SCÈNE PREMIÈRE

CLÉANTE, TARTUFFE.

CLÉANTE

Oui, tout le monde en parle, et vous m'en pouvez croire.   1185
L'éclat que fait ce bruit n'est point à votre gloire;
Et je vous ai trouvé, Monsieur, fort à propos,
Pour vous en dire net ma pensée en deux mots.
Je n'examine point à fond ce qu'on expose;
Je passe là-dessus, et prends au pis la chose.   1190

1170. *To prevent gossip and cause for suspicion.*   1172. **vous la fréquenterez,** *you will associate with her.*   1177. **en fort bonne manière,** *in due and proper form.*   1183. **en dresser un écrit,** *draw up an act* (of donation).   1184. **en crever de dépit,** *die of spite as a result.*   1186. **L'éclat . . . gloire,** *The scandal . . . credit.*   1189–90. *I do not go deeply into the rights and wrongs of the case, but pass them over and take things at their worst.*

Supposons que Damis n'en ait pas bien usé,
Et que ce soit à tort qu'on vous ait accusé:
N'est-il pas d'un chrétien de pardonner l'offense,
Et d'éteindre en son cœur tout désir de vengeance?
Et devez-vous souffrir, pour votre démêlé,   1195
Que du logis d'un père un fils soit exilé?
Je vous le dis encore, et parle avec franchise,
Il n'est petit ni grand qui ne s'en scandalise;
Et si vous m'en croyez, vous pacifierez tout,
Et ne pousserez point les affaires à bout.   1200
Sacrifiez à Dieu toute votre colère,
Et remettez le fils en grâce avec le père.

TARTUFFE

Hélas! je le voudrais, quant à moi, de bon cœur;
Je ne garde pour lui, Monsieur, aucune aigreur;
Je lui pardonne tout, de rien je ne le blâme,   1205
Et voudrais le servir du meilleur de mon âme;
Mais l'intérêt du Ciel n'y saurait consentir,
Et s'il rentre céans, c'est à moi d'en sortir.
Après son action, qui n'eut jamais d'égale,
Le commerce entre nous porterait du scandale: 1210
Dieu sait ce que d'abord tout le monde en croirait!
A pure politique on me l'imputerait;
Et l'on dirait partout que, me sentant coupable,
Je feins pour qui m'accuse un zèle charitable,
Que mon cœur l'appréhende et veut le ménager,   1215
Pour le pouvoir sous main au silence engager.

CLÉANTE

Vous nous payez ici d'excuses colorées,
Et toutes vos raisons, Monsieur, sont trop tirées.
Des intérêts du Ciel pourquoi vous chargez-vous?
Pour punir le coupable a-t-il besoin de nous?   1220
Laissez-lui, laissez-lui le soin de ses vengeances;
Ne songez qu'au pardon qu'il prescrit des offenses;

1191. **n'en ait pas bien usé,** *did not act right.*   1193. **N'est-il pas** (le devoir) **d'un chrétien.**   1195. **pour** = à *cause de.*   1200. *And will not carry things to extremes.* 1204. **aigreur,** *resentment.*   1210. **Le commerce . . . porterait,** *Any relation . . . would be cause for.*   1211. **d'abord,** *at once.*   1212. **pure politique,** *mere scheming.*   1215. **le ménager,** *to treat him with consideration.*   1217. **colorées,** *specious.*   1218. **tirées,** *far-fetched.*

Et ne regardez point aux jugements humains,
Quand vous suivez du Ciel les ordres souverains.
Quoi? le faible intérêt de ce qu'on pourra croire   1225
D'une bonne action empêchera la gloire?
Non, non: faisons toujours ce que le Ciel prescrit,
Et d'aucun autre soin ne nous brouillons l'esprit.

TARTUFFE

Je vous ai déjà dit que mon cœur lui pardonne,
Et c'est faire, Monsieur, ce que le Ciel ordonne;   1230
Mais après le scandale et l'affront d'aujourd'hui,
Le Ciel n'ordonne pas que je vive avec lui.

CLÉANTE

Et vous ordonne-t-il, Monsieur, d'ouvrir l'oreille
A ce qu'un pur caprice à son père conseille,
Et d'accepter le don qui vous est fait d'un bien   1235
Où le droit vous oblige à ne prétendre rien?

TARTUFFE

Ceux qui me connaîtront n'auront pas la pensée
Que ce soit un effet d'une âme intéressée.
Tous les biens de ce monde ont pour moi peu d'appas,
De leur éclat trompeur je ne m'éblouis pas;   1240
Et si je me résous à recevoir du père
Cette donation qu'il a voulu me faire,
Ce n'est, à dire vrai, que parce que je crains
Que tout ce bien ne tombe en de méchantes mains,
Qu'il ne trouve des gens qui, l'ayant en partage,   1245
En fassent dans le monde un criminel usage,
Et ne s'en servent pas, ainsi que j'ai dessein,
Pour la gloire du Ciel et le bien du prochain.

CLÉANTE

Hé, Monsieur, n'ayez point ces délicates craintes,
Qui d'un juste héritier peuvent causer les plaintes;   1250
Souffrez, sans vous vouloir embarrasser de rien,
Qu'il soit à ses périls possesseur de son bien;

1225. **intérêt,** *consideration.*   1236. **Où** = *Auquel.*   1238. **intéressée,** *selfish.*
1242. **qu'il a voulu,** *which he has been kind enough to.*   1245. **en partage,** *apportioned to them.*   1247–48. The Jesuit doctrine of *direction d'intention* discussed by Pascal in his seventh *Provinciale* (1657): "... *nous corrigeons le vice du moyen par la pureté de la fin* ... "

Et songez qu'il vaut mieux encor qu'il en mésuse,
Que si de l'en frustrer il faut qu'on vous accuse.
J'admire seulement que sans confusion   1255
Vous en ayez souffert la proposition;
Car enfin le vrai zèle a-t-il quelque maxime
Qui montre à dépouiller l'héritier légitime?
Et s'il faut que le Ciel dans votre cœur ait mis
Un invincible obstacle à vivre avec Damis,   1260
Ne vaudrait-il pas mieux qu'en personne discrète
Vous fissiez de céans une honnête retraite,
Que de souffrir ainsi, contre toute raison,
Qu'on en chasse pour vous le fils de la maison?
Croyez-moi, c'est donner de votre prud'homie,   1265
Monsieur . . .

TARTUFFE

Il est, Monsieur, trois heures et demie:
Certain devoir pieux me demande là-haut,
Et vous m'excuserez de vous quitter sitôt.

CLÉANTE

Ah!

SCÈNE II

ELMIRE, MARIANE, DORINE, CLÉANTE.

DORINE

De grâce, avec nous employez-vous pour elle,
Monsieur: son âme souffre une douleur mortelle;   1270
Et l'accord que son père a conclu pour ce soir
La fait, à tous moments, entrer en désespoir.
Il va venir. Joignons nos efforts, je vous prie,
Et tâchons d'ébranler, de force ou d'industrie,
Ce malheureux dessein qui nous a tous troublés.   1275

1253–54. Construe: *Songez que, s'il faut qu'on vous accuse* ('if you are to be accused') *de l'en frustrer, il vaut encore mieux, etc.*   1255. **J'admire,** *I wonder.* — **sans
confusion,** *without feeling ashamed.*   1258. **montre,** *teaches how.*   1259. **s'il faut,** *if
it must be.*   1265. **prud'homie** = *loyauté.*   1269. **Ah!** Exclamation of indignation
and disgust.   1271. **l'accord,** *the betrothal.*   1274. **d'industrie,** *by cunning.*

SCÈNE III

ORGON, ELMIRE, MARIANE, CLÉANTE, DORINE.

ORGON

Ha! je me réjouis de vous voir assemblés:
(*A Mariane.*)
Je porte en ce contrat de quoi vous faire rire,
Et vous savez déjà ce que cela veut dire.

MARIANE, *à genoux.*

Mon père, au nom du Ciel, qui connaît ma douleur,
Et par tout ce qui peut émouvoir votre cœur,   1280
Relâchez-vous un peu des droits de la naissance,
Et dispensez mes vœux de cette obéissance;
Ne me réduisez point, par cette dure loi,
Jusqu'à me plaindre au Ciel de ce que je vous doi,
Et cette vie, hélas! que vous m'avez donnée,   1285
Ne me la rendez pas, mon père, infortunée.
Si, contre un doux espoir que j'avais pu former,
Vous me défendez d'être à ce que j'ose aimer,
Au moins, par vos bontés, qu'à vos genoux j'implore,
Sauvez-moi du tourment d'être à ce que j'abhorre,   1290
Et ne me portez point à quelque désespoir,
En vous servant sur moi de tout votre pouvoir.

ORGON, *se sentant attendrir.*

Allons, ferme, mon cœur, point de faiblesse humaine.

MARIANE

Vos tendresses pour lui ne me font point de peine;
Faites-les éclater, donnez-lui votre bien,   1295
Et, si ce n'est assez, joignez-y tout le mien:
J'y consens de bon cœur, et je vous l'abandonne;
Mais au moins n'allez pas jusques à ma personne,
Et souffrez qu'un convent dans les austérités
Use les tristes jours que le Ciel m'a comptés.   1300

1277. de quoi vous faire rire, *something to delight you.*   1281. *Relax somewhat
your paternal rights.*   1282. mes vœux = *mon cœur.*   1286. infortunée, *wretched.*
1287. doux, *fond.*   1288. ce que = *celui que.*   1291. quelque désespoir = *quelqu'acte
de désespoir.*   1295. Faites-les éclater, *Make them manifest.*   1299. convent, frequently used for the regular *couvent.*   1300. Use, *Wear away.*

ORGON

> Ah! voilà justement de mes religieuses,
> Lorsqu'un père combat leurs flammes amoureuses!
> Debout! Plus votre cœur répugne à l'accepter,
> Plus ce sera pour vous matière à mériter:
> Mortifiez vos sens avec ce mariage,   1305
> Et ne me rompez pas la tête davantage.

DORINE

> Mais quoi . . . ?

ORGON

>   Taisez-vous, vous; parlez à votre écot:
> Je vous défends tout net d'oser dire un seul mot.

CLÉANTE

> Si par quelque conseil vous souffrez qu'on réponde . . .

ORGON

> Mon frère, vos conseils sont les meilleurs du monde,   1310
> Ils sont bien raisonnés, et j'en fais un grand cas;
> Mais vous trouverez bon que je n'en use pas.

ELMIRE, *à son mari.*

> A voir ce que je vois, je ne sais plus que dire,
> Et votre aveuglement fait que je vous admire:
> C'est être bien coiffé, bien prévenu de lui,   1315
> Que de nous démentir sur le fait d'aujourd'hui.

ORGON

> Je suis votre valet, et crois les apparences:
> Pour mon fripon de fils je sais vos complaisances,
> Et vous avez eu peur de le désavouer
> Du trait qu'à ce pauvre homme il a voulu jouer;   1320
> Vous étiez trop tranquille enfin pour être crue,
> Et vous auriez paru d'autre manière émue.

1301–02. *Ah, here are nuns for you, whenever a father opposes their love affairs!*
1304. **matière à mériter,** *a chance to acquire merit.*   1306. **ne me rompez pas la
tête,** *don't bother me.*   1307. **parlez à votre écot,** *mind your own business,* lit., 'speak
only to your kind.' *Écot = une compagnie de gens qui mangent ensemble dans un cabaret.*
1314. **admire,** *wonder at.*   1315. **coiffé,** *infatuated.* — **prévenu,** *predisposed.*   1316. **sur
le fait d'aujourd'hui,** *about what happened today.*   1318. **complaisances,** *partiality.*
1319. *And you were afraid not to back him up.*

ELMIRE

Est-ce qu'au simple aveu d'un amoureux transport
Il faut que notre honneur se gendarme si fort?
Et ne peut-on répondre à tout ce qui le touche   1325
Que le feu dans les yeux et l'injure à la bouche?
Pour moi, de tels propos je me ris simplement,
Et l'éclat là-dessus ne me plaît nullement;
J'aime qu'avec douceur nous nous montrions sages,
Et ne suis point du tout pour ces prudes sauvages   1330
Dont l'honneur est armé de griffes et de dents,
Et veut au moindre mot dévisager les gens:
Me préserve le Ciel d'une telle sagesse!
Je veux une vertu qui ne soit point diablesse,
Et crois que d'un refus la discrète froideur   1335
N'en est pas moins puissante à rebuter un cœur.

ORGON

Enfin je sais l'affaire et ne prends point le change.

ELMIRE

J'admire, encore un coup, cette faiblesse étrange.
Mais que me répondrait votre incrédulité,
Si je vous faisais voir qu'on vous dit vérité?   1340

ORGON

Voir?

ELMIRE

Oui.

ORGON

Chansons.

ELMIRE

Mais quoi? si je trouvais manière
De vous le faire voir avec pleine lumière?

1323. simple, *mere.* — amoureux transport, *sudden passion.*   1324. se gendarme,
get up in arms, become irritated.   1326. Que, *Except with.*   1332. dévisager les
gens, *scratch people's eyes out.*   1333. sagesse, *virtue.*   1334. diablesse, *savage.*
1337. ne prends point le change, *I am not taken in;* a hunting term meaning 'to be
put off the scent.'   1338. J'admire, *I am amazed . . . at.*

Douche merveille = living up.

ORGON

    Contes en l'air.

ELMIRE

                Quel homme ! Au moins répondez-moi.
Je ne vous parle pas de nous ajouter foi;
Mais supposons ici que, d'un lieu qu'on peut prendre,   1345
On vous fît clairement tout voir et tout entendre,
Que diriez-vous alors de votre homme de bien ?

ORGON

    En ce cas, je dirais que . . . Je ne dirais rien,
Car cela ne se peut.

ELMIRE

             L'erreur trop longtemps dure,
Et c'est trop condamner ma bouche d'imposture.   1350
Il faut que par plaisir, et sans aller plus loin,
De tout ce qu'on vous dit je vous fasse témoin.

ORGON

    Soit: je vous prends au mot. Nous verrons votre adresse,
Et comment vous pourrez remplir cette promesse.

ELMIRE

    Faites-le-moi venir.

DORINE

             Son esprit est rusé,   1355
Et peut-être à surprendre il sera malaisé.

ELMIRE

    Non: on est aisément dupé par ce qu'on aime,
Et l'amour-propre engage à se tromper soi-même.
           (*Parlant à Cléante et à Mariane.*)
Faites-le-moi descendre. Et vous, retirez-vous.

    1343. **Contes en l'air,** *Fantastic tales, Fairy tales.*   1344. *I do not ask you to believe us.*   1345. **prendre** = *choisir.*   1350. *And too long have I been accused of deception.*   1351. **par plaisir, . . . loin,** *to please myself, and without more delay.* 1358. *And vanity leads to self-deception.*

SCÈNE IV

ELMIRE, ORGON.

ELMIRE

Approchons cette table, et vous mettez dessous.   1360

ORGON

Comment?

ELMIRE

Vous bien cacher est un point nécessaire.

ORGON

Pourquoi sous cette table?

ELMIRE

Ah! mon Dieu! laissez faire:
J'ai mon dessein en tête, et vous en jugerez.
Mettez-vous là, vous dis-je; et quand vous y serez,
Gardez qu'on ne vous voie et qu'on ne vous entende.   1365

ORGON

Je confesse qu'ici ma complaisance est grande;
Mais de votre entreprise il vous faut voir sortir.

ELMIRE

Vous n'aurez, que je crois, rien à me repartir.
                    (A son mari qui est sous la table.)
Au moins, je vais toucher une étrange matière:
Ne vous scandalisez en aucune manière.   1370
Quoi que je puisse dire, il doit m'être permis,
Et c'est pour vous convaincre, ainsi que j'ai promis.
Je vais par des douceurs, puisque j'y suis réduite,
Faire poser le masque à cette âme hypocrite,
Flatter de son amour les désirs effrontés,   1375
Et donner un champ libre à ses témérités.
Comme c'est pour vous seul, et pour mieux le confondre,

1360. **vous mettez** = *mettez-vous*; the pronoun precedes the second of two imperatives.   1368. **que je crois** = *à ce que je crois.* — **repartir** = *répondre.*   1371. **il**
= *cela.*   1374. **poser** = *ôter.*   1375. **effrontés**, *impudent.*

Que mon âme à ses vœux va feindre de répondre,
J'aurai lieu de cesser dès que vous vous rendrez,
Et les choses n'iront que jusqu'où vous voudrez.   1380
C'est à vous d'arrêter son ardeur insensée,
Quand vous croirez l'affaire assez avant poussée,
D'épargner votre femme, et de ne m'exposer
Qu'à ce qu'il vous faudra pour vous désabuser.
Ce sont vos intérêts; vous en serez le maître,   1385
Et... L'on vient. Tenez-vous, et gardez de paraître.

SCÈNE V

TARTUFFE, ELMIRE, ORGON.

TARTUFFE

On m'a dit qu'en ce lieu vous me vouliez parler.

ELMIRE

Oui. L'on a des secrets à vous y révéler.
Mais tirez cette porte avant qu'on vous les dise,
Et regardez partout de crainte de surprise.   1390
Une affaire pareille à celle de tantôt
N'est pas assurément ici ce qu'il nous faut.
Jamais il ne s'est vu de surprise de même;
Damis m'a fait pour vous une frayeur extrême,
Et vous avez bien vu que j'ai fait mes efforts   1395
Pour rompre son dessein et calmer ses transports.
Mon trouble, il est bien vrai, m'a si fort possédée,
Que de le démentir je n'ai point eu l'idée;
Mais par là, grâce au Ciel, tout a bien mieux été,
Et les choses en sont dans plus de sûreté.   1400
L'estime où l'on vous tient a dissipé l'orage,
Et mon mari de vous ne peut prendre d'ombrage.
Pour mieux braver l'éclat des mauvais jugements,

1379. **J'aurai lieu de** ... , *I shall have cause to* ... Elmire puts the full responsibility for what may happen on her husband. 1382. **assez avant poussée**, *carried far enough.* 1386. **Tenez-vous** (tranquille). — **gardez de** ... , *take care not to* ... 1390. Tartuffe goes to close the door and returns. 1391. **tantôt**, *a short while ago.* 1393. **de même**, *like that.* 1397. **trouble**, *agitation.* 1403. **braver l'éclat** ... **jugements**, *to defy the outcry of evil opinion.*

Il veut que nous soyons ensemble à tous moments;
Et c'est par où je puis, sans peur d'être blâmée,   1405
Me trouver ici seule avec vous enfermée,
Et ce qui m'autorise à vous ouvrir mon cœur
Un peu trop prompt peut-être à souffrir votre ardeur.

TARTUFFE

Ce langage à comprendre est assez difficile,
Madame, et vous parliez tantôt d'un autre style.   1410

ELMIRE

Ah! si d'un tel refus vous êtes en courroux,
Que le cœur d'une femme est mal connu de vous!
Et que vous savez peu ce qu'il veut faire entendre
Lorsque si faiblement on le voit se défendre!
Toujours notre pudeur combat dans ces moments   1415
Ce qu'on peut nous donner de tendres sentiments.
Quelque raison qu'on trouve à l'amour qui nous dompte,
On trouve à l'avouer toujours un peu de honte;
On s'en défend d'abord; mais de l'air qu'on s'y prend,
On fait connaître assez que notre cœur se rend,   1420
Qu'à nos vœux par honneur notre bouche s'oppose,
Et que de tels refus promettent toute chose.
C'est vous faire sans doute un assez libre aveu,
Et sur notre pudeur me ménager bien peu;
Mais puisque la parole enfin en est lâchée,   1425
A retenir Damis me serais-je attachée,
Aurais-je, je vous prie, avec tant de douceur
Écouté tout au long l'offre de votre cœur,
Aurais-je pris la chose ainsi qu'on m'a vu faire,
Si l'offre de ce cœur n'eût eu de quoi me plaire?   1430
Et lorsque j'ai voulu moi-même vous forcer
A refuser l'hymen qu'on venait d'annoncer,

1405. **c'est par où** = *c'est pour cela que.*   1416. *The tender sentiments that may be
inspired in us.*   1417. **raison,** *justification.*   1419. *One denies it at first, but by
one's way of doing so . . .*   1420. In making what for a woman would be rather
a difficult and bold declaration, Elmire uses the impersonal *on* as more modest. —
assez, *clearly enough.*   1421. *That our words go counter to our desires from a sense
of personal dignity.*   1424. *And show little reserve with regard to our feminine modesty.*
1425. *But since the admission* (regarding the ways of women) *has at last been made,*
(tell me . . .).

Qu'est-ce que cette instance a dû vous faire entendre,
Que l'intérêt qu'en vous on s'avise de prendre,
Et l'ennui qu'on aurait que ce nœud qu'on résout   1435
Vînt partager du moins un cœur que l'on veut tout ?

TARTUFFE

C'est sans doute, Madame, une douceur extrême
Que d'entendre ces mots d'une bouche qu'on aime :
Leur miel dans tous mes sens fait couler à longs traits
Une suavité qu'on ne goûta jamais.   1440
Le bonheur de vous plaire est ma suprême étude,
Et mon cœur de vos vœux fait sa béatitude ;
Mais ce cœur vous demande ici la liberté
D'oser douter un peu de sa félicité.
Je puis croire ces mots un artifice honnête   1445
Pour m'obliger à rompre un hymen qui s'apprête ;
Et s'il faut librement m'expliquer avec vous,
Je ne me fierai point à des propos si doux,
Qu'un peu de vos faveurs, après quoi je soupire,
Ne vienne m'assurer tout ce qu'ils m'ont pu dire,   1450
Et planter dans mon âme une constante foi
Des charmantes bontés que vous avez pour moi.

ELMIRE (*Elle tousse pour avertir son mari.*)

Quoi ? vous voulez aller avec cette vitesse,
Et d'un cœur tout d'abord épuiser la tendresse ?
On se tue à vous faire un aveu des plus doux ;   1455
Cependant ce n'est pas encore assez pour vous,
Et l'on ne peut aller jusqu'à vous satisfaire,
Qu'aux dernières faveurs on ne pousse l'affaire ?

TARTUFFE

Moins on mérite un bien, moins on l'ose espérer.
Nos vœux sur des discours ont peine à s'assurer.   1460

1433–36. Commentators have tried to explain the awkwardness of these lines by
finding them expressive of Elmire's confusion before Tartuffe's suspicious aloofness.
Sainte-Beuve more simply declares them to be "*quatre mauvais vers.*" Translate: *What
can this entreaty have led you to understand, except the interest one ventures to take in you
and the sorrow one would feel if the projected union should come to have even the smallest
share of a heart which one desires wholly for oneself ?*   1439–40. **dans tous mes sens** ...
suavité qu' ..., *floods my senses with a mystic sweetness such as* ...   A longs traits, lit., 'in
deep draughts.' 1442. **béatitude,** *bliss.*   1449. **Qu'** ... = *Jusqu'à ce qu'* ... — **quoi** =
lesquelles.   1458. *Unless one carries the matter to the granting of the highest favors.*

On soupçonne aisément un sort tout plein de gloire,
Et l'on veut en jouir avant que de le croire.
Pour moi, qui crois si peu mériter vos bontés,
Je doute du bonheur de mes témérités;
Et je ne croirai rien, que vous n'ayez, Madame,   1465
Par des réalités su convaincre ma flamme.

ELMIRE

Mon Dieu, que votre amour en vrai tyran agit,
Et qu'en un trouble étrange il me jette l'esprit !
Que sur les cœurs il prend un furieux empire,
Et qu'avec violence il veut ce qu'il désire !   1470
Quoi ? de votre poursuite on ne peut se parer,
Et vous ne donnez pas le temps de respirer ?
Sied-il bien de tenir une rigueur si grande,
De vouloir sans quartier les choses qu'on demande,
Et d'abuser ainsi par vos efforts pressants   1475
Du faible que pour vous vous voyez qu'ont les gens ?

TARTUFFE

Mais si d'un œil bénin vous voyez mes hommages,
Pourquoi m'en refuser d'assurés témoignages ?

ELMIRE

Mais comment consentir à ce que vous voulez,
Sans offenser le Ciel, dont toujours vous parlez ?   1480

TARTUFFE

Si ce n'est que le Ciel qu'à mes vœux on oppose,
Lever un tel obstacle est à moi peu de chose,
Et cela ne doit pas retenir votre cœur.

ELMIRE

Mais des arrêts du Ciel on nous fait tant de peur !

TARTUFFE

Je puis vous dissiper ces craintes ridicules,   1485
Madame, et je sais l'art de lever les scrupules.

1461. soupçonne, *mistrusts.* — tout plein de gloire, *completely glorious.* 1464. bonheur, *success.* 1469. furieux empire, *terrible authority.* 1471. se parer = *se protéger.* 1473. Sied-il bien, *Is it becoming.* 1478. témoignages, *proofs.* 1484. arrêts, *injunctions.*

Le Ciel défend, de vrai, certains contentements;
                (C'est un scélérat qui parle.)
Mais on trouve avec lui des accommodements;
Selon divers besoins, il est une science
D'étendre les liens de notre conscience,   1490
Et de rectifier le mal de l'action
Avec la pureté de notre intention.
De ces secrets, Madame, on saura vous instruire;
Vous n'avez seulement qu'à vous laisser conduire.
Contentez mon désir, et n'ayez point d'effroi: 1495
Je vous réponds de tout, et prends le mal sur moi.
Vous toussez fort, Madame.

ELMIRE

                    Oui, je suis au supplice.

TARTUFFE

Vous plaît-il un morceau de ce jus de réglisse?

ELMIRE

C'est un rhume obstiné, sans doute; et je vois bien
Que tous les jus du monde ici ne feront rien.   1500

TARTUFFE

Cela certe est fâcheux.

ELMIRE

                    Oui, plus qu'on ne peut dire.

TARTUFFE

Enfin votre scrupule est facile à détruire:
Vous êtes assurée ici d'un plein secret,
Et le mal n'est jamais que dans l'éclat qu'on fait;
Le scandale du monde est ce qui fait l'offense,   1505
Et ce n'est pas pécher que pécher en silence.

ELMIRE, *après avoir encore toussé.*

Enfin je vois qu'il faut se résoudre à céder,
Qu'il faut que je consente à vous tout accorder,

1488. **accommodements,** *mitigations, compromises.*   1489. **une science**; cf. note
to l. 1248 on *la direction d'intention.*   1490. **les liens,** *the restrictions.*   1497. **je suis
au supplice,** *I am suffering tortures.*   1498. **Vous plaît-il** (d'accepter). — **jus de
réglisse,** *licorice drop.*   1500. Elmire is becoming decidedly provoked at Orgon's
stubborn stupidity.   1504. **l'éclat,** *the publicity.*

Et qu'à moins de cela je ne dois point prétendre
Qu'on puisse être content, et qu'on veuille se rendre.   1510
Sans doute il est fâcheux d'en venir jusque-là,
Et c'est bien malgré moi que je franchis cela;
Mais puisque l'on s'obstine à m'y vouloir réduire,
Puisqu'on ne veut point croire à tout ce qu'on peut dire,
Et qu'on veut des témoins qui soient plus convaincants,   1515
Il faut bien s'y résoudre, et contenter les gens.
Si ce consentement porte en soi quelque offense,
Tant pis pour qui me force à cette violence;
La faute assurément n'en doit pas être à moi.

TARTUFFE

Oui, Madame, on s'en charge, et la chose de soi . . .   1520

ELMIRE

Ouvrez un peu la porte, et voyez, je vous prie,
Si mon mari n'est point dans cette galerie.

TARTUFFE

Qu'est-il besoin pour lui du soin que vous prenez?
C'est un homme, entre nous, à mener par le nez;
De tous nos entretiens il est pour faire gloire,   1525
Et je l'ai mis au point de voir tout sans rien croire.

ELMIRE

Il n'importe: sortez, je vous prie, un moment,
Et partout là dehors voyez exactement.

SCÈNE VI

ORGON, ELMIRE.

ORGON, *sortant de dessous la table.*

Voilà, je vous l'avoue, un abominable homme!
Je n'en puis revenir, et tout ceci m'assomme.   1530

1509. **prétendre**, *expect.*   1510. The words are addressed to Orgon, but Tartuffe
can apply them to himself.   1512. **je franchis cela**, *I take this last step.*   1515. **témoins**, *evidence.*   1520. **on s'en charge**, *I assume the responsibility.*   1524. This
scornful remark stings Orgon and at last he is convinced.   1525. **il est pour faire
gloire**, *he is capable of boasting.*   1530. *I cannot get over it and all that stuns me.*

ELMIRE

Quoi? vous sortez sitôt? vous vous moquez des gens.
Rentrez sous le tapis, il n'est pas encor temps;
Attendez jusqu'au bout pour voir les choses sûres,
Et ne vous fiez point aux simples conjectures.

ORGON

Non, rien de plus méchant n'est sorti de l'enfer.   1535

ELMIRE

Mon Dieu! l'on ne doit point croire trop de léger.
Laissez-vous bien convaincre avant que de vous rendre,
Et ne vous hâtez point, de peur de vous méprendre.
    (Elle fait mettre son mari derrière elle.)

SCÈNE VII

Tartuffe, Elmire, Orgon.

TARTUFFE

Tout conspire, Madame, à mon contentement:
J'ai visité de l'œil tout cet appartement;   1540
Personne ne s'y trouve; et mon âme ravie . . .

ORGON, *en l'arrêtant.*

Tout doux! vous suivez trop votre amoureuse envie.
Et vous ne devez pas vous tant passionner.
Ah! ah! l'homme de bien, vous m'en voulez donner!
Comme aux tentations s'abandonne votre âme!   1545
Vous épousiez ma fille, et convoitiez ma femme!
J'ai douté fort longtemps que ce fût tout de bon,
Et je croyais toujours qu'on changerait de ton;
Mais c'est assez avant pousser le témoignage:
Je m'y tiens, et n'en veux, pour moi, pas davantage.   1550

ELMIRE, *à Tartuffe.*

C'est contre mon humeur que j'ai fait tout ceci:
Mais on m'a mise au point de vous traiter ainsi.

1531. Spoken with bitter irony. 1536. trop de léger (= *trop légèrement), readily.*
Note the rime with *enfer.* 1542. **Tout doux!** *Easy there!* 1544. **vous m'en voulez**
donner! *you want to deceive me!* 1547. tout de bon, *really in earnest.* 1549. *The*
evidence has been carried far enough. 1550. Je m'y tiens, *I am satisfied with it.*
1552. **m'a mise au point de . . . ,** *put me in a position where I must . . .*

TARTUFFE

Quoi ? vous croyez . . . ?

ORGON

Allons, point de bruit, je vous prie.
Dénichons de céans, et sans cérémonie.

TARTUFFE

Mon dessein . . .

ORGON

Ces discours ne sont plus de saison: 1555
Il faut, tout sur-le-champ, sortir de la maison.

TARTUFFE

C'est à vous d'en sortir, vous qui parlez en maître:
La maison m'appartient, je le ferai connaître,
Et vous montrerai bien qu'en vain on a recours,
Pour me chercher querelle, à ces lâches détours,   1560
Qu'on n'est pas où l'on pense en me faisant injure,
Que j'ai de quoi confondre et punir l'imposture,
Venger le Ciel qu'on blesse, et faire repentir
Ceux qui parlent ici de me faire sortir.

SCÈNE VIII

ELMIRE, ORGON.

ELMIRE

Quel est donc ce langage ? et qu'est-ce qu'il veut dire ?   1565

ORGON

Ma foi, je suis confus, et n'ai pas lieu de rire.

ELMIRE

Comment ?

ORGON

Je vois ma faute aux choses qu'il me dit,
Et la donation m'embarrasse l'esprit.

1554. **Dénichons de céans,** *Clear out of here.*   1557. Tartuffe straightens up, dropping the pose of humility, and speaks in a threatening tone.   1560. **lâches détours,** *cowardly tricks.*   1562. **j'ai de quoi,** *I have the means.*   1566. **lieu de rire,** *cause to laugh.*

ELMIRE

La donation . . .

ORGON

Oui, c'est une affaire faite.
Mais j'ai quelque autre chose encor qui m'inquiète.   1570

ELMIRE

Et quoi?

ORGON

Vous saurez tout. Mais voyons au plus tôt
Si certaine cassette est encore là-haut.

ACTE CINQUIÈME

SCÈNE PREMIÈRE

ORGON, CLÉANTE.

CLÉANTE

Où voulez-vous courir?

ORGON

Las! que sais-je?

CLÉANTE

Il me semble
Que l'on doit commencer par consulter ensemble
Les choses qu'on peut faire en cet événement.   1575

ORGON

Cette cassette-là me trouble entièrement;
Plus que le reste encore elle me désespère.

CLÉANTE

Cette cassette est donc un important mystère?

1572. **cassette,** *strong box.*   1573. **Las!** = *Hélas!*   1574. **consulter** = *délibérer sur*

ORGON

> C'est un dépôt qu'Argas, cet ami que je plains,
> Lui-même, en grand secret, m'a mis entre les mains: 1580
> Pour cela, dans sa fuite, il me voulut élire;
> Et ce sont des papiers, à ce qu'il m'a pu dire,
> Où sa vie et ses biens se trouvent attachés.

CLÉANTE

> Pourquoi donc les avoir en d'autres mains lâchés?

ORGON

> Ce fut par un motif de cas de conscience: 1585
> J'allai droit à mon traître en faire confidence;
> Et son raisonnement me vint persuader
> De lui donner plutôt la cassette à garder,
> Afin que, pour nier, en cas de quelque enquête,
> J'eusse d'un faux-fuyant la faveur toute prête,   1590
> Par où ma conscience eût pleine sûreté
> A faire des serments contre la vérité.

CLÉANTE

> Vous voilà mal, au moins si j'en crois l'apparence;
> Et la donation, et cette confidence,
> Sont, à vous en parler selon mon sentiment,   1595
> Des démarches par vous faites légèrement.
> On peut vous mener loin avec de pareils gages;
> Et cet homme sur vous ayant ces avantages,
> Le pousser est encor grande imprudence à vous,
> Et vous deviez chercher quelque biais plus doux.   1600

ORGON

> Quoi? sous un beau semblant de ferveur si touchante
> Cacher un cœur si double, une âme si méchante!
> Et moi qui l'ai reçu gueusant et n'ayant rien . . .
> C'en est fait, je renonce à tous les gens de bien:

1584. les avoir . . . lâchés, *let them pass* . . .   1586. traître, *scoundrel.*   1590. *I might have the advantage of a subterfuge all ready.*   1592. Tartuffe had initiated Orgon into the *doctrine des restrictions mentales* attacked by Pascal in his ninth *Provinciale.* According to Father Sanchez, one may avoid lying by telling a falsehood aloud but correcting it by adding the truth to oneself; thus aloud " *Je jure que je n'ai point fait cela*" and in a low tone " *aujourd'hui.*"   1593. Vous voilà mal, *You are in a difficult position.*   1596. légèrement, *heedlessly.*   1597. *Anyone holding such forfeits can make considerable trouble for you.*   1599. Le pousser, *To drive him to extremes.*   1600. biais plus doux, *indirect and gentler way.*   1604. C'en est fait, je renonce à . . . , *That's settled, I'm through with* . . .

J'en aurai désormais une horreur effroyable,   1605
Et m'en vais devenir pour eux pire qu'un diable.

CLÉANTE

Hé bien ! ne voilà pas de vos emportements !
Vous ne gardez en rien les doux tempéraments ;
Dans la droite raison jamais n'entre la vôtre,
Et toujours d'un excès vous vous jetez dans l'autre.   1610
Vous voyez votre erreur, et vous avez connu
Que par un zèle feint vous étiez prévenu ;
Mais pour vous corriger, quelle raison demande
Que vous alliez passer dans une erreur plus grande,
Et qu'avecque le cœur d'un perfide vaurien   1615
Vous confondiez les cœurs de tous les gens de bien ?
Quoi ? parce qu'un fripon vous dupe avec audace
Sous le pompeux éclat d'une austère grimace,
Vous voulez que partout on soit fait comme lui,
Et qu'aucun vrai dévot ne se trouve aujourd'hui ?   1620
Laissez aux libertins ces sottes conséquences ;
Démêlez la vertu d'avec ses apparences,
Ne hasardez jamais votre estime trop tôt,
Et soyez pour cela dans le milieu qu'il faut :
Gardez-vous, s'il se peut, d'honorer l'imposture,   1625
Mais au vrai zèle aussi n'allez pas faire injure ;
Et s'il vous faut tomber dans une extrémité,
Péchez plutôt encor de cet autre côté.

SCÈNE II

Damis, Orgon, Cléante.

DAMIS

Quoi ? mon père, est-il vrai qu'un coquin vous menace ?
Qu'il n'est point de bienfait qu'en son âme il n'efface,   1630

1607. *Well, if that isn't another of your fits of temper!*   1608. **les doux tempéra-**
ments, *an even balance.*   1618. **austère grimace**, *affected austerity.*   1619. **Vous**
voulez, *You would have it.*   1621. **libertins**, *freethinkers.* — **conséquences**, *deduc-*
tions.   1624. **dans le milieu qu'il faut**, *in the proper middle course.*   1625. **Gardez-**
vous . . . de, *Refrain . . . from.*   1628. i.e. Better honor imposture than condemn
indiscriminately sincere religious conviction with hypocrisy.   1630. **qu'en son âme**
il n'efface, *of which he has not blotted out the memory.*

> Et que son lâche orgueil, trop digne de courroux,
> Se fait de vos bontés des armes contre vous ?

ORGON

> Oui, mon fils, et j'en sens des douleurs nonpareilles.

DAMIS

> Laissez-moi, je lui veux couper les deux oreilles:
> Contre son insolence on ne doit pas gauchir;   1635
> C'est à moi, tout d'un coup, de vous en affranchir,
> Et pour sortir d'affaire, il faut que je l'assomme.

CLÉANTE

> Voilà tout justement parler en vrai jeune homme.
> Modérez, s'il vous plaît, ces transports éclatants:
> Nous vivons sous un règne et sommes dans un temps   1640
> Où par la violence on fait mal ses affaires.

SCÈNE III

MADAME PERNELLE, MARIANE, ELMIRE, DORINE,
DAMIS, ORGON, CLÉANTE.

MADAME PERNELLE

> Qu'est-ce ? J'apprends ici de terribles mystères.

ORGON

> Ce sont des nouveautés dont mes yeux sont témoins,
> Et vous voyez le prix dont sont payés mes soins.
> Je recueille avec zèle un homme en sa misère,   1645
> Je le loge, et le tiens comme mon propre frère;
> De bienfaits chaque jour il est par moi chargé;
> Je lui donne ma fille et tout le bien que j'ai;
> Et, dans le même temps, le perfide, l'infâme,
> Tente le noir dessein de suborner ma femme,   1650
> Et non content encor de ces lâches essais,
> Il m'ose menacer de mes propres bienfaits,
> Et veut, à ma ruine, user des avantages

1635. **on ne doit pas gauchir**, *one must not be turned aside (from reacting)*. 1637. **pour sortir d'affaire**, *to settle the matter.* 1640–41. This sentiment is intended as a compliment to Louis XIV. 1643. **nouveautés**, *unheard-of actions.* 1650. **suborner**, *seduce.*

Dont le viennent d'armer mes bontés trop peu sages,
Me chasser de mes biens, où je l'ai transféré,   1655
Et me réduire au point d'où je l'ai retiré.

DORINE

Le pauvre homme!

MADAME PERNELLE

Mon fils, je ne puis du tout croire
Qu'il ait voulu commettre une action si noire.

ORGON

Comment?

MADAME PERNELLE

Les gens de bien sont enviés toujours.

ORGON

Que voulez-vous donc dire avec votre discours,   1660
Ma mère?

MADAME PERNELLE

Que chez vous on vit d'étrange sorte,
Et qu'on ne sait que trop la haine qu'on lui porte.

ORGON

Qu'a cette haine à faire avec ce qu'on vous dit?

MADAME PERNELLE

Je vous l'ai dit cent fois quand vous étiez petit:
La vertu dans le monde est toujours poursuivie;   1665
Les envieux mourront, mais non jamais l'envie.

ORGON

Mais que fait ce discours aux choses d'aujourd'hui?

MADAME PERNELLE

On vous aura forgé cent sots contes de lui.

1655. **où je l'ai transféré,** *in the possession of which I have installed him.*   1657. Orgon in this scene has to swallow a bitter dose of his own medicine.   1665. **poursuivie,** *attacked.*   1667. *But what does this speech have to do with today's happenings?*   1668. **On vous aura forgé,** *They probably have invented for your benefit.*

ORGON

>Je vous ai dit déjà que j'ai vu tout moi-même.

MADAME PERNELLE

>Des esprits médisants la malice est extrême.   1670

ORGON

>Vous me feriez damner, ma mère. Je vous di
>Que j'ai vu de mes yeux un crime si hardi.

MADAME PERNELLE

>Les langues ont toujours du venin à répandre,
>Et rien n'est ici-bas qui s'en puisse défendre.

ORGON

>C'est tenir un propos de sens bien dépourvu.   1675
>Je l'ai vu, dis-je, vu, de mes propres yeux vu,
>Ce qu'on appelle vu: faut-il vous le rebattre
>Aux oreilles cent fois, et crier comme quatre ?

MADAME PERNELLE

>Mon Dieu, le plus souvent l'apparence déçoit:
>Il ne faut pas toujours juger sur ce qu'on voit.   1680

ORGON

>J'enrage.

MADAME PERNELLE

>   Aux faux soupçons la nature est sujette
>Et c'est souvent à mal que le bien s'interprète.

ORGON

>Je dois interpréter à charitable soin
>Le désir d'embrasser ma femme ?

MADAME PERNELLE

>   Il est besoin,
>Pour accuser les gens, d'avoir de justes causes;   1685
>Et vous deviez attendre à vous voir sûr des choses.

1671. **Vous me feriez damner,** *You would drive me wild.* — **di** = *dis.*   1673. **Les** (mauvaises) **langues.**   1675. *That is speaking in a manner wholly devoid of sense.* 1677–78. **vous le rebattre . . . oreilles,** *din it into your ears.*

ORGON

>Hé, diantre! le moyen de m'en assurer mieux?
>Je devais donc, ma mère, attendre qu'à mes yeux
>Il eût ... Vous me feriez dire quelque sottise.

MADAME PERNELLE

>Enfin d'un trop pur zèle on voit son âme éprise;   1690
>Et je ne puis du tout me mettre dans l'esprit
>Qu'il ait voulu tenter les choses que l'on dit.

ORGON

>Allez, je ne sais pas, si vous n'étiez ma mère,
>Ce que je vous dirais, tant je suis en colère.

DORINE

>Juste retour, Monsieur, des choses d'ici-bas: 1695
>Vous ne vouliez point croire, et l'on ne vous croit pas.

CLÉANTE

>Nous perdons des moments en bagatelles pures,
>Qu'il faudrait employer à prendre des mesures.
>Aux menaces du fourbe on doit ne dormir point.

DAMIS

>Quoi? son effronterie irait jusqu'à ce point?   1700

ELMIRE

>Pour moi, je ne crois pas cette instance possible,
>Et son ingratitude est ici trop visible.

CLÉANTE

>Ne vous y fiez pas; il aura des ressorts
>Pour donner contre vous raison à ses efforts;
>Et sur moins que cela, le poids d'une cabale   1705
>Embarrasse les gens dans un fâcheux dédale.
>Je vous le dis encore: armé de ce qu'il a,
>Vous ne deviez jamais le pousser jusque-là.

1687. (quel serait) le moyen.   1690. éprise, *burning.*   1691. me mettre dans l'esprit, *convince myself.*   1699. Aux menaces = *Devant les menaces.*   1701. instance, *lawsuit.*   1703. ressorts, *devices.*   1704. *To justify his proceedings against you.* 1705. le poids = *l'influence.*   1706. *Involves people in troublesome complications.*

ORGON

> Il est vrai; mais qu'y faire? A l'orgueil de ce traître
> De mes ressentiments je n'ai pas été maître. 1710

CLÉANTE

> Je voudrais, de bon cœur, qu'on pût entre vous deux
> De quelque ombre de paix raccommoder les nœuds.

ELMIRE

> Si j'avais su qu'en main il a de telles armes,
> Je n'aurais pas donné matière à tant d'alarmes,
> Et mes ...

ORGON

>   Que veut cet homme? Allez tôt le savoir. 1715
> Je suis bien en état que l'on me vienne voir!

SCÈNE IV

Monsieur Loyal, Madame Pernelle, Orgon, Damis, Mariane,
Dorine, Elmire, Cléante.

MONSIEUR LOYAL

> Bonjour, ma chère sœur; faites, je vous supplie,
> Que je parle à Monsieur.

DORINE

>   Il est en compagnie,
> Et je doute qu'il puisse à présent voir quelqu'un.

MONSIEUR LOYAL

> Je ne suis pas pour être en ces lieux importun. 1720
> Mon abord n'aura rien, je crois, qui lui déplaise;
> Et je viens pour un fait dont il sera bien aise.

DORINE

> Votre nom?

1709. A = Devant. 1712. ombre, semblance. 1715. tôt, quickly. 1717. M. Loyal's smooth speech and unctuous manner show him to be a worthy delegate of the hypocrite. 1720. Je ne suis pas pour être ..., I am not the sort of man who would be ... 1721. abord = présence.

MONSIEUR LOYAL

    Dites-lui seulement que je vien
De la part de Monsieur Tartuffe, pour son bien.

DORINE

 C'est un homme qui vient, avec douce manière,   1725
De la part de Monsieur Tartuffe, pour affaire
Dont vous serez, dit-il, bien aise.

CLÉANTE

        Il vous faut voir
Ce que c'est que cet homme, et ce qu'il peut vouloir.

ORGON

 Pour nous raccommoder il vient ici peut-être:
Quels sentiments aurai-je à lui faire paraître?   1730

CLÉANTE

 Votre ressentiment ne doit point éclater;
Et s'il parle d'accord, il le faut écouter.

MONSIEUR LOYAL

 Salut, Monsieur. Le Ciel perde qui vous veut nuire,
Et vous soit favorable autant que je désire!

ORGON

 Ce doux début s'accorde avec mon jugement,   1735
Et présage déjà quelque accommodement.

MONSIEUR LOYAL

 Toute votre maison m'a toujours été chère,
Et j'étais serviteur de Monsieur votre père.

ORGON

 Monsieur, j'ai grande honte et demande pardon
D'être sans vous connaître ou savoir votre nom.   1740

MONSIEUR LOYAL

 Je m'appelle Loyal, natif de Normandie,
Et suis huissier à verge, en dépit de l'envie.

1724. **pour son bien.** Note the double meaning: 'in his interest' or 'for his property.' 1735. **Ce doux début,** *This courteous start.* 1740. **D'être sans** = *De ne pas.* 1741. **Normandie.** The Normans have always had a reputation for shrewdness and for being fond of lawsuits. 1742. **huissier à verge,** *a writ server* or *a bailiff,* bearing a wand with which to touch the party on whom the writ is served.

J'ai depuis quarante ans, grâce au Ciel, le bonheur
D'en exercer la charge avec beaucoup d'honneur;
Et je vous viens, Monsieur, avec votre licence,   1745
Signifier l'exploit de certaine ordonnance . . .

ORGON

Quoi ? vous êtes ici . . . ?

MONSIEUR LOYAL

                Monsieur, sans passion:
Ce n'est rien seulement qu'une sommation,
Un ordre de vuider d'ici, vous et les vôtres,
Mettre vos meubles hors, et faire place à d'autres,   1750
Sans délai ni remise, ainsi que besoin est . . .

ORGON

Moi, sortir de céans ?

MONSIEUR LOYAL

              Oui, Monsieur, s'il vous plaît.
La maison à présent, comme savez de reste,
Au bon Monsieur Tartuffe appartient sans conteste.
De vos biens désormais il est maître et seigneur,   1755
En vertu d'un contrat duquel je suis porteur:
Il est en bonne forme, et l'on n'y peut rien dire.

DAMIS

Certes cette impudence est grande, et je l'admire.

MONSIEUR LOYAL

Monsieur, je ne dois point avoir affaire à vous;
C'est à Monsieur: il est et raisonnable et doux,   1760
Et d'un homme de bien il sait trop bien l'office
Pour se vouloir du tout opposer à justice.

ORGON

Mais . . .

MONSIEUR LOYAL

      Oui, Monsieur, je sais que pour un million
Vous ne voudriez pas faire rébellion,

1746. **Signifier l'exploit,** *Serve the official summons.*   1749. **vuider** (*vider*) **d'ici,**
vacate.   1761. **l'office,** *the duty.*

Et que vous souffrirez, en honnête personne,   1765
Que j'exécute ici les ordres qu'on me donne.

DAMIS

Vous pourriez bien ici sur votre noir jupon,
Monsieur l'huissier à verge, attirer le bâton.

MONSIEUR LOYAL

Faites que votre fils se taise ou se retire,
Monsieur. J'aurais regret d'être obligé d'écrire,   1770
Et de vous voir couché sur mon procès-verbal.

DORINE

Ce Monsieur Loyal porte un air bien déloyal !

MONSIEUR LOYAL

Pour tous les gens de bien j'ai de grandes tendresses,
Et ne me suis voulu, Monsieur, charger des pièces
Que pour vous obliger et vous faire plaisir,   1775
Que pour ôter par là le moyen d'en choisir
Qui, n'ayant pas pour vous le zèle qui me pousse,
Auraient pu procéder d'une façon moins douce.

ORGON

Et que peut-on de pis que d'ordonner aux gens
De sortir de chez eux ?

MONSIEUR LOYAL

               On vous donne du temps,   1780
Et jusques à demain je ferai surséance
A l'exécution, Monsieur, de l'ordonnance.
Je viendrai seulement passer ici la nuit,
Avec dix de mes gens, sans scandale et sans bruit.
Pour la forme, il faudra, s'il vous plaît, qu'on m'apporte,   1785
Avant que se coucher, les clefs de votre porte.
J'aurai soin de ne pas troubler votre repos,

1765. honnête personne, *civil person.*   1767. jupon, a long and skirtlike jacket.
1771. couché . . . procès-verbal, *complained of in my official report.*   1774. ne me suis
voulu charger des = *je n'ai voulu me charger des.* — pièces, *documents.*   1776. d'en
choisir = *de choisir d'autres huissiers.*   1779. que peut-on (faire) de pis.   1781. je
ferai surséance à, *I will suspend.*   1786. Avant que = *Avant de.*

Et de ne rien souffrir qui ne soit à propos.
Mais demain, du matin, il vous faut être habile
A vider de céans jusqu'au moindre ustensile: 1790
Mes gens vous aideront, et je les ai pris forts,
Pour vous faire service à tout mettre dehors.
On n'en peut pas user mieux que je fais, je pense;
Et comme je vous traite avec grande indulgence,
Je vous conjure aussi, Monsieur, d'en user bien,   1795
Et qu'au dû de ma charge on ne me trouble en rien.

ORGON

Du meilleur de mon cœur je donnerais sur l'heure
Les cent plus beaux louis de ce qui me demeure,
Et pouvoir, à plaisir, sur ce mufle assener
Le plus grand coup de poing qui se puisse donner.   1800

CLÉANTE

Laissez, ne gâtons rien.

DAMIS

                                   A cette audace étrange,
J'ai peine à me tenir, et la main me démange.

DORINE

Avec un si bon dos, ma foi, Monsieur Loyal,
Quelques coups de bâton ne vous siéraient pas mal.

MONSIEUR LOYAL

On pourrait bien punir ces paroles infâmes,   1805
Mamie, et l'on décrète aussi contre les femmes.

CLÉANTE

Finissons tout cela, Monsieur: c'en est assez;
Donnez tôt ce papier, de grâce, et nous laissez.

1788. **de ne rien souffrir ... à propos,** *to let nothing happen but what is fitting.*
1789. **du matin** = *dès le matin.* — **habile,** *prompt.*   1793. **On n'en peut pas ... je
fais,** *One cannot be more considerate than I am.*   1795. **d'en user bien,** *to act courte-
ously.*   1796. *That I may be in no manner hampered in the performance of my duty.*
1797. **sur l'heure,** *on the spot.*   1799–1800. *Just to have the satisfaction of giving that
ugly snout the biggest punch.* **Mufle,** 'muzzle of an animal.'   1801. **Laissez** (-le
tranquille). — **A** = *Devant.*   1804. **ne vous siéraient pas mal,** *would not be out of
place.*   1806. **Mamie,** *My dear.* — **l'on décrète,** *warrants are issued.*

MONSIEUR LOYAL

    Jusqu'au revoir. Le Ciel vous tienne tous en joie!

ORGON

    Puisse-t-il te confondre, et celui qui t'envoie!   1810

SCÈNE V

ORGON, CLÉANTE, MARIANE, ELMIRE, MADAME PERNELLE,
DORINE, DAMIS.

ORGON

    Hé bien, vous le voyez, ma mère, si j'ai droit,
    Et vous pouvez juger du reste par l'exploit:
    Ses trahisons enfin vous sont-elles connues?

MADAME PERNELLE

    Je suis toute ébaubie, et je tombe des nues!

DORINE

    Vous vous plaignez à tort, à tort vous le blâmez,   1815
    Et ses pieux desseins par là sont confirmés:
    Dans l'amour du prochain sa vertu se consomme;
    Il sait que très souvent les biens corrompent l'homme,
    Et par charité pure, il veut vous enlever
    Tout ce qui vous peut faire obstacle à vous sauver.   1820

ORGON

    Taisez-vous: c'est le mot qu'il vous faut toujours dire.

CLÉANTE

    Allons voir quel conseil on doit vous faire élire.

ELMIRE

    Allez faire éclater l'audace de l'ingrat.
    Ce procédé détruit la vertu du contrat;
    Et sa déloyauté va paraître trop noire,   1825
    Pour souffrir qu'il en ait le succès qu'on veut croire.

1811. si j'ai droit = si j'ai raison.   1812. l'exploit, the writ.   1814. et je tombe des nues, and completely bewildered.   1817. se consomme, shows itself at its best. 1822. élire = choisir.   1823. faire éclater, proclaim.   1824. détruit la vertu du contrat, invalidates the deed of assignment.   1826. le succès, the result.

SCÈNE VI

VALÈRE, ORGON, CLÉANTE, ELMIRE, MARIANE, ETC.

VALÈRE

Avec regret, Monsieur, je viens vous affliger;
Mais je m'y vois contraint par le pressant danger.
Un ami, qui m'est joint d'une amitié fort tendre,
Et qui sait l'intérêt qu'en vous j'ai lieu de prendre,   1830
A violé pour moi, par un pas délicat,
Le secret que l'on doit aux affaires d'État,
Et me vient d'envoyer un avis dont la suite
Vous réduit au parti d'une soudaine fuite.
Le fourbe qui longtemps a pu vous imposer   1835
Depuis une heure au Prince a su vous accuser,
Et remettre en ses mains, dans les traits qu'il vous jette,
D'un criminel d'État l'importante cassette,
Dont, au mépris, dit-il, du devoir d'un sujet,
Vous avez conservé le coupable secret.   1840
J'ignore le détail du crime qu'on vous donne;
Mais un ordre est donné contre votre personne;
Et lui-même est chargé, pour mieux l'exécuter,
D'accompagner celui qui vous doit arrêter.

CLÉANTE

Voilà ses droits armés; et c'est par où le traître   1845
De vos biens qu'il prétend cherche à se rendre maître.

ORGON

L'homme est, je vous l'avoue, un méchant animal!

VALÈRE

Le moindre amusement peut vous être fatal.
J'ai, pour vous emmener, mon carrosse à la porte,
Avec mille louis qu'ici je vous apporte.   1850

1831. un pas = une démarche.   1833. la suite, the consequence.   1834. au parti,
to the necessity.   1835. vous (en) imposer = vous tromper.   1836. Prince = Roi.
1837. dans les traits . . . jette, a filler put in merely for the sake of the rime.
1841. qu'on vous donne = dont on vous accuse.   1845. There you have the support for
his claims; and that is the way the scoundrel . . .   1846. prétend, seeks to obtain.
1848. amusement = retard.

Ne perdons point de temps: le trait est foudroyant,
Et ce sont de ces coups que l'on pare en fuyant.
A vous mettre en lieu sûr je m'offre pour conduite
Et veux accompagner jusqu'au bout votre fuite.

ORGON

Las! que ne dois-je point à vos soins obligeants!   1855
Pour vous en rendre grâce il faut un autre temps;
Et je demande au Ciel de m'être assez propice,
Pour reconnaître un jour ce généreux service.
Adieu: prenez le soin, vous autres . . .

CLÉANTE

                        Allez tôt:
Nous songerons, mon frère, à faire ce qu'il faut.   1860

SCÈNE VII

L'EXEMPT, TARTUFFE, VALÈRE, ORGON, ELMIRE,
MARIANE, ETC.

TARTUFFE

Tout beau, Monsieur, tout beau, ne courez point si vite:
Vous n'irez pas fort loin pour trouver votre gîte,
Et de la part du Prince on vous fait prisonnier.

ORGON

Traître, tu me gardais ce trait pour le dernier;
C'est le coup, scélérat, par où tu m'expédies,   1865
Et voilà couronner toutes tes perfidies.

TARTUFFE

Vos injures n'ont rien à me pouvoir aigrir,
Et je suis pour le Ciel appris à tout souffrir.

CLÉANTE

La modération est grande, je l'avoue.

1851. **le trait est foudroyant,** *the blow is a crushing one.*   1853. **A** = *Pour.* — **pour conduite** = *pour vous conduire.*   1858. **Pour (que je puisse) reconnaître.**   1861. **Tout beau,** *Gently.*   1864. **ce trait,** *this blow.*   1865. **tu m'expédies,** *you finish me.* 1868. i.e. *Et j'ai appris à tout souffrir pour le Ciel.*

DAMIS

Comme du Ciel l'infâme impudemment se joue !   1870

TARTUFFE

Tous vos emportements ne sauraient m'émouvoir,
Et je ne songe à rien qu'à faire mon devoir.

MARIANE

Vous avez de ceci grande gloire à prétendre,
Et cet emploi pour vous est fort honnête à prendre.

TARTUFFE

Un emploi ne saurait être que glorieux,   1875
Quand il part du pouvoir qui m'envoie en ces lieux.

ORGON

Mais t'es-tu souvenu que ma main charitable,
Ingrat, t'a retiré d'un état misérable ?

TARTUFFE

Oui, je sais quels secours j'en ai pu recevoir,
Mais l'intérêt du Prince est mon premier devoir ;   1880
De ce devoir sacré la juste violence
Étouffe dans mon cœur toute reconnaissance,
Et je sacrifierais à de si puissants nœuds
Ami, femme, parents, et moi-même avec eux.

ELMÍRE

L'imposteur !

DORINE

Comme il sait, de traîtresse manière,   1885
Se faire un beau manteau de tout ce qu'on révère !

CLÉANTE

Mais s'il est si parfait que vous le déclarez,
Ce zèle qui vous pousse et dont vous vous parez,
D'où vient que pour paraître il s'avise d'attendre

1870. **se joue** = *se moque.*   1873. **à prétendre,** *to claim.*   1874. **emploi,** *office.*
1881. **violence,** *constraint.*   1883. **nœuds,** i.e. *qui m'attachent au Prince.*   1888. **qui**
vous pousse ... parez, *which spurs you on and in which you take pride.*   1889. **il**
s'avise, *it thinks best.*

Qu'à poursuivre sa femme il ait su vous surprendre,   1890
Et que vous ne songez à l'aller dénoncer
Que lorsque son honneur l'oblige à vous chasser ?
Je ne vous parle point, pour devoir en distraire,
Du don de tout son bien qu'il venait de vous faire;
Mais le voulant traiter en coupable aujourd'hui,   1895
Pourquoi consentiez-vous à rien prendre de lui ?

TARTUFFE, *à l'Exempt.*

Délivrez-moi, Monsieur, de la criaillerie,
Et daignez accomplir votre ordre, je vous prie.

L'EXEMPT

Oui, c'est trop demeurer sans doute à l'accomplir:
Votre bouche à propos m'invite à le remplir;   1900
Et pour l'exécuter, suivez-moi tout à l'heure
Dans la prison qu'on doit vous donner pour demeure.

TARTUFFE

Qui ? moi, Monsieur ?

L'EXEMPT

Oui, vous.

TARTUFFE

Pourquoi donc la prison ?

L'EXEMPT

Ce n'est pas vous à qui j'en veux rendre raison.
Remettez-vous, Monsieur, d'une alarme si chaude.   1905
Nous vivons sous un prince ennemi de la fraude,
Un prince dont les yeux se font jour dans les cœurs,
Et que ne peut tromper tout l'art des imposteurs.
D'un fin discernement sa grande âme pourvue
Sur les choses toujours jette une droite vue;   1910
Chez elle jamais rien ne surprend trop d'accès,
Et sa ferme raison ne tombe en nul excès.

1890. il now refers to Orgon, as does *l'* in l. 1891.   1893. pour devoir en distraire,
another filler and a rather obscure half verse.   Translate: *as of a thing which should
have turned you away from it*, i.e. from 'that zeal,' referred to in ll. 1887, etc., which
prompted Tartuffe to denounce Orgon.   1899. demeurer, *delay*.   1904. rendre
raison, *give an account*.   1906. This eulogy of Louis XIV (ll. 1909–16; 1919–26;
1929–32) used to be cut at performances.   1907. se font jour, *see clearly*.   1911. i.e
Dans son âme aucune chose ne prend jamais trop d'influence.

Il donne aux gens de bien une gloire immortelle;
Mais sans aveuglement il fait briller ce zèle,
Et l'amour pour les vrais ne ferme point son cœur   1915
A tout ce que les faux doivent donner d'horreur.
Celui-ci n'était pas pour le pouvoir surprendre,
Et de pièges plus fins on le voit se défendre.
D'abord il a percé, par de vives clartés,
Des replis de son cœur toutes les lâchetés.   1920
Venant vous accuser, il s'est trahi lui-même,
Et par un juste trait de l'équité suprême,
S'est découvert au Prince un fourbe renommé,
Dont sous un autre nom il était informé;
Et c'est un long détail d'actions toutes noires   1925
Dont on pourrait former des volumes d'histoires.
Ce monarque, en un mot, a vers vous détesté
Sa lâche ingratitude et sa déloyauté;
A ses autres horreurs il a joint cette suite,
Et ne m'a jusqu'ici soumis à sa conduite   1930
Que pour voir l'impudence aller jusques au bout,
Et vous faire par lui faire raison de tout.
Oui, de tous vos papiers, dont il se dit le maître,
Il veut qu'entre vos mains je dépouille le traître.
D'un souverain pouvoir, il brise les liens   1935
Du contrat qui lui fait un don de tous vos biens,
Et vous pardonne enfin cette offense secrète
Où vous a d'un ami fait tomber la retraite;
Et c'est le prix qu'il donne au zèle qu'autrefois
On vous vit témoigner en appuyant ses droits,   1940
Pour montrer que son cœur sait, quand moins on y pense,
D'une bonne action verser la récompense,
Que jamais le mérite avec lui ne perd rien,
Et que mieux que du mal il se souvient du bien.

1915. **les vrais** (**dévots**).   **1917.** i.e. *Celui-ci n'était pas de ceux capables de le tromper.*
1919. *At once, with his brilliant understanding, he penetrated . . .*   **1920.** **replis,** *inner-most recesses.*   **1927.** **vers vous** should be translated at the end of the following verse.   **1929.** **il a joint cette suite** = *il a ajouté celle-ci.*   **1930.** **soumis à sa con-duite,** *placed me under his orders.*   **1932.** **vous faire . . . raison,** *have you obtain from him entire satisfaction.*   **1933–34.** Construe: *Il veut que je dépouille le traître de tous vos papiers, dont il se dit le maître, (pour les remettre) entre vos mains.*   **1935.** The King really had no legal right to break a contract and this is merely a part of the arti-ficially happy ending.   **1938.** i.e. *Où la retraite* ('the flight') *d'un ami vous a fait tomber.*
1939. **autrefois,** i.e. during the Fronde; cf. ll. 181–82.   **1942.** **verser,** *bestow.*

DORINE

Que le Ciel soit loué !

MADAME PERNELLE

Maintenant je respire.   1945

ELMIRE

Favorable succès !

MARIANE

Qui l'aurait osé dire ?

ORGON, *à Tartuffe.*

Hé bien ! te voilà, traître . . .

CLÉANTE

Ah ! mon frère, arrêtez,
Et ne descendez point à des indignités;
A son mauvais destin laissez un misérable,
Et ne vous joignez point au remords qui l'accable: 1950
Souhaitez bien plutôt que son cœur en ce jour
Au sein de la vertu fasse un heureux retour,
Qu'il corrige sa vie en détestant son vice
Et puisse du grand Prince adoucir la justice,
Tandis qu'à sa bonté vous irez à genoux   1955
Rendre ce que demande un traitement si doux.

ORGON

Oui, c'est bien dit: allons à ses pieds avec joie
Nous louer des bontés que son cœur nous déploie.
Puis, acquittés un peu de ce premier devoir,
Aux justes soins d'un autre il nous faudra pourvoir,   1960
Et par un doux hymen couronner en Valère
La flamme d'un amant généreux et sincère.

1946. **succès,** *outcome.*   1960. **soins,** *demands.*   1962. **généreux,** *noble-hearted.*
Note that the last word of this play on hypocrisy is *sincère.*

RACINE.

RACINE

The facts of Racine's life are well known, but the relation of his life to his work is not so evident as in the case of Corneille. What is the true nature of Racine's religious sentiment, the secret of his sensitiveness, the inspiration for his violent and distinctive portrayal of love? These remain mysteries.

Jean Racine was born at La Ferté-Milon, in the Ile-de-France, in 1639. He was left an orphan at the age of five, and when but ten years old was sent by his grandmother to the Collège de Beauvais. He entered Port-Royal at fifteen and studied there for three years.

Port-Royal was the celebrated center of Jansenism where learned scholars, called *solitaires*, lived an austere life of meditation and instructed their young students with as much sternness as science. Jansenism — the attempt to restore the doctrine of Saint Augustine by Jansenius, the bishop of Ypres — was a great religious movement, comparable to a sort of Catholic-Calvinism. The Jansenists proclaimed the omnipotence of God, denying freedom of the will. They practised the most rigorous rules of morality, condemning the social compromises of their opponents, the Jesuits. Two eminent authors of the seventeenth century were strongly influenced by this movement: Pascal and Racine. From the years spent at Port-Royal, Racine acquired a deep religious feeling which, after a long period of apparent neglect, revived, and in 1678 brought about his conversion to Jansenism. He retained the dreamy sensitiveness fostered by his peaceful youth among these austere masters; and, above all, he was imbued with a passion for Hellenism. The *solitaires* excelled in the teaching of Greek. Racine, in his drama, reproduces the wonderful simplicity and perfect taste of the ancient Greeks; he revives the mysterious fatality of their tragedy.

In 1658, Racine left Port-Royal and came to Paris. He wrote verse, became acquainted with prominent men of letters, and frequented the theater. After a time, he was induced to make a short sojourn in the South of France, in an attempt to turn him aside from this life of pleasure and take away his desire to write for the stage. But in vain. In 1664 and 1665 his first plays were produced, *la Thébaïde* and *Alexandre*. Both are fairly well constructed, but reveal the author's inexperience. In 1667, however, came a masterpiece, *Andromaque*, the title rôle being played by the celebrated Mlle Du Parc, with whom Racine was passionately in love, and who already counted Corneille, Molière, and La Fontaine among her victims.

Between 1667 and 1677 Racine produced *les Plaideurs*, a comedy; *Britannicus* (1669), a marvel of dramatic construction; *Bérénice* (1670), a dramatic elegy; *Bajazet* (1672), *Mithridate* (1673), *Iphigénie* (1674), in which he seemed to repeat himself; and finally, in 1677, he gave the highest expression to his genius in *Phèdre*. After *Phèdre* Racine withdrew from the theater and turned toward Jansenism. He was worn out by the constant struggle against malice and envy, and filled with remorse for having strayed away so long and so far from the teachings of his youth. Louis XIV made him his historiographer; he married and settled down at court.

It was only twelve years later, at the request of Madame de Maintenon, that he turned once more to dramatic composition and wrote the biblical play *Esther* for the young women of her school at Saint-Cyr. In 1691 he composed *Athalie*, also for them.

Racine's last years were sad. His Jansenism was not in favor at a period when the King was striving for religious unity in France. He died in 1699 and was buried at Port-Royal.

Dramatic technique. — Racine perfected Corneille's technique, showing himself both more skilled in composition and a greater artist. He is more subtle in his preparations and makes his drama unfold with a seeming naturalness and simplicity which are the height of art. For Corneille's extraordinary situations he substitutes ordinary ones, depending wholly on the characters for interest. Two people who love each other and are separated by political and social circumstances is the theme of *Bérénice;* a woman falls in love with her stepson and struggles in vain against the guilty passion, and we have *Phèdre*. The conflicts are truly human, even though the actors be kings and princes.

Unlike Corneille, Racine does not ask us to admire his heroes; he begs only for our pity. They are all victims of hopeless love. Thus passion takes the place of Greek fatality, of Cornelian super-will. Love being of all passions the most violent, the most tragic in its effects, Racinian tragedy necessarily moves with greater swiftness than the Cornelian. It is essentially a crisis, wherefore the unity of action is naturally observed; something must be decided at once, hence the unity of time; and the decision must be made on the spot, hence unity of place. Because it is a combination of sentiment and passion, it is a psychological tragedy.

Racine's psychology. — Pessimism is a basic trait of all Racine's tragedies. His characters struggle, but are doomed in advance to be vanquished. Their activity is like that of the prisoner within the four walls of his cell: on all sides a fatal destiny restrains and finally crushes them. This fatality is at times quite akin to the Jansenist doctrine of predestination; and again it recalls the Greek fatality which imposes upon Orestes and Œdipus crimes for which they later must suffer punishment. But it is something more, and in this Racine is modern: fatality in his tragedy is the determinism of heredity, the triumph of the subconscious, of man's needs and desires, over his will. Phèdre loves in spite of herself, being the 'victim of the gods,' that is, of her heredity, just as much as Ibsen's characters in *Ghosts*. It is with Racine that love becomes dominant in tragedy; for it is the most violent hence the most tragic, the most mysterious and the most poetic of all passions. To Racine also is due woman's eminence in literature. After the chivalrous worship of the Middle Ages, after Petrarchism and *préciosité*, comes the psychological analysis of woman's soul. Racine's heroes pale before his heroines: Hermione, Bérénice, Phèdre. These readily fall into two groups: the violent, unrestrained women, fiercely exclusive in their passion: Hermione, Phèdre; the modest, sensitive women, gentle and tender: Andromaque, Bérénice, Aricie, and above all, Monime in *Mithridate*.

Racine's poetry. — In Racine we recognize a great dramatist and a great psychologist. He is also a great poet, the representative poet of classicism. The perfection of his poetry is due not merely to the absolute correctness of its form, but also to its restraint. Racine represents classicism because, overcoming his own fervid nature, he expresses with lucid calm and serenity the most violent and even the most morbid of sentiments. His classicism thus becomes a personal triumph over an innate romanticism. For Racine is not rational and measured, he is constantly proclaiming the triumph of passion, of sensuality.

The first characteristic of his style is its skillful economy: the simplicity and restraint of his vocabulary. The idiom is that of the elegant and aristocratic society of the seventeenth century: poetry which often skims close to prose and yet is never prosaic. Elsewhere, there is a serene beauty, ever disdainful of artifice, of facile effects. Many lines evoke splendid tableaux:

> Songe, songe, Céphise, à cette nuit cruelle . . .

exclaims Andromaque, and shows the carnage and horror of the capture of Troy.

> Prêts à vous recevoir, mes vaisseaux vous attendent,
> Et du pied de l'autel vous y pouvez monter,
> Souveraine des mers qui vous doivent porter . . .

Mithridate's son thus eloquently pleads with Monime to flee with him and evokes "the radiant spectacle of a triumphant flotilla riding to the dancing waves."

Racine borrows few metaphors from nature, but makes use of a legendary and mythological atmosphere. In *Phèdre* are mentioned Minos, the judge of the dead, the labyrinth of Crete, forsaken Ariadne, monstrous Pasiphaë.

Racine's verse is melodious with subtle music. "To ears that are attuned to hear it," says Mr. Lytton Strachey, "his music comes fraught with a poignancy of loveliness whose peculiar quality is shared by no other poetry in the world."

To appreciate Racine is to grow in the understanding of modern France, for no other influence has equaled his. Every admirer of Stendhal or of Proust will readily perceive the Racinian quality in their portrayal of love. And who can fail to hear Racinian harmonies in the verse of Baudelaire or of Paul Valéry?

Post Royal clôtre avec Jansenistes

Violence Humain (Passion contrariée.)

la fille Menou —

ANDROMAQUE

Andromaque (1667), Racine's first masterpiece, is also the first of the tragedies which may be called truly classic. It is simple, natural, faithful to its period while transcending it, beautiful for all time. It is useful to recall that this is the period of the formation of the classic school. La Rochefoucauld had only just published his *Maximes* (1665); Madame de Sévigné was writing the most charming of her letters; La Fontaine was finishing the first book of his *Fables*, and Molière's *Misanthrope* had been performed only in June of the preceding year. All these works are characterized by the same qualities: naturalness, truth, the avoidance of affectation, of the extraordinary, of the romantic.

Andromaque, performed at the Hôtel de Bourgogne, was an immediate success, and its young author was hailed as a successor to Corneille, now somewhat outmoded. For instead of Cornelian heroism, representative of the age of Louis XIII, instead of the severe, logical argumentation so near to Descartes' rationalism, Racine was offering a spectacle in which a polite and more refined society might delight, a tragedy dominated by woman and of which the eternal subject was love in its passionate outbursts, in its unreason.

The most striking traits of the new tragedy were: the theme, borrowed from Greece and not from Spain or from Rome; the simplicity of the construction; the violence and the tenderness of the sentiments; the great delicacy and sensitiveness of the painting of passion; the poetry of the style and the harmony of the verse.

In his preface, Racine quotes the passage from Virgil by which he was inspired; but the subject goes further back than Virgil, to the oldest legends of Greece. The three cantos of the *Iliad*, where Andromache appears, are perhaps the most touching: canto VI, where, 'smiling through her tears,' she bids Hector farewell before the combat, holding their son up to him; and cantos XXII and XXIV, where, widowed, she laments the death of her husband.

Euripides' tragedy of *Andromache*, faithful to the legend, shows the heroine as the slave of Pyrrhus, having borne him three sons. Hermione, Pyrrhus' wife, is jealous and tries to slay not Astyanax, the son of Hector, but Molossus, the son of Andromache and Pyrrhus.

Racine obviously took great liberties with the legend. He was a poet and not a historian and his drama is Greek only in so far as he has treated it according to the principles of simplicity, harmony, and grace characteristic of Greek art. In *Andromaque* Racine, neglecting local color, paints the men and women of his time. Pyrrhus is not a savage Greek warrior, but a French nobleman of the seventeenth century, polite, *précieux* even, and tortured by love.

The action of the tragedy is simple: an initial event, Oreste's arrival, sets it in motion. Everything depends on Andromaque's answer to Pyrrhus. Hermione's fate, in turn, depends on Pyrrhus, and Oreste's on Hermione; and, bound to Oreste, is the faithful Pylade. Here are no startling outside events, no shocks or surprises: only sentiments and passions. And yet the

fataliste - croit en la predestination -
heroine -

drama is gripping because of the suspense brought about by the variations in moods under the impulse of reason or folly. The dénouement remains in doubt until passion, infuriated by obstacles, offers as the only possible outcome murder, suicide, or madness.

The women are the dominant characters of the tragedy. Andromaque, a widow and a mother, has some likeness to a Cornelian heroine. She exalts duty above all else. But her character is much more subtle: with all her unswerving loyalty to the memory of Hector, her devotion to their son, she remains not insensible to the tribute of the love of so powerful, renowned, and redoubtable a warrior as Pyrrhus. Certain critics have even spoken of *la coquetterie d'Andromaque;* others, given to psychoanalysis, would have it that, unknown to herself, she loves him. It is true that Andromaque, who is not a young girl, could, with all her experience of life, have decisively discouraged her lover at the start and not let him become more and more attached to her. But she would not, hoping, perhaps, in some way to save her son. She also keeps his jealousy of Hector's memory constantly alive. "*Cent fois le nom d'Hector est sorti de sa bouche,*" says Pyrrhus bitterly (l. 650). And yet, when Pyrrhus falls, murdered, it is she who renders the last pious rites to him who would have sacrificed all for her love.

Hermione is very young and unskilled. Hers is undoubtedly a first love, and with it comes a first deep grief. She suffers, also, in her womanly pride — "Hell hath no fury like a woman scorn'd"[1] — , and presently, her love embittered by jealousy turns into a hate which drives her to murderous violence. By the bewildering feminine complexity of her character, Hermione in the fourth and fifth acts dominates the other personages of the tragedy.

The men appear but pale creatures beside these two women. Pyrrhus is at once a warrior bold and cruel, and an attentive and tender lover such as Racine might meet at court. The sincerity of his love creates sympathy for him. Oreste is a forerunner of the romantic hero: driven by fate, *une force qui va,* like Hernani. He is the victim of an avenging deity; but the poet also shows him as a weak man, passion-swept, incapable of understanding the subtleties of a woman's feelings or the seeming contradictions of her heart. Hermione's violent *qui te l'a dit?* leaves him stunned.

The entire play breathes with the freshness of youth. Even the style has a fiery boldness which distinguishes this from other tragedies. Artistically, Racine rose to greater heights with *Britannicus* and *Phèdre;* but he never again found that elusive charm which has made *Andromaque* a favorite with the French public.

[1] The line is from *The Mourning Bride* (1967) by Congreve. The modern French like to insist that Racine is not a poet of tender love, but of fierce desire. François Mauriac wrote: "Desire is his kingdom. Phèdre no more loves Hippolyte than Roxane does Bazajet or Hermione Pyrrhus: it is the demand of a hunger which craves for satiation and seeks an outlet in crime. But what can crime do against the desired creature who is not consenting?" *See* "The Tragedy of passion", by Henri Peyre, in *Tragic Themes*, ed. Cleanth Brooks, Yale University Press, 1955.

8ᵉ siècle B.C., après prise de Troyes —
« Iliades » d' Homer.

SYNOPSIS OF *ANDROMAQUE*

ACT I

sc. i — Exposition through allusions to past events. Intentions of one of the heroes, ORESTE.

ORESTE, sent by the Greeks as ambassador to PYRRHUS, who refuses to surrender Hector's son, meets at the court of Pyrrhus his faithful friend PYLADE.

ORESTE is in love with HERMIONE, who is herself in love with PYRRHUS and hopes to marry him.

sc. ii — Introduction of the second male character, PYRRHUS. His real feelings are discovered through his confessions to his confidant.

ORESTE presents his message to PYRRHUS, who is vexed by the demands of the Greeks and refuses to comply with them.

sc. iii

PYRRHUS no longer loves HERMIONE, whom he had promised to marry.

sc. iv — The chief heroine of the play appears. The exposition is completed. The "problem" is presented.

He is passionately in love with his captive ANDROMAQUE. He informs her that he will surrender her son, ASTYANAX, unless she agrees to marry him.

ACT II

sc. i, ii — The fourth protagonist appears. The violence of her feelings announces tragic consequences.

HERMIONE, daughter of Helen, has been waiting for Pyrrhus, to whom she is betrothed. Vexed by his indifference, she will use ORESTE, who loves her, to win back the heart of Pyrrhus.

sc. iii
sc. iv — Apparent and temporary dénouement of the tangled situation.

ORESTE's hopes are aroused.

PYRRHUS, vexed by ANDROMAQUE's hesitations, changes his mind, apologizes to ORESTE, and decides to marry HERMIONE.

sc. v

PYRRHUS explains his new decision and reveals the depth of his passion for ANDROMAQUE and the weakness of his will power.

ACT III

sc. i	Continues the apparent solution reached in Act II. The consequences on the characters concerned.	ORESTE is disappointed at thus losing HERMIONE.
sc. ii, iii sc. iv, v		HERMIONE is proud and exultant. She even haughtily rejects ANDROMAQUE'S prayer for her son.
sc. vi	A new surprise alters the course of events. All the protagonists face a dilemma.	PYRRHUS, however, soon falls again under the spell of ANDROMAQUE, while she begs him to save her son.
sc. vii		He asks her definitely to choose between the alternatives: either marry him or lose her son.
sc. viii	The act closes on words of uncertainty and suspense.	ANDROMAQUE depicts her hesitations and her anxieties.

ACT IV

sc. i	The momentous decision has been taken by the principal character.	ANDROMAQUE reveals her decision. She will marry PYRRHUS and thus save her son. Then she will kill herself.
sc. ii	Consequences of that decision upon the others.	HERMIONE'S silent and jealous anger.
sc. iii		She sends for ORESTE and orders him to murder PYRRHUS.
sc. iv, v	Poetical and tragic climax of the play.	PYRRHUS apologizes to HERMIONE for not loving her. This only makes her more furious, and she threatens him in splendid, tragic language.
sc. vi		PYRRHUS fails to understand. His only preoccupation is with ANDROMAQUE.

ACT V

sc. i	Final suspense before the dénouement.	HERMIONE is still torn between love, hatred, and jealousy.
sc. ii	HERMIONE becomes the leading character. Her passion driven to exasperation.	Her emotions while the wedding is taking place.

sc. iii   Death of one character.

ORESTE has killed PYRRHUS. HER-
MIONE then forgets her hatred for the
murdered king, and blames ORESTE
for obeying her.

sc. iv, v   The dénouement: its ef-
             fects.   Death of an-
             other character.   A
             third one driven to in-
             sanity.

Surprise of ORESTE. He becomes
insane, while HERMIONE kills herself
over the body of PYRRHUS. ANDRO-
MAQUE alone survives, but is absent
from the stage after the beginning of
the fourth act.

ANDROMAQUE

La TRAGÉDIE *des amours contrariés*

(17 novembre 1667)

ACTEURS[1]

ANDROMAQUE,[2] veuve d'Hector, captive de Pyrrhus.
PYRRHUS,[3] fils d'Achille, roi d'Épire.
ORESTE,[4] fils d'Agamemnon.
HERMIONE,[5] fille d'Hélène, accordée avec Pyrrhus.
PYLADE, ami d'Oreste.
CLÉONE, confidente d'Hermione.
CÉPHISE, confidente d'Andromaque.
PHŒNIX, gouverneur d'Achille, et ensuite de Pyrrhus.
SUITE D'ORESTE.

La scène est à Buthrot,[6] ville d'Épire, dans une
salle du palais de Pyrrhus.

[1] In modern French *Personnages*. [2] Played by Mlle du Parc, who died in 1668.
[3] Played by Floridor, who was then sixty years old. [4] Played by Montfleury, who died
a year later. [5] Played by Mlle des Œillets, a mature Hermione, forty-six years old.
[6] **Buthrot** = *Buthrote*.

Sauver son fils d'Astyanax

Oreste   Hermione   Pyrrhus   Andromaque

Souvenir d'Hector

ACTE PREMIER

SCÈNE PREMIÈRE

ORESTE, PYLADE.

ORESTE

Oui, puisque je retrouve un ami si fidèle,
Ma fortune va prendre une face nouvelle;
Et déjà son courroux semble s'être adouci,
Depuis qu'elle a pris soin de nous rejoindre ici.
Qui l'eût dit, qu'un rivage à mes vœux si funeste   5
Présenterait d'abord Pylade aux yeux d'Oreste?
Qu'après plus de six mois que je t'avais perdu,
A la cour de Pyrrhus tu me serais rendu?

PYLADE

J'en rends grâces au ciel, qui m'arrêtant sans cesse
Semblait m'avoir fermé le chemin de la Grèce,   10
Depuis le jour fatal que la fureur des eaux
Presque aux yeux de l'Épire écarta nos vaisseaux.
Combien dans cet exil ai-je souffert d'alarmes!
Combien à vos malheurs ai-je donné de larmes,
Craignant toujours pour vous quelque nouveau danger   15
Que ma triste amitié ne pouvait partager!
Surtout je redoutais cette mélancolie
Où j'ai vu si longtemps votre âme ensevelie.
Je craignais que le ciel, par un cruel secours,
Ne vous offrît la mort que vous cherchiez toujours.   20
Mais je vous vois, Seigneur; et si j'ose le dire,
Un destin plus heureux vous conduit en Épire:

---

1. Racine's tragedies often begin in this lively, colloquial style. When the curtain rises, the two characters seem to be already in the midst of a conversation.   4. **rejoindre,** *reunite.*   6. **d'abord,** *at once.*   12. **aux yeux de,** *in sight of.* — **écarta** = *sépara.*
17. **mélancolie,** *gloom.* According to mythological tradition, Orestes' madness was the result of the wrath of the Furies, who pursued him for the murder of his mother Clytemnæstra, who had killed his father Agamemnon.   19. **cruel,** i.e. cruel to his friend, Pylade.

Le pompeux appareil qui suit ici vos pas
N'est point d'un malheureux qui cherche le trépas.

ORESTE

Hélas! qui peut savoir le destin qui m'amène ?   25
L'amour me fait ici chercher une inhumaine.
Mais qui sait ce qu'il doit ordonner de mon sort,
Et si je viens chercher ou la vie ou la mort ?

PYLADE

Quoi ? votre âme à l'amour en esclave asservie
Se repose sur lui du soin de votre vie ?   30
Par quel charme, oubliant tant de tourments soufferts,
Pouvez-vous consentir à rentrer dans ses fers ?
Pensez-vous qu'Hermione, à Sparte inexorable,
Vous prépare en Épire un sort plus favorable ?
Honteux d'avoir poussé tant de vœux superflus,   35
Vous l'abhorriez; enfin vous ne m'en parliez plus.
Vous me trompiez, Seigneur.

ORESTE

                   Je me trompais moi-même.
Ami, n'accable point un malheureux qui t'aime.
T'ai-je jamais caché mon cœur et mes désirs ?
Tu vis naître ma flamme et mes premiers soupirs.   40
Enfin, quand Ménélas disposa de sa fille
En faveur de Pyrrhus, vengeur de sa famille,
Tu vis mon désespoir; et tu m'as vu depuis
Traîner de mers en mers ma chaîne et mes ennuis.
Je te vis à regret, en cet état funeste,   45
Prêt à suivre partout le déplorable Oreste,
Toujours de ma fureur interrompre le cours,
Et de moi-même enfin me sauver tous les jours.
Mais quand je me souvins que parmi tant d'alarmes
Hermione à Pyrrhus prodiguait tous ses charmes,   50
Tu sais de quel courroux mon cœur alors épris

23. pompeux appareil, *imposing retinue* (of an ambassador). 26. inhumaine, a
term borrowed from the language of the *précieuses*. 27. il = *l'amour*. 30. *Depends
on it* (i.e. love) *for the preservation of your life?* 31. charme, *magic spell*. 32. rentrer
dans ses fers, a favorite metaphor of the *précieuses*. 35. *Ashamed of having sighed
for her so long in vain.* 41. Ménélas, *Menelaus*, the father of Hermione. 44. ma
chaîne, i.e. the love that bound him to Hermione. — ennuis, *torments*. 46. déplorable, *pitiable*. 49. tant d'alarmes, *the many torments* (which I was undergoing).

Voulut en l'oubliant punir tous ses mépris.
Je fis croire et je crus ma victoire certaine;
Je pris tous mes transports pour des transports de haine;
Détestant ses rigueurs, rabaissant ses attraits,   55
Je défiais ses yeux de me troubler jamais.
Voilà comme je crus étouffer ma tendresse.
En ce calme trompeur j'arrivai dans la Grèce;
Et je trouvai d'abord ses princes rassemblés,
Qu'un péril assez grand semblait avoir troublés.   60
J'y courus. Je pensai que la guerre et la gloire
De soins plus importants rempliraient ma mémoire;
Que mes sens reprenant leur première vigueur,
L'amour achèverait de sortir de mon cœur.
Mais admire avec moi le sort dont la poursuite   65
Me fait courir alors au piège que j'évite.
J'entends de tous côtés qu'on menace Pyrrhus;
Toute la Grèce éclate en murmures confus;
On se plaint qu'oubliant son sang et sa promesse
Il élève en sa cour l'ennemi de la Grèce,   70
Astyanax, d'Hector jeune et malheureux fils,
Reste de tant de rois sous Troie ensevelis.
J'apprends que pour ravir son enfance au supplice
Andromaque trompa l'ingénieux Ulysse,
Tandis qu'un autre enfant, arraché de ses bras,   75
Sous le nom de son fils fut conduit au trépas.
On dit que peu sensible aux charmes d'Hermione,
Mon rival porte ailleurs son cœur et sa couronne;
Ménélas, sans le croire, en paraît affligé,
Et se plaint d'un hymen si longtemps négligé.   80
Parmi les déplaisirs où son âme se noie,
Il s'élève en la mienne une secrète joie:
Je triomphe; et pourtant je me flatte d'abord
Que la seule vengeance excite ce transport.
Mais l'ingrate en mon cœur reprit bientôt sa place: 85
De mes feux mal éteints je reconnus la trace;
Je sentis que ma haine allait finir son cours,
Ou plutôt je sentis que je l'aimais toujours.

53. **ma victoire,** i.e. my victory over my passion. 55. **Détestant,** *Cursing.*
59. **d'abord,** *at the very first.* 62. **mémoire,** *thoughts.* 65. **admire,** *marvel at.* — **sort . . .**
poursuite. Oreste considers himself driven by Fate. 74. **ingénieux,** *wily.* 84. **Que**
la seule vengeance = *Que la vengeance seule.* 88. One of those tender, idyllic, and
passionate lines which create the atmosphere of a Racinian tragedy.

Ainsi de tous les Grecs je brigue le suffrage.
On m'envoie à Pyrrhus: j'entreprends ce voyage.   90
Je viens voir si l'on peut arracher de ses bras
Cet enfant dont la vie alarme tant d'États:
Heureux si je pouvais, dans l'ardeur qui me presse,
Au lieu d'Astyanax lui ravir ma princesse!
Car enfin n'attends pas que mes feux redoublés   95
Des périls les plus grands puissent être troublés.
Puisqu'après tant d'efforts ma résistance est vaine,
Je me livre en aveugle au destin qui m'entraîne.
J'aime: je viens chercher Hermione en ces lieux,
La fléchir, l'enlever, ou mourir à ses yeux.   100
Toi qui connais Pyrrhus, que penses-tu qu'il fasse?
Dans sa cour, dans son cœur, dis-moi ce qui se passe.
Mon Hermione encor le tient-elle asservi?
Me rendra-t-il, Pylade, un bien qu'il m'a ravi?

PYLADE

Je vous abuserais si j'osais vous promettre   105
Qu'entre vos mains, Seigneur, il voulût la remettre:
Non que de sa conquête il paraisse flatté.
Pour la veuve d'Hector ses feux ont éclaté:
Il l'aime. Mais enfin cette veuve inhumaine
N'a payé jusqu'ici son amour que de haine;   110
Et chaque jour encore on lui voit tout tenter
Pour fléchir sa captive, ou pour l'épouvanter.
De son fils, qu'il lui cache, il menace la tête,
Et fait couler des pleurs, qu'aussitôt il arrête.
Hermione elle-même a vu plus de cent fois   115
Cet amant irrité revenir sous ses lois,
Et de ses vœux troublés lui rapportant l'hommage,
Soupirer à ses pieds moins d'amour que de rage.
Ainsi n'attendez pas que l'on puisse aujourd'hui
Vous répondre d'un cœur si peu maître de lui: 120

---

89. je brigue le suffrage, *I ask to be elected as ambassador.*   98. Oreste again appears as a typical romantic hero, the victim of destiny.   104. This long speech of Oreste (ll. 37–104) is a lucid and exact exposition, which enlightens the reader on the events which took place before the play opened, and concerning the character of Oreste himself.   109. Il l'aime. This phrase (and, l. 99, *J'aime*) gives the leitmotif of the play. The protagonists are each desperately in love with someone who does not return that love.   113. qu'il lui cache. Andromaque is allowed to see her son only once a day (cf. l. 261).   117. troublés, *restless, anxious.*

Il peut, Seigneur, il peut, dans ce désordre extrême,
Épouser ce qu'il hait, et punir ce qu'il aime.

ORESTE

Mais dis-moi de quel œil Hermione peut voir
Son hymen différé, ses charmes sans pouvoir ?

PYLADE

Hermione, Seigneur, au moins en apparence,   125
Semble de son amant dédaigner l'inconstance,
Et croit que trop heureux de fléchir sa rigueur,
Il la viendra presser de reprendre son cœur.
Mais je l'ai vue enfin me confier ses larmes.
Elle pleure en secret le mépris de ses charmes.   130
Toujours prête à partir et demeurant toujours,
Quelquefois elle appelle Oreste à son secours.

ORESTE

Ah ! si je le croyais, j'irais bientôt, Pylade,
Me jeter . . .

PYLADE

                Achevez, Seigneur, votre ambassade.
Vous attendez le Roi.   Parlez, et lui montrez   135
Contre le fils d'Hector tous les Grecs conjurés.
Loin de leur accorder ce fils de sa maîtresse,
Leur haine ne fera qu'irriter sa tendresse.
Plus on les veut brouiller, plus on va les unir.
Pressez, demandez tout, pour ne rien obtenir.   140
Il vient.

ORESTE

                Hé bien ! va donc disposer la cruelle
A revoir un amant qui ne vient que pour elle.

122. i.e. marry Hermione and kill Astyanax (and hence, his mother). Notice the
conciseness of the style and its magnificent simplicity.   135. lui montrez = *montrez-
lui.*   137. Loin de leur accorder = *Loin qu'il leur accorde.* Pyrrhus is the subject of
accorder.

SCÈNE II

PYRRHUS, ORESTE, PHŒNIX.

ORESTE

Avant que tous les Grecs vous parlent par ma voix,
Souffrez que j'ose ici me flatter de leur choix,
Et qu'à vos yeux, Seigneur, je montre quelque joie   145
De voir le fils d'Achille et le vainqueur de Troie.
Oui, comme ses exploits nous admirons vos coups:
Hector tomba sous lui, Troie expira sous vous;
Et vous avez montré, par une heureuse audace,
Que le fils seul d'Achille a pu remplir sa place.   150
Mais ce qu'il n'eût point fait, la Grèce avec douleur
Vous voit du sang troyen relever le malheur,
Et vous laissant toucher d'une pitié funeste,
D'une guerre si longue entretenir le reste.
Ne vous souvient-il plus, Seigneur, quel fut Hector?   155
Nos peuples affaiblis s'en souviennent encor.
Son nom seul fait frémir nos veuves et nos filles;
Et dans toute la Grèce il n'est point de familles
Qui ne demandent compte à ce malheureux fils
D'un père ou d'un époux qu'Hector leur a ravis.   160
Et qui sait ce qu'un jour ce fils peut entreprendre?
Peut-être dans nos ports nous le verrons descendre,
Tel qu'on a vu son père embraser nos vaisseaux,
Et, la flamme à la main, les suivre sur les eaux.
Oserai-je, Seigneur, dire ce que je pense?   165
Vous-même de vos soins craignez la récompense,
Et que dans votre sein ce serpent élevé
Ne vous punisse un jour de l'avoir conservé.
Enfin de tous les Grecs satisfaites l'envie,
Assurez leur vengeance, assurez votre vie;   170
Perdez un ennemi d'autant plus dangereux
Qu'il s'essaîra sur vous à combattre contre eux.

---

143 ff. Oreste makes a formal speech, as an ambassador anxious to flatter and to please Pyrrhus, the valiant son of Achilles.   **152. relever,** *relieve.*   **153. d'une** = *par une.*   **154. le reste,** *the survivor,* i.e. Astyanax.   **155. vous souvient-il** = *vous souvenez-vous.* — **quel** (not *qui*), *what sort of man, what dangerous enemy.*   **159–60. demandent . . . époux,** *demand satisfaction . . . for a father or husband.*   **164.** An allusion to Homer's *Iliad,* XV and XVI.   **166. craignez** is imperative.   **172.** Note the concise formula which sums up all Oreste's arguments. — **s'essaîra** = *s'essaiera.* — **à** = *pour.*

PYRRHUS

La Grèce en ma faveur est trop inquiétée.
De soins plus importants je l'ai crue agitée,
Seigneur; et sur le nom de son ambassadeur,   175
J'avais dans ses projets conçu plus de grandeur.
Qui croirait en effet qu'une telle entreprise
Du fils d'Agamemnon méritât l'entremise;
Qu'un peuple tout entier, tant de fois triomphant,
N'eût daigné conspirer que la mort d'un enfant?   180
Mais à qui prétend-on que je le sacrifie?
La Grèce a-t-elle encor quelque droit sur sa vie?
Et seul de tous les Grecs ne m'est-il pas permis
D'ordonner d'un captif que le sort m'a soumis?
Oui, Seigneur, lorsqu'au pied des murs fumants de Troie   185
Les vainqueurs tout sanglants partagèrent leur proie,
Le sort, dont les arrêts furent alors suivis,
Fit tomber en mes mains Andromaque et son fils.
Hécube près d'Ulysse acheva sa misère;
Cassandre dans Argos a suivi votre père: 190
Sur eux, sur leurs captifs ai-je étendu mes droits?
Ai-je enfin disposé du fruit de leurs exploits?
On craint qu'avec Hector Troie un jour ne renaisse;
Son fils peut me ravir le jour que je lui laisse.
Seigneur, tant de prudence entraîne trop de soin;   195
Je ne sais point prévoir les malheurs de si loin.
Je songe quelle était autrefois cette ville,
Si superbe en remparts, en héros si fertile,
Maîtresse de l'Asie; et je regarde enfin
Quel fut le sort de Troie, et quel est son destin.   200
Je ne vois que des tours que la cendre a couvertes,
Un fleuve teint de sang, des campagnes désertes,
Un enfant dans les fers; et je ne puis songer
Que Troie en cet état aspire à se venger.
Ah! si du fils d'Hector la perte était jurée,   205
Pourquoi d'un an entier l'avons-nous différée?
Dans le sein de Priam n'a-t-on pu l'immoler?

173. Pyrrhus answers with sarcastic irony.   176. **conçu,** *imagined, expected.*
180. **N'eût daigné . . . que,** *Had condescended to plan nothing more than.*   181. **pré-**
tend-on, *do they demand.*   184. **ordonner d',** *dispose of.*   195. **soin,** *care, trouble.*
201–02. Note Racine's ability to evoke a picture by means of a few suggestive
touches.   207. **n'a-t-on pu** = *n'aurait-on pu.*

Sous tant de morts, sous Troie il fallait l'accabler.
Tout était juste alors: la vieillesse et l'enfance
En vain sur leur faiblesse appuyaient leur défense;   210
La victoire et la nuit, plus cruelles que nous,
Nous excitaient au meurtre, et confondaient nos coups.
Mon courroux aux vaincus ne fut que trop sévère.
Mais que ma cruauté survive à ma colère?
Que malgré la pitié dont je me sens saisir,   215
Dans le sang d'un enfant je me baigne à loisir?
Non, Seigneur. Que les Grecs cherchent quelque autre proie;
Qu'ils poursuivent ailleurs ce qui reste de Troie:
De mes inimitiés le cours est achevé;
L'Épire sauvera ce que Troie a sauvé.   220

ORESTE

Seigneur, vous savez trop avec quel artifice
Un faux Astyanax fut offert au supplice
Où le seul fils d'Hector devait être conduit.
Ce n'est pas les Troyens, c'est Hector qu'on poursuit.
Oui, les Grecs sur le fils persécutent le père;   225
Il a par trop de sang acheté leur colère.
Ce n'est que dans le sien qu'elle peut expirer;
Et jusque dans l'Épire il les peut attirer.
Prévenez-les.

PYRRHUS

                    Non, non. J'y consens avec joie:
Qu'ils cherchent dans l'Épire une seconde Troie;   230
Qu'ils confondent leur haine, et ne distinguent plus
Le sang qui les fit vaincre et celui des vaincus.
Aussi bien ce n'est pas la première injustice
Dont la Grèce d'Achille a payé le service.
Hector en profita, Seigneur; et quelque jour   235
Son fils en pourrait bien profiter à son tour.

ORESTE

Ainsi la Grèce en vous trouve un enfant rebelle?

---

210. *In vain relied on their weakness for protection.*   214. **que ma cruauté survive,**
do you expect my cruelty to outlive. 216. à loisir, *deliberately,* i.e. not in the excitement
of the battle. 226. **acheté,** *deserved.* 234. Construe: *Dont la Grèce a payé le service*
d'Achille. An allusion to the famous quarrel, in the first canto of the *Iliad,* between
Achilles and Agamemnon. 236. Pyrrhus replies that, if ever Astyanax is to become
a dreaded foe, it will be through the errors of the Greeks themselves.

PYRRHUS

Et je n'ai donc vaincu que pour dépendre d'elle?

ORESTE

Hermione, Seigneur, arrêtera vos coups:
Ses yeux s'opposeront entre son père et vous.   240

PYRRHUS

Hermione, Seigneur, peut m'être toujours chère;
Je puis l'aimer, sans être esclave de son père;
Et je saurai peut-être accorder quelque jour
Les soins de ma grandeur et ceux de mon amour.
Vous pouvez cependant voir la fille d'Hélène: 245
Du sang qui vous unit je sais l'étroite chaîne.
Après cela, Seigneur, je ne vous retiens plus,
Et vous pourrez aux Grecs annoncer mon refus.

SCÈNE III

Pyrrhus, Phœnix.

PHŒNIX

Ainsi vous l'envoyez aux pieds de sa maîtresse!

PYRRHUS

On dit qu'il a longtemps brûlé pour la princesse.   250

PHŒNIX

Mais si ce feu, Seigneur, vient à se rallumer?
S'il lui rendait son cœur, s'il s'en faisait aimer?

PYRRHUS

Ah! qu'ils s'aiment, Phœnix: j'y consens. Qu'elle parte.
Que charmés l'un de l'autre, ils retournent à Sparte:
Tous nos ports sont ouverts et pour elle et pour lui,   255
Qu'elle m'épargnerait de contrainte et d'ennui!

---

243. **accorder,** *reconcile.*   246. Hermione, daughter of Menelaus, and Oreste, son
of Agamemnon, were first cousins.   250. **a brûlé pour,** *has been in love with* (in *précieux* language).   252. **en** = *d'elle.*

PHŒNIX

Seigneur . . .

PYRRHUS

Une autre fois je t'ouvrirai mon âme:
Andromaque paraît.

SCÈNE IV

PYRRHUS, ANDROMAQUE, CÉPHISE.

PYRRHUS

Me cherchiez-vous, Madame ?
Un espoir si charmant me serait-il permis ?

ANDROMAQUE

Je passais jusqu'aux lieux où l'on garde mon fils.   260
Puisqu'une fois le jour vous souffrez que je voie
Le seul bien qui me reste et d'Hector et de Troie,
J'allais, Seigneur, pleurer un moment avec lui:
Je ne l'ai point encore embrassé d'aujourd'hui.

PYRRHUS

Ah! Madame, les Grecs, si j'en crois leurs alarmes,   265
Vous donnerez bientôt d'autres sujets de larmes.

ANDROMAQUE

Et quelle est cette peur dont leur cœur est frappé,
Seigneur ?   Quelque Troyen vous est-il échappé ?

PYRRHUS

Leur haine pour Hector n'est pas encore éteinte.
Ils redoutent son fils.

ANDROMAQUE

Digne objet de leur crainte !   270
Un enfant malheureux, qui ne sait pas encor
Que Pyrrhus est son maître, et qu'il est fils d'Hector.

259. A naïve question from the gallant Pyrrhus.   260. Andromaque appears only after our curiosity about her has been skillfully aroused.   261. une fois le jour = une fois par jour.   268. The bitter irony of a wounded heart is felt in the question.

PYRRHUS

Tel qu'il est, tous les Grecs demandent qu'il périsse.
Le fils d'Agamemnon vient hâter son supplice.

ANDROMAQUE

Et vous prononcerez un arrêt si cruel? 275
Est-ce mon intérêt qui le rend criminel?
Hélas! on ne craint point qu'il venge un jour son père;
On craint qu'il n'essuyât les larmes de sa mère.
Il m'aurait tenu lieu d'un père et d'un époux;
Mais il me faut tout perdre, et toujours par vos coups. 280

PYRRHUS

Madame, mes refus ont prévenu vos larmes.
Tous les Grecs m'ont déjà menacé de leurs armes;
Mais dussent-ils encore, en repassant les eaux,
Demander votre fils avec mille vaisseaux;
Coûtât-il tout le sang qu'Hélène a fait répandre; 285
Dussé-je après dix ans voir mon palais en cendre,
Je ne balance point, je vole à son secours:
Je défendrai sa vie aux dépens de mes jours.
Mais parmi ces périls où je cours pour vous plaire,
Me refuserez-vous un regard moins sévère? 290
Haï de tous les Grecs, pressé de tous côtés,
Me faudra-t-il combattre encor vos cruautés?
Je vous offre mon bras. Puis-je espérer encore
Que vous accepterez un cœur qui vous adore?
En combattant pour vous, me sera-t-il permis 295
De ne vous point compter parmi mes ennemis?

ANDROMAQUE

Seigneur, que faites-vous, et que dira la Grèce?
Faut-il qu'un si grand cœur montre tant de faiblesse?
Voulez-vous qu'un dessein si beau, si généreux
Passe pour le transport d'un esprit amoureux? 300

276. **mon intérêt,** *the interest* (i.e. the love) *I feel for him.* 278. **n'essuyât.** The imperfect subjunctive is here used, although *on craint* is in the present tense. 280. **par vos coups.** Andromaque knows that Pyrrhus loves her; and she contrasts his supposedly unreserved passion with his cruelty in demanding the death of her son. Pyrrhus had already killed her father-in-law, Priam, while Achilles, Pyrrhus' father, had killed her father and her husband. 289. **où,** *toward which.* 300. Andromaque wants Pyrrhus to be a true Cornelian hero.

Captive, toujours triste, importune à moi-même,
Pouvez-vous souhaiter qu'Andromaque vous aime?
Quels charmes ont pour vous des yeux infortunés
Qu'à des pleurs éternels vous avez condamnés?
Non, non, d'un ennemi respecter la misère,   305
Sauver des malheureux, rendre un fils à sa mère,
De cent peuples pour lui combattre la rigueur,
Sans me faire payer son salut de mon cœur,
Malgré moi, s'il le faut, lui donner un asile:
Seigneur, voilà des soins dignes du fils d'Achille.   310

PYRRHUS

Hé quoi? votre courroux n'a-t-il pas eu son cours?
Peut-on haïr sans cesse? et punit-on toujours?
J'ai fait des malheureux, sans doute; et la Phrygie
Cent fois de votre sang a vu ma main rougie.
Mais que vos yeux sur moi se sont bien exercés!   315
Qu'ils m'ont vendu bien cher les pleurs qu'ils ont versés!
De combien de remords m'ont-ils rendu la proie!
Je souffre tous les maux que j'ai faits devant Troie.
Vaincu, chargé de fers, de regrets consumé,
Brûlé de plus de feux que je n'en allumai,   320
Tant de soins, tant de pleurs, tant d'ardeurs inquiètes . . .
Hélas! fus-je jamais si cruel que vous l'êtes?
Mais enfin, tour à tour, c'est assez nous punir:
Nos ennemis communs devraient nous réunir.
Madame, dites-moi seulement que j'espère;   325
Je vous rends votre fils, et je lui sers de père;
Je l'instruirai moi-même à venger les Troyens;
J'irai punir les Grecs de vos maux et des miens.
Animé d'un regard, je puis tout entreprendre:
Votre Ilion encor peut sortir de sa cendre;   330
Je puis, en moins de temps que les Grecs ne l'ont pris,
Dans ses murs relevés couronner votre fils.

303-04. Such lines as these have caused many critics to reproach Andromaque with being coquettish. She knows her power over Pyrrhus; and she realizes that her misfortune and her tears add some charm to her beauty.   **309. Malgré moi,** *In spite of my refusals.*   **314. votre sang,** *the blood of your family.*   **315. se sont bien exercés,** *have wreaked their vengeance.*   **320.** This phrase has often been criticized. It is in the worst *précieux* taste of the period.   **321.** The sentence is left unfinished. Pyrrhus means 'cannot move your pity.'   **323. tour à tour,** *mutually.*   **325. dites-moi . . . j'espère,** *tell me only to cherish some hope and.*   **329. Animé d'un,** *If I am encouraged by a.*

ANDROMAQUE

Seigneur, tant de grandeurs ne nous touchent plus guère:
Je les lui promettais tant qu'a vécu son père.
Non, vous n'espérez plus de nous revoir encor,   335
Sacrés murs, que n'a pu conserver mon Hector.
A de moindres faveurs des malheureux prétendent,
Seigneur: c'est un exil que mes pleurs vous demandent.
Souffrez que loin des Grecs, et même loin de vous,
J'aille cacher mon fils, et pleurer mon époux.   340
Votre amour contre nous allume trop de haine:
Retournez, retournez à la fille d'Hélène.

PYRRHUS

Et le puis-je, Madame ♪ Ah! que vous me gênez!
Comment lui rendre un cœur que vous me retenez ♪
Je sais que de mes vœux on lui promit l'empire;   345
Je sais que pour régner elle vint dans l'Épire;
Le sort vous y voulut l'une et l'autre amener:
Vous, pour porter des fers; elle, pour en donner.
Cependant ai-je pris quelque soin de lui plaire ♪
Et ne dirait-on pas, en voyant au contraire   350
Vos charmes tout-puissants, et les siens dédaignés,
Qu'elle est ici captive, et que vous y régnez ♪
Ah! qu'un seul des soupirs que mon cœur vous envoie,
S'il s'échappait vers elle, y porterait de joie!

ANDROMAQUE

Et pourquoi vos soupirs seraient-ils repoussés ♪   355
Aurait-elle oublié vos services passés ♪
Troie, Hector, contre vous révoltent-ils son âme ♪
Aux cendres d'un époux doit-elle enfin sa flamme ♪
Et quel époux encore! Ah! souvenir cruel!
Sa mort seule a rendu votre père immortel.   360
Il doit au sang d'Hector tout l'éclat de ses armes,
Et vous n'êtes tous deux connus que par mes larmes.

343. gênez, *torment.* 345. de mes vœux . . . l'empire, *she was promised dominion over my heart.* 348. fers, i.e. the chains of captivity, and of love. 358. *Must she be faithful to her husband's memory?* 362. connus, *famous, glorious.*

PYRRHUS

Hé bien, Madame, hé bien, il faut vous obéir:
Il faut vous oublier, ou plutôt vous haïr.
Oui, mes vœux ont trop loin poussé leur violence   365
Pour ne plus s'arrêter que dans l'indifférence.
Songez-y bien: il faut désormais que mon cœur,
S'il n'aime avec transport, haïsse avec fureur.
Je n'épargnerai rien dans ma juste colère:
Le fils me répondra des mépris de la mère;   370
La Grèce le demande, et je ne prétends pas
Mettre toujours ma gloire à sauver des ingrats.

ANDROMAQUE

Hélas! il mourra donc. Il n'a pour sa défense
Que les pleurs de sa mère, et que son innocence.
Et peut-être après tout, en l'état où je suis,   375
Sa mort avancera la fin de mes ennuis.
Je prolongeais pour lui ma vie et ma misère;
Mais enfin sur ses pas j'irai revoir son père.
Ainsi tous trois, Seigneur, par vos soins réunis,
Nous vous . . .

PYRRHUS

          Allez, Madame, allez voir votre fils.   380
Peut-être, en le voyant, votre amour plus timide
Ne prendra pas toujours sa colère pour guide.
Pour savoir nos destins, j'irai vous retrouver.
Madame, en l'embrassant, songez à le sauver.

365–66. *I have loved you too violently; it is no longer possible for me to be merely indifferent to you.*   371. **prétends,** *intend.*   372. **gloire,** *pride.*   378. **sur ses pas,** *following him in death.*   381. **plus timide,** *made less firm,* i.e. more accessible to fear.
383. **nos destins.** Pyrrhus here clearly indicates that the whole tragedy depends upon Andromaque's decision: his own fate, and that of Hermione and Oreste indirectly, will be affected by her final answer.

ACTE DEUXIÈME

SCÈNE PREMIÈRE

HERMIONE, CLÉONE.

HERMIONE

Je fais ce que tu veux. Je consens qu'il me voie: 385
Je lui veux bien encore accorder cette joie.
Pylade va bientôt conduire ici ses pas;
Mais si je m'en croyais, je ne le verrais pas.

CLÉONE

Et qu'est-ce que sa vue a pour vous de funeste ?
Madame, n'est-ce pas toujours le même Oreste   390
Dont vous avez cent fois souhaité le retour,
Et dont vous regrettiez la constance et l'amour ?

HERMIONE

C'est cet amour payé de trop d'ingratitude
Qui me rend en ces lieux sa présence si rude.
Quelle honte pour moi, quel triomphe pour lui   395
De voir mon infortune égaler son ennui !
Est-ce là, dira-t-il, cette fière Hermione ?
Elle me dédaignait; un autre l'abandonne.
L'ingrate, qui mettait son cœur à si haut prix,
Apprend donc à son tour à souffrir des mépris ?   400
Ah Dieux !

CLÉONE

Ah ! dissipez ces indignes alarmes:
Il a trop bien senti le pouvoir de vos charmes.

HERMIONE. Andromaque appeared only in the fourth scene. Hermione, the other
leading female character, is present for the first time on the stage. This is part of
Racine's skill in gradually unfolding the subject and in arousing the curiosity of the
audience.   385. qu'il would be à ce qu'il in modern French. Note the tone of wearied
resignation in which Hermione mentions il, i.e. Oreste, whose passion tires and irri-
tates her.   388. si je m'en croyais, if I trusted my own judgment.   392. regrettiez,
missed, longed for.   394. rude, unpleasant.   399–400. These lines are typical of Hermione's violent temper. She is, above all, sensitive to the wounds inflicted upon her
pride and her amour-propre.   401. indignes, i.e. unworthy of you.

Vous croyez qu'un amant vienne vous insulter?
Il vous rapporte un cœur qu'il n'a pu vous ôter.
Mais vous ne dites point ce que vous mande un père.　　　405

HERMIONE

Dans ses retardements si Pyrrhus persévère,
A la mort du Troyen s'il ne veut consentir,
Mon père avec les Grecs m'ordonne de partir.

CLÉONE

Hé bien, Madame, hé bien! écoutez donc Oreste.
Pyrrhus a commencé, faites au moins le reste.　　　410
Pour bien faire, il faudrait que vous le prévinssiez.
Ne m'avez-vous pas dit que vous le haïssiez?

HERMIONE

Si je le hais, Cléone! Il y va de ma gloire,
Après tant de bontés dont il perd la mémoire.
Lui qui me fut si cher, et qui m'a pu trahir!　　　415
Ah! je l'ai trop aimé pour ne le point haïr.

CLÉONE

Fuyez-le donc, Madame; et puisqu'on vous adore . . .

HERMIONE

Ah! laisse à ma fureur le temps de croître encore;
Contre mon ennemi laisse-moi m'assurer:
Cléone, avec horreur je m'en veux séparer.　　　420
Il n'y travaillera que trop bien, l'infidèle!

CLÉONE

Quoi? vous en attendez quelque injure nouvelle?
Aimer une captive, et l'aimer à vos yeux,
Tout cela n'a donc pu vous le rendre odieux?
Après ce qu'il a fait, que saurait-il donc faire?　　　425
Il vous aurait déplu, s'il pouvait vous déplaire.

---

403. **vienne.** The subjunctive here means *puisse venir.*　407. **du Troyen,** i.e.
Astyanax.　410. **Pyrrhus a commencé,** i.e. he has already refused to surrender Andromaque's son.　411. **il faudrait . . . prévinssiez,** *you should forestall him.*　413. **Il
y va de ma gloire,** *My honor is at stake.*　416. A typical Racinian line, revealing
Racine's psychology of love.　418. Hermione deceives herself, and invents a false pretext for staying near Pyrrhus.　419. **m'assurer,** *assert my courage.*　420. **m'en veux
séparer** = *veux me séparer de lui.*

HERMIONE

Pourquoi veux-tu, cruelle, irriter mes ennuis?
Je crains de me connaître en l'état où je suis.
De tout ce que tu vois tâche de ne rien croire;
Crois que je n'aime plus, vante-moi ma victoire;   430
Crois que dans son dépit mon cœur est endurci;
Hélas! et s'il se peut, fais-le-moi croire aussi.
Tu veux que je le fuie. Hé bien! rien ne m'arrête:
Allons. N'envions plus son indigne conquête;
Que sur lui sa captive étende son pouvoir.   435
Fuyons.... Mais si l'ingrat rentrait dans son devoir!
Si la foi dans son cœur retrouvait quelque place!
S'il venait à mes pieds me demander sa grâce!
Si sous mes lois, Amour, tu pouvais l'engager!
S'il voulait!... Mais l'ingrat ne veut que m'outrager.   440
Demeurons toutefois pour troubler leur fortune;
Prenons quelque plaisir à leur être importune;
Ou le forçant de rompre un nœud si solennel,
Aux yeux de tous les Grecs rendons-le criminel.
J'ai déjà sur le fils attiré leur colère;   _Vendu la mèch_ 445
Je veux qu'on vienne encor lui demander la mère.
Rendons-lui les tourments qu'elle me fait souffrir:
Qu'elle le perde, ou bien qu'il la fasse périr.

CLÉONE

Vous pensez que des yeux toujours ouverts aux larmes
Se plaisent à troubler le pouvoir de vos charmes,   450
Et qu'un cœur accablé de tant de déplaisirs
De son persécuteur ait brigué les soupirs?
Voyez si sa douleur en paraît soulagée.
Pourquoi donc les chagrins où son âme est plongée?
Contre un amant qui plaît pourquoi tant de fierté?   455

HERMIONE

Hélas! pour mon malheur, je l'ai trop écouté.
Je n'ai point du silence affecté le mystère:

---

427. irriter, *aggravate.*   431. dans son dépit, *in its contempt for him.*   434. **N'en-**
vions plus ... conquête = *Ne désirons plus faire une indigne conquête* (de Pyrrhus).
437. la foi, *loyalty, faithfulness.*   443. un nœud si solennel, i.e. his solemn promise of
marriage.   448. The whole speech is typical of the irrational inconsistencies and the
blind self-delusion of all Racinian women.   455. i.e. Why should she (Andromaque)
be so proud, if she cares for Pyrrhus?   456. *I, unfortunately, listened to him too will-*
ingly, i.e. I was lacking in pride.

Je croyais sans péril pouvoir être sincère;
Et sans armer mes yeux d'un moment de rigueur,
Je n'ai pour lui parler consulté que mon cœur.   460
Et qui ne se serait comme moi déclarée
Sur la foi d'une amour si saintement jurée?
Me voyait-il de l'œil qu'il me voit aujourd'hui?
Tu t'en souviens encor, tout conspirait pour lui:
Ma famille vengée, et les Grecs dans la joie,   465
Nos vaisseaux tout chargés des dépouilles de Troie,
Les exploits de son père effacés par les siens,
Les feux que je croyais plus ardents que les miens,
Mon cœur, toi-même enfin de sa gloire éblouie,
Avant qu'il me trahît, vous m'avez tous trahie.   470
Mais c'en est trop, Cléone; et, quel que soit Pyrrhus,
Hermione est sensible, Oreste a des vertus.
Il sait aimer du moins, et même sans qu'on l'aime
Et peut-être il saura se faire aimer lui-même.
Allons: qu'il vienne enfin.

CLÉONE

                    Madame, le voici.   475

HERMIONE

Ah! je ne croyais pas qu'il fût si près d'ici.

SCÈNE II

Hermione, Oreste, Cléone.

HERMIONE

Le croirai-je, Seigneur, qu'un reste de tendresse
Vous fasse ici chercher une triste princesse?
Ou ne dois-je imputer qu'à votre seul devoir
L'heureux empressement qui vous porte à me voir?   480

---

460. consulté, *listened to.*   462. une amour, feminine, as often the case in the
17th century.   463. qu'il = *dont il.*   470. vous . . . trahie. In her passionate outburst, Hermione justifies herself by accusing the others.   472. sensible, *sensitive,* i.e.
open to emotion and pity.   476. The exclamation reveals how little Hermione cares
about seeing Oreste.   479. votre seul devoir = *votre devoir seulement.*

ORESTE

Tel est de mon amour l'aveuglement funeste.
Vous le savez, Madame; et le destin d'Oreste
Est de venir sans cesse adorer vos attraits,
Et de jurer toujours qu'il n'y viendra jamais.
Je sais que vos regards vont rouvrir mes blessures, 485
Que tous mes pas vers vous sont autant de parjures:
Je le sais, j'en rougis. Mais j'atteste les Dieux,
Témoins de la fureur de mes derniers adieux,
Que j'ai couru partout où ma perte certaine
Dégageait mes serments et finissait ma peine. 490
J'ai mendié la mort chez des peuples cruels
Qui n'apaisaient leurs dieux que du sang des mortels:
Ils m'ont fermé leur temple; et ces peuples barbares
De mon sang prodigué sont devenus avares.
Enfin je viens à vous, et je me vois réduit 495
A chercher dans vos yeux une mort qui me fuit.
Mon désespoir n'attend que leur indifférence:
Ils n'ont qu'à m'interdire un reste d'espérance,
Ils n'ont, pour avancer cette mort où je cours,
Qu'à me dire une fois ce qu'ils m'ont dit toujours. 500
Voilà, depuis un an, le seul soin qui m'anime.
Madame, c'est à vous de prendre une victime
Que les Scythes auraient dérobée à vos coups,
Si j'en avais trouvé d'aussi cruels que vous.

HERMIONE

Quittez, Seigneur, quittez ce funeste langage. 505
A des soins plus pressants la Grèce vous engage.
Que parlez-vous du Scythe et de mes cruautés?
Songez à tous ces rois que vous représentez.
Faut-il que d'un transport leur vengeance dépende?
Est-ce le sang d'Oreste enfin qu'on vous demande? 510
Dégagez-vous des soins dont vous êtes chargé.

481. Oreste always analyzes and understands his own *aveuglement;* for he is the victim of Fate. He does not deceive himself, as does Hermione. 489–90. **où ma perte . . . mes serments,** *where an expected death might relieve me of my oaths.* 491. An allusion to his adventures in Tauris. 494. **mon sang prodigué,** *my blood lavishly offered.* 499. **avancer,** *bring nearer.* 500. **une fois,** *once more.* 504. Oreste concludes his speech in a style which must have delighted the *précieuses.* 509. **transport,** *outburst of passion.* 511. i.e. First fulfill your duties as the envoy of the Greeks.

ORESTE

> Les refus de Pyrrhus m'ont assez dégagé,
> Madame: il me renvoie; et quelque autre puissance
> Lui fait du fils d'Hector embrasser la défense.

HERMIONE

> L'infidèle!

ORESTE

> Ainsi donc, tout prêt à le quitter,   515
> Sur mon propre destin je viens vous consulter.
> Déjà même je crois entendre la réponse
> Qu'en secret contre moi votre haine prononce.

HERMIONE

> Hé quoi? toujours injuste en vos tristes discours,
> De mon inimitié vous plaindrez-vous toujours?   520
> Quelle est cette rigueur tant de fois alléguée?
> J'ai passé dans l'Épire, où j'étais reléguée:
> Mon père l'ordonnait. Mais qui sait si depuis
> Je n'ai point en secret partagé vos ennuis?
> Pensez-vous avoir seul éprouvé des alarmes?   525
> Que l'Épire jamais n'ait vu couler mes larmes?
> Enfin qui vous a dit que malgré mon devoir
> Je n'ai pas quelquefois souhaité de vous voir?

ORESTE

> Souhaité de me voir! Ah! divine princesse...
> Mais, de grâce, est-ce à moi que ce discours s'adresse? 530
> Ouvrez vos yeux: songez qu'Oreste est devant vous,
> Oreste, si longtemps l'objet de leur courroux.

HERMIONE

> Oui, c'est vous dont l'amour, naissant avec leurs charmes,
> Leur apprit le premier le pouvoir de leurs armes;
> Vous que mille vertus me forçaient d'estimer;   535
> Vous que j'ai plaint, enfin que je voudrais aimer.

ORESTE

Je vous entends. Tel est mon partage funeste:
Le cœur est pour Pyrrhus, et les vœux pour Oreste.

HERMIONE

Ah! ne souhaitez pas le destin de Pyrrhus:
Je vous haïrais trop.

ORESTE

Vous m'en aimeriez plus.   540
Ah! que vous me verriez d'un regard bien contraire!
Vous me voulez aimer, et je ne puis vous plaire;
Et l'amour seul alors se faisant obéir,
Vous m'aimeriez, Madame, en me voulant haïr.
O Dieux! tant de respects, une amitié si tendre...   545
Que de raisons pour moi, si vous pouviez m'entendre!
Vous seule pour Pyrrhus disputez aujourd'hui,
Peut-être malgré vous, sans doute malgré lui.
Car enfin il vous hait; son âme ailleurs éprise
N'a plus...

HERMIONE

Qui vous l'a dit, Seigneur, qu'il me méprise?   550
Ses regards, ses discours, vous l'ont-ils donc appris?
Jugez-vous que ma vue inspire des mépris,
Qu'elle allume en un cœur des feux si peu durables?
Peut-être d'autres yeux me sont plus favorables.

ORESTE

Poursuivez: il est beau de m'insulter ainsi.   555
Cruelle, c'est donc moi qui vous méprise ici?
Vos yeux n'ont pas assez éprouvé ma constance?
Je suis donc un témoin de leur peu de puissance?
Je les ai méprisés? Ah! qu'ils voudraient bien voir
Mon rival, comme moi, mépriser leur pouvoir!   560

HERMIONE

Que m'importe, Seigneur, sa haine ou sa tendresse?
Allez contre un rebelle armer toute la Grèce;

---

537. **entends,** *understand.*   540. **Vous m'en aimeriez plus.** Since hatred is nearer
to love than mere indifference.   541. **que ... d'un,** *with what a.* — **contraire,** *different.*
547. **pour Pyrrhus disputez,** *take up Pyrrhus' cause.*   557. **éprouvé,** *tried.*   559-60. i.e.
Your eyes would like to see my rival scorn your charms as little as I do.

Rapportez-lui le prix de sa rébellion;
Qu'on fasse de l'Épire un second Ilion.
Allez. Après cela direz-vous que je l'aime ?   565

ORESTE

Madame, faites plus, et venez-y vous-même.
Voulez-vous demeurer pour otage en ces lieux ?
Venez dans tous les cœurs faire parler vos yeux.
Faisons de notre haine une commune attaque.

HERMIONE

Mais, Seigneur, cependant s'il épouse Andromaque ?   570

ORESTE

Hé! Madame.

HERMIONE

         Songez quelle honte pour nous
Si d'une Phrygienne il devenait l'époux!

ORESTE

Et vous le haïssez ? Avouez-le, Madame,
L'amour n'est pas un feu qu'on renferme en une âme.
Tout nous trahit, la voix, le silence, les yeux;   575
Et les feux mal couverts n'en éclatent que mieux.

HERMIONE

Seigneur, je le vois bien, votre âme prévenue
Répand sur mes discours le venin qui la tue,
Toujours dans mes raisons cherche quelque détour,
Et croit qu'en moi la haine est un effort d'amour.   580
Il faut donc m'expliquer: vous agirez ensuite.
Vous savez qu'en ces lieux mon devoir m'a conduite;
Mon devoir m'y retient, et je n'en puis partir
Que mon père ou Pyrrhus ne m'en fasse sortir.
De la part de mon père allez lui faire entendre   585
Que l'ennemi des Grecs ne peut être son gendre:

---

563. **prix**, *punishment.*   570. **cependant**, *in the meantime.*   571–72. Hermione is ashamed of her jealous outburst. She tries to justify it by presenting it as an unselfish and general preoccupation. — **Phrygienne**, a contemptuous term for 'Trojan woman.'   574–76. An admirable instance of Racine's keen psychological insight. 577. **prévenue**, *prejudiced.*   584. **Que**, *Until.*

Astyanax [handwritten annotation]

Du Troyen ou de moi faites-le décider;
Qu'il songe qui des deux il veut rendre ou garder;
Enfin qu'il me renvoie, ou bien qu'il vous le livre.
Adieu. S'il y consent, je suis prête à vous suivre.   590

SCÈNE III

ORESTE, *seul.*

Oui, oui, vous me suivrez, n'en doutez nullement:
Je vous réponds déjà de son consentement.
Je ne crains pas enfin que Pyrrhus la retienne:
Il n'a devant les yeux que sa chère Troyenne;
Tout autre objet le blesse; et peut-être aujourd'hui   595
Il n'attend qu'un prétexte à l'éloigner de lui.
Nous n'avons qu'à parler: c'en est fait. Quelle joie
D'enlever à l'Épire une si belle proie!
Sauve tout ce qui reste et de Troie et d'Hector,
Garde son fils, sa veuve, et mille autres encor,   600
Épire: c'est assez qu'Hermione rendue
Perde à jamais tes bords et ton prince de vue.
Mais un heureux destin le conduit en ces lieux.
Parlons. A tant d'attraits, Amour, ferme ses yeux!

SCÈNE IV

PYRRHUS, ORESTE, PHŒNIX.

PYRRHUS

Je vous cherchais, Seigneur. Un peu de violence   605
M'a fait de vos raisons combattre la puissance,
Je l'avoue; et depuis que je vous ai quitté,
J'en ai senti la force et connu l'équité.
J'ai songé, comme vous, qu'à la Grèce, à mon père,
A moi-même, en un mot, je devenais contraire;   610
Que je relevais Troie, et rendais imparfait

587. Du . . . de, *Between.* — Troyen, i.e. Astyanax. But she secretly means *la Tro-*
yenne.   595. objet, *person* (who is, or might be, loved). Language of the *précieuses.*
596. à = *pour.*   602. Perde . . . de vue, *Lose sight of . . .*   605. The portrayal of a
king going to look for an ambassador was criticized by Racine's contemporaries. It
is rendered necessary by the requirement of unity of place.   611. je relevais Troie, *I*
was raising up the walls of Troy, i.e. restoring the power of the fallen city.

Tout ce qu'a fait Achille et tout ce que j'ai fait.
Je ne condamne plus un courroux légitime,
Et l'on vous va, Seigneur, livrer votre victime.

ORESTE

Seigneur, par ce conseil prudent et rigoureux,   615
C'est acheter la paix du sang d'un malheureux.

PYRRHUS

Oui. Mais je veux, Seigneur, l'assurer davantage:
D'une éternelle paix Hermione est le gage;
Je l'épouse. Il semblait qu'un spectacle si doux
N'attendît en ces lieux qu'un témoin tel que vous.   620
Vous y représentez tous les Grecs et son père,
Puisqu'en vous Ménélas voit revivre son frère.
Voyez-la donc. Allez. Dites-lui que demain
J'attends, avec la paix, son cœur de votre main.

ORESTE

Ah Dieux!

SCÈNE V

PYRRHUS, PHŒNIX.

PYRRHUS

        Hé bien, Phœnix, l'amour est-il le maître?   625
Tes yeux refusent-ils encor de me connaître?

PHŒNIX

Ah! je vous reconnais; et ce juste courroux,
Ainsi qu'à tous les Grecs, Seigneur, vous rend à vous.
Ce n'est plus le jouet d'une flamme servile:
C'est Pyrrhus, c'est le fils et le rival d'Achille,   630
Que la gloire à la fin ramène sous ses lois,
Qui triomphe de Troie une seconde fois.

---

615. conseil has the Latin meaning, *decision*. Oreste is taken aback at this sudden compliance by Pyrrhus and cannot help speaking against his own mission.   616. du = *avec le*.   617. l' = *la paix*.   624. The reader must imagine Oreste's secret feelings and attitude while listening to these words.   626. connaître = *reconnaître*.   628. The King is himself again, that is, master of his own heart and of his fate.   629. servile, since Pyrrhus was in love with a captive, a slave.

PYRRHUS

Dis plutôt qu'aujourd'hui commence ma victoire.
D'aujourd'hui seulement je jouis de ma gloire;
Et mon cœur, aussi fier que tu l'as vu soumis,   635
Croit avoir en l'amour vaincu mille ennemis.
Considère, Phœnix, les troubles que j'évite,
Quelle foule de maux l'amour traîne à sa suite,
Que d'amis, de devoirs j'allais sacrifier,
Quels périls ... Un regard m'eût tout fait oublier.   640
Tous les Grecs conjurés fondaient sur un rebelle.
Je trouvais du plaisir à me perdre pour elle.

PHŒNIX

Oui, je bénis, Seigneur, l'heureuse cruauté
Qui vous rend ...

PYRRHUS

Tu l'as vu, comme elle m'a traité.
Je pensais, en voyant sa tendresse alarmée,   645
Que son fils me la dût renvoyer désarmée.
J'allais voir le succès de ses embrassements:
Je n'ai trouvé que pleurs mêlés d'emportements.
Sa misère l'aigrit; et toujours plus farouche,
Cent fois le nom d'Hector est sorti de sa bouche.   650
Vainement à son fils j'assurais mon secours;
« C'est Hector, disait-elle en l'embrassant toujours;
Voilà ses yeux, sa bouche, et déjà son audace;
C'est lui-même, c'est toi, cher époux, que j'embrasse. »
Et quelle est sa pensée? Attend-elle en ce jour   655
Que je lui laisse un fils pour nourrir son amour?

PHŒNIX

Sans doute. C'est le prix que vous gardait l'ingrate.
Mais laissez-la, Seigneur.

641. **fondaient sur,** *would have rushed against.* Use of the imperfect indicative instead of the conditional.   644. l' = *it,* referring to *comme elle m'a traité.*   647. **succès,**
result.   650. Andromaque always, when talking to Pyrrhus, calls up the memory of
her husband, and mentions his name. This has been pointed out by critics as evidence
of Andromaque's coquettishness. She is merely, and instinctively, feminine.
656. Pyrrhus is jealous of Astyanax, because Astyanax is the son of his rival, Hector.
658. **laissez-la.** Phœnix notices that Andromaque still occupies the thoughts of
Pyrrhus. See also ll. 664, 671.

PYRRHUS

                   Je vois ce qui la flatte.
Sa beauté la rassure; et malgré mon courroux,
L'orgueilleuse m'attend encore à ses genoux.   660
Je la verrais aux miens, Phœnix, d'un œil tranquille.
Elle est veuve d'Hector, et je suis fils d'Achille:
Trop de haine sépare Andromaque et Pyrrhus.

PHŒNIX

Commencez donc, Seigneur, à ne m'en parler plus.
Allez voir Hermione; et content de lui plaire,   665
Oubliez à ses pieds jusqu'à votre colère.
Vous-même à cet hymen venez la disposer.
Est-ce sur un rival qu'il s'en faut reposer?
Il ne l'aime que trop.

PYRRHUS

                  Crois-tu, si je l'épouse,
Qu'Andromaque en son cœur n'en sera pas jalouse?   670

PHŒNIX

Quoi? toujours Andromaque occupe votre esprit?
Que vous importe, ô Dieux! sa joie ou son dépit?
Quel charme, malgré vous, vers elle vous attire?

PYRRHUS

Non, je n'ai pas bien dit tout ce qu'il lui faut dire:
Ma colère à ses yeux n'a paru qu'à demi;   675
Elle ignore à quel point je suis son ennemi.
Retournons-y. Je veux la braver à sa vue,
Et donner à ma haine une libre étendue.
Viens voir tous ses attraits, Phœnix, humiliés.
Allons.

PHŒNIX

        Allez, Seigneur, vous jeter à ses pieds.   680
Allez, en lui jurant que votre âme l'adore,
A de nouveaux mépris l'encourager encore.

---

658. **flatte,** *deceives, deludes.* 668. **qu'il s'en faut reposer** = *qu'il faut s'en reposer.*
673. **charme,** *spell.*   677. **la braver à sa vue,** *defy her to her face.*   680–82. Phœnix,
for a confidant, displays much insight and boldly points out the weaknesses of his king.

PYRRHUS

Je le vois bien, tu crois que prêt à l'excuser
Mon cœur court après elle, et cherche à s'apaiser.

PHŒNIX

Vous aimez: c'est assez.

PYRRHUS

           Moi l'aimer? une ingrate   685
Qui me hait d'autant plus que mon amour la flatte?
Sans parents, sans amis, sans espoir que sur moi,
Je puis perdre son fils; peut-être je le doi.
Étrangère . . . que dis-je? esclave dans l'Épire,
Je lui donne son fils, mon âme, mon empire;   690
Et je ne puis gagner dans son perfide cœur
D'autre rang que celui de son persécuteur?
Non, non, je l'ai juré, ma vengeance est certaine:
Il faut bien une fois justifier sa haine.
J'abandonne son fils. Que de pleurs vont couler!   695
De quel nom sa douleur me va-t-elle appeler!
Quel spectacle pour elle aujourd'hui se dispose!
Elle en mourra, Phœnix, et j'en serai la cause.
C'est lui mettre moi-même un poignard dans le sein.

PHŒNIX

Et pourquoi donc en faire éclater le dessein?   700
Que ne consultiez-vous tantôt votre faiblesse?

PYRRHUS

Je t'entends. Mais excuse un reste de tendresse.
Crains-tu pour ma colère un si faible combat?
D'un amour qui s'éteint c'est le dernier éclat.
Allons. A tes conseils, Phœnix, je m'abandonne.   705
Faut-il livrer son fils? faut-il voir Hermione?

PHŒNIX

Oui, voyez-la, Seigneur, et par des vœux soumis
Protestez-lui . . .

PYRRHUS

                Faisons tout ce que j'ai promis.

686. la flatte, *honors her, satisfies her vanity.* 687. que, *except.* 688. doi for *dois,* poetic licence for the sake of riming for the eye as well as the ear. 695–99. A typical instance of what is often termed "the relentless cruelty of Racinian heroes." 701. *Why did you not consider your weakness a short while ago?* 708. Protestez-lui, *Assure her.*

L'instable bonheur d'Hermione

ACTE TROISIÈME

SCÈNE PREMIÈRE

ORESTE, PYLADE.

PYLADE

Modérez donc, Seigneur, cette fureur extrême.
Je ne vous connais plus: vous n'êtes plus vous-même.   710
Souffrez . . .

ORESTE

        Non, tes conseils ne sont plus de saison,
Pylade, je suis las d'écouter la raison.
C'est traîner trop longtemps ma vie et mon supplice:
Il faut que je l'enlève, ou bien que je périsse.
Le dessein en est pris, je le veux achever.   715
Oui, je le veux.

PYLADE

        Hé bien, il la faut enlever:
J'y consens.   Mais songez cependant où vous êtes.
Que croira-t-on de vous, à voir ce que vous faites?
Dissimulez: calmez ce transport inquiet;
Commandez à vos yeux de garder le secret.   720
Ces gardes, cette cour, l'air qui vous environne,
Tout dépend de Pyrrhus, et surtout Hermione.
A ses regards surtout cachez votre courroux.
O Dieux! en cet état pourquoi la cherchiez-vous?

ORESTE

Que sais-je? De moi-même étais-je alors le maître?   725
La fureur m'emportait, et je venais peut-être
Menacer à la fois l'ingrate et son amant.

PYLADE

Et quel était le fruit de cet emportement?

---

715. le . . . achever, *carry it out to the end.*   722. et surtout **Hermione.**   Hermione's
attitude towards Pyrrhus (and consequently towards Oreste) depends upon Pyrrhus'
decision.

ORESTE

Et quelle âme, dis-moi, ne serait éperdue
Du coup dont ma raison vient d'être confondue ? 730
Il épouse, dit-il, Hermione demain;
Il veut, pour m'honorer, la tenir de ma main.
Ah! plutôt cette main dans le sang du barbare . . .

PYLADE

Vous l'accusez, Seigneur, de ce destin bizarre.
Cependant, tourmenté de ses propres desseins, 735
Il est peut-être à plaindre autant que je vous plains.

ORESTE

Non, non; je le connais, mon désespoir le flatte;
Sans moi, sans mon amour, il dédaignait l'ingrate;
Ses charmes jusque-là n'avaient pu le toucher:
Le cruel ne la prend que pour me l'arracher. 740
Ah Dieux! c'en était fait: Hermione gagnée
Pour jamais de sa vue allait être éloignée.
Son cœur, entre l'amour et le dépit confus,
Pour se donner à moi n'attendait qu'un refus;
Ses yeux s'ouvraient, Pylade; elle écoutait Oreste, 745
Lui parlait, le plaignait. Un mot eût fait le reste.

PYLADE

Vous le croyez.

ORESTE

Hé quoi ? ce courroux enflammé
Contre un ingrat . . .

PYLADE

Jamais il ne fut plus aimé.
Pensez-vous, quand Pyrrhus vous l'aurait accordée,
Qu'un prétexte tout prêt ne l'eût pas retardée ? 750
M'en croirez-vous ? Lassé de ses trompeurs attraits,
Au lieu de l'enlever, fuyez-la pour jamais.

729. éperdue, *overwhelmed*, i.e. bereft of self-control.   733. A line which subtly
prepares the spectators for the dénouement without destroying their curiosity.
734. **bizarre**, *preposterous*.   738. *But for me, but for my love, he would have scorned the
ingrate.*   739. **Ses** refers to Hermione.   741. **gagnée**, i.e. *par moi.*   743. **entre** . . .
confus, *wavering between* . . .   746. Oreste has lost his lucid insight into the real feelings of Hermione. He likes to believe that Pyrrhus is the guilty one.   749. **quand**,
even if.

Quoi ? votre amour se veut charger d'une furie
Qui vous détestera, qui toute votre vie
Regrettant un hymen tout prêt à s'achever,   755
Voudra . . .

ORESTE

              C'est pour cela que je veux l'enlever.
Tout lui rirait, Pylade; et moi, pour mon partage,
Je n'emporterais donc qu'une inutile rage ?
J'irais loin d'elle encor tâcher de l'oublier ?
Non, non, à mes tourments je veux l'associer.   760
C'est trop gémir tout seul. Je suis las qu'on me plaigne.
Je prétends qu'à mon tour l'inhumaine me craigne,
Et que ses yeux cruels, à pleurer condamnés,
Me rendent tous les noms que je leur ai donnés.

PYLADE

Voilà donc le succès qu'aura votre ambassade: 765
Oreste ravisseur !

ORESTE

             Et qu'importe, Pylade ?
Quand nos États vengés jouiront de mes soins,
L'ingrate de mes pleurs jouira-t-elle moins ?
Et que me servira que la Grèce m'admire,
Tandis que je serai la fable de l'Épire ?   770
Que veux-tu ? Mais, s'il faut ne te rien déguiser,
Mon innocence enfin commence à me peser.
Je ne sais de tout temps quelle injuste puissance
Laisse le crime en paix et poursuit l'innocence.
De quelque part sur moi que je tourne les yeux,   775
Je ne vois que malheurs qui condamnent les Dieux.
Méritons leur courroux, justifions leur haine,
Et que le fruit du crime en précède la peine.

---

753. **furie**, *woman of uncontrolled passions.* — Pylade, who is not in love, can think
of what would happen ten or twenty years hence. Oreste cannot. 757. **Tout lui**
rirait, *She would be happy.* — **et**, *while.* 764. The metaphor is not very felicitous: *des*
yeux qui rendent des noms. The eyes are taken to mean the person. 765. **succès**, *out-*
come, result. 767–68. i.e. Even if Greece were satisfied as a result of my mission, would
that make Hermione less cruel to me ? 770. **fable**, *laughing-stock.* 772. This line is
now often quoted in an ironical sense. It is indeed surprising to hear about the "innocence" of Oreste, who had murdered his mother. 776. Oreste again appears here
as a romantic hero, a rebel against the gods.

Mais toi, par quelle erreur veux-tu toujours sur toi
Détourner un courroux qui ne cherche que moi ?   780
Assez et trop longtemps mon amitié t'accable:
Évite un malheureux, abandonne un coupable.
Cher Pylade, crois-moi, ta pitié te séduit.
Laisse-moi des périls dont j'attends tout le fruit.
Porte aux Grecs cet enfant que Pyrrhus m'abandonne.   785
Va-t'en.

PYLADE

          Allons, Seigneur, enlevons Hermione.
Au travers des périls un grand cœur se fait jour.
Que ne peut l'amitié conduite par l'amour ?
Allons de tous vos Grecs encourager le zèle.
Nos vaisseaux sont tout prêts, et le vent nous appelle.   790
Je sais de ce palais tous les détours obscurs;
Vous voyez que la mer en vient battre les murs;
Et cette nuit, sans peine, une secrète voie
Jusqu'en votre vaisseau conduira votre proie.

ORESTE

J'abuse, cher ami, de ton trop d'amitié.   795
Mais pardonne à des maux dont toi seul as pitié;
Excuse un malheureux qui perd tout ce qu'il aime,
Que tout le monde hait, et qui se hait lui-même.
Que ne puis-je à mon tour dans un sort plus heureux . . .

PYLADE

Dissimulez, Seigneur: c'est tout ce que je veux.   800
Gardez qu'avant le coup votre dessein n'éclate:
Oubliez jusque-là qu'Hermione est ingrate;
Oubliez votre amour. Elle vient, je la voi.

ORESTE

Va-t'en. Réponds-moi d'elle, et je réponds de moi.

___

783. **te séduit,** *deceives you, misleads you.*   786. Pylade realizes he cannot convince his friend. Therefore he will accept his views, however mistaken he may judge them. 787. **se fait jour,** *can open a way.*   795. **J'abuse . . . amitié,** *I am imposing too much . . . on your friendship.*   797. Another characteristic trait of a romantic hero. Hernani speaks thus.   799. i.e. May I, in my turn, help you some day.   801. **Gardez,** *Take care.*   803. **voi** for *vois.* See note to l. 688.

SCÈNE II

Hermione, Oreste, Cléone.

ORESTE

> Hé bien! mes soins vous ont rendu votre conquête.   805
> J'ai vu Pyrrhus, Madame, et votre hymen s'apprête.

HERMIONE

> On le dit; et de plus on vient de m'assurer
> Que vous ne me cherchiez que pour m'y préparer.

ORESTE

> Et votre âme à ses vœux ne sera pas rebelle ?

HERMIONE

> Qui l'eût cru, que Pyrrhus ne fût pas infidèle ?   810
> Que sa flamme attendrait si tard pour éclater,
> Qu'il reviendrait à moi quand je l'allais quitter ?
> Je veux croire avec vous qu'il redoute la Grèce,
> Qu'il suit son intérêt plutôt que sa tendresse,
> Que mes yeux sur votre âme étaient plus absolus.   815

ORESTE

> Non, Madame: il vous aime, et je n'en doute plus.
> Vos yeux ne font-ils pas tout ce qu'ils veulent faire ?
> Et vous ne vouliez pas sans doute lui déplaire.

HERMIONE

> Mais que puis-je, Seigneur ?   On a promis ma foi.
> Lui ravirai-je un bien qu'il ne tient pas de moi ?   820
> L'amour ne règle pas le sort d'une princesse:
> La gloire d'obéir est tout ce qu'on nous laisse.
> Cependant je partais; et vous avez pu voir
> Combien je relâchais pour vous de mon devoir.

805. **soins,** *efforts.*   810. Hermione is so happy she cannot conceal her feelings.
She forgets for a moment Oreste's sorrow.   Then (l. 813) she recovers her self-control.
815. **absolus,** *powerful.*   818. The line is bitterly ironical.   820. She pretends merely
to be obeying her father's orders.   824. **Combien je relâchais ... de mon devoir,**
How lax toward my duty I was becoming ... The verb would be in modern French
je me relâchais de.

ORESTE

Ah! que vous saviez bien, cruelle. . . . Mais, Madame,   825
Chacun peut à son choix disposer de son âme.
La vôtre était à vous. J'espérais; mais enfin
Vous l'avez pu donner sans me faire un larcin.
Je vous accuse aussi bien moins que la fortune.
Et pourquoi vous lasser d'une plainte importune?   830
Tel est votre devoir, je l'avoue; et le mien
Est de vous épargner un si triste entretien.

SCÈNE III

HERMIONE, CLÉONE.

HERMIONE

Attendais-tu, Cléone, un courroux si modeste?

CLÉONE

La douleur qui se tait n'en est que plus funeste.
Je le plains: d'autant plus qu'auteur de son ennui,   835
Le coup qui l'a perdu n'est parti que de lui.
Comptez depuis quel temps votre hymen se prépare:
Il a parlé, Madame, et Pyrrhus se déclare.

HERMIONE

Tu crois que Pyrrhus craint? Et que craint-il encor?
Des peuples qui dix ans ont fui devant Hector,   840
Qui cent fois effrayés de l'absence d'Achille,
Dans leurs vaisseaux brûlants ont cherché leur asile,
Et qu'on verrait encor, sans l'appui de son fils,
Redemander Hélène aux Troyens impunis?
Non, Cléone, il n'est point ennemi de lui-même;   845
Il veut tout ce qu'il fait; et s'il m'épouse, il m'aime.
Mais qu'Oreste à son gré m'impute ses douleurs;
N'avons-nous d'entretien que celui de ses pleurs?

825. **Mais, . . .** Oreste suddenly remembers Pylade's advice, and remains calm.
833. **modeste,** *moderate, restrained.*   835. **qu'auteur** = *qu'il est l'auteur.* — **ennui,** *torment.*   837. **Comptez,** *Consider.*   838. **Il a parlé,** see ll. 585–90.   842. **brûlants,** i.e. burned by Hector.   843. **sans,** *but for.*   844. Hermione has no national or patriotic feelings. She scorns the Greeks. She naïvely idealizes the man she loves.   846. Hermione reasons with what Pascal termed "*les raisons du cœur.*"   848. **d'entretien** = *de sujet d'entretien.*

Pyrrhus revient à nous.   Hé bien! chère Cléone,
Conçois-tu les transports de l'heureuse Hermione?   850
Sais-tu quel est Pyrrhus?   T'es-tu fait raconter
Le nombre des exploits. . . . Mais qui les peut compter?
Intrépide, et partout suivi de la victoire,
Charmant, fidèle enfin, rien ne manque à sa gloire.
Songe . . .

CLÉONE

Dissimulez.   Votre rivale en pleurs   855
Vient à vos pieds, sans doute, apporter ses douleurs.

HERMIONE

Dieux! ne puis-je à ma joie abandonner mon âme?
Sortons: que lui dirais-je?

SCÈNE   IV

ANDROMAQUE, HERMIONE, CLÉONE, CÉPHISE.

ANDROMAQUE

Où fuyez-vous, Madame?
N'est-ce point à vos yeux un spectacle assez doux
Que la veuve d'Hector pleurante à vos genoux?   860
Je ne viens point ici, par de jalouses larmes,
Vous envier un cœur qui se rend à vos charmes.
Par une main cruelle, hélas! j'ai vu percer
Le seul où mes regards prétendaient s'adresser.
Ma flamme par Hector fut jadis allumée;   865
Avec lui dans la tombe elle s'est enfermée.
Mais il me reste un fils.   Vous saurez quelque jour,
Madame, pour un fils jusqu'où va notre amour;
Mais vous ne saurez pas, du moins je le souhaite,
En quel trouble mortel son intérêt nous jette,   870
Lorsque de tant de biens qui pouvaient nous flatter,
C'est le seul qui nous reste, et qu'on veut nous l'ôter.

Hélas! lorsque lassés de dix ans de misère,
Les Troyens en courroux menaçaient votre mère,
J'ai su de mon Hector lui procurer l'appui.   875
Vous pouvez sur Pyrrhus ce que j'ai pu sur lui.
Que craint-on d'un enfant qui survit à sa perte?
Laissez-moi le cacher en quelque île déserte.
Sur les soins de sa mère on peut s'en assurer,
Et mon fils avec moi n'apprendra qu'à pleurer.   880

HERMIONE

Je conçois vos douleurs. Mais un devoir austère,
Quand mon père a parlé, m'ordonne de me taire.
C'est lui qui de Pyrrhus fait agir le courroux.
S'il faut fléchir Pyrrhus, qui le peut mieux que vous?
Vos yeux assez longtemps ont régné sur son âme.   885
Faites-le prononcer: j'y souscrirai, Madame.

SCÈNE V

ANDROMAQUE, CÉPHISE.

ANDROMAQUE

Quel mépris la cruelle attache à ses refus!

CÉPHISE

Je croirais ses conseils, et je verrais Pyrrhus.
Un regard confondrait Hermione et la Grèce ...
Mais lui-même il vous cherche.

SCÈNE VI

PYRRHUS, ANDROMAQUE, PHŒNIX, CÉPHISE.

PYRRHUS, à Phœnix.
                                        Où donc est la princesse?   890
Ne m'avais-tu pas dit qu'elle était en ces lieux?

875. Helen mentions, in the *Iliad*, XXII, line 767, Hector's kindness to her.
877. **sa**, i.e. Hector's.   879. *One may rely on his mother's care* (to keep him from ever
making trouble).   881. **Je conçois**, *I can imagine.* The whole reply is cold and disdainful.   886. **prononcer**, *decide.*   888. **Je croirais**, i.e. If I were you, I would.
890. **la princesse**, i.e. Hermione.

PHŒNIX

     Je le croyais.

ANDROMAQUE, *à Céphise.*

         Tu vois le pouvoir de mes yeux.

PYRRHUS

     Que dit-elle, Phœnix ?

ANDROMAQUE

           Hélas ! tout m'abandonne.

PHŒNIX

     Allons, Seigneur, marchons sur les pas d'Hermione.

CÉPHISE

     Qu'attendez-vous, rompez ce silence obstiné.   895

ANDROMAQUE

     Il a promis mon fils.

CÉPHISE

         Il ne l'a pas donné.

ANDROMAQUE

     Non, non, j'ai beau pleurer, sa mort est résolue.

PYRRHUS

     Daigne-t-elle sur nous tourner au moins la vue ?
     Quel orgueil !

ANDROMAQUE

         Je ne fais que l'irriter encor.
     Sortons.

PYRRHUS

         Allons aux Grecs livrer le fils d'Hector.   900

ANDROMAQUE

     Ah ! Seigneur, arrêtez ! Que prétendez-vous faire ?
     Si vous livrez le fils, livrez-leur donc la mère.
     Vos serments m'ont tantôt juré tant d'amitié :
     Dieux ! ne pourrai-je au moins toucher votre pitié ?
     Sans espoir de pardon m'avez-vous condamnée ?   905

---

892. **Tu vois . . .** A reply to line 889.   896. **Il ne l'a pas donné,** *He has not yet surrendered him.*   903. **tantôt,** *a short while ago.* — **amitié,** *tender affection.* She dares not say *amour.*

PYRRHUS

    Phœnix vous le dira, ma parole est donnée.

ANDROMAQUE

    Vous qui braviez pour moi tant de périls divers!

PYRRHUS

    J'étais aveugle alors: mes yeux se sont ouverts.
    Sa grâce à vos désirs pouvait être accordée;
    Mais vous ne l'avez pas seulement demandée.   910
    C'en est fait.

ANDROMAQUE

             Ah! Seigneur, vous entendiez assez
    Des soupirs qui craignaient de se voir repoussés.
    Pardonnez à l'éclat d'une illustre fortune
    Ce reste de fierté qui craint d'être importune.
    Vous ne l'ignorez pas: Andromaque sans vous   915
    N'aurait jamais d'un maître embrassé les genoux.

PYRRHUS

    Non, vous me haïssez; et dans le fond de l'âme
    Vous craignez de devoir quelque chose à ma flamme.
    Ce fils même, ce fils, l'objet de tant de soins,
    Si je l'avais sauvé, vous l'en aimeriez moins.   920
    La haine, le mépris, contre moi tout s'assemble;
    Vous me haïssez plus que tous les Grecs ensemble.
    Jouissez à loisir d'un si noble courroux.
    Allons, Phœnix.

ANDROMAQUE

           Allons rejoindre mon époux.

CÉPHISE

    Madame . . .

ANDROMAQUE

          Et que veux-tu que je lui dise encore?   925
    Auteur de tous mes maux, crois-tu qu'il les ignore?
    Seigneur, voyez l'état où vous me réduisez.
    J'ai vu mon père mort, et nos murs embrasés;

909. **Sa grâce,** i.e. Astyanax' pardon.   911. **C'en est fait,** *It's all over* or *The matter is settled.*   913–14. Andromaque is obliged to humble her pride.   915. **sans vous,** *had it not been for you.*   920. **en,** *for it.*   924. **rejoindre mon époux,** i.e. in death.

J'ai vu trancher les jours de ma famille entière,
Et mon époux sanglant traîné sur la poussière, 930
Son fils, seul avec moi, réservé pour les fers.
Mais que ne peut un fils? Je respire, je sers.
J'ai fait plus: je me suis quelquefois consolée
Qu'ici, plutôt qu'ailleurs, le sort m'eût exilée;
Qu'heureux dans son malheur, le fils de tant de rois, 935
Puisqu'il devait servir, fût tombé sous vos lois.
J'ai cru que sa prison deviendrait son asile.
Jadis Priam soumis fut respecté d'Achille:
J'attendais de son fils encor plus de bonté.
Pardonne, cher Hector, à ma crédulité. 940
Je n'ai pu soupçonner ton ennemi d'un crime;
Malgré lui-même enfin je l'ai cru magnanime.
Ah! s'il l'était assez pour nous laisser du moins
Au tombeau qu'à ta cendre ont élevé mes soins,
Et que finissant là ma haine et nos misères, 945
Il ne séparât point des dépouilles si chères!

PYRRHUS

Va m'attendre, Phœnix.

SCÈNE VII

PYRRHUS, ANDROMAQUE, CÉPHISE.

PYRRHUS *continue.*

Madame, demeurez.
On peut vous rendre encor ce fils que vous pleurez.
Oui, je sens à regret qu'en excitant vos larmes
Je ne fais contre moi que vous donner des armes. 950
Je croyais apporter plus de haine en ces lieux.
Mais, Madame, du moins tournez vers moi les yeux:
Voyez si mes regards sont d'un juge sévère,

931. les fers, i.e. slavery. 932. je sers, *I am a captive, a slave.* 935 ff. Andromaque almost encourages Pyrrhus. 938. An allusion to a famous episode in the
Iliad, XXIV. 940. Andromaque, once more, pronounces the name of Hector, and
arouses the jealousy of Pyrrhus. 942. Malgré lui-même, *In spite of what he had done.*
946. dépouilles, *mortal remains.* 948. On for *je.* Pyrrhus is slightly ashamed of his
own weakness. 951. plus de haine, i.e. he thought that his unrequited love had at
last turned to hate.

S'ils sont d'un ennemi qui cherche à vous déplaire.
Pourquoi me forcez-vous vous-même à vous trahir ?   955
Au nom de votre fils, cessons de nous haïr.
A le sauver enfin c'est moi qui vous convie.
Faut-il que mes soupirs vous demandent sa vie ?
Faut-il qu'en sa faveur j'embrasse vos genoux ?
Pour la dernière fois, sauvez-le, sauvez-vous.   960
Je sais de quels serments je romps pour vous les chaînes,
Combien je vais sur moi faire éclater de haines.
Je renvoie Hermione, et je mets sur son front,
Au lieu de ma couronne, un éternel affront.
Je vous conduis au temple où son hymen s'apprête;   965
Je vous ceins du bandeau préparé pour sa tête.
Mais ce n'est plus, Madame, une offre à dédaigner:
Je vous le dis, il faut ou périr ou régner.
Mon cœur, désespéré d'un an d'ingratitude,
Ne peut plus de son sort souffrir l'incertitude.   970
C'est craindre, menacer et gémir trop longtemps.
Je meurs si je vous perds, mais je meurs si j'attends.
Songez-y: je vous laisse; et je viendrai vous prendre
Pour vous mener au temple, où ce fils doit m'attendre;
Et là vous me verrez, soumis ou furieux,   975
Vous couronner, Madame, ou le perdre à vos yeux.

SCÈNE VIII

ANDROMAQUE, CÉPHISE.

CÉPHISE

    Je vous l'avais prédit, qu'en dépit de la Grèce,
    De votre sort encor vous seriez la maîtresse.

ANDROMAQUE

    Hélas! de quel effet tes discours sont suivis!
    Il ne me restait plus qu'à condamner mon fils.   980

---

961. **serments,** i.e. his solemn promise to marry Hermione.   964. **affront,** *stigma of shame.*   966. **bandeau,** *diadem.*   969. **d'un** = *par un.*   974. **ce fils,** i.e. Astyanax.   976. **le perdre à vos yeux,** *condemn him in your presence.*   980. **Il ne me restait plus qu',** *The only torment left for me was.*

CÉPHISE

> Madame, à votre époux c'est être assez fidèle:
> Trop de vertu pourrait vous rendre criminelle.
> Lui-même il porterait votre âme à la douceur.

ANDROMAQUE

> Quoi ? je lui donnerais Pyrrhus pour successeur ?

CÉPHISE

> Ainsi le veut son fils, que les Grecs vous ravissent.   985
> Pensez-vous qu'après tout ses mânes en rougissent;
> Qu'il méprisât, Madame, un roi victorieux
> Qui vous fait remonter au rang de vos aïeux,
> Qui foule aux pieds pour vous vos vainqueurs en colère,
> Qui ne se souvient plus qu'Achille était son père,   990
> Qui dément ses exploits et les rend superflus ?

ANDROMAQUE

> Dois-je les oublier, s'il ne s'en souvient plus ?
> Dois-je oublier Hector privé de funérailles,
> Et traîné sans honneur autour de nos murailles ?
> Dois-je oublier son père à mes pieds renversé,   995
> Ensanglantant l'autel qu'il tenait embrassé ?
> Songe, songe, Céphise, à cette nuit cruelle
> Qui fut pour tout un peuple une nuit éternelle.
> Figure-toi Pyrrhus, les yeux étincelants,
> Entrant à la lueur de nos palais brûlants,   1000
> Sur tous mes frères morts se faisant un passage,
> Et de sang tout couvert échauffant le carnage.
> Songe aux cris des vainqueurs, songe aux cris des mourants,
> Dans la flamme étouffés, sous le fer expirants,
> Peins-toi dans ces horreurs Andromaque éperdue: 1005
> Voilà comme Pyrrhus vint s'offrir à ma vue;
> Voilà par quels exploits il sut se couronner;
> Enfin voilà l'époux que tu me veux donner.
> Non, je ne serai point complice de ses crimes;

983. i.e. Hector himself would advise you to marry Pyrrhus.   986. **ses mânes,** *his spirit* (i.e. her dead husband).   991. **dément,** *disowns.*   994. **sans honneur,** *without the honor due to the dead.*   999. **Figure-toi,** *Picture to yourself.*   1002. **échauffant,** *exciting, urging on.*   1004. **expirants,** present participle treated as an adjective. Cf. ll. 1329, 1334.   1006. **comme** = *comment.*   1009. **complice.** The word expresses the horror Andromaque feels for the foe of her country.

Qu'il nous prenne, s'il veut, pour dernières victimes.   1010
Tous mes ressentiments lui seraient asservis.

CÉPHISE

Hé bien! allons donc voir expirer votre fils:
On n'attend plus que vous. Vous frémissez, Madame!

ANDROMAQUE

Ah! de quel souvenir viens-tu frapper mon âme!
Quoi? Céphise, j'irai voir expirer encor   1015
Ce fils, ma seule joie, et l'image d'Hector:
Ce fils, que de sa flamme il me laissa pour gage!
Hélas! je m'en souviens, le jour que son courage
Lui fit chercher Achille, ou plutôt le trépas,
Il demanda son fils, et le prit dans ses bras: 1020
« Chère épouse, dit-il en essuyant mes larmes,
J'ignore quel succès le sort garde à mes armes;
Je te laisse mon fils pour gage de ma foi:
S'il me perd, je prétends qu'il me retrouve en toi.
Si d'un heureux hymen la mémoire t'est chère,   1025
Montre au fils à quel point tu chérissais le père. »
Et je puis voir répandre un sang si précieux?
Et je laisse avec lui périr tous ses aïeux?
Roi barbare, faut-il que mon crime l'entraîne?
Si je te hais, est-il coupable de ma haine?   1030
T'a-t-il de tous les siens reproché le trépas?
S'est-il plaint à tes yeux des maux qu'il ne sent pas?
Mais cependant, mon fils, tu meurs, si je n'arrête
Le fer que le cruel tient levé sur ta tête.
Je l'en puis détourner, et je t'y vais offrir?   1035
Non, tu ne mourras point: je ne le puis souffrir.
Allons trouver Pyrrhus. Mais non, chère Céphise,
Va le trouver pour moi.

CÉPHISE

                   Que faut-il que je dise?

1011. **Tous . . . asservis,** (if I married him) *all my memories would be sacrificed to him.* 1013. **On n'attend plus que vous,** *They are awaiting only you.* 1017. **flamme,** *love.* 1020. Andromaque recalls the famous scene in the *Iliad*, VI. 1027. **je puis** = *je pourrais.* 1028. **tous ses aïeux,** i.e. the whole race would be extinguished if Astyanax died. 1029. **l'entraîne,** *involve him* (and cause his death). 1035. **l'** refers to **le fer. — en,** *from your head.*

ANDROMAQUE

Dis-lui que de mon fils l'amour est assez fort . . .
Crois-tu que dans son cœur il ait juré sa mort?   1040
L'amour peut-il si loin pousser sa barbarie?

CÉPHISE

Madame, il va bientôt revenir en furie.

ANDROMAQUE

Hé bien! va l'assurer . . .

CÉPHISE

De quoi? de votre foi?

ANDROMAQUE

Hélas! pour la promettre est-elle encore à moi?
O cendres d'un époux! ô Troyens! ô mon père!   1045
O mon fils, que tes jours coûtent cher à ta mère!
Allons.

CÉPHISE

Où donc, Madame? et que résolvez-vous?

ANDROMAQUE

Allons sur son tombeau consulter mon époux.

L'acceptation d'Andromaque.

ACTE QUATRIÈME

SCÈNE PREMIÈRE

ANDROMAQUE, CÉPHISE.

CÉPHISE

Ah! je n'en doute point: c'est votre époux, Madame,
C'est Hector qui produit ce miracle en votre âme.   1050

1039. Andromaque cannot bring herself to complete her sentence. — **de** = *pour.*
1043. foi, *promise* (to marry him).   1048. The third act thus ends with words which
do not yet announce what the dénouement will be. Racine is an expert analyst of
passion, but he never forgets the dramatic necessity of suspense.   1049. The first
lines of the act inform us that Andromaque has decided to marry Pyrrhus.

Il veut que Troie encor se puisse relever
Avec cet heureux fils qu'il vous fait conserver.
Pyrrhus vous l'a promis. Vous venez de l'entendre,
Madame: il n'attendait qu'un mot pour vous le rendre.
Croyez-en ses transports: père, sceptre, alliés,   1055
Content de votre cœur, il met tout à vos pieds.
Sur lui, sur tout son peuple il vous rend souveraine.
Est-ce là ce vainqueur digne de tant de haine?
Déjà contre les Grecs plein d'un noble courroux,
Le soin de votre fils le touche autant que vous: 1060
Il prévient leur fureur, il lui laisse sa garde;
Pour ne pas l'exposer, lui-même il se hasarde.
Mais tout s'apprête au temple, et vous avez promis.

ANDROMAQUE

Oui, je m'y trouverai. Mais allons voir mon fils.

CÉPHISE

Madame, qui vous presse? Il suffit que sa vue   1065
Désormais à vos yeux ne soit plus défendue.
Vous lui pourrez bientôt prodiguer vos bontés,
Et vos embrassements ne seront plus comptés,
Quel plaisir d'élever un enfant qu'on voit craître,
Non plus comme un esclave élevé pour son maître,   1070
Mais pour voir avec lui renaître tant de rois!

ANDROMAQUE

Céphise, allons le voir pour la dernière fois.

CÉPHISE

Que dites-vous? ô Dieux!

ANDROMAQUE

                          O ma chère Céphise,
Ce n'est point avec toi que mon cœur se déguise.
Ta foi, dans mon malheur, s'est montrée à mes yeux;   1075

1056. **Content de votre cœur,** *Happy to have your heart.* 1061. **Il prévient,** *He
forestalls.* — **il lui laisse sa garde.** Pyrrhus will thus be unprotected, making the dénouement possible. 1064. **je m'y trouverai,** *I shall be there.* 1065. **qui vous presse?**
what is hurrying you? 1068. **comptés,** *limited.* 1069. **craître,** archaic form of *croître.*
1072. Note the gravity of Andromaque's reply and the ominous suggestion of the
phrase *pour la dernière fois.* 1075. **foi,** *faithfulness.*

Mais j'ai cru qu'à mon tour tu me connaissais mieux.
Quoi donc? as-tu pensé qu'Andromaque infidèle
Pût trahir un époux qui croit revivre en elle;
Et que de tant de morts réveillant la douleur,
Le soin de mon repos me fît troubler le leur? 1080
Est-ce là cette ardeur tant promise à sa cendre?
Mais son fils périssait: il l'a fallu défendre,
Pyrrhus en m'épousant s'en déclare l'appui;
Il suffit: je veux bien m'en reposer sur lui.
Je sais quel est Pyrrhus. Violent, mais sincère, 1085
Céphise, il fera plus qu'il n'a promis de faire.
Sur le courroux des Grecs je m'en repose encor:
Leur haine va donner un père au fils d'Hector.
Je vais donc, puisqu'il faut que je me sacrifie,
Assurer à Pyrrhus le reste de ma vie; 1090
Je vais, en recevant sa foi sur les autels,
L'engager à mon fils par des nœuds immortels,
Mais aussitôt ma main, à moi seule funeste,
D'une infidèle vie abrégera le reste,
Et sauvant ma vertu, rendra ce que je dois 1095
A Pyrrhus, à mon fils, à mon époux, à moi.
Voilà de mon amour l'innocent stratagème;
Voilà ce qu'un époux m'a commandé lui-même.
J'irai seule rejoindre Hector et mes aïeux.
Céphise, c'est à toi de me fermer les yeux. 1100

CÉPHISE

Ah! ne prétendez pas que je puisse survivre...

ANDROMAQUE

Non, non, je te défends, Céphise, de me suivre.
Je confie à tes soins mon unique trésor:
Si tu vivais pour moi, vis pour le fils d'Hector.
De l'espoir des Troyens seule dépositaire, 1105
Songe à combien de rois tu deviens nécessaire.

1076. à mon tour, *on the other hand.* 1078. croit, present indicative. Hector, to
her, is still alive. 1083. en = *de lui.* 1085. quel, see note to l. 155. 1091. sa foi,
his troth. 1094. infidèle. This ceremony alone would be a breach of loyalty to
Hector, and she will die at once to expiate it. 1095. doi for *dois;* see note to l. 688.
1097. stratagème. Andromaque is not very frank with Pyrrhus. She thinks only of
those she loves, her husband and her son.

Veille auprès de Pyrrhus; fais-lui garder sa foi:
S'il le faut, je consens qu'on lui parle de moi.
Fais-lui valoir l'hymen où je me suis rangée;
Dis-lui qu'avant ma mort je lui fus engagée, 1110
Que ses ressentiments doivent être effacés,
Qu'en lui laissant mon fils, c'est l'estimer assez.
Fais connaître à mon fils les héros de sa race;
Autant que tu pourras, conduis-le sur leur trace.
Dis-lui par quels exploits leurs noms ont éclaté, 1115
Plutôt ce qu'ils ont fait que ce qu'ils ont été;
Parle-lui tous les jours des vertus de son père;
Et quelquefois aussi parle-lui de sa mère.
Mais qu'il ne songe plus, Céphise, à nous venger:
Nous lui laissons un maître, il le doit ménager. 1120
Qu'il ait de ses aïeux un souvenir modeste:
Il est du sang d'Hector, mais il en est le reste;
Et pour ce reste enfin j'ai moi-même en un jour
Sacrifié mon sang, ma haine et mon amour.

CÉPHISE

Hélas!

ANDROMAQUE

        Ne me suis point, si ton cœur en alarmes 1125
Prévoit qu'il ne pourra commander à tes larmes.
On vient. Cache tes pleurs, Céphise; et souviens-toi
Que le sort d'Andromaque est commis à ta foi.
C'est Hermione. Allons, fuyons sa violence.

SCÈNE II

HERMIONE, CLÉONE.

CLÉONE

        Non, je ne puis assez admirer ce silence. 1130
Vous vous taisez, Madame; et ce cruel mépris
N'a pas du moindre trouble agité vos esprits?

1109. **Fais-lui valoir,** *Make him appreciate (the significance of).* — **où je me suis rangée,** *to which I have resigned myself.* 1113 ff. The simplicity and restraint of these beautiful lines have often been praised. 1120. **ménager,** *treat with respect.* 1124. The line is an example of Racine's concise diction: Andromaque sacrifices her blood (by dying), her hatred of her enemies, the Greeks, and her love for Hector, by accepting Pyrrhus as a husband. 1130. **admirer,** *wonder at.*

Vous soutenez en paix une si rude attaque,
Vous qu'on voyait frémir au seul nom d'Andromaque?
Vous qui sans désespoir ne pouviez endurer   1135
Que Pyrrhus d'un regard la voulût honorer?
Il l'épouse: il lui donne, avec son diadème,
La foi que vous venez de recevoir vous-même,
Et votre bouche encor muette à tant d'ennui
N'a pas daigné s'ouvrir pour se plaindre de lui!   1140
Ah! que je crains, Madame, un calme si funeste!
Et qu'il vaudrait bien mieux . . .

HERMIONE

                              Fais-tu venir Oreste?

CLÉONE

Il vient, Madame, il vient; et vous pouvez juger
Que bientôt à vos pieds il allait se ranger.
Prêt à servir toujours sans espoir de salaire,   1145
Vos yeux ne sont que trop assurés de lui plaire.
Mais il entre.

SCÈNE III

ORESTE, HERMIONE, CLÉONE.

ORESTE

                    Ah! Madame, est-il vrai qu'une fois
Oreste en vous cherchant obéisse à vos lois?
Ne m'a-t-on point flatté d'une fausse espérance?
Avez-vous en effet souhaité ma présence?   1150
Croirai-je que vos yeux, à la fin désarmés,
Veulent . . .

HERMIONE

              Je veux savoir, Seigneur, si vous m'aimez.

1142. Hermione's silent wrath is ominous. She does not condescend to reply to
Cléone's questions; but she is determined upon her revenge. Oreste will be her tool.
1145. salaire, *reward*.   1148. i.e. For the first time Hermione has requested his
presence.   1149. flatté, *deceived, deluded*.   1151. Notice the contrast between Oreste's
elegant metaphor and Hermione's blunt question.

ORESTE

Si je vous aime? O Dieux! mes serments, mes parjures,
Ma fuite, mon retour, mes respects, mes injures,
Mon désespoir, mes yeux de pleurs toujours noyés,   1155
Quels témoins croirez-vous, si vous ne les croyez?

HERMIONE

Vengez-moi, je crois tout.

ORESTE

Hé bien! allons, Madame:
Mettons encore un coup toute la Grèce en flamme;
Prenons, en signalant mon bras et votre nom,
Vous, la place d'Hélène, et moi, d'Agamemnon.   1160
De Troie en ce pays réveillons les misères;
Et qu'on parle de nous, ainsi que de nos pères.
Partons, je suis tout prêt.

HERMIONE

Non, Seigneur, demeurons:
Je ne veux pas si loin porter de tels affronts.
Quoi? de mes ennemis couronnant l'insolence,   1165
J'irais attendre ailleurs une lente vengeance?
Et je m'en remettrais au destin des combats,
Qui peut-être à la fin ne me vengerait pas?
Je veux qu'à mon départ toute l'Épire pleure.
Mais si vous me vengez, vengez-moi dans une heure.   1170
Tous vos retardements sont pour moi des refus.
Courez au temple. Il faut immoler . . .

ORESTE

Qui?

HERMIONE

Pyrrhus.

ORESTE

Pyrrhus, Madame?

1157. **Vengez-moi . . . tout.** This is one of those sudden, moving impulses, which
reveal Racine's dramatic instinct.   1159. **signalant,** *making illustrious.*   1165. **cou-**
ronnant, *crowning, satisfying to the full.*   1167. **je m'en remettrais,** *I should put my*
trust.   1171. **retardements,** *delays.* The word has become obsolete.

HERMIONE

Hé quoi? votre haine chancelle?
Ah! courez, et craignez que je ne vous rappelle.
N'alléguez point des droits que je veux oublier;   1175
Et ce n'est pas à vous à le justifier.

ORESTE

Moi, je l'excuserais? Ah! vos bontés, Madame,
Ont gravé trop avant ses crimes dans mon âme.
Vengeons-nous, j'y consens, mais par d'autres chemins.
Soyons ses ennemis, et non ses assassins: 1180
Faisons de sa ruine une juste conquête.
Quoi? pour réponse, aux Grecs porterai-je sa tête?
Et n'ai-je pris sur moi le soin de tout l'État
Que pour m'en acquitter par un assassinat?
Souffrez, au nom des Dieux, que la Grèce s'explique,   1185
Et qu'il meure chargé de la haine publique.
Souvenez-vous qu'il règne, et qu'un front couronné ...

HERMIONE

Ne vous suffit-il pas que je l'ai condamné?
Ne vous suffit-il pas que ma gloire offensée
Demande une victime à moi seule adressée;   1190
Qu'Hermione est le prix d'un tyran opprimé;
Que je le hais; enfin, Seigneur, que je l'aimai?
Je ne m'en cache point: l'ingrat m'avait su plaire,
Soit qu'ainsi l'ordonnât mon amour ou mon père,
N'importe; mais enfin réglez-vous là-dessus.   1195
Malgré mes vœux, Seigneur, honteusement déçus,
Malgré la juste horreur que son crime me donne,
Tant qu'il vivra, craignez que je ne lui pardonne.
Doutez jusqu'à sa mort d'un courroux incertain:
S'il ne meurt aujourd'hui, je puis l'aimer demain.   1200

1174. Her love for Pyrrhus might yet triumph over her resentment.   1178. **trop avant,** *too deeply.*   1181. **une juste conquête** = *une conquête juste.* — **juste,** *lawful.*   1185. **s'explique,** *declare itself,* i.e. openly declare war against Pyrrhus.   1188. Reasons of public interest, moral scruples, mean nothing to an infuriated woman.   1191. **opprimé** = *tué.*   1192. Hermione knows how to convince Oreste and how to use the most powerful arguments, even in the midst of her passion.   1193. **Je ne m'en cache point,** *I will not conceal it.*   1195. **réglez-vous là-dessus,** *act accordingly.*

ORESTE

Hé bien ! il faut le perdre, et prévenir sa grâce ;
Il faut... Mais cependant que faut-il que je fasse ?
Comment puis-je sitôt servir votre courroux ?
Quel chemin jusqu'à lui peut conduire mes coups ?
A peine suis-je encore arrivé dans l'Épire,   1205
Vous voulez par mes mains renverser un empire ;
Vous voulez qu'un roi meure, et pour son châtiment
Vous ne donnez qu'un jour, qu'une heure, qu'un moment.
Aux yeux de tout son peuple il faut que je l'opprime !
Laissez-moi vers l'autel conduire ma victime,   1210
Je ne m'en défends plus ; et je ne veux qu'aller
Reconnaître la place où je dois l'immoler.
Cette nuit je vous sers, cette nuit je l'attaque.

HERMIONE

Mais cependant ce jour il épouse Andromaque.
Dans le temple déjà le trône est élevé ;   1215
Ma honte est confirmée, et son crime achevé.
Enfin qu'attendez-vous ? Il vous offre sa tête :
Sans gardes, sans défense, il marche à cette fête ;
Autour du fils d'Hector il les fait tous ranger ;
Il s'abandonne au bras qui me voudra venger.   1220
Voulez-vous, malgré lui, prendre soin de sa vie ?
Armez, avec vos Grecs, tous ceux qui m'ont suivie ;
Soulevez vos amis : tous les miens sont à vous.
Il me trahit, vous trompe et nous méprise tous.
Mais quoi ? déjà leur haine est égale à la mienne :   1225
Elle épargne à regret l'époux d'une Troyenne.
Parlez : mon ennemi ne vous peut échapper,
Ou plutôt il ne faut que les laisser frapper.
Conduisez ou suivez une fureur si belle ;
Revenez tout couvert du sang de l'infidèle ;   1230
Allez : en cet état soyez sûr de mon cœur.

ORESTE

Mais, Madame, songez...

1201. perdre, *kill.* — grâce, *pardon,* i.e. the love which Hermione, otherwise, might
grant him. 1209. opprime, *murder.* Oreste dares not utter the real, brutal word.
1212. Reconnaître, *Examine.* 1214. cependant, *meanwhile.* 1216. confirmée, *manifest.* — achevé, *accomplished, completed.* 1218. cette fête. There are both bitter
jealousy and irony in Hermione's use of this word.

HERMIONE

                               Ah! c'en est trop, Seigneur.
Tant de raisonnements offensent ma colère.
J'ai voulu vous donner les moyens de me plaire,
Rendre Oreste content; mais enfin je vois bien   1235
Qu'il veut toujours se plaindre, et ne mériter rien.
Partez: allez ailleurs vanter votre constance,
Et me laissez ici le soin de ma vengeance.
De mes lâches bontés mon courage est confus,
Et c'est trop en un jour essuyer de refus.   1240
Je m'en vais seule au temple, où leur hymen s'apprête,
Où vous n'osez aller mériter ma conquête.
Là, de mon ennemi je saurai m'approcher:
Je percerai le cœur que je n'ai pu toucher;
Et mes sanglantes mains, sur moi-même tournées,   1245
Aussitôt, malgré lui, joindront nos destinées:
Et tout ingrat qu'il est, il me sera plus doux
De mourir avec lui que de vivre avec vous.

ORESTE

Non, je vous priverai de ce plaisir funeste,
Madame: il ne mourra que de la main d'Oreste.   1250
Vos ennemis par moi vont vous être immolés,
Et vous reconnaîtrez mes soins, si vous voulez.

HERMIONE

Allez. De vòtre sort laissez-moi la conduite,
Et que tous vos vaisseaux soient prêts pour notre fuite.

SCÈNE IV

HERMIONE, CLÉONE.

CLÉONE

    Vous vous perdez, Madame; et vous devez songer...   1255

1233. A typical Racinian line. Men, in Racine, try to reason with passionate women, hence their utter inability to understand them. 1238. **me laissez** = *laissez-moi*. 1239. **mon courage est confus**, *my heart is ashamed*. 1244. Not an affected conceit, but the cry of desperate passion. 1246. Racine's heroines cannot imagine life without the satisfaction of their passion. Hermione must be with Pyrrhus in death, if not otherwise. 1253. **conduite**, *guidance*.

HERMIONE

> Que je me perde ou non, je songe à me venger.
> Je ne sais même encor, quoi qu'il m'ait pu promettre,
> Sur d'autres que sur moi si je dois m'en remettre.
> Pyrrhus n'est pas coupable à ses yeux comme aux miens,
> Et je tiendrais mes coups bien plus sûrs que les siens.   1260
> Quel plaisir de venger moi-même mon injure,
> De retirer mon bras teint du sang du parjure,
> Et pour rendre sa peine et mes plaisirs plus grands,
> De cacher ma rivale à ses regards mourants!
> Ah! si du moins Oreste, en punissant son crime,   1265
> Lui laissait le regret de mourir ma victime!
> Va le trouver: dis-lui qu'il apprenne à l'ingrat
> Qu'on l'immole à ma haine, et non pas à l'État.
> Chère Cléone, cours. Ma vengeance est perdue
> S'il ignore en mourant que c'est moi qui le tue.   1270

CLÉONE

> Je vous obéirai. Mais qu'est-ce que je vois?
> O Dieux! Qui l'aurait cru, Madame? C'est le Roi!

HERMIONE

> Ah! cours après Oreste; et dis-lui, ma Cléone,
> Qu'il n'entreprenne rien sans revoir Hermione.

SCÈNE V

PYRRHUS, HERMIONE, PHŒNIX.

PYRRHUS

> Vous ne m'attendiez pas, Madame; et je vois bien   1275
> Que mon abord ici trouble votre entretien.
> Je ne viens point, armé d'un indigne artifice,

1260. **je tiendrais,** *I should consider.* 1261–70. Hermione becomes a Fury. She insists that Pyrrhus, when dying, must know that she, and not the Greeks, condemned him. 1271. **voi** for *vois;* see note to l. 688. 1273. She calls Oreste back, for hope returns. Is Pyrrhus coming back to her? Note Racine's dramatic skill in creating this suspense, when we thought the dénouement was at hand. SCENE V. This scene is the climax of the tragedy. Note the slow progression; imagine what may be the attitude of Hermione while she listens to Pyrrhus, until she finally can control herself no longer (l. 1341 ff.). 1276. **abord,** *arrival.*

D'un voile d'équité couvrir mon injustice:
Il suffit que mon cœur me condamne tout bas;
Et je soutiendrais mal ce que je ne crois pas.   1280
J'épouse une Troyenne. Oui, Madame, et j'avoue
Que je vous ai promis la foi que je lui voue.
Un autre vous dirait que dans les champs troyens
Nos deux pères sans nous formèrent ces liens,
Et que sans consulter ni mon choix ni le vôtre,   1285
Nous fûmes sans amour engagés l'un à l'autre;
Mais c'est assez pour moi que je me sois soumis.
Par mes ambassadeurs mon cœur vous fut promis;
Loin de les révoquer, je voulus y souscrire.
Je vous vis avec eux arriver en Épire;   1290
Et quoique d'un autre œil l'éclat victorieux
Eût déjà prévenu le pouvoir de vos yeux,
Je ne m'arrêtai point à cette ardeur nouvelle:
Je voulus m'obstiner à vous être fidèle,
Je vous reçus en reine; et jusques à ce jour   1295
J'ai cru que mes serments me tiendraient lieu d'amour.
Mais cet amour l'emporte, et par un coup funeste
Andromaque m'arrache un cœur qu'elle déteste.
L'un par l'autre entraînés, nous courons à l'autel
Nous jurer, malgré nous, un amour immortel.   1300
Après cela, Madame, éclatez contre un traître,
Qui l'est avec douleur, et qui pourtant veut l'être.
Pour moi, loin de contraindre un si juste courroux,
Il me soulagera peut-être autant que vous.
Donnez-moi tous les noms destinés aux parjures: 1305
Je crains votre silence, et non pas vos injures;
Et mon cœur, soulevant mille secrets témoins,
M'en dira d'autant plus que vous m'en direz moins.

HERMIONE

Seigneur, dans cet aveu dépouillé d'artifice,
J'aime à voir que du moins vous vous rendiez justice,   1310

1278. **mon injustice.** Pyrrhus is a man of honor. He realizes he owes apologies.
1279. **tout bas,** *silently.* 1286. Note how unconsciously cruel is that *sans amour.*
1289. **y** refers to the promise (l. 1288). 1291. **d'un autre œil,** i.e. Andromaque's.
1300. **malgré nous.** For Andromaque does not love Pyrrhus, and Pyrrhus' will yields
to his passion. 1301. **éclatez** (*en cris de fureur*). Pyrrhus expects a "scene." He
expects it and desires it. Any outburst would reassure him, for he is secretly afraid
that Hermione may kill herself. 1307. **soulevant,** *conjuring up.* 1309. Notice Hermione's cold, sarcastic tone. — **dépouillé d'artifice,** *so direct and frank.*

Et que voulant bien rompre un nœud si solennel,
Vous vous abandonniez au crime en criminel.
Est-il juste, après tout, qu'un conquérant s'abaisse
Sous la servile loi de garder sa promesse?
Non, non, la perfidie a de quoi vous tenter;   1315
Et vous ne me cherchez que pour vous en vanter.
Quoi? sans que ni serment ni devoir vous retienne,
Rechercher une Grecque, amant d'une Troyenne?
Me quitter, me reprendre, et retourner encor
De la fille d'Hélène à la veuve d'Hector?   1320
Couronner tour à tour l'esclave et la princesse;
Immoler Troie aux Grecs, au fils d'Hector la Grèce?
Tout cela part d'un cœur toujours maître de soi,
D'un héros qui n'est point esclave de sa foi.
Pour plaire à votre épouse, il vous faudrait peut-être 1325
Prodiguer les doux noms de parjure et de traître.
Vous veniez de mon front observer la pâleur,
Pour aller dans ses bras rire de ma douleur.
Pleurante après son char vous voulez qu'on me voie;
Mais, Seigneur, en un jour ce serait trop de joie;   1330
Et sans chercher ailleurs des titres empruntés,
Ne vous suffit-il pas de ceux que vous portez?
Du vieux père d'Hector la valeur abattue
Aux pieds de sa famille expirante à sa vue,
Tandis que dans son sein votre bras enfoncé   1335
Cherche un reste de sang que l'âge avait glacé;
Dans des ruisseaux de sang Troie ardente plongée;
De votre propre main Polyxène égorgée
Aux yeux de tous les Grecs indignés contre vous:
Que peut-on refuser à ces généreux coups?   1340

PYRRHUS

Madame, je sais trop à quels excès de rage
La vengeance d'Hélène emporta mon courage:
Je puis me plaindre à vous du sang que j'ai versé;

1324. sa foi, *his word.*   1327-28. These two lines are typical of Racine's bold way
of suggesting physical images.   1331. titres, i.e. cruel and heartless murderer.
1335-36. Note the bitter hatred expressed by Hermione, in one of those violent
moods in which lovers delight to insult the one they love.   1337. ardente, *burning.*
1338. Polyxène, daughter of Priam and Hecuba.   1342. La vengeance d'Hélène,
The avenging of Helen (mother of Hermione). — emporta, *carried.*   1343. Je puis
me plaindre à vous, *I might blame you,* i.e. since you are the daughter of the one who
caused the war.

Mais enfin je consens d'oublier le passé.
Je rends grâces au ciel que votre indifférence 1345
De mes heureux soupirs m'apprenne l'innocence.
Mon cœur, je le vois bien, trop prompt à se gêner,
Devait mieux vous connaître et mieux s'examiner.
Mes remords vous faisaient une injure mortelle;
Il faut se croire aimé pour se croire infidèle. 1350
Vous ne prétendiez point m'arrêter dans vos fers:
J'ai craint de vous trahir, peut-être je vous sers.
Nos cœurs n'étaient point faits dépendants l'un de l'autre;
Je suivais mon devoir, et vous cédiez au vôtre.
Rien ne vous engageait à m'aimer en effet. 1355

HERMIONE

Je ne t'ai point aimé, cruel? Qu'ai-je donc fait?
J'ai dédaigné pour toi les vœux de tous nos princes:
Je t'ai cherché moi-même au fond de tes provinces;
J'y suis encor, malgré tes infidélités,
Et malgré tous mes Grecs honteux de mes bontés. 1360
Je leur ai commandé de cacher mon injure;
J'attendais en secret le retour d'un parjure;
J'ai cru que tôt ou tard, à ton devoir rendu,
Tu me rapporterais un cœur qui m'était dû.
Je t'aimais inconstant, qu'aurais-je fait fidèle? 1365
Et même en ce moment où ta bouche cruelle
Vient si tranquillement m'annoncer le trépas,
Ingrat, je doute encor si je ne t'aime pas.
Mais, Seigneur, s'il le faut, si le ciel en colère
Réserve à d'autres yeux la gloire de vous plaire, 1370
Achevez votre hymen, j'y consens. Mais du moins
Ne forcez pas mes yeux d'en être les témoins.
Pour la dernière fois je vous parle peut-être:
Différez-le d'un jour: demain vous serez maître.
Vous ne répondez point? Perfide, je le voi, 1375

1346. **soupirs,** i.e. of love. 1348. **Devait** = *Aurait dû.* 1351. **arrêter,** *keep, hold.* 1356. Note the sudden shift from *vous* to *tu.* Hermione cannot bear to see her love thus denied. 1358. **provinces,** *country.* 1363. **rendu,** *returned.* 1365. **fidèle,** *(if you had been) faithful.* Cynics would reply that she would then have loved him less. 1367. **le trépas.** She cannot survive such humiliation. 1369. Racine is incomparable in depicting different moods in the same speech, and in suggesting those subtle changes by the very harmony of his lines. 1374. She hopes that things might change once more, if she were granted one day's respite. 1375. **voi** for *vois;* see note to l. 688.

Tu comptes les moments que tu perds avec moi!
Ton cœur, impatient de revoir ta Troyenne,
Ne souffre qu'à regret qu'un autre t'entretienne.
Tu lui parles du cœur, tu la cherches des yeux.
Je ne te retiens plus, sauve-toi de ces lieux: 1380
Va lui jurer la foi que tu m'avais jurée,
Va profaner des Dieux la majesté sacrée.
Ces Dieux, ces justes Dieux n'auront pas oublié
Que les mêmes serments avec moi t'ont lié.
Porte aux pieds des autels ce cœur qui m'abandonne;   `1385
Va, cours. Mais crains encor d'y trouver Hermione.

SCÈNE VI

PYRRHUS, PHŒNIX.

PHŒNIX

Seigneur, vous entendez. Gardez de négliger
Une amante en fureur qui cherche à se venger.
Elle n'est en ces lieux que trop bien appuyée;
La querelle des Grecs à la sienne est liée;   1390
Oreste l'aime encore; et peut-être à ce prix . . .

PYRRHUS

Andromaque m'attend. Phœnix, garde son fils.

Le crime d'Oreste

ACTE CINQUIÈME

SCÈNE PREMIÈRE

HERMIONE, *seule*.

Où suis-je? Qu'ai-je fait? Que dois-je faire encore?
Quel transport me saisit? Quel chagrin me dévore?

1378. **un autre,** *someone else.*   1379. **du, des,** *with your.*   1385–86. These con-
cluding lines are among the most celebrated written by Racine. The swift, infuriated
movement is emphasized by the sudden cæsura: *Va,* | *cours* |, and the ominous threat
which follows.   1387. **Gardez de négliger,** *Take care not to disregard.*   1390. **La
querelle,** *The cause.*   1393. Note how orderly is the soliloquy, even when depicting
a soul distracted by suffering.   1394. **transport,** *impulse.*

Errante, et sans-dessein, je cours dans ce palais.   1395
Ah! ne puis-je savoir si j'aime, ou si je hais?
Le cruel! de quel œil il m'a congédiée!
Sans pitié, sans douleur, au moins étudiée.
L'ai-je vu se troubler et me plaindre un moment?
En ai-je pu tirer un seul gémissement?   1400
Muet à mes soupirs, tranquille à mes alarmes,
Semblait-il seulement qu'il eût part à mes larmes?
Et je le plains encore?   Et pour comble d'ennui,
Mon cœur, mon lâche cœur s'intéresse pour lui?
Je tremble au seul penser du coup qui le menace?   1405
Et prête à me venger, je lui fais déjà grâce?
Non, ne révoquons point l'arrêt de mon courroux:
Qu'il périsse!   Aussi bien il ne vit plus pour nous.
Le perfide triomphe, et se rit de ma rage:
Il pense voir en pleurs dissiper cet orage;   1410
Il croit que toujours faible et d'un cœur incertain,
Je parerai d'un bras les coups de l'autre main.
Il juge encor de moi par mes bontés passées.
Mais plutôt le perfide a bien d'autres pensées.
Triomphant dans le temple, il ne s'informe pas   1415
Si l'on souhaite ailleurs sa vie ou son trépas.
Il me laisse, l'ingrat! cet embarras funeste.
Non, non, encore un coup; laissons agir Oreste.
Qu'il meure, puisqu'enfin il a dû le prévoir,
Et puisqu'il m'a forcée enfin à le vouloir.   1420
A le vouloir?   Hé quoi? c'est donc moi qui l'ordonne?
Sa mort sera l'effet de l'amour d'Hermione?
Ce prince, dont mon cœur se faisait autrefois
Avec tant de plaisir redire les exploits,
A qui même en secret je m'étais destinée   1425
Avant qu'on eût conclu ce fatal hyménée,
Je n'ai donc traversé tant de mers, tant d'États,
Que pour venir si loin préparer son trépas?
L'assassiner, le perdre?   Ah! devant qu'il expire...

1398. au moins étudiée, *not even feigned.*   1400. En = *De lui.*   1401. à = *en
face de.*   1402. qu'il eût part à, *that he felt some pity for.*   1404. s'intéresse, *is moved.*
1405. penser = *pensée.*   1408. Aussi bien, *Besides.*   1409. Note the repetition of
the 'r' sound as a means of representing anger.   1419. Hermione considers that she
gave Pyrrhus a clear warning.   1429. devant que, obsolete for *avant que.*   There
was practically no distinction between *devant* and *avant* in the 17th century.

SCÈNE II *Le crime d'Oreste*

HERMIONE, CLÉONE.

HERMIONE

Ah! qu'ai-je fait, Cléone? et que viens-tu me dire? 1430
Que fait Pyrrhus?

CLÉONE

Il est au comble de ses vœux,
Le plus fier des mortels, et le plus amoureux.
Je l'ai vu vers le temple, où son hymen s'apprête,
Mener en conquérant sa nouvelle conquête;
Et d'un œil où brillaient sa joie et son espoir 1435
S'enivrer en marchant du plaisir de la voir.
Andromaque, au travers de mille cris de joie,
Porte jusqu'aux autels le souvenir de Troie:
Incapable toujours d'aimer et de haïr,
Sans joie et sans murmure elle semble obéir. 1440

HERMIONE

Et l'ingrat? jusqu'au bout il a poussé l'outrage?
Mais as-tu bien, Cléone, observé son visage?
Goûte-t-il des plaisirs tranquilles et parfaits?
N'a-t-il point détourné ses yeux vers le palais?
Dis-moi, ne t'es-tu point présentée à sa vue? 1445
L'ingrat a-t-il rougi lorsqu'il t'a reconnue?
Son trouble avouait-il son infidélité?
A-t-il jusqu'à la fin soutenu sa fierté?

CLÉONE

Madame, il ne voit rien. Son salut et sa gloire
Semblent être avec vous sortis de sa mémoire. 1450
Sans songer qui le suit, ennemis ou sujets,
Il poursuit seulement ses amoureux projets.
Autour du fils d'Hector il a rangé sa garde,
Et croit que c'est lui seul que le péril regarde.
Phœnix même en répond, qui l'a conduit exprès 1455

1431. **comble.** The two ideas of fulfillment and of climax are combined in this word. 1432. **Le plus fier.** And yet he is marrying a captive, a Trojan woman! 1435-36. These lines conjure up a concrete picture. 1449. **Son salut et sa gloire,** *His sense of security and his pride.* 1454. **lui seul,** i.e. Hector's son.

Dans un fort éloigné du temple et du palais.
Voilà, dans ses transports, le seul soin qui lui reste.

HERMIONE

Le perfide! Il mourra. Mais que t'a dit Oreste?

CLÉONE

Oreste avec ses Grecs dans le temple est entré.

HERMIONE

Hé bien! à me venger n'est-il pas préparé?   1460

CLÉONE

Je ne sais.

HERMIONE

         Tu ne sais? Quoi donc? Oreste encore,
Oreste me trahit?

CLÉONE

               Oreste vous adore.
Mais de mille remords son esprit combattu
Croit tantôt son amour et tantôt sa vertu.
Il respecte en Pyrrhus l'honneur du diadème;   1465
Il respecte en Pyrrhus Achille, et Pyrrhus même;
Il craint la Grèce, il craint l'univers en courroux;
Mais il se craint, dit-il, soi-même plus que tous.
Il voudrait en vainqueur vous apporter sa tête:
Le seul nom d'assassin l'épouvante et l'arrête.   1470
Enfin il est entré sans savoir dans son cœur
S'il en devait sortir coupable ou spectateur.

HERMIONE

Non, non, il les verra triompher sans obstacle:
Il se gardera bien de troubler ce spectacle.
Je sais de quels remords son courage est atteint: 1475
Le lâche craint la mort, et c'est tout ce qu'il craint.
Quoi? sans qu'elle employât une seule prière,
Ma mère en sa faveur arma la Grèce entière?
Ses yeux pour leur querelle, en dix ans de combats,

1456. **un fort,** *a tower, a fortress.* 1457. **soin** = *souci.* 1463. **combattu,** *assailed.*
1464. **Croit,** *Listens to.* 1468. i.e. He dreads remorse, the torment of his conscience
symbolized by the Eumenides. 1470. **seul,** *mere.* 1472. **en,** i.e. from the temple.
1475. **courage,** *heart.*

Virent périr vingt rois qu'ils ne connaissaient pas? 1480
Et moi, je ne prétends que la mort d'un parjure,
Et je charge un amant du soin de mon injure;
Il peut me conquérir à ce prix sans danger;
Je me livre moi-même, et ne puis me venger?
Allons: c'est à moi seule à me rendre justice. 1485
Que de cris de douleur le temple retentisse;
De leur hymen fatal troublons l'événement,
Et qu'ils ne soient unis, s'il se peut, qu'un moment.
Je ne choisirai point dans ce désordre extrême:
Tout me sera Pyrrhus, fût-ce Oreste lui-même. 1490
Je mourrai; mais au moins ma mort me vengera.
Je ne mourrai pas seule, et quelqu'un me suivra.

SCÈNE III

ORESTE, HERMIONE, CLÉONE.

ORESTE

Madame, c'en est fait, et vous êtes servie:
Pyrrhus rend à l'autel son infidèle vie.

HERMIONE

Il est mort?

ORESTE

                    Il expire; et nos Grecs irrités 1495
Ont lavé dans son sang ses infidélités.
Je vous l'avais promis; et quoique mon courage
Se fît de ce complot une funeste image,
J'ai couru vers le temple, où nos Grecs dispersés
Se sont jusqu'à l'autel dans la foule glissés. 1500
Pyrrhus m'a reconnu. Mais sans changer de face,
Il semblait que ma vue excitât son audace,
Que tous les Grecs, bravés en leur ambassadeur,

1481. je ne prétends que, *I demand only.* This is no longer used actively. 1482. je
charge, *I entrust.* — soin, *avenging.* 1487. l'événement, *the issue, the conclusion.*
1490. Tout me sera Pyrrhus, *Everyone will be Pyrrhus to me,* i.e. I will kill anyone
who may stand in my way. 1493. c'en est fait, *the deed is accomplished* "which
ends all other deeds," as Shakespeare says. — servie, *obeyed.* 1497. courage, see
note to l. 1475. 1501. sans changer = *sans qu'il changeât.* 1503. en, *in the person of.*

Dussent de son hymen relever la splendeur.
Enfin avec transport prenant son diadème,   1505
Sur le front d'Andromaque il l'a posé lui-même.
« Je vous donne, a-t-il dit, ma couronne et ma foi;
Andromaque, régnez sur l'Épire et sur moi.
Je voue à votre fils une amitié de père;
J'en atteste les Dieux, je le jure à sa mère.   1510
Pour tous mes ennemis je déclare les siens,
Et je le reconnais pour le roi des Troyens. »
A ces mots, qui du peuple attiraient le suffrage,
Nos Grecs n'ont répondu que par un cri de rage;
L'infidèle s'est vu partout envelopper,   1515
Et je n'ai pu trouver de place pour frapper.
Chacun se disputait la gloire de l'abattre.
Je l'ai vu dans leurs mains quelque temps se débattre,
Tout sanglant à leurs coups vouloir se dérober;
Mais enfin à l'autel il est allé tomber.   1520
Du peuple épouvanté j'ai traversé la presse
Pour venir de ces lieux enlever ma princesse,
Et regagner le port, où bientôt nos amis
Viendront couverts du sang que je vous ai promis.

HERMIONE

Qu'ont-ils fait ?

ORESTE

     Pardonnez à leur impatience: 1525
Ils ont, je le vois bien, trahi votre vengeance.
Vous vouliez que ma main portât les premiers coups,
Qu'il sentît en mourant qu'il expirait pour vous;
Mais c'est moi dont l'ardeur leur a servi d'exemple:
Je les ai pour vous seule entraînés dans le temple,   1530
Madame; et vous pouvez justement vous flatter
D'une mort que leurs bras n'ont fait qu'exécuter.
Vous seule avez poussé les coups . . .

1511. *I declare all his enemies to be mine.*   1513. **suffrage,** *approval.*   1515. **enve-lopper,** *surrounded.*   1521. **la presse,** *the dense crowd.*   1522. **enlever,** *carry away.*   1525. **Qu'ont-ils fait?** She laments the deed, while Oreste thinks she is not yet satisfied with her revenge.   1525–33. This speech of Oreste is a perfect example of the inability of Racinian characters to understand each other.   Men and women seem powerless to read the secrets of each other's souls.   Hence the anger and the outburst of Hermione (l. 1533 ff.).

HERMIONE

Tais-toi, perfide,

Et n'impute qu'à toi ton lâche parricide.
Va faire chez tes Grecs admirer ta fureur: 1535
Va, je la désavoue, et tu me fais horreur.
Barbare, qu'as-tu fait ? Avec quelle furie
As-tu tranché le cours d'une si belle vie ?
Avez-vous pu, cruels, l'immoler aujourd'hui,
Sans que tout votre sang se soulevât pour lui ?   1540
Mais parle: de son sort qui t'a rendu l'arbitre ?
Pourquoi l'assassiner ? Qu'a-t-il fait ? A quel titre ?
Qui te l'a dit ?

ORESTE

O Dieux! Quoi ? ne m'avez-vous pas

Vous-même, ici, tantôt, ordonné son trépas ?

HERMIONE

Ah! fallait-il en croire une amante insensée ?   1545
Ne devais-tu pas lire au fond de ma pensée ?
Et ne voyais-tu pas, dans mes emportements,
Que mon cœur démentait ma bouche à tous moments ?
Quand je l'aurais voulu, fallait-il y souscrire ?
N'as-tu pas dû cent fois te le faire redire ?   1550
Toi-même avant le coup me venir consulter,
Y revenir encore, ou plutôt m'éviter ?
Que ne me laissais-tu le soin de ma vengeance ?
Qui t'amène en des lieux où l'on fuit ta présence ?
Voilà de ton amour le détestable fruit: 1555
Tu m'apportais, cruel, le malheur qui te suit.
C'est toi dont l'ambassade, à tous les deux fatale,
L'a fait pour son malheur pencher vers ma rivale.
Nous le verrions encor nous partager ses soins;
Il m'aimerait peut-être, il le feindrait du moins.   1560
Adieu. Tu peux partir. Je demeure en Épire;

1534. **lâche parricide,** *monstrous crime.*   1535. **tes.** Note the contempt in the possessive adjective.   1542. **A quel titre ?** *By what right ?*   1543. **Qui te l'a dit ?** A famous utterance, symbolizing the illogical reasoning of a passionate woman. 1544. **tantôt,** *a short while ago.*   1549. **Quand** = *Quand même.*   1550. **N'as-tu pas dû** = *N'aurais-tu pas dû.*   1553. **Que** = *Pourquoi.*   1554. **Qui,** *What.*   1559. **nous partager ses soins,** *divide his attentions between us* (i.e. Andromaque and Hermione). 1560. A deeply human cry. Hermione now has lost all trace of pride. Even the pretence of love would be better than the final loss in death.

Je renonce à la Grèce, à Sparte, à son empire,
A toute ma famille; et c'est assez pour moi,
Traître, qu'elle ait produit un monstre comme toi.

SCÈNE IV

ORESTE, *seul.*

Que vois-je? est-ce Hermione? Et que viens-je d'entendre?   1565
Pour qui coule le sang que je viens de répandre?
Je suis, si je l'en crois, un traître, un assassin.
Est-ce Pyrrhus qui meurt? et suis-je Oreste enfin?
Quoi? j'étouffe en mon cœur la raison qui m'éclaire;
J'assassine à regret un roi que je révère;   1570
Je viole en un jour les droits des souverains,
Ceux des ambassadeurs, et tous ceux des humains,
Ceux même des autels où ma fureur l'assiège:
Je deviens parricide, assassin, sacrilège.
Pour qui? Pour une ingrate, à qui je le promets,   1575
Qui même, s'il ne meurt, ne me verra jamais,
Dont j'épouse la rage. Et quand je l'ai servie,
Elle me redemande et son sang et sa vie! *(both)*
Elle l'aime! et je suis un monstre furieux!
Je la vois pour jamais s'éloigner de mes yeux!   1580
Et l'ingrate, en fuyant, me laisse pour salaire
Tous les noms odieux que j'ai pris pour lui plaire!

SCÈNE V

ORESTE, PYLADE, SOLDATS D'ORESTE.

PYLADE

Il faut partir, Seigneur. Sortons de ce palais,
Ou bien résolvons-nous de n'en sortir jamais.
Nos Grecs pour un moment en défendent la porte.   1585
Tout le peuple assemblé nous poursuit à main forte.

1562. Country, family, honors, all are spurned by Hermione. Love alone matters
to her. 1565 ff. Oreste cuts a rather sorry figure, after Hermione's passionate outbursts. 1577. j'épouse la rage, in the sense of 'espousing a cause.' Yet there is also
a sarcastic bitterness in the word. He had hoped to marry Hermione herself!
1581. salaire, *reward.* 1584. de for à. 1586. à main forte, *armed for violence.*

Aux ordres d'Andromaque ici tout est soumis;
Ils la traitent en reine, et nous comme ennemis.
Andromaque elle-même, à Pyrrhus si rebelle,
Lui rend tous les devoirs d'une veuve fidèle,   1590
Commande qu'on le venge, et peut-être sur nous
Veut venger Troie encore et son premier époux.
Allons. N'attendons pas que l'on nous environne:
Nos Grecs nous rejoindront; et tandis qu'Hermione
Tient encore le peuple autour d'elle arrêté,   1595
Voilà votre chemin, sortons en sûreté.

ORESTE

Non, non, c'est Hermione, amis, que je veux suivre.
A son dernier arrêt je ne puis plus survivre.
Partez: j'ai fait le crime, et je vais l'expier.

PYLADE

Hermione, Seigneur ?   Il la faut oublier.   1600
Quoi ? toujours l'instrument et l'objet de sa rage,
Cherchez-vous chez les morts quelque nouvel outrage ?
Et parce qu'elle meurt, faut-il que vous mouriez ?

ORESTE

Elle meurt ?   Dieux ! qu'entends-je ?

PYLADE

                               Hé quoi ? vous l'ignoriez ?
En rentrant dans ces lieux, nous l'avons rencontrée   1605
Qui courait vers le temple, inquiète, égarée.
Elle a trouvé Pyrrhus porté sur des soldats
Que son sang excitait à venger son trépas.
Sans doute à cet objet sa rage s'est émue.
Mais du haut de la porte enfin nous l'avons vue,   1610
Un poignard à la main, sur Pyrrhus se courber,
Lever les yeux au ciel, se frapper et tomber.

1591. **Commande qu'on le venge.** A curious and somewhat mysterious indication
of Andromaque's real feeling towards Pyrrhus.   1601. **l'instrument et l'objet.** Note
the concise expressiveness of these two words.   1605–12. These lines are an instance
of the classical dramatists' preference for vivid narrative rather than action.
1606. **Qui courait,** *Running.*

ORESTE

Grâce aux Dieux! Mon malheur passe mon espérance.
Oui, je te loue, ô ciel, de ta persévérance.
Appliqué sans relâche au soin de me punir,   1615
Au comble des douleurs tu m'as fait parvenir.
Ta haine a pris plaisir à former ma misère;
J'étais né pour servir d'exemple à ta colère,
Pour être du malheur un modèle accompli.
Hé bien! je meurs content, et mon sort est rempli.   1620
Où sont ces deux amants? Pour couronner ma joie,
Dans leur sang, dans le mien il faut que je me noie;
L'un et l'autre en mourant je les veux regarder.
Réunissons trois cœurs qui n'ont pu s'accorder.
Mais quelle épaisse nuit tout à coup m'environne?   1625
De quel côté sortir? D'où vient que je frissonne?
Quelle horreur me saisit? Grâce au ciel, j'entrevoi.
Dieux! quels ruisseaux de sang coulent autour de moi!

PYLADE

Ah, Seigneur!

ORESTE

        Quoi? Pyrrhus, je te rencontre encore?
Trouverai-je partout un rival que j'abhorre?   1630
Percé de tant de coups, comment t'es-tu sauvé?
Tiens, tiens, voilà le coup que je t'ai réservé.
Mais que vois-je? A mes yeux Hermione l'embrasse?
Elle vient l'arracher au coup qui le menace?
Dieux! quels affreux regards elle jette sur moi!   1635
Quels démons, quels serpents traîne-t-elle après soi?
Hé bien! filles d'enfer, vos mains sont-elles prêtes?
Pour qui sont ces serpents qui sifflent sur vos têtes!
A qui destinez-vous l'appareil qui vous suit?
Venez-vous m'enlever dans l'éternelle nuit?   1640
Venez, à vos fureurs Oreste s'abandonne.

1613. passe = *dépasse*. — espérance, *expectations*.   1621. ma joie is bitterly ironical.   1625. Oreste is now seized with madness. He has a real hallucination in which Pyrrhus appears to him, restored to life. He tries to stab Pyrrhus, but the latter is protected by Hermione. The Furies arrive with their train of serpents.   1636. soi = *elle*.   1637. filles d'enfer, *daughters of Hades*, i.e. the Furies.   1638. The hissing of the serpents is suggested by the repetition of 's.'   1639. appareil, *paraphernalia*. The meaning is obscure.

Mais non, retirez-vous, laissez faire Hermione:
L'ingrate mieux que vous saura me déchirer;
Et je lui porte enfin mon cœur à dévorer.

PYLADE

Il perd le sentiment. Amis, le temps nous presse: 1645
Ménageons les moments que ce transport nous laisse.
Sauvons-le. Nos efforts deviendraient impuissants
S'il reprenait ici sa rage avec ses sens.

1645. **le sentiment,** *consciousness.* Oreste is not dead, but he falls, unconscious. —
le temps nous presse, *we must lose no time.*

PHÈDRE

Which of Racine's tragedies may be called his masterpiece is difficult to determine. His is a tempered genius, lacking in those ups and downs which mark Corneille's work. *Andromaque, Britannicus,* and *Athalie* undoubtedly come nearer to technical perfection than *Phèdre;* and yet it is *Phèdre* which today stirs the public most deeply.[1] It is the boldest, the most violent and also the most poetic and modern of classic tragedies. In no other has Racine so perfectly mingled pagan and Christian elements; in no other, as Jules Lemaître remarked, has he embraced so much humanity and so many centuries and shown himself so much of a poet and an artist.

Phèdre, performed in 1677, is Racine's ninth tragedy. Not being endowed with the inexhaustible fecundity that characterizes the more spontaneous genius of a Lope de Vega or of a Shakespeare, Racine faced the danger of repeating himself. Indeed, all his tragedies are animated by the same central theme: the painting of love in the feminine heart, unrequited and embittered by jealousy. The realization of this may have contributed to his decision to withdraw from the theater, after *Phèdre.* In this tragedy, however, the great dramatist seems to have brought to their highest development the qualities manifested in his preceding works. The principal personage is the victim of a passion more furious than any which overwhelms other Racinian heroines, and the painting of love, for all the atmosphere of poetry and legend, stands out as a realistic study of passion in its physiological as well as psychological aspects.

The subject had already been treated by Euripides and by Seneca, and Racine himself had indirectly approached the theme of illicit love in *Bajazet,* where he shows Roxane madly in love with her brother-in-law, and in *Mithridate,* where the father and his two sons love the same woman. The Greek tragedy, however, is one of fatality: the gods dominate the action. The conflict is between Artemis, goddess of chastity, and Aphrodite, goddess of love. After them, the most important character is Hippolytus; Phædra's rôle is quite subordinate. Racine's tragedy is more human. His personages are not the mere playthings of angry divinities, but men and women who struggle against their own natures before finally succumbing to the violence of their passions. The feminine element is here made dominant. It is Phèdre who has the principal rôle and who holds our interest and wins our sympathy. The Greek poet, on the contrary, was a misogynist. Obviously Racine's conception of tragedy is French, despite its Greek label. To many

---

[1] Note, in Proust's *A l'Ombre des Jeunes Filles en Fleur,* the emotion of the hero as he goes to a performance of *Phèdre.*

indeed, the heroine recalled the unfortunate La Vallière, who, after a passionate love affair with the King, had withdrawn to a convent to end her days.
Hippolyte himself is a young nobleman of the period, courteous, modest,
even timid in his declarations of love to Aricie. The defect of the play, if
it be one, is that perhaps too great a development is given to the rôle of
Phèdre. In the scenes where she appears (I, iii; II, v; III, iii; IV, vi)
the other characters fade into comparative insignificance. Hippolyte, Aricie,
seem pale and conventional figures, and Thésée is rather tame for such a
renowned hero. Phèdre's character is subtly drawn. A mature woman,
this love is the more intense as it is likely to be her last. Scorned, it readily
turns to hatred and stirs a desire for vengeance. Such a character will
often reappear in literature, as Madame de Warens in Rousseau's *Confessions*,
Madame de Rênal in *le Rouge et le Noir*, Balzac's *Femme de Trente Ans*, etc.

The dramatic interest of the play lies, however, not in the mere depicting
of passion, but in the constant struggle between passion and loyalty and
remorse (see, for instance, ll. 272–76; 792–812), a remorse itself full of
contradictions, mingled with the regret that the crime which causes it was
not successful:

> Hélas! du crime affreux dont la honte me suit,
> Jamais mon triste cœur n'a recueilli le fruit.
> (ll. 1291–92)

It takes the skill of Racine to make us feel pity and even sympathy for a
woman guilty of an illicit love which brings about the death of her too
faithful maid Œnone and of the innocent Hippolyte.

The mythological setting, the magic of such names as Minos, Ariadne,
Theseus, the Amazons, lend charm to the tragedy and give it an epic color.
The verse is remarkable for its harmony, its exquisite modulation, and
brilliant evocations:

> Ariane aux rochers contant ses injustices . . . (89)
> C'est Vénus tout entière à sa proie attachée . . . (306)
> Charmant, jeune, traînant tous les cœurs après soi. (639)

The theme of *Phèdre* was too bold not to shock Racine's contemporaries,
and the play did not meet with the success it deserved. Racine's fame and
his favor at court had made him many enemies. His rivals organized a cabal
and by purchasing all the seats and leaving them unoccupied, tried to spread
the rumor that the play was a failure. At the same time they hired a second-
rate poet, Pradon, to write another *Phèdre* which they welcomed with enthusiasm a short time after the performance of Racine's play. The effect
of such manœuvres could not, however, be lasting. The public soon came
to appreciate the masterpiece; but the author, weary of jealousies and quarrels, tormented by religious scruples, decided to give up the stage. He
only returned twelve years later when, at Madame de Maintenon's request,
he composed *Esther*.

EXPLICATION DE TEXTE

(References are to *Phèdre*, lines 269–316.)

A. General impression of the excerpt and its location in the play. —
Phèdre's portrayal of the inception of her passion, of its effects upon her,
of its growth until it pervades her whole being, is a model of vivid narrative.
Racine also wishes to show the helplessness of his heroine. She is a victim.
Her very exaltation reveals a diseased condition of mind. She has struggled
in vain and been overcome by love and its fury.

The monologue takes place toward the end of the first act and completes
the exposition. It satisfies the spectators' curiosity by revealing Phèdre's
secret. Her guilt is manifest, since the false rumor of Thésée's death has
not yet come, and she realizes it fully.

B. Analysis of the passage. — Racine's characters remain always lucid
and logical, even when a prey to passion. The precision with which Phèdre
analyzes herself is typical of the classic method. The various phases of her
love are noted.

(*a*) ll. 269–78: Birth of the passion. Phèdre, newly wedded to Égée's
son, Thésée, thinks herself quite happy. But Athens shows her Hippolyte
and love takes possession of her, body and soul.

(*b*) ll. 279–90: She struggles against the evil and seeks to appease Venus
with prayers, offerings, and sacrifices. She avoids Hippolyte, but all in vain.

(*c*) ll. 291–300: She has recourse to desperate means, causes Hippolyte
to be exiled, and finds some peace again.

(*d*) ll. 300–16: But her husband brings her to Trézène, where she sees
Hippolyte and once more becomes the prey of Venus. Lines 305–306 mark
the climax of the passage. The tone now changes, becomes calmer as Phèdre
announces her decision to end her torment by death.

C. Development. — The most original part of the monologue is that beginning with "*Je le vis*" (273). It is a poetic and yet scientifically precise
description of the sudden effects of love upon its victim. Phèdre is swept
away by an irresistible passion. Its physiological aspects are noted: "*Je
le vis*" — she does not add "*Je l'aimai*" but "*Je rougis, je pâlis à sa vue.*"
Her blood surges and recedes under the violence of her emotions; she is
ready to faint: "*Un trouble s'éleva dans mon âme éperdue.*" She has a sensation of extreme cold and of extreme heat: "*Je sentis tout mon corps et transir
et brûler.*" She readily recognizes the manifestations of an "*implacable
Vénus.*" Her reason and her conscience condemn this love, but to no avail.
One line (290) reveals the abysm into which she has fallen: "*Mes yeux le
retrouvaient dans les traits de son père.*" Such is Racine's idea of passion:

a violent emotion, a blind force, physical and psychological. It is not at all idealized.

D. Form. — The form subtly expresses Phèdre's sentiments and emotions. She is exhausted by her struggle; a strong cæsura in the first line indicates this weariness:

> Mon mal vient de plus loin.//

The same process constantly recurs. Phèdre seems ready to faint and speaks in broken phrases, stopping as if to get her breath:

> Je l'évitais partout // ...
> J'adorais Hippolyte // ...
> Je respirais, Œnone! // ...
> Vaines précautions! // ...
> Je t'ai tout avoué // ... .

Racine's style here shows traces of *préciosité*, in vocabulary and in an occasional turn of phrase. Phèdre speaks of *les lois de l'hymen* and of *mon superbe ennemi*. *De son fatal hymen je cultivais les fruits* is an unfortunate periphrasis meaning simply *j'élevais les enfants que j'ai eus de Thésée*. In general, however, Racine's style is noteworthy for its simplicity, force, and conciseness. Phèdre's situation in two instances is suggested by a single line:

> Contre moi-même enfin j'osai me révolter: (291)

and the too well-known

> C'est Vénus tout entière à sa proie attachée. (306)

There are in this tragedy passages more brilliant than the one discussed; but few could better illustrate the three great qualities of the author: the precision and depth of his analysis of love; the dramatic value of each line; the classic simplicity of the style and poetic excellence of the verse.

SYNOPSIS OF *PHÈDRE*

ACT I

sc. i Exposition through a conversation between one of the leading characters and his confidant.

HIPPOLYTE, son of THÉSÉE, prepares to leave Trézène. He wants to find his father, who may have perished in some expedition. He also wants to forget the daughter of one of his father's enemies, ARICIE, whom he loves.

sc. ii
sc. iii The leading character.

PHÈDRE, wife of THÉSÉE and HIPPOLYTE's stepmother, reveals to her confidant, ŒNONE, that she is the victim of Venus. She loves HIPPOLYTE; she has vainly fought against her passion, and is ready to die.

News of the death of Thésée. Phèdre now consents to live.

Aricie hears that Hippolyte may be in love with her. She admires him and loves him herself.

Hippolyte confesses his love to Aricie. Phèdre sends for Hippolyte.

In a magnificent scene Phèdre reveals her passion to Hippolyte. She wants to die. Hippolyte, horror-stricken, dares not reveal her secret.

A new report hints that Thésée may be alive.

Phèdre gives free rein to her furious passion. She asks Œnone to use every means to attract Hippolyte.

Thésée is returning. Shame and despair of Phèdre. Œnone suggests that she save her reputation by lying, and by accusing Hippolyte of having seduced her. Phèdre consents.

Thésée is struck by the cold welcome he receives in his house. Hippolyte refuses to reveal the mystery and to accuse Phèdre.

Œnone accuses Hippolyte. Thésée be-lieves her, and thus finds the explanation for

PHÈDRE

TRAGÉDIE EN CINQ ACTES

(1677)

ACTEURS

THÉSÉE, fils d'Égée, roi d'Athènes.
PHÈDRE, femme de Thésée, fille de Minos et de Pasiphaé.[1]
HIPPOLYTE, fils de Thésée et d'Antiope, reine des Amazones.
ARICIE, princesse du sang royal d'Athènes.
ŒNONE, nourrice et confidente de Phèdre.
THÉRAMÈNE, gouverneur d'Hippolyte. *precepteur -*
ISMÈNE, confidente d'Aricie.
PANOPE, femme de la suite de Phèdre.
GARDES.

La scène est à Trézène,[2] ville du Péloponnèse.

[1] The part was acted by Racine's mistress, Mademoiselle Champmeslé. [2] Troezen, in Argolis, not far from the sea.

ACTE PREMIER

La confidence

SCÈNE PREMIÈRE

HIPPOLYTE, THÉRAMÈNE.

HIPPOLYTE

Le dessein en est pris: je pars, cher Théramène,
Et quitte le séjour de l'aimable Trézène.
Dans le doute mortel dont je suis agité,
Je commence à rougir de mon oisiveté.
Depuis plus de six mois éloigné de mon père, 5
J'ignore le destin d'une tête si chère;
J'ignore jusqu'aux lieux qui le peuvent cacher.

THÉRAMÈNE

Et dans quels lieux, Seigneur, l'allez-vous donc chercher?
Déjà, pour satisfaire à votre juste crainte,
J'ai couru les deux mers que sépare Corinthe; 10
J'ai demandé Thésée aux peuples de ces bords
Où l'on voit l'Achéron se perdre chez les morts;
J'ai visité l'Élide, et, laissant le Ténare,
Passé jusqu'à la mer qui vit tomber Icare.
Sur quel espoir nouveau, dans quels heureux climats *regions* 15
Croyez-vous découvrir la trace de ses pas?

Many editions of *Phèdre* quote in full the Greek passages from Euripides and the Latin passages from Seneca which Racine is supposed to have imitated. These excerpts seem to us to throw very little light on Racine's art. Even where he borrows from his predecessors, our author is original and modern. It appears, therefore, more useful merely to present grammatical and literary comments on the text, trusting that students and teachers will not suffer too greatly from the excision of the long Greek quotations.

2. **l'aimable Trézène,** *fair Troezen.* 6. **tête.** This poetical use of the word is frequent in Greek. 10. **couru** = *parcouru.* — **les deux mers,** i.e. the Ægean and the Ionian seas. 12. **l'Achéron** (pronounce *ké* or *ché*). The river Acheron flows underground "through Hades" and finally loses itself in a lake in Epirus. *ces bords où . . . morts* means Epirus. 13. **l'Élide.** Elis, a state of ancient Greece, on the west coast of the Peloponnesus. — **le Ténare,** a promontory of Laconia. 14. **Icare.** Icarus, son of Dædalus, who fell into the Ægean sea. Note the skill in suggesting, at once, the geographical setting and the mythological and poetical atmosphere of the play.

581

Qui sait même, qui sait si le Roi votre père
Veut que de son absence on sache le mystère?
Et si, lorsqu'avec vous nous tremblons pour ses jours,
Tranquille, et nous cachant de nouvelles amours,   20
Ce héros n'attend point qu'une amante abusée . . .

HIPPOLYTE

Cher Théramène, arrête, et respecte Thésée.
De ses jeunes erreurs désormais revenu,
Par un indigne obstacle il n'est point retenu;
Et fixant de ses vœux l'inconstance fatale,   25
Phèdre depuis longtemps ne craint plus de rivale.
Enfin en le cherchant je suivrai mon devoir,
Et je fuirai ces lieux que je n'ose plus voir.

THÉRAMÈNE

Hé! depuis quand, Seigneur, craignez-vous la présence
De ces paisibles lieux, si chers à votre enfance,   30
Et dont je vous ai vu préférer le séjour
Au tumulte pompeux d'Athène et de la cour?
Quel péril, ou plutôt quel chagrin vous en chasse?

HIPPOLYTE

Cet heureux temps n'est plus. Tout a changé de face,
Depuis que sur ces bords les Dieux ont envoyé   35
La fille de Minos et de Pasiphaé. *Périphrase*

THÉRAMÈNE

J'entends: de vos douleurs la cause m'est connue:
Phèdre ici vous chagrine, et blesse votre vue.
Dangereuse marâtre, à peine elle vous vit,
Que votre exil d'abord signala son crédit.   40
Mais sa haine sur vous autrefois attachée,

21. **abusée,** *beguiled.* 23. **De . . . désormais revenu,** *Having got over . . .* 24. **un indigne obstacle,** i.e. some love affair. 25. i.e. His inconstancy has been arrested by his marriage to Phèdre. 32. A line often admired for its evocative force. 36. A solemn way of introducing the heroine, the fatal Phèdre, whose presence will pervade the entire tragedy. She will not appear before Scene III but the exposition announces her already. The periphrasis, *fille de Minos et de Pasiphaé,* is more harmonious and impressive than the mere mention of Phèdre's name. It also suggests her fabulous origin as the daughter of Minos, and the dreadful, monstrous strain in her family through Pasiphaé, also mother of the Minotaur. 40. Phèdre had Hippolyte exiled through her influence (*son crédit*).

Ou s'est évanouie, ou s'est bien relâchée.
Et d'ailleurs quels périls vous peut faire courir
Une femme mourante et qui cherche à mourir?
Phèdre, atteinte d'un mal qu'elle s'obstine à taire,   45
Lasse enfin d'elle-même et du jour qui l'éclaire,
Peut-elle contre vous former quelques desseins?

HIPPOLYTE

Sa vaine inimitié n'est pas ce que je crains.
Hippolyte en partant fuit une autre ennemie:
Je fuis, je l'avouerai, cette jeune Aricie,   50
Reste d'un sang fatal conjuré contre nous.

THÉRAMÈNE

Quoi? vous-même, Seigneur, la persécutez-vous?
Jamais l'aimable sœur des cruels Pallantides
Trempa-t-elle aux complots de ses frères perfides?
Et devez-vous haïr ses innocents appas?   55

HIPPOLYTE

Si je la haïssais, je ne la fuirais pas.

THÉRAMÈNE

Seigneur, m'est-il permis d'expliquer votre fuite?
Pourriez-vous n'être plus ce superbe Hippolyte,
Implacable ennemi des amoureuses lois,
Et d'un joug que Thésée a subi tant de fois?   60
Vénus, par votre orgueil si longtemps méprisée,
Voudrait-elle à la fin justifier Thésée?
Et vous mettant au rang du reste des mortels,
Vous a-t-elle forcé d'encenser ses autels?
Aimeriez-vous, Seigneur?

HIPPOLYTE   Ami, qu'oses-tu dire?   65
Toi, qui connais mon cœur depuis que je respire,
Des sentiments d'un cœur si fier, si dédaigneux,

45. Again a skillful preparation for the future presentation of Phèdre.   51. **sang fatal . . . contre nous**, *racc fated to be opposed to us.*   53. **Pallantides**: the sons of Pallante, brothers of Aricie, cousins and former rivals of Thésée, whom they had tried to slay in an ambush.   53-54. **Jamais . . . Trempa-t-elle aux complots**, *Was . . . ever implicated in the conspiracies.*   58. **superbe**, *proud and haughty.*   60. **un joug**, i.e. the yoke of love.   62. **justifier Thésée**, *vindicate Thésée*, i.e. by forcing his son to yield to passion as he himself had done.

Peux-tu me demander le désaveu honteux ?
C'est peu qu'avec son lait une mère amazone
M'ait fait sucer encor cet orgueil qui t'étonne; 70
Dans un âge plus mûr moi-même parvenu,
Je me suis applaudi quand je me suis connu.
Attaché près de moi par un zèle sincère,
Tu me contais alors l'histoire de mon père.
Tu sais combien mon âme, attentive à ta voix, 75
S'échauffait au récit de ses nobles exploits,
Quand tu me dépeignais ce héros intrépide
Consolant les mortels de l'absence d'Alcide,
Les monstres étouffés et les brigands punis,
Procruste, Cercyon, et Scirron, et Sinnis, 80
Et les os dispersés du géant d'Épidaure,
Et la Crète fumant du sang du Minotaure.
Mais quand tu récitais des faits moins glorieux,
Sa foi partout offerte et reçue en cent lieux;
Hélène à ses parents dans Sparte dérobée; 85
Salamine témoin des pleurs de Péribée;
Tant d'autres, dont les noms lui sont même échappés,
Trop crédules esprits que sa flamme a trompés:
Ariane aux rochers contant ses injustices,
Phèdre enlevée enfin sous de meilleurs auspices; 90
Tu sais comme à regret écoutant ce discours,
Je te pressais souvent d'en abréger le cours,
Heureux si j'avais pu ravir à la mémoire
Cette indigne moitié d'une si belle histoire.
Et moi-même, à mon tour, je me verrais lié ? 95
Et les Dieux jusque-là m'auraient humilié ?
Dans mes lâches soupirs d'autant plus méprisable,

69. **mère amazone**, i.e. Antiope, queen of the Amazons and mother of Hippolyte.
78. i.e. As a worthy successor to Alcide (Hercules).   80. All famous mythological
brigands slain by Thésée. The rich music of this line, made up of proper names, recalls Vergil or Milton.   81. **géant d'Épidaure**, i.e. Periphetes, who slew travelers
with a huge iron club.   82. **Minotaure**, a monster, half man and half bull, son of
Pasiphaé (Phèdre's mother) and of a bull.   Thésée killed him in the Cretan labyrinth, then escaped, thanks to Ariane's thread.   Ariane was Phèdre's sister.   84. **Sa
foi**, *His promises of love and marriage.*   85. Helen had been abducted by Thésée.
86. **Péribée.** Another woman loved, then abandoned, by Thésée.   89. Note the
picture suggested by this striking line. Thésée, after taking Ariane away with him on
his ship, deserted her on the rocky island of Naxos.   91. **comme** = *comment.*
93. **ravir à la mémoire**, *erase from the memory of men.*   96. **jusque-là**, *to that extent*

Qu'un long amas d'honneurs rend Thésée excusable,
Qu'aucuns monstres par moi domptés jusqu'aujourd'hui
Ne m'ont acquis le droit de faillir comme lui. 100
Quand même ma fierté pourrait s'être adoucie,
Aurais-je pour vainqueur dû choisir Aricie ?
Ne souviendrait-il plus à mes sens égarés
De l'obstacle éternel qui nous a séparés ?
Mon père la réprouve; et par des lois sévères 105
Il défend de donner des neveux à ses frères:
D'une tige coupable il craint un rejeton;
Il veut avec leur sœur ensevelir leur nom,
Et que jusqu'au tombeau soumise à sa tutelle,
Jamais les feux d'hymen ne s'allument pour elle. 110
Dois-je épouser ses droits contre un père irrité ?
Donnerai-je l'exemple à la témérité ?
Et dans un fol amour ma jeunesse embarquée . . .

THÉRAMÈNE

destin

Ah ! Seigneur, si votre heure est une fois marquée,
Le ciel de nos raisons ne sait point s'informer. 115
Thésée ouvre vos yeux en voulant les fermer;
Et sa haine, irritant une flamme rebelle,
Prête à son ennemie une grâce nouvelle.
Enfin d'un chaste amour pourquoi vous effrayer ?
S'il a quelque douceur, n'osez-vous l'essayer ? 120
En croirez-vous toujours un farouche scrupule ?
Craint-on de s'égarer sur les traces d'Hercule ?
Quels courages Vénus n'a-t-elle pas domptés ?
Vous-même, où seriez-vous, vous qui la combattez,
Si toujours Antiope à ses lois opposée, 125
D'une pudique ardeur n'eût brûlé pour Thésée ?
Mais que sert d'affecter un superbe discours ?
Avouez-le, tout change; et depuis quelques jours
On vous voit moins souvent, orgueilleux et sauvage,
Tantôt faire voler un char sur le rivage, 130
Tantôt, savant dans l'art par Neptune inventé,

100. faillir, *err.* 103. **Ne souviendrait-il,** an impersonal use of the verb which was once the only correct one, since *souvenir* comes from Latin *subvenit,* 'it occurs to my memory.' 110. Note the *préciosité* of the phrase. 114–15. The omnipotence of Fate is the leitmotif of the tragedy. 116. **ouvre vos yeux,** i.e. arouses your interest in Aricie. 122. Hercules, like Thésée, had seduced many women. 130. Again a brief but poetical suggestion. 131. **l'art par Neptune inventé,** i.e. horsemanship.

Rendre docile au frein un coursier indompté.
Les forêts de nos cris moins souvent retentissent;
Chargés d'un feu secret, vos yeux s'appesantissent.
Il n'en faut point douter: vous aimez, vous brûlez;   135
Vous périssez d'un mal que vous dissimulez.
La charmante Aricie a-t-elle su vous plaire ?

HIPPOLYTE

Théramène, je pars, et vais chercher mon père.

THÉRAMÈNE

Ne verrez-vous point Phèdre avant que de partir,
Seigneur ?

HIPPOLYTE

        C'est mon dessein: tu peux l'en avertir.   140
Voyons-la, puisque ainsi mon devoir me l'ordonne.
Mais quel nouveau malheur trouble sa chère Œnone ?

SCÈNE II

HIPPOLYTE, ŒNONE, THÉRAMÈNE.

ŒNONE

Hélas ! Seigneur, quel trouble au mien peut être égal ?
La Reine touche presque à son terme fatal.
En vain à l'observer jour et nuit je m'attache: 145
Elle meurt dans mes bras d'un mal qu'elle me cache.
Un désordre éternel règne dans son esprit.
Son chagrin inquiet l'arrache de son lit.
Elle veut voir le jour; et sa douleur profonde
M'ordonne toutefois d'écarter tout le monde . . .   150
Elle vient:

HIPPOLYTE

        Il suffit: je la laisse en ces lieux,
Et ne lui montre point un visage odieux.

134. Note the physical signs of passion indicated by Racine. 138. There is a juvenile charm in the character of Hippolyte, in his ardent and eloquent speech (ll. 65–113) and in this indirect answer which is a confession in itself. 142. sa chère Œnone, i.e. her confidante Œnone, who is dear to her. 143. trouble, *anxiety*. 151–52. Note the haste with which Hippolyte avoids Phèdre. This is characteristic of Racine's delineation of love. The person who is loved but does not respond to the passion, always seems annoyed and bored at being worshiped. Cf. Hermione and Orestes, Pyrrhus and Hermione, etc.

SCÈNE III

PHÈDRE, ŒNONE.

PHÈDRE

N'allons point plus avant. Demeurons, chère Œnone.
Je ne me soutiens plus: ma force m'abandonne.
Mes yeux sont éblouis du jour que je revoi,   155
Et mes genoux tremblants se dérobent sous moi.
Hélas !   (*Elle s'assit.*)

ŒNONE

Dieux tout-puissants, que nos pleurs vous apaisent.

PHÈDRE

Que ces vains ornements, que ces voiles me pèsent !
Quelle importune main, en formant tous ces nœuds,
A pris soin sur mon front d'assembler mes cheveux ?   160
Tout m'afflige et me nuit, et conspire à me nuire.

ŒNONE

Comme on voit tous ses vœux l'un l'autre se détruire !
Vous-même, condamnant vos injustes desseins,
Tantôt à vous parer vous excitiez nos mains;
Vous-même, rappelant votre force première,   165
Vous vouliez vous montrer et revoir la lumière.
Vous la voyez, Madame; et, prête à vous cacher,
Vous haïssez le jour que vous veniez chercher ?

PHÈDRE

Noble et brillant auteur d'une triste famille,
Toi, dont ma mère osait se vanter d'être fille,   170

153. Phèdre's entrance has traditionally been the signal for an ovation for the greatest French actresses. After la Champmeslé, Rachel and Sarah Bernhardt won fame in the rôle. Racine has few stage directions; the text itself suggests the gestures of the characters. Phèdre at first leans upon Œnone and begs her to stop; then she drops in her arms (l. 154), hides her eyes with her hands (l. 155), and nervously tries to remove the veils which cover her face. From the first, she appears as " *une malade.*" Love is her disease. It should also be noticed (ll. 153, 154), how the strong cæsuræ mark Phèdre's languid voice. She can utter only a few feeble words.   165. **première,** *former.*   169. Phèdre does not answer Œnone. She does not hear her. But on seeing the light, she invokes the Sun, father of her own mother, Pasiphaé. In the whole play, the same blending of mythological legend and of acute psychological analysis will be the characteristic feature of Racine's art. — **auteur,** *ancestor.*

Qui peut-être rougis du trouble où tu me vois,
Soleil, je te viens voir pour la dernière fois.

ŒNONE

Quoi ? vous ne perdrez point cette cruelle envie ?
Vous verrai-je toujours, renonçant à la vie,
Faire de votre mort les funestes apprêts ?　　　　　175

PHÈDRE

Dieux ! que ne suis-je assise à l'ombre des forêts !
Quand pourrai-je, au travers d'une noble poussière,
Suivre de l'œil un char fuyant dans la carrière ?

ŒNONE

Quoi, Madame ?

PHÈDRE

　　　　　Insensée, où suis-je ? et qu'ai-je dit ?
Où laissé-je égarer mes vœux et mon esprit ?　　　　　180
Je l'ai perdu : les Dieux m'en ont ravi l'usage.
Œnone, la rougeur me couvre le visage :
Je te laisse trop voir mes honteuses douleurs ;
Et mes yeux, malgré moi, se remplissent de pleurs.

ŒNONE

Ah ! s'il vous faut rougir, rougissez d'un silence　　　　　185
Qui de vos maux encore aigrit la violence.
Rebelle à tous nos soins, sourde à tous nos discours,
Voulez-vous sans pitié laisser finir vos jours ?
Quelle fureur les borne au milieu de leur course ?
Quel charme ou quel poison en a tari la source ?　　　　　190
Les ombres par trois fois ont obscurci les cieux
Depuis que le sommeil n'est entré dans vos yeux,
Et le jour a trois fois chassé la nuit obscure
Depuis que votre corps languit sans nourriture.

176. Phèdre, consumed by a burning passion, yearns after the coolness of the forest — where, perhaps, she might meet Hippolyte hunting.　177. **noble poussière**, noble because raised by the racing chariots, and probably by Hippolyte's.　181. l' refers to *mon esprit.* — **les Dieux.** Phèdre's passion has been forced upon her by the gods. She is a victim.　Or, in other words, her will power is crushed by a stronger force, that of her physical desires or of an hereditary temperament. Throughout the play, Phèdre fights against her passion ; she blushes (l. 182), she prays, but her efforts are powerless.　188. **sans pitié**, i.e. *pour nous.*　189. **fureur**, *madness, insane obstinacy.* 190. **charme**, *spell, philter.* The metaphor (a poison drying up the spring) is not very coherent.　191–92. i.e. You have been sleepless three nights and three days.

A quel affreux dessein vous laissez-vous tenter ?   195
De quel droit sur vous-même osez-vous attenter ?
Vous offensez les Dieux auteurs de votre vie;
Vous trahissez l'époux à qui la foi vous lie;
Vous trahissez enfin vos enfants malheureux,
Que vous précipitez sous un joug rigoureux.   200
Songez qu'un même jour leur ravira leur mère,
Et rendra l'espérance au fils de l'étrangère,
A ce fier ennemi de vous, de votre sang,
Ce fils qu'une Amazone a porté dans son flanc,
Cet Hippolyte . . .

PHÈDRE

Ah, Dieux !

ŒNONE

Ce reproche vous touche.   205

PHÈDRE

Malheureuse, quel nom est sorti de ta bouche ?

ŒNONE

Hé bien ! votre colère éclate avec raison:
J'aime à vous voir frémir à ce funeste nom.
Vivez donc. Que l'amour, le devoir vous excite.
Vivez, ne souffrez pas que le fils d'une Scythe,   210
Accablant vos enfants d'un empire odieux,
Commande au plus beau sang de la Grèce et des Dieux.
Mais ne différez point: chaque moment vous tue.
Réparez promptement votre force abattue,
Tandis que de vos jours, prêts à se consumer,   215
Le flambeau dure encore, et peut se rallumer.

PHÈDRE

J'en ai trop prolongé la coupable durée.

195. **A** = *Par.*   201. **un même jour,** *the same day* (when you commit suicide).
202. **l'étrangère** is, of course, Hippolyte's mother.   209. **vous excite,** *urge you to*
live on.   214. **abattue,** *failing.*   215. **prêts à** = *près de.*   217. **coupable.** The
word is the keynote to Phèdre's character. She is not responsible for her passion,
since it was imposed by the gods; but she feels guilty. Hence what critics have called
"Phèdre's Jansenism."

ŒNONE

> Quoi? de quelques remords êtes-vous déchirée?
> Quel crime a pu produire un trouble si pressant?
> Vos mains n'ont point trempé dans le sang innocent?   220

PHÈDRE

> Grâces au ciel, mes mains ne sont point criminelles.
> Plût aux Dieux que mon cœur fût innocent comme elles!

ŒNONE

> Et quel affreux projet avez-vous enfanté
> Dont votre cœur encor doive être épouvanté?

PHÈDRE

> Je t'en ai dit assez. Épargne-moi le reste.   225
> Je meurs, pour ne point faire un aveu si funeste.

ŒNONE

> Mourez donc, et gardez un silence inhumain;
> Mais pour fermer vos yeux cherchez une autre main.
> Quoiqu'il vous reste à peine une faible lumière,
> Mon âme chez les morts descendra la première.   230
> Mille chemins ouverts y conduisent toujours,
> Et ma juste douleur choisira les plus courts.
> Cruelle, quand ma foi vous a-t-elle déçue?
> Songez-vous qu'en naissant mes bras vous ont reçue?
> Mon pays, mes enfants, pour vous j'ai tout quitté.   235
> Réserviez-vous ce prix à ma fidélité?

PHÈDRE

> Quel fruit espères-tu de tant de violence?
> Tu frémiras d'horreur si je romps le silence.

ŒNONE

> Et que me direz-vous qui ne cède, grands Dieux!
> A l'horreur de vous voir expirer à mes yeux?   240

PHÈDRE

> Quand tu sauras mon crime, et le sort qui m'accable,
> Je n'en mourrai pas moins, j'en mourrai plus coupable.

---

219. pressant, *overwhelming, crushing*.   220. n'ont point trempé, *have not been steeped*.   223. enfanté, *brought forth*.   233. foi, *loyalty*.   234. en naissant (refers to the object, *vous*), *when you were born*.   236. prix, *reward*.   242. plus coupable. Phèdre is reluctant to express in words her horrible secret, because confessing it will, in her opinion, be giving more reality to it and bringing more shame upon herself.

ŒNONE

Madame, au nom des pleurs que pour vous j'ai versés,
Par vos faibles genoux que je tiens embrassés,
Délivrez mon esprit de ce funeste doute.   245

PHÈDRE

Tu le veux. Lève-toi.

ŒNONE

                              Parlez, je vous écoute.

PHÈDRE

Ciel! que lui vais-je dire, et par où commencer?

ŒNONE

Par de vaines frayeurs cessez de m'offenser.

PHÈDRE

O haine de Vénus! O fatale colère!
Dans quels égarements l'amour jeta ma mère!   250

ŒNONE

Oublions-les, Madame; et qu'à tout l'avenir
Un silence éternel cache ce souvenir.

PHÈDRE

Ariane, ma sœur, de quel amour blessée,
Vous mourûtes aux bords où vous fûtes laissée!

ŒNONE

Que faites-vous, Madame? et quel mortel ennui   255
Contre tout votre sang vous anime aujourd'hui?

PHÈDRE

Puisque Vénus le veut, de ce sang déplorable
Je péris la dernière et la plus misérable.

248. **m'offenser,** *wound me.*   249. Venus was the relentless adversary of the sun
god Apollo and his race, because the sun god had revealed to her husband, Vulcan,
her illicit love for Mars; hence the wrath of Venus against Pasiphaé and Phèdre,
daughter and granddaughter of the sun god.   250. An allusion to Pasiphaé's monstrous passion for a bull.   253–54. The musical quality of these two lines (ending in
mute e's, and containing repeated sounds in *ou* and *û*) is famous.   255. **ennui,** *sorrow.*

ŒNONE

　　　Aimez-vous?

PHÈDRE

　　　　　　De l'amour j'ai toutes les fureurs.

ŒNONE

　　　Pour qui?

PHÈDRE

　　　　　　　Tu vas ouïr le comble des horreurs.　　　　　260
　　J'aime ... A ce nom fatal, je tremble, je frissonne.
　　J'aime ...

ŒNONE

　　　　　Qui?

PHÈDRE

　　　　　　　　Tu connais ce fils de l'Amazone,
　　Ce Prince si longtemps par moi-même opprimé?

ŒNONE

　　　Hippolyte?　Grands Dieux!

PHÈDRE

　　　　　　　　　　C'est toi qui l'as nommé.

ŒNONE

　　Juste ciel! tout mon sang dans mes veines se glace.　　265
　　O désespoir! ô crime! ô déplorable race!
　　Voyage infortuné!　Rivage malheureux,
　　Fallait-il approcher de tes bords dangereux?

PHÈDRE

　　Mon mal vient de plus loin.　A peine au fils d'Égée
　　Sous les lois de l'hymen je m'étais engagée,　　　　　270
　　Mon repos, mon bonheur semblait être affermi;
　　Athènes me montra mon superbe ennemi.
　　Je le vis, je rougis, je pâlis à sa vue;
　　Un trouble s'éleva dans mon âme éperdue;

----

259. fureurs.　The word expresses the madness of her love.　268. tes bords dangereux, i.e. the shores where Phèdre met Hippolyte.　269. fils d'Égée, i.e. Thésée.
272. superbe, *haughty*.　273 ff. A precise description of love through its physical
effects.

Mes yeux ne voyaient plus, je ne pouvais parler;   275
Je sentis tout mon corps et transir et brûler;
Je reconnus Vénus et ses feux redoutables,
D'un sang qu'elle poursuit tourments inévitables.
Par des vœux assidus je crus les détourner:
Je lui bâtis un temple, et pris soin de l'orner;   280
De victimes moi-même à toute heure entourée,
Je cherchais dans leurs flancs ma raison égarée.
D'un incurable amour remèdes impuissants!
En vain sur les autels ma main brûlait l'encens:
Quand ma bouche implorait le nom de la Déesse,   285
J'adorais Hippolyte; et le voyant sans cesse,
Même au pied des autels que je faisais fumer,
J'offrais tout à ce Dieu que je n'osais nommer.
Je l'évitais partout. O comble de misère!
Mes yeux le retrouvaient dans les traits de son père.   290
Contre moi-même enfin j'osai me révolter:
J'excitai mon courage à le persécuter.
Pour bannir l'ennemi dont j'étais idolâtre,
J'affectai les chagrins d'une injuste marâtre;
Je pressai son exil, et mes cris éternels   295
L'arrachèrent du sein et des bras paternels.
Je respirais, Œnone; et depuis son absence,
Mes jours moins agités coulaient dans l'innocence.
Soumise à mon époux, et cachant mes ennuis,
De son fatal hymen je cultivais les fruits.   300
Vaines précautions! Cruelle destinée!
Par mon époux lui-même à Trézène amenée,
J'ai revu l'ennemi que j'avais éloigné:
Ma blessure trop vive aussitôt a saigné.
Ce n'est plus une ardeur dans mes veines cachée: 305
C'est Vénus toute entière à sa proie attachée.
J'ai conçu pour mon crime une juste terreur;

---

277. feux is used here in its concrete, literal sense.   282. A suggestive allusion
to the duality of Phèdre's character. Her reason vainly combats her passion.
286. J'adorais. The word is strong. She is guilty of sacrilege, for, while invoking the
gods, she worships and literally deifies the man she loves.   290. The phrase is bold.
She is guilty of mental incest, as it were.   293. dont ... idolâtre, i.e. whom she
worshiped as one worships an idol.   294. J'affectai, *I feigned*.   300. This pompous
expression was considered elegant in the 17th century. Phèdre means that she took
care of the children she had by her marriage to Thésée.   306. toute entière would
be *tout entière* in modern French.

J'ai pris la vie en haine, et ma flamme en horreur.
Je voulais en mourant prendre soin de ma gloire,
Et dérober au jour une flamme si noire: 310
Je n'ai pu soutenir tes larmes, tes combats;
Je t'ai tout avoué; je ne m'en repens pas,
Pourvu que de ma mort respectant les approches,
Tu ne m'affliges plus par d'injustes reproches,
Et que tes vains secours cessent de rappeler 315
Un reste de chaleur tout prêt à s'exhaler.

SCÈNE IV

PHÈDRE, ŒNONE, PANOPE.

PANOPE

Je voudrais vous cacher une triste nouvelle,
Madame; mais il faut que je vous la révèle.
La mort vous a ravi votre invincible époux;
Et ce malheur n'est plus ignoré que de vous. 320

ŒNONE

Panope, que dis-tu?

PANOPE

          Que la Reine abusée
En vain demande au ciel le retour de Thésée;
Et que par des vaisseaux arrivés dans le port
Hippolyte son fils vient d'apprendre sa mort.

PHÈDRE

Ciel!

PANOPE

         Pour le choix d'un maître Athènes se partage. 325
Au Prince votre fils l'un donne son suffrage,
Madame; et de l'État l'autre oubliant les lois,
Au fils de l'étrangère ose donner sa voix.
On dit même qu'au trône une brigue insolente

---

309. **ma gloire,** *my honor, my reputation.* 319. The announcement of a false rumor, later to be followed by the authentic news, is a favorite device of French classical tragedy. Corneille used it in *Horace*, Racine in *Bajazet, Mithridate,* etc. It is an excellent means to bring out the varied reactions of the characters. 321. **abusée.** *deceived by false hopes.*

Veut placer Aricie et le sang de Pallante.   330
J'ai cru de ce péril vous devoir avertir.
Déjà même Hippolyte est tout prêt à partir;
Et l'on craint, s'il paraît dans ce nouvel orage,
Qu'il n'entraîne après lui tout un peuple volage.

ŒNONE

Panope, c'est assez. La Reine, qui t'entend,   335
Ne négligera point cet avis important.

SCÈNE V

PHÈDRE, ŒNONE.

ŒNONE

Madame, je cessais de vous presser de vivre;
Déjà même au tombeau je songeais à vous suivre;
Pour vous en détourner je n'avais plus de voix;
Mais ce nouveau malheur vous prescrit d'autres lois.   340
Votre fortune change et prend une autre face:
Le Roi n'est plus, Madame; il faut prendre sa place.
Sa mort vous laisse un fils à qui vous vous devez,
Esclave s'il vous perd, et roi si vous vivez.
Sur qui, dans son malheur, voulez-vous qu'il s'appuie?   345
Ses larmes n'auront plus de main qui les essuie;
Et ses cris innocents, portés jusques aux Dieux,
Iront contre sa mère irriter ses aïeux.
Vivez, vous n'avez plus de reproche à vous faire:
Votre flamme devient une flamme ordinaire.   350
Thésée en expirant vient de rompre les nœuds
Qui faisaient tout le crime et l'horreur de vos feux.
Hippolyte pour vous devient moins redoutable;
Et vous pouvez le voir sans vous rendre coupable.
Peut-être convaincu de votre aversion,   355
Il va donner un chef à la sédition.
Détrompez son erreur, fléchissez son courage.
Roi de ces bords heureux, Trézène est son partage;

330. In other words there are three factions in Troezen: the partisans of Phèdre's
son, those of Hippolyte, and the friends of Aricie.   337. **vous presser**, *urge you.*
342. Œnone, who has the traditionally lax morality of a Greek servant, cleverly appeals to Phèdre's maternal love and then to her passion for her son-in-law (l. 349).

Mais il sait que les lois donnent à votre fils
Les superbes remparts que Minerve a bâtis.   360
Vous avez l'un et l'autre une juste ennemie:
Unissez-vous tous deux pour combattre Aricie.

PHÈDRE

Hé bien! à tes conseils je me laisse entraîner.
Vivons, si vers la vie on peut me ramener,
Et si l'amour d'un fils en ce moment funeste   365
De mes faibles esprits peut ranimer le reste.

L'aveu

ACTE DEUXIÈME

SCÈNE PREMIÈRE

ARICIE, ISMÈNE.

ARICIE

Hippolyte demande à me voir en ce lieu?
Hippolyte me cherche, et veut me dire adieu?
Ismène, dis-tu vrai? N'es-tu point abusée?

ISMÈNE

C'est le premier effet de la mort de Thésée.   370
Préparez-vous, Madame, à voir de tous côtés
Voler vers vous les cœurs par Thésée écartés.
Aricie à la fin de son sort est maîtresse,
Et bientôt à ses pieds verra toute la Grèce.

ARICIE

Ce n'est donc point, Ismène, un bruit mal affermi?   375
Je cesse d'être esclave, et n'ai plus d'ennemi?

ISMÈNE

Non, Madame, les Dieux ne vous sont plus contraires;
Et Thésée a rejoint les mânes de vos frères.

ARICIE

Dit-on quelle aventure a terminé ses jours?

360. **Les superbes remparts,** i.e. Athens.   375. **mal affermi,** *unfounded.*

ISMÈNE

On sème de sa mort d'incroyables discours.   380
On dit que, ravisseur d'une amante nouvelle,
Les flots ont englouti cet époux infidèle.
On dit même, et ce bruit est partout répandu,
Qu'avec Pirithoüs aux enfers descendu,
Il a vu le Cocyte et les rivages sombres,   385
Et s'est montré vivant aux infernales ombres;
Mais qu'il n'a pu sortir de ce triste séjour,
Et repasser les bords qu'on passe sans retour.

ARICIE

Croirai-je qu'un mortel, avant sa dernière heure,
Peut pénétrer des morts la profonde demeure?   390
Quel charme l'attirait sur ces bords redoutés?

ISMÈNE

Thésée est mort, Madame, et vous seule en doutez:
Athènes en gémit, Trézène en est instruite,
Et déjà pour son roi reconnaît Hippolyte.
Phèdre, dans ce palais, tremblante pour son fils,   395
De ses amis troublés demande les avis.

ARICIE

Et tu crois que pour moi plus humain que son père,
Hippolyte rendra ma chaîne plus légère?
Qu'il plaindra mes malheurs?

ISMÈNE

                              Madame, je le croi.

ARICIE

L'insensible Hippolyte est-il connu de toi?   400
Sur quel frivole espoir penses-tu qu'il me plaigne,
Et respecte en moi seule un sexe qu'il dédaigne?
Tu vois depuis quel temps il évite nos pas,
Et cherche tous les lieux où nous ne sommes pas.

---

384. **Pirithoüs,** King of the Lapiths, in Thrace, a friend of Thésée.   385. **le Cocyte,**
the Cocytus, a river in Epirus flowing into the Acheron.   388. A line imitated from
Vergil's *ripam irremeabilis undæ* (*Æneid,*VI, 425).   393. **instruite,** *informed.*   399. **croi,**
for *crois.* Archaic. and necessary here for the rime.   401. **me plaigne,** *may pity me.*

ISMÈNE

Je sais de ses froideurs tout ce que l'on récite;   405
Mais j'ai vu près de vous ce superbe Hippolyte;
Et même, en le voyant, le bruit de sa fierté
A redoublé pour lui ma curiosité.
Sa présence à ce bruit n'a point paru répondre:
Dès vos premiers regards je l'ai vu se confondre.   410
Ses yeux, qui vainement voulaient vous éviter,
Déjà pleins de langueur, ne pouvaient vous quitter.
Le nom d'amant peut-être offense son courage;
Mais il en a les yeux, s'il n'en a le langage.

ARICIE

Que mon cœur, chère Ismène, écoute avidement   415
Un discours qui peut-être a peu de fondement !
O toi qui me connais, te semblait-il croyable
Que le triste jouet d'un sort impitoyable,
Un cœur toujours nourri d'amertume et de pleurs,
Dût connaître l'amour et ses folles douleurs ?   420
Reste du sang d'un roi noble fils de la Terre,
Je suis seule échappée aux fureurs de la guerre.
J'ai perdu, dans la fleur de leur jeune saison,
Six frères: quel espoir d'une illustre maison !
Le fer moissonna tout; et la terre humectée   425
But à regret le sang des neveux d'Érechthée.
Tu sais, depuis leur mort, quelle sévère loi
Défend à tous les Grecs de soupirer pour moi:
On craint que de la sœur les flammes téméraires
Ne raniment un jour la cendre de ses frères.   430
Mais tu sais bien aussi de quel œil dédaigneux
Je regardais ce soin d'un vainqueur soupçonneux.
Tu sais que de tout temps à l'amour opposée,
Je rendais souvent grâce à l'injuste Thésée,
Dont l'heureuse rigueur secondait mes mépris.   435
Mes yeux alors, mes yeux n'avaient pas vu son fils.
Non que par les yeux seuls lâchement enchantée,

---

407. **le bruit,** *the report.* 409. *His manner did not seem to confirm that report.* 410. **se confondre,** *become confused* or *embarrassed.* 415 ff. The whole of this speech and this scene, take us back from the legendary Greek atmosphere to a 17th century *salon.* 416. **fondement,** *foundation.* 421. **roi ... de la Terre,** i.e. Erechtheus, son of the Earth and former King of Attica. 423. **dans la fleur ... saison,** *in the prime of their youth.* 425. **Le fer,** *The sword.*

J'aime en lui sa beauté, sa grâce tant vantée,
Présents dont la nature a voulu l'honorer,
Qu'il méprise lui-même, et qu'il semble ignorer. 440
J'aime, je prise en lui de plus nobles richesses,
Les vertus de son père, et non point les faiblesses.
J'aime, je l'avouerai, cet orgueil généreux
Qui jamais n'a fléchi sous le joug amoureux.
Phèdre en vain s'honorait des soupirs de Thésée: 445
Pour moi, je suis plus fière, et fuis la gloire aisée
D'arracher un hommage à mille autres offert,
Et d'entrer dans un cœur de toutes parts ouvert.
Mais de faire fléchir un courage inflexible,
De porter la douleur dans une âme insensible, 450
D'enchaîner un captif de ses fers étonné,
Contre un joug qui lui plaît vainement mutiné:
C'est là ce que je veux, c'est là ce qui m'irrite.
Hercule à désarmer coûtait moins qu'Hippolyte;
Et vaincu plus souvent, et plus tôt surmonté, 455
Préparait moins de gloire aux yeux qui l'ont dompté.
Mais, chère Ismène, hélas! quelle est mon imprudence!
On ne m'opposera que trop de résistance.
Tu m'entendras peut-être, humble dans mon ennui,
Gémir du même orgueil que j'admire aujourd'hui. 460
Hippolyte aimerait? Par quel bonheur extrême
Aurais-je pu fléchir . . .

ISMÈNE

Vous l'entendrez lui-même:
Il vient à vous.

SCÈNE II

HIPPOLYTE, ARICIE, ISMÈNE.

HIPPOLYTE

Madame, avant que de partir,
J'ai cru de votre sort vous devoir avertir.
Mon père ne vit plus. Ma juste défiance 465

— Paraphrase —

452 ff. Aricie speaks the language of the *précieuses*, who had read *l'Astrée* and had pondered over the *Carte de Tendre*. The scene is too long, and stands in sharp contrast to Phèdre's more violent and overwhelming passion. **465. défiance.** His suspicion (regarding his father's fate) was justified.

Présageait les raisons de sa trop longue absence:
La mort seule, bornant ses travaux éclatants,
Pouvait à l'univers le cacher si longtemps.
Les Dieux livrent enfin à la parque homicide
L'ami, le compagnon, le successeur d'Alcide.   470
Je crois que votre haine, épargnant ses vertus,
Écoute sans regret ces noms qui lui sont dus.
Un espoir adoucit ma tristesse mortelle:
Je puis vous affranchir d'une austère tutelle.
Je révoque des lois dont j'ai plaint la rigueur.   475
Vous pouvez disposer de vous, de votre cœur;
Et dans cette Trézène, aujourd'hui mon partage,
De mon aïeul Pitthée autrefois l'héritage,
Qui m'a, sans balancer, reconnu pour son roi,
Je vous laisse aussi libre, et plus libre que moi.   480

ARICIE

Modérez des bontés dont l'excès m'embarrasse.
D'un soin si généreux honorer ma disgrâce,
Seigneur, c'est me ranger, plus que vous ne pensez,
Sous ces austères lois dont vous me dispensez.

HIPPOLYTE

Du choix d'un successeur Athènes incertaine,   485
Parle de vous, me nomme, et le fils de la Reine.

ARICIE

De moi, Seigneur?

HIPPOLYTE

                    Je sais, sans vouloir me flatter,
Qu'une superbe loi semble me rejeter.
La Grèce me reproche une mère étrangère.
Mais si pour concurrent je n'avais que mon frère,   490
Madame, j'ai sur lui de véritables droits
Que je saurais sauver du caprice des lois.
Un frein plus légitime arrête mon audace:
Je vous cède, ou plutôt je vous rends une place,

---

467. travaux = *exploits.*   469. la parque homicide = death (Atropos, the one of
the three Fates who cuts off the thread of life).   471–72. i.e. Your hate was for his
faults alone and spared his virtues.   473. adoucit, *tempers.*   475. plaint, *deplored.*
477. mon partage, *my possession* (by inheritance).   479. sans balancer, *without hesi-
lation.*   492. sauver du, *rescue from the.*   493. Un frein, *A curb.*

Un sceptre que jadis vos aïeux ont reçu 495
De ce fameux mortel que la Terre a conçu.
L'adoption le mit entre les mains d'Égée.
Athènes, par mon père accrue et protégée,
Reconnut avec joie un roi si généreux,
Et laissa dans l'oubli vos frères malheureux. 500
Athènes dans ses murs maintenant vous rappelle;
Assez elle a gémi d'une longue querelle;
Assez dans ses sillons votre sang englouti
A fait fumer le champ dont il était sorti.
Trézène m'obéit. Les campagnes de Crète 505
Offrent au fils de Phèdre une riche retraite.
L'Attique est votre bien. Je pars, et vais pour vous
Réunir tous les vœux partagés entre nous.

ARICIE

De tout ce que j'entends étonnée et confuse,
Je crains presque, je crains qu'un songe ne m'abuse. 510
Veillé-je? Puis-je croire un semblable dessein?
Quel Dieu, Seigneur, quel Dieu l'a mis dans votre sein?
Qu'à bon droit votre gloire en tous lieux est semée!
Et que la vérité passe la renommée!
Vous-même, en ma faveur, vous voulez vous trahir? 515
N'était-ce pas assez de ne point me haïr,
Et d'avoir si longtemps pu défendre votre âme
De cette inimitié . . .

HIPPOLYTE

Moi, vous haïr, Madame?
Avec quelques couleurs qu'on ait peint ma fierté,
Croit-on que dans ses flancs un monstre m'ait porté? 520
Quelles sauvages mœurs, quelle haine endurcie
Pourrait, en vous voyant, n'être point adoucie?
Ai-je pu résister au charme décevant . . .

ARICIE

Quoi? Seigneur . . .

496. **fameux mortel**, i.e. Érechthée.   497. Aricie's family claimed that Égée,
father of Thésée, was an adopted child.   498. **accrue**, *enlarged*.   511. **Veillé-je?**
Am I awake?   512. **sein** = *esprit*.

HIPPOLYTE

Je me suis engagé trop avant.

Je vois que la raison cède à la violence.   525
Puisque j'ai commencé de rompre le silence,
Madame, il faut poursuivre: il faut vous informer
D'un secret que mon cœur ne peut plus renfermer.
    Vous voyez devant vous un prince déplorable,
D'un téméraire orgueil exemple mémorable.   530
Moi qui, contre l'amour fièrement révolté,
Aux fers de ses captifs ai longtemps insulté;
Qui des faibles mortels déplorant les naufrages,
Pensais toujours du bord contempler les orages;
Asservi maintenant sous la commune loi,   535
Par quel trouble me vois-je emporté loin de moi!
Un moment a vaincu mon audace imprudente:
Cette âme si superbe est enfin dépendante.
Depuis près de six mois, honteux, désespéré,
Portant partout le trait dont je suis déchiré,   540
Contre vous, contre moi, vainement je m'éprouve:
Présente, je vous fuis; absente, je vous trouve; *antithèse —*
Dans le fond des forêts votre image me suit;
La lumière du jour, les ombres de la nuit,
Tout retrace à mes yeux les charmes que j'évite;   545
Tout vous livre à l'envi le rebelle Hippolyte.
Moi-même, pour tout fruit de mes soins superflus,
Maintenant je me cherche, et ne me trouve plus.
Mon arc, mes javelots, mon char, tout m'importune;
Je ne me souviens plus des leçons de Neptune;   550
Mes seuls gémissements font retentir les bois,
Et mes coursiers oisifs ont oublié ma voix.
    Peut-être le récit d'un amour si sauvage
Vous fait, en m'écoutant, rougir de votre ouvrage.

---

524. The whole interview is slow-moving and slightly embarrassed in tone, as is natural between two young lovers who have not yet confessed their love. But the speech which follows (ll. 524–60) is not devoid of a youthful and naïve charm. Hippolyte is much nearer to a French courtier of the 17th century than to a Greek hero; but his graceful elegance and his bashful manners are none the less attractive. 525. This line is typical of Racine. The characters yield to violence, but they realize that they do it. 528. **renfermer,** *conceal.* 532. **fers,** *chains.* 538. **Cette âme,** i.e. *Mon âme.* 540. **le trait,** *the dart.* 541. **je m'éprouve,** *I struggle.* 542–46. Graceful lines, depicting Hippolyte's chaste, idyllic love in contrast to Phèdre's morbid, all-powerful passion. 547. **fruit,** *result, profit.* 550. **leçons de Neptune,** i.e. equestrian art.

D'un cœur qui s'offre à vous quel farouche entretien !   555
Quel étrange captif pour un si beau lien !
Mais l'offrande à vos yeux en doit être plus chère.
Songez que je vous parle une langue étrangère;
Et ne rejetez pas des vœux mal exprimés,
Qu'Hippolyte sans vous n'aurait jamais formés.   560

SCÈNE III

HIPPOLYTE. ARICIE, THÉRAMÈNE, ISMÈNE.

THÉRAMÈNE

Seigneur, la Reine vient, et je l'ai devancée.
Elle vous cherche.

HIPPOLYTE

Moi ?

THÉRAMÈNE

J'ignore sa pensée.
Mais on vous est venu demander de sa part.
Phèdre veut vous parler avant votre départ.

HIPPOLYTE

Phèdre ? Que lui dirai-je ? Et que peut-elle attendre . . .   565

ARICIE

Seigneur, vous ne pouvez refuser de l'entendre.
Quoique trop convaincu de son inimitié,
Vous devez à ses pleurs quelque ombre de pitié.

HIPPOLYTE

Cependant vous sortez. Et je pars. Et j'ignore
Si je n'offense point les charmes que j'adore !   570
J'ignore si ce cœur que je laisse en vos mains . . .

ARICIE

Partez, Prince, et suivez vos généreux desseins.
Rendez de mon pouvoir Athènes tributaire.
J'accepte tous les dons que vous me voulez faire.
Mais cet empire enfin si grand, si glorieux,   575
N'est pas de vos présents le plus cher à mes yeux.

555-60. Hippolyte concludes his declaration with a few sentences in the *précieux*
taste.   559. vœux, *hopes* (to be accepted as a lover).   563. on vous est venu demander = *on est venu vous demander*.   569. Cependant, *Meanwhile*.   576. An ultra-
delicate manner of accepting the proposal.

SCÈNE IV

HIPPOLYTE, THÉRAMÈNE.

HIPPOLYTE

Ami, tout est-il prêt? Mais la Reine s'avance.
Va, que pour le départ tout s'arme en diligence.
Fais donner le signal, cours, ordonne et revien
Me délivrer bientôt d'un fâcheux entretien. 580

SCÈNE V

PHÈDRE, HIPPOLYTE, ŒNONE.

PHÈDRE, à Œnone.

Le voici. Vers mon cœur tout mon sang se retire.
J'oublie, en le voyant, ce que je viens lui dire.

ŒNONE

Souvenez-vous d'un fils qui n'espère qu'en vous.

PHÈDRE

On dit qu'un prompt départ vous éloigne de nous,
Seigneur. A vos douleurs je viens joindre mes larmes. 585
Je vous viens pour un fils expliquer mes alarmes.
Mon fils n'a plus de père; et le jour n'est pas loin
Qui de ma mort encor doit le rendre témoin.
Déjà mille ennemis attaquent son enfance.
Vous seul pouvez contre eux embrasser sa défense. 590
Mais un secret remords agite mes esprits.
Je crains d'avoir fermé votre oreille à ses cris.
Je tremble que sur lui votre juste colère
Ne poursuive bientôt une odieuse mère.

HIPPOLYTE

Madame, je n'ai point des sentiments si bas. 595

578. **s'arme,** *may be prepared.* — **en diligence,** *in great haste.* 579. **revien** for *reviens* (for the visual rime). 580–81. Notice the contrast between these two lines. Hippolyte is bored and impatient; Phèdre is tense with emotion; and, as usual, she expresses her emotion, not in vague terms, but by its physical manifestations. 584. Phèdre quickly recovers her self-control. Her speech is moving and dignified, at first. She is anxiously watching Hippolyte's face.

PHÈDRE

Quand vous me haïriez, je ne m'en plaindrais pas,
Seigneur. Vous m'avez vue attachée à vous nuire;
Dans le fond de mon cœur vous ne pouviez pas lire.
A votre inimitié j'ai pris soin de m'offrir.
Aux bords que j'habitais je n'ai pu vous souffrir.   600
En public, en secret, contre vous déclarée,
J'ai voulu par des mers en être séparée;
J'ai même défendu, par une expresse loi,
Qu'on osât prononcer votre nom devant moi.
Si pourtant à l'offense on mesure la peine,   605
Si la haine peut seule attirer votre haine,
Jamais femme ne fut plus digne de pitié,
Et moins digne, Seigneur, de votre inimitié.

HIPPOLYTE

Des droits de ses enfants une mère jalouse
Pardonne rarement au fils d'une autre épouse.   610
Madame, je le sais. Les soupçons importuns
Sont d'un second hymen les fruits les plus communs.
Toute autre aurait pour moi pris les mêmes ombrages,
Et j'en aurais peut-être essuyé plus d'outrages.

PHÈDRE

Ah! Seigneur, que le ciel, j'ose ici l'attester,   615
De cette loi commune a voulu m'excepter!
Qu'un soin bien différent me trouble et me dévore!

HIPPOLYTE

Madame, il n'est pas temps de vous troubler encore.
Peut-être votre époux voit encore le jour;
Le ciel peut à nos pleurs accorder son retour.   620
Neptune le protège, et ce Dieu tutélaire
Ne sera pas en vain imploré par mon père.

---

596. **Quand**, *Even if*. Phèdre would rather be hated by Hippolyte — since hatred
is said to be nearer to love than mere indifference.   597. **attachée à**, *bent upon*.
600. **bords**, *region, country*, as is often the case in Racine.   602. **en**, *from you*.
608. Phèdre's confession is moving in its tender, subtle delicacy. But Hippolyte fails
to understand her. He is not used to feminine subtleties.   609. **jalouse**, i.e. anxious
to preserve the rights of her children.   614. **en** = *d'elle*.   615. **l'attester**, *call it* (i.e.
heaven) *to witness*.   617. **soin** = *souci*.   621–22. An allusion to the protection of
Neptune, which will play a tragic part in the dénouement.

PHÈDRE

On ne voit point deux fois le rivage des morts,
Seigneur. Puisque Thésée a vu les sombres bords,
En vain vous espérez qu'un Dieu vous le renvoie;   625
Et l'avare Achéron ne lâche point sa proie.
Que dis-je? Il n'est point mort, puisqu'il respire en vous.
Toujours devant mes yeux je crois voir mon époux.
Je le vois, je lui parle; et mon cœur . . . Je m'égare,
Seigneur, ma folle ardeur malgré moi se déclare.   630

HIPPOLYTE

Je vois de votre amour l'effet prodigieux.
Tout mort qu'il est, Thésée est présent à vos yeux;
Toujours de son amour votre âme est embrasée.

PHÈDRE

Oui, Prince, je languis, je brûle pour Thésée.
Je l'aime, non point tel que l'ont vu les enfers,   635
Volage adorateur de mille objets divers,
Qui va du Dieu des morts déshonorer la couche;
Mais fidèle, mais fier, et même un peu farouche,
Charmant, jeune, traînant tous les cœurs après soi,
Tel qu'on dépeint nos Dieux, ou tel que je vous voi.   640
Il avait votre port, vos yeux, votre langage,
Cette noble pudeur colorait son visage,
Lorsque de notre Crète il traversa les flots,
Digne sujet des vœux des filles de Minos.
Que faisiez-vous alors? Pourquoi, sans Hippolyte,   645
Des héros de la Grèce assembla-t-il l'élite?
Pourquoi, trop jeune encor, ne pûtes-vous alors
Entrer dans le vaisseau qui le mit sur nos bords?

623. This line begins one of the most celebrated passages in Racine. Note the slow, gradual rising to a climax. First Phèdre vehemently denies that Thésée may still return. Her wishes speak rather than her reason. Then she looks at Hippolyte and can scarcely refrain from confessing her love for him. Hippolyte, however, persists in not understanding. She declares her passion indirectly until, at last, incensed by his cold replies, she bursts forth into the magnificent exclamation of line 670 and the speech following.   634. Note the accumulation of cæsuræ in this line, to render Phèdre's burning ardor and her gasping breath.   636. objets, *sweethearts*.   637. An allusion to Thésée's attempt to steal Proserpine.   640. Phèdre's gestures, looks, and attitude should be visualized by the reader. She is depicting Hippolyte himself, while pretending to describe Thésée. She cannot help enumerating the qualities of the man she admires and finally addresses him directly (l. 645), uniting her fate with his (l. 655), and even her name.

Par vous aurait péri le monstre de la Crète,
Malgré tous les détours de sa vaste retraite.   650
Pour en développer l'embarras incertain,
Ma sœur du fil fatal eût armé votre main.
Mais non, dans ce dessein je l'aurais devancée:
L'amour m'en eût d'abord inspiré la pensée.
C'est moi, Prince, c'est moi dont l'utile secours   655
Vous eût du labyrinthe enseigné les détours.
Que de soins m'eût coûtés cette tête charmante!
Un fil n'eût point assez rassuré votre amante.
Compagne du péril qu'il vous fallait chercher,
Moi-même devant vous j'aurais voulu marcher;   660
Et Phèdre, au labyrinthe avec vous descendue,
Se serait avec vous retrouvée ou perdue.

HIPPOLYTE

Dieux! qu'est-ce que j'entends? Madame, oubliez-vous
Que Thésée est mon père, et qu'il est votre époux?

PHÈDRE

Et sur quoi jugez-vous que j'en perds la mémoire,   665
Prince? Aurais-je perdu tout le soin de ma gloire?

HIPPOLYTE

Madame, pardonnez. J'avoue, en rougissant,
Que j'accusais à tort un discours innocent.
Ma honte ne peut plus soutenir votre vue:
Et je vais . . .

PHÈDRE

                    Ah! cruel, tu m'as trop entendue.   670
Je t'en ai dit assez pour te tirer d'erreur.
Hé bien! connais donc Phèdre et toute sa fureur.
J'aime. Ne pense pas qu'au moment que je t'aime,
Innocente à mes yeux, je m'approuve moi-même;
Ni que du fol amour qui trouble ma raison   675

649. **le monstre de la Crète,** i.e. the Minotaur.   651. *To help unravel its confusing maze.*   658. **Un fil,** i.e. Ariane's thread. — **votre amante.** Note Phèdre's evident delight in using this bold word.   662. The whole of this magnificent speech owes not a little to Seneca (*Hippolytus*, II, 3, ll. 642–69).   665. She is vexed not to have been better understood — and appreciated.   668. Hippolyte displays a *naïveté* not too surprising in a young man who has lived in retirement and is interested only in horses. 670. Note the passage from *vous* to *tu*.   672. **fureur,** *madness.*

Ma lâche complaisance ait nourri le poison.
Objet infortuné des vengeances célestes,
Je m'abhorre encor plus que tu ne me détestes.
Les Dieux m'en sont témoins, ces Dieux qui dans mon flanc
Ont allumé le feu fatal à tout mon sang;   680
Ces Dieux qui se sont fait une gloire cruelle
De séduire le cœur d'une faible mortelle.
Toi-même en ton esprit rappelle le passé.
C'est peu de t'avoir fui, cruel, je t'ai chassé;
J'ai voulu te paraître odieuse, inhumaine;   685
Pour mieux te résister, j'ai recherché ta haine.
De quoi m'ont profité mes inutiles soins?
Tu me haïssais plus, je ne t'aimais pas moins.
Tes malheurs te prêtaient encor de nouveaux charmes.
J'ai langui, j'ai séché, dans les feux, dans les larmes.   690
Il suffit de tes yeux pour t'en persuader,
Si tes yeux un moment pouvaient me regarder.
Que dis-je? Cet aveu que je te viens de faire,
Cet aveu si honteux, le crois-tu volontaire?
Tremblante pour un fils que je n'osais trahir,   695
Je te venais prier de ne le point haïr.
Faibles projets d'un cœur trop plein de ce qu'il aime!
Hélas! je ne t'ai pu parler que de toi-même.
Venge-toi, punis-moi d'un odieux amour.
Digne fils du héros qui t'a donné le jour,   700
Délivre l'univers d'un monstre qui t'irrite.
La veuve de Thésée ose aimer Hippolyte!
Crois-moi, ce monstre affreux ne doit point t'échapper.
Voilà mon cœur. C'est là que ta main doit frapper.
Impatient déjà d'expier son offense,   705
Au-devant de ton bras je le sens qui s'avance.
Frappe. Ou si tu le crois indigne de tes coups,
Si ta haine m'envie un supplice si doux,

---

679. **mon flanc.** The choice of the word, instead of *mon cœur*, is typical of Phèdre's physical passion. 682. **séduire,** *lead astray.* 690. **j'ai séché.** Note the concrete force of the expression; the word *feux* takes on a realistic meaning here. 692. One can read in this line Phèdre's real feeling. She is much older than Hippolyte; but she considers herself still young and beautiful, and is vexed and hurt that Hippolyte never even looked at her. 700–01. Phèdre means that she is no less a monster than the Minotaur. Hippolyte should kill her, just as his father killed the Cretan monster. 706. The figure is somewhat bold; but Phèdre is beside herself. 708. **m'envie,** *begrudges me.*

Ou si d'un sang trop vil ta main serait trempée,
Au défaut de ton bras prête-moi ton épée. 710
Donne.

ŒNONE

          Que faites-vous, Madame? Justes Dieux!
Mais on vient. Évitez des témoins odieux;
Venez, rentrez, fuyez une honte certaine.

SCÈNE VI

HIPPOLYTE, THÉRAMÈNE.

THÉRAMÈNE

Est-ce Phèdre qui fuit, ou plutôt qu'on entraîne?
Pourquoi, Seigneur, pourquoi ces marques de douleur? 715
Je vous vois sans épée, interdit, sans couleur?

HIPPOLYTE

Théramène, fuyons. Ma surprise est extrême.
Je ne puis sans horreur me regarder moi-même.
Phèdre ... Mais non, grands Dieux! qu'en un profond oubli
Cet horrible secret demeure enseveli. 720

THÉRAMÈNE

Si vous voulez partir, la voile est préparée.
Mais Athènes, Seigneur, s'est déjà déclarée.
Ses chefs ont pris les voix de toutes ses tribus.
Votre frère l'emporte, et Phèdre a le dessus.

HIPPOLYTE

Phèdre?

THÉRAMÈNE

          Un héraut chargé des volontés d'Athènes 725
De l'État en ses mains vient remettre les rênes.
Son fils est roi, Seigneur.

HIPPOLYTE

              Dieux, qui la connaissez,
Est-ce donc sa vertu que vous récompensez?

---

711. Phèdre is about to throw herself on Hippolyte's sword. 716. **interdit,** *speech-less.* 721. **la voile,** *the sail,* i.e. the vessel.

THÉRAMÈNE

Cependant un bruit sourd veut que le Roi respire.
On prétend que Thésée a paru dans l'Épire.   730
Mais moi qui l'y cherchai, Seigneur, je sais trop bien ...

HIPPOLYTE

N'importe, écoutons tout, et ne négligeons rien.
Examinons ce bruit, remontons à sa source.
S'il ne mérite pas d'interrompre ma course,
Partons; et, quelque prix qu'il en puisse coûter,   735
Mettons le sceptre aux mains dignes de le porter.

ACTE TROISIÈME

SCÈNE PREMIÈRE

Phèdre, Œnone.

Le Désamor.

PHÈDRE

Ah! que l'on porte ailleurs les honneurs qu'on m'envoie.
Importune, peux-tu souhaiter qu'on me voie?
De quoi viens-tu flatter mon esprit désolé?
Cache-moi bien plutôt: je n'ai que trop parlé.   740
Mes fureurs au dehors ont osé se répandre.
J'ai dit ce que jamais on ne devait entendre.
Ciel! comme il m'écoutait! Par combien de détours
L'insensible a longtemps éludé mes discours!
Comme il ne respirait qu'une retraite prompte!   745
Et combien sa rougeur a redoublé ma honte!
Pourquoi détournais-tu mon funeste dessein?
Hélas! quand son épée allait chercher mon sein,
A-t-il pâli pour moi? me l'a-t-il arrachée?
Il suffit que ma main l'ait une fois touchée,   750
Je l'ai rendue horrible à ses yeux inhumains;
Et ce fer malheureux profanerait ses mains.

---

729. **un bruit sourd veut** ..., *a vague rumor has it* ...   730. **On prétend,** *It is declared.*   731. **qui l'y cherchai,** *who looked for him there.*   734. **ma course,** i.e. the voyage he was contemplating.   739. **flatter,** *delude, entertain with vain hopes.* 744. **éludé.** Phèdre realizes how desirous Hippolyte was to avoid hearing her confession. She cannot conceal from herself that he hates her (ll. 750–52).

OENONE

Ainsi, dans vos malheurs ne songeant qu'à vous plaindre,
Vous nourrissez un feu qu'il vous faudrait éteindre.
Ne vaudrait-il pas mieux, digne sang de Minos,   755
Dans de plus nobles soins chercher votre repos?
Contre un ingrat qui plaît recourir à la fuite,
Régner, et de l'État embrasser la conduite?

PHÈDRE

Moi, régner! Moi, ranger un État sous ma loi,
Quand ma faible raison ne règne plus sur moi!   760
Lorsque j'ai de mes sens abandonné l'empire!
Quand sous un joug honteux à peine je respire!
Quand je me meurs!

OENONE

                    Fuyez.

PHÈDRE

                              Je ne le puis quitter.

OENONE

Vous l'osâtes bannir, vous n'osez l'éviter.

PHÈDRE

Il n'est plus temps. Il sait mes ardeurs insensées.   765
De l'austère pudeur les bornes sont passées.
J'ai déclaré ma honte aux yeux de mon vainqueur,
Et l'espoir, malgré moi, s'est glissé dans mon cœur.
Toi-même, rappelant ma force défaillante,
Et mon âme déjà sur mes lèvres errante,   770
Par tes conseils flatteurs tu m'as su ranimer.
Tu m'as fait entrevoir que je pouvais l'aimer.

OENONE

Hélas! de vos malheurs innocente ou coupable,
De quoi pour vous sauver n'étais-je point capable?
Mais si jamais l'offense irrita vos esprits,   775
Pouvez-vous d'un superbe oublier les mépris?

757. qui plaît, *whom you love.*   759. Phèdre delights in displaying her own weakness, the impotence of her will and of her reason.   768. A penetrating line, which indicates how Phèdre continues hoping against hope while constantly speaking of her intention to die.   772. que je pouvais, i.e. that it might be permitted me.

Avec quels yeux cruels sa rigueur obstinée
Vous laissait à ses pieds peu s'en faut prosternée !
Que son farouche orgueil le rendait odieux !
Que Phèdre en ce moment n'avait-elle mes yeux ?   780

PHÈDRE

Œnone, il peut quitter cet orgueil qui te blesse.
Nourri dans les forêts, il en a la rudesse.
Hippolyte, endurci par de sauvages lois,
Entend parler d'amour pour la première fois.
Peut-être sa surprise a causé son silence;   785
Et nos plaintes peut-être ont trop de violence.

ŒNONE

Songez qu'une barbare en son sein l'a formé.

PHÈDRE

Quoique Scythe et barbare, elle a pourtant aimé.

ŒNONE

Il a pour tout le sexe une haine fatale.

PHÈDRE

Je ne me verrai point préférer de rivale.   790
Enfin tous tes conseils ne sont plus de saison.
Sers ma fureur, Œnone, et non point ma raison.
Il oppose à l'amour un cœur inaccessible:
Cherchons pour l'attaquer quelque endroit plus sensible.
Les charmes d'un empire ont paru le toucher;   795
Athènes l'attirait, il n'a pu s'en cacher;
Déjà de ses vaisseaux la pointe était tournée,
Et la voile flottait aux vents abandonnée.
Va trouver de ma part ce jeune ambitieux,
Œnone; fais briller la couronne à ses yeux.   800

778. **peu s'en faut,** *almost.*   781. Phèdre knows that Hippolyte does not love her;
but she cannot bear to have anyone else mention it, and she invents excuses for him
in order to retain some hope.   790. A subtle preparation for Phèdre's jealousy in
Act IV.   792. An admirable formula, typical of passionate Racinian heroines, in an
age usually called "rationalistic."   794. **sensible,** *vulnerable.*   797. **la pointe,** *the
prow.*   800 ff. Phèdre, here, is no longer the innocent woman, struggling against her
passion. She is actually approving her incestuous love, and is using every device to
win Hippolyte. Lines 804-05 are especially bold, despite their restrained and elegant
diction.

Qu'il mette sur son front le sacré diadème;
Je ne veux que l'honneur de l'attacher moi-même.
Cédons-lui ce pouvoir que je ne puis garder.
Il instruira mon fils dans l'art de commander;
Peut-être il voudra bien lui tenir lieu de père.   805
Je mets sous son pouvoir et le fils et la mère.
Pour le fléchir enfin tente tous les moyens:
Tes discours trouveront plus d'accès que les miens.
Presse, pleure, gémis; plains-lui Phèdre mourante;
Ne rougis point de prendre une voix suppliante.   810
Je t'avouerai de tout; je n'espère qu'en toi.
Va: j'attends ton retour pour disposer de moi.

SCÈNE II

PHÈDRE.

O toi, qui vois la honte où je suis descendue,
Implacable Vénus, suis-je assez confondue?
Tu ne saurais plus loin pousser ta cruauté.   815
Ton triomphe est parfait; tous tes traits ont porté.
Cruelle, si tu veux une gloire nouvelle,
Attaque un ennemi qui te soit plus rebelle.
Hippolyte te fuit; et bravant ton courroux,
Jamais à tes autels n'a fléchi les genoux.   820
Ton nom semble offenser ses superbes oreilles.
Déesse, venge-toi: nos causes sont pareilles.
Qu'il aime . . .   Mais déjà tu reviens sur tes pas,
Œnone? On me déteste, on ne t'écoute pas.

SCÈNE III

PHÈDRE, ŒNONE.

ŒNONE

Il faut d'un vain amour étouffer la pensée,   825
Madame. Rappelez votre vertu passée:

809. **Presse,** *Urge.* — **plains-lui,** *arouse his compassion for.*   811. **Je t'avouerai de tout,** *I shall confirm all you say.*   812. **disposer de moi,** *settle my fate.*   816. **traits,** *arrows, shafts.* — **ont porté,** *have reached their mark.*   813–24. Under pretence of confessing her submission to Venus, Phèdre prays the goddess of love to make Hippolyte her lover. Note that, in these first two scenes of the third act, the audience suspects that Phèdre's husband is probably still alive; Phèdre is now going to learn it.

Le Roi, qu'on a cru mort, va paraître à vos yeux;
Thésée est arrivé, Thésée est en ces lieux.
Le peuple, pour le voir, court et se précipite.
Je sortais par votre ordre, et cherchais Hippolyte,   830
Lorsque jusques au ciel mille cris élancés . . .

PHÈDRE

Mon époux est vivant, Œnone, c'est assez.
J'ai fait l'indigne aveu d'un amour qui l'outrage;
Il vit: je ne veux pas en savoir davantage.

ŒNONE

Quoi ?

PHÈDRE

Je te l'ai prédit; mais tu n'as pas voulu.   835
Sur mes justes remords tes pleurs ont prévalu.
Je mourais ce matin digne d'être pleurée;
J'ai suivi tes conseils: je meurs déshonorée.

ŒNONE

Vous mourez ?

PHÈDRE

Juste ciel! qu'ai-je fait aujourd'hui ?
Mon époux va paraître, et son fils avec lui.   840
Je verrai le témoin de ma flamme adultère
Observer de quel front j'ose aborder son père,
Le cœur gros de soupirs qu'il n'a point écoutés,
L'œil humide de pleurs par l'ingrat rebutés.
Penses-tu que, sensible à l'honneur de Thésée,   845
Il lui cache l'ardeur dont je suis embrasée ?
Laissera-t-il trahir et son père et son roi ?
Pourra-t-il contenir l'horreur qu'il a pour moi ?
Il se tairait en vain.   Je sais mes perfidies,
Œnone, et ne suis point de ces femmes hardies   850

---

831. élancés = *lancés* or *s'élançant (vers)*.   **837.** i.e. If I had done as I intended, I should have died this morning.   **839.** Phèdre recovers her moral sense in the following beautiful soliloquy.   **841.** le témoin . . . adultère, i.e. Hippolyte.   **845.** sensible à, *out of regard for.*   **849.** Il se tairait en vain, *Vainly would he keep silent.*   **850.** It is reported that Mlle Champmeslé, who was herself one of those "*femmes hardies,*" was reluctant to recite these lines, before a public who knew too much about her private life.

Qui goûtant dans le crime une tranquille paix,
Ont su se faire un front qui ne rougit jamais.
Je connais mes fureurs, je les rappelle toutes.
Il me semble déjà que ces murs, que ces voûtes
Vont prendre la parole, et prêts à m'accuser,   855
Attendent mon époux pour le désabuser.
Mourons. De tant d'horreurs qu'un trépas me délivre.
Est-ce un malheur si grand que de cesser de vivre?
La mort aux malheureux ne cause point d'effroi.
Je ne crains que le nom que je laisse après moi.   860
Pour mes tristes enfants quel affreux héritage!
Le sang de Jupiter doit enfler leur courage;
Mais quelque juste orgueil qu'inspire un sang si beau,
Le crime d'une mère est un pesant fardeau.
Je tremble qu'un discours, hélas! trop véritable,   865
Un jour ne leur reproche une mère coupable.
Je tremble qu'opprimés de ce poids odieux
L'un ni l'autre jamais n'ose lever les yeux.

ŒNONE

Il n'en faut point douter, je les plains l'un et l'autre;
Jamais crainte ne fut plus juste que la vôtre.   870
Mais à de tels affronts pourquoi les exposer?
Pourquoi contre vous-même allez-vous déposer?
C'en est fait: on dira que Phèdre, trop coupable,
De son époux trahi fuit l'aspect redoutable.
Hippolyte est heureux qu'aux dépens de vos jours   875
Vous-même en expirant appuyiez ses discours.
A votre accusateur que pourrai-je répondre?
Je serai devant lui trop facile à confondre.
De son triomphe affreux je le verrai jouir,
Et conter votre honte à qui voudra l'ouïr.   880
Ah! que plutôt du ciel la flamme me dévore!
Mais ne me trompez point, vous est-il cher encore?
De quel œil voyez-vous ce Prince audacieux?

PHÈDRE

Je le vois comme un monstre effroyable à mes yeux.

---

853. je les rappelle = *je me les rappelle.*   856. pour le désabuser, *to undeceive him*
(i.e. as to my faithfulness).   865. un discours, *a report.* The passionate, would-be
unfaithful wife and the mother are united in Phèdre.   872. déposer, *bear witness.*
873. C'en est fait, *If you do so, all hope is gone.*   876. appuyiez, *support.*

ŒNONE

Pourquoi donc lui céder une victoire entière?   885
Vous le craignez. Osez l'accuser la première
Du crime dont il peut vous charger aujourd'hui.
Qui vous démentira? Tout parle contre lui:
Son épée en vos mains heureusement laissée,
Votre trouble présent, votre douleur passée,   890
Son père par vos cris dès longtemps prévenu,
Et déjà son exil par vous-même obtenu.

PHÈDRE

Moi, que j'ose opprimer et noircir l'innocence?

ŒNONE

Mon zèle n'a besoin que de votre silence.
Tremblante comme vous, j'en sens quelque remords.   895
Vous me verriez plus prompte affronter mille morts.
Mais puisque je vous perds sans ce triste remède,
Votre vie est pour moi d'un prix à qui tout cède.
Je parlerai. Thésée, aigri par mes avis,
Bornera sa vengeance à l'exil de son fils.   900
Un père en punissant, Madame, est toujours père:
Un supplice léger suffit à sa colère.
Mais le sang innocent dût-il être versé,
Que ne demande point votre honneur menacé?
C'est un trésor trop cher pour oser le commettre.   905
Quelque loi qu'il vous dicte, il faut vous y soumettre,
Madame; et pour sauver notre honneur combattu,
Il faut immoler tout, et même la vertu.
On vient; je vois Thésée.

PHÈDRE

                  Ah! je vois Hippolyte;
Dans ses yeux insolents je vois ma perte écrite.   910
Fais ce que tu voudras, je m'abandonne à toi.
Dans le trouble où je suis, je ne puis rien pour moi.

---

887. **vous charger,** *blame you, accuse you.*   888. **Qui vous démentira?** *Who will gainsay you?*   899. **avis,** *suggestions.*   905. **commettre,** *endanger.*   910. Phèdre might not have agreed to Œnone's treacherous suggestion, but the sight of Hippolyte, indifferent to her — "insolent" as she calls him — prompts her desire for revenge. She will consent to anything.

SCÈNE IV

THÉSÉE, HIPPOLYTE, PHÈDRE, ŒNONE, THÉRAMÈNE.

THÉSÉE

La fortune à mes vœux cesse d'être opposée,
Madame, et dans vos bras met . . .

PHÈDRE

                              Arrêtez, Thésée,
Et ne profanez point des transports si charmants.   915
Je ne mérite plus ces doux empressements.
Vous êtes offensé. La fortune jalouse
N'a pas en votre absence épargné votre épouse.
Indigne de vous plaire et de vous approcher,
Je ne dois désormais songer qu'à me cacher.   920

SCÈNE V

THÉSÉE, HIPPOLYTE, THÉRAMÈNE.

THÉSÉE

Quel est l'étrange accueil qu'on fait à votre père,
Mon fils?

HIPPOLYTE

                    Phèdre peut seule expliquer ce mystère.
Mais si mes vœux ardents vous peuvent émouvoir,
Permettez-moi, Seigneur, de ne la plus revoir;
Souffrez que pour jamais le tremblant Hippolyte   925
Disparaisse des lieux que votre épouse habite.

THÉSÉE

Vous, mon fils, me quitter?

HIPPOLYTE

                              Je ne la cherchais pas:
C'est vous qui sur ces bords conduisîtes ses pas.
Vous daignâtes, Seigneur, aux rives de Trézène
Confier en partant Aricie et la Reine.   930

920. Phèdre's words are ambiguous: Is she accusing Hippolyte or herself?

Je fus même chargé du soin de les garder.
Mais quels soins désormais peuvent me retarder ?
Assez dans les forêts mon oisive jeunesse
Sur de vils ennemis a montré son adresse.
Ne pourrai-je, en fuyant un indigne repos,   935
D'un sang plus glorieux teindre mes javelots ?
Vous n'aviez pas encore atteint l'âge où je touche,
Déjà plus d'un tyran, plus d'un monstre farouche
Avait de votre bras senti la pesanteur;
Déjà, de l'insolence heureux persécuteur,   940
Vous aviez des deux mers assuré les rivages.
Le libre voyageur ne craignait plus d'outrages;
Hercule, respirant sur le bruit de vos coups,
Déjà de son travail se reposait sur vous.
Et moi, fils inconnu d'un si glorieux père,   945
Je suis même encor loin des traces de ma mère.
Souffrez que mon courage ose enfin s'occuper.
Souffrez, si quelque monstre a pu vous échapper,
Que j'apporte à vos pieds sa dépouille honorable,
Ou que d'un beau trépas la mémoire durable,   950
Éternisant des jours si noblement finis,
Prouve à tout l'univers que j'étais votre fils.

THÉSÉE

Que vois-je ? Quelle horreur dans ces lieux répandue
Fait fuir devant mes yeux ma famille éperdue ?
Si je reviens si craint et si peu désiré,   955
O ciel, de ma prison pourquoi m'as-tu tiré ?
Je n'avais qu'un ami. Son imprudente flamme
Du tyran de l'Épire allait ravir la femme;
Je servais à regret ses desseins amoureux;
Mais le sort irrité nous aveuglait tous deux.   960
Le tyran m'a surpris sans défense et sans armes.
J'ai vu Pirithoüs, triste objet de mes larmes,
Livré par ce barbare à des monstres cruels
Qu'il nourrissait du sang des malheureux mortels.

---

934. vils, *unworthy of me.*   937. où je touche, *which I am approaching.*   940. persécuteur. Note the unusual use of this word.   943. respirant sur, *heartened by.*
— bruit, *report.*   944. de . . . se reposait sur vous, *was relying on you to carry on . . .*
945. inconnu, i.e. not yet famous.   957. un ami, i.e. Pirithoüs.   963. ce barbare,
i.e. Aïdoneus, King of the Molossi, who had Pirithoüs devoured by his dog Cerberus.

Moi-même, il m'enferma dans des cavernes sombres,   965
Lieux profonds et voisins de l'empire des ombres.
Les Dieux, après six mois, m'ont enfin regardé:
J'ai su tromper les yeux de qui j'étais gardé.
D'un perfide ennemi j'ai purgé la nature;
A ses monstres lui-même a servi de pâture;   970
Et lorsque avec transport je pense m'approcher
De tout ce que les Dieux m'ont laissé de plus cher;
Que dis-je? quand mon âme, à soi-même rendue,
Vient se rassasier d'une si chère vue,
Je n'ai pour tout accueil que des frémissements: 975
Tout fuit, tout se refuse à mes embrassements.
Et moi-même, éprouvant la terreur que j'inspire,
Je voudrais être encor dans les prisons d'Épire.
Parlez. Phèdre se plaint que je suis outragé.
Qui m'a trahi? Pourquoi ne suis-je pas vengé?   980
La Grèce, à qui mon bras fut tant de fois utile,
A-t-elle au criminel accordé quelque asile?
Vous ne répondez point. Mon fils, mon propre fils
Est-il d'intelligence avec mes ennemis?
Entrons. C'est trop garder un doute qui m'accable.   985
Connaissons à la fois le crime et le coupable.
Que Phèdre explique enfin le trouble où je la voi.

SCÈNE VI

HIPPOLYTE, THÉRAMÈNE.

HIPPOLYTE

Où tendait ce discours qui m'a glacé d'effroi?
Phèdre, toujours en proie à sa fureur extrême,
Veut-elle s'accuser et se perd-elle-même?   990
Dieux! que dira le Roi? Quel funeste poison
L'amour a répandu sur toute la maison!
Moi-même, plein d'un feu que sa haine réprouve,
Quel il m'a vu jadis, et quel il me retrouve!

---

966. A truly Vergilian line.   967. m'ont regardé, *looked with favor upon me.*
970. i.e. *Lui-même, il a servi de pâture à ses monstres.*   971–72. approcher, cher. The
words rime for the eye only.   984. d'intelligence avec, *secretly conspiring with.*
993. Moi-même, *In me.*   994. *How different a youth he now finds from the one he
last saw!*

De noirs pressentiments viennent m'épouvanter.   995
Mais l'innocence enfin n'a rien à redouter.
Allons, cherchons ailleurs par quelle heureuse adresse
Je pourrai de mon père émouvoir la tendresse,
Et lui dire un amour qu'il peut vouloir troubler,
Mais que tout son pouvoir ne saurait ébranler.   1000

ACTE QUATRIÈME

SCÈNE PREMIÈRE

Thésée, Œnone.

THÉSÉE

Ah! qu'est-ce que j'entends? Un traître, un téméraire
Préparait cet outrage à l'honneur de son père?
Avec quelle rigueur, destin, tu me poursuis!
Je ne sais où je vais, je ne sais où je suis.
O tendresse! ô bonté trop mal récompensée!   1005
Projet audacieux! détestable pensée!
Pour parvenir au but de ses noires amours,
L'insolent de la force empruntait le secours.
J'ai reconnu le fer, instrument de sa rage,
Ce fer dont je l'armai pour un plus noble usage.   1010
Tous les liens du sang n'ont pu le retenir?
Et Phèdre différait à le faire punir?
Le silence de Phèdre épargnait le coupable?

ŒNONE

Phèdre épargnait plutôt un père déplorable.
Honteuse du dessein d'un amant furieux   1015
Et du feu criminel qu'il a pris dans ses yeux,
Phèdre mourait, Seigneur, et sa main meurtrière
Éteignait de ses yeux l'innocente lumière.
J'ai vu lever le bras, j'ai couru la sauver.

1000. These long speeches of Thésée and Hippolyte slow down the progress of the tragedy and afford the audience relief from Phèdre's frenzy. The fourth act will resume the tragic movement and bring us nearer to the catastrophe.   1007. **noires,** *base, treacherous.* — **amours,** often feminine in poetry.   1014. **déplorable,** *deserving of pity.*   1016. i.e. the criminal love which was kindled in Hippolyte by Phèdre's eyes (by her beauty).

Moi seule à votre amour j'ai su la conserver;   1020
Et plaignant à la fois son trouble et vos alarmes,
J'ai servi, malgré moi, d'interprète à ses larmes.

THÉSÉE

Le perfide! Il n'a pu s'empêcher de pâlir.
De crainte, en m'abordant, je l'ai vu tressaillir.
Je me suis étonné de son peu d'allégresse;   1025
Ses froids embrassements ont glacé ma tendresse.
Mais ce coupable amour dont il est dévoré
Dans Athènes déjà s'était-il déclaré?

ŒNONE

Seigneur, souvenez-vous des plaintes de la Reine.
Un amour criminel causa toute sa haine.   1030

THÉSÉE

Et ce feu dans Trézène a donc recommencé?

ŒNONE

Je vous ai dit, Seigneur, tout ce qui s'est passé.
C'est trop laisser la Reine à sa douleur mortelle;
Souffrez que je vous quitte et me range auprès d'elle.

SCÈNE II

THÉSÉE, HIPPOLYTE.

THÉSÉE

Ah! le voici. Grands Dieux! à ce noble maintien   1035
Quel œil ne serait pas trompé comme le mien?
Faut-il que sur le front d'un profane adultère
Brille de la vertu le sacré caractère?
Et ne devrait-on pas à des signes certains
Reconnaître le cœur des perfides humains?   1040

HIPPOLYTE

Puis-je vous demander quel funeste nuage,
Seigneur, a pu troubler votre auguste visage?
N'osez-vous confier ce secret à ma foi?

1024. i.e. *Quand il m'a abordé je l'ai vu tressaillir de crainte.*   1037. **d'un profane**
adultère, *of an impious adulterer.*   1043. **foi,** *loyalty.*

THÉSÉE

Perfide, oses-tu bien te montrer devant moi?
Monstre, qu'a trop longtemps épargné le tonnerre, 1045
Reste impur des brigands dont j'ai purgé la terre.
Après que le transport d'un amour plein d'horreur
Jusqu'au lit de ton père a porté sa fureur,
Tu m'oses présenter une tête ennemie,
Tu parais dans des lieux pleins de ton infamie, 1050
Et ne vas pas chercher, sous un ciel inconnu,
Des pays où mon nom ne soit point parvenu.
Fuis, traître. Ne viens point braver ici ma haine,
Et tenter un courroux que je retiens à peine.
C'est bien assez pour moi de l'opprobre éternel 1055
D'avoir pu mettre au jour un fils si criminel,
Sans que ta mort encor, honteuse à ma mémoire,
De mes nobles travaux vienne souiller la gloire.
Fuis; et si tu ne veux qu'un châtiment soudain
T'ajoute aux scélérats qu'a punis cette main, 1060
Prends garde que jamais l'astre qui nous éclaire
Ne te voie en ces lieux mettre un pied téméraire.
Fuis, dis-je; et sans retour précipitant tes pas,
De ton horrible aspect purge tous mes États.

Dieu -   Et toi, Neptune, et toi, si jadis mon courage 1065
D'infâmes assassins nettoya ton rivage,
Souviens-toi que pour prix de mes efforts heureux,
Tu promis d'exaucer le premier de mes vœux.
Dans les longues rigueurs d'une prison cruelle
Je n'ai point imploré ta puissance immortelle. 1070
Avare du secours que j'attends de tes soins,
Mes vœux t'ont réservé pour de plus grands besoins:
Je t'implore aujourd'hui. Venge un malheureux père.
J'abandonne ce traître à toute ta colère;
Étouffe dans son sang ses désirs effrontés: 1075
Thésée à tes fureurs connaîtra tes bontés.

HIPPOLYTE

D'un amour criminel Phèdre accuse Hippolyte!
Un tel excès d'horreur rend mon âme interdite;

1044. Thésée's violent wrath is necessary to the tragic dénouement, however extraordinary it may appear. Thésée does not listen to his son or question Œnone's accusations. A great hero need not possess a critical sense. 1058. travaux, *labors.* 1064. aspect, *sight.* 1066. nettoya, *purified.* 1076. à, *from.* 1078. rend ... interdite, *stuns.*

Tant de coups imprévus m'accablent à la fois,
Qu'ils m'ôtent la parole et m'étouffent la voix.   1080

THÉSÉE

Traître, tu prétendais qu'en un lâche silence
Phèdre ensevelirait ta brutale insolence.
Il fallait, en fuyant, ne pas abandonner
Le fer qui dans ses mains aide à te condamner;
Ou plutôt il fallait, comblant ta perfidie,   1085
Lui ravir tout d'un coup la parole et la vie.

HIPPOLYTE

D'un mensonge si noir justement irrité,
Je devrais faire ici parler la vérité,
Seigneur; mais je supprime un secret qui vous touche.
Approuvez le respect qui me ferme la bouche;   1090
Et sans vouloir vous-même augmenter vos ennuis,
Examinez ma vie, et songez qui je suis.
Quelques crimes toujours précèdent les grands crimes.
Quiconque a pu franchir les bornes légitimes
Peut violer enfin les droits les plus sacrés;   1095
Ainsi que la vertu, le crime a ses degrés;
Et jamais on n'a vu la timide innocence
Passer subitement à l'extrême licence.
Un jour seul ne fait point d'un mortel vertueux
Un perfide assassin, un lâche incestueux.   1100
Élevé dans le sein d'une chaste héroïne,
Je n'ai point de son sang démenti l'origine.
Pitthée, estimé sage entre tous les humains,
Daigna m'instruire encore au sortir de ses mains.
Je ne veux point me peindre avec trop d'avantage;   1105
Mais si quelque vertu m'est tombée en partage,
Seigneur, je crois surtout avoir fait éclater

1081. **tu prétendais,** *you expected.*   1085. **comblant,** *crowning.*   1089. **touche, affects, concerns.** Hippolyte dares not grieve his father by revealing Phèdre's shameful conduct.   1091. **ennuis,** *torments.*   1093-94. Hippolyte tries to appeal to the common sense of his irate father. He asks him to consider the innocence of his life and, by implication, the long series of criminal love affairs in Phèdre's family.   1096. **degrés,** *steps, progressive stages.*   1098. **licence,** *immorality, licentious conduct.*   1102. **démenti, belied.**   1103. **Pitthée,** King of Trézène, instructed his grandson Thésée and also Hippolyte.   1104. **au sortir de ses mains;** *ses* refers to his mother.   1106. **m'est tombée en partage,** *has been granted me by fate, has fallen to my lot.*   1107. **avoir fait éclater,** *to have openly displayed.*

La haine des forfaits qu'on ose m'imputer.
C'est par là qu'Hippolyte est connu dans la Grèce.
J'ai poussé la vertu jusques à la rudesse. 1110
On sait de mes chagrins l'inflexible rigueur.
Le jour n'est pas plus pur que le fond de mon cœur.
Et l'on veut qu'Hippolyte, épris d'un feu profane . . .

THÉSÉE

Oui, c'est ce même orgueil, lâche! qui te condamne.
Je vois de tes froideurs le principe odieux: 1115
Phèdre seule charmait tes impudiques yeux;
Et pour tout autre objet ton âme indifférente
Dédaignait de brûler d'une flamme innocente.

HIPPOLYTE

Non, mon père, ce cœur, c'est trop vous le celer,
N'a point d'un chaste amour dédaigné de brûler. 1120
Je confesse à vos pieds ma véritable offense:
J'aime; j'aime, il est vrai, malgré votre défense.
Aricie à ses lois tient mes vœux asservis;
La fille de Pallante a vaincu votre fils.
Je l'adore, et mon âme, à vos ordres rebelle, 1125
Ne peut ni soupirer ni brûler que pour elle.

THÉSÉE

Tu l'aimes? ciel! Mais non, l'artifice est grossier.
Tu te feins criminel pour te justifier.

HIPPOLYTE

Seigneur, depuis six mois je l'évite, et je l'aime.
Je venais en tremblant vous le dire à vous-même. 1130
Hé quoi? de votre erreur rien ne vous peut tirer?
Par quel affreux serment faut-il vous rassurer?
Que la terre, le ciel, que toute la nature . . .

THÉSÉE

Toujours les scélérats ont recours au parjure.
Cesse, cesse, et m'épargne un importun discours, 1135
Si ta fausse vertu n'a point d'autre secours.

1111. **chagrins** = *mécontentements*, i.e. hostility to what is contrary to virtue. 1112. This line, entirely made up of monosyllables, is regarded as one of the most harmonious in Racine. The whole speech is marked by a youthful and discreet charm, which stands in sharp contrast to Phèdre's violence. 1113. **l'on veut,** *one pretends.* — **profane,** *sacrilegious.* 1115. **le principe,** *the hidden spring, the true motive.*

HIPPOLYTE

Elle vous paraît fausse et pleine d'artifice.
Phèdre au fond de son cœur me rend plus de justice.

THÉSÉE

Ah! que ton impudence excite mon courroux!

HIPPOLYTE

Quel temps à mon exil, quel lieu prescrivez-vous? 1140

THÉSÉE

Fusses-tu par delà les colonnes d'Alcide,
Je me croirais encor trop voisin d'un perfide.

HIPPOLYTE

Chargé du crime affreux dont vous me soupçonnez,
Quels amis me plaindront, quand vous m'abandonnez?

THÉSÉE

Va chercher des amis dont l'estime funeste 1145
Honore l'adultère, applaudisse à l'inceste,
Des traîtres, des ingrats, sans honneur et sans loi,
Dignes de protéger un méchant tel que toi.

HIPPOLYTE

Vous me parlez toujours d'inceste et d'adultère?
Je me tais. Cependant Phèdre sort d'une mère, 1150
Phèdre est d'un sang, Seigneur, vous le savez trop bien,
De toutes ces horreurs plus rempli que le mien.

THÉSÉE

Quoi? ta rage à mes yeux perd toute retenue?
Pour la dernière fois, ôte-toi de ma vue:
Sors, traître. N'attends pas qu'un père furieux 1155
Te fasse avec opprobre arracher de ces lieux.

SCÈNE III

THÉSÉE, *seul.*

Misérable, tu cours à ta perte infaillible.
Neptune, par le fleuve aux Dieux mêmes terrible,
M'a donné sa parole, et va l'exécuter.

1141. **Alcide** = Hercules (*les colonnes d'Alcide* = the Straits of Gibraltar).
1153. **retenue,** *restraint.*   1158–59. Neptune's promise was made by the river Styx,
and as such could never be recalled.

Un Dieu vengeur te suit, tu ne peux l'éviter.   1160
Je t'aimais; et je sens que malgré ton offense
Mes entrailles pour toi se troublent par avance.
Mais à te condamner tu m'as trop engagé.
Jamais père en effet fut-il plus outragé?
Justes Dieux, qui voyez la douleur qui m'accable,   1165
Ai-je pu mettre au jour un enfant si coupable?

SCÈNE IV

PHÈDRE, THÉSÉE.

PHÈDRE

Seigneur, je viens à vous, pleine d'un juste effroi.
Votre voix redoutable a passé jusqu'à moi.
Je crains qu'un prompt effet n'ait suivi la menace.
S'il en est temps encore, épargnez votre race,   1170
Respectez votre sang, j'ose vous en prier.
Sauvez-moi de l'horreur de l'entendre crier;
Ne me préparez point la douleur éternelle
De l'avoir fait répandre à la main paternelle.

THÉSÉE

Non, Madame, en mon sang ma main n'a point trempé;   1175
Mais l'ingrat toutefois ne m'est point échappé.
Une immortelle main de sa perte est chargée.
Neptune me la doit, et vous serez vengée.

PHÈDRE

Neptune vous la doit! Quoi? vos vœux irrités . . .

THÉSÉE

Quoi? craignez-vous déjà qu'ils ne soient écoutés?   1180
Joignez-vous bien plutôt à mes vœux légitimes.
Dans toute leur noirceur retracez-moi ses crimes;
Échauffez mes transports trop lents, trop retenus.
Tous ses crimes encor ne vous sont pas connus:
Sa fureur contre vous se répand en injures: 1185
Votre bouche, dit-il, est pleine d'impostures;
Il soutient qu'Aricie a son cœur, a sa foi,
Qu'il l'aime.

1175. i.e. I have not actually put him to death.   1177. **Une immortelle main**, *The hand of an immortal god.*

PHÈDRE
                        Quoi, Seigneur ?

THÉSÉE
                                        Il l'a dit devant moi.
Mais je sais rejeter un frivole artifice.
Espérons de Neptune une prompte justice.   1190
Je vais moi-même encore au pied de ses autels
Le presser d'accomplir ses serments immortels.

SCÈNE V

PHÈDRE, *seule.*

Il sort. Quelle nouvelle a frappé mon oreille ?
Quel feu mal étouffé dans mon cœur se réveille ?
Quel coup de foudre, ô ciel ! et quel funeste avis !   1195
Je volais toute entière au secours de son fils ;
Et m'arrachant des bras d'Œnone épouvantée,
Je cédais aux remords dont j'étais tourmentée.
Qui sait même où m'allait porter ce repentir ?
Peut-être à m'accuser j'aurais pu consentir ;   1200
Peut-être, si la voix ne m'eût été coupée,
L'affreuse vérité me serait échappée.
Hippolyte est sensible, et ne sent rien pour moi !
Aricie a son cœur ! Aricie a sa foi !
Ah, Dieux ! Lorsqu'à mes vœux l'ingrat inexorable   1205
S'armait d'un œil si fier, d'un front si redoutable,
Je pensais qu'à l'amour son cœur toujours fermé
Fût contre tout mon sexe également armé.
Une autre cependant a fléchi son audace ;
Devant ses yeux cruels une autre a trouvé grâce.   1210
Peut-être a-t-il un cœur facile à s'attendrir.
Je suis le seul objet qu'il ne saurait souffrir ;
Et je me chargerais du soin de le défendre ?

1188. Thésée is too incensed to understand the true cause of Phèdre's sudden cry.
1194. **feu mal étouffé.** Her passion was ready to give way to pity and remorse;
jealousy stimulates it anew.   1196. **toute entière** = *tout entière* in modern French.
1201. **si la voix . . . coupée,** i.e. by the emotion she felt on hearing the name of Aricie.
1203. **est sensible,** i.e. is not insensitive to passion.   1213. **Et je me chargerais du
soin de . . .,** *And I should take it upon myself to . . .*

SCÈNE VI

Phèdre, Œnone.

PHÈDRE

Chère Œnone, sais-tu ce que je viens d'apprendre ?

ŒNONE

Non; mais je viens tremblante, à ne vous point mentir.   1215
J'ai pâli du dessein qui vous a fait sortir;
J'ai craint une fureur à vous-même fatale.

PHÈDRE

Œnone, qui l'eût cru ? j'avais une rivale.

ŒNONE

Comment ?

PHÈDRE

Hippolyte aime, et je n'en puis douter.
Ce farouche ennemi qu'on ne pouvait dompter,   1220
Qu'offensait le respect, qu'importunait la plainte,
Ce tigre, que jamais je n'abordai sans crainte,
Soumis, apprivoisé, reconnaît un vainqueur:
Aricie a trouvé le chemin de son cœur.

ŒNONE

Aricie ?

PHÈDRE

Ah ! douleur non encore éprouvée !   1225
A quel nouveau tourment je me suis réservée !
Tout ce que j'ai souffert, mes craintes, mes transports,
La fureur de mes feux, l'horreur de mes remords,
Et d'un refus cruel l'insupportable injure
N'était qu'un faible essai des tourments que j'endure.   1230
Ils s'aiment ! Par quel charme ont-ils trompé mes yeux ?
Comment se sont-ils vus ? Depuis quand ? Dans quels lieux ?

1215. **à ne vous point mentir,** *to confess my true feelings.*   1221. **le respect,** i.e.
feminine attentions.   1224. A line suggestive of Phèdre's jealous humiliation. She
did not succeed in making herself loved; Aricie, younger, did.   1225. **non encore
éprouvée.** All her past torments revive and are enhanced by this new and greater
pain: jealousy. This speech and the following (ll. 1225–94) are among the most
sublime in classical tragedy.   1229. Note the gradation. Hippolyte's scorn was not
the least of her torturing pains.   1230. **essai,** *foretaste.*   1231–32. Note the vivid-
ness of the picture conjured up by Phèdre's jealousy. People of keen imagination
naturally suffer more from jealousy, as well as from shyness.

Tu le savais. Pourquoi me laissais-tu séduire ?
De leur furtive ardeur ne pouvais-tu m'instruire ?
Les a-t-on vus souvent se parler, se chercher ?   1235
Dans le fond des forêts allaient-ils se cacher ?
Hélas ! ils se voyaient avec pleine licence.
Le ciel de leurs soupirs approuvait l'innocence ;
Ils suivaient sans remords leur penchant amoureux,
Tous les jours se levaient clairs et sereins pour eux.   1240
Et moi, triste rebut de la nature entière,
Je me cachais au jour, je fuyais la lumière ;
La mort est le seul Dieu que j'osais implorer.
J'attendais le moment où j'allais expirer ;
Me nourrissant de fiel, de larmes abreuvée,   1245
Encor dans mon malheur de trop près observée,
Je n'osais dans mes pleurs me noyer à loisir :
Je goûtais en tremblant ce funeste plaisir ;
Et sous un front serein déguisant mes alarmes,
Il fallait bien souvent me priver de mes larmes.   1250

ŒNONE

Quel fruit recevront-ils de leurs vaines amours ?
Ils ne se verront plus.

PHÈDRE

              Ils s'aimeront toujours.
Au moment que je parle, ah ! mortelle pensée !
Ils bravent la fureur d'une amante insensée.
Malgré ce même exil qui va les écarter,   1255
Ils font mille serments de ne se point quitter.
Non, je ne puis souffrir un bonheur qui m'outrage.
Œnone, prends pitié de ma jalouse rage,
Il faut perdre Aricie. Il faut de mon époux
Contre un sang odieux réveiller le courroux.   1260
Qu'il ne se borne pas à des peines légères :
Le crime de la sœur passe celui des frères.
Dans mes jaloux transports je le veux implorer.
    Que fais-je ? Où ma raison se va-t-elle égarer ?

1240. This beautiful line and the one following show that, in spite of her remorse
and of her "jansenist" conscience, the strongest feeling in Phèdre is regret: regret
for not having enjoyed Hippolyte's love, for having had only the sorrows, and not the
joys, of passion.   1245. fiel, *gall, bitterness.*   1248. ce funeste plaisir, i.e. the pleasure
of weeping.   1260. un sang odieux, i.e. that of Aricie and her family.   1264. As
usual, Racine's soliloquies are orderly and well balanced, even when they express the
utmost disorder of passionate rage.

Moi jalouse! et Thésée est celui que j'implore!   1265
Mon époux est vivant, et moi je brûle encore!
Pour qui? Quel est le cœur où prétendent mes vœux?
Chaque mot sur mon front fait dresser mes cheveux.
Mes crimes désormais ont comblé la mesure.
Je respire à la fois l'inceste et l'imposture.   1270
Mes homicides mains, promptes à me venger,
Dans le sang innocent brûlent de se plonger.
Misérable! et je vis? et je soutiens la vue
De ce sacré soleil dont je suis descendue?
J'ai pour aïeul le père et le maître des Dieux: 1275
Le ciel, tout l'univers est plein de mes aïeux.
Où me cacher? Fuyons dans la nuit infernale.
Mais que dis-je? mon père y tient l'urne fatale;
Le sort, dit-on, l'a mise en ses sévères mains:
Minos juge aux enfers tous les pâles humains.   1280
Ah! combien frémira son ombre épouvantée,
Lorsqu'il verra sa fille à ses yeux présentée,
Contrainte d'avouer tant de forfaits divers,
Et des crimes peut-être inconnus aux enfers!
Que diras-tu, mon père, à ce spectacle horrible?   1285
Je crois voir de ta main tomber l'urne terrible;
Je crois te voir, cherchant un supplice nouveau,
Toi-même de ton sang devenir le bourreau.
Pardonne. Un Dieu cruel a perdu ta famille;
Reconnais sa vengeance aux fureurs de ta fille.   1290
Hélas! du crime affreux dont la honte me suit
Jamais mon triste cœur n'a recueilli le fruit.
Jusqu'au dernier soupir de malheurs poursuivie,
Je rends dans les tourments une pénible vie.

1267. où = *auquel.*   1278. mon père, i.e. Minos.   Jules Lemaître comments upon
these splendid lines in his book on Racine: "Ainsi, au moment le plus douloureux du
drame, Phèdre nous fait ressouvenir que Jupiter est son bisaïeul, le soleil son aïeul et
Minos son père. Toute cette mythologie devrait nous refroidir.   Mais non, car tout
aussitôt, cette mythologie se transforme.   Jupiter, le soleil, évoquent pour nous l'idée
de l'œil de Dieu partout présent, partout ouvert sur notre conscience." — l'urne fatale,
i.e. the urn into which the judges cast their ballots.   1291–92. These two lines are
perhaps the most profound, and the boldest, in the tragedy.   One should read Cha-
teaubriand's remarks on Phèdre (*Génie du Christianisme*, part II, 3rd book, chap. 3):
"Cette femme qui se consolerait d'une éternité de souffrances, si elle avait joui d'un
seul instant de bonheur, n'est pas dans le caractère antique; c'est la chrétienne ré-
prouvée, c'est la pécheresse tombée vivante entre les mains de Dieu; son mot est le mot
du damné."

ŒNONE	Hé ! repoussez, Madame, une injuste terreur.	1295
	Regardez d'un autre œil une excusable erreur.	
	Vous aimez. On ne peut vaincre sa destinée.	
	Par un charme fatal vous fûtes entraînée.	
	Est-ce donc un prodige inouï parmi nous ?	
	L'amour n'a-t-il encor triomphé que de vous ?	1300
	La faiblesse aux humains n'est que trop naturelle.	
	Mortelle, subissez le sort d'une mortelle.	
	Vous vous plaignez d'un joug imposé dès longtemps:	
	Les Dieux mêmes, les Dieux, de l'Olympe habitants,	
	Qui d'un bruit si terrible épouvantent les crimes,	1305
	Ont brûlé quelquefois de feux illégitimes.	

PHÈDRE	Qu'entends-je ? Quels conseils ose-t-on me donner ?	
	Ainsi donc jusqu'au bout tu veux m'empoisonner,	
	Malheureuse ? Voilà comme tu m'as perdue.	
	Au jour que je fuyais c'est toi qui m'as rendue.	1310
	Tes prières m'ont fait oublier mon devoir.	
	J'évitais Hippolyte, et tu me l'as fait voir.	
	De quoi te chargeais-tu ? Pourquoi ta bouche impie	
	A-t-elle, en l'accusant, osé noircir sa vie ?	
	Il en mourra peut-être, et d'un·père insensé	1315
	Le sacrilège vœu peut-être est exaucé.	
	Je ne t'écoute plus. Va-t'en, monstre exécrable:	
	Va, laisse-moi le soin de mon sort déplorable:	
	Puisse le juste ciel dignement te payer !	
	Et puisse ton supplice à jamais effrayer	1320
	Tous ceux qui, comme toi, par de lâches adresses,	
	Des princes malheureux nourrissent les faiblesses,	
	Les poussent au penchant où leur cœur est enclin,	
	Et leur osent du crime aplanir le chemin,	
	Détestables flatteurs, présent le plus funeste	1325
	Que puisse faire aux rois la colère céleste !	

ŒNONE, *seule.*

Ah, Dieux ! pour la servir j'ai tout fait, tout quitté;
Et j'en reçois ce prix ? Je l'ai bien mérité.

1295. Œnone's words fall flat after Phèdre's magnificent outburst. This is perhaps the weakness of this tragedy. The heroine is so superb in her passion and jealousy that all the others are totally eclipsed by her. 1313. **De quoi te chargeais-tu ?** *Why did you take it upon yourself?* 1324. **aplanir le chemin,** *smooth the path.*

la mort.

ACTE CINQUIÈME

SCÈNE PREMIÈRE

HIPPOLYTE, ARICIE.

ARICIE

Quoi? vous pouvez vous taire en ce péril extrême?
Vous laissez dans l'erreur un père qui vous aime?   1330
Cruel, si de mes pleurs méprisant le pouvoir,
Vous consentez sans peine à ne me plus revoir,
Partez, séparez-vous de la triste Aricie;
Mais du moins en partant assurez votre vie.
Défendez votre honneur d'un reproche honteux,   1335
Et forcez votre père à révoquer ses vœux.
Il en est temps encor. Pourquoi, par quel caprice,
Laissez-vous le champ libre à votre accusatrice?
Éclaircissez Thésée.

HIPPOLYTE

                          Hé! que n'ai-je point dit?   *shame*
Ai-je dû mettre au jour l'opprobre de son lit? *disgrace.*   1340
Devais-je, en lui faisant un récit trop sincère,
D'une indigne rougeur couvrir le front d'un père?
Vous seule avez percé ce mystère odieux.
Mon cœur pour s'épancher n'a que vous et les Dieux.
Je n'ai pu vous cacher, jugez si je vous aime,   1345
Tout ce que je voulais me cacher à moi-même.
Mais songez sous quel sceau je vous l'ai révélé.
Oubliez, s'il se peut, que je vous ai parlé,
Madame; et que jamais une bouche si pure
Ne s'ouvre pour conter cette horrible aventure.   1350
Sur l'équité des Dieux osons nous confier:
Ils ont trop d'intérêt à me justifier;
Et Phèdre, tôt ou tard de son crime punie,
N'en saurait éviter la juste ignominie.
C'est l'unique respect que j'exige de vous.   1355

1336. ses vœux, i.e. his request to Neptune.   1340. Ai-je dû (= *Aurais-je dû*)
mettre au jour, *Should I have revealed.*   1347. sous quel sceau; cf. the French idiom
sous le sceau du secret.   1349. une bouche si pure, i.e. Aricie's.   1351. Sur = *En.*

Je permets tout le reste à mon libre courroux.
Sortez de l'esclavage où vous êtes réduite;
Osez me suivre, osez accompagner ma fuite;
Arrachez-vous d'un lieu funeste et profané,
Où la vertu respire un air empoisonné;   1360
Profitez, pour cacher votre prompte retraite,
De la confusion que ma disgrâce y jette.
Je vous puis de la fuite assurer les moyens.
Vous n'avez jusqu'ici de gardes que les miens;
De puissants défenseurs prendront notre querelle;   1365
Argos nous tend les bras, et Sparte nous appelle:
A nos amis communs portons nos justes cris;
Ne souffrons pas que Phèdre, assemblant nos débris,
Du trône paternel nous chasse l'un et l'autre,
Et promette à son fils ma dépouille et la vôtre.   1370
L'occasion est belle, il la faut embrasser.
Quelle peur vous retient? Vous semblez balancer?
Votre seul intérêt m'inspire cette audace.
Quand je suis tout de feu, d'où vous vient cette glace?
Sur les pas d'un banni craignez-vous de marcher?   1375

ARICIE

Hélas! qu'un tel exil, Seigneur, me serait cher!
Dans quels ravissements, à votre sort liée,
Du reste des mortels je vivrais oubliée!
Mais n'étant point unis par un lien si doux,
Me puis-je avec honneur dérober avec vous?   1380
Je sais que sans blesser l'honneur le plus sévère,
Je me puis affranchir des mains de votre père:
Ce n'est point m'arracher du sein de mes parents;
Et la fuite est permise à qui fuit ses tyrans.
Mais vous m'aimez, Seigneur: et ma gloire alarmée . . .   1385

HIPPOLYTE

Non, non, j'ai trop de soin de votre renommée.
Un plus noble dessein m'amène devant vous:
Fuyez mes ennemis, et suivez votre époux.

1364. de gardes que les miens, *no other guards but mine.*   1365. querelle, *cause.*
1368. nos débris, *what is left (of our shattered fortunes).*   1370. dépouille, *spoils.*
1372. balancer, *hesitate.*   1373. Votre seul intérêt, *Only the interest* (the love) *I feel
for you.*   1380. Me . . . dérober, *flee.*   1385. Aricie hints that their mutual love
would need the consecration of marriage before she could consent to follow Hippolyte.

Libres dans nos malheurs, puisque le ciel l'ordonne,
Le don de notre foi ne dépend de personne. 1390
L'hymen n'est point toujours entouré de flambeaux.
　Aux portes de Trézène, et parmi ces tombeaux,
Des princes de ma race antiques sépultures,
Est un temple sacré formidable aux parjures.
C'est là que les mortels n'osent jurer en vain: 1395
Le perfide y reçoit un châtiment soudain;
Et craignant d'y trouver la mort inévitable,
Le mensonge n'a point de frein plus redoutable.
Là, si vous m'en croyez, d'un amour éternel
Nous irons confirmer le serment solennel; 1400
Nous prendrons à témoin le Dieu qu'on y révère;
Nous le prierons tous deux de nous servir de père.
Des Dieux les plus sacrés j'attesterai le nom.
Et la chaste Diane, et l'auguste Junon,
Et tous les Dieux enfin, témoins de mes tendresses, 1405
Garantiront la foi de mes saintes promesses.

ARICIE

Le Roi vient. Fuyez, Prince, et partez promptement.
Pour cacher mon départ, je demeure un moment.
Allez; et laissez-moi quelque fidèle guide,
Qui conduise vers vous ma démarche timide. 1410

SCÈNE II

THÉSÉE, ARICIE, ISMÈNE.

THÉSÉE

Dieux, éclairez mon trouble, et daignez à mes yeux
Montrer la vérité, que je cherche en ces lieux.

ARICIE

Songe à tout, chère Ismène, et sois prête à la fuite.

SCÈNE III

THÉSÉE, ARICIE.

THÉSÉE

Vous changez de couleur, et semblez interdite,
Madame! Que faisait Hippolyte en ce lieu? 1415

1391. An allusion to ancient marriage ceremonies.

ARICIE

Seigneur, il me disait un éternel adieu.

THÉSÉE

Vos yeux ont su dompter ce rebelle courage;
Et ses premiers soupirs sont votre heureux ouvrage.

ARICIE

Seigneur, je ne vous puis nier la vérité:
De votre injuste haine il n'a pas hérité;   1420
Il ne me traitait point comme une criminelle.

THÉSÉE

J'entends: il vous jurait une amour éternelle.
Ne vous assurez point sur ce cœur inconstant;
Car à d'autres que vous il en jurait autant.

ARICIE

Lui, Seigneur ?

THÉSÉE

                    Vous deviez le rendre moins volage: 1425
Comment souffriez-vous cet horrible partage ?

ARICIE

Et comment souffrez-vous que d'horribles discours
D'une si belle vie osent noircir le cours ?
Avez-vous de son cœur si peu de connaissance ?
Discernez-vous si mal le crime et l'innocence ?   1430
Faut-il qu'à vos yeux seuls un nuage odieux
Dérobe sa vertu qui brille à tous les yeux ?
Ah ! c'est trop le livrer à des langues perfides.
Cessez: repentez-vous de vos vœux homicides;
Craignez, Seigneur, craignez que le ciel rigoureux   1435
Ne vous haïsse assez pour exaucer vos vœux.
Souvent dans sa colère il reçoit nos victimes;
Ses présents sont souvent la peine de nos crimes.

THÉSÉE

Non, vous voulez en vain couvrir son attentat:
Votre amour vous aveugle en faveur de l'ingrat.   1440
Mais j'en crois des témoins certains, irréprochables:
J'ai vu, j'ai vu couler des larmes véritables.

1418. soupirs, i.e. *d'amour.*   1423. **Ne vous assurez point sur,** *Do not have faith in.*
1425. **Vous deviez** = *Vous auriez dû.*   1431. **Faut-il,** *Must it be.*   1439. **couvrir,** *to*
excuse.   1441. *But I rely on proof sure and beyond reproach.*

ARICIE

Prenez garde, Seigneur. Vos invincibles mains
Ont de monstres sans nombre affranchi les humains;
Mais tout n'est pas détruit, et vous en laissez vivre   1445
Un . . . Votre fils, Seigneur, me défend de poursuivre.
Instruite du respect qu'il veut vous conserver,
Je l'affligerais trop si j'osais achever.
J'imite sa pudeur, et fuis votre présence
Pour n'être pas forcée à rompre le silence.   1450

SCÈNE IV

Thésée, *seul.*

Quelle est donc sa pensée ? et que cache un discours
Commencé tant de fois, interrompu toujours ?
Veulent-ils m'éblouir par une feinte vaine ?
Sont-ils d'accord tous deux pour me mettre à la gêne ?
Mais moi-même, malgré ma sévère rigueur,   1455
Quelle plaintive voix crie au fond de mon cœur ?
Une pitié secrète et m'afflige et m'étonne.
Une seconde fois interrogeons Œnone.
Je veux de tout le crime être mieux éclairci.
Gardes, qu'Œnone sorte, et vienne seule ici.   1460

SCÈNE V

Thésée, Panope.

PANOPE

J'ignore le projet que la Reine médite,
Seigneur, mais je crains tout du transport qui l'agite.
Un mortel désespoir sur son visage est peint;
La pâleur de la mort est déjà sur son teint.
Déjà, de sa présence avec honte chassée,   1465
Dans la profonde mer Œnone s'est lancée.
On ne sait point d'où part ce dessein furieux;
Et les flots pour jamais l'ont ravie à nos yeux.

1447. Instruite du, *Informed of.*   1454. mettre à la gêne, *torture.*   1466. A noble
and elegant fashion of announcing Œnone's suicide.

THÉSÉE

Qu'entends-je?

PANOPE

                    Son trépas n'a point calmé la Reine:
Le trouble semble croître en son âme incertaine.   1470
Quelquefois, pour flatter ses secrètes douleurs,
Elle prend ses enfants et les baigne de pleurs;
Et soudain, renonçant à l'amour maternelle,
Sa main avec horreur les repousse loin d'elle.
Elle porte au hasard ses pas irrésolus;   1475
Son œil tout égaré ne nous reconnaît plus.
Elle a trois fois écrit; et changeant de pensée,
Trois fois elle a rompu sa lettre commencée.
Daignez la voir, Seigneur; daignez la secourir.

THÉSÉE

O ciel! Œnone est morte, et Phèdre veut mourir?   1480
Qu'on rappelle mon fils, qu'il vienne se défendre!
Qu'il vienne me parler, je suis prêt de l'entendre.
Ne précipite point tes funestes bienfaits,
Neptune; j'aime mieux n'être exaucé jamais.
J'ai peut-être trop cru des témoins peu fidèles,   1485
Et j'ai trop tôt vers toi levé mes mains cruelles.
Ah! de quel désespoir mes vœux seraient suivis!

SCÈNE VI

Thésée, Théramène.

THÉSÉE

Théramène, est-ce toi? Qu'as-tu fait de mon fils?
Je te l'ai confié dès l'âge le plus tendre.
Mais d'où naissent les pleurs que je te vois répandre?   1490
Que fait mon fils?

THÉRAMÈNE

                    O soins tardifs et superflus!
Inutile tendresse! Hippolyte n'est plus.

1471. flatter, *soothe.* 1478. rompu, *torn up.* 1482. prêt de = *prêt à.* 1486. i.e. in
a gesture of supplication. 1492. This scene has often been criticized. It must be
noticed, however, that Théramène, under the stress of his emotion, first blurts out
the news "Hippolyte is no more." He then relates the circumstances of his death.
Racine imitated the narratives of Greek tragedy.

THÉSÉE
>   Dieux !

THÉRAMÈNE
>   J'ai vu des mortels périr le plus aimable,
>   Et j'ose dire encor, Seigneur, le moins coupable.

THÉSÉE
>   Mon fils n'est plus ? Hé quoi ? quand je lui tends les bras,   1495
>   Les Dieux impatients ont hâté son trépas ?
>   Quel coup me l'a ravi ? quelle foudre soudaine ?

THÉRAMÈNE
>   A peine nous sortions des portes de Trézène,
>   Il était sur son char; ses gardes affligés
>   Imitaient son silence, autour de lui rangés;   1500
>   Il suivait tout pensif le chemin de Mycènes;
>   Sa main sur ses chevaux laissait flotter les rênes.
>   Ses superbes coursiers, qu'on voyait autrefois
>   Pleins d'une ardeur si noble obéir à sa voix,
>   L'œil morne maintenant et la tête baissée,   1505
>   Semblaient se conformer à sa triste pensée.
>   Un effroyable cri, sorti du fond des flots,
>   Des airs en ce moment a troublé le repos;
>   Et du sein de la terre une voix formidable
>   Répond en gémissant à ce cri redoutable.   1510
>   Jusqu'au fond de nos cœurs notre sang s'est glacé;
>   Des coursiers attentifs le crin s'est hérissé.
>   Cependant sur le dos de la plaine liquide
>   S'élève à gros bouillons une montagne humide;
>   L'onde approche, se brise, et vomit à nos yeux,   1515
>   Parmi des flots d'écume, un monstre furieux.
>   Son front large est armé de cornes menaçantes;
>   Tout son corps est couvert d'écailles jaunissantes;
>   Indomptable taureau, dragon impétueux,

1493. **aimable,** *lovable.* 1497. **foudre,** *stroke;* lit., 'thunderbolt.' 1503–04. Such lines as these were criticized by the romanticists for their pompous dignity. Horses (*coursiers*), "the noblest conquest of man," as Buffon was to call them a century later, are almost the only animals allowed by classical tragedy. Dogs are very rare, and when mentioned they are usually dignified by the epithet of "*dévorants.*" 1512. **le crin,** *the hair, the mane.* 1513. **la plaine liquide,** a classical periphrasis for the sea. 1514. *Rises with foaming surge a mountainous wave.* 1518. **écailles,** *scales.*

Sa croupe se recourbe en replis tortueux. 1520
Ses longs mugissements font trembler le rivage.
Le ciel avec horreur voit ce monstre sauvage;
La terre s'en émeut, l'air en est infecté;
Le flot, qui l'apporta, recule épouvanté.
Tout fuit; et sans s'armer d'un courage inutile, 1525
Dans le temple voisin chacun cherche un asile.
Hippolyte lui seul, digne fils d'un héros,
Arrête ses coursiers, saisit ses javelots,
Pousse au monstre, et d'un dard lancé d'une main sûre,
Il lui fait dans le flanc une large blessure. 1530
De rage et de douleur le monstre bondissant
Vient aux pieds des chevaux tomber en mugissant,
Se roule, et leur présente une gueule enflammée,
Qui les couvre de feu, de sang et de fumée.
La frayeur les emporte; et sourds à cette fois, 1535
Ils ne connaissent plus ni le frein ni la voix.
En efforts impuissants leur maître se consume,
Ils rougissent le mors d'une sanglante écume.
On dit qu'on a vu même, en ce désordre affreux,
Un Dieu qui d'aiguillons pressait leur flanc poudreux. 1540
A travers des rochers la peur les précipite;
L'essieu crie et se rompt. L'intrépide Hippolyte
Voit voler en éclats tout son char fracassé;
Dans les rênes lui-même il tombe embarrassé.
Excusez ma douleur. Cette image cruelle 1545
Sera pour moi de pleurs une source éternelle.
J'ai vu, Seigneur, j'ai vu votre malheureux fils
Traîné par les chevaux que sa main a nourris.
Il veut les rappeler, et sa voix les effraie;
Ils courent. Tout son corps n'est bientôt qu'une plaie. 1550
De nos cris douloureux la plaine retentit.
Leur fougue impétueuse enfin se ralentit:
Ils s'arrêtent, non loin de ces tombeaux antiques
Où des rois ses aïeux sont les froides reliques.
J'y cours en soupirant, et sa garde me suit. 1555

1524. This line, and those which precede it, are often ridiculed by the moderns. They easily lend themselves to ridicule. 1529. **Pousse au . . .**, *Runs to the . . .* — dard, *dart, javelin.* 1536. **connaissent** = *reconnaissent.* 1538. **le mors,** *the bit* (of the bridle). 1544. **embarrassé,** *entangled.* 1552. **fougue,** *fury.* 1555. **sa garde** = *ses gardes.*

De son généreux sang la trace nous conduit:
Les rochers en sont teints; les ronces dégouttantes
Portent de ses cheveux les dépouilles sanglantes.
J'arrive, je l'appelle; et me tendant la main,
Il ouvre un œil mourant, qu'il referme soudain.　　　　1560
« Le ciel, dit-il, m'arrache une innocente vie.
Prends soin après ma mort de la triste Aricie.
Cher ami, si mon père un jour désabusé
Plaint le malheur d'un fils faussement accusé,
Pour apaiser mon sang et mon ombre plaintive,　　　　1565
Dis-lui qu'avec douceur il traite sa captive;
Qu'il lui rende . . . » A ce mot ce héros expiré
N'a laissé dans mes bras qu'un corps défiguré,
Triste objet, où des Dieux triomphe la colère,
Et que méconnaîtrait l'œil même de son père.　　　　1570

THÉSÉE

O mon fils! cher espoir que je me suis ravi!
Inexorables Dieux, qui m'avez trop servi!
A quels mortels regrets ma vie est réservée!

THÉRAMÈNE

La timide Aricie est alors arrivée.
Elle venait, Seigneur, fuyant votre courroux,　　　　1575
A la face des Dieux l'accepter pour époux.
Elle approche: elle voit l'herbe rouge et fumante;
Elle voit (quel objet pour les yeux d'une amante!)
Hippolyte étendu, sans forme et sans couleur.
Elle veut quelque temps douter de son malheur;　　　　1580
Et ne connaissant plus ce héros qu'elle adore,
Elle voit Hippolyte, et le demande encore.
Mais trop sûre à la fin qu'il est devant ses yeux,
Par un triste regard elle accuse les Dieux;
Et froide, gémissante, et presque inanimée,　　　　1585
Aux pieds de son amant elle tombe pâmée.
Ismène est auprès d'elle; Ismène, toute en pleurs,
La rappelle à la vie, ou plutôt aux douleurs.
Et moi, je suis venu, détestant la lumière,
Vous dire d'un héros la volonté dernière,　　　　1590

1557. **dégouttantes**, *dripping.* 1563. **désabusé**, *undeceived.* 1589. **détestant**, *cursing.*

Et m'acquitter, Seigneur, du malheureux emploi
Dont son cœur expirant s'est reposé sur moi.
Mais j'aperçois venir sa mortelle ennemie.

SCÈNE VII

THÉSÉE, PHÈDRE, THÉRAMÈNE, PANOPE, GARDES.

THÉSÉE

Hé bien! vous triomphez, et mon fils est sans vie.
Ah! que j'ai lieu de craindre! et qu'un cruel soupçon,   1595
L'excusant dans mon cœur, m'alarme avec raison!
Mais, Madame, il est mort, prenez votre victime:
Jouissez de sa perte, injuste ou légitime.
Je consens que mes yeux soient toujours abusés.
Je le crois criminel, puisque vous l'accusez.   1600
Son trépas à mes pleurs offre assez de matières,
Sans que j'aille chercher d'odieuses lumières,
Qui ne pouvant le rendre à ma juste douleur,
Peut-être ne feraient qu'accroître mon malheur.
Laissez-moi, loin de vous et loin de ce rivage,   1605
De mon fils déchiré fuir la sanglante image.
Confus, persécuté d'un mortel souvenir,
De l'univers entier je voudrais me bannir.
Tout semble s'élever contre mon injustice.
L'éclat de mon nom même augmente mon supplice: 1610
Moins connu des mortels, je me cacherais mieux.
Je hais jusques aux soins dont m'honorent les Dieux;
Et je m'en vais pleurer leurs faveurs meurtrières,
Sans plus les fatiguer d'inutiles prières.
Quoi qu'ils fissent pour moi, leur funeste bonté   1615
Ne me saurait payer de ce qu'ils m'ont ôté.

PHÈDRE

Non, Thésée, il faut rompre un injuste silence:
Il faut à votre fils rendre son innocence.
Il n'était point coupable.

1591. emploi, *task.*   1594. Thésée's dignified restraint is typical of classical heroes
and stands in sharp contrast to Othello's final speeches.   1601. assez de matières,
enough cause.   1607. Confus, *Stunned.* The word has a much stronger meaning
here than the usual 'perturbed.'   1611. Moins connu, i.e. Were I less famous.
1612. soins, *favors.*   1615. ils fissent, *they might do* (in the future).   1618. rendre,
restore.

THÉSÉE

                        Ah! père infortuné!
Et c'est sur votre foi que je l'ai condamné!   1620
Cruelle, pensez-vous être assez excusée . . .

PHÈDRE

Les moments me sont chers, écoutez-moi, Thésée.
C'est moi qui sur ce fils chaste et respectueux,
Osai jeter un œil profane, incestueux.
Le ciel mit dans mon sein une flamme funeste;   1625
La détestable Œnone a conduit tout le reste.
Elle a craint qu'Hippolyte, instruit de ma fureur,
Ne découvrît un feu qui lui faisait horreur.
La perfide, abusant de ma faiblesse extrême,
S'est hâtée à vos yeux de l'accuser lui-même.   1630
Elle s'en est punie, et fuyant mon courroux,
A cherché dans les flots un supplice trop doux.
Le fer aurait déjà tranché ma destinée;
Mais je laissais gémir la vertu soupçonnée.
J'ai voulu, devant vous exposant mes remords,   1635
Par un chemin plus lent descendre chez les morts.
J'ai pris, j'ai fait couler dans mes brûlantes veines
Un poison que Médée apporta dans Athènes.
Déjà jusqu'à mon cœur le venin parvenu
Dans ce cœur expirant jette un froid inconnu;   1640
Déjà je ne vois plus qu'à travers un nuage
Et le ciel et l'époux que ma présence outrage;
Et la mort, à mes yeux dérobant la clarté,
Rend au jour, qu'ils souillaient, toute sa pureté.

PANOPE

Elle expire, Seigneur!

THÉSÉE

                    D'une action si noire   1645
Que ne peut avec elle expirer la mémoire!
Allons, de mon erreur, hélas! trop éclaircis,
Mêler nos pleurs au sang de mon malheureux fils.
Allons de ce cher fils embrasser ce qui reste,

1620. foi, *word.*   1628. **Ne découvrît,** *Would reveal.*   1637. **brûlantes,** i.e. as a result of the poison.   1647. **éclaircis,** *enlightened.*

Expier la fureur d'un vœu que je déteste. 1650
Rendons-lui les honneurs qu'il a trop mérités;
Et pour mieux apaiser ses mânes irrités,
Que, malgré les complots d'une injuste famille,
Son amante aujourd'hui me tienne lieu de fille.

1654. Thésée is adopting Aricie as his own daughter.

ESTHER

Madame de Maintenon was deeply interested in education. The widow of Scarron, the poet, she had been charged with the upbringing of the children of Louis XIV and Mme de Montespan. In 1686, two years after a secret marriage had united her to the King, she founded at Saint-Cyr, near Versailles, a school where some three hundred girls, the daughters of poor noblemen, might receive free an education appropriate to their social position. Her aim was not to turn out bluestockings, but cultivated young women able to take their place in the world. In this program of education the theater had an important part, both in the study and the performance of plays. The difficulty, however, was to find suitable works. Those especially written for young people were extraordinarily mediocre and childish; and the masterpieces of the stage dealt with subjects hardly considered proper for *jeunes filles*. Madame de Maintenon had tried *Andromaque* and been rather upset by the passionate enthusiasm with which her charges entered into their rôles. Her recourse was to have plays composed especially for her purpose, and she thought of Racine, although he had twelve years since retired from the stage. Obedient to her request, the great dramatist turned to the Holy Scriptures and found inspiration for his new tragedy in the *Book of Esther*. *Esther* was performed by the *demoiselles de Saint-Cyr* on January 26, 1689, before the King and his court, and was a triumphant success. Madame de Sévigné has given a brilliant account of a later performance on February 19. The stage setting was magnificent and the girls looked charming in their costumes *à la persane*, splendid with pearls and diamonds. The choruses were sung to Moreau's music and Racine himself directed the performance.

A factor which piqued the curiosity of the noble spectators was the possibility of recognizing in the play allusions to great personages. Had not the author clearly referred in his Prologue to the King's recent victories? Then might not Assuérus represent the monarch? In which case, naturally, Esther must depict Madame de Maintenon! Some went so far as to see in the villainous Aman, Louvois, whose enmity to Louis' morganatic wife was well known. Were there not also similarities between the persecution of the Jews and that of the Protestants after the revocation of the Edict of Nantes (1685) — or even that of the Jansenists?

Racine had to take great liberties with his biblical source to adapt it to his purpose. Obviously it would not have done to show an oriental tyrant under the influence of wine, dismissing his favorite, Vashti, and selecting another after a sort of beauty contest. The original Esther, causing Aman and his ten sons to be hanged and then cruelly ordering a wholesale massacre of the enemies of the Hebrews, might have appeared less noble and appealing. Racine idealized his model and out of the sanguinary legend made a tragedy conforming to the ideal of the period, while yet Hebraic in its inspiration and color.

It is interesting to note that with *Esther* Racine reveals an entirely new conception and technique. Instead of a tragedy of burning, tormented souls, a prey to passion triumphant, he gives an idyllic drama. The chorus has a more important function than merely commenting on the events, as in Greek tragedy; it shares in the action, expressing the emotions and fears of the daughters of Zion, and thus becomes the voice of Israel. A bold innovation is the reduction of the classic five acts to three, and the disregard of the unity of place. The first act shows Esther's apartment, the second that of Assuérus, and the third the gardens where the feast is served.

An epic simplicity reigns in the tragedy; the good characters are unmistakably separated from the bad. If the heroine represents the ideal of the Jewish people, Mardochée is the type of the Hebrew prophet: a man of action, strong-willed, mysterious, wholly given to his mission. Aman is the typical villain, a hypocrite and a traitor.

The style of *Esther* has been particularly admired. The images are more numerous than in the preceding works of Racine, the epithets richer, and the choruses are pervaded by a tender and poetic melancholy. The poet, now in his fiftieth year, has again found the lyric accents of his youth, although somewhat tinged with sadness.

SYNOPSIS OF *ESTHER*

Prologue setting forth the religious purpose of the play, and praising Louis XIV.

ACT I

sc. i	Exposition,through the reunion of two characters who had long been separated.	ESTHER relates to her confidant ÉLISE how she was chosen as queen by ASSUÉRUS; she laments the persecutions of the Jews, her people.
sc. ii	Suggestion of the religious and poetical atmosphere through a chorus.	A chorus of young Jewish girls praise their native city, Jerusalem, and deplore its misfortunes and their exile.
sc. iii		MARDOCHÉE, the uncle of ESTHER, asks her to prevent the massacre of Israel, which is being prepared by AMAN, minister of Assuérus.
sc. iv	Esther's decision prepares for the next act.	ESTHER prays God to help her in her task. She must appear in the presence of the King, her husband, in spite of his orders, and win the salvation of her race.

sc. v	The chorus comments upon Scenes iii and iv and prays God to avenge Israel.

ACT II

sc. i	Two more characters, Assuérus and Aman, are introduced in this act.	AMAN, in the midst of his power and wealth, is provoked by MARDOCHÉE's insolent pride.
sc. ii		In the meantime, the King, restless and
sc. iii		sleepless, remembers with gratitude how MARDOCHÉE once saved his life.
sc. iv		ASSUÉRUS calls for AMAN. He orders AMAN
sc. v		to bestow the highest honors on MARDOCHÉE.
sc. vi		AMAN's anger.
sc. vii	The central scene of the play.	ESTHER appears before the King. He forgives her boldness; she will explain the motive of her unusual visit at a solemn feast, to which she wishes AMAN to be invited.
sc. viii		The chorus expresses the anxiety which fills the audience, and places its confidence in God's mercy.

ACT III

sc. i	Fuller presentation of the character of Aman.	AMAN's wife, ZARÈS, tries to persuade her husband to flee with his family and treasures.
sc. ii	Uncertainty and respite before the dénouement.	AMAN refuses to follow this advice. He repairs to the feast.
sc. iii		AMAN's cruelty and hypocrisy, as told by the chorus.
sc. iv	The climax.	ESTHER reveals AMAN's secret schemes. She confesses her Jewish origin to ASSUÉRUS and implores the King's mercy for the Jews.
sc. v		AMAN tries to repent and asks ESTHER to forgive him.
sc. vi		ASSUÉRUS orders AMAN to be put to death
sc. vii		and appoints MARDOCHÉE as his minister and
sc. viii	The dénouement.	adviser. He saves the Jews from the massacre which AMAN had ordered.
sc. ix		The chorus celebrates the greatness of the King and the power of God.

ESTHER

(26 janvier 1689)

Quietisme "

PERSONNAGES [1]

ASSUÉRUS, roi de Perse.
ESTHER, reine de Perse.
MARDOCHÉE, oncle d'Esther.
AMAN, favori d'Assuérus.
ZARÈS, femme d'Aman.
HYDASPE, officier du palais intérieur d'Assuérus.
ASAPH, autre officier d'Assuérus.
ÉLISE, confidente d'Esther.
THAMAR, Israélite de la suite d'Esther.
GARDES DU ROI ASSUÉRUS.
CHŒUR DE JEUNES FILLES ISRAÉLITES.

La scène est à Suse, dans le palais d'Assuérus.[2]

LA PIÉTÉ fait le prologue.

---

[1] The first five characters are taken from the *Book of Esther;* the others are fictitious. [2] The King lived in Susa during the winter and in Persepolis the rest of the year.

PROLOGUE[1]

LA PIÉTÉ.

Du séjour bienheureux de la Divinité
Je descends dans ce lieu, par la Grâce habité.
L'Innocence s'y plaît, ma compagne éternelle,
Et n'a point sous les cieux d'asile plus fidèle.
Ici, loin du tumulte, aux devoirs les plus saints   5
Tout un peuple naissant est formé par mes mains.
Je nourris dans son cœur la semence féconde
Des vertus dont il doit sanctifier le monde.
Un roi qui me protège, un roi victorieux,
A commis à mes soins ce dépôt précieux.   10
C'est lui qui rassembla ces colombes timides,
Éparses en cent lieux, sans secours et sans guides.
Pour elles à sa porte élevant ce palais,
Il leur y fit trouver l'abondance et la paix.
     Grand Dieu, que cet ouvrage ait place en ta mémoire.   15
Que tous les soins qu'il prend pour soutenir ta gloire
Soient gravés de ta main au livre où sont écrits
Les noms prédestinés des rois que tu chéris.
Tu m'écoutes. Ma voix ne t'est point étrangère:
Je suis la Piété, cette fille si chère,   20
Qui t'offre de ce roi les plus tendres soupirs.
Du feu de ton amour j'allume ses désirs.
Du zèle qui pour toi l'enflamme et le dévore
La chaleur se répand du couchant à l'aurore.
Tu le vois tous les jours, devant toi prosterné,   25
Humilier ce front de splendeur couronné,
Et confondant l'orgueil par d'augustes exemples,
Baiser avec respect le pavé de tes temples.

[1] This prologue is a delicate and original imitation of Greek models.
2. **ce lieu,** the school of Saint-Cyr.   8. **dont** = *avec lesquelles.*   13. **à sa porte.**
Saint-Cyr is only about three miles from the King's palace at Versailles.   15. **cet ouvrage,** the founding of Saint-Cyr.   23. **zèle** often had the meaning of religious fervor and devotion.   24. An allusion to the foreign missions in the East and in America supported by Louis XIV.

De ta gloire animé, lui seul de tant de rois
S'arme pour ta querelle, et combat pour tes droits.   30
Le perfide intérêt, l'aveugle jalousie
S'unissent contre toi pour l'affreuse hérésie;
La discorde en fureur frémit de toutes parts;
Tout semble abandonner tes sacrés étendards;
Et l'enfer, couvrant tout de ses vapeurs funèbres,   35
Sur les yeux les plus saints a jeté ses ténèbres.
Lui seul, invariable et fondé sur la foi,
Ne cherche, ne regarde et n'écoute que toi,
Et bravant du démon l'impuissant artifice,
De la religion soutient tout l'édifice.   40
Grand Dieu, juge ta cause, et déploie aujourd'hui
Ce bras, ce même bras qui combattait pour lui,
Lorsque des nations à sa perte animées
Le Rhin vit tant de fois disperser les armées.
Des mêmes ennemis je reconnais l'orgueil;   45
Ils viennent se briser contre le même écueil.
Déjà, rompant partout leurs plus fermes barrières,
Du débris de leurs forts il couvre ses frontières.
     Tu lui donnes un fils prompt à le seconder,
Qui sait combattre, plaire, obéir, commander;   50
Un fils qui, comme lui, suivi de la victoire,
Semble à gagner son cœur borner toute sa gloire;
Un fils à tous ses vœux avec amour soumis,
L'éternel désespoir de tous ses ennemis.
Pareil à ces esprits que ta Justice envoie,   55
Quand son roi lui dit: « Pars », il s'élance avec joie,
Du tonnerre vengeur s'en va tout embraser,
Et tranquille à ses pieds revient le déposer.
     Mais tandis qu'un grand roi venge ainsi mes injures,
Vous qui goûtez ici des délices si pures,   60
S'il permet à son cœur un moment de repos,
A vos jeux innocents appelez ce héros.
Retracez-lui d'Esther l'histoire glorieuse,
Et sur l'impiété la foi victorieuse.

30. **querelle,** *cause.*   32. An allusion to the Augsburg League, founded by William
of Orange, which grouped Austria, Sweden, Saxony, etc., against France in 1687.
36. **les yeux les plus saints.** Pope Innocent XI was secretly supporting the enemies
of France.   44. Refers to the war with Holland, ended in 1678.   48. **il** refers to
the King.   49. The Grand Dauphin, who had fought victoriously in 1688.   55. **ces**
esprits, i.e. the angels, messengers of God.

Et vous, qui vous plaisez aux folles passions   65
Qu'allument dans vos cœurs les vaines fictions,
Profanes amateurs de spectacles frivoles,
Dont l'oreille s'ennuie au son de mes paroles,
Fuyez de mes plaisirs la sainte austérité.
Tout respire ici Dieu, la paix, la vérité.   70

ACTE PREMIER

(Le théâtre représente l'appartement d'Esther.)

SCÈNE PREMIÈRE

ESTHER, ÉLISE.

ESTHER

Est-ce toi, chère Élise? O jour trois fois heureux!
Que béni soit le ciel qui te rend à mes vœux,
Toi qui de Benjamin comme moi descendue,
Fus de mes premiers ans la compagne assidue,
Et qui, d'un même joug souffrant l'oppression,   5
M'aidais à soupirer les malheurs de Sion.
Combien ce temps encore est cher à ma mémoire!
Mais toi, de ton Esther ignorais-tu la gloire?
Depuis plus de six mois que je te fais chercher,
Quel climat, quel désert a donc pu te cacher?   10

ÉLISE

Au bruit de votre mort justement éplorée,
Du reste des humains je vivais séparée.
Et de mes tristes jours n'attendais que la fin,
Quand tout à coup, Madame, un prophète divin:
« C'est pleurer trop longtemps une mort qui t'abuse,   15
Lève-toi, m'a-t-il dit, prends ton chemin vers Suse.

---

68. **s'ennuie,** *is bored.* In these two lines (67–68), Racine expresses his repentance for having once written "profane" tragedies, and emphasizes the contrast of this new, religious drama.

2. **Que** is usually omitted in this optative form.   3. **de Benjamin,** i.e. of the race of Benjamin, the youngest son of Jacob.   6. **soupirer** is seldom used actively; *soupirer sur* is the correct form.—**Sion,** *Zion,* i.e. Jerusalem.   15. **t'abuse,** *deceives you.*

Là tu verras d'Esther la pompe et les honneurs,
Et sur le trône assis le sujet de tes pleurs.
Rassure, ajouta-t-il, tes tribus alarmées,
Sion: le jour approche où le Dieu des armées   20
Va de son bras puissant faire éclater l'appui;
Et le cri de son peuple est monté jusqu'à lui. »
Il dit. Et moi, de joie et d'horreur pénétrée,
Je cours. De ce palais j'ai su trouver l'entrée.
O spectacle ! O triomphe admirable à mes yeux,   25
Digne en effet du bras qui sauva nos aïeux !
Le fier Assuérus couronne sa captive,
Et le Persan superbe est aux pieds d'une Juive.
Par quels secrets ressorts, par quel enchaînement
Le ciel a-t-il conduit ce grand événement ?   30

ESTHER

Peut-être on t'a conté la fameuse disgrâce
De l'altière Vasthi, dont j'occupe la place,
Lorsque le Roi, contre elle enflammé de dépit,
La chassa de son trône, ainsi que de son lit.
Mais il ne put sitôt en bannir la pensée.   35
Vasthi régna longtemps dans son âme offensée.
Dans ses nombreux États il fallut donc chercher
Quelque nouvel objet qui l'en pût détacher.
De l'Inde à l'Hellespont ses esclaves coururent;
Les filles de l'Égypte à Suse comparurent;   40
Celles même du Parthe et du Scythe indompté
Y briguèrent le sceptre offert à la beauté.
On m'élevait alors, solitaire et cachée,
Sous les yeux vigilants du sage Mardochée.
Tu sais combien je dois à ses heureux secours.   45
La mort m'avait ravi les auteurs de mes jours;
Mais lui, voyant en moi la fille de son frère,
Me tint lieu, chère Élise, et de père et de mère.
Du triste état des Juifs jour et nuit agité,
Il me tira du sein de mon obscurité;   50
Et sur mes faibles mains fondant leur délivrance,
Il me fit d'un empire accepter l'espérance.

20. le Dieu des armées, a biblical phrase.   21. faire éclater, *make conspicuous.*
23. horreur, *religious awe.*   32. Vasthi is probably Atossa, whose third husband was
Darius (probably Assuérus).   39. l'Inde, *the Indus* (river).   46. les auteurs de mes
jours, i.e. my parents. A circumlocution now generally ridiculed.

A ses desseins secrets tremblante j'obéis.
Je vins. Mais je cachai ma race et mon pays.
Qui pourrait cependant t'exprimer les cabales   55
Que formait en ces lieux ce peuple de rivales,
Qui toutes disputant un si grand intérêt,
Des yeux d'Assuérus attendaient leur arrêt?
Chacune avait sa brigue et de puissants suffrages:
L'une d'un sang fameux vantait les avantages;   60
L'autre, pour se parer de superbes atours,
Des plus adroites mains empruntait le secours;
Et moi, pour toute brigue et pour tout artifice,
De mes larmes au ciel j'offrais le sacrifice.
    Enfin on m'annonça l'ordre d'Assuérus.   65
Devant ce fier monarque, Élise, je parus.
Dieu tient le cœur des rois entre ses mains puissantes.
Il fait que tout prospère aux âmes innocentes,
Tandis qu'en ses projets l'orgueilleux est trompé.
De mes faibles attraits le Roi parut frappé.   70
Il m'observa longtemps dans un sombre silence,
Et le ciel, qui pour moi fit pencher la balance,
Dans ce temps-là sans doute agissait sur son cœur.
Enfin, avec des yeux où régnait la douceur:
« Soyez reine », dit-il; et dès ce moment même   75
De sa main sur mon front posa son diadème.
Pour mieux faire éclater sa joie et son amour,
Il combla de présents tous les grands de sa cour;
Et même ses bienfaits, dans toutes ses provinces,
Invitèrent le peuple aux noces de leurs princes.   80
    Hélas! durant ces jours de joie et de festins,
Quelle était en secret ma honte et mes chagrins!
« Esther, disais-je, Esther dans la pourpre est assise,
La moitié de la terre à son sceptre est soumise,
Et de Jérusalem l'herbe cache les murs!   85
Sion, repaire affreux de reptiles impurs,
Voit de son temple saint les pierres dispersées,
Et du Dieu d'Israël les fêtes sont cessées! »

---

57. **un si grand intérêt,** *a position of such great importance.*   59. **suffrages,** *claims*
(put forward by the various rivals).   70. **faibles attraits.** The Bible and the Jewish
legends comment upon Esther's beauty as remarkable and almost unbelievable.
88. **sont cessées.** *Ont cessé* would be more common today, although the passive
form is grammatically better for a permanent state.

ÉLISE

N'avez-vous point au Roi confié vos ennuis?

ESTHER

Le Roi, jusqu'à ce jour, ignore qui je suis. 90
Celui par qui le ciel règle ma destinée
Sur ce secret encor tient ma langue enchaînée.

ÉLISE

Mardochée? Hé! peut-il approcher de ces lieux?

ESTHER

Son amitié pour moi le rend ingénieux.
Absent, je le consulte; et ses réponses sages 95
Pour venir jusqu'à moi trouvent mille passages.
Un père a moins de soin du salut de son fils.
Déjà même, déjà, par ses secrets avis,
J'ai découvert au Roi les sanglantes pratiques
Que formaient contre lui deux ingrats domestiques. 100
Cependant mon amour pour notre nation
A rempli ce palais de filles de Sion,
Jeunes et tendres fleurs, par le sort agitées,
Sous un ciel étranger comme moi transplantées.
Dans un lieu séparé de profanes témoins, 105
Je mets à les former mon étude et mes soins;
Et c'est là que fuyant l'orgueil du diadème,
Lasse de vains honneurs, et me cherchant moi-même,
Aux pieds de l'Éternel je viens m'humilier,
Et goûter le plaisir de me faire oublier. 110
Mais à tous les Persans je cache leurs familles.
Il faut les appeler. Venez, venez, mes filles,
Compagnes autrefois de ma captivité,
De l'antique Jacob jeune postérité.

94. amitié = *affection.* 99. découvert, *revealed.* — pratiques, *intrigues, conspiracy.*
100. domestiques, *officers of his household.* 106. étude, *zeal.* 114. As is often the
case in Racine, the exposition is a dialogue between one of the main characters and a
confidant who have been separated for some time. The character of Esther, the circumstances of the play, and the poetic and musical style suggest the atmosphere and
prepare the reader for this new kind of Racinian drama.

SCÈNE II

Esther, Élise, le chœur.

une des israélites *chante derrière le théâtre.*

Ma sœur, quelle voix nous appelle ?   115

une autre

J'en reconnais les agréables sons.
C'est la Reine.

toutes deux   Courons, mes sœurs, obéissons.
La Reine nous appelle:
Allons, rangeons-nous auprès d'elle.

tout le chœur, *entrant sur la scène par plusieurs endroits différents.*

La Reine nous appelle: 120
Allons, rangeons-nous auprès d'elle.

élise

Ciel ! quel nombreux essaim d'innocentes beautés
S'offre à mes yeux en foule et sort de tous côtés !
Quelle aimable pudeur sur leur visage est peinte !
Prospérez, cher espoir d'une nation sainte.   125
Puissent jusques au ciel vos soupirs innocents
Monter comme l'odeur d'un agréable encens !
Que Dieu jette sur vous des regards pacifiques !

esther

Mes filles, chantez-nous quelqu'un de ces cantiques
Où vos voix si souvent se mêlant à mes pleurs   130
De la triste Sion célèbrent les malheurs.

une israélite *seule chante.*

Déplorable Sion, qu'as-tu fait de ta gloire ?
Tout l'univers admirait ta splendeur:
Tu n'es plus que poussière; et de cette grandeur
Il ne nous reste plus que la triste mémoire.   135

126. **jusques,** for *jusqu'au,* is seldom used in the 17th century before a vowel.
132. **Déplorable,** used in etymological meaning 'which calls for tears'; translate
'unhappy.'   135. **mémoire** = *souvenir.*

Sion, jusques au ciel élevée autrefois,
    Jusqu'aux enfers maintenant abaissée,
      Puissé-je demeurer sans voix,
    Si dans mes chants ta douleur retracée
Jusqu'au dernier soupir n'occupe ma pensée!   140

TOUT LE CHŒUR

O rives du Jourdain! ô champs aimés des cieux!
    Sacrés monts, fertiles vallées,
    Par cent miracles signalées!
    Du doux pays de nos aïeux
    Serons-nous toujours exilées?   145

UNE ISRAÉLITE *seule.*

Quand verrai-je, ô Sion! relever tes remparts,
    Et de tes tours les magnifiques faîtes?
      Quand verrai-je de toutes parts
Tes peuples en chantant accourir à tes fêtes?

TOUT LE CHŒUR

O rives du Jourdain! ô champs aimés des cieux!   150
    Sacrés monts, fertiles vallées,
    Par cent miracles signalées!
    Du doux pays de nos aïeux
    Serons-nous toujours exilées?

SCÈNE III

ESTHER, MARDOCHÉE, ÉLISE, LE CHŒUR.

ESTHER

Quel profane en ce lieu s'ose avancer vers nous?   155
Que vois-je? Mardochée? O mon père, est-ce vous?
Un ange du Seigneur, sous son aile sacrée,
A donc conduit vos pas et caché votre entrée?
Mais d'où vient cet air sombre, et ce cilice affreux,
Et cette cendre enfin qui couvre vos cheveux?   160
Que nous annoncez-vous?

---

139. **ta douleur retracée** (a Latin construction) = *le récit de ta douleur.*   143. **si-gnalées,** *made famous.*   156. **père,** figuratively, of course.   159. **cilice,** *hair shirt,* a coarse bag of goat's hair made in Cilicia (hence the name) which the Jews wore as a sign of mourning.

MARDOCHÉE

O Reine infortunée!
O d'un peuple innocent barbare destinée!
Lisez, lisez l'arrêt détestable, cruel.
Nous sommes tous perdus, et c'est fait d'Israël.

ESTHER

Juste ciel! tout mon sang dans mes veines se glace.   165

MARDOCHÉE

On doit de tous les Juifs exterminer la race.
Au sanguinaire Aman nous sommes tous livrés.
Les glaives, les couteaux sont déjà préparés.
Toute la nation à la fois est proscrite.
Aman, l'impie Aman, race d'Amalécite,   170
A pour ce coup funeste armé tout son crédit;
Et le Roi, trop crédule, a signé cet édit.
Prévenu contre nous par cette bouche impure,
Il nous croit en horreur à toute la nature.
Ses ordres sont donnés; et dans tous ses États,   175
Le jour fatal est pris pour tant d'assassinats.
Cieux, éclairerez-vous cet horrible carnage?
Le fer ne connaîtra ni le sexe ni l'âge;
Tout doit servir de proie aux tigres, aux vautours;
Et ce jour effroyable arrive dans dix jours.   180

ESTHER

O Dieu, qui vois former des desseins si funestes,
As-tu donc de Jacob abandonné les restes?

UNE DES PLUS JEUNES ISRAÉLITES

Ciel! qui nous défendra, si tu ne nous défends?

MARDOCHÉE

Laissez les pleurs, Esther, à ces jeunes enfants.
En vous est tout l'espoir de vos malheureux frères.   185
Il faut les secourir. Mais les heures sont chères:
Le temps vole, et bientôt amènera le jour
Où le nom des Hébreux doit périr sans retour.

---

170. **race d'Amalécite,** *of the brood of Amalek.* The Amalekites, who lived in south-ern Palestine, were the enemies of the Israelites.   171. **armé,** *made use of.*   173. **Pré-venu,** *Prejudiced.*   176. **pris,** *set, chosen.*   182. **les restes,** *what is left.*

Toute pleine du feu de tant de saints prophètes,
Allez, osez au Roi déclarer qui vous êtes.   190

ESTHER

Hélas! ignorez-vous quelles sévères lois
Aux timides mortels cachent ici les rois?
Au fond de leur palais leur majesté terrible
Affecte à leurs sujets de se rendre invisible;
Et la mort est le prix de tout audacieux   195
Qui sans être appelé se présente à leurs yeux,
Si le Roi dans l'instant, pour sauver le coupable,
Ne lui donne à baiser son sceptre redoutable.
Rien ne met à l'abri de cet ordre fatal,
Ni le rang, ni le sexe, et le crime est égal.   200
Moi-même, sur son trône, à ses côtés assise,
Je suis à cette loi comme une autre soumise;
Et sans le prévenir, il faut, pour lui parler,
Qu'il me cherche, ou du moins qu'il me fasse appeler.

MARDOCHÉE

Quoi? lorsque vous voyez périr votre patrie,   205
Pour quelque chose, Esther, vous comptez votre vie!
Dieu parle, et d'un mortel vous craignez le courroux!
Que dis-je? votre vie, Esther, est-elle à vous?
N'est-elle pas au sang dont vous êtes issue?
N'est-elle pas à Dieu dont vous l'avez reçue?   210
Et qui sait, lorsqu'au trône il conduisit vos pas,
Si pour sauver son peuple il ne vous gardait pas?
    Songez-y bien: ce Dieu ne vous a pas choisie
Pour être un vain spectacle aux peuples de l'Asie,
Ni pour charmer les yeux des profanes humains.   215
Pour un plus noble usage il réserve ses saints.
S'immoler pour son nom et pour son héritage,
D'un enfant d'Israël voilà le vrai partage:
Trop heureuse pour lui de hasarder vos jours!
Et quel besoin son bras a-t-il de nos secours?   220
Que peuvent contre lui tous les rois de la terre?

---

189. **feu,** *ardor.*   194. **Affecte . . . ,** *Carefully seeks . . .*   195. **prix,** *reward.*
199. **Rien . . . à l'abri de,** *Nothing preserves one from.*   203. Construe: *Et pour lui parler sans le prévenir, il faut.*   208. *Your life, did I say? Is life yours, Esther?*
216. **ses saints,** i.e. those intended by Him to fulfill a holy duty.   217. **héritage,** *race, people.*   219. **Trop heureuse,** i.e. You should think yourself too happy.

En vain ils s'uniraient pour lui faire la guerre:
Pour dissiper leur ligue il n'a qu'à se montrer;
Il parle, et dans la poudre il les fait tous rentrer.
Au seul son de sa voix la mer fuit, le ciel tremble;   225
Il voit comme un néant tout l'univers ensemble;
Et les faibles mortels, vains jouets du trépas,
Sont tous devant ses yeux comme s'ils n'étaient pas.
    S'il a permis d'Aman l'audace criminelle,
Sans doute qu'il voulait éprouver votre zèle.   230
C'est lui qui, m'excitant à vous oser chercher,
Devant moi, chère Esther, a bien voulu marcher;
Et s'il faut que sa voix frappe en vain vos oreilles,
Nous n'en verrons pas moins éclater ses merveilles.
Il peut confondre Aman, il peut briser nos fers   235
Par la plus faible main qui soit dans l'univers.
Et vous, qui n'aurez point accepté cette grâce,
Vous périrez peut-être, et toute votre race.

ESTHER

Allez. Que tous les Juifs dans Suse répandus,
A prier avec vous jour et nuit assidus,   240
Me prêtent de leurs vœux le secours salutaire,
Et pendant ces trois jours gardent un jeûne austère.
Déjà la sombre nuit a commencé son tour:
Demain, quand le soleil rallumera le jour,
Contente de périr, s'il faut que je périsse,   245
J'irai pour mon pays m'offrir en sacrifice.
Qu'on s'éloigne un moment.

        (*Le Chœur se retire vers le fond du théâtre.*)

SCÈNE IV

ESTHER, ÉLISE, LE CHŒUR.

ESTHER

                        O mon souverain Roi!
Me voici donc tremblante et seule devant toi.
Mon père mille fois m'a dit dans mon enfance
Qu'avec nous tu juras une sainte alliance,   250

---

224. **poudre** = *poussière.*   230. **Sans doute que** is now a colloquial phrase.
234. **Nous n'en verrons pas moins,** *We shall none the less see.*   *en* = on that account.
— **merveilles,** *miracles.*   237. **grâce,** *honor* (bestowed by God).

Quand pour te faire un peuple agréable à tes yeux,
Il plut à ton amour de choisir nos aïeux.
Même tu leur promis de ta bouche sacrée
Une postérité d'éternelle durée.
Hélas ! ce peuple ingrat a méprisé ta loi ;   255
La nation chérie a violé sa foi ;
Elle a répudié son époux et son père,
Pour rendre à d'autres dieux un honneur adultère.
Maintenant elle sert sous un maître étranger.
Mais c'est peu d'être esclave, on la veut égorger.   260
Nos superbes vainqueurs, insultant à nos larmes,
Imputent à leurs dieux le bonheur de leurs armes,
Et veulent aujourd'hui qu'un même coup mortel
Abolisse ton nom, ton peuple et ton autel.
Ainsi donc un perfide, après tant de miracles,   265
Pourrait anéantir la foi de tes oracles,
Ravirait aux mortels le plus cher de tes dons,
Le saint que tu promets et que nous attendons ?
Non, non, ne souffre pas que ces peuples farouches,
Ivres de notre sang, ferment les seules bouches   270
Qui dans tout l'univers célèbrent tes bienfaits ;
Et confonds tous ces dieux qui ne furent jamais.
    Pour moi, que tu retiens parmi ces infidèles,
Tu sais combien je hais leurs fêtes criminelles,
Et que je mets au rang des profanations   275
Leur table, leurs festins, et leurs libations ;
Que même cette pompe où je suis condamnée,
Ce bandeau, dont il faut que je paraisse ornée
Dans ces jours solennels à l'orgueil dédiés,
Seule et dans le secret je le foule à mes pieds ;   280
Qu'à ces vains ornements je préfère la cendre,
Et n'ai de goût qu'aux pleurs que tu me vois répandre.
J'attendais le moment marqué dans ton arrêt,
Pour oser de ton peuple embrasser l'intérêt.
Ce moment est venu : ma prompte obéissance   285
Va d'un roi redoutable affronter la présence.
C'est pour toi que je marche. Accompagne mes pas

---

256. foi, *promise.*   257. The Old Testament often compares God's union with **His** people to a marriage.   268. **Le saint,** *The Messiah.*   275. **Et que** = *Et tu sais que.* 277. **où** = *à laquelle.* 278. **Ce bandeau,** i.e. the diadem worn by the Queen.   280. **dans le secret,** *in secret.*   284. **l'intérêt,** *the cause.*

Devant ce fier lion qui ne te connaît pas,
Commande en me voyant que son courroux s'apaise,
Et prête à mes discours un charme qui lui plaise.   290
Les orages, les vents, les cieux te sont soumis:
Tourne enfin sa fureur contre nos ennemis.

SCÈNE V

(*Toute cette scène est chantée.*)

LE CHŒUR.

UNE ISRAÉLITE *seule*.

Pleurons et gémissons, mes fidèles compagnes.
A nos sanglots donnons un libre cours.
Levons les yeux vers les saintes montagnes   295
D'où l'innocence attend tout son secours.
O mortelles alarmes!
Tout Israël périt. Pleurez, mes tristes yeux:
Il ne fut jamais sous les cieux
Un si juste sujet de larmes.   300

TOUT LE CHŒUR

O mortelles alarmes!

UNE AUTRE ISRAÉLITE

N'était-ce pas assez qu'un vainqueur odieux
De l'auguste Sion eût détruit tous les charmes,
Et traîné ses enfants captifs en mille lieux?

TOUT LE CHŒUR

O mortelles alarmes!   305

LA MÊME ISRAÉLITE

Faibles agneaux livrés à des loups furieux,
Nos soupirs sont nos seules armes.

TOUT LE CHŒUR

O mortelles alarmes!

289. **en me voyant,** *when he sees me*   295–96. Cf. Psalm 121.

UNE DES ISRAÉLITES

>Arrachons, déchirons tous ces vains ornements
>>Qui parent notre tête.   310

UNE AUTRE

>>Revêtons-nous d'habillements
>>Conformes à l'horrible fête
>>Que l'impie Aman nous apprête.

TOUT LE CHŒUR

>Arrachons, déchirons tous ces vains ornements
>>Qui parent notre tête.   ∕   315

UNE ISRAÉLITE *seule.*

>>Quel carnage de toutes parts!
>On égorge à la fois les enfants, les vieillards,
>>>Et la sœur et le frère,
>>>Et la fille et la mère,
>>>Le fils dans les bras de son père.   320
>Que de corps entassés! que de membres épars,
>>>Privés de sépulture!
>>Grand Dieu! tes saints sont la pâture
>>Des tigres et des léopards.

UNE DES PLUS JEUNES ISRAÉLITES

>>>Hélas! si jeune encore,   325
>Par quel crime ai-je pu mériter mon malheur?
>>Ma vie à peine a commencé d'éclore.
>>Je tomberai comme une fleur
>>>Qui n'a vu qu'une aurore.
>>>Hélas! si jeune encore,   330
>Par quel crime ai-je pu mériter mon malheur?

UNE AUTRE

>>Des offenses d'autrui malheureuses victimes,
>>Que nous servent, hélas! ces regrets superflus?
>>Nos pères ont péché, nos pères ne sont plus,
>>Et nous portons la peine de leurs crimes.   335

---

322. **Privés de sépulture!**   The direst misfortune in the opinion of ancient peoples.
332–33. Line 332 is in apposition to *nous* (a dative) in l. 333. Construe: *A nous, malheureuses victimes des offenses d'autrui, que servent . . .*

TOUT LE CHŒUR

    Le Dieu que nous servons est le Dieu des combats:
        Non, non, il ne souffrira pas
        Qu'on égorge ainsi l'innocence.

UNE ISRAÉLITE *seule.*

        Hé quoi? dirait l'impiété,
        Où donc est-il, ce Dieu si redouté   340
        Dont Israël nous vantait la puissance?

UNE AUTRE

        Ce Dieu jaloux, ce Dieu victorieux,
        Frémissez, peuples de la terre,
        Ce Dieu jaloux, ce Dieu victorieux
        Est le seul qui commande aux cieux.   345
        Ni les éclairs ni le tonnerre
        N'obéissent point à vos dieux.

UNE AUTRE

        Il renverse l'audacieux.

UNE AUTRE

        Il prend l'humble sous sa défense.

TOUT LE CHŒUR

    Le Dieu que nous servons est le Dieu des combats: 350
        Non, non, il ne souffrira pas
        Qu'on égorge ainsi l'innocence.

DEUX ISRAÉLITES

        O Dieu, que la gloire couronne,
        Dieu, que la lumière environne,
        Qui voles sur l'aile des vents,   355
        Et dont le trône est porté par les anges!

DEUX AUTRES DES PLUS JEUNES

        Dieu, qui veux bien que de simples enfants
        Avec eux chantent tes louanges!

TOUT LE CHŒUR

        Tu vois nos pressants dangers:
        Donne à ton nom la victoire;   360

        347. **point** is pleonastic.

Ne souffre point que ta gloire
Passe à des dieux étrangers.

UNE ISRAÉLITE *seule*.

Arme-toi, viens nous défendre:
Descends tel qu'autrefois la mer te vit descendre.
Que les méchants apprennent aujourd'hui 365
A craindre ta colère.
Qu'ils soient comme la poudre et la paille légère
Que le vent chasse devant lui.

TOUT LE CHŒUR

Tu vois nos pressants dangers:
Donne à ton nom la victoire; 370
Ne souffre point que ta gloire
Passe à des dieux étrangers.

ACTE DEUXIÈME

(Le théâtre représente la chambre où est le trône d'Assuérus.)

SCÈNE PREMIÈRE

AMAN, HYDASPE.

AMAN

Hé quoi? lorsque le jour ne commence qu'à luire,
Dans ce lieu redoutable oses-tu m'introduire?

HYDASPE

Vous savez qu'on s'en peut reposer sur ma foi, 375
Que ces portes, Seigneur, n'obéissent qu'à moi.
Venez. Partout ailleurs on pourrait nous entendre.

AMAN

Quel est donc le secret que tu me veux apprendre?

364. la mer ... descendre, i.e. the Red Sea when Moses crossed it miraculously.
367. poudre = *poussière*. 373. Aman, the terrible and cruel, who has only been
mentioned in the first act, now appears in person. 375. on s'en peut reposer ... foi,
my loyalty can be relied upon.

HYDASPE

Seigneur, de vos bienfaits mille fois honoré,
Je me souviens toujours que je vous ai juré   380
D'exposer à vos yeux par des avis sincères
Tout ce que ce palais renferme de mystères.
Le Roi d'un noir chagrin paraît enveloppé.
Quelque songe effrayant cette nuit l'a frappé.
Pendant que tout gardait un silence paisible,   385
Sa voix s'est fait entendre avec un cri terrible.
J'ai couru. Le désordre était dans ses discours.
Il s'est plaint d'un péril qui menaçait ses jours:
Il parlait d'ennemi, de ravisseur farouche;
Même le nom d'Esther est sorti de sa bouche.   390
Il a dans ces horreurs passé toute la nuit.
Enfin, las d'appeler un sommeil qui le fuit,
Pour écarter de lui ces images funèbres,
Il s'est fait apporter ces annales célèbres
Où les faits de son règne, avec soin amassés,   395
Par de fidèles mains chaque jour sont tracés.
On y conserve écrits le service et l'offense,
Monuments éternels d'amour et de vengeance.
Le Roi, que j'ai laissé plus calme dans son lit,
D'une oreille attentive écoute ce récit.   400

AMAN

De quel temps de sa vie a-t-il choisi l'histoire?

HYDASPE

Il revoit tous ces temps si remplis de sa gloire,
Depuis le fameux jour qu'au trône de Cyrus
Le choix du sort plaça l'heureux Assuérus.

AMAN

Ce songe, Hydaspe, est donc sorti de son idée?   405

HYDASPE

Entre tous les devins fameux dans la Chaldée,
Il a fait assembler ceux qui savent le mieux
Lire en un songe obscur les volontés des cieux.

---

392. **le fuit**; in the present tense to suggest the repetition, the numerous efforts of the King to forget his nightmare in sleep.   398. **Monuments éternels**, *Lasting testimony*.   403. **jour que** = *jour où*.   405. **idée**, *mind*.

Mais quel trouble vous-même aujourd'hui vous agite?
Votre âme, en m'écoutant, paraît toute interdite.   410
L'heureux Aman a-t-il quelques secrets ennuis?

AMAN

Peux-tu le demander dans la place où je suis,
Haï, craint, envié, souvent plus misérable
Que tous les malheureux que mon pouvoir accable?

HYDASPE

Hé! qui jamais du ciel eut des regards plus doux?   415
Vous voyez l'univers prosterné devant vous.

AMAN

L'univers? Tous les jours un homme . . . un vil esclave,
D'un front audacieux me dédaigne et me brave.

HYDASPE

Quel est cet ennemi de l'État et du Roi?

AMAN

Le nom de Mardochée est-il connu de toi?   420

HYDASPE

Qui? ce chef d'une race abominable, impie?

AMAN

Oui, lui-même.

HYDASPE

                    Hé, Seigneur! d'une si belle vie
Un si faible ennemi peut-il troubler la paix?

AMAN

L'insolent devant moi ne se courba jamais.
En vain de la faveur du plus grand des monarques   425
Tout révère à genoux les glorieuses marques.
Lorsque d'un saint respect tous les Persans touchés
N'osent lever leurs fronts à la terre attachés,
Lui, fièrement assis, et la tête immobile,
Traite tous ces honneurs d'impiété servile,   430
Présente à mes regards un front séditieux,

410. **toute** would be *tout* (adverb) in modern syntax.   412. **place,** *position.*
413. **misérable,** *to be pitied.*

Et ne daignerait pas au moins baisser les yeux.
Du palais cependant il assiège la porte:
A quelque heure que j'entre, Hydaspe, ou que je sorte,
Son visage odieux m'afflige et me poursuit;   435
Et mon esprit troublé le voit encor la nuit.
Ce matin j'ai voulu devancer la lumière:
Je l'ai trouvé couvert d'une affreuse poussière,
Revêtu de lambeaux, tout pâle.   Mais son œil
Conservait sous la cendre encor le même orgueil.   440
D'où lui vient, cher ami, cette impudente audace?
Toi, qui dans ce palais vois tout ce qui se passe,
Crois-tu que quelque voix ose parler pour lui?
Sur quel roseau fragile a-t-il mis son appui?

HYDASPE

Seigneur, vous le savez, son avis salutaire   445
Découvrit de Tharès le complot sanguinaire.
Le Roi promit alors de le récompenser.
Le Roi, depuis ce temps, paraît n'y plus penser.

AMAN

Non, il faut à tes yeux dépouiller l'artifice.
J'ai su de mon destin corriger l'injustice.   450
Dans les mains des Persans jeune enfant apporté,
Je gouverne l'empire où je fus acheté.
Mes richesses des rois égalent l'opulence.
Environné d'enfants, soutiens de ma puissance,
Il ne manque à mon front que le bandeau royal.   455
Cependant, des mortels aveuglement fatal!
De cet amas d'honneurs la douceur passagère
Fait sur mon cœur à peine une atteinte légère;
Mais Mardochée, assis aux portes du palais,
Dans ce cœur malheureux enfonce mille traits;   460
Et toute ma grandeur me devient insipide,
Tandis que le soleil éclaire ce perfide.

---

433. **il assiège,** *he besieges* (used figuratively).   439. **lambeaux,** *rags, sackcloth*
(as a sign of affliction).   445. **salutaire,** used etymologically, i.e. which brings salvation. 446. **de Tharès.** The story is told in the Bible, *Book of Esther,* vi, 1–2.
449. **dépouiller l'artifice,** *cease pretending, feign no longer.*   454. **Environné d'enfants.**
To have many children was deemed a high honor in the East.   462. **Tandis que,** *As
long as.*

HYDASPE

Vous serez de sa vue affranchi dans dix jours:
La nation entière est promise aux vautours.

AMAN

Ah! que ce temps est long à mon impatience!   465
C'est lui, je te veux bien confier ma vengeance,
C'est lui qui, devant moi refusant de ployer,
Les a livrés au bras qui les va foudroyer.
C'était trop peu pour moi d'une telle victime:
La vengeance trop faible attire un second crime.   470
Un homme tel qu'Aman, lorsqu'on l'ose irriter,
Dans sa juste fureur ne peut trop éclater.
Il faut des châtiments dont l'univers frémisse;
Qu'on tremble en comparant l'offense et le supplice;
Que les peuples entiers dans le sang soient noyés.   475
Je veux qu'on dise un jour aux siècles effrayés:
« Il fut des Juifs, il fut une insolente race;
Répandus sur la terre, ils en couvraient la face;
Un seul osa d'Aman attirer le courroux,
Aussitôt de la terre ils disparurent tous. »   480

HYDASPE

Ce n'est donc pas, Seigneur, le sang amalécite
Dont la voix à les perdre en secret vous excite?

AMAN

Je sais que, descendu de ce sang malheureux,
Une éternelle haine a dû m'armer contre eux;
Qu'ils firent d'Amalec un indigne carnage;   485
Que jusqu'aux vils troupeaux tout éprouva leur rage;
Qu'un déplorable reste à peine fut sauvé.
Mais, crois-moi, dans le rang où je suis élevé,
Mon âme, à ma grandeur toute entière attachée,
Des intérêts du sang est faiblement touchée.   490
Mardochée est coupable; et que faut-il de plus?
Je prévins donc contre eux l'esprit d'Assuérus:

---

464. promise aux vautours, because the Jews thus murdered were to remain un-
buried.   470. i.e. If revenge is too weak, it encourages and fosters more crimes.
484. a dû = *aurait dû*.   485. Amalec, i.e. the race of Amalek.   489. toute, cf. note
to l. 410.   492. Je prévins, *I prejudiced*.

J'inventai des couleurs; j'armai la calomnie;
J'intéressai sa gloire; il trembla pour sa vie.
Je les peignis puissants, riches, séditieux;   495
Leur dieu même ennemi de tous les autres dieux.
« Jusqu'à quand souffre-t-on que ce peuple respire,
Et d'un culte profane infecte votre empire?
Étrangers dans la Perse, à nos lois opposés,
Du reste des humains ils semblent divisés,   500
N'aspirent qu'à troubler le repos où nous sommes,
Et détestés partout, détestent tous les hommes.
Prévenez, punissez leurs insolents efforts;
De leur dépouille enfin grossissez vos trésors. »
Je dis, et l'on me crut. Le Roi, dès l'heure même,   505
Mit dans ma main le sceau de son pouvoir suprême:
« Assure, me dit-il, le repos de ton roi;
Va, perds ces malheureux: leur dépouille est à toi. »
Toute la nation fut ainsi condamnée.
Du carnage avec lui je réglai la journée.   510
Mais de ce traître enfin le trépas différé
Fait trop souffrir mon cœur de son sang altéré.
Un je ne sais quel trouble empoisonne ma joie.
Pourquoi dix jours encor faut-il que je le voie?

HYDASPE

Et ne pouvez-vous pas d'un mot l'exterminer?   515
Dites au Roi, Seigneur, de vous l'abandonner.

AMAN

Je viens pour épier le moment favorable.
Tu connais comme moi ce prince inexorable.
Tu sais combien terrible en ses soudains transports,
De nos desseins souvent il rompt tous les ressorts.   520
Mais à me tourmenter ma crainte est trop subtile:
Mardochée à ses yeux est une âme trop vile.

HYDASPE

Que tardez-vous? Allez, et faites promptement
Élever de sa mort le honteux instrument.

---

493. couleurs (old Latin meaning), *pretences, pretexts.*   494. **J'intéressai sa gloire,**
I convinced him that his fame was at stake.   503. **Prévenez,** *Forestall, Anticipate.*
508. **perds,** *ruin, annihilate.*   511. **différé,** *postponed.*   512. **de son sang altéré,**
thirsting for his blood.   519. **transports,** *impulses.*   521. **à me tourmenter,** *in finding
reasons to worry myself.*   524. **honteux instrument,** i.e. the gallows, usually reserved
for slaves and low criminals.

AMAN

> J'entends du bruit; je sors. Toi, si le Roi m'appelle . . .   525

HYDASPE

> Il suffit.

SCÈNE II

ASSUÉRUS, HYDASPE, ASAPH, SUITE D'ASSUÉRUS.

ASSUÉRUS

> Ainsi donc, sans cet avis fidèle,
> Deux traîtres dans son lit assassinaient leur roi ?
> Qu'on me laisse, et qu'Asaph seul demeure avec moi.

SCÈNE III

ASSUÉRUS, ASAPH.

ASSUÉRUS, *assis sur son trône.*

> Je veux bien l'avouer: de ce couple perfide
> J'avais presque oublié l'attentat parricide;   530
> Et j'ai pâli deux fois au terrible récit
> Qui vient d'en retracer l'image à mon esprit.
> Je vois de quel succès leur fureur fut suivie,
> Et que dans les tourments ils laissèrent la vie.
> Mais ce sujet zélé qui, d'un œil si subtil,   535
> Sut de leur noir complot développer le fil,
> Qui me montra sur moi leur main déjà levée,
> Enfin par qui la Perse avec moi fut sauvée,
> Quel honneur pour sa foi, quel prix a-t-il reçu ?

ASAPH

> On lui promit beaucoup: c'est tout ce que j'ai su.   540

ASSUÉRUS

> O d'un si grand service oubli trop condamnable !
> Des embarras du trône effet inévitable !
> De soins tumultueux un prince environné

---

527. **assassinaient** = *auraient assassiné.*   530. **l'attentat parricide,** i.e. the attempt to murder the King, the father of his subjects.   533. **succès,** *result.* — **fureur,** *madness.*   536. **développer le fil,** *unravel the thread.*   539. **foi,** *loyalty.*   542. **embarras du,** *confusion of affairs about.*

Vers de nouveaux objets est sans cesse entraîné;
L'avenir l'inquiète, et le présent le frappe;   545
Mais plus prompt que l'éclair, le passé nous échappe;
Et de tant de mortels, à toute heure empressés
A nous faire valoir leurs soins intéressés,
Il ne s'en trouve point qui, touchés d'un vrai zèle,
Prennent à notre gloire un intérêt fidèle,   550
Du mérite oublié nous fassent souvenir,
Trop prompts à nous parler de ce qu'il faut punir.
Ah! que plutôt l'injure échappe à ma vengeance,
Qu'un si rare bienfait à ma reconnaissance!
Et qui voudrait jamais s'exposer pour son roi?   555
Ce mortel qui montra tant de zèle pour moi,
Vit-il encore?

ASAPH

        Il voit l'astre qui vous éclaire.

ASSUÉRUS

Et que n'a-t-il plus tôt demandé son salaire?
Quel pays reculé le cache à mes bienfaits?

ASAPH

Assis le plus souvent aux portes du palais,   560
Sans se plaindre de vous, ni de sa destinée,
Il y traîne, Seigneur, sa vie infortunée.

ASSUÉRUS

Et je dois d'autant moins oublier la vertu,
Qu'elle-même s'oublie. Il se nomme, dis-tu?

ASAPH

Mardochée est le nom que je viens de vous lire.   565

ASSUÉRUS

Et son pays?

ASAPH

        Seigneur, puisqu'il faut vous le dire,
C'est un de ces captifs à périr destinés,
Des rives du Jourdain sur l'Euphrate amenés.

---

545. **le frappe,** *engrosses his attention.*   552. Assuérus appears here as a sensible and just ruler, different from the Assuérus of legend and historical tradition.   553. **l'injure,** *the wrong done.*   557. A poetical periphrasis, natural here, since the Persians worshiped the sun.   558. **salaire,** *reward.*

ASSUÉRUS

> Il est donc Juif? O ciel! Sur le point que la vie
> Par mes propres sujets m'allait être ravie,　　　　　570
> Un Juif rend par ses soins leurs efforts impuissants?
> Un Juif m'a préservé du glaive des Persans?
> Mais puisqu'il m'a sauvé, quel qu'il soit, il n'importe.
> Holà! quelqu'un.

SCÈNE IV

ASSUÉRUS, HYDASPE, ASAPH.

HYDASPE

> Seigneur.

ASSUÉRUS

> Regarde à cette porte.
> Vois s'il s'offre à tes yeux quelque grand de ma cour.　　575

HYDASPE

> Aman à votre porte a devancé le jour.

ASSUÉRUS

> Qu'il entre. Ses avis m'éclaireront peut-être.

SCÈNE V

ASSUÉRUS, AMAN, HYDASPE, ASAPH.

ASSUÉRUS

> Approche, heureux appui du trône de ton maître,
> Ame de mes conseils, et qui seul tant de fois
> Du sceptre dans ma main as soulagé le poids.　　　　580
> Un reproche secret embarrasse mon âme.
> Je sais combien est pur le zèle qui t'enflamme:
> Le mensonge jamais n'entra dans tes discours,
> Et mon intérêt seul est le but où tu cours.
> Dis-moi donc: que doit faire un prince magnanime　　585
> Qui veut combler d'honneurs un sujet qu'il estime?
> Par quel gage éclatant et digne d'un grand roi

569. **Sur le point que . . .**, *At the very moment when . . .*　587. **gage**, *token, mark of esteem.*

Puis-je récompenser le mérite et la foi ?
Ne donne point de borne à ma reconnaissance:
Mesure tes conseils sur ma vaste puissance.   590

AMAN, *tout bas.*

C'est pour toi-même, Aman, que tu vas prononcer;
Et quel autre que toi peut-on récompenser ?

ASSUÉRUS

Que penses-tu ?

AMAN

Seigneur, je cherche, j'envisage
Des monarques persans la conduite et l'usage.
Mais à mes yeux en vain je les rappelle tous: 595
Pour vous régler sur eux, que sont-ils près de vous ?
Votre règne aux neveux doit servir de modèle.
Vous voulez d'un sujet reconnaître le zèle.
L'honneur seul peut flatter un esprit généreux:
Je voudrais donc, Seigneur, que ce mortel heureux,   600
De la pourpre aujourd'hui paré comme vous-même,
Et portant sur le front le sacré diadème,
Sur un de vos coursiers pompeusement orné,
Aux yeux de vos sujets dans Suse fût mené;
Que pour comble de gloire et de magnificence,   605
Un seigneur éminent en richesse, en puissance,
Enfin de votre empire après vous le premier,
Par la bride guidât son superbe coursier;
Et lui-même, marchant en habits magnifiques,
Criât à haute voix dans les places publiques: 610
« Mortels, prosternez-vous: c'est ainsi que le Roi
Honore le mérite et couronne la foi. »

ASSUÉRUS

Je vois que la sagesse elle-même t'inspire.
Avec mes volontés ton sentiment conspire.
Va, ne perds point de temps. Ce que tu m'as dicté,   615
Je veux de point en point qu'il soit exécuté.

---

588. foi, *loyalty.*   591. prononcer, *answer, decide.*   596. i.e. What are they compared to you, that you should follow their example ?   597. neveux, *posterity.*
598. reconnaître, *acknowledge*, i.e. reward.   608. superbe, *proud.*   614. conspire,
concurs.   615. dicté, *suggested.*   616. qu'il = *que cela.*

La vertu dans l'oubli ne sera plus cachée.
Aux portes du palais prends le Juif Mardochée:
C'est lui que je prétends honorer aujourd'hui.
Ordonne son triomphe, et marche devant lui.   620
Que Suse par ta voix de son nom retentisse,
Et fais à son aspect que tout genou fléchisse.
Sortez tous.

AMAN

       Dieux!

SCÈNE VI

ASSUÉRUS, *seul.*

     Le prix est sans doute inouï:
Jamais d'un tel honneur un sujet n'a joui.
Mais plus la récompense est grande et glorieuse,   625
Plus même de ce Juif la race est odieuse,
Plus j'assure ma vie, et montre avec éclat
Combien Assuérus redoute d'être ingrat.
On verra l'innocent discerné du coupable.
Je n'en perdrai pas moins ce peuple abominable.   630
Leurs crimes . . .

SCÈNE VII

ASSUÉRUS, ESTHER, ÉLISE, THAMAR, PARTIE DU CHŒUR.

(Esther entre, s'appuyant sur Élise; quatre Israélites
soutiennent sa robe.)

ASSUÉRUS

     Sans mon ordre on porte ici ses pas?
Quel mortel insolent vient chercher le trépas?
Gardes . . . C'est vous, Esther? Quoi? sans être attendue?

ESTHER

Mes filles, soutenez votre Reine éperdue.
Je me meurs.

       (Elle tombe évanouie.)

---

620. **Ordonne,** *Arrange the details of.*   622. **fais . . . que,** *so order that.*   623. The soliloquy of Assuérus is somewhat surprising. Racine obviously tried to depict him as a violent, impulsive monarch, jealous of his own interest even when he seems generous, and cruel at the very moment when he seems merciful.   630. **en,** cf. note to l. 234.   631. **on,** *someone.*   633. **sans être attendue,** *unsummoned and unexpected.*

ASSUÉRUS

Dieux puissants! quelle étrange pâleur   635
De son teint tout à coup efface la couleur?
Esther, que craignez-vous? Suis-je pas votre frère?
Est-ce pour vous qu'est fait un ordre si sévère?
Vivez, le sceptre d'or que vous tend cette main,
Pour vous de ma clémence est un gage certain.   640

ESTHER

Quelle voix salutaire ordonne que je vive,
Et rappelle en mon sein mon âme fugitive?

ASSUÉRUS

Ne connaissez-vous pas la voix de votre époux?
Encore un coup, vivez, et revenez à vous.

ESTHER

Seigneur, je n'ai jamais contemplé qu'avec crainte   645
L'auguste majesté sur votre front empreinte:
Jugez combien ce front irrité contre moi
Dans mon âme troublée a dû jeter d'effroi.
Sur ce trône sacré, qu'environne la foudre,
J'ai cru vous voir tout prêt à me réduire en poudre.   650
Hélas! sans frissonner, quel cœur audacieux
Soutiendrait les éclairs qui partaient de vos yeux?
Ainsi du Dieu vivant la colère étincelle . . .

ASSUÉRUS

O soleil! ô flambeaux de lumière immortelle!
Je me trouble moi-même, et sans frémissement   655
Je ne puis voir sa peine et son saisissement.
Calmez, Reine, calmez la frayeur qui vous presse.
Du cœur d'Assuérus souveraine maîtresse,
Éprouvez seulement son ardente amitié.
Faut-il de mes États vous donner la moitié?   660

ESTHER

Hé! se peut-il qu'un roi craint de la terre entière,
Devant qui tout fléchit et baise la poussière,

---

637. **Suis-je pas** = *Ne suis-je pas. Pas* by itself had full negative force in the 17th century.   642. **fugitive** = *qui s'enfuit.*   644. **Encore un coup,** *Once more.* The phrase has become colloquial in modern French.   653. **étincelle** (3rd person singular), *flashes.*   654. **flambeaux . . . immortelle.** The King invokes the stars, worshiped in his religion.   657. **presse,** *overwhelms.*   659. **Éprouvez,** *Try, Put to a test.*

Jette sur son esclave un regard si serein,
Et m'offre sur son cœur un pouvoir souverain?

ASSUÉRUS

Croyez-moi, chère Esther, ce sceptre, cet empire,   665
Et ces profonds respects que la terreur inspire,
A leur pompeux éclat mêlent peu de douceur,
Et fatiguent souvent leur triste possesseur.
Je ne trouve qu'en vous je ne sais quelle grâce
Qui me charme toujours et jamais ne me lasse.   670
De l'aimable vertu doux et puissants attraits!
Tout respire en Esther l'innocence et la paix.
Du chagrin le plus noir elle écarte les ombres,
Et fait des jours sereins de mes jours les plus sombres.
Que dis-je? sur ce trône assis auprès de vous,   675
Des astres ennemis j'en crains moins le courroux,
Et crois que votre front prête à mon diadème
Un éclat qui le rend respectable aux dieux même.
Osez donc me répondre, et ne me cachez pas
Quel sujet important conduit ici vos pas.   680
Quel intérêt, quels soins vous agitent, vous pressent?
Je vois qu'en m'écoutant vos yeux au ciel s'adressent.
Parlez: de vos désirs le succès est certain,
Si ce succès dépend d'une mortelle main.

ESTHER

O bonté qui m'assure autant qu'elle m'honore!   685
Un intérêt pressant veut que je vous implore.
J'attends ou mon malheur ou ma félicité;
Et tout dépend, Seigneur, de votre volonté.
Un mot de votre bouche, en terminant mes peines,
Peut rendre Esther heureuse entre toutes les reines.   690

ASSUÉRUS

Ah! que vous enflammez mon désir curieux!

---

669. Courtiers recognized here the expression of Louis XIV's sentiments for Mme
de Maintenon.   676. **j'en crains moins.** *En* is not to be translated. It means 'on
that account,' i.e. from the fact that I am seated near you, I have less fear, etc.
678. **respectable,** *worthy of respect.*   682. A subtle suggestion of the physical attitude
of Esther.   685. **m'assure** = *me rassure.*

ESTHER

Seigneur, si j'ai trouvé grâce devant vos yeux,
Si jamais à mes vœux vous fûtes favorable,
Permettez, avant tout, qu'Esther puisse à sa table
Recevoir aujourd'hui son souverain seigneur,   695
Et qu'Aman soit admis à cet excès d'honneur.
J'oserai devant lui rompre ce grand silence,
Et j'ai, pour m'expliquer, besoin de sa présence.

ASSUÉRUS

Dans quelle inquiétude, Esther, vous me jetez !
Toutefois, qu'il soit fait comme vous souhaitez.   700
(A ceux de sa suite.)
Vous, que l'on cherche Aman; et qu'on lui fasse entendre
Qu'invité chez la Reine, il ait soin de s'y rendre.

HYDASPE

Les savants Chaldéens, par votre ordre appelés,
Dans cet appartement, Seigneur, sont assemblés.

ASSUÉRUS

Princesse, un songe étrange occupe ma pensée.   705
Vous-même en leur réponse êtes intéressée.
Venez, derrière un voile écoutant leurs discours,
De vos propres clartés me prêter le secours.
Je crains pour vous, pour moi, quelque ennemi perfide.

ESTHER

Suis-moi, Thamar. Et vous, troupe jeune et timide,   710
Sans craindre ici les yeux d'une profane cour,
A l'abri de ce trône attendez mon retour.

692. grâce, *mercy*.   698. In spite of her emotion and of her fainting spell, Esther has quickly recovered her self-control. Her speech is clear and reveals her firm resolution.   708. clartés = *lumières*.

SCÈNE VIII

(Cette scène est partie déclamée sans chant, et partie chantée.)

ÉLISE, PARTIE DU CHŒUR.

ÉLISE

Que vous semble, mes sœurs, de l'état où nous sommes?
D'Esther, d'Aman, qui le doit emporter?
Est-ce Dieu, sont-ce les hommes   715
Dont les œuvres vont éclater?
Vous avez vu quelle ardente colère
Allumait de ce roi le visage sévère.

UNE DES ISRAÉLITES

Des éclairs de ses yeux l'œil était ébloui.

UNE AUTRE

Et sa voix m'a paru comme un tonnerre horrible.   720

ÉLISE

Comment ce courroux si terrible
En un moment s'est-il évanoui?

UNE DES ISRAÉLITES *chante.*

Un moment a changé ce courage inflexible.
Le lion rugissant est un agneau paisible.
Dieu, notre Dieu sans doute a versé dans son cœur   725
Cet esprit de douceur.

LE CHŒUR *chante.*

Dieu, notre Dieu sans doute a versé dans son cœur
Cet esprit de douceur.

LA MÊME ISRAÉLITE *chante.*

Tel qu'un ruisseau docile
Obéit à la main qui détourne son cours,   730
Et laissant de ses eaux partager le secours,
Va rendre tout un champ fertile,
Dieu, de nos volontés arbitre souverain,
Le cœur des rois est ainsi dans ta main.

714. **le doit emporter** = *doit l'emporter.*   716. **éclater,** *manifest themselves.*

ÉLISE   Ah! que je crains, mes sœurs, les funestes nuages   735
            Qui de ce prince obscurcissent les yeux!
            Comme il est aveuglé du culte de ses dieux!

UNE DES ISRAÉLITES
            Il n'atteste jamais que leurs noms odieux.

UNE AUTRE
            Aux feux inanimés dont se parent les cieux
              Il rend de profanes hommages.   740

UNE AUTRE
            Tout son palais est plein de leurs images.

LE CHŒUR *chante.*
            Malheureux! vous quittez le maître des humains
              Pour adorer l'ouvrage de vos mains.

UNE ISRAÉLITE *chante.*
            Dieu d'Israël, dissipe enfin cette ombre.
            Des larmes de tes saints quand seras-tu touché?   745
              Quand sera le voile arraché
            Qui sur tout l'univers jette une nuit si sombre?
              Dieu d'Israël dissipe enfin cette ombre:
              Jusqu'à quand seras-tu caché?

UNE DES PLUS JEUNES ISRAÉLITES
            Parlons plus bas, mes sœurs.   Ciel! si quelque infidèle,   750
            Écoutant nos discours, nous allait déceler!

ÉLISE
            Quoi? fille d'Abraham, une crainte mortelle
              Semble déjà vous faire chanceler?
            Hé! si l'impie Aman, dans sa main homicide
            Faisant luire à vos yeux un glaive menaçant,   755
              A blasphémer le nom du Tout-Puissant
              Voulait forcer votre bouche timide?

UNE AUTRE ISRAÉLITE
            Peut-être Assuérus, frémissant de courroux,
              Si nous ne courbons les genoux

---

739. A reference to the sun and the stars.   743. **l'ouvrage de vos mains,** i.e. idols, statues.

Devant une muette idole, 760
Commandera qu'on nous immole.
Chère sœur, que choisirez-vous?

LA JEUNE ISRAÉLITE

Moi! je pourrais trahir le Dieu que j'aime?
J'adorerais un dieu sans force et sans vertu,
Reste d'un tronc par les vents abattu, 765
Qui ne peut se sauver lui-même?

LE CHŒUR *chante.*

Dieux impuissants, dieux sourds, tous ceux qui vous implorent
Ne seront jamais entendus.
Que les démons, et ceux qui les adorent,
Soient à jamais détruits et confondus. 770

UNE ISRAÉLITE *chante.*

Que ma bouche et mon cœur, et tout ce que je suis,
Rendent honneur au Dieu qui m'a donné la vie!
Dans les craintes, dans les ennuis,
En ses bontés mon âme se confie.
Veut-il par mon trépas que je le glorifie? 775
Que ma bouche et mon cœur, et tout ce que je suis,
Rendent honneur au Dieu qui m'a donné la vie.

ÉLISE

Je n'admirai jamais la gloire de l'impie.

UNE AUTRE ISRAÉLITE

Au bonheur du méchant qu'une autre porte envie.

ÉLISE

Tous ses jours paraissent charmants; 780
L'or éclate en ses vêtements;
Son orgueil est sans borne ainsi que sa richesse;
Jamais l'air n'est troublé de ses gémissements;
Il s'endort, il s'éveille au son des instruments;
Son cœur nage dans la mollesse. 785

764. **vertu,** *power.* 769. **démons** refers to the gods and goddesses of the pagans.
774. **En** instead of *à.* The usual construction is *se confier à* and *se fier en quelqu'un.*
780. **charmants.** The meaning of the adjective is much stronger than in modern
usage: *full of delights.*

UNE AUTRE ISRAÉLITE

>   Pour comble de prospérité,
>   Il espère revivre en sa postérité;
>   Et d'enfants à sa table une riante troupe
>   Semble boire avec lui la joie à pleine coupe.
>   (*Tout le reste est chanté.*)

LE CHŒUR

>   Heureux, dit-on, le peuple florissant   790
>   Sur qui ces biens coulent en abondance!
>   Plus heureux le peuple innocent
>   Qui dans le Dieu du ciel a mis sa confiance!

UNE ISRAÉLITE *seule.*

>   Pour contenter ses frivoles désirs,
>   L'homme insensé vainement se consume: 795
>   Il trouve l'amertume
>   Au milieu des plaisirs.

UNE AUTRE *seule.*

>   Le bonheur de l'impie est toujours agité;
>   Il erre à la merci de sa propre inconstance.
>   Ne cherchons la félicité   800
>   Que dans la paix de l'innocence.

LA MÊME *avec une autre.*

>   O douce paix!
>   O lumière éternelle!
>   Beauté toujours nouvelle!
>   Heureux le cœur épris de tes attraits!   805
>   O douce paix!
>   O lumière éternelle!
>   Heureux le cœur qui ne te perd jamais!

LE CHŒUR

>   O douce paix!
>   O lumière éternelle!   810
>   Beauté toujours nouvelle!
>   O douce paix!
>   Heureux le cœur qui ne te perd jamais!

---

789. **la joie à pleine coupe,** *a brimming cup of joy.* 798. **agité,** *restless.*

LA MÊME *seule.*

Nulle paix pour l'impie. Il la cherche, elle fuit,
Et le calme en son cœur ne trouve point de place.   815
    Le glaive au dehors le poursuit;
    Le remords au dedans le glace.

UNE AUTRE

La gloire des méchants en un moment s'éteint.
    L'affreux tombeau pour jamais les dévore.
Il n'en est pas ainsi de celui qui te craint: 820
Il renaîtra, mon Dieu, plus brillant que l'aurore.

LE CHŒUR

    O douce paix !
Heureux le cœur qui ne te perd jamais !

ÉLISE, *sans chanter.*

Mes sœurs, j'entends du bruit dans la chambre prochaine.
On nous appelle: allons rejoindre notre reine.   825

ACTE TROISIÈME

(Le théâtre représente les jardins d'Esther, et un des côtés du
salon où se fait le festin.)

SCÈNE PREMIÈRE

AMAN, ZARÈS.

ZARÈS

C'est donc ici d'Esther le superbe jardin;
Et ce salon pompeux est le lieu du festin.
Mais tandis que la porte en est encor fermée,
Écoutez les conseils d'une épouse alarmée.
Au nom du sacré nœud qui me lie avec vous,   830
Dissimulez, Seigneur, cet aveugle courroux;
Éclaircissez ce front où la tristesse est peinte:
Les rois craignent surtout le reproche et la plainte.
Seul entre tous les grands par la Reine invité,
Ressentez donc aussi cette félicité.   835

---

824. **prochaine** (for *voisine*), *next door.*   827. **pompeux**, *splendid, magnificent.*
835. **Ressentez**, *Be sensitive to* or *grateful for.*

Si le mal vous aigrit, que le bienfait vous touche.
Je l'ai cent fois appris de votre propre bouche:
Quiconque ne sait pas dévorer un affront,
Ni de fausses couleurs se déguiser le front,
Loin de l'aspect des rois qu'il s'écarte, qu'il fuie.   840
Il est des contretemps qu'il faut qu'un sage essuie.
Souvent avec prudence un outrage enduré
Aux honneurs les plus hauts a servi de degré.

AMAN

O douleur ! ô supplice affreux à la pensée !
O honte, qui jamais ne peut être effacée !   845
Un exécrable Juif, l'opprobre des humains,
S'est donc vu de la pourpre habillé par mes mains?
C'est peu qu'il ait sur moi remporté la victoire;
Malheureux, j'ai servi de héraut à sa gloire.
Le traître ! Il insultait à ma confusion;   850
Et tout le peuple même avec dérision,
Observant la rougeur qui couvrait mon visage,
De ma chute certaine en tirait le présage.
Roi cruel ! ce sont là les jeux où tu te plais.
Tu ne m'as prodigué tes perfides bienfaits   855
Que pour me faire mieux sentir ta tyrannie,
Et m'accabler enfin de plus d'ignominie.

ZARÈS

Pourquoi juger si mal de son intention?
Il croit récompenser une bonne action.
Ne faut-il pas, Seigneur, s'étonner au contraire   860
Qu'il en ait si longtemps différé le salaire?
Du reste, il n'a rien fait que par votre conseil.
Vous-même avez dicté tout ce triste appareil.
Vous êtes après lui le premier de l'Empire.
Sait-il toute l'horreur que ce Juif vous inspire?   865

AMAN

Il sait qu'il me doit tout, et que pour sa grandeur
J'ai foulé sous les pieds remords, crainte, pudeur;

838. dévorer, *endure in silence.* 841. essuie, *bear with patience.* 843. degré, *step-ping-stone.* 861. salaire, *reward.* 863. appareil, *paraphernalia, pageant.* 866 ff. A tradition, recorded by Racine's son, points to some traits of Louvois which Racine may have depicted in Aman. Louvois was supposed to have uttered the proud words here repeated (l. 866) when boasting of his services to Louis XIV.

Qu'avec un cœur d'airain exerçant sa puissance,
J'ai fait taire les lois et gémir l'innocence;
Que pour lui, des Persans bravant l'aversion,   870
J'ai chéri, j'ai cherché la malédiction;
Et pour prix de ma vie à leur haine exposée,
Le barbare aujourd'hui m'expose à leur risée!

ZARÈS

Seigneur, nous sommes seuls. Que sert de se flatter?
Ce zèle que pour lui vous fîtes éclater,   875
Ce soin d'immoler tout à son pouvoir suprême,
Entre nous, avaient-ils d'autre objet que vous-même?
Et sans chercher plus loin, tous ces Juifs désolés,
N'est-ce pas à vous seul que vous les immolez?
Et ne craignez-vous point que quelque avis funeste . . . 880
Enfin la cour nous hait, le peuple nous déteste.
Ce Juif même, il le faut confesser malgré moi,
Ce Juif, comblé d'honneurs, me cause quelque effroi.
Les malheurs sont souvent enchaînés l'un à l'autre,
Et sa race toujours fut fatale à la vôtre.   885
De ce léger affront songez à profiter.
Peut-être la fortune est prête à vous quitter;
Aux plus affreux excès son inconstance passe.
Prévenez son caprice avant qu'elle se lasse.
Où tendez-vous plus haut? Je frémis quand je voi   890
Les abîmes profonds qui s'offrent devant moi:
La chute désormais ne peut être qu'horrible.
Osez chercher ailleurs un destin plus paisible.
Regagnez l'Hellespont, et ces bords écartés
Où vos aïeux errants jadis furent jetés,   895
Lorsque des Juifs contre eux la vengeance allumée
Chassa tout Amalec de la triste Idumée.
Aux malices du sort enfin dérobez-vous.
Nos plus riches trésors marcheront devant nous.
Vous pouvez du départ me laisser la conduite;   900
Surtout de vos enfants j'assurerai la fuite.

---

874. se flatter, *to deceive oneself.*   875. vous fîtes éclater, *you displayed.*
886. léger, *slight* (compared to what may follow).   889. Prévenez, *Forestall, Anticipate.*   890. tendez-vous, *are you aiming at, are you hoping to reach.*   894. bords, *shores.*   897. The detail is not historically or geographically accurate. Racine borrowed it from a contemporary historian.   900. la conduite, *the preparation.*

N'ayez soin cependant que de dissimuler.
Contente, sur vos pas vous me verrez voler:
La mer la plus terrible et la plus orageuse
Est plus sûre pour nous que cette cour trompeuse.   905
Mais à grands pas vers vous je vois quelqu'un marcher.
C'est Hydaspe.

SCÈNE II

AMAN, ZARÈS, HYDASPE.

HYDASPE

    Seigneur, je courais vous chercher.
Votre absence en ces lieux suspend toute la joie;
Et pour vous y conduire Assuérus m'envoie.

AMAN

  Et Mardochée est-il aussi de ce festin ?   910

HYDASPE

  A la table d'Esther portez-vous ce chagrin ?
Quoi ? toujours de ce Juif l'image vous désole ?
Laissez-le s'applaudir d'un triomphe frivole.
Croit-il d'Assuérus éviter la rigueur ?
Ne possédez-vous pas son oreille et son cœur ?   915
On a payé le zèle, on punira le crime;
Et l'on vous a, Seigneur, orné votre victime.
Je me trompe, ou vos vœux par Esther secondés
Obtiendront plus encor que vous ne demandez.

AMAN

  Croirai-je le bonheur que ta bouche m'annonce ?   920

HYDASPE

  J'ai des savants devins entendu la réponse:
Ils disent que la main d'un perfide étranger
Dans le sang de la Reine est prête à se plonger;
Et le Roi, qui ne sait où trouver le coupable,
N'impute qu'aux seuls Juifs ce projet détestable.   925

---

902. **cependant,** *in the meantime.* 908. **en ces lieux,** i.e. at the feast. 913. **frivole,** *vain, unprofitable.* 915. **son oreille,** i.e. his confidence. 917. **orné,** *adorned* (as for a sacrifice).

AMAN

Oui, ce sont, cher ami, des monstres furieux;
Il faut craindre surtout leur chef audacieux.
La terre avec horreur dès longtemps les endure;
Et l'on n'en peut trop tôt délivrer la nature.
Ah! je respire enfin. Chère Zarès, adieu.   930

HYDASPE

Les compagnes d'Esther s'avancent vers ce lieu.
Sans doute leur concert va commencer la fête.
Entrez, et recevez l'honneur qu'on vous apprête.

SCÈNE III

ÉLISE, LE CHŒUR.

(*Ceci se récite sans chant.*)

UNE DES ISRAÉLITES

C'est Aman.

UNE AUTRE

C'est lui-même, et j'en frémis, ma sœur.

LA PREMIÈRE

Mon cœur de crainte et d'horreur se resserre.   935

L'AUTRE

C'est d'Israël le superbe oppresseur.

LA PREMIÈRE

C'est celui qui trouble la terre.

ÉLISE

Peut-on, en le voyant, ne le connaître pas?
L'orgueil et le dédain sont peints sur son visage.

UNE ISRAÉLITE

On lit dans ses regards sa fureur et sa rage.   940

928. **dès longtemps** = *depuis longtemps.*   930. Aman, like most Racinian characters, is of an impulsive and passionate nature. He easily believes what he hopes and
takes his wishes for realities. His folly stands in sharp contrast to the prudence and
subtlety of his wife.   938. **connaître** = *reconnaître.*

UNE AUTRE

Je croyais voir marcher la Mort devant ses pas.

UNE DES PLUS JEUNES

Je ne sais si ce tigre a reconnu sa proie;
Mais en nous regardant, mes sœurs, il m'a semblé
Qu'il avait dans les yeux une barbare joie,
  Dont tout mon sang est encore troublé.   945

ÉLISE

Que ce nouvel honneur va croître son audace!
  Je le vois, mes sœurs, je le voi:
A la table d'Esther l'insolent près du Roi
  A déjà pris sa place.

UNE DES ISRAÉLITES

Ministres du festin, de grâce dites-nous,   950
Quels mets à ce cruel, quel vin préparez-vous ?

UNE AUTRE

Le sang de l'orphelin,

UNE TROISIÈME

                    les pleurs des misérables,

LA SECONDE

Sont ses mets les plus agréables.

LA TROISIÈME

C'est son breuvage le plus doux.

ÉLISE

Chères sœurs, suspendez la douleur qui vous presse.   955
Chantons, on nous l'ordonne; et que puissent nos chants
Du cœur d'Assuérus adoucir la rudesse,
Comme autrefois David par ses accords touchants
Calmait d'un roi jaloux la sauvage tristesse!
        (*Tout le reste de cette scène est chanté.*)

UNE ISRAÉLITE

Que le peuple est heureux,   960
Lorsqu'un roi généreux,

946. **croître** = *accroître*.   950. **Ministres,** etymological use of the word: those who
minister to some need or fulfill some duty.   955. **suspendez,** *restrain*.   956. **que
puissent,** *may;* an optative form.   959. **un roi jaloux,** i.e. Saul.

Craint dans tout l'univers, veut encore qu'on l'aime !
Heureux le peuple ! heureux le roi lui-même !

TOUT LE CHŒUR

O repos ! ô tranquillité !
O d'un parfait bonheur assurance éternelle,　　　　　965
Quand la suprême autorité
Dans ses conseils a toujours auprès d'elle
La justice et la vérité !

*(Ces quatre stances sont chantées alternativement par une voix
seule et par tout le Chœur.)*

UNE ISRAÉLITE

Rois, chassez la calomnie.
Ses criminels attentats　　　　　970
Des plus paisibles États
Troublent l'heureuse harmonie.

Sa fureur, de sang avide,
Poursuit partout l'innocent.
Rois, prenez soin de l'absent　　　　　975
Contre sa langue homicide.

De ce monstre si farouche
Craignez la feinte douceur.
La vengeance est dans son cœur,
Et la pitié dans sa bouche.　　　　　980

La fraude adroite et subtile
Sème de fleurs son chemin ;
Mais sur ses pas vient enfin
Le repentir inutile.

UNE ISRAÉLITE *seule.*

D'un souffle l'aquilon écarte les nuages,　　　　　985
Et chasse au loin la foudre et les orages.
Un roi sage, ennemi du langage menteur,
Écarte d'un regard le perfide imposteur.

978. **la feinte douceur,** *the feigned gentleness.*　　　981. **subtile,** *wily, deceptive.*
985. **l'aquilon,** *the cold north wind.*

UNE AUTRE

J'admire un roi victorieux,
Que sa valeur conduit triomphant en tous lieux;   990
Mais un roi sage et qui hait l'injustice,
Qui sous la loi du riche impérieux
Ne souffre point que le pauvre gémisse,
Est le plus beau présent des cieux.

UNE AUTRE

La veuve en sa défense espère.   995

UNE AUTRE

De l'orphelin il est le père;

TOUTES ENSEMBLE

Et les larmes du juste implorant son appui
Sont précieuses devant lui.

UNE ISRAÉLITE *seule.*

Détourne, Roi puissant, détourne tes oreilles
De tout conseil barbare et mensonger.   1000
Il est temps que tu t'éveilles:
Dans le sang innocent ta main va se plonger,
Pendant que tu sommeilles.
Détourne, Roi puissant, détourne tes oreilles
De tout conseil barbare et mensonger.   1005

UNE AUTRE

Ainsi puisse sous toi trembler la terre entière !
Ainsi puisse à jamais contre tes ennemis
Le bruit de ta valeur te servir de barrière !
S'ils t'attaquent, qu'ils soient en un moment soumis.

Que de ton bras la force les renverse;   1010
Que de ton nom la terreur les disperse;
Que tout leur camp nombreux soit devant tes soldats
Comme d'enfants une troupe inutile;
Et si par un chemin il entre en tes États
Qu'il en sorte par plus de mille.   1015

---

992. **riche** is the substantive.   998. **devant lui,** *in his sight.*   1006. **Ainsi,** *Thus,* i.e. If you do so.   1008. **Le bruit,** *The fame.*   1012. **leur camp,** *their troop.*

SCÈNE IV

ASSUÉRUS, ESTHER, AMAN, ÉLISE, LE CHŒUR.

ASSUÉRUS, à *Esther*.

> Oui, vos moindres discours ont des grâces secrètes;
> Une noble pudeur à tout ce que vous faites
> Donne un prix que n'ont point ni la pourpre ni l'or.
> Quel climat renfermait un si rare trésor?
> Dans quel sein vertueux avez-vous pris naissance?   1020
> Et quelle main si sage éleva votre enfance?
>   Mais dites promptement ce que vous demandez:
> Tous vos désirs, Esther, vous seront accordés,
> Dussiez-vous, je l'ai dit, et veux bien le redire,
> Demander la moitié de ce puissant empire.   1025

ESTHER

> Je ne m'égare point dans ces vastes désirs.
> Mais puisqu'il faut enfin expliquer mes soupirs,
> Puisque mon Roi lui-même à parler me convie,
>
>   (*Elle se jette aux pieds du Roi.*)
>
> J'ose vous implorer, et pour ma propre vie,
> Et pour les tristes jours d'un peuple infortuné,   1030
> Qu'à périr avec moi vous avez condamné.

ASSUÉRUS, *la relevant*.

> A périr? Vous? Quel peuple? Et quel est ce mystère?

AMAN, *tout bas*.

> Je tremble.

ESTHER

>   Esther, Seigneur, eut un Juif pour son père.
> De vos ordres sanglants vous savez la rigueur.

AMAN

>   Ah! Dieux!

1016. discours, *words*.   1018. point would be omitted in modern French.
1019. climat, *clime, land*.   1033. pour son père. *Son* would be omitted in modern
French.

ASSUÉRUS

    Ah! de quel coup me percez-vous le cœur?   1035
Vous la fille d'un Juif? Hé quoi? tout ce que j'aime,
Cette Esther, l'innocence et la sagesse même,
Que je croyais du ciel les plus chères amours,
Dans cette source impure aurait puisé ses jours?
Malheureux!

ESTHER

    Vous pourrez rejeter ma prière.   1040
Mais je demande au moins que, pour grâce dernière,
Jusqu'à la fin, Seigneur, vous m'entendiez parler,
Et que surtout Aman n'ose point me troubler.

ASSUÉRUS

Parlez.

ESTHER

  O Dieu, confonds l'audace et l'imposture.
Ces Juifs, dont vous voulez délivrer la nature,   1045
Que vous croyez, Seigneur, le rebut des humains,
D'une riche contrée autrefois souverains,
Pendant qu'ils n'adoraient que le Dieu de leurs pères,
Ont vu bénir le cours de leurs destins prospères.
  Ce Dieu, maître absolu de la terre et des cieux,   1050
N'est point tel que l'erreur le figure à vos yeux.
L'Éternel est son nom. Le monde est son ouvrage;
Il entend les soupirs de l'humble qu'on outrage,
Juge tous les mortels avec d'égales lois,
Et du haut de son trône interroge les rois.   1055
Des plus fermes États la chute épouvantable,
Quand il veut, n'est qu'un jeu de sa main redoutable.
Les Juifs à d'autres dieux osèrent s'adresser:
Roi, peuples, en un jour tout se vit disperser.
Sous les Assyriens leur triste servitude   1060
Devint le juste prix de leur ingratitude.

1039. Assuérus uses the conditional *aurait puisé.* He cannot yet believe it.
1040. This request is Esther's best weapon. She is resigned and submissive before
the King, who does not conceal his love for her. Then she boldly challenges Aman.
1051. **le figure**, *depicts Him.*   1054. **d'égales lois** = *des lois égales.*   1056. **fermes,**
stable.   1058. They worshiped strange gods, Phœnician, etc.   1061. **prix**, i.e. the
punishment.

Mais pour punir enfin nos maîtres à leur tour,
Dieu fit choix de Cyrus avant qu'il vît le jour,
L'appela par son nom, le promit à la terre,
Le fit naître, et soudain l'arma de son tonnerre,   1065
Brisa les fiers remparts et les portes d'airain,
Mit des superbes rois la dépouille en sa main,
De son temple détruit vengea sur eux l'injure.
Babylone paya nos pleurs avec usure.
Cyrus, par lui vainqueur, publia ses bienfaits,   1070
Regarda notre peuple avec des yeux de paix,
Nous rendit et nos lois et nos fêtes divines;
Et le temple déjà sortait de ses ruines.
Mais de ce roi si sage héritier insensé,
Son fils interrompit l'ouvrage commencé,   1075
Fut sourd à nos douleurs. Dieu rejeta sa race,
Le retrancha lui-même, et vous mit en sa place.
  Que n'espérions-nous point d'un roi si généreux ?
« Dieu regarde en pitié son peuple malheureux,
Disions-nous: un roi règne, ami de l'innocence. »   1080
Partout du nouveau prince on vantait la clémence:
Les Juifs partout de joie en poussèrent des cris.
Ciel ! verra-t-on toujours par de cruels esprits
Des princes les plus doux l'oreille environnée,
Et du bonheur public la source empoisonnée ?   1085
Dans le fond de la Thrace un barbare enfanté
Est venu dans ces lieux souffler la cruauté.
Un ministre ennemi de votre propre gloire . . .

AMAN

De votre gloire ? Moi ? Ciel ! Le pourriez-vous croire ?
Moi, qui n'ai d'autre objet ni d'autre dieu . . .

ASSUÉRUS
                                       Tais-toi.   1090
  Oses-tu donc parler sans l'ordre de ton Roi ?

1066. **les portes d'airain.** Babylonia was famous for its hundred brass gates.
1069. Cyrus conquered Babylonia, and thus avenged the captivity of the Jews (606–
536 B.C.) and the destruction of the Temple of Jerusalem by Nebuchadnezzar II.
1073. **sortait.** The imperfect lays stress on the gradual prosperity restored to the
Jews.   1075. **Son fils,** i.e. Cambyses (529–522 B.C.).   1077. **vous.** Assuérus (Ahasue-
rus) is assumed to be Darius. Darius was not connected with Cambyses (hence, *Dieu
rejeta sa race*).   1085. Esther skillfully presents the King's cause as being the same
as that of Israel.   1086. **Thrace.** Aman was from Macedonia. His family had taken
refuge in Thrace.

ESTHER

Notre ennemi cruel devant vous se déclare:
C'est lui. C'est ce ministre infidèle et barbare,
Qui d'un zèle trompeur à vos yeux revêtu,
Contre notre innocence arma votre vertu.   1095
Et quel autre, grand Dieu! qu'un Scythe impitoyable
Aurait de tant d'horreurs dicté l'ordre effroyable?
Partout l'affreux signal en même temps donné
De meurtres remplira l'univers étonné.
On verra, sous le nom du plus juste des princes,   1100
Un perfide étranger désoler vos provinces,
Et dans ce palais même, en proie à son courroux,
Le sang de vos sujets regorger jusqu'à vous.
     Et que reproche aux Juifs sa haine envenimée?
Quelle guerre intestine avons-nous allumée?   1105
Les a-t-on vus marcher parmi vos ennemis?
Fut-il jamais au joug esclaves plus soumis?
Adorant dans leurs fers le Dieu qui les châtie,
Pendant que votre main sur eux appesantie
A leurs persécuteurs les livrait sans secours,   1110
Ils conjuraient ce Dieu de veiller sur vos jours,
De rompre des méchants les trames criminelles,
De mettre votre trône à l'ombre de ses ailes.
N'en doutez point, Seigneur, il fut votre soutien.
Lui seul mit à vos pieds le Parthe et l'Indien,   1115
Dissipa devant vous les innombrables Scythes,
Et renferma les mers dans vos vastes limites.
Lui seul aux yeux d'un Juif découvrit le dessein
De deux traîtres tout prêts à vous percer le sein.
Hélas! ce Juif jadis m'adopta pour sa fille.   1120

ASSUÉRUS

Mardochée?

ESTHER

                    Il restait seul de notre famille.
Mon père était son frère. Il descend comme moi
Du sang infortuné de notre premier roi.

1103. **regorger,** *overflow.*   1105. **intestine,** *civil.*   1107. **Fut-il jamais . . .,** *Were there ever . . .*   1111. **conjuraient,** *implored.*   1112. **trames,** *plots, conspiracies.*
1116. **Dissipa,** *Scattered.*   1123. **notre premier roi.** Saul, first King of the Israelites, was, like Mardochée (Mordecai), a son of Kish.

Plein d'une juste horreur pour un Amalécite,
Race que notre Dieu de sa bouche a maudite,   1125
Il n'a devant Aman pu fléchir les genoux,
Ni lui rendre un honneur qu'il ne croit dû qu'à vous.
De là contre les Juifs et contre Mardochée
Cette haine, Seigneur, sous d'autres noms cachée.
En vain de vos bienfaits Mardochée est paré: 1130
A la porte d'Aman est déjà préparé
D'un infâme trépas l'instrument exécrable.
Dans une heure au plus tard ce vieillard vénérable,
Des portes du palais par son ordre arraché,
Couvert de votre pourpre, y doit être attaché.   1135

ASSUÉRUS

Quel jour mêlé d'horreur vient effrayer mon âme?
Tout mon sang de colère et de honte s'enflamme.
J'étais donc le jouet . . . Ciel, daigne m'éclairer.
Un moment sans témoins cherchons à respirer.
Appelez Mardochée: il faut aussi l'entendre.   1140
                   (*Le Roi s'éloigne.*)

UNE ISRAÉLITE

Vérité, que j'implore, achève de descendre!

SCÈNE V

ESTHER, AMAN, LE CHŒUR.

AMAN, *à Esther.*

D'un juste étonnement je demeure frappé.
Les ennemis des Juifs m'ont trahi, m'ont trompé.
J'en atteste du ciel la puissance suprême,
En les perdant j'ai cru vous assurer vous-même.   1145
Princesse, en leur faveur employez mon crédit:
Le Roi, vous le voyez, flotte encore interdit.
Je sais par quels ressorts on le pousse, on l'arrête;
Et fais, comme il me plaît, le calme et la tempête.

1135. Esther is careful to make Aman's plot appear as a personal offence against the King, since Mardochée is still clad in the "royal purple." 1136. **jour,** *light.* 1145. **vous assurer vous-même,** *work for your own safety and benefit.* 1147. **flotte,** *hesitates.* — **interdit,** *perplexed.*

Les intérêts des Juifs déjà me sont sacrés.   1150
Parlez: vos ennemis aussitôt massacrés,
Victimes de la foi que ma bouche vous jure,
De ma fatale erreur répareront l'injure.
Quel sang demandez-vous?

ESTHER

Va, traître, laisse-moi.
Les Juifs n'attendent rien d'un méchant tel que toi.   1155
Misérable, le Dieu vengeur de l'innocence,
Tout prêt à te juger, tient déjà sa balance.
Bientôt son juste arrêt te sera prononcé.
Tremble. Son jour approche, et ton règne est passé.

AMAN

Oui, ce Dieu, je l'avoue, est un Dieu redoutable.   1160
Mais veut-il que l'on garde une haine implacable?
C'en est fait: mon orgueil est forcé de plier.
L'inexorable Aman est réduit à prier.
            (*Il se jette à ses pieds.*)
Par le salut des Juifs, par ces pieds que j'embrasse,
Par ce sage vieillard, l'honneur de votre race,   1165
Daignez d'un roi terrible apaiser le courroux.
Sauvez Aman, qui tremble à vos sacrés genoux.

SCÈNE VI

Assuérus, Esther, Aman, Élise, gardes, le chœur.

ASSUÉRUS

Quoi? le traître sur vous porte ses mains hardies?
Ah! dans ses yeux confus je lis ses perfidies;
Et son trouble, appuyant la foi de vos discours,   1170
De tous ses attentats me rappelle le cours.
Qu'à ce monstre à l'instant l'âme soit arrachée;
Et que devant sa porte, au lieu de Mardochée,
Apaisant par sa mort et la terre et les cieux,
De mes peuples vengés il repaisse les yeux.   1175
            (*Aman est emmené par les Gardes.*)

1152. **foi**, *loyalty, devotion.*   1159. Esther appears haughty and cruel, and refuses
to forgive the enemy of her race.   1170. **appuyant la foi**, *supporting the truth.*
1172. **l'âme**, i.e. life.

SCÈNE VII

ASSUÉRUS, ESTHER, MARDOCHÉE, ÉLISE, LE CHŒUR.

ASSUÉRUS *continue en s'adressant à Mardochée.*

Mortel chéri du ciel, mon salut et ma joie,
Aux conseils des méchants ton roi n'est plus en proie
Mes yeux sont dessillés, le crime est confondu.
Viens briller près de moi dans le rang qui t'est dû.
Je te donne d'Aman les biens et la puissance: 1180
Possède justement son injuste opulence.
Je romps le joug funeste où les Juifs sont soumis;
Je leur livre le sang de tous leurs ennemis;
A l'égal des Persans je veux qu'on les honore,
Et que tout tremble au nom du Dieu qu'Esther adore.   1185
Rebâtissez son temple, et peuplez vos cités;
Que vos heureux enfants dans leurs solennités
Consacrent de ce jour le triomphe et la gloire,
Et qu'à jamais mon nom vive dans leur mémoire.

SCÈNE VIII

ASSUÉRUS, ESTHER, MARDOCHÉE, ASAPH, ÉLISE, LE CHŒUR.

ASSUÉRUS

Que veut Asaph ?

ASAPH

Seigneur, le traître est expiré,   1190
Par le peuple en fureur à moitié déchiré.
On traîne, on va donner en spectacle funeste
De son corps tout sanglant le misérable reste.

MARDOCHÉE

Roi, qu'à jamais le Ciel prenne soin de vos jours.
Le péril des Juifs presse, et veut un prompt secours.   1195

1178. **dessillés,** *opened* (like the eyes of a falcon, whose eyelids were sewed together
while the bird was being tamed and then were suddenly opened).   1182. **où** = *auquel.*
1183. See in the Bible the bloody revenge and the massacres here discreetly mentioned by Racine.   1190. **est expiré.** *Est* is used instead of *a* to denote a state, a
permanent condition.   1192. **funeste,** *woeful.*

ASSUÉRUS

Oui, je t'entends. Allons, par des ordres contraires,
Révoquer d'un méchant les ordres sanguinaires.

ESTHER

O Dieu, par quelle route inconnue aux mortels
Ta sagesse conduit ses desseins éternels !

SCÈNE IX

Le Chœur.

TOUT LE CHŒUR

Dieu fait triompher l'innocence: 1200
Chantons, célébrons sa puissance.

UNE ISRAÉLITE

Il a vu contre nous les méchants s'assembler,
Et notre sang prêt à couler.
Comme l'eau sur la terre ils allaient le répandre:
Du haut du ciel sa voix s'est fait entendre;   1205
L'homme superbe est renversé.
Ses propres flèches l'ont percé.

UNE AUTRE

J'ai vu l'impie adoré sur la terre.
Pareil au cèdre, il cachait dans les cieux
Son front audacieux.   1210
Il semblait à son gré gouverner le tonnerre,
Foulait aux pieds ses ennemis vaincus.
Je n'ai fait que passer, il n'était déjà plus.

UNE AUTRE

On peut des plus grands rois surprendre la justice.
Incapables de tromper,   1215
Ils ont peine à s'échapper
Des pièges de l'artifice.
Un cœur noble ne peut soupçonner en autrui
La bassesse et la malice
Qu'il ne sent point en lui.   1220

1197. **Révoquer,** *Cancel.*   1203. **prêt à,** in Racine, is often equivalent to *près de.*
1213. **Je n'ai fait que passer,** *Hardly had I passed.*   1214. **surprendre,** i.e. deceive
by taking unawares.

UNE AUTRE

Comment s'est calmé l'orage ?

UNE AUTRE

Quelle main salutaire a chassé le nuage ?

TOUT LE CHŒUR

L'aimable Esther a fait ce grand ouvrage.
De l'amour de son Dieu son cœur s'est embrasé;
    Au péril d'une mort funeste   1225
    Son zèle ardent s'est exposé.
Elle a parlé. Le ciel a fait le reste.

DEUX ISRAÉLITES

Esther a triomphé des filles des Persans.
La nature et le ciel à l'envi l'ont ornée.

L'UNE DES DEUX

Tout ressent de ses yeux les charmes innocents.   1230
Jamais tant de beauté fut-elle couronnée ?

L'AUTRE

Les charmes de son cœur sont encor plus puissants.
Jamais tant de vertu fut-elle couronnée ?

TOUTES DEUX *ensemble.*

Esther a triomphé des filles des Persans.
La nature et le ciel à l'envi l'ont ornée.   1235

UNE ISRAÉLITE *seule.*

    Ton Dieu n'est plus irrité.
Réjouis-toi, Sion, et sors de la poussière.
Quitte les vêtements de ta captivité,
    Et reprends ta splendeur première.

Les chemins de Sion à la fin sont ouverts.   1240
    Rompez vos fers,
    Tribus captives.
    Troupes fugitives,
Repassez les monts et les mers.
Rassemblez-vous des bouts de l'univers.   1245

1229. **à l'envi,** *vying with each other.*   1239. **première,** *former.*

TOUT LE CHŒUR

Rompez vos fers,
Tribus captives.
Troupes fugitives,
Repassez les monts et les mers.
Rassemblez-vous des bouts de l'univers. 1250

UNE ISRAÉLITE *seule*.

Je reverrai ces campagnes si chères.

UNE AUTRE

J'irai pleurer au tombeau de mes pères.

TOUT LE CHŒUR

Repassez les monts et les mers.
Rassemblez-vous des bouts de l'univers.

UNE ISRAÉLITE *seule*.

Relevez, relevez les superbes portiques 1255
Du temple où notre Dieu se plaît d'être adoré.
Que de l'or le plus pur son autel soit paré,
Et que du sein des monts le marbre soit tiré.
Liban, dépouille-toi de tes cèdres antiques.
Prêtres sacrés, préparez vos cantiques. 1260

UNE AUTRE

Dieu descend et revient habiter parmi nous.
Terre, frémis d'allégresse et de crainte;
Et vous, sous sa majesté sainte,
Cieux, abaissez-vous!

UNE AUTRE

Que le Seigneur est bon! que son joug est aimable! 1265
Heureux qui dès l'enfance en connaît la douceur!
Jeune peuple, courez à ce maître adorable!
Les biens les plus charmants n'ont rien de comparable
Aux torrents de plaisirs qu'il répand dans un cœur.
Que le Seigneur est bon! que son joug est aimable! 1270
Heureux qui dès l'enfance en connaît la douceur!

1255. **Relevez,** *Rebuild, Raise.* 1256. **se plaît d'être** = *se plaît à être.* 1259. **Liban,** *Lebanon.*

UNE AUTRE

Il s'apaise, il pardonne.
Du cœur ingrat qui l'abandonne
  Il attend le retour.
Il excuse notre faiblesse.   1275
A nous chercher même il s'empresse.
Pour l'enfant qu'elle a mis au jour
Une mère a moins de tendresse.
Ah! qui peut avec lui partager notre amour ?

TROIS ISRAÉLITES

Il nous fait remporter une illustre victoire.   1280

L'UNE DES TROIS

Il nous a révélé sa gloire.

TOUTES TROIS *ensemble.*

Ah! qui peut avec lui partager notre amour ?

TOUT LE CHŒUR

Que son nom soit béni, que son nom soit chanté!
  Que l'on célèbre ses ouvrages
  Au delà des temps et des âges,   1285
  Au delà de l'éternité!

1276. **A** would be *De* in modern French.   1279. **qui peut,** *who is worthy.*

VOCABULARY

A

abaisser lower, abase; **s'**—, stoop, bow down, humble oneself; **s'**— **sous** subject oneself to

abandon *m.* abandonment, forlornness

abandonner abandon, give up, surrender, forsake, desert; **s'**—, yield, offer oneself

abattre abate, strike *or* beat down; **s'**—, fall, be cast down

abattu defeated, cast *or* beaten down, knocked down, subdued, dejected

abhorrer abhor, detest

abîme *m.* abyss, chasm

abîmé plunged into grief

abîmer plunge

abolir abolish, wipe out

abondance *f.* abundance, plenty

abonder abound

abord *m.* arrival, presence, approach, meeting; attack; **d'**—, first, at once, immediately, at (from) the beginning; **dès l'**—, from the very first; **d'**— **que** as soon as

aborder approach

abrégé *m.* epitome

abréger abridge, cut short, cut off

abreuver water, steep

abri *m.* shelter

absent *m.* absent person

absolu absolute, arbitrary; **être plus** —, have more power

abuser abuse, deceive; — **de** impose upon, make excessive use of; **s'**—, be mistaken

académie *f.* circle, group, academy

accabler overwhelm, burden, crush, kill

accepter accept

accès *m.* access, admittance; attack, fit

accommodement *m.* compromise, reconciliation

accommoder adapt, accommodate, fit,

suit; reconcile; **s'**— (**de**) be content (with), put up (with); be reconciled, endure

accompagnement *m.* accompaniment; attendant

accompagner accompany

accomplir accomplish, finish, carry out, perfect

accord *m.* agreement; settlement; chord (*musical*); **d'**—, in accord; **être d'**— (**de**) be in accord (with), agree, be agreed; admit; **demeurer d'**— **de** acknowledge, admit; **tomber d'**—, come to an agreement, agree

accordée *f.* betrothed, bride

accorder grant, yield; harmonize, reconcile; — **à**...**de** give . . . leave to; **s'**—, agree

accourir hasten, flock

accoutumer accustom

accrocher hook, catch

accroître increase; **s'**—, grow

accueil *m.* welcome, reception

accueillir receive graciously

accusa–teur, –trice *m. & f.* accuser

accuser accuse, reproach, blame; indicate, betray, reveal

acharnement *m.* persistent fury

acheter buy

achevé complete, finished, perfect

achever (**de**) end, finish, complete, carry out; **s'**—, reach completion, be achieved; **tout prêt à s'**—, on the point of realization

acier *m.* steel

acquérir acquire, win

acquis (**à**) devoted (to)

acquitter acquit; — (**de**) fulfill; **s'**—, pay one's debt; **s'**— **de** perform, fulfill; **s'en** —, satisfy one's obligation

action *f.* action, deed

adieu *m.* farewell

701

admettre admit, allow
admirer admire, wonder at; faire —, extol
adorateur *m.* adorer
adorer adore
adoucir soften, soothe, calm, moderate; s'—, become gentle, soften
adresse *f.* skill; trick
adresser dedicate; s'—, be aimed *or* directed, be addressed; turn; speak
adroit skillful, clever
adultère adulterous; *m.* adultery; adulterer
adversaire *m.* opponent, adversary
affaiblir weaken, decrease, lessen; s'—, fail
affaire *f.* affair, business, matter, thing; avoir — à have to deal with; *see* mêler
affairé busy
affamé de greedy *or* eager for
affecter affect, assume, pretend
affermir strengthen, confirm, establish
affliger afflict, grieve, torment, distress; s'—, grieve, be troubled; pour m'—, to my grief
affranchir set free, rid; s'— de rid oneself of, shake off, free oneself from
affreux horrible, terrible
affront *m.* insult, affront, stigma
affronter face, brave
afin: — de in order to; — que in order that
âge *m.* age, years, time of life
agir act, behave, operate; faire —, use, bring to bear; stir; s'— d'e be a question of
agiter agitate, stir, trouble, disturb
agneau *m.* lamb
agrandir (s') become greater
agréable agreeable, acceptable, pleasing; avoir pour —, kindly allow *or* permit
agréer please, be agreeable; permit, allow
agrément *m.* charm
aider aid, help
aïeul (*pl.* aïeux) *m.* ancestor, grandfather; *pl.* ancestors, race
aigle *m.* eagle

aigre harsh
aigreur *f.* bitterness, spite
aigrir embitter, irritate; increase
aiguillon *m.* goad
aile *f.* wing
ailleurs elsewhere; d'—, besides, moreover; partout —, everywhere else
aimable agreeable, pleasing, lovely, worthy of being loved
aimer love, be fond of, like; — mieux prefer; j'aimerais mieux I should rather
ainsi thus, so, in this way, in the same way; — que as well as, as, just as
air *m.* air, manner, appearance, way; tune; *pl.* atmosphere, air
airain *m.* brass
aise glad
aisé easy
aisément easily, plainly
ajouter add
ajustement *m.* dress, attire, ornament (*in costume*)
ajuster arrange, settle, adjust; s'—, dress
alarme *f.* alarm, panic, fear, terror
alarmer alarm, disturb; s'—, be alarmed, take fright
Albe *f.* Alba
allée *f.* alley, walk, path
allégeance *f.* relief, consolation
allégement *m.* relief, solace, alleviation
allégresse *f.* joy, happiness, cheerfulness
alléguer allege, cite
aller go, lead; be; be directed; — à attain, go as far as; en —, turn out; s'en —, go, go away; se laisser —, give way, abandon oneself, yield; il y va de it is a question of, . . . is at stake; allez! be gone! be off! oh, go on! allons! come!
alliance *f.* alliance, marriage, family ties
allié *m.* ally
allier (s') become allied, join forces
allumer light, kindle, stir up
alors then; — que when
altéré thirsty

altérer alter
alternativement alternately
altesse *f.* Highness
altier haughty, proud
Amalécite *m.* Amalekite
amant, –e *m. & f.* lover, suitor
amas *m.* heap, pile, mass, accumulation
amasser collect
amateur *m.* devotee, lover
ambassade *f.* embassy, mission
ambigu *m.* mixture
ambitieux ambitious
âme *f.* heart, soul, spirit, mind, life
amener bring, lead, guide
amertume *f.* bitterness, tribulation
ami *m.* friend
amitié *f.* friendship, good will, affection, love; favor, kindness
amollir soften; s'—, weaken
amorce *f.* bait; alluring charm
amortir diminish, lessen
amour *m.* love, affection, passion
amoureux loving, in love, amorous, of love
amusement *m.* amusement; waste of time, trifling
amuser (s') amuse oneself, trifle (de, with); waste time
an *m.* year
ancien old, former, elder
ancrer anchor
anéantir annihilate, destroy
ange *m.* angel
angoisse *f.* anguish, agony
animé à eager for, bent on
animer animate, inspire, arouse, quicken, stimulate, encourage; s'—, become aroused *or* incensed
annales *f. pl.* public records
année *f.* year
annoncer announce
antipode *m.* opposite, reverse
antique ancient
apaiser appease, pacify, assuage, calm; s'—, be appeased
apercevoir perceive; s'—, perceive, be aware, see, discover
apologie *f.* defence, reply
apothéose *f.* deification
appareil *m.* train, escort; pomp

apparence *f.* appearance, show; likelihood, probability
appartenir (à) belong; behoove
appas *m.* charm, enticement
appât *m.* attraction, bait
appeler call, appeal, invite, summon; s'—, be called
appesanti laid heavily, weighing (upon)
appesantir (s') grow heavy
applaudir (à) applaud, acclaim, praise, approve; s'— de glory in
appliqué bent
appliquer apply, adapt, employ
apporter bring (in), furnish; cause
appréhender (de) fear, be apprehensive of
apprendre tell, inform (of), learn (of), teach; s'—, be learned *or* conveyed
apprêt *m.* preparation
apprêter prepare; s'—, be in preparation
apprivoiser tame
approche *f.* approach, nearness
approcher (de) approach, come near; s'— (de) draw near, approach
approuver approve (of), sanction
appui *m.* support, prop, protection; protector
appuyer support, lean, base; reinforce, back up; s'—, lean
âpre harsh, bitter, cruel
après after, afterwards, next; d'—, afterward
arbitre *m.* arbiter, referee
arborer raise, display
arc *m.* bow
archevêque *m.* archbishop
ardent ardent, burning, fervent
ardeur *f.* ardor, passion, love; zeal, fervor, impetuousness, enthusiasm
argent *m.* silver, money
Ariane *f.* Ariadne
arme *f.* arm, weapon; *pl.* feats of arms; rendre les —s surrender
armée *f.* army
Arménie *f.* Armenia
Arménien *m.* Armenian
armer arm, fortify, strengthen; provoke; s'—, take up arms; fortify oneself

arracher (à, de) snatch (from), tear away *or* off, wrest (wring) from, obtain by force, draw

arrêt *m.* decree, sentence, decision, judgment

arrêter arrest, stop, hinder, hold, check, keep, fix; **s'—**, stop; remain; be set *or* determined; **s'— à** pay attention to; dwell on, persist in; give way to

arriver arrive, come, reach; happen, come to pass

arroser water, bedew, sprinkle

art *m.* skill

artifice *m.* artifice, device, trick, cunning

asile *m.* refuge

aspect *m.* aspect, sight, view

aspirer (à) aspire (to), be eager (for)

assaisonnement *m.* seasoning

assaisonner season, spice

assassinat *m.* assassination

assassiner assassinate; grieve

assaut *m.* assault, attack

assemblée *f.* assembly, company, meeting

assembler collect, assemble; **s'—**, combine, unite, gather

assener strike

asseoir (**s'**) sit down, be seated

asservir enthrall, enslave, subject, sacrifice

assez enough, rather, sufficiently, well enough, quite, strongly

assidu attentive, constant, diligent

assiduité *f.* assiduous attention

assiéger besiege, assail

assis seated, sitting

associer make a partner

assommer beat to death; bore

assoupir stifle, quell

assujetti subject, exposed

assujettir enslave

assurance *f.* assurance, certainty, confidence, reliance; *see* **dormir**

assuré certain, sure, secure, confident

assurément assuredly, certainly

assurer secure, fix, fortify, make safe; assure, guarantee, warrant, vouch for, declare, pledge; **s'— de** be certain of, feel sure of; **s'— à** (**sur**) put one's trust in, rely on

astre *m.* star; destiny

atours *m. pl.* attire, finery

attache *f.* attachment

attaché (à) intent (on); pressed (to)

attachement *m.* attachment, affection, eagerness

attacher fasten, attach, fix, bind, connect; commit; apply, attribute; occupy; **s'—**, apply (devote) oneself, devote one's attention, strive; be fixed

attaquer attack; **s'—**, attack, challenge

atteindre attain, reach, equal; affect, attack

atteint smitten, attacked, seized

atteinte *f.* blow, violent stroke; effect, impression

attendant que until, till

attendre wait, await, expect, hope (for), count upon; **s'— à** expect

attendrir soften, touch; **s'—**, grow tender, be moved

attentat *m.* assault, attempt (*usually criminal*)

attente *f.* expectation, hope

attenter attack, make an attempt

attentif attentive

attester attest, invoke, call to witness

Attique *f.* Attica

attirer attract, draw, bring (down), lure

attrait *m.* attraction, charm

attraper catch, acquire

attribuer attribute

aucun any(one), either; **ne ... —**, none, no one

aucunement in no way, not at all, in any way

audace *f.* audacity, boldness, daring; impudence; act of daring

audacieux bold; *m.* hotspur, bold person

au-dessous (de) below, beneath; inferior (to)

au-dessus (de) above, superior (to)

au-devant (de) towards, to meet; in front (of)

audience *f.* hearing

augmenter increase

augure *m.* augury, omen

auguste august, noble, majestic

aujourd'hui today; **dès —,** this very day; **d'—,** today, beginning with today

aumône *f.* alms

auparavant before, first, earlier

auprès de with, near, beside, compared with; in the opinion (sight) of, from

aurore *f.* dawn, east

aussi also, likewise, so, thus, as, therefore; **— bien** moreover, besides, in fact, after all, in any case; **— bien que** as well as

aussitôt immediately; **— que** as soon as

austère austere, stern, strict

autant as much (many), as, so; **— que** as much as, as well as; **d'— plus** so much the more; **d'— moins que plus . . . ,** (all the) less the more . . .

autel *m.* altar

auteur *m.* author, cause, founder

autoriser authorize, justify

autorité *f.* authority

autour (de) around, about, near

autre other, greater; different; **tout —,** any other; **rien —,** nothing else; **nous —s . . . ,** we . . .

autrefois formerly, once

autrement differently, otherwise

autrui others

avance *f.* advance; *pl.* attentions; **par —,** beforehand

avancer hasten, advance; **s'—,** advance, move forward, approach

avant before; forward, far; **— tout** above all, first of all; **plus —,** further; **trop —,** too far, too deeply; **— que** before

avantage *m.* advantage, benefit, success; precedence, victory

avantageux advantageous, profitable

avant-hier day before yesterday

avare sparing; greedy

avec with; **d'—,** from

avenir *m.* future; **à l'—,** in the future, henceforth

aventure *f.* experience, fate, chance, contingency, accident

avertir inform, warn

avertissement *m.* notice

aveu *m.* avowal, confession; consent

aveugle blind; **en —,** like a blind man

aveuglement *m.* blindness, delusion

aveuglément blindly

aveugler blind; **s'—,** be blinded

avide (de) eager (for), greedy (for), grasping

avis *m.* opinion, advice, information, warning

aviser (s') take into one's head, bethink oneself

avoir have; **— beau** be (do) in vain; **qu'avez-vous?** what is the matter with you? *see* **part, besoin,** *etc.*

avorté thwarted

avorter miscarry, prove abortive, fail

avouer confess, acknowledge, admit

B

badinage *m.* foolishness

bagatelle *f.* trifle

baigner bathe

bâiller yawn

baillive *f.* bailiff's wife

baiser kiss, embrace

baiser *m.* kiss, salute

baisser lower; fail, fade, wane

bal *m.* ball

balance *f.* balance, scales; **mettre en —,** weigh, hesitate

balancer hesitate

baliverne *f.* nonsense

banc *m.* bench, seat

bandeau *m.* diadem

banni *m.* exile

bannir banish, expel

baptême *m.* christening, baptism

baragouin *m.* jargon

barbare barbarian, foreign; barbarous, cruel; *m. or f.* barbarian

barbarie *f.* barbarism, cruelty

barbe *f.* beard

barbouiller (se) render oneself ridiculous

barrière *f.* barrier, gate

bas low, base, mean; **salle basse** room on the ground floor, reception room; *m.* bottom; **à —,** down, at an end, all over; **tout —,** silently, in a low voice; *see* **jeter**

bas *m.* stocking
bassesse *f.* baseness, meanness, contemptible action
bataille *f.* battle
bataillon *m.* battalion
bâtir build
bâton *m.* stick, club, pole
battre strike, beat; se —, fight
bayer gape (at)
béatitude *f.* bliss
beau beautiful, fair, fine, splendid; noble; becoming, proper; — monde fashionable world; *see* avoir
beaucoup much, a great deal (many)
beau-frère *m.* brother-in-law
beau-père *m.* father-in-law
beauté *f.* beauty
belle-mère *f.* stepmother; mother-in-law
bénignité *f.* kindness, indulgence
bénin (bénigne) benign, kind, indulgent
bénir bless
bénit: eau —e holy water
bercer soothe
berger *m.* shepherd
berner ridicule, laugh at
besoin *m.* need, occasion; emergency; au —, in time of need, in peril; il est —, it is necessary; avoir — de need
bête *f.* beast, animal
biais *m.* bias; evasion, subterfuge
bien well, very, quite, indeed, wisely, right, surely, certainly, clearly, correctly; perhaps; much, many; ou —, or else; — d'autres quite other; — que although; si — que so that
bien *m.* good, happiness, welfare, benefit; boon, gift, possession, fortune, property; ... de —, honest, good *or* virtuous ...
bienfait *m.* benefit, favor, kindness, blessing
bienheureux happy, blessed
bienséance *f.* propriety, fitness, decorum; être de la —, be seemly *or* fitting
bientôt soon, quickly
bienveillance *f.* good will, friendliness
bienvenu, -e welcome; *f.* welcome

bile *f.* anger, spleen
billet *m.* note; — doux love letter
bisaïeul *m.* great-grandfather
bizarre strange
bizarrerie *f.* oddness, whim
blâmer blame, reproach, censure
blanc white, clean; *m.* white powder
blancheur *f.* whiteness
blanchir grow white, pale
blasphème *m.* blasphemy
blasphémer blaspheme
blesser wound, hurt, injure, offend
blessure *f.* wound
boire drink
bois *m.* wood, piece of wood
bon good, good-natured, worthy, noble, favorable, firm, proper, polite (*society*); full; à quoi —, what is the use of; tout de —, seriously, really, in earnest; ma toute bonne my dearest; *see* trouver
bonace *f.* (*archaic*) calm of a smooth sea
bondir bound, leap
bonheur *m.* happiness, good fortune, welfare, success
bonjour *m.* good day; donner le — à greet
bonté *f.* goodness, worth; kindness, favor, good will
bord *m.* shore, border, bank, region
borne *f.* limit, bound, boundary
borner limit, confine
bouche *f.* mouth, lips
boue *f.* mud, mire, dirt
bouillant boiling, seething, ardent, angry
bouillon *m.* broth; foam, bubble, billow
bourgeois *m.* (middle-class) citizen; commonplace person; *adj.* middle-class, common, vulgar
bourreau *m.* executioner
bourru peevish, surly
bout *m.* end, limit, tip, bit, piece; à —, to extremities; venir à — de overcome; en venir à —, succeed
bouton *m.* button
branle *m.* impetus, impulse
bras *m.* arm; strength, aid; sur les —, on one's hands

bravade *f.* bravado

brave brave, worthy; *m.* brave man, hero

braver brave, defy, challenge

braverie *f.* ornaments, finery

bravoure *f.* bravery, courage

breuvage *m.* beverage

bride *f.* bridle

brigue *f.* intrigue, cabal, faction; suit

briguer sue for, solicit, canvass for, seek

brillant brilliant; *m.* brilliancy, brilliance; brilliant ornament, gem

briller shine, gleam

brimborion *m.* trifle, bauble

brin *m.* spray, sprig, single feather

briser break (off), smash up, destroy; **brisons là !** let us have no more on the subject, enough !

brocards *m. pl.* satirical remarks, gibes

brouhaha *m.* uproar, clamor of approval, applause

brouiller stir up, embroil, trouble; **se —,** become enemies, fall out

bru *f.* daughter-in-law

bruit *m.* sound, noise, uproar; rumor; reputation, renown; news

brûler burn, inflame; **— (de)** long, be eager, be inflamed; **— pour** love passionately

brune *f.* brunette

brusque sudden, unexpected

brusquement abruptly, suddenly

brusquerie *f.* bluntness, rudeness

brutal brutal, rough, vulgar, uncivilized; *m.* brute

bruyant noisy, loud

but *m.* aim, end, goal, object

C

çà here

cabale *f.* intrigue, plot

cabinet *m.* secluded room, closet, private room

cacher hide, conceal; **se — de** make a secret of

cachette *f.* hiding place; **en —,** stealthily, secretly

cadence *f.* time

cagoterie *f.* bigotry, hypocrisy

calmer calm

calomnie *f.* calumny, slander

campagne *f.* country, field; campaign

canaille *f.* rabble; scoundrel

canon *m.* band, knee-cuff (*made of starched linen with lace ruffles, and fastened below the knee*)

cantique *m.* hymn

captif captive; *m.* captive, prisoner

captiver captivate, charm

caquet *m.* cackling, gossip

caractère *m.* character, disposition, nature; characteristic, trait, stamp

caresse *f.* caress, attention

caresser caress, flatter, make much of

carnage *m.* carnage, slaughter

carnaval *m.* carnival, festival

carrière *f.* career; race course, arena, lists

carrosse *m.* carriage, coach

cas *m.* case, matter; importance; attention; **faire — de** esteem; **faire si peu de — de** think so little of; **faire un — extrême de** have the highest regard for

casser break, crush; set aside

cassette *f.* money box

cause *f.* cause, reason; lawsuit, case; **à — que** because

causer cause; talk

causeur *m.* talker

caution *f.* surety

cavalier *m.* knight, gentleman

céans here, in this house

céder yield, give way *or* up, surrender

cèdre *m.* cedar

ceindre encircle, gird, crown, wreathe

célèbre famous, glorious

célébrer celebrate, praise, extol

celer conceal, hide

céleste celestial, heavenly

cendre *f.* ashes, memory, remains

censeur *m.* critic

centuple *m.* hundredfold

centupler multiply a hundredfold

cependant meanwhile, however, still, yet; **— que** while

cercueil *m.* coffin

cerf *m.* deer, stag

certain sure, positive

certes surely, assuredly
cesse *f.* ceasing, stop; **sans** —, constantly
cesser (de) cease, stop, end
chacun each one, every one
chagrin gloomy, sad; *m.* ill humor, dissatisfaction, annoyance; sorrow, grief, affliction
chagriner trouble, annoy
chaîne *f.* chain, bond, tie, subjection
chair *f.* flesh
chaise *f.* chair, sedan chair
Chaldée *f.* Chaldæa
chaleur *f.* heat, warmth; passion, anger, violence; excitement, eagerness
chambre *f.* chamber, room
champ *m.* field, lists
chanceler waver, falter
chandelle *f.* candle
change *m.* faithlessness, infidelity
changement *m.* change
changer (de) change; exchange (**contre, for**)
chanson *f.* song; (*often pl.*) nonsense
chant *m.* song
chanter sing
chape *f.* cloak; **sous** —, secretly
chapeau *m.* hat
chapitre *m.* chapter, subject
chaque each
char *m.* chariot
charge *f.* burden, load; task, office
charger charge, attack; burden, load, weigh down; **se** — **de** assume the burden of, take charge of
charmant charming, delightful, fascinating
charme *m.* charm, spell, magic, fascination
charmer charm, enchant, bewitch, fascinate, delight, please; soothe, allay
chasser chase, drive away, expel, hunt
chaste pure, virtuous
chat *m.* cat
châtier punish, chastise
châtiment *m.* chastisement, punishment
chatouilleux ticklish
chaud warm; violent

chef *m.* head, leader
chemin *m.* road (**de, to**), course, way; *pl.* means; **prendre le** —, set out, start
cher dear, precious, cherished; dearly
chercher seek, look for, try to find; attempt; **aller** —, go for; **se** —, commune with oneself; *see* querelle
chèrement dearly, tenderly
chérir cherish, hold dear, love
cheval *m.* horse; **à** —, on horseback
chevalier *m.* knight
cheveux *m. pl.* hair
chez at the house of, in the apartment of, in, with, among
chicane *f.* evasion, quibbling
chicaner quibble with
chien *m.* dog
chimère *f.* chimera, illusion
chimérique visionary, fantastical
chœur *m.* choir
choir (*archaic*) fall
choisir choose (among), select; — **de ... ou** choose between ... and
choix *m.* choice, selection, pleasure; **faire** — **de** choose, select
choquer shock, offend; strike against, kindle (*anger*); **se** —, clash
chose *f.* thing, matter; **autre** —, anything else; **peu de** —, a trifling matter, of little consequence
chrétien *adj. & n.* Christian
chronique *f.* chronicle
chut! hush!
chute *f.* fall; conclusion; **faire une** —, take a fall
cicatrice *f.* scar
ciel *m.* sky, heaven
cimeterre *m.* scimitar
circonstance *f.* circumstance
cité *f.* city
citer cite, quote
citoyen *m.* citizen
civilité *f.* politeness; *pl.* compliments
clair clear, obvious, evident
clameur *f.* outcry, clamor
clarté *f.* light, brightness, clearness; understanding, knowledge, truth
clef *f.* key
clémence *f.* clemency, mercy

climat *m.* climate; region, country

cloître *m.* cloister

clou *m.* nail; je ne donnerais pas un — de I wouldn't give a hang for

coche *m.* coach

cocher *m.* coachman

cochon *m.* pig

cœur *m.* heart, love, soul, courage; stomach; à — ouvert frankly, freely; de bon —, gladly, with pleasure, sincerely

cohue *f.* mob, crowd

coiffer (se) become infatuated

coin *m.* corner

colère *f.* anger, wrath; être en —, be angry

colifichets *m.* *pl.* trivialities; cheap ornaments, baubles

colombe *f.* dove

colonne *f.* column

coloré specious

combat *m.* combat, battle, struggle

combattant *m.* combatant, fighter

combattre fight, assail, struggle (against)

combien how much (many), how

comble *m.* culmination, climax, high pitch, crowning, height; pour — à to complete *or* crown; pour — de joie as a crowning happiness; mettre le — à complete, crown

combler fill with, heap (up), overwhelm, crown

comédie *f.* comedy, play, theater

comédien *m.* comedian, actor

commandement *m.* order, command

commander (à) command, order, rule

comme as, how, like, since, as much as

commencement *m.* beginning

commencer begin

comment how, what, why

commerce *m.* exchange, dealings

commettre commit, entrust, confide

commodément comfortably

commodité *f.* convenience; si vous êtes en — de . . . , if it is convenient for you to . . .

commun common, joint, general, ordinary, average; peu —, unusual, out of the ordinary; *m.* homme du —, ordinary man

communication *f.* connection, communication

compagne *f.* companion

compagnie *f.* company; dans les —s in society; faire — à . . . , keep . . . company

compagnon *m.* companion

comparaître appear (*having been summoned*)

comparer compare

compatir (à) sympathize (with), feel pity (for)

complaire (à) please; se — à take pleasure in

complaisance *f.* desire to please, compliance

complaisant obliging, affable; *m.* flatterer

complexion *f.* disposition

complice *m.* partner, accomplice

complot *m.* plot, conspiracy

composer compose, write

comprendre understand

compromettre compromise

comptable accountable

compte *m.* count, account; faire — de value, make much of; tenir — de take into account; rendre —, give account; à votre —, according to you

compter count, reckon, consider, value

comtesse *f.* countess

concerner concern, interest

concevoir conceive, derive, entertain, imagine, understand; make (*a vow*)

conclure conclude, arrange

concours *m.* crowd, gathering

concubinage *m.* illicit relations

concurrence *f.* competition, rivalry

concurrent *m.* rival

condamnable blamable, criminal

condamner condemn, censure

condition *f.* social position, rank, quality; homme de —, nobleman

conduire conduct, lead, guide, manage, take, show

conduite *f.* behavior; direction, guidance

confesser confess, acknowledge

confiance *f.* confidence, trust

confidence *f.:* **faire — de** confide
confident, –e *m. & f.* confidant(e),
  intimate friend
confier confide, entrust; **se — à** rely
  on; **se — en** put one's trust in
confins *m. pl.* limits, boundaries
confirmé complete, established
confirmer confirm, corroborate
confondre confound, mistake for, confuse, shake, put to shame; upset;
  se —, be thrown into confusion
conforme consistent, congenial, suitable
conformer (se) conform
confrère *m.* brother, colleague
confus confused, mingled, hesitating;
  abashed, ashamed
confusion *f.* confusion, disorder, embarrassment
congé *m.* leave, permission
congédier dismiss
conjoncture *f.* situation
conjuré allied, united
conjurer conjure, entreat; conspire,
  plot
connaissance *f.* knowledge, acquaint-
  ance; *pl.* information; **avoir la — de**
  know, find out
connaisseu-r, –se *m. & f.* expert, critic
connaître know, understand, be acquainted with, recognize, appreciate;
  faire —, make known, reveal; **se —,**
  know one's place
conquérant *m.* conqueror
conquérir conquer, win
conquête *f.* conquest, prize
consacrer consecrate, enshrine
conseil *m.* advice, counsel, decision
conseiller counsel, advise
conseiller *m.* counsellor, adviser
consentement *m.* consent
consentir consent, agree
conséquence *f.* consequence, inference
conserver keep, retain, preserve, maintain
considérable important
considérer consider, take into consideration, look upon; respect, esteem, value
consister à lie in

consoler (de) console (for), comfort
consommé out and out, complete
consommer (se) attain perfection
conspirer plot, conspire; concur, agree;
  — pour conspire to help
constamment constantly, continually
constance *f.* fidelity, steadfastness,
  fortitude
constant loyal, steadfast
consulter consult, deliberate, hesitate
consumer consume, exhaust; destroy;
  se —, be consumed, wear oneself out
conte *m.* tale
contempler contemplate
contenir contain, restrain
content content, satisfied, glad, happy
contentement *m.* contentment, happiness, pleasure, satisfaction
contenter satisfy, please; pay
conter relate, tell; **que me vient —
  celle-ci?** what is she talking about?
conteste *f.* dispute
conteur *m.* talker
contraindre compel, force, repress; **se
  —,** restrain oneself
contrainte *f.* constraint, compulsion;
  restraint
contraire contrary, opposite, opposed,
  unfavorable, adverse, inimical; **au
  — (de)** on the contrary, in opposition
  (to)
contrariant contradictory
contrarier thwart, oppose
contrariété *f.* contradiction
contrat *m.* contract
contre against, near, close to; contrary
  to
contredire contradict
contrée *f.* region, country
contretemps *m.* untoward event, accident
convaincre convince
convenir suit; **— de** admit, agree on
convier invite, summon, urge
convoiter covet
copier copy, imitate
coquet coquettish
coquin *m.* scoundrel, rascal
coquine *f.* hussy, jade
corne *f.* horn

corps *m.* body, corpse

corriger correct, reform; soften

corrompre corrupt

côté *m.* side, direction; de tous —s in all directions, on all sides; des deux —s on both sides; du — de on the part of, in the direction of; de l'autre —, on the other hand

couchant *m.* setting sun, west

couche *f.* bed, couch

couché put down

coucher put to bed; se —, lie down, go to bed

couler flow, run, glide on

couleur *f.* color, pretext

coup *m.* blow, stroke, wound; deed, action, effort; chance, time; gust, draft; — d'essai first attempt; encore un —, once more; du premier —, from the beginning; tout à —, tout d'un —, suddenly, at a single stroke; en venir aux —s come to blows, fight; — de foudre thunderbolt; — d'œil glance; à tous —s at every turn

coupable guilty, to blame; *m.* culprit

couper cut (off *or* short)

couple *m.* pair

cour *f.* court; faire la — à court

courage *m.* courage, heart

courber bend; se —, bow down

courir run, hasten, rush about; hunt; circulate, go around

couronne *f.* crown

couronner crown; reward; se —, gain the crown

courroucer anger, arouse the wrath of; se —, become angry

courroux *m.* wrath, anger, aversion; être en —, be angry; se mettre en —, become angry

cours *m.* course, path; vent

course *f.* journey

coursier *m.* charger, steed

court short; couper — à put an end to

courtisan *m.* courtier

couteau *m.* knife

coûter cost

coutume *f.* custom, habit

coutumier customary, ordinary

couvert covered, hidden; mettre à — de protect from

couvrir cover

cracher spit

craindre fear, be afraid, dread

crainte *f.* fear

créance *f.* conviction, belief

crédit *m.* influence, credence, power, repute; à —, to no purpose

crédule credulous

crêpe *m.* crape

crever burst, die, pierce

cri *m.* cry

criaillerie *f.* brawling, wrangling, clamoring

crier cry (out), creak, cry for

crime *m.* crime, wrong, fault, guilt

criminel criminal, guilty

croire believe, think, expect, hope, trust, heed; je le crois bien to be sure, of course; à ce que je crois in my opinion

croisé crossed

croître grow, increase

crotté muddy, dirty; faire —, be muddy *or* dirty

crotter soil, dirty

croupe *f.* hind quarters

croyable credible, believable

croyance *f.* credit, belief, faith

cruauté *f.* cruelty, resistance (to love)

cuisant sharp, poignant, intense

cuisine *f.* kitchen

cuisinier *m.* cook

cultiver cultivate

curieux curious, inquisitive

cyprès *m.* cypress

D

daigner deign, condescend

dame *f.* lady; — ! indeed! well!

damner damn, condemn; Dieu me damne! blast me!

damoiseau *m.* young nobleman; fop

dangereux dangerous

davantage (even) more, further

débat *m.* strife, quarrel, contention, discussion

débattre (se) struggle

débaucher corrupt, entice away
débile weak, feeble
débiter relate, utter, retail
debout! get up!
débris m. ruins
début m. beginning
débuter begin
déceler betray
décevant deceptive
décevoir deceive, disappoint
déchaîner: se — sur burst forth *or* rave against
déchirer tear (apart *or* to pieces), rend, lacerate
déchoir decline, fall
décider decide, choose
déclamer declaim
déclarer declare, proclaim, avow; se —, show itself
décourager discourage, dishearten
décousu disconnected
découvrir discover, discern, uncover, reveal
décret m. decree
décrier belittle, disgrace, discredit, bring into disrepute
déçu deceived
dédaigner disdain, scorn
dédaigneux disdainful, scornful
dédain m. disdain, scorn
dedans in, inside, within; m. inside, interior; au —, within
dédier dedicate
dédire (se) deny, retract
déesse f. goddess
défaillant failing
défaire defeat, undo; se — de get rid of
défaite f. defeat
défaut m. fault, defect, failure; au — de for want of
défendre (de) defend, protect; forbid; se — (de) resist
défense f. defence, protection; prohibition; se mettre en —, be on the defensive; prendre la — de defend
défenseur m. defender
défiance f. distrust, suspicion, diffidence, fear
défier defy, challenge; se — de mistrust, be suspicious of

défigurer disfigure
défunt deceased, dead
dégager clear, disengage, redeem, set free, release
dégénérer degenerate, deteriorate
dégoût m. disgust, aversion, dislike; nausea
dégoutter drip
degré m. degree, step, point, station, height
déguiser disguise, hide, conceal, dissemble
dehors outside; m. outside, exterior; pl. externals, appearances; au —, outwardly
déjà already, now
déjeuner m. breakfast
delà beyond; au —, par —, beyond
délai m. delay, postponement
délasser (se) rest
délibérer deliberate, waver
délicat delicate, refined, fastidious, overscrupulous
délicatesse f. delicacy, fastidiousness, refinement
délices f. pl. delights; faire ses — de take delight in, revel in
délier disconnect
délivrer deliver, free, rid
déloger go away, march off
déloyal disloyal, treacherous
déloyauté f. disloyalty, treachery
demain tomorrow
demande f. request, question
demander ask (for), beg, demand, request, call; inquire about
démangeaison f. itching; longing
démanger itch
démarche f. step; measure; faire des —s take steps
démêlé m. quarrel
démêler disentangle, clear up, distinguish
démentir belie, contradict, be untrue to, disown; se —, give way
demeure f. abode, lodging
demeurer dwell, stay, remain, be (left); spend; *see* accord
demi: à —, half, halfway
demi-rompu half vanquished

démon *m.* demon, devil
démordre (de) let go; retract, give in
dénaturé unnatural
dénicher move out
denier *m.* farthing (*really one-twelfth of a sou*)
dénier deny
dénoncer denounce
dent *f.* tooth
dénué (de) deprived (of)
départ *m.* departure
dépêcher hasten; **se —**, make haste, hurry
dépeindre paint, display, describe
dépendre (de) depend (on), be subject (to)
dépens *m. pl.* expense, cost
dépense *f.* expenditure, cost; **faire tant de —**, spend so much; **se mettre en —**, go to expense
dépensier extravagant
dépit *m.* vexation, contempt, spite
déplaire displease, offend, trouble; **(qu'il) n'en déplaise à** with all due deference to; **ne vous (en) déplaise** if you don't mind
déplaisir *m.* displeasure, vexation; affliction, sorrow, trouble
déplorable deplorable, pitiable, wretched
déplorer deplore, lament
déployer display, spread, show
déposer deposit, lay down, place
dépositaire *m.* depositary, guardian
dépôt *m.* deposit, trust
dépouille *f.* spoils; skin, hide; *pl.* mortal remains
dépouiller strip, divest, deprive, despoil, rob; discard
depuis since, for, after, from; **— un an** for the past year; **— longtemps** long since, for a long time; **— peu** recently; **— quel temps?** for how long? **— que** since
derechef (*archaic*) again, once more
dernier last, extreme, utmost; recent; lowest, meanest; **du — beau** extremely beautiful
dérober (à) snatch (from), steal, deprive (of); save (from), conceal

(from); **se — à** avoid, escape; give way
derrière behind; *m.* back
dès from, since, beginning with; **— que** as soon as; **— longtemps** long ago, for a long time
désabuser undeceive, set right
désarmé disarmed, devoid; placated, appeased
désarmer disarm
désavantage *m.* disadvantage, detriment
désaveu *m.* denial
désavouer disown, disavow, condemn
descendre descend, come (go) down
descente *f.* descent, landing
désert deserted, lonely
désespéré *m.* person in despair
désespérer despair, drive to despair
désespoir *m.* despair, desperation; act of desperation; *see* **entrer**
déshonneur *m.* dishonor
déshonorer dishonor
désir *m.* desire, wish; longing
désirer desire, wish
désobéir disobey
désobligeant unkind
désolé disconsolate, tormented, grieved
désoler devastate; afflict
désordre *m.* confusion, perturbation, agitation, trepidation; trouble, riot
désormais hereafter, henceforth
dessein *m.* purpose, design, scheme, intention, plan; **avoir —**, intend, plan; **à — de** in order to
dessiller unseal, undeceive
dessous under, beneath; *m.* under part; **avoir le —**, be defeated
dessus above, over, on (it); *m.* victory; **avoir le — (de)** be victorious over, have the upper hand
destin *m.* destiny, fate, chance, lot, career
destinée *f.* destiny, course, career; **finir sa —**, end one's life; **trancher la — de . . .**, put an end to . . .'s life
destiner (à) destine (for), design, fit, set apart
désunir divide, separate

détacher detach, separate, cut off; **se — de** break away from

détail *m.* detail, particular; detailed account

déterminément precisely

déterrer discover, bring to light

détestable hateful, wretched

détester abhor, hate

détour *m.* winding; trick, trickery, evasion; byway

détourner avert, turn away, change the direction of; dissuade

détromper undeceive, correct

détruire destroy, do away with

deuil *m.* mourning

deux two, a few

devancer anticipate, forestall, arrive before

devant before, in front of

développer develop; uncover, reveal

devenir become

devin *m.* seer, prophet

deviner guess

dévisager calmly face; stare at; disfigure

devoir owe, be obliged to, ought, should, must, be (to), be destined to, be due, be expected to

devoir *m.* (sense of) duty, respect, courtesy, concession; **dans le —,** dutiful

dévorer devour, consume

dévot devout, pious, holy; *m.* devout person

diable *m.* devil; **— de** devilish

diadème *m.* crown, diadem

Diane Diana

dicter dictate, prescribe, suggest

dieu *m.* God; **mon —!** good heavens!

diffamer defame, discredit

différence *f.* difference, distinction; **mettre —,** differentiate

différend *m.* difference, quarrel, dispute

différer defer, delay, postpone, put off

difficile difficult

digne deserving, worthy, fitting, meritorious

dignement according to one's deserts

dignité *f.* dignity, honor

diligence *f.:* **en —,** speedily

diminuer lessen, diminish

dîner dine; **donner à —,** give a dinner

dire say, speak, tell, mention, repeat, show, decree; **vouloir —,** mean; **se —,** call oneself, be called; *see* **oreille**

discerner (**de, d'avec**) discern, differentiate (between), distinguish (from)

discorde *f.* dissension, trouble

discourir talk

discours *m.* speech, talk, recital; *pl.* words, remarks

discret discreet, cautious; considerate

diseur *m.* speaker, sayer

disgrâce *f.* disgrace, misfortune, affliction

disparaître disappear

dispenser (**de**) bestow, spare, exempt (from); **se — de** dispense with, do without

disperser scatter

disposer (**de**) dispose, prepare, arrange; order; incline

dispute *f.* discussion

disputer fight *or* contend for; argue; **se —,** vie for

dissimuler conceal, keep secret; pretend, feign, disguise, dissemble; appear to take no notice of

dissiper dissipate, dispel, dismiss, dissolve

distinguer distinguish

distraire (**de**) distract, turn (from)

dit settled

divers diverse, different

divertir amuse

divertissement *m.* diversion, amusement

divin divine, heavenly, godlike

diviser divide, separate

division *f.* estrangement

divorce *m.* rupture, break

divulguer divulge, reveal

docile submissive

docte learned

docteur *m.* doctor, scholar

doigt *m.* finger

domination *f.* sway, influence

dominer rule, hold sway

dompter subdue, vanquish, overcome, master

don *m.* gift

donc then, therefore; pray

donner give, grant; devote; inspire, cause; show; make (*a struggle*); — à (plaindre) give cause to (lament)

donneur *m.* giver

donzelle *f.* damsel (*contemptuous*)

dorénavant henceforth

dormir sleep; — en assurance sur rest assured of

dos *m.* back

double deceitful

doucement gently, softly, quietly, not so fast

doucet, -te gentle, demure

douceur *f.* sweetness, joy, charm, softness, gentleness, leniency

douer endow

douleur *f.* grief, pain, distress, sorrow, suffering

douloureux grief-stricken

doute *m.* doubt, uncertainty

douter (de) doubt, hesitate; question; se — de suspect

douteux doubtful, uncertain

doux gentle, sweet, pleasant, pleasing, kind; soft, smooth; fond; *m.* sweetness

drapeau *m.* flag, banner

dresser erect, construct; stand on end

droit straight; right, just, judicious; *m.* right, claim; law; duty; — des gens international law; avoir — de have the right to, be entitled to, be justified in; être en — de have a right to, have just cause for; à bon —, justly, with good reason

droiture *f.* uprightness, integrity

dû due

duper dupe, take in

dur hard, harsh, cruel

durable enduring

durant during

durée *f.* duration

durer last, endure, hold out; on n'y dure point it is unbearable

dureté *f.* hardness, harshness

E

eau *f.* water; tears; *pl.* sea, waves

ébaubi amazed

éblouir dazzle, blind

ébranlement *m.* consternation

ébranler shake, cause to waver, disturb

écarté remote, lonely

écarter scatter, dispel, separate, keep off *or* away

échafaud *m.* scaffold

échange *m.* exchange

échapper escape; s'—, make one's escape, disappear

échauffer inflame, urge on; warm; s'—, become excited *or* inflamed

éclair *m.* flash of lightning

éclaircir clear up, brighten, enlighten, explain

éclairer light, give light to, enlighten

éclat *m.* outburst, display, splendor, magnificence, radiance, glory, striking effect, glamour; fury; exposure, scandal

éclatant brilliant, glorious, magnificent, conspicuous, striking, loud, violent

éclater burst forth, be manifest, display itself, show; gleam; cry out; become famous; faire —, display, exhibit, manifest; evoke

éclore blossom, bloom

écorcher skin, wound, hurt

écot *m.* group of people eating together, company; price paid by each as his share

écouter listen (to), hear, hearken to

écraser crush, overwhelm

écrier (s') cry out, utter cries (of admiration), exclaim

écrire write

écrit *m.* writing, written work

écueil *m.* rock

écume *f.* foam

édifice *m.* structure

édifié satisfied

édit *m.* edict, decree

effacer efface, erase, obliterate, destroy; dim

effarer frighten, scare

effaroucher (s') be frightened

effectivement really

effet *m.* effect, outcome, result, realization, accomplishment, action, deed, incident, fact; **en —**, in truth, indeed, really; **obtenir l'—**, succeed

efficace *f.* efficacy, efficiency

efforcer (s') strive, endeavor

effort *m.* effort, endeavor, stroke, struggle, attack; force; offshoot

effrayer frighten, terrify; **s'—**, take alarm, be frightened

effroi *m.* fright, terror, dismay

effronté shameless, bold

effronterie *f.* impudence, shamelessness

effroyable frightful, dreadful, awful

égal equal, same, alike, even; *m.* peer; **sans —**, matchless; **à l'— de** as much (well) as

égaler equal, make equal, rival, be equal to

égard *m.* regard, respect; **avoir — à** make allowances for

égaré lost, bewildered, confused, distraught

égarement *m.* error, aberration

égarer lead astray, mislead; stray; **s'—**, go astray, wander; forget oneself

égayer cheer

Égée *m.* Ægeus

église *f.* church

égorger slay, ruin

égratignure *f.* scratch

élancement *m.* transport, yearning (*signifying "s'élancer vers Dieu"*)

élancer (s') dart forth

élever raise, elevate, exalt; erect; nurse, rear; **s'—**, rise

élire choose, elect

éloge *m.* praise, commendation

éloigné distant, remote, removed, separated

éloignement *m.* removal

éloigner remove, banish; **s'—**, move away, withdraw, go away

élu *m.* (the) chosen, elect

éluder evade

élue *f.* assessor's wife

embarquer embark

embarras *m.* embarrassment, perplexity, difficulty, alternative; maze; *pl.* troubles, cares

embarrasser embarrass, trouble; **s'—**, be embarrassed, concern oneself

embonpoint *m.* stoutness; profusion

embrasé inflamed, aflame

embrasement *m.* burning

embraser burn, set fire to; **s'—**, kindle, glow

embrassade *f.* embrace

embrassement *m.* embrace, kiss

embrasser embrace, clasp, kiss; undertake; look after (*interests*)

embuscade *f.* ambush

emmener take away

émouvoir move, touch, stir, excite; **s'—**, be moved *or* touched

empêchement *m.* hindrance

empêcher hinder, prevent; **s'— (de)** refrain (from)

empire *m.* authority, rule, command, empire

emplette *f.* purchase

emploi *m.* employment, service, function

employer employ, use, make use of; use up; **s'—**, exert oneself

empoisonner poison

empoisonneur *m.* poisoner, corrupter

emportement *m.* transport, outburst, violence, anger

emporter carry (off *or* away), take; overcome; **l'—**, triumph, prevail, get the better of; **s'—**, become excited, lose one's temper, be carried away

empreindre imprint, stamp

empressé eager

empressement *m.* eagerness, zeal, attention; **avec —**, eagerly, earnestly

empresser (s') hasten, be eager (to)

emprunter borrow

ému moved, stirred

en while, as (like) a; in (of) this matter

encens *m.* incense; praise, flattery

encenser burn incense to, worship (at)

enchaînement *m.* sequence (of events)

enchaîner chain, enchain, link

enchanter fascinate, charm

enclin inclined, prone

encore (**encor**) still, yet, even, only, once more, again, too, besides, as yet, further, more; **et comment —?** and how, then? **— ce matin** just this morning; **— . . . que** although

encourager encourage, incite

encre *f.* ink

endormi lulled to sleep

endormir (**s'**) go to sleep

endroit *m.* place, spot, point, part

endurcir harden, inure

endurcissement *m.* obduracy, inflexibility

endurer endure, bear; allow, permit

Énée Æneas

enfance *f.* childhood

enfant *m. or f.* child; son, daughter

enfanter bring forth

enfer *m.* hell, lower regions

enfermer shut up, hem in, imprison, conceal, contain

enfin finally, in short, after all, at last, in conclusion, in any case, really

enflammé burning, fiery

enflammer excite, inflame

enfler swell, increase; elate; **s'—,** swell, rise, be puffed up

enfoncer plunge, thrust

enfuir (**s'**) flee

engager engage, pledge, compel, bind, involve; unite, attach; **s'—,** undertake, agree, bind oneself, be involved, be pledged

engloutir swallow up

énigme *f.* riddle

énivrer intoxicate

enjoué lively, clever

enjouement *m.* liveliness, playfulness

enlèvement *m.* abduction

enlever carry away, abduct, remove

ennemi, -e hostile, enemy, hateful; *m. & f.* enemy

ennoblir make illustrious

ennui *m.* weariness, vexation; grief, suffering

ennuyer bore, weary

ennuyeux tiresome

énoncer express, utter

enorgueillir make proud; **s'—,** take pride in

énorme enormous, atrocious

enquête *f.* inquiry, investigation

enrager be enraged, go mad; **faire —,** madden

ensanglanter stain with blood

enseigner teach

ensemble together, at the same time

ensevelir bury

ensuite then, later, afterwards, in consequence

ensuivre (**s'**) follow

entasser heap up

entendre hear, understand, intend, expect; **faire —,** suggest, give to understand, convey

enthousiasmer enchant

entiché stubbornly attached; corrupted

entier entire, whole, all, complete; **tout —,** entirely, completely, wholeheartedly

entièrement completely, quite

entourer surround

entrailles *f. pl.* entrails, bowels, heart

entraîner carry away, drag along; win over, gain; involve

entre between, in, into, among

entrée *f.* entrance

entremise *f.* intervention

entreprendre undertake, attempt

entreprise *f.* enterprise, undertaking

entrer (**dans**) enter, come (go) in; **faire —,** show in; **— en** experience; **faire — en désespoir** drive to despair

entresuivre (**s'**) follow each other

entretenir converse with, talk to, speak; maintain, sustain

entretien *m.* talk, conversation, topic of conversation

entrevoir catch a glimpse of, see through; fancy

entrevue *f.* interview

envelopper include, surround, wrap; settle

envenimer poison, inflame

envers toward, to, in regard to, with

envi *m.:* **à l'—,** in emulation, vying with each other (one another)

envie *f.* desire, envy; **avoir — de** be

anxious to, want to, be intent upon;
   porter — à envy
envier envy, begrudge
envieux envious, jealous
environ around, about
environner surround, encircle, attend
envisager envisage, view, consider
envoyer send; *see* querir
épais thick, dull, dark, heavy
épancher pour out
épandre pour out, shed
épargner spare, save
épars scattered
épaule *f.* shoulder
épée *f.* sword
éperdu bewildered, distracted, wild,
   dazed
Épidaure *f.* Epidaurus
épier spy
Épire *f.* Epirus
épître *f.* epistle, letter
éploré in tears, weeping
épouse *f.* wife
épouser marry, espouse
épouvantable dreadful, terrible, frightful
épouvante *f.* terror, intense fear
épouvanter frighten, terrify
époux *m.* husband
éprendre: s'— de become enamored
   of, fall in love with, be taken with
épreuve *f.* ordeal, trial, test
épris smitten, in love, enamored; seized
éprouver experience, feel; put to the
   test, try
épuiser exhaust, drain
équipage *m.* carriage
équitable just
équité *f.* justice
errant wandering
errer wander
erreur *f.* error, mistake, delusion, false
   belief
escadron *m.* squadron
esclavage *m.* slavery
esclave *m. or f.* slave
escrimer fence; **s'—** de dabble in
Espagne *f.* Spain
espagnol Spanish; *m.* Spaniard
espèce *f.* kind

espérance *f.* hope, expectation
espérer hope (for), expect; — **en** trust
   in
espoir *m.* hope, expectation
esprit *m.* mind, spirit, heart, wit, intelligence; *pl.* mind, feelings; **bel**
   —, fine wit; appreciation of literature
essai *m.* trial, attempt
essaim *m.* swarm
essayer try; **s'—**, try one's skill
essieu *m.* axle
essor *m.* springing into flight; appearance
essoufflé out of breath
essuyer wipe away; endure
estime *f.* esteem, regard
estimer esteem, consider, value, admire
estomac *m.* breast
et...et both . . . and
établir establish
étage *m.* rank
étaler display, show off
état *m.* state, condition, situation;
   faire — de esteem; **hors d'—**, unable, incapable
éteindre put out, extinguish, quench;
   destroy; **s'—**, die
étendard *m.* standard, banner
étendre extend, spread
étendu outstretched
étendue *f.* scope
éternel eternal, unceasing, lasting;
   l'**Éternel** *m.* God, the Eternal (God)
éterniser perpetuate
étinceler flash, sparkle
étoffe *f.* cloth, material
étoile *f.* star
étonnement *m.* astonishment, wonder
étonner astonish, astound, daze, terrify;
   s'—, be astonished, wonder
étouffer stifle, suppress, smother,
   strangle, quench, overpower
étrange strange, queer, extraordinary,
   wonderful
étrang–er, –ère foreign; strange; *m. &*
   f. foreigner; stranger
être be, exist; — **à** belong to; be one's
   duty; — (fait) **pour** be capable of;
   soit so be it; soit que . . . ou whether
   . . . or

être *m.* being
étroit narrow, close
étude *f.* study, application, consideration
étudié feigned, assumed
Euphrate *m.* Euphrates
évader evade, escape
évanouir (s') faint; disappear, vanish
éveiller (s') awake
événement *m.* event, happening; outcome; execution
éventer find out, get wind of
évertuer (s') struggle, endeavor
éviter avoid, shun
exactement accurately, carefully
exactitude *f.* exactness
examiner examine, consider
exaucer hear, grant (a prayer)
exceller excel
excepté with the exception of
excès *m.* excess, extreme
exciter excite, cause, arouse, urge on
excuser excuse, pardon, forgive
exécrable odious, abominable
exécuter execute, carry out, fulfill
exemplaire exemplary; *m.* copy
exemple *m.* model, example, instance, parallel; donner l'— à set . . . an example; à l'— de following the example of
exempt *m.* constable
exercer exercise, practise, train, administer; draw upon; s'—, use one's power *or* skill
exhaler (s') be exhaled *or* breathed out
exiger exact, demand, require
exiler banish, drive out
expérience *f.* experience, test
expier expiate, atone for
expirer expire, come to an end, die, perish
expliquer explain, make known; s'—, declare oneself
exploit *m.* deed, achievement; legal writ
exposer expose, set forth, show; hazard, imperil
exprès express, strict; *adv.* on purpose, expressly
exprimer express
extérieur *m.* outside appearance

exterminer exterminate, annihilate
extravagance *f.* folly
extravagant foolish, absurd; *m.* eccentric fellow, absurd person
extrême extreme, excessive
extrêmement excessively
extrémité *f.* extremity, extreme, dire need, distress, strait

F

fable *f.* story, plot; laughing-stock
fabuleux legendary
face *f.* face, appearance, complexion, expression, aspect; en —, to a person's (my) face; à la — de in the presence of
fâcher vex, offend, anger, annoy, afflict; se —, get angry, take umbrage *or* offence
fâcheux painful, unpleasant; troublesome, annoying, disagreeable
facile easy, yielding
facilité *f.* facility, compliance
façon *f.* manner, fashion, way, kind; workmanship; faire des —s stand on ceremony; de cette —, de la —, in this way; de quelque — que in whatever way
façonnier affected, hypocritical
fade insipid, pointless
faible weak, slight, little; *m.* weakness, weak side, failing; foible
faiblesse *f.* feebleness, weakness, inadequacy
faillir fail, miss, err; come very near to
faire make, do, commit, form, compose, constitute, cause, render; accomplish, fulfill, effect, arrange, prepare; affect, inspire, exert; have; give, grant, pay; utter; wage; act, play; derive; consider as; matter; se —, be done *or* made; take place, develop; become; take; — le sort decide the fate; — une perte sustain a loss; c'(en) est fait (de) it is all over (with), it is settled; n'avoir que — de have no business *or* reason to; have no use for; *see* gloire, personne

faiseur *m.* maker

faiseuse *f.* maker; **de la bonne —**, from a good shop

fait settled, completed; *m.* fact, deed, action, achievement; matter; **tout à —**, entirely, altogether, wholly; **être mon —**, suit me, be what I want

faîte *m.* top, head, summit

falloir be necessary, must, ought to, should, need; **comme il faut** as it should be, properly; **s'il le faut** if it must be so; **s'en —**, be far from, lack

fameux famous

famille *f.* family

fantaisie *f.* imagination, fancy, whim, thought, idea

fantôme *m.* phantom, shadow

faquin *m.* rascal, cad, scoundrel

fard *m.* paint; deceit, disguise; **sans —**, frankly

fardeau *m.* burden

farouche fierce, wild; shy

faste *m.* pride, ostentation, pomp

fat *m.* fool; rascal

fatal fatal, fateful, baneful, ill-fated; predestined

fatalement inevitably, by fate

fatigant fatiguing, wearisome

fatigue *f.* fatigue, toil, hardship

fatiguer tire, weary

fatras *m.* rubbish

fausset *m.* falsetto

fausseté *f.* falsehood; duplicity, hypocrisy

faute *f.* fault, error, mistake; **— de** for want of

fauteuil *m.* armchair

faux false; **à —**, falsely

faveur *f.* favor, kindness, grace, commendation; **en — de** on behalf of

favorable favorable, propitious, indulgent

favorablement favorably, opportunely

favori *m.* favorite

fécond fertile, rich, fruitful

feindre feign, pretend; hesitate

feint pretended, make-believe

feinte *f.* pretence

félicité *f.* felicity, happiness, bliss

femme *f.* woman, wife

fer *m.* iron; sword; *pl.* fetters, chains, captivity

ferme firm, strong, solid, resolute; *adv.* firmly, harshly; **—! steady!**

fermer close, exclude from

fermeté *f.* firmness, courage, strength (of mind)

ferveur *f.* fervor

festin *m.* feast, banquet

fête *f.* festival

feu *m.* fire, torch; eagerness, passion, ardor; *pl.* love; flames; **être tout de —**, be all afire, be very ardent

fidèle faithful, loyal, true; safe; **peu —**, unreliable

fieffé complete, arrant

fier: **se — à** trust, depend upon

fier proud, haughty; cruel

fierté *f.* haughtiness, pride; cruelty

fièvre *f.* fever

figure *f.:* **faire — de** give the appearance of (a)

figuré figurative

figurer (se) imagine, fancy, picture

fil *m.* thread

filet *m.* thread; *see* tenir

fille *f.* daughter

fils *m.* son

fin fine, sharp, shrewd, artful

fin *f.* end, aim; **à la —**, at length, at last

fin *m.* essence

finesse *f.* subterfuge, maneuver

finir finish, end, cease

fixer fix, settle

flambeau *m.* torch

flamme *f.* flame, passion, love, ardor

flanc *m.* side, flank, bosom, womb

flatter flatter, please; deceive, mislead; soothe, encourage, delight; **se —**, congratulate oneself, flatter oneself

flatteur flattering, pleasing; *m.* flatterer

flèche *f.* arrow, dart

fléchir bend, bow, yield; move, persuade; assuage, soften

flegme *m.* calmness, equanimity

flétrir tarnish, fade, wither

fleur *f.* flower

fleuri blooming, flowery

fleuve *m.* river

florissant flourishing, prosperous

flot *m.* wave, tide

flottant wavering, irresolute, elusive

flotte *f.* fleet

flotter float, flutter

flux *m.* flow, tide

foi *f.* faith, fidelity; word, troth, promise; truth; prêter — (à) put faith (in), believe; faire — de prove; ma —! my word! *see* manquer

fois *f.* time; une —, once, once more, for once; à la —, at the same time; tout à la —, all at once

fol, folle *see* fou

folie *f.* folly

fonction *f.* function, duty

fond *m.* bottom, depth, remotest part, back, end; substance, basis, foundation; au —, in reality, at heart

fondateur *m.* founder

fondement *m.* foundation, basis

fonder base, found, establish, ground

fondre melt, dissolve; rush, precipitate, bear down

force *f.* force, strength, power; à — de by dint of, through, because of; de —, by force; à toute —, in spite of everything, at all costs

forcer force, compel; carry, storm, overcome

forêt *f.* forest

forfait *m.* crime, foul deed, sin

forger forge, invent

forme *f.* form, way, manner, ceremony; dans les —s in due form, with due ceremony

former form, make, create, formulate; build, train; arrange; se —, spring; *see* vœu

fort *m.* fortress; height

fort strong, powerful, violent; skillful, clever; painful; *adv.* strongly, loud, quite, very, much, greatly

fortement strongly, vigorously

fortifier fortify, strengthen

fortune *f.* fortune, happiness; fate

fortuné fortunate, lucky, favored

fou mad, crazy, foolish; *m.* fool

foudre *m. or f.* lightning; thunder, thunderbolt

foudroyer strike with thunder, overwhelm, strike down

foule *f.* crowd, multitude; en —, in crowds, in a crowd

fouler tread, trample; — aux pieds trample underfoot

fourbe crafty, deceitful; *f.* cheat, imposture, deceit; *m. or f.* hypocrite, deceiver, impostor, rascal, knave

fourberie *f.* imposture, deceit

fournir furnish, supply

fracas *m.* noise, uproar

fracasser break to pieces, shatter

frais, fraîche fresh, recent

frais *m. pl.* expense; à — communs jointly

franc frank, downright, thorough, sincere; *adv.* frankly

franchir overstep, pass over, cross

franchise *f.* frankness; freedom, liberty; refuge

frapper strike, hit; impress; loom up before

fraude *f.* fraud, deceit

frayeur *f.* fright, terror, fear

frein *m.* check, rein

frémir tremble, shudder

frémissement *m.* shudder, quivering

fréquentation *f.* society, company

fripon *m.* rogue, rascal

frissonner shudder

frivole frivolous, petty, trifling; futile

froid cold, indifferent; coldness

froideur *f.* coldness, indifference

front *m.* brow, forehead, countenance; expression; impudence, boldness

frontière *f.* frontier, border

frotter rub, warm

frugalité *f.* frugality, stinginess

fruit *m.* fruit, result, benefit, advantage

frustrer defraud

fuir flee (from), escape, avoid

fuite *f.* flight, escape; prendre la —, flee, run away

fumée *f.* smoke

fumer smoke, smolder, steam, reek

fumier *m.* dunghill

funèbre gloomy, dark

funérailles *f. pl.* funeral rites

funeste fatal, dreadful, disastrous, ill-omened, inauspicious, tragic

fureur *f.* fury, rage, madness, passion

furie *f.* fury

furieusement furiously, terribly, awfully, terrifically; être — pour be terribly fond of

furieux furious, terrible, awful

G

gage *m.* pledge, token, proof

gager wager, bet

gageure *f.* wager, bet

gagner gain, win, reach; prevail upon; donner à — à . . . , enable . . . to make a profit

gaillard lively, light-hearted

gain *m.* gain, winning

galant gallant, polite, fashionable, pleasing, elegant, distinguished; pertaining to love; *m.* admirer, gallant

galanterie *f.* gallantry, politeness, flirtation

galère *f.* galley

galerie *f.* gallery, corridor

gant *m.* glove

garant *m.* guarantee, security

garantir guarantee, vouch for; protect, preserve

garçon *m.* boy; servant

garde *f.* guard, care, heed; n'avoir — de, prendre — de be careful not to; prendre — à be on one's guard against, heed

garder guard, keep, maintain, harbor, retain, reserve; remain in; watch, take care, beware; — à have for; se — de take care not to, keep from

gâter spoil

gauche: à —, to the left

gauchir weaken, flinch

gaupe *f.* slattern

géant, -e *m. & f.* giant, giantess

gémir groan, sigh

gémissement *m.* groan

gendarmer (se) be alarmed, be shocked, be up in arms

gendre *m.* son-in-law

gêne *f.* torment, trouble

gêner torment, distress, annoy

généreux generous; noble, high-minded, magnanimous; courageous

générosité *f.* nobility of character, magnanimity

génie *m.* spirit

genou *m.* knee; à —x on one's knees

genre *m.* race, kind

gens *m. pl.* people, men; servants; *see* droit

gentil nice

gentilhomme *m.* nobleman, gentleman

gîte *m.* home, lodging

glace *f.* ice, coldness, chill; mirror, glass

glacer congeal, freeze, chill

glaive *m.* sword

glissade *f.* slip

glisser slip, creep; se —, slip, creep (in)

gloire *f.* glory, honor, fame, pride, reputation; faire — de glory in, take pride in

glorieux glorious, proud, splendid

gonflé puffed up

gorge *f.* throat

gouffre *m.* abyss, pit

goût *m.* taste, liking

goûter taste, enjoy

goutte *f.* drop; ne . . . —, not a thing

gouvernante *f.* chaperon, guardian, companion

gouverner govern, rule; instruct, rear

gouverneur *m.* governor, tutor

grâce *f.* grace, charm, appearance; favor, mercy, indulgence, pardon; *pl.* thanks; de —, I beg you, for pity's sake; de mauvaise —, in bad taste; faire — à forgive; rendre —s (à) thank, give thanks (to)

gracieux gracious, friendly

graisser grease

grand great, large, full, tall; noble, mighty, important; *m.* nobleman, grandee; *see* soleil

grandeur *f.* grandeur, greatness, magnitude, dignity; *pl.* glory

gras fat

grave serious, solemn

graver engrave, impress

gré *m.* will, satisfaction; **à son (leur) —**, as he (they) please(s) *or* pleased

grec Greek, Grecian; **Grec** *m.* Greek

Grenade *f.* Granada

griffe *f.* claw

griffonner scribble

grimace *f.* grimace, grin

gronder scold

grondeur scolding

gris gray

gros big, heavy

grossier uncouth, unmannerly, clumsy; **erreur grossière** gross mistake

grossir increase, swell

grouiller stir, move

guère hardly; **ne ... —**, but little, hardly

guérir heal, cure, recover

guerre *f.* war, warfare

guerrier warlike, martial; *m.* warrior

guetter lie in wait for

gueule *f.* mouth (*of animal*); **fort en —**, loud-mouthed

gueusant begging, penniless

gueuser beg

gueux poor, destitute; *m.* beggar; rascal

guider guide, lead

guindé affected, forced, stiff

H

habile clever

habillements *m. pl.* garments

habiller dress

habit *m.* cloak, coat, dress, attire; *pl.* clothes

habitant *m.* inhabitant

habiter dwell (in), inhabit

haine *f.* hatred, aversion; **en — de** out of hatred for; **prendre ... en —**, take an aversion to ...

haïr hate

haleine *f.* breath

hanter haunt; associate with

hardes *f. pl.* clothes

hardi bold, rash

hardiment boldly

hasard *m.* chance, risk, peril; **au —**, at random

hasarder risk, expose; **se —**, be risked

hâte *f.* haste, hurry; **à la —**, hastily, in haste, impromptu

hâter hasten, urge, hurry; **se —**, make haste, hurry

haut high, lofty, tall; exalted, noble, proud; bold; principal; loud; *m.* height, top; **d'en —**, from above; *adv.* high, far, aloud, boldly; **le porter —**, go far

hautain haughty

hautement loudly, publicly, freely, resolutely, gloriously

hauteur *f.* height

Hébreu *m.* Hebrew

hélas alas

héraut *m.* herald

herbe *f.* grass

hérésie *f.* heresy

hérisser (se) stand on end, bristle

hériter (de) inherit

héritier *m.* heir

heur *m.* good fortune, happiness

heure *f.* hour, time, o'clock; **à toute —**, hourly, always; **tout à l'—**, immediately; **sur l'—**, at once, on the spot; **à la bonne —**, well and good, very well

heureux happy, fortunate, successful

heurter strike, knock; clash with, run counter to

hier yesterday

histoire *f.* history, story

homicide murderous, death-dealing; *m.* murderer

hommage *m.* homage

homme *m.* man; **— de bien** good man

honnête honest, upright, honorable; polite, correct, well-bred, respectable, becoming; **— homme** gentleman

honnêteté *f.* honesty, honor, propriety, politeness

honneur *m.* honor, sense of honor; dignity, repute

honorer honor; **s'— de** be proud of

honte *f.* shame, disgrace; modesty; **faire — à** put to shame, make ashamed; **avoir —**, be ashamed

honteux shameful, ashamed; disgraceful, disgraced

horreur *f.* horror, loathing; **prendre
... en** —, have a horror of, hate;
faire — à horrify; (**être**) **en** — à (be)
held in abhorrence by
hors (**de**) out of, outside, save, except,
beyond, past; *see* **état**
hôte *m.* guest
huissier *m.:* — à **verge** writ server,
bailiff
humain human, humane; *m.* human
being, man; *pl.* mankind
humecter wet, moisten
humer inhale, suck in
humeur *f.* humor, mood, disposition,
temper, attitude, inclination; **être
d'** — à be in a mood to
humide wet, moist, of water
humilier humble
hymen, hyménée *m.* marriage
hypocrite hypocritical

I

ici-bas here below
idolâtre idolatrous, a worshiper, very
fond; *m.* idolater
idolâtrie *f.* idolatry
Idumée *f.* Idumæa
ignominie *f.* shame, dishonor
ignorant, –**e** *m. & f.* ignorant person,
ignoramus
ignorer ignore, be ignorant of, not
know, be unaware of
île *f.* island
illégitime unjust
illuminer enlighten
illusion *f.* delusion
illustre illustrious, distinguished
image *f.* image, likeness
imaginaire imaginary
imagination *f.* imagination, idle fancy
imaginer imagine, think, believe; **s'**—,
imagine, fancy
imiter imitate
immobile motionless
immoler immolate, sacrifice
immortels *m. pl.* gods, immortals
immuable immutable, changeless
impatroniser (**s'**) establish oneself as
master

impeccable faultless, blameless
impérieux imperious, domineering
impertinence *f.* impertinence, impropriety
impétueux impetuous, raging
impie impious, blasphemous, wicked;
m. impious *or* wicked person
impiété *f.* impiety, wickedness
impitoyable pitiless, cruel
implorer implore, invoke, entreat
importer matter, be of consequence,
concern; **n'importe** no matter, never
mind
importun importunate, inopportune;
disagreeable, irksome, troublesome,
wearisome; *m.* bore, meddler; *f.*
nuisance
importuner importune, trouble, annoy
imposer impose, lay on; — à deceive,
delude
imposture *f.* deception, falsehood,
slander
imprévu unforeseen, unexpected
imprimer print, imprint, stamp, im-
plant; **se faire** —, appear in print;
se voir imprimé see one's work in
print
imprimeur *m.* printer
impudemment impudently, audaciously
impudique immodest, unchaste
impuissance *f.* powerlessness, helplessness
impuissant powerless, helpless
impunément with impunity
impuni unpunished
impur foul, unclean
imputer impute, attribute, ascribe,
charge
inanimé inanimate, lifeless
incertain uncertain, wavering, capri-
cious
incertitude *f.* uncertainty, doubt
incessamment constantly
incestueux incestuous; *m.* incestuous
person
incivilité *f.* impoliteness, rudeness;
faire une —, be guilty of rudeness *or*
discourtesy
inclémence *f.* inclemency, severity

inclination *f.* inclination, attachment, passion

incommoder inconvenience, render indisposed

incommodité *f.* inconvenience

incongru improper, contrary to good form; awkward, unsuited; ungrammatical

inconnu unknown

inconstance *f.* inconstancy, fickleness

inconstant changing, variable, shifting, fickle

incontestable unquestionable, indisputable

incroyable incredible, unbelievable

indifférent indifferent, unimportant

indigence *f.* poverty, lack

indigne unworthy, unseemly

indigné (contre) outraged (at), indignant (at)

indignité *f.* indignity, dishonor

indiscret indiscreet

indomptable invincible

indompté untamed, wild

indubitablement unquestionably

inégal unequal, uneven

inégalité *f.* inequality, disparity

inespéré unhoped for, unexpected

infaillible infallible; certain, unfailing

infâme infamous, despicable, disgraceful; *m. or f.* wretch

infamie *f.* dishonor; infamous action

infecter infect, taint

infidèle faithless, false; unbelieving; *m.* infidel, unbeliever; *f.* unfaithful woman

infini infinite, never-ending, very great

informer inform; s'—, inquire

infortune *f.* ill fortune, calamity

infortuné unfortunate, unlucky

ingénieux clever, ingenious, wily

ingrat, -e ungrateful, thankless; *m. & f.* ingrate

inhumain inhuman, hard-hearted, cruel; *f.* hard-hearted woman

inimitié *f.* enmity, hate, hatred

injure *f.* insult, wrong, outrage, humiliation; dire des —s à insult, abuse; faire — à wrong

injurier insult, abuse

injurieux injurious, offensive, insulting

injuste unjust, unfair, wrong, unjustified

innocemment innocently

innombrable innumerable, numberless

inouï unheard of, monstrous

inquiet anxious, restless

inquiété anxious, disturbed

inquiéter disturb, trouble; s'—, worry

inquiétude *f.* distress, uneasiness

inscrire (s') sign one's name

insensé mad, insane, distraught; foolish; *m.* madman

insensible insensible, unfeeling, hard-hearted, indifferent; *m.* heartless person

insensiblement imperceptibly

insigne signal, noteworthy, striking

insinuer (s') insinuate oneself, worm one's way

insolemment insolently

inspirer inspire, breathe into, instil in; suggest

instance *f.* prayer, demand, urgent request; lawsuit

instant *m.* moment; à l'—, at once; dans l'—, immediately

instruire teach, instruct, inform

insulter (à) insult, exult over; jeer (at)

insupportable unbearable

intelligence *f.* intelligence, understanding, information; être d'— avec have an understanding with

interdire forbid

interdit confused

intéressé selfish

intéresser interest, concern; intervene; s'—, be interested *or* concerned

intérêt *m.* interest, concern, advantage, welfare, cause, consideration; selfishness

interprète *m.* interpreter, expounder

interpréter interpret

interroger question

interrompre interrupt

intimider frighten

intituler entitle, call

intrépide fearless

intrigue *f.* plot

introduire introduce

inutile useless, futile
invaincu unconquered
invariable unchangeable, constant
inventer invent
inviter invite
invoquer invoke, appeal to
irrémissible unpardonable
irrésolu wavering, undecided
irriter vex, irritate; stir (up), arouse, excite
issu descended
issue *f.* result, outcome
ivre drunk, intoxicated

J

jadis once, formerly, of old
jalousie *f.* jealousy
jaloux jealous, grieved
jamais ever, never; ne ... jamais never; à —, forever
jambe *f.* leg
jardin *m.* garden
jaser chatter, babble, gabble
jaunissant yellowing
javelot *m.* javelin
jeter throw, cast, hurl, fling away; give, utter; drive; se — dans take up, go in for; — à bas throw down, overthrow
jeu *m.* play, game, fun
jeune young, youthful
jeûne *m.* fast, fasting
jeunesse *f.* youth
joie *f.* joy, delight; dans la —, rejoicing; tenir en —, keep happy; avoir —, be glad
joindre join, unite, add; se — (à) join
joue *f.* cheek
jouer act, represent, play; deceive; se — de laugh at, make light of, make sport of; se — à trifle with; faire —, set in play
jouet *m.* plaything, sport
joug *m.* yoke, bondage
jouir (de) enjoy, make the most of
jour *m.* day, light; life; *pl.* life, being; en plein —, in broad daylight; mettre au —, bring forth *or* out, give life to, bring to light, produce; publish, re-

veal; mettre en plein —, expose fully; voir le —, live, be born; quitter le —, die; se faire —, be revealed; tous les —s every day; un — (*fut.*) some day
Jourdain *m.* Jordan
journée *f.* day; deed, exploit, battle; *see* prendre
joyeux happy, joyous
juge *m.* judge
jugement *m.* judgment, sentence; opinion; perdre le —, lose one's senses
juger (de) judge, decide, think, suppose, consider
Juif, Juive *m. & f.* Jew
Junon Juno
jurer swear, affirm, pledge
jus *m.* juice
jusque(s) even, until, as (so) far as, to; jusqu'ici till now; jusqu'où? to what extent *or* point? jusqu'à quand? how long? —-là to the point, so far
juste just, legitimate, rightful, justifiable; right, righteous; exact, accurate; appropriate, merciful; *adv.* just, exactly, accurately
justement justly, precisely
justesse *f.* exactness, suitableness
justice *f.* justice, reason; rendre — à do justice to
justificatif justifying
justifier justify, vindicate

L

là there; that; par —, thereby
là-bas down there, downstairs
lâche cowardly, base; *m.* coward
lâchement in a cowardly manner, weakly
lâcher unloose, let slip, release; — mot utter a word
lâcheté *f.* (act of) cowardice, unworthy action
là-dessus on this (that) subject, in that regard
là-haut above, up there, upstairs
laisser leave, abandon, desist; let, grant, allow; ne pas — de not fail to; se — (battre) allow oneself to be

(beaten); — **faire** let alone, not interfere, leave it to; laissez faire aux Dieux let us leave it in the lap of the gods

lait *m.* milk; *see* sucer

lambeau *m.* shred, scrap, rag, tatter

lancer hurl, fling, cast

langage *m.* speech; **tenir ce** —, speak in this way

langoureux languishing

langue *f.* tongue, language

langueur *f.* languor, slowness

languir languish

languissant faint, languishing

laquais *m.* lackey, footman

larcin *m.* theft; **faire un** — **à** rob

lard *m.* fat, bacon

large wide, big, large

larme *f.* tear

las weary; —! alas!

lasser tire, weary; **se** —, grow weary *or* tired

laurier *m.* laurel

laver wash (away *or* out); **se** —, clear oneself

leçon *f.* lesson, precept, instruction

lecture *f.* reading

léger light, slight, fickle, trifling

légèreté *f.* levity, instability, thoughtlessness, indiscretion

légitime legitimate, justified, rightful, proper

lendemain *m.* next day

lent slow, tardy, laggard

lettre *f.* letter; *pl.* literature

lever raise; remove; **se** —, arise, rise

lèvre *f.* lip

liaison *f.* connection, linking

libertin *m.* free-thinker

libraire *m.* bookseller, publisher

libre free, unrestrained

lice *f.* lists, arena

licence *f.* license, liberty

lien *m.* tie, link, chain, bond, obligation

lier bind

lieu *m.* place, spot, apartment; reason, cause, opportunity, occasion; rank; **au** — **de** instead of; **avoir** —, have cause; take place; **donner** —, give rise; **tenir** — **de** take the place of;

en ces —**x** here; en tous —**x** everywhere

lieue *f.* league

ligue *f.* league

limite *f.* border

lire read

lit *m.* bed

livre *m.* book

livrer surrender, deliver (up), entrust; expose; — **la guerre** wage war

loge *f.* lodge, house

logis *m.* dwelling, house; **au** —, at home

loi *f.* law, rule, command; *pl.* power; **faire la** —, control; **prendre** — **de** obey; **donner la** —, dictate

loin far, far away; — **que** far from; instead of

loisir *m.* leisure, time; **à** —, deliberately, at leisure

long long, tedious; **tout au** —, in full

longtemps a long time, long; *see* depuis, dès

longueur *f.* length; delay; **en** —, at great length, slowly

lors then, at that time

lorsque when, at the time

louange *f.* praise, flattery

louer praise; **se** —, congratulate oneself, rejoice

loueur *m.* praiser

louis *m.* louis (*coin*)

loup *m.* wolf

lueur *f.* light, glimmer, glare

lugubre melancholy, mournful

luire shine, gleam, dawn, flash

lumière *f.* light, day; enlightenment, intelligence; *pl.* radiance; brilliant ideas, abilities; *see* prêter

lune *f.* moon

M

magnanime magnanimous, noble

magnifique magnificent

maigre thin, skinny

main *f.* hand; **être** (**venir**) **aux** —**s** be fighting, come to blows; **en** —, in (one's) hand; **sous** —, secretly

maintenant now

maintenir maintain

maintien *m.* bearing, mien

mais but, why

maison *f.* house, family

maître main, master

maître *m.* master, chief, ruler

maîtresse *f.* sweetheart, mistress

mal badly off; *m.* evil, harm, wrong; hurt, pain, sickness, ailment; woe, grief, misfortune, mischief; vouloir un — à bear malice towards; — de tête headache; avoir — au cœur be nauseated *or* sick; *adv.* ill, badly, hardly, insufficiently

malade *m. or f.* patient

maladroit *m.* clumsy *or* stupid person

malaisé difficult

malaisément with difficulty, hardly

mâle manly, strong

malfaisant mischievous, malicious, spiteful

malgré in spite of

malheur *m.* misfortune, sorrow, mischance, unsuccessfulness; par —, unhappily, unluckily; pour mon —, unfortunately for me

malheureux unhappy, unfortunate, wretched; *m.* (poor) wretch, wretched person

malin malicious, mischievous, evil

Malte *f.* Malta

maltraiter illtreat, handle roughly

mander send for, order to appear, fetch; order, tell

mânes *m. pl.* shade(s), spirit(s) of the dead

manger eat

manie *f.* mania, madness, passion, folly

manier handle, manage

manière *f.* sort, kind; manner, way, fashion; de votre —, in your way; d'autre —, in a different way; dans les belles —s in accordance with fine manners

manque *m.* lack

manquement *m.* lack

manquer lack, be wanting *or* lacking; fail, miss, err; — à votre foi break your word; — de parole break one's promise

manteau *m.* cloak

marâtre *f.* stepmother

maraud *m.* rascal

marbre *m.* marble

marchand vulgar

marchandise *f.* merchandise, wares

marche *f.* step

marché *m.* bargain; meilleur —, cheaper

marcher walk, go, march; — sur les pas de follow; — à grands pas stride

mari *m.* husband

marier marry, give in marriage; se —, marry

marque *f.* mark, symbol, sign, token, trace, proof; trait

marquer mark, indicate, show

marquisat *m.* marquisate (*state of being a marquis*)

marraine *f.* godmother

martyr, –e *m. & f.* martyr

martyre *m.* martyrdom

masque *m.* mask

masquer mask, conceal

matière *f.* matter, material, subject, occasion, topic

matin *m.* morning

maudire curse

maudit accursed

Maure *m. or f.* Moor

mauvais bad, mean, ugly; poor, unlucky, inauspicious

méchamment spitefully, maliciously

méchanceté *f.* wickedness

méchant bad, sorry, wicked, evil, wretched; *m.* evildoer, wicked person

méconnaître fail to recognize; se —, forget oneself

mécontent *m.* dissatisfied person

mécontentement *m.* dissatisfaction

Médée *f.* Medea

médire (de) slander, speak ill (of)

médisance *f.* slander

médisant slanderous; *m.* slanderer

méditer think over, consider

mégarde *f.* negligence; par —, by mistake

meilleur better; le —, best; du — de mon âme (cœur) from the bottom of my soul (heart), sincerely mélange *m.* mixture

mêlée *f.* encounter, conflict

mêler (à, avec) mingle, mix (with), blend; involve; se — (à) mingle, be mixed (with), take part (in); se — de have a hand in, concern oneself with; mêlez-vous de vos affaires mind your own business

membre *m.* limb

même same, very, identical, self-same; self; de — que just as; de —, the same (way), likewise; *adv.* even

mémoire *f.* memory, mind, fame

menace *f.* threat

menacer threaten

ménager manage, spare, save; weigh; be careful of, be considerate of; turn to one's advantage, make use of

ménager sparing; *m.* steward

mendier beg (for)

mener take, lead; — un train lead a life

mensonge *m.* lie, falsehood

mensonger lying, untrue

menteur lying

mentir lie; à ne point —, to tell the truth

menu lesser, small, minute

méprendre (se) be mistaken

mépris *m.* scorn, contempt, expression of scorn; au — de in spite (defiance) of

méprisable contemptible, despicable

mépriser despise, scorn, slight

mer *f.* sea

merci *f.* mercy

mérite *m.* worth, attainments

mériter merit, deserve, gain

merveille *f.* wonder, marvel; à —, wonderfully well

merveilleux marvelous, wonderful

mésestimer to hold in low esteem

mesure *f.* measure, time, moderation; sans —, beyond all measure

mesurer measure; se — à cope *or* compete with; se — (avec) measure swords (with), fight, test

mésuser misuse

méthode *f.* method; custom

métier *m.* profession, trade; faire —, make it one's business

mets *m.* dish

mettre put, place, lay, set; put on; bring; turn; reduce; subject; employ; show; se —, dress; get; se — à set about, begin; se — dans la (en) tête take it into one's head; *see* courroux, jour, œil, *etc.*

meubles *m. pl.* furniture

meurtre *m.* murder

meurtrier *m.* murderer; *adj.* murderous, deadly

mieux better, more, rather; être —, be more comfortable

mignon delicate, pretty

milieu *m.* middle, midst; au — de in the middle (midst) of

mince small, slight

mine *f.* mien, look, countenance, appearance; faire — de pretend, feign

miracle *m.* miracle, wonder

miraculeux marvelous, wonderful

miroir *m.* mirror, looking-glass

mise: être de —, be admissible, be in vogue

misérable wretched, unhappy; *m.* wretch, miserable person

misère *f.* misery, distress, poverty, trouble

mode *f.* way, manner; à la —, fashionable

modèle *m.* model, instance

modérer moderate, control, restrain, curb; se —, calm down

moelleux soft

mœurs *f. pl.* manners, customs, morals

moindre less; slightest

moins less; — . . . —, the less . . . the less; — (de) fewer; en — de rien in less than no time; le —, the least; pour le —, at least; au —, du —, at least, even, above all; à — de for (with) less than; à — que unless

mois *m.* month

moissonner harvest, cut down

moitié *f.* half; wife; à —, half; de la —, by half

mollement laxly, indulgently

mollesse *f.* softness, weakness, luxury

mollir soften, give way

moment *m.* moment, brief time; **à tous —s** constantly

monarque *m.* monarch

monceau *m.* heap

monde *m.* world, people, society; **tout le —,** everybody; **connaître leur —,** know with whom they have to deal; **beau —,** fashionable society

monnaie *f.* coin, money

monstre *m.* monster

mont *m.* mountain

montagne *f.* mountain

monter mount, go (come) up, go upstairs, ascend; **se —,** rise

montrer show, exhibit, display, demonstrate, indicate, make evident; **se —,** show oneself, appear

moquer: se — (de) joke, jest, make fun (of), jeer (at); take good care not to

morbleu! (*oath*) gad!

morceau *m.* piece, morsel

More *m.* Moor

morne gloomy, mournful

mort dead, deathly; *f.* death; *m.* dead man, corpse

mortel, –le mortal, fatal, extreme, grievous; *m. & f.* mortal

mortifier mortify, humiliate

mot *m.* word, saying; note; **bon —,** witticism

moteur *m.* mover, author

motif *m.* motive, reason

mou soft, weak

mouche *f.* patch

mouchoir *m.* handkerchief

mourir die; **faire —,** kill; **se —,** be dying

mousquet *m.* musket

mouton *m.* lamb

mouvement *m.* movement, sentiment, impulse, emotion

moyen *m.* means, way; **le — (que + subj. or de + inf.)** how can, how is it possible for (to)

muet mute, silent

mugir bellow, roar

mugissement *m.* bellowing, roar

mur *m.* wall

mûr mature

muraille *f.* wall

mûrement deeply, sufficiently

murmure *m.* murmur, murmuring, complaint

murmurer murmur, whisper, complain

museau *m.* muzzle, snout, "mug"

mutiler disfigure

mutin mutinous, unruly

mutiné rebellious, riotous

mutiner (se) mutiny, revolt

Mycènes *f.* Mycenæ

mystère mysterious; *m.* mystery, secret

N

nager swim, float

naguère lately, formerly

nain, –e *m. & f.* dwarf

naissance *f.* birth, origin, descent; **prendre —,** be born

naissant growing, budding

naître be born, arise, spring; **faire —,** give birth to, create

naturel *m.* nature, disposition; **de son —,** by nature

naufrage *m.* shipwreck

Navarrois *m.* man of Navarre

né born; **bien —,** noble

néanmoins nevertheless

néant *m.* nothingness; **un —,** nothing

nécessaire necessary, indispensable, essential; *m.* necessity; lackey

négliger neglect, omit, ignore, disregard

nerf *m.* nerve, sinew

net clean, clear; *adv.* flatly, outright

neuf new, inexperienced, crude

neveu *m.* nephew; grandson; *pl.* descendants

nez *m.* nose

ni . . . ni neither . . . nor

nier deny, repudiate

noblement nobly

noblesse *f.* nobility

noces *f. pl.* marriage

nœud *m.* knot, tie, bond

noir black, dark, gloomy, melancholy; swarthy; base, evil

noirceur *f.* baseness, treacherous action

noircir blacken, defame

nom *m.* name, renown, reputation
nombre *m.* number(s); **sous le —,** by numbers
nombreux numerous
nommer name, call, choose, designate as
nonobstant notwithstanding, in spite of
nonpareil unparalleled
noter blame
nourrice *f.* nurse
nourrir feed, nourish, rear, train
nourriture *f.* nourishment, food
nouveau new, fresh, novel; **de —,** again
nouveauté *f.* new play
nouvelle *f.* news, piece of news
noyer drown; **se —,** drown oneself, be plunged
nu naked, bare; **tout —,** unadorned
nuage *m.* cloud, shadow
nue *f.* cloud
nuire harm, injure
nuit *f.* night, darkness; **de —,** by night; **cette —,** last night
nullement: ne ... —, not at all

O

obéir (à) obey
obéissance *f.* obedience
obéissant obedient
objet *m.* object, subject, matter; person; spectacle
obligation *f.:* **avoir —,** be under obligation
obligeant obliging, considerate, kind, proper
obliger oblige, force, put under an obligation
obscurcir obscure, darken, tarnish
obscurité *f.* darkness, gloom
observer observe, watch
obstacle: faire — à be an obstacle to, stand in the way of
obstination *f.* obstinacy
obstiné (à) obstinate, stubborn, bent on
obstiner make obstinate; **s'—,** persist
obtenir obtain, get, procure, win; **— de** succeed in

occasion *f.* occasion, opportunity, favorable moment; **dans l'—,** under fire
occuper employ; fill; **s'—,** apply or exert itself
odieux odious, hateful
odorat *m.* smell, olfactory organ
œil *m.* eye, glance, look, attitude, expression; *pl.* sight; **de mes yeux** from my sight; **à ses yeux** before his (her) eyes, to *or* in his (her) eyes; **mettre aux yeux de...,** bring to ...'s notice, show; **je n'ai plus d'yeux pour vous** I have no more regard for you, I have no more interest in you
œuf *m.* egg
œuvre *f.* work
offense *f.* offence, insult, injury, wrong, transgression
offenser offend, insult, outrage; **s'—,** be offended
office *m.* service, charge
offrande *f.* offering
offre *f.* offer
offrir offer, present
oie *f.* goose
oisif idle
oisiveté *f.* idleness
ombrage *m.* umbrage, suspicion, offence
ombre *f.* shadow, shade, protection; phantom, spirit; appearance
onde *f.* wave, billow
ongle *m.* fingernail
opérer accomplish
opposer oppose, put in opposition; **s'— (à)** be opposed (to), resist; intervene
opprimer oppress, suppress, persecute, kill
opprobre *m.* disgrace, shame
or *m.* gold
orage *m.* storm, tempest
orageux stormy
ordinaire ordinary, usual; **d'—,** ordinarily, usually; **pour l'—,** usually
ordonnance *f.* order, ordinance
ordonner order, command, bid, decree, prescribe; organize, draw up, dispose
ordre *m.* order, command; sphere,

class; **donner** — à see to, prepare for;
y mettre ordre see to it
oreille *f.* ear; **dire** (**parler**) à l'—,
whisper; **ouvrir** l'—, listen, heed
orgueil *m.* pride, arrogance
orgueilleux proud
orient *m.* east
ornement *m.* ornament
orner adorn, embellish
orphelin *m.* orphan
os *m.* bone
oser dare, venture, presume
otage *m.* hostage
ôter remove, take away, deprive of,
rid, relieve
ou . . . ou either . . . or
où where, toward whom, in which, to
(of *or* on) which; **d'**—, whence; **par**
—, where
ouais! so! indeed! well!
oubli *m.* forgetfulness
oublier forget
oui-da indeed, certainly
ouïr hear
outrage *m.* outrage, insult; **faire** (**un**)
— (à) offend, insult, commit an
outrage against
outrager insult, wrong, torment, injure
outrageux outrageous, insulting, offensive
outre beyond, further, besides; **plus** —,
farther; — **que** beside the fact that
outré de overburdened with
outrer exceed, provoke
ouvert open, bare, exposed; frank
ouvrage *m.* work, task, workmanship
ouvri-er, **-ère** *m. & f.* workman, work-
woman
ouvrir open, lay bare, reveal, afford;
see oreille

P

pacifier pacify, appease
pacifique peaceful, gentle
païen pagan; *m.* pagan
paille *f.* straw
paisible peaceful
paix *f.* peace; **en** —, quietly
palais *m.* palace
pâleur *f.* pallor

pâlir grow pale
palme *f.* palm; victory
pâmé fainting
pâmer swoon, faint
pâmoison *f.* fainting, swoon
panique wild, sudden
papier *m.* paper, document
par by, by means of, with, from,
through, for, in
parade *f.* show, display, ornament
paraître appear, be revealed, seem;
faire —, show, display
parbleu! by Heaven!
parcourir travel, traverse
pardonner (à) pardon, forgive, excuse
pareil (à) equal, like, similar, such;
mes (**ses**) —**s** my (his) equals, people
of my (his) class
parent *m.* parent, relative
parer adorn; parry, ward off
paresse *f.* idleness, indolence, tardiness
parfait perfect, perfected
parfois sometimes, occasionally
parjure *m.* perjurer; perjury
parler speak, talk, tell; *see* oreille
parleu-r, **-se** *m. & f.* talker
parmi among, amid, with
parole *f.* word, speech, statement;
power of speech; promise; **tenir** —,
keep one's word; **prendre la** —, begin to speak
Parques *f. pl.* Fates, Parcæ
parrain *m.* godfather
parricide parricidal, murderous; *m.*
parricide, murder (*of a near relative*);
murderer
part *f.* part, share, side; place; **avoir**
(**de**) — à share in, be concerned
with; **faire** — **de** impart, share;
prendre — à participate in, share in,
take interest in; **à** —, aside, apart;
autre —, elsewhere; **d'autre** —, on
the other hand, besides; **de la** — **de**
from, in the name of; **de ma** —, for
my part; **de** — **en** —, through and
through; **de toutes** —**s** on all sides
partage *m.* division, distribution, share,
lot
partager divide, share, bestow
Parthe *m.* Parthian

parti *m.* party, match, side, part; **prendre —**, choose a side; make a decision

participer (à) share (in)

particulier particular, special, unusual; private; **en —**, in private

partie *f.* part; game, contest, match; adversary; **quitter la —**, quit; **— ... —**, partly . . . partly

partir set out, go (away), leave, depart, come

partisan *m.* partisan, friend

partout everywhere, on all sides; *see* **ailleurs**

parure *f.* finery

parvenir à reach, attain

pas *m.* step, footstep; advance, pace; fix, dilemma; **faire des — pour** take steps in favor of; **de ce —**, at once, immediately; *see* **marcher**

passage *m.* passage, transition, way; **se faire un —**, make one's way

passager transitory, short-lived

passe *f.* situation, state; **être en — de** be in a fair way *or* position to

passé past; *m.* past

passer pass (by), go (over *or* beyond), cross, proceed, reach; disappear; surpass; spend; **— pour** be accepted as, be considered; **se —**, pass; take place, happen; **se —** (**de** + *inf.* or **que** + *subj.*) do without, dispense with

passionné impassioned, passionate

passionner (se) be impassioned, become enamoured

pâtir suffer

patrie *f.* fatherland

pâture *f.* food, prey

paupière *f.* eyelid, eye

pauvre poor

pavé *m.* paving stone, pavement

pavillon *m.* pavilion; flag

payer pay (for), repay; **— de** put off with; **— d'obéissance** obey; **se —**, be paid for

pays *m.* country, land

peau *f.* skin, flesh

péché *m.* sin

pécher sin

pécheur *m.* sinner

peigner (se) comb one's hair

peindre paint, depict, picture

peine *f.* punishment, distress, sorrow, trouble, suffering, torment, torture; effort; difficulty; **— de la vie** penalty of death; **à —**, hardly, scarcely, with difficulty; **à grand'peine** with great difficulty; **avoir —**, find it hard, regret; **être en — de** be worried *or* anxious about; **mettre en —**, trouble, disturb; **se mettre en —**, worry

penchant *m.* slope; inclination

pencher lean, incline, bend

pendable to be punished by hanging, worthy of being hanged

pendant que while

pendard *m.* villain, gallows bird

pendarde *f.* hussy

pendre hang, suspend

pénétré imbued, filled

pénétrer penetrate, perceive

pénible painful, difficult

pensée *f.* thought, opinion, mind

penser think, expect, imagine

penser *m.* thought

pensif thoughtful

percer pierce, penetrate, slay

perdre lose, waste; ruin, destroy, kill; **— d'honneur** dishonor, disgrace; **se —**, be lost, disappear; bring disaster on oneself

perdrix *f.* partridge

perdu lost; vain

perfide unfaithful, faithless, false, treacherous; thankless; *m. or f.* traitor, faithless person

perfidie *f.* treacherous act

péril *m.* danger, risk

périr perish, die

permettre (à) permit, allow

permis: — à vous de you are at liberty to

pernicieux pernicious, mischievous

perruque *f.* wig

Persan *m.* Persian

Perse *f.* Persia

persécuter persecute, pursue

persévérer persevere, persist

personnage *m.* person, character, part

personne *f.* person, anybody; **bien fait de sa —**, of fine appearance; **ne ... —**, *m.* nobody, no one
persuader (se) convince oneself
perte *f.* loss, ruin, destruction, death
pervers *m.* evildoer
pesant heavy
pesanteur *f.* weight
peser weigh, consider; be a burden to
peste *f.*: **la —**, the deuce!
pester rave, rail
petit little, small, trifling
peu little, small, few; a little while; not much, not enough, hardly; *m.* bit, slight amount; **un —**, a few; briefly; **avant qu'il soit —**, before long; **depuis —**, lately; **dans —**, in a little time
peuple *m.* people, nation; populace, crowd; *pl.* tribes, nations
peupler people, populate
peur *f.* fear; **avoir — de** be afraid of; **faire — à** frighten; **de —**, for fear; **... à faire —**, frightfully ...
peut-être perhaps
philosophe philosophical
pièce *f.* piece, selection; play, trick; room; **mettre en —s** defame
pied *m.* foot, base; **de — ferme** firmly
piège *m.* snare, trap
pierre *f.* stone
piété *f.* piety
pieux pious
piller plunder
piquer prick, sting; **se —**, be displeased, take offence; **se — de** pride oneself on
pis worse; **tant —**, so much the worse
piteux pitiable, worthy of pity
pitié (de) *f.* pity (for); **avoir — de** pity, be sorry for; **faire —**, arouse pity; **elle me fait —**, I feel sorry for her; **par —**, for pity's sake, out of pity; **en —**, pityingly
pitoyable pitiable, pitiful
place *f.* place, spot, room; citadel; square; **faire — à** give way to (for)
plaie *f.* wound
plain plain, level
plaindre pity, lament, deplore, grieve;

se —, complain; **j'ai à me —**, I have cause to complain; **elle est à —**, she is to be pitied
plaine *f.* plain
plain-pied: de —, without difficulty
plainte *f.* complaint, lament, complaining
plaire (à) please, attract; be pleasing *or* desirable; **se — (à)** take pleasure (in); **plût à Dieu** would to God
plaisant pleasant, funny
plaisanter jest, joke
plaisanterie *f.* jesting, joking
plaisir *m.* pleasure, delight
planté planted, standing
planter plant, set up, fix
plat *m.* dish
plein full, filled; complete, perfect; open; **à —**, fully, clearly
pleur *m.* tear
pleurer weep (for), bewail, mourn
pleuvoir rain
plier bend; **se —**, bend, yield
plonger plunge, sink
ployer bend
pluie *f.* rain
plume *f.* pen; feather
plupart *f.* most, larger part, majority
plus more, longer; **de —**, more, moreover, besides; **non —**, neither, not either; **— ... —**, the more ... the more; **— de ... !** no more ... ! **le —**, the most; **tout au —**, at the most
plusieurs several, many
plutôt rather, sooner
pluvieux rainy
poche *f.* pocket
poids *m.* weight, burden; authority, importance
poignard *m.* dagger
poing *m.* fist, hand; **au —**, in hand
point *m.* point, matter, degree, extent, state, condition, position; **— du jour** daybreak; **de tout —**, utterly; **à tel —**, so (much); **de — en —**, exactly, in every detail
point no; **ne ... —**, not
pointe *f.* point, edge
politique *f.* politics; discretion, shrewdness

politique *m.* politician, statesman
pommade *f.* pomade, paste
pommader pomade
pompe *f.* pomp, splendor, display, triumphal procession
pompeusement with pomp *or* splendor, with solemnity
pompeux pompous, splendid, stately, triumphant
port *m.* port, haven, harbor
port *m.* bearing, carriage
porte *f.* door, gate
porter bear, carry; proclaim, extol, offer, show, entertain, have; lead, incline, turn, direct, goad; strike; wear; **se —,** be (*of health*); **— les mains sur** lay one's hands on
porteur *m.* porter, bearer, carrier
portique *m.* portico, porch
poser put, place, set, lay down
posséder possess, enjoy; win, be master of, enslave, dominate
possesseur *m.* possessor
possible *m.* utmost, best; **faire tout mon —,** do my very best
poster post, place
posture *f.* situation, position
poudre *f.* powder, dust
poudreux dusty
pour for, (in order) to, on account of, for the sake of, as, as for, as regards, towards, through; **— grand que** however great
pourpre *f.* purple
pourquoi why; **— faire?** what for? why?
pourri rotten, crumbling
pourrir rot
poursuite *f.* pursuit, prosecution
poursuivre prosecute, pursue, continue; persecute
pourtant however, nevertheless, yet
pourvoir attend, see
pourvu que provided (that), if only
pousser push, carry; express fervently, utter; carry through; continue, go on; impel, prompt, provoke, offend
poussière *f.* dust
pouvoir can, be able (to do), be capable of, have power, may, avail; **— tout sur** have great power (influence)

over; **— quelque chose sur** have some influence over; **ne — rien** be powerless, have no effect; **se —,** be possible
pouvoir *m.* power, force, authority; utmost, capacity; **être en — de** be able to
pratique *f.* practice, method
précéder precede
prêcher preach, repeat
précieu-x, -se precious, valuable; affected; *m. & f.* affected man, affected woman
précipiter hurl, cast; hasten, hurry on; **se —,** rush (forward)
précis fixed, precise
prédestiné predestined
prédire predict, foretell
préférer prefer
premier first, early; **des —s** among the first
prendre take, take up, seize, catch, capture, accept, assume, get, receive, entertain, have; choose, form, make; **— jour (journée)** fix (appoint) a day; **se — à** begin; blame; attack, challenge; **s'en — à** blame; **s'y —,** go about it; *see* **haine, parole**
préparatif *m.* preparation
préparer (à) prepare (for); **se —,** prepare, be in preparation
près (de) near (to), close (to), near by, closely, on the point of, about; with, in comparison (with)
présage *m.* omen
présager foretell, foreshadow
prescrire prescribe, ordain, enjoin
présent: à —, now, at present
présenter present, introduce, offer, show; **se —,** appear
presque almost
pressant pressing, urgent
presse *f.* crowd
pressé hurried, urgent, in haste; **être —,** be in a hurry
pressentiment *m.* presentiment, foreboding
presser press, oppress; hurry, hasten, urge (on), insist; be pressing; **se —,** hasten, hurry

présumer assume, expect; **trop** — **de soi** be presumptuous

prêt ready, prepared; *see* **achever**

prétendre claim, aim, aspire, expect, suppose, wish, intend, propose, mean, desire

prêter lend, give; — **les lumières à** enlighten

prêtre *m.* priest

preuve *f.* proof

prévaloir prevail; **se** — **(de)** glory (in), boast (of)

prévenir anticipate; prevent, forestall, warn

prévention *f.* prejudice

prévenu prejudiced, biased

prévoir foresee

prévoyance *f.* foresight, caution

prier pray, beg

prière *f.* prayer; **faire une** —, offer a prayer

principe *m.* principle

prise *f.* hold

priser prize, esteem, value

priver deprive, rob

prix *m.* price, cost, value; prize, reward, return; **au** — **de** in comparison with

procédé *m.* proceeding, conduct, behavior, method

procéder proceed

procès *m.* lawsuit

prochain *m.* neighbor (*Biblical sense*)

proche near

prodige *m.* marvel, wonder

prodigieux prodigious, amazing

prodigue lavish

prodiguer (à) lavish (on), shower (on), be lavish with

produire produce, cause, bring forth

profane *m.* outsider

profaner profane, desecrate, defile

profession *f.:* **faire** — **de** profess

profiter (de) profit (by), avail oneself (of)

profond profound, deep, dark

progrès *m. pl.* progress

proie *f.* prey, booty, prize

projet *m.* project, plan, design

prolonger prolong

promenade *f.* walk, ride, drive, promenade

promener take out, conduct, lead; **se** —, walk, drive; **mener** —, take for a drive

promesse *f.* promise

promettre promise; **se** — **de** expect of

prompt prompt, quick, sudden, immediate, ready

promptitude *f.* promptness, suddenness

prononcer pronounce, declare, decide, pass (*sentence*)

propice propitious, favorable; **mal** —, unfavorable, hostile

propos *m.* talk, subject, remark, word; occasion; **à** —, suitable, opportune(ly), timely, by the way; **à** — **de** in connection with; **à quel** —? why? for what reason? **mal à** —, inappropriately

proposer propose, offer; **se** —, intend, have in view

proposition *f.* proposal

propre own, suitable

proprement properly, neatly

proscrire proscribe

prospère prosperous, favorable, happy

prospérer prosper

prosterné prostrate, bowed low

prosterner (se) bow low

prostituer prostitute

protéger protect

protestation *f.* protest, declaration, promise

protester assure

prouver prove

provenir spring, come

province *f.* province, state, kingdom; country; *pl.* realm

prude prudish, strait-laced

prudence *f.* prudence, forethought, wisdom

pruderie *f.* prudishness

publier make public, proclaim, declare

puce *f.* flea

pudeur *f.* shame, modesty, bashfulness, decency

pudique chaste, modest

puiser draw, derive

puisque since
puissamment powerfully, forcibly
puissance f. power, influence, authority
puissant powerful, strong, mighty
puits m. well
punir punish
punition f. punishment
pur pure, clean, unsullied; real, true; sheer
purger cleanse, purify, rid
purifier purify, cleanse

Q

qualité f. quality, rank; characteristic; en — de in the capacity of
quand when; although, even though (if), if; — même even though
quant à as to, as for
quart m. quarter
quartier m. quarter; mercy
que that, how, when, as, why, than; let; — de how much (many)
quel what, what a, what sort of; — que whatever (sort of)
quelque some, any; whatever; — ... que however, whatever; — ... qui whatever
quelquefois sometimes
querelle f. quarrel, cause; faire (une) — à quarrel with; chercher — à pick a quarrel with
quereller quarrel (with); se —, quarrel
querir fetch, seek; aller —, go and get; envoyer —, send for
queue f. tail
quiconque whoever
qui que whoever
quitte discharged, free, clear
quitter leave, abandon, give up, cease, forsake
quoi which, what; de —, the wherewithal or means, something; — que whatever; — qu'il en soit however that may be, be that as it may
quoique although

R

rabaisser lower, humble, belittle
rabat m. linen collar

rabattre humble, put down
raccommoder mend, repair, renew, reconcile
race f. race, family, offspring
racheter redeem, ransom
raconter relate, tell
radouci softened, lowered
radoucir (se) soften
rage f. fury, wrath, madness, vexation
railler jest, scoff
raillerie f. jesting, joking, joke
raison f. reason, sense, judgment, motive, argument; cause; avoir —, be right; tirer ma —, obtain satisfaction
raisonnable rational, reasonable, just; peu —, unreasonable
raisonnement m. reasoning, argument; pl. discussions
raisonner reason, argue, make listen to reason, ponder
raisonneur m. arguer, talker
ralentir lessen; se —, abate
rallier rally
rallumer light again, rekindle
ramasser gather, concentrate
rameau m. bough, branch
ramener bring back
ramper crawl, lag
rang m. rank, class, place
ranger arrange, form in line, place, draw up; se —, place oneself, take one's place; se — à bring oneself to
ranimer revive, reanimate
rappeler call back, recall, remember, summon up, recover
rapport m. account, report; relationship
rapporter bring (back); relate, refer; s'en — à rely upon
rapprocher draw nearer
rarement rarely
rassasier (se) take one's fill
rassembler gather; se —, reassemble
rasseoir reassure, calm
rassis settled; calm
rassurer strengthen, calm, reassure
rattraper recover
ravager ravage, lay waste
ravaler lower, debase

ravi charmed, delighted

ravir charm, delight; carry away; — à snatch from

ravissement *m.* rapture, ecstasy

ravisseur *m.* kidnapper, seducer, ravisher

rayon *m.* ray, glimmer, gleam

rebâtir rebuild

rebelle *m.* rebel; *adj.* rebellious, unyielding

rebeller (se) rebel

rebuffade *f.* rebuff, refusal

rebut *m.* rebuff, refusal; scum, outcast, leavings

rebuter spurn, reject, repulse

recevoir receive, accept

recherche *f.* search, courtship

rechercher seek (out), seek again

récit *m.* recital, account, story, report

réciter relate, recount

réclamer call (back), summon

recommander recommend, advise

recommencer recommence

récompense *f.* reward, atonement

récompenser reward

reconnaissable recognizable

reconnaissance *f.* recognition, gratitude, acknowledgment

reconnaître recognize, discover, acknowledge; reward; examine

recourber (se) be curved, bend

recourir have recourse, resort

recours *m.* recourse, refuge

recouvrer recover, regain

rectifier rectify

recueil *m.* collection

recueillir gather, reap, receive, shelter

reculé distant, remote

reculer draw back, recede; move back, put off, set back, delay; se —, draw back

redemander ask again, ask back

redevable indebted, obliged

redire repeat, recount; criticize, blame; se faire —, repeat, recount

redonner give back, restore

redoublement *m.* increase

redoubler increase, redouble

redoutable formidable, terrible, to be feared

redouter fear, dread

redresser set to rights, correct

réduire reduce, subdue, subject, compel, convert; se —, be reduced

refermer close again

réfléchir reflect

reflux *m.* ebb (tide)

réformer make over

refroidir cool

refus *m.* refusal, denial; cela n'est pas de —, I can't say no to that

refuser refuse, decline; se — à shun, resist

regagner regain, win back; go back to

régaler regale, entertain

regard *m.* look, glance; consideration; pour mon —, in so far as I am concerned

regarder regard, look (at), consider, watch; concern

régir rule, govern

règle *f.* rule

régler rule, regulate, govern, direct, manage, settle; model; se — sur be guided by

règne *m.* reign

régner reign, rule

regret *m.:* avoir —, regret; à —, regretfully

rehausser heighten, enhance

reine *f.* queen, ruler; en —, like a queen

rejaillir spurt, spring up, rush

rejeter reject, throw away, repel

rejeton *m.* offspring

rejoindre rejoin, join, reunite

réjouir (se) rejoice, be delighted

relâche *m.* rest, respite; sans —, relentlessly

relâcher relax, yield

reléguer send

relever raise again, restore; heighten, enhance, set off; se —, rise (again), recover, be restored

relier bind (*books*)

religieuse *f.* nun

reliques *f. pl.* remains

remarque *f.* remark, observation

remarquer observe, notice, mind

remède *m.* remedy, cure

remédier (à) remedy, cure

remercier thank, give thanks to

remercîments *m. pl.* thanks

remettre put off, delay; pardon; put back, restore; calm, compose; commit, deliver, hand over; **se —,** recover; **s'en — à (sur)** trust (to), rely on

remis calmed, composed, restored, recovered

remise *f.* delay, postponement

remonter reascend, go back

remords *m.* remorse, compunction

rempart *m.* rampart, bulwark

remplir fill (again), fulfill

remporter carry off, win

remuer move

renaître be born again, be revived, return

renchérir sur improve upon, go beyond

rencontre *f.:* **aller à la — de** go to meet; **faire (la) — de** meet

rencontrer meet, encounter, find; **se —,** be found *or* met with

rendre give *or* pay back, restore, repay, return, give up, offer; impart, render, make, do, pay (*visit*); **se —,** surrender, yield, give up, go, become; **se — justice** do justice to oneself, procure justice for oneself

rêne *f.* rein

renfermer shut up, conceal, confine, lock up, enclose

renfort *m.* reinforcement

renom *m.* fame, renown

renommé famous

renommée *f.* fame, renown, reputation; report, rumor

renoncer (à) renounce

renouer renew, resume relations

rentrer return, reënter (the palace, *le Cid, l. 1334*), go back; **— dans** recover

renverser throw down, overthrow, destroy, defeat

renvoi *m.* dismissal; reference

renvoyer send back, return, send away

repaire *m.* haunt, den

repaître feed; delight; **— ses yeux de** feast one's eyes on

répandre spread, shed, scatter, pour

(out); **se —,** indulge in; spread; break out

réparer repair, make up for, make amends for, redress, restore, retrieve

repartie *f.* retort, reply

repas *m.* meal

repasser cross again

repentir (se) repent, be sorry

repentir *m.* repentance

répéter repeat

repli *m.* fold, recess, coil

répliquer reply

répondre answer, respond; **— à** measure up to, correspond to, respond *or* reply to; **— de** answer for, guarantee, be responsible for

réponse *f.* answer, response

reporter bear, bring back, carry

repos *m.* repose, rest, peace, calm

reposer (se) rest, be calm; **se (s'en) — sur** rely *or* depend upon

repousser repel, reject, push back

reprendre take back, regain, resume, reply; blame, criticize; **venez me —,** come and get me again

représentation *f.* performance

représenter represent, depict; act, perform

reproche *m.* reproach

reprocher (de) reproach (for); **— ... à (quelqu'un)** reproach (someone) with . . . , take (someone) to task for . . .

reproduire reproduce

réprouver condemn, reprove

répudier repudiate, spurn

répugner feel loath

réputer esteem

réserver reserve, keep (in reserve), save

résidence *f.* sojourn, stay

résister (à) resist, oppose; endure, bear, withstand

résolu resolved, determined

résolument resolutely, firmly

résolution *f.* resolution, decision, determination

résonner resound

résoudre resolve, persuade; settle; **se —,** make up one's mind, resolve; be resolved, resign oneself

respect *m.* respect, consideration, honor; *pl.* homage, regard

respecter respect, spare

respectueux respectful, deferential

respirer breathe, live; long *or* thirst for; take breath, rest

ressaisir seize again

ressembler (à) be like, resemble

ressentiment *m.* resentment; (lively) feeling, (*sometimes*) gratitude; *pl.* resentment

ressentir feel, experience; **se — de** feel, experience, resent

resserrer (se) contract

ressort *m.* spring; energy; *pl.* means, devices

ressouvenir (se) remember

ressusciter revive, call back to life

reste *m.* remnant, rest, remainder, remains, last survivor; *pl.* leavings; **au —, du —,** besides, moreover, however; **de —,** only too well

rester stay, remain, be left

résultat *m.* result

rétablir restore

retardement *m.* delay

retarder hold back, delay, hinder

retenir restrain, retain, keep (back), hold (back *or* captive), detain; reserve, speak for

retentir resound, echo

retenue *f.* reserve, restraint, moderation

retirer withdraw, pull back; rescue, receive, lodge; **se —,** withdraw, retreat

retomber fall (back)

retour *m.* return; **être de —,** be back, return; **sans —,** forever; **de —,** in return

retourner return; **se —,** turn (around)

retracer retrace, recount

retraite *f.* retreat, withdrawal; **faire —,** retreat

retranchement *m.* refuge

retrancher cut short *or* off

retrouver find (again), rejoin, recover

réunir reunite

réussir succeed; result, come out

revanche *f.* revenge, retaliation; **en —,** in return

revancher avenge; **se — (de)** take one's revenge, retaliate, compensate (for)

réveil *m.* waking, awakening

réveiller awaken, revive, renew; **se —,** awake

révéler reveal

revenir return, come back; **— sur ses pas** retrace one's steps

rêver dream (of), reflect

révérer revere

revers *m.* back, reverse; **donner un — de la main** give a slap *or* cuff with the back of the hand

revêtir clothe, invest; **se — (de)** clothe oneself (in), assume

rêveur pensive, thoughtful

revivre live again; **faire —,** revive

revoir see again, review

revoir *m.*: **jusqu'au —,** until we meet again, good-by

révolter revolt, cause to rebel; **se —,** revolt, rebel

révoquer revoke, recall, disavow

Rhin *m.* Rhine

rhume *m.* cold

riant laughing, pleasant

ricaner grin, snigger

richesse *f.* wealth, riches, possessions

ride *f.* wrinkle

ridicule ridiculous, affected; **tourner en —,** make ridiculous

rien anything, nothing; **— du tout** nothing at all

rieur *m.* laugher, joker, mocker

rigoureux rigorous, strict, severe, stern, harsh

rigueur *f.* rigor, severity, harshness, cruelty

rimer write verse

rire (de) laugh (at); **— à** smile on; **c'est pour —,** that is in fun; **se — de** laugh at, make sport of

rire *m.* laugh

risée *f.* laughter; laughing-stock

risquer risk

rivage *m.* shore

rive *f.* bank, shore

rocher *m.* rock

roi *m.* king

roideur *f.* rigidity, inflexibility

romain Roman

roman *m.* romance, novel

rompre break (off), upset, destroy, interfere with, interrupt, ward off; — la tête à annoy, exasperate (by repetition)

ronce *f.* bramble, thorn

rond *m.* ring, circle

ronfler snore; roar; faire —, declaim

roseau *m.* reed

rouge red

rougeur *f.* redness, blush

rougir redden, blush, be ashamed

roulement *m.* rolling

rouler (se) roll

route *f.* road, way

rouvrir reopen

royaume *m.* kingdom, realm

ruban *m.* ribbon

rude rough, hard, harsh, disagreeable; fierce, terrible

rudesse *f.* rudeness, roughness, harshness

rugir roar

ruine *f.* ruin, destruction, perdition

ruiner ruin, destroy

ruisseau *m.* stream, brook, rivulet

ruse *f.* guile, cunning, trick

rusé crafty, sly

S

sacré sacred, holy

sacrifier sacrifice, offer a sacrifice

sacrilège sacrilegious; *m.* sacrilege

sage wise

sagesse *f.* wisdom

saigner bleed

sain sane, sound

sainement wisely, discreetly

saint holy, sacred, pious

saintement sacredly

sainteté *f.* sacredness, holiness

saisir seize

saisissement *m.* fright, terror

saison *f.* season, time; de —, seasonable, timely; hors de —, ill-timed, inopportune

salaire *m.* payment, reward

Salamine *f.* Salamis

sale dirty, base

salir soil, tarnish, sully

salle *f.* hall, room; — basse parlor (*on ground floor*)

saluer greet, bow to

salut *m.* salvation, safety, welfare; —! hail! greetings!

salutaire salutary, helpful, healing, beneficial

sanctifier sanctify

sang *m.* blood, race, family, descendants

sangbleu (*euphemistic oath*) Od's blood!

sanglant bleeding, bloodstained, bloody

sanglot *m.* sob

sanguinaire bloody, murderous

sans without, but for; — que without

santé *f.* health

saper undermine

satirique satirical

satisfaire (à) satisfy, gratify, content, please; fulfill, carry out; make reparation to

satisfait satisfied; mal —, not at all satisfied

sauter jump, spring; — aux yeux strike the eye

sauvage savage, uncivilized

sauver save, preserve; se —, escape, save oneself, flee

savant learned; skillful; *m.* learned man, scholar

savoir know, understand, be informed of, find out about; be able, know how; learn; faire —, inform, make known; je ne saurais I cannot; un je ne sais quel . . . , an indefinable . . . ; à —, namely, that is

savoir *m.* knowledge, learning

scandaliser shock, offend

sceau *m.* seal

scélérat *m.* scoundrel

scène *f.* scene, stage

sceptre *m.* sceptre; empire

scrupule *m.* scruple, reluctance

Scythe *m. & f.* Scythian

sec dry

sécher dry (up), wither

sécheresse *f.* dryness, barrenness

second: sans —, unparalleled, without equal

seconder follow, support, assist

secourir succor, aid, assist

secours *m.* help, relief, assistance, aid, rescue

secousse *f.* shock

secret *m.* secrecy, secret

secte *f.* sect

séditieux seditious, rebellious

sédition *f.* revolt, mutiny

séduire seduce, delude, lead astray, beguile, charm

seigneur *m.* lord

seigneurial seigniorial, lordly

sein *m.* heart, bosom, breast; depths

séjour *m.* sojourn, stay, residence, abode

selon according to; — que according as

semaine *f.* week

semblable similar, such

semblant *m.* semblance, appearance, pretence, show; faire —, pretend

sembler seem, appear; que vous semble de...? what do you think of...?

semence *f.* seed

semer sow, scatter, spread, strew

sénat *m.* senate

sens *m.* sense, senses, feeling, wits; direction, meaning

sensé sensible

sensible sensible, sensitive, responsive, sympathetic; obvious, painful

sensiblement really, noticeably, appreciably

sentiment *m.* consciousness; feeling; opinion

sentir feel, perceive, experience; smell, smack *or* savor of; se —, feel, be; se — de be affected by, feel

seoir (à) befit, become

séparer separate, divide; se — de part from

sépulture *f.* tomb, vault; donner la — (à) bury

serein serene, calm, happy

sérieux serious

serment *m.* oath, vow; faire —, swear; j'en fais un bon —, I solemnly swear it

sermonner lecture

serrer press, squeeze, bind, tie, fasten

service *m.:* faire — (à) help, assist

servir (de) serve (as), wait upon, help, obey; avail, be worth; de quoi sert? what is the good of? que sert de? what is the use of? of what use is it to? se — de use, make use of

serviteur *m.* servant

seul only, sole, alone, single, mere; — à —, alone; *m.* only one

seulement only, merely, solely, even

sévère severe, harsh, stern, strict

si *conj.* if, whether; *adv.* so; si...que as (so) ... as; si bien que with the result that, so that

siècle *m.* century, age

sied *see* seoir

siège *m.* siege; seat, chair

siffler hiss

signaler indicate, attest; make famous

signe *m.* sign, indication

signer sign

silence *m.:* garder le —, remain silent

sillon *m.* furrow

simple mere, simple, common, ordinary

singe *m.* ape, monkey; imitator

singulier peculiar

sinon except, unless, if not

sitôt so soon, so quickly; — que as soon as

sobriété *f.* moderation

société *f.* society, companionship

soif *f.* thirst

soin *m.* care, trouble, anxiety, concern, effort, task; skill; attention, notice, interest; avoir — de take care of (to), be concerned for; prendre — de take care to (of), take pains to; have regard for, care for

soir *m.* evening

soit: —...ou either ... or; — que ...ou whether ... or

soldat *m.* soldier

soleil *m.* sun; au grand —, in the bright sunshine

solennel solemn, sacred
solennité *f.* solemn ceremony
solide firm, strong; trustworthy, reliable
solitaire solitary
solliciter solicit, plead with, appeal to; incite
sombre dark, somber, gloomy; faire —, be dark
sommation *f.* summons
somme *f.* sum
sommeil *m.* sleep
sommeiller slumber, doze
son *m.* sound
sonder sound out
songe *m.* dream
songer (à) think (of), dream, consider, bear in mind, imagine
sonner ring, sound; faire —, extol
sorcier *m.* sorcerer
sornette *f.* nonsense
sort *m.* fate, destiny, chance, fortune, lot; faire le —, decide the fate
sorte *f.* sort, kind, way, manner; de la —, in this (that) way, so, thus, of this (that) kind; de — que so that
sortilège *m.* witchcraft, charm, spell
sortir leave, depart, go (come) out, have just come, get out; spring, issue, result, descend; deviate; faire —, bring forth, produce; il ne fait que — d'une maladie he has only just recovered from an illness
sortir *m.:* au — de on leaving
sot, sotte silly, foolish, stupid; *m. & f.* fool
sottise *f.* folly, foolishness, foolish thing, stupidity
souci *m.* care, worry, anxiety; prendre — de care about, bother about
soucier (se) be concerned
soudain sudden; *adv.* suddenly
souffle *m.* breath
souffler breathe, incite
soufflet *m.* slap in the face, box on the ears
souffrance *f.* suffering
souffrir suffer, endure, tolerate, allow, admit, grant
souhait *m.* wish, desire

souhaiter wish (for), desire, hope
souiller stain, soil, dull, defile, dishonor
soulagement *m.* solace, help, relief, consolation
soulager relieve, lighten, soothe, comfort
soulever rouse; se —, rise in revolt
soulier *m.* shoe
soumettre submit, subject, subdue; se —, consent, yield
soumis (à) submissive, humble, under the sway (of), subject (to)
soumission *f.* submission, compliance
soupçon *m.* suspicion
soupçonner suspect, distrust
soupçonneux suspicious
souper sup
souper *m.* supper
soupir *m.* sigh, breath, gasp; wish
soupirant *m.* suitor, lover
soupirer sigh, long, yearn
source *f.* source, origin
sourd deaf
souris *f.* mouse
souscrire (à) approve
soutenir bear, support, sustain, uphold, bear up, maintain, withstand, endure; se —, hold oneself up
soutien *m.* support, prop, supporter
souvenir call to mind; faire — à remind; se — (de) remember, recall
souvenir *m.* memory, remembrance
souvent often
souverain, -e sovereign, supreme, most important; *m. & f.* sovereign, ruler
Sparte *f.* Sparta
spécieux specious, plausible
spécifier specify
spectacle *m.* sight, spectacle
spectre *m.* phantom, ghost
spirituel witty, clever, brilliant, lively, intellectual
stance *f.* stanza
stérile idle, sterile
style *m.* style, language, speech
suave sweet
subir submit to
subit sudden
subjuguer subjugate, subdue
sublime lofty, noble

suborneur enticing, seductive
subsister exist, live
subtil subtle, keen, acute
subtilité *f.* subtlety, acuteness, perception
succéder (à) take the place (of), follow
succès *m.* success, outcome, result, fortune
succomber succumb, fall, yield
sucer suck, imbibe; — avec le lait imbibe with one's mother's milk
sucre *m.* sugar, sweetness
suer sweat, perspire
suffire suffice, be enough
suffisance *f.* conceit
suffisant sufficient, enough
suffrage *m.* vote, support, favor, approval
suite *f.* retinue, following; consequence, result; series; de —, in succession
suivant according to
suivre follow, attend, accompany; give way to; carry out
sujet subject, liable, dependent, enslaved; *m.* subject, occasion, matter, object, cause, motive, reason, plot
superbe proud, haughty, arrogant, lofty; superb; *m.* proud man
superflu superfluous, useless
suppléer supply, supplement
suppliant beseeching, entreating
supplice *m.* torment, punishment, torture, death
supplier beg
supporter support, bear, endure
supposer suppose, assume
supprimer suppress
suprême supreme, highest, greatest
sur on, over, upon, from, by, about, at, on account of, from, through, to, after; — l'heure at once
sûr sure, certain, safe, secure; mal —, uncertain
surcroît *m.* increase, addition
sûreté *f.* safety, security
sur-le-champ at once
surmonter surmount, overcome, rise above
surplus *m.:* au —, moreover

surprenant surprising, astonishing
surprendre surprise, astound, catch (unawares), deceive, beguile
surprise *f.* surprise, confusion; deceit, deception, fraud; par —, stealthily
surtout especially, above all
survenir arise, arrive, happen along
survivre (à) survive, outlive
sus! quickly! or —! go now!
Suse *f.* Susa
suspect suspected, suspicious
suspendre delay, interrupt
suspendu hanging, wavering

T

tableau *m.* painting
tache *f.* spot, stain, blemish, fault
tacher spot, stain, sully, tarnish
tâcher try, attempt, endeavor, strive
taille *f.* figure, shape, type
taire say nothing of, conceal, withhold; faire —, silence; se —, keep (be) silent
talon *m.* heel
tandis que while
tant so, so much (many), to such an extent, so long; — que as long as, until
tantôt soon, (just) now, presently; a while ago, recently; — . . . —, now . . . now
tapinois: en —, stealthily
tapis *m.* carpet, cover
tard late, long
tarder delay, be long
tardif tardy
targuer: se — (de) pride oneself (on)
tarir dry up, exhaust; remove; cease
tâter feel, touch
taureau *m.* bull
taxer tax, brand, accuse
teindre stain, tinge, dye
teint *m.* complexion, color
teinture *f.* tinge, color, hue
tel such; de —, like it; *m.* such a one, many a one; un —, such a; il y en a —, there are some; monsieur un —, Mr. So-and-So; — que just as, such as, as

tellement so, in such a manner

téméraire rash, bold, presumptuous; *m. or f.* rash person

témérité *f.* rashness

témoignage *m.* witness; evidence, testimony

témoigner testify, bear witness, show

témoin *m.* witness; evidence

tempête *f.* tempest, storm

tempêter storm

temple *m.* church, temple

temporel temporal, earthly

temps *m.* time, occasion; weather; **en même —**, at the same time; **en tout —**, always; **de tout —**, always, at all times; **depuis quel —?** for how long?

tendre tender, affectionate, moving

tendre hold out, give, lay (*a trap*); tend, lead (to)

tendresse *f.* tenderness, affection, love; *pl.* marks of affection

ténèbres *f. pl.* darkness

tenir hold, have, keep, possess; take, receive, get; prevent, resist; maintain, consider; make (*remarks*); **— à** be attached *or* connected (to); **mon cœur ne tient plus qu'à un filet** my heart hangs only by a thread; **il ne tient qu'à vous que . . .**, it depends only on you whether **. . .** ; **on n'y tient pas** it is intolerable; **je n'y puis plus —**, I cannot stand it any longer; **tiens!** here! well! there! **se —**, remain, stay; consider oneself; restrain *or* contain oneself; *see* **langage**

tentation *f.* temptation

tente *f.* tent

tenter try, solicit, tempt

terme *m.* limit, end; word, expression

terminer terminate, end

ternir tarnish, taint, stain

terrasser overthrow, strike to the ground, knock down

terre *f.* earth, land, ground; **contre —**, on the ground; **par —**, on (to) the ground, on the floor

terreur *f.* terror

terriblement terribly, awfully, dreadfully

tête *f.* head, leader; beginning; **— à —**, in private; **en —**, in mind; **se mettre en —**, get it into one's head

têtebleu (*euphemistic oath* = tête de Dieu) Egad !

théâtre *m.* theater, stage, play

tiers *m.* (a) third

tige *f.* stem; stock

tigre *m.* tiger

tirer draw, pull, evoke, get, exact, derive; fire; withdraw, take out; shut; **se — de** extricate oneself from

tissu *m.* series, succession; tissue, web

titre *m.* title; **à — de** as a, in the capacity of a; **à bon —**, rightly

Tolède *f.* Toledo

tolérer tolerate

tombeau *m.* tomb, monument

tomber fall, drop, subside; *see* **accord**

ton *m.* tone; **changer de —**, change one's tone

tonner thunder

tonnerre *m.* thunder

tort *m.* wrong, harm; **avoir —**, be wrong; **faire — à** do an injustice to; **à —**, wrongly, without reason

tôt soon, early, quickly; **au plus —**, as soon as possible; **— ou tard** sooner or later

touche *f.* touch; **pierre de —**, touchstone

toucher touch, move, affect, concern; touch on; **— à** approach, have to do with, concern

toujours always, still

tour *f.* tower

tour *m.* turn, manner; trick, feat; round; **— à —**, by turns, in turn, mutually; **à mon —**, as regards me, in my turn

tourment *m.* torment, pain, torture

tourmenter torment

tourné: mal —, awkward, inelegant

tourner turn, change; construe

tourterelle *f.* turtledove

tousser cough, give a little cough

tout all, whole, every, each, any, sole; **tous (les) deux** both; *m.* whole, everything; **du —**, at all; *adv.* all, wholly, entirely, quite; *see* **bon**

toutefois however, in any case, nevertheless
tout-puissant all-powerful
trace *f.* trace, track, mark, path
tracer trace, set forth
traduction *f.* translation
traduire translate
trahir betray, deceive, baffle
trahison *f.* (act of) treachery, treason
train *m.* pace, way of living
traîner draw, drag along, carry, bring;
drag (out), protract, prolong; se —,
crawl along, drag oneself along
trait *m.* arrow, dart, shaft; blow, act,
stroke; trick; trait, feature, characteristic; impulse
traitable tractable, docile, accommodating
traité *m.* treatise, treaty, agreement
traitement *m.* treatment, usage
traiter (de) treat (as), use; behave
toward; call, consider; se —, be
treated *or* done
traître, –sse treacherous, false; *m. & f.*
traitor; rascal; en —, treacherously
trame *f.* woof, thread, course (of life)
trancher cut short *or* off, put an end
to, interrupt; — les jours kill; *see*
destinée
tranquille calm, quiet
transir be (become) chilled
transplanter transplant
transport *m.* outburst; rapture, emotion; fit of madness, seizure; *pl.*
delight
transporté overcome (*with joy*)
travail *m.* toil, labor, trouble, anxiety
travailler (à) labor, work, be engaged
(in); torment; se —, strive
travers: à —, through, in the midst
of; au — de through, amid
traverse *f.* crossbar; misfortune, obstacle; à la —, across the path
traverser cross, pass through
trébucher stumble
trembler tremble, fear
tremper dip, soak, steep, wet
trépas *m.* death, end
trésor *m.* treasure
tressaillir start, tremble

tribu *f.* tribe
tribut *m.* tribute
tributaire tributary
triomphant triumphant
triomphe *m.* triumph
triompher (de) triumph (over)
triste sad, wretched, melancholy, unhappy, dire; poor, paltry; tedious
tristesse *f.* sadness, sorrow
tromper deceive, mislead; se —, be
mistaken
tromperie *f.* deceit, delusion
trompeur deceitful, deceptive, false
tronc *m.* trunk
trône *m.* throne
trop too, too much (many), too well, too
long; *m.* excess
trophée *m.* trophy
trouble *m.* confusion, agitation, dis-
turbance, turmoil; embarrassment,
perplexity, anxiety
troubler trouble, disturb, distract, agitate, confuse, perturb; thwart; interrupt; se —, become agitated
troupe *f.* troop, band, throng, crowd
troupeau *m.* flock
trouver find, seek; judge, think; meet
with, hit upon; — bon que (+ *subj.*)
allow, permit; se —, be, be found;
find in oneself
tuer kill
tumulte *m.* confusion, turmoil
tumultueux turbulent
tutélaire tutelary, guardian
tutelle *f.* guardianship, submission
tutoyer address familiarly
tyran *m.* tyrant, despot
tyrannique tyrannical
tyranniser tyrannize over

U

un: l'un et l'autre both; l'un . . .
l'autre one . . . another
uni united; smooth
unique only, sole, unparalleled
unir unite, join, link
usage *m.* use; custom, practice; experience; mettre tout en —, use
every means

usé spent, worn out

user use (up), consume, wear out; — de use, avail oneself of, make use of; en —, act, behave

ustensile *m.* utensil

usure *f.* interest

utile useful

utilement usefully

V

vacarme *m.* uproar, fuss

vaillamment valiantly

vaillance *f.* worth, valor

vaillant valiant, brave; *m.* valiant man

vain vain, useless, idle, meaningless, unreal, empty; faire la —e be proud

vaincre conquer, overcome; se —, overcome one's feelings

vaincu captive, conquered

vainqueur victorious, conquering; *m.* victor, conqueror

vaisseau *m.* vessel, ship

valable valid

valet *m.* servant, footman

valeur *f.* valor, worth, strength

valeureux valorous, brave

vallée *f.* valley

valoir be worth; — mieux be better; faire —, establish the success of, cause to be appreciated, show off, press

vanité *f.*: faire — de pride oneself on; tirer — de be unduly proud of

vanter boast, vaunt, praise, laud; se —, boast

vapeur *f.* vapor, mist

vaurien *m.* good-for-nothing

vautour *m.* vulture

veille *f.* vigil, (night) attendance

veiller watch, keep watch; — pour watch over

vendre sell; — bien sell dearly

venger avenge; se — (de) take vengeance, get revenge, be revenged (on)

vengeur avenging; *m.* avenger

venin *m.* venom, poison

venir come, arrive; proceed; happen; — de have just; en — à come to,

be reduced to; faire —, send for, summon, bring; d'où vient que why

vent *m.* wind

venu *m.* comer, arrival

venue *f.* coming, arrival

véritable true, real

vérité *f.* truth

vermeil bright red

verre *m.* glass

vers to, toward

vers *m.* verse, line

verser turn, shed, spill, pour (out *or* forth)

vert green

vertu *f.* virtue, honor; strength, courage, valor

vertueux virtuous, courageous

veste *f.* waistcoat

vêtement *m.* raiment, garment, dress

vêtu dressed

veuve *f.* widow

vicieux vicious; defective, faulty

vicomté *f.* viscountship

victoire *f.* victory

victorieux victorious

vide empty; *m.* void, gap

vider vacate

vie *f.* life; mourante —, lingering life; de ma —, as long as I live; *see* peine

vieillard *m.* old man

vieillesse *f.* old age

vieillir grow old

vieux old, olden

vif lively, intense, keen, sensitive

vigoureux vigorous, strong

vigueur *f.* vigor, strength

vil vile, worthless; lowly

vilain, -e wretched, miserable; *m. & f.* wretch

ville *f.* city

vin *m.* wine

violence *f.* violence, anger, temper; se faire —, violate one's feelings

violenter force, use force on

violer violate

violon *m.* violin; violinist

vis-à-vis (de) opposite

visage *m.* face, countenance; aspect; remettre son —, compose oneself;

faire bon — à behave in a friendly fashion towards

visible evident, clear; **être** —, (prepared to) receive visitors

vision *f.* vision, sight; fancy, imagination, idea

visite *f.* visit, visiting, call; **faire** —, pay a visit

visiter visit, call on; examine

vite quickly, rapidly

vitesse *f.* speed, swiftness

vivant living, alive, lively

vivre (de) live (on), be alive

vœu *m.* vow; wish, desire, prayer; *pl.* supplications, hopes, vows; passionate love; **former (faire) des** —**x** offer up prayers, pray

voie *f.* way, path, road, passage, means

voilà there is (are), behold

voile *f.* sail

voile *m.* veil, curtain, screen

voir see, look (upon), watch, observe, consider; **faire** —, exhibit, show; **se** —, find oneself, be; **se faire** —, reveal itself, appear

voisin, -e neighboring; — **de** near; *m. & f.* neighbor

voisinage *m.* neighborhood

voix *f.* voice; vote, opinion

vol *m.* theft, robbery

volage fickle; *m.* fickle person

voler fly, hasten; rob

voleur *m.* thief; **au** —! stop thief!

volontaire voluntary

volonté *f.* will, wish

volontiers willingly

volupté *f.* pleasure, delight

vomir vomit, pour forth

vouer pledge, devote, give

vouloir will, be willing, wish, want, desire, like, choose; intend, try, demand, require, insist; — **bien** be willing, deign; **ne veut point de** will not have *or* accept; — **dire** mean; **en** — **à** aim at; **que voulez-vous?** what do you expect? what would you? **veuillez** please

vouloir *m.* will

voûte *f.* vault

voyageur *m.* traveler

vrai true, real, genuine; *m.* truth; **à** — **dire** to tell the truth, as a matter of fact; **de** —, in truth, truly

vraisemblance *f.* probability

vue *f.* sight, view, eyes; appearance; **jeter la** — **sur** look upon

vulgaire ordinary, common

Z

zèle *m.* zeal, ardor

zélé zealous, ardent

BIBLIOGRAPHY

The titles mentioned here are only a very few among those which might assist the reader and stimulate further reading. They have been selected as among those most likely to interest English-speaking students.

I. General works on method and on French Classicism.

Adam, Antoine. *Histoire de la littérature française*. Paris: Del Duca, 1962–8. (Corneille is treated in vol. 1, Molière in vol. 3, Racine in vol. 4).

Brody, Jules, ed. *French Classicism. A Critical Miscellany*. Englewood, N.J.: Prentice Hall, 1966.

Demorest, J. J., ed. *Studies in XVIIth Century French Literature presented to Morris Bishop*. Ithaca, N.Y.: Cornell University Press, 1962.

Fergusson, Francis. *The Idea of a Theatre*. Princeton, N.J.: Princeton University Press, 1949.

Katz, Eve, and Hall, Donald. *Explicating French Texts: Poetry, Prose Drama*. New York: Harper and Row, 1970.

Lancaster, Henri C. *A History of French Dramatic Literature in the Seventeenth Century*. 9 vols. Baltimore: Johns Hopkins University Press, 1929–42.

Peyre, Henri. *Qu'est-ce que le Classicisme?* Paris: Nizet, 1964.

Rousset, Jean. *La Littérature de l'âge baroque en France*. Paris: Corti, 1953.

Sareil, Jean. *Explication de texte*. Englewood, N.J.: Prentice Hall, 1967.

Schérer, Jacques. *La Dramaturgie classique en France*. Paris: Nizet, 1950.

Steiner, George. *The Death of Tragedy*. London: Faber and Faber, 1963.

II. The French stage in the Seventeenth Century.

Lawrenson, T. E. *The French State in the XVIIth Century*. Manchester: Manchester University Press, 1957.

Lough, John. *Paris Theatre Audiences in the XVIIth and XVIIIth Centuries*. London: Oxford University Press, 1957.

Mantzius, Karl. *Molière, les théâtres, le public et les comédiens de son temps*. Paris: A. Colin, 1908.

Mélèse, Pierre. *Le Théâtre et le public à Paris sous Louis XIV*. Paris: 1934.

III. Corneille.

Brasillach, Robert. *Corneille.* Paris: Fayard, 1938.

Couton, Georges. *La Vieillesse de Corneille.* Paris: Maloine, 1949.

Dort, Bernard. *Corneille dramaturge.* Paris: L'Arche, 1957.

Doubrovsky, Serge. *Corneille: la dialectique du héros.* Paris: Gallimard, 1964.

Emery, Léon. *Corneille le surperbe et le sage.* Lyon: Les Cahiers libres, 1962.

Herland, Louis. *Corneille par lui-même.* Paris: Seuil, 1954.

Herland, Louis. *Horace ou la naissance de l'homme.* Paris: Editions de Minuit, 1952.

Lanson, Gustave. "Le héros cornélien et le généreux selon Descartes." *Essais de méthode, de critique et d'histoire littéraire,* Paris: Hachette, 1965.

Martinenche, Ernest. *La Comedia espagnole en France de Hardy à Racine.* Paris: Hachette, 1900.

Maurens, Jacques. *La Tragédie sans tragique: le néo-stoïcisme dans l'œuvre de Corneille.* Paris: A. Colin, 1966.

May, Georges. *Tragédie cornélienne, tragédie racinienne.* Urbana, Ill.: University of Illinois Press, 1948.

Nadal, Octave. *Le Sentiment de l'amour dans l'œuvre de Corneille.* Paris: Gallimard, 1948.

Nelson, Robert. *Corneille. His Heroes and their World.* Philadelphia. University of Pennsylvania Press, 1963.

Rousset, Jean. "Polyeucte." *Formes et signification,* Paris: Corti, 1962.

Sclumberger, Jean. *Plaisir à Corneille.* Paris: Gallimard, 1936.

Steegman, André. *L'Héroïsme cornélien: genèse et signification.* Paris: A. Colin, 1968–9.

Yarrow, P. J. *Corneille.* London: St. Martin's Press, 1963.

IV. Moliere.

Bray, René. *Molière, homme de théâtre.* Paris: Mercure de France, 1954.

Brisson, Pierre. *Molière, sa vie dans ses œuvres.* Paris: Gallimard, 1943.

Fabre, Lucien. *Le Rire et les rieurs.* Paris: Gallimard, 1929.

Fernandez, Ramon. *La Vie de Molière.* Paris: Gallimard, 1929. (Translated as *Molière, the Man seen through his Plays.* New York: Hill and Wang, 1958).

Gaiffe, Félix. *Le Rire et la scène française.* Paris: Boivin, 1931.

Gossman, Lionel. *Men and Masks. A Study of Molière.* Baltimore: Johns Hopkins University Press, 1969.

Guicharnaud, Jacques. Molière. *Une aventure théâtrale.* Paris: Gallimard, 1963.

Gutwirth, Marcel. *Molière ou l'invention comique.* Paris: Minard, 1966.

HUBERT, JUDD. *Molière and the Comedy of Intellect.* Berkeley: University of California Press, 1962.

JEANSON, FRANCIS. *Signification humaine du rire.* Paris: Seuil, 1951.

MICHAUT, GUSTAVE. *La Jeunesse de Molière, les débuts de Molière, les luttes de Molière.* 3 vols. Paris: Hachette, 1922–5.

MOORE, WILLIAM G. *Molière, a new Criticism.* Oxford: Clarendon Press, 1949.

SIMON, ALFRED. *Molière par lui-même.* Paris: Seuil, 1957.

V. RACINE

BARRAULT, JEAN LOUIS. *Commentaire sur la mise en scène de Phèdre.* Paris: Seuil, 1946.

BARTHES, ROLAND. *Sur Racine.* Paris: Seuil, 1963.

BUTLER, PHILIP. *Classicisme et baroque dans l'œuvre de Racine.* Paris: Nizet, 1959.

CLARK, ALEXANDER F. B. *Racine.* Cambridge, Mass.: Harvard University Press, 1939.

EIGELDINGER, MARC. *La Mythologie solaire dans l'œuvre de Racine.* Paris: Droz, 1970.

GIRAUDOUX, JEAN. "Racine." *Littérature,* Paris: Grasset, 1943. (Paru originellement dans *La Nouvelle Revue Française,* 1933).

GOLDMAN, LUCIEN. *Le Dieu caché: étude sur la vision tragique dans le théâtre de Racine.* Paris: Gallimard, 1955.

GUEGUEN, PIERRE. *Poésie de Racine.* Paris: Rond Point, 1946.

JASINSKI, RENÉ. *Vers le vrai Racine.* 2 vols. Paris: A. Colin. 1958.

KNAPP, BETTINA. *Racine: Myth and Renewal in Modern Theater.* University, Ala.: University of Alabama Press, 1972.

LAPP, JOHN C. *Aspects of Racinian Tragedy.* Toronto: Toronto University Press. 1956.

MAURON, CHARLES. *L'inconscient dans l'œuvre et la vie de Racine.* Aix: Annales de la Faculté des Lettres d'Aix-Marseille, 1957.

MOURGUES, ODETTE DE. *Autonomie de Racine.* Paris: Corti, 1967.

ORCIBAL, JEAN. *La genèse d'Esther et d'Athalie.* Paris: Vrin, 1950.

PICARD, RAYMOND. *La Carrière de Jean Racine.* Paris: Gallimard, 1956.

STAROBINSKI, JEAN. "Racine et la poétique du regard." *L'Oeil vivant,* Paris: Gallimard, 1961. (Paru originellement dans *La Nouvelle Revue française,* août 1957).

STRACHEY, GILES LYTTON, *Books and Characters.* New York: Harcourt Brace, 1922.

VINAVER, EUGÈNE. *Racine et la poésie tragique.* Paris: Nizet, 1951.